JOHANNES NEUMANN

GRUNDRISS DES KATHOLISCHEN KIRCHENRECHTS

JOHANNES NEUMANN

GRUNDRISS DES KATHOLISCHEN KIRCHENRECHTS

1981

WISSENSCHAFTLICHE BUCHGESELLSCHAFT

DARMSTADT

CIP-Kurztitelaufnahme der Deutschen Bibliothek

Neumann, Johannes:
Grundriß des katholischen Kirchenrechts / Johannes Neumann. — Darmstadt: Wissenschaftliche Buchgesellschaft, 1981.
ISBN 3-534-07760-1

1 2 3 4 5

Bestellnummer 7760-1

Satz: Roddert Fotosatz, Mainz
Druck und Einband: Wissenschaftliche Buchgesellschaft, Darmstadt
Printed in Germany
Schrift: Compugraphic Garamond, 9/11

ISBN 3-534-07760-1

Für

JOACHIM DAVID

INHALT

Vorwort XV

Teil I: Die Grundlagen

1. Das kanonische Recht 3
Zum Begriff 3
Eigenart 3
Bedeutung 4
1.1. Funktion des Rechts 4
1.1.1. Recht und Macht 5
1.1.2. Recht und Gesetz 7
Bedeutung des Gesetzes 7
Gesetz als Anordnung der Vernunft 8
Gesetz dient dem Gemeinwohl 8
Legitimität und Legitimation des Gesetzgebers 10
Die Promulgation 10
Recht als Beziehungsordnung 11
Grenze des Rechts 12
1.1.3. Entwicklung des Rechts 13
Entwicklung 14
Wahrung des Rechts 15
Der moderne Staat als Träger und Wahrer des Rechts 16
Folgerung für das kanonische Recht 17
1.1.4. Im Dienste der Rechtsidee: Gesetzgebung — Rechtsprechung — Verwaltung 17
Gesetzgebung 18
Rechtsprechung 19
Verwaltung 20
Zum Problem der „Demokratisierung“ in der Kirche 22
1.1.5. Wem dient das Recht? 25
1.2. Das kanonische Recht als geschichtlich gewordenes 28
1.2.1. Das kanonische Recht als Ordnung der katholischen Kirche 35
1.2.1.1. Erste Sammlungen 35
1.2.1.2. ›Dekret Gratians‹ 37
1.2.1.3. Entstehung des ›Corpus Iuris Canonici‹ 38
1.2.1.4. Bedeutung der Kanonistik 39
1.2.1.5. Tridentinisches Recht 41
1.2.1.6. Erste vollständige Kodifikation: Der ›Codex Iuris Canonici‹ 42

1.2.1.7. Ära der Konkordatsabschlüsse 45
1.2.1.8. Formen der Gesetzgebung 46
1.2.1.9. Revisionsvorhaben zum CIC 46
1.3. Kirche und Recht 50
1.3.1. Kirche als gesellschaftliches Problem 54
1.3.2. Zum Begriff „Institution“ 55
1.3.3. Kirche als Institution 57
1.3.4. Institution als Instrument von Tradition 59
1.3.5. Recht und Kirche 60

2. Grundbegriffe des kanonischen Rechts 64
2.1. Theoretisch-theologische Grundbegriffe 64
2.1.1. Wort und Sakrament als Traditionselemente 64
Zu den Begriffen 64
Entwicklung 65
Heutige Situation 66
2.1.2. Amt und Sukzession 67
Zu den Begriffen 67
Entwicklung 67
Heutige Situation 69
2.1.3. Ordo — iurisdictio 71
Zu den Begriffen 71
Entwicklung 71
Heutige Situation 74
2.1.4. Hierarchie: hierarchia ordinis — hierarchia iurisdictionis 74
Zum Begriff 74
Entwicklung 74
Heutige Situation 79
2.1.5. Apostolizität — Kollegialität — Communio — Synodalität 79
Zu den Begriffen 79
Entwicklung 80
Heutige Situation 86
2.1.6. Konsens und Rezeption 87
Zu den Begriffen 87
Entwicklung 87
Exkurs: Die bewahrende Form des Rechts 89
Heutige Bedeutung 90
2.1.7. Ius divinum — ius naturale — ius ecclesiasticum 90
Zu den Begriffen 90
Entwicklung 91
Heutige Bedeutung 93
2.1.8. Klerus — Laien — Religiosen 96
Zu den Begriffen 96
Entwicklung 97
Heutige Bedeutung 100
2.2. Praktische Grundbegriffe der kanonistischen Gesetzessprache 102

2.2.1. Auctoritas — iurisdictio — potestas . . . 103
2.2.2. Episcopus — (iudex) ordinarius — praelatus . . . 105
2.2.3. Forum internum — forum externum . . . 107
2.2.4. Dispens — Privileg — aequitas canonica — Epikie . . . 109
2.2.5. Beneficium — officium — munus — dignitas . . . 113
2.2.6. Person . . . 117
Zum Begriff . . . 118
Bedeutung im kanonischen Recht . . . 118
Juristische Personen . . . 121
2.2.7. Delikt und Strafe . . . 123
Delikte . . . 124
Strafen . . . 125
Strafarten . . . 127

Teil II: Das geltende kirchliche Recht

3. Das Verfassungsrecht . . . 133
Exkurs: Kodifikation von Christenrechten? . . . 134
3.1. Der Papst und die päpstliche Höchstgewalt . . . 136
3.1.1. Die Papstwahl . . . 138
3.1.2. Das Kardinalskollegium . . . 139
3.1.3. Die Römische Kurie . . . 141
3.1.3.1. Das Kardinalstaatssekretariat . . . 142
3.1.3.2. Die Kongregationen . . . 143
Die Glaubenskongregation . . . 144
Die Kongregation für die Ostkirchen . . . 145
Die Kongregation für die Bischöfe . . . 145
Die Kongregation für die Sakramente und den Gottesdienst . . . 146
Die Kongregation für Heiligsprechungsverfahren . . . 146
Die Kleruskongregation . . . 147
Die Kongregation für Ordensleute und Säkularinstitute . . . 147
Die Kongregation für das katholische Unterrichtswesen . . . 147
Die Kongregation für die Glaubensverbreitung . . . 148
3.1.3.3. Die Sekretariate . . . 148
Das Einheitssekretariat . . . 149
Das Sekretariat für die Nicht-Christen . . . 149
Das Sekretariat für die Nicht-Glaubenden . . . 149
3.1.3.4. Die Räte und Kommisionen . . . 149
Der Laienrat . . . 149
Die Pflege der Caritas . . . 150
3.1.3.5. Die Gerichts- und Gnadenhöfe . . . 151
Die Apostolische Signatur . . . 151
Die Sacra Romana Rota . . . 152
Die Apostolische Pönitentiarie . . . 152
3.1.3.6. Die Ämter . . . 153

	Die Apostolische Kammer	153
	Die Präfektur für Wirtschaftsangelegenheiten	153
	Die Vermögensverwaltung	153
	Die Präfektur des Apostolischen Palastes	154
3.1.3.7.	Die ständigen Kommissionen	154
3.1.3.8.	Die Verwaltung des päpstlichen Palastes	156
3.1.3.9.	Der Staat der Vatikanstadt	156
3.1.3.10.	Zusammenfassung	156
3.1.4.	Das Ökumenische Konzil	158
3.1.5.	Die Bischofssynode	160
3.1.6.	Die päpstlichen Gesandten	162
	Würdigung	166
3.2.	Die Bischöfe	168
3.2.1.	Die Lehre von der Kollegialität der Bischöfe	169
3.2.2.	Die oberbischöflichen Ämter	171
3.2.2.1.	Die Patriarchen	172
3.2.2.2.	Die Metropoliten — Erzbischöfe	172
3.2.3.	Die Bischofskonferenzen	174
3.2.4.	Das Synodalwesen	176
3.2.4.1.	Plenar- und Nationalsynoden	177
3.2.4.2.	Provinzialsynoden	178
3.2.4.3.	Diözesansynoden	179
3.2.4.4.	„Synoden" neuer Art	179
3.2.5.	Der Diözesanbischof	180
3.2.5.1.	Zu den Begriffen: Bistum — Diözese	180
3.2.5.2.	Die bischöfliche Ortskirche	181
3.2.5.3.	Die Bestellung zum Bischof	184
3.2.5.4.	Die bischöfliche Gewalt	188
3.2.5.5.	Der Generalvikar	190
3.2.5.6.	Die Bischofsvikare	191
3.2.5.7.	Zur Frage des Rechtsschutzes	191
3.2.5.8.	Das Ordinariat	192
3.2.5.9.	Die geistliche Verwaltung	192
3.2.6.	Bischöfliche Rechte und Pflichten	193
3.2.6.1.	Die Besuchs- und Berichtspflicht	195
3.2.6.2.	Ehrenrechte	197
3.2.6.3.	Amtszeit	199
3.2.7.	Sedisvakanz	200
3.2.8.	Das Domkapitel	201
3.2.8.1.	Der Presbyterrat	202
3.2.8.2.	Der Pastoralrat	204
3.2.8.3.	Rechtliche Würdigung	204
3.3.	Die Mitarbeiter des Bischofs	207
3.3.1.	Die bischöfliche Mitarbeiter	207
3.3.2.	Die Dekane	209
3.3.2.1.	Regionaldekane	210

3.3.2.2. Schuldekane 211
3.3.3. Die Pfarrer 211
3.3.4. Die Hilfspriester 214
3.3.5. Die nichtordinierten Mitarbeiter 215
3.3.5.1. Aufgabe und Verwendung 216
3.3.5.2. Lebensgestaltung 217
3.3.5.3. Die Aus- und Weiterbildung 218
3.3.5.4. Arbeitsrechtliche Mitwirkungsgremien 218
3.3.5.5. Situation der nichtordinierten Mitarbeiter 220
3.3.6. Die Pfarrverbände 221
3.3.7. Der Pfarrgemeinderat 222
3.4. Quasibischöfliche Ämter 224
3.4.1. Die Apostolischen Administratoren 224
3.4.2. Gefreite Prälaturen — Gefreite Abteien 225
3.4.3. Personaloberhirten 226
3.4.3.1. Die unierten Ostkirchen 226
3.4.2.2. Die „Prälaten" 227
3.4.3.3. Die Apostolischen Visitatoren 227
3.4.3.4. Die Militärseelsorge 228

4. Die Missionsverfassung 230

5. Ordensrecht 232
5.1. Begriff und Arten von Religiosengemeinschaften 233
5.1.1. Die Orden 234
5.1.2. Die Kongregationen 234
5.1.3. Verbände mit gemeinschaftlichem Leben ohne amtliche Gelübde . 235
5.1.4. Säkularinstitute 235
5.2. Mitgliedschaft 235
5.3. Die Oberen 236
5.4. Rechte und Pflichten 236

6. Das Recht der Sakramente 239
6.1. Die Taufe 242
6.1.1. Die Wassertaufe 242
6.1.2. Taufspender 243
6.1.3. Taufempfänger 243
6.1.4. Taufort und Zeit 244
6.2. Die Firmung 244
6.2.1. Bedeutung 245
6.2.2. Firmspender 245
6.2.3. Empfänger der Firmung 246
6.2.4. Firmzeit 246
6.3. Die Eucharistie 246
6.3.1. Bedeutung 247
6.3.2. Spender dieses Sakramentes 247

6.3.3. Empfänger der Eucharistie . . . 248
6.3.4. Umstände der Kommunionspendung . . . 249
6.3.5. Die sogenannte „Interkommunion" . . . 250
6.3.6. Meßstipendien . . . 250
6.4. Die Buße . . . 252
6.4.1. Bedeutung . . . 253
6.4.2. Spender dieses Sakramentes . . . 253
6.4.3. Empfänger dieses Sakramentes . . . 255
6.4.4. Formen der institutionalisierten Buße . . . 255
6.4.5. Sogenannte „Generalabsolution" . . . 256
6.4.6. Ablaß . . . 256
6.5. Die Krankensalbung . . . 257
6.5.1. Spender der Krankensalbung . . . 257
6.5.2. Empfänger dieses Sakramentes . . . 258
6.5.3. Rechtliche Bedeutung . . . 258
6.6. Die Ordination . . . 259
6.6.1. Die Neuordnung der Weihestufen . . . 260
6.6.1.1. Fortfall der Tonsur und Umwandlung der „niederen Weihen" . . . 260
6.6.1.2. Neubewertung der Diakonatsweihe . . . 261
6.6.1.3. Inkardination . . . 262
6.6.2. Voraussetzungen für die Weihe . . . 263
6.6.2.1. Geschlecht und Alter . . . 263
6.6.2.2. Freisein von Irregularitäten und Hindernissen . . . 264
6.6.2.3. Die Zölibatspflicht . . . 265
6.6.2.4. Ausbildungsvoraussetzungen . . . 267
6.6.3. Weihe zum Diakon . . . 269
6.6.4. Die Weihe zum Priester . . . 269
6.6.5. Weihe zum Bischof . . . 270
6.6.6. Die sogenannte „Laisierung" . . . 270
6.7. Die Ehe . . . 275
Geschichtliche Entwicklung . . . 276
Rechtliche Ordnung . . . 277
Theologische Bedeutung . . . 279
Gegenwärtige Lage . . . 280
6.7.1. Vertrag und Sakrament . . . 280
6.7.2. Ehewille — Ehefähigkeit — Eheschließungsform . . . 283
6.7.2.1. Ehewille . . . 283
Notwendiges Mindestwissen . . . 283
Irrtum . . . 284
Simulation . . . 284
Furcht und Zwang . . . 285
6.7.2.2. Ehefähigkeit . . . 285
Verbietende oder aufschiebende Hindernisse . . . 286
Gelübde . . . 287
Gesetzliche Verwandtschaft . . . 287
Bekenntnis- bzw. Konfessionsverschiedenheit . . . 287

	Trauverbote	289
	Trennende Ehehindernisse	289
	Mangelndes Alter	289
	Impotenz	289
	Bestehende Eheband	290
	Kultus- bzw. Religionsverschiedenheit	291
	Weihe und Profeß	292
	Entführung	292
	Verbrechen	292
	Blutsverwandtschaft, Schwägerschaft und öffentliche Ehrbarkeit	293
	Geistliche Verwandtschaft	293
	Dispensmöglichkeiten	293
6.7.2.3.	Eheschließungsform	294
	Ordentliche Eheschließungsform	294
	Noteheschließung	295
	Geheim geschlossene Ehe	296
	Nicht der kanonischen Formpflicht unterworfene Personen	296
6.7.3.	Heilung ungültiger Ehen	296
6.7.3.1.	Einfache Gültigmachung	296
6.7.3.2.	Sanatio in radice	297
6.7.3.3.	Problematik	297
6.7.4.	Ehelösungen	298
6.7.4.1.	Aufhebung der ehelichen Lebensgemeinschaft	298
6.7.4.2.	Lösung dem Bande nach	299
	Wegen Nichtvollzugs	300
	Zugunsten des Glaubens	300
	„Privilegium Paulinum"	300
	„Privilegium Petrinum"	301
6.7.4.3.	Feststellung der Nichtigkeit einer Ehe	302
	Durch ordentlichen Prozeß	302
	Durch Kurzverfahren auf dem Verwaltungsweg	303
6.7.5.	Die Zivilehe	304
7.	Lehramt	308
7.1.	Glaubensverkündigung	309
7.2.	Überwachung des Schrifttums	309
7.3.	Lehrbeanstandungsverfahren	311
8.	Vermögensrecht	314
8.1.	Allgemeine Grundsätze	314
8.2.	Die vermögensrechtliche Lage in der Bundesrepublik Deutschland	315
8.2.1.	Kirchensteuer	315
8.2.2.	Direkte Staatsleistungen	317
8.2.3.	Indirekte Staatsleistungen	318
8.2.4.	Verwaltung des Kirchenvermögens	318

Teil III: Staat und Kirche

9. Die Entwicklung des Verhältnisses von Staat und Kirche 323
9.1. Die geschichtlichen Formen 323
9.1.1. Identität von Staat und Religion 323
9.1.2. Gebt dem Kaiser, was des Kaisers ist 325
9.1.3. ... und Gott, was Gottes ist 326
9.1.4. Staatskirchentum 328
9.1.5. Kirchenstaatshoheit 332
9.1.6. Landeskirchenhoheit 335
9.2. Grundsatz der Trennung von Kirche und Staat 337
9.2.1. Totale Trennung 338
9.2.2. Distanzierte Trennung 339
9.2.3. Neutrale Trennung 339
9.2.4. Freundschaftliche Partnerschaft 340
9.3. Das religionspolitische System in der Bundesrepublik Deutschland . 341
9.3.1. Religionsfreiheit 342
9.3.2. Selbstbestimmungsrecht der Kirchen 343
9.3.3. Kirchen als „Körperschaften des öffentlichen Rechts" 344
9.3.4. Positive Religionspflege 345
9.3.4.1. Religionsunterricht 345
9.3.4.2. Theologische Fakultäten und Institute 346
9.3.4.3. Staatlich geförderte Sonderseelsorge 347
9.3.4.4. Kirchensteuer 348
9.3.5. Vertragskirchenrecht 349
9.3.6. Dominanz der Kirche? 350

Literatur 353
Quellen 353
Dokumente des II. Vatikanischen Konzils 354
Handbücher und Nachschlagewerke 355

Allgemeine Abkürzungen 359

Register 361
1. Sachen 361
2. Rechtsquellen/Sammlungen 372
3. Namen 374

VORWORT

Obsequium amicos, veritas odium parit.
(Terenz)

Das „Kirchenrecht" gehört nicht zu den gefragtesten Fächern. Es wird zwar in den theologischen und juristischen Fakultäten als ordentliches Fachgebiet gelehrt, doch aus unterschiedlichen Gründen ist die Nachfrage gering.

Die Studierenden der *Theologie* stehen dem Kirchenrecht oftmals mit Animosität gegenüber. Bei vielen dürfte diese Haltung Ausdruck eines verdrängten Unbehagens sein. Im Laufe meiner zwei Jahrzehnte währenden Lehrtätigkeit an theologischen Fakultäten habe ich erfahren, daß vieles, was am Erscheinungsbild der Kirche Anstoß erregt, nicht der Dogmatik und dem darauf gründenden hierarchischen System, sondern dem Kirchenrecht angelastet wird. An der konkreten Rechtsgestalt der Kirche glaubt man sich stoßen zu dürfen, nicht jedoch an der Ideologie, welche sie hervorbringt. Um sich den Mühen einer sachlichen und rationalen Reflexion nicht unterziehen und gegebenenfalls den damit verbundenen Risiken nicht aussetzen zu müssen, wird kurzschlüssig der konkreten „Rechtskirche" das „eigentliche" und „geistliche Wesen" der Kirche gegenübergestellt. Dabei wäre es sachlich geboten, daß zumindest diejenigen, die ein Leben lang der Sache dieser real existierenden Kirche dienen wollen, um die „Spielregeln" wissen sollten, die gelten. Statt dessen wird die Rechtsgestalt der Kirche — weil vermeintlich unwichtig— ignoriert. Selbst diejenigen, die bereits als ordinierte oder nichtordinierte Mitarbeiter im kirchlichen Dienst stehen, glauben häufig an der Realität des Kirchenrechts lässig vorbeigehen zu dürfen: bis zum Konflikt! Da weder um die Grundidee noch die fundamentalen Normen des kirchlichen Rechtssystems gewußt wird, folgt dann allzu oft die ernüchternde Erkenntnis der eigenen Rechtsposition. Denn diese Rechtsordnung ist nicht am Menschen ausgerichtet, sondern an dem, was die Kirche für den Willen ihres Gottes hält.

Im juristischen Studium steht das Kirchenrecht am Rande, um nicht zu sagen, im Abseits: Es ist weder prüfungsrelevant noch in der späteren Praxis, so meinen viele, zu gebrauchen. Also verzichten die meisten Studenten darauf, die älteste bei uns noch geltende und heute am weitesten verbreitete Rechtsordnung kennenzulernen; eine Rechtsordnung, die wie kaum eine zweite, die noch gilt, die archaischen Elemente als lebendige Normen in sich trägt. Wer Rechtsentwicklung studieren will, muß beim kirchlichen Recht beginnen.

Der praktizierende Jurist dagegen wird aus konkretem Anlaß spezielle kanonistische Fachliteratur konsultieren. In dieser wird er wohl manche Begriffe finden, die er nur schwer in einen Zusammenhang zu stellen vermag. Vielleicht hilft ihm dann dieser Grundriß.

Zu den Fragen der innerkirchlichen Rechtswirkungen von Taufe oder Ehe, von Weihe oder Kirchenaustritt, der kirchlichen Organisation oder innerkirchlicher „Mitbestimmung" (die es nicht gibt) werden vielleicht nicht nur Theologen und Juristen in diesem Buch eine übersichtliche Information finden.

Ich habe versucht, das Recht der katholischen Kirche nüchtern darzustellen und kritisch zu beleuchten.Ich will informieren und Zusammenhänge aufzeigen, um auf diese Weise das Interesse des Lesers an der (scheinbar) spröden, aber nicht unwichtigen Materie zu wecken.

Da dieser Grundriß für Theologen und Juristen gedacht ist, ließ es sich nicht vermeiden, manche Aussagen zu machen, die einmal dem Theologen und ein anderes Mal dem Juristen selbstverständlich erscheinen mögen.

Seit bald zwei Jahrzehnten wird in Rom an einer Neukodifikation des kirchlichen Rechts gearbeitet. Zwar kann ein einziger Federstrich des Gesetzgebers ganze juristische Bibliotheken zu Makulatur werden lassen, im vorliegenden Fall jedoch ist heute bereits absehbar, daß an den tragenden Normen des kanonischen Rechts nichts geändert werden wird. Darum ist es guten Gewissens vertretbar, heute einen ›Grundriß des katholischen Kirchenrechts‹ zu schreiben, denn die Grundzüge des Systems des kirchlichen Rechts werden sich nicht ändern.

Im *ersten Teil* wird nach den ideologischen Voraussetzungen des Kirchenrechts gefragt, ein Abriß der Entwicklungsgeschichte geboten und werden die wichtigsten Begriffe erklärt. Denn eine Rechtsordnung wird charakterisiert durch ihre zentralen Termini: Rechtsstaat, soziale Gerechtigkeit, Freiheit und Gleichheit, parlamentarische Verantwortung, Gesetzmäßigkeit der Verwaltung, rechtliches Gehör und Rechtsschutz, Solidarität und Toleranz mögen die leitenden Ideale unserer staatlichen Rechtsordnung widerspiegeln.

Begriffe wie „göttliches Recht" und Hierarchie, Klerus und Laien, Lehre und Gehorsam, Privileg und Dispens, Spender und Empfänger eines Sakramentes, Ehehindernisse und Irregularitäten dagegen können als typisch für die Ordnung der Kirche gelten.

Der *zweite Teil* gibt einen Überblick über das geltende Recht, insbesondere über das Verfassungs- und Sakramentenrecht. Andere Gebiete, wie etwa das Vermögens- und Verwaltungsrecht, werden bewußt vernachlässigt, weil sie für das kirchliche Rechtssystem nicht signifikant sind. Im konkreten Streitfall wird ohnehin Spezialliteratur konsultiert werden müssen.

Der *dritte Teil* skizziert die Entwicklung des Verhältnisses von Staat und Kirche sowie die derzeit in der Bundesrepublik Deutschland geltenden Grundsätze. Er umschreibt jenen Bereich, in dem Veränderungen in den nächsten Jahrzehnten am ehesten zu erwarten sind.

Dem Genre einer Einführung gemäß wird die Problematik verschiedener umstrittener Fragen lediglich erwähnt, jedoch werden die unterschiedlichen Positionen weder dargestellt noch gar gegeneinander abgewogen. Es mag genügen, wenn die Fragen als solche erkannt werden.

An *Literatur* wurde nur diejenige angeführt, auf die entweder direkt Bezug genommen wird oder die für bestimmte kanonistische Anschauungen charakteristisch ist.

In diesem Grundriß geht es darum, zu zeigen, daß das hierarchische Prinzip den Schlüssel für das Rechtssystem der katholischen Kirche bildet. Eigenart und Anspruch dieser Rechtsordnung treten darüber hinaus im Ordinations- und Eherecht besonders deutlich zutage.

Am Zustandekommen dieses Werkes haben viele Anteil: Zunächst der Verlag, der dieses Vorhaben anregte und auf seine Verwirklichung drängte. Vor allem aber haben meine beiden wissenschaftlichen Mitarbeiterinnen, Frau Dipl. theol. Elisabeth Nigmann und Frau Dipl. theol. Birgit Volk, die Fertigstellung durch einsatzbereite Hilfe, kluge Umsicht und ermunternde Kritik ermöglicht. Für das Schreiben des Manuskripts habe ich Frau Herta Müller-Caroli sehr zu danken.

Tübingen, 25. März 1980 Johannes Neumann

TEIL I

DIE GRUNDLAGEN

1. DAS KANONISCHE RECHT

Zum Begriff

Die Handlungs- und Glaubensgrundsätze der christlichen Kirchen wurden in den ersten Jahrhunderten von Konzilien (concilium = Zusammenkunft), auch Synoden (synodos = Weggenosse [Weggenossenschaft]) genannt,[1] als Kanones (Kanon = Maß, Maßstab) erlassen. Diese Normen der kirchlichen Autorität galten im innerkirchlichen Raum mehr als die weltlichen Gesetze (leges, nomoi). Wenn auch vom vierten Jahrhundert an die Kaiser häufig Anordnungen für die Kirchen erließen, blieben doch beide Rechtsbereiche grundsätzlich voneinander getrennt.

Als später die Bischöfe, vor allem der Bischof von Rom, neben den Synoden als Normsatzer auftraten und nach Art der Kaiser decreta erließen, hatte sich der Begriff „kanonisch" für die Disziplin der Kirche bereits durchgesetzt. *„Kanonisches Recht" bezeichnet also das gesamte formale und materiale Rechtssystem der katholischen Kirchen.* In diesem Grundriß jedoch wird das kanonische Recht der sogenannten „orthodoxen Kirchen", also der von Rom getrennten östlichen Kirchen wie auch jenes der sogenannten „unierten", also mit Rom verbundenen Ostkirchen, ausgeklammert. Unter ihnen gibt es wiederum verschiedene theologisch-dogmatische Lehrauffassungen, die sie trennen und unterschiedliche Riten, die sie unterscheiden. Es wird hier also nur das Recht der *römisch*-katholischen Kirche dargestellt.

Eigenart

Das moderne Denken seit der Aufklärung ist geprägt von der Unterscheidung, ja der Trennung der weltlichen Angelegenheiten von den religiösen. Auch wenn religiöse Ausdrucksformen und Institutionen in der Öffentlichkeit auftreten, gilt doch Religion zumeist als „Privatsache". In vor-aufgeklärten Gesellschaften war dies anders: Das Religöse war politsch bedeutsam, wenn auch nur in seiner formal-rituellen Form. Insofern findet der moderne Jurist im kanonischen Recht heute eine archaische Ordnung vor, die von der wesenhaften Einheit zwischen geistlichem und weltlichem Bereich geprägt ist. Darum gibt es im kanonischen Recht auch kein Privatrecht im eigentlichen Sinne. Alles wird geordnet unter dem Gesichtspunkt des öffentlichen Wohles, nicht der privaten Interessen. Individuelles Recht wird nur insoweit gesichert, als anders der öffentliche Friede gefährdet sein könnte: Die Amtspflichten des Klerus, das Eigentum, die Ehre und der gute Ruf des Individuums.

[1] Vgl. J. Neumann, Synodales Prinzip, 13 ff. (Lit.).

Wenn auch die vor- und außerchristlichen Gesellschaften von einer engen Verbindung zwischen politisch-öffentlichem und religiösem Bereich bestimmt waren, ging es doch in erster Linie um das äußere formal-rituelle Verhalten: Die Gottheiten verlangten Achtung und Verehrung, sie wurden von Dichtung und Sagen umwoben, aber es gab keine „Theologie", keine Wahrheit beinhaltende und Glauben erheischende „Lehre", die zu glauben dem einzelnen innere Pflicht gewesen wäre.

Das Christentum dagegen brachte eine Lehre, die sich zunächst an den einzelnen wandte und die von ihm *innere* Annahme ebenso wie eine entsprechende *äußere* Lebensführung verlangte. Damit waren zwei Charakteristika grundgelegt, die sich auf den ersten Blick auszuschließen scheinen. *Individualismus* und *Rechtgläubigkeit.* Da das Heil des einzelnen wie der ganzen Kirche am rechten Glauben hängt, kommt der Frage nach der Rechtgläubigkeit (Orthodoxie) ein hoher Rang zu. Das verderbliche und böse Gegenstück ist der Irrglaube, die Ketzerei (Heterodoxie). Dabei hat es anfangs zweifellos eine Reihe verschiedener „Theologien" und dementsprechend auch unterschiedliche Ordnungen in den christlichen Gemeinden gegeben.

Bedeutung

Im kanonischen Recht lebt heute noch nicht nur altes Rechtsgut römischen und germanischen Ursprungs als geltende Norm fort, sondern es ist auch eine ursprüngliche Symbiose von Religion und Recht, in der Form „heiligen Rechts" gegenwärtig. So wie das alte, vorchristliche Recht unter dem besonderen Schutz der Gottheiten stand, so versteht sich das kanonische Recht als eine in seinen wesentlichen Sätzen von Gott gesetzte Ordnung. Darum gelten die Grundstrukturen (insbesondere das hierarchisch-klerikale Prinzip und die sakramentale Ordnung) als unveränderbar. Dem Menschen der Gegenwart tritt somit im kanonischen Recht nicht nur eine sehr alte Ordnung mit ehrwürdiger Tradition vor Augen, sondern auch ein archaisches, voraufgeklärtes Rechtssystem, das Zeugnis einer feudal strukturierten, vorindustriellen Gesellschaft.

1.1. Funktion des Rechts

Recht will durch Gerechtigkeit Ordnung schaffen; es will einerseits die bestehenden Machtverhältnisse sichern, andererseits die Menschen vor unbilliger Willkür bewahren, um auf diese Weise den Frieden zwischen den Individuen und Gruppen zu gewährleisten.

Seiner Natur nach ist „Recht" der institutionalisierte und formalisierte Versuch einer „gerechten" Antwort auf ungerechten Angriff, die unrechtmäßige Unordnung und die unbillige Unterdrückung. Alles Recht — also keineswegs das in der Kirche — mußte gegen Unrecht oder Unordnung vom Menschen erkämpft werden. Ja, Recht erweist Wert und Sinn im Widerstand gegen das Ungerechte, gegen das Tun der Ungerechten. Damit wohnt allem

Recht stets eine ethische Dimension inne; ihm eignet sowohl eine Vorstellung des Sein-Sollenden als auch ein normierender Imperativ. Deshalb ist Recht grundsätzlich mehr und anderes als nur Macht und Gewalt. Macht und Herrschaft, Bestand und Gewohnheit allein sind deshalb keine hinreichenden Kriterien für die Bestimmung des Rechts. Das Recht muß sich den Gefährdungen, denen der Mensch durch das Unrecht ausgesetzt ist, anpassen: Es re-agiert auf Un-Recht. Das Recht ist also bei aller notwendigen Ausrichtung auf Dauer seiner Natur nach wandelbar: Es ist auf Vertiefung ebenso angelegt wie auf Verbesserung und legitime Veränderung. Denn wenn eine Ordnung nur noch zur Legalisierung von Unterdrückung herhalten müßte, verdiente sie nicht mehr, „Rechtsordnung" genannt zu werden. Eine Revision ist dann unabweislich. „Rechtes" Recht hat letztlich die Verwirklichung von Freiheit und die Sicherung der Würde des Menschen in Frieden zum Ziel. Deshalb ist das Recht wesenhaft auf Sittlichkeit hingeordnet, wenn es auch zunächst allein auf das *äußere* Verhalten der Menschen im *gesellschaftlichen* Bereich zielt. Das Recht ist verletzt, wenn das soziale Zusammenleben der Menschen gestört wird, wenn Rechtsgüter und Rechtsinteressen gefährdet sind.

Die Idee des Rechts gründet in der menschlichen Person. Recht — als subjektives Recht — ist das dem Menschen (allgemein) Zustehende. Insofern ist jeder Mensch Träger, Subjekt bestimmter Rechte. Nach moderner Auffassung sind manche Rechte „unveräußerlich". Das will sagen, daß sie weder für den Gesetzgeber noch das einzelne Rechtssubjekt zur Disposition stehen: Weder kann der Gesetzgeber diese Rechte nehmen noch kann das Individuum auf diese Rechte verzichten.

Das, was „Recht" im eigentlichen Sinn ist, richtet sich nach der jeweiligen Rechtsordnung. Unter welchen Voraussetzungen beispielsweise wem welches Recht zukommt, etwa Eigentum zu besitzen, testierfähig oder ehefähig zu sein.

Die *Idee der Gerechtigkeit* will, daß jedem das ihm Zustehende, das Seine zukommt. Was jeweils konkret das Gerechte ist, hängt ebenfalls von den gesellschaftlichen und traditionellen Voraussetzungen ab. In archaischen Gesellschaften wurde sie in der Regel als Wille der Gottheit verstanden. Die Gottheit selbst ist Ursprung und Garant der Gerechtigkeit. Häufig waren die Anführer, Fürsten oder Priester diejenigen, die im Namen der Gottheit das jedem Zustehende bestimmten. Auf diese Weise geschahen die ersten Normsetzungen.

Sie waren in der Regel von dem Willen getragen, einen gewissen Ausgleich der Rechte zu schaffen, eine bestehende Ordnung zu sichern und herrschende Macht zu stabilisieren.

1.1.1. Recht und Macht

Der Gegensatz von Recht und Macht ist uralt und bis heute selbst in den modernen Rechtsstaaten nicht restlos gemeistert. Damit Gerechtigkeit im Recht verwirklicht werden kann, bedarf es einer gewissen Macht. In archaischer Zeit, als noch das Faustrecht herrschte, konnte der Schwache und Wehrlose nicht zu seinem Recht kommen, da ihm die notwendige Macht fehlte, sich durchzusetzen. Darum bemühten sich an den Ideen des Rechts und der Gerechtigkeit orientierte Ordnungen, auch den schuldlos Schwachen, die Witwen und Waisen, die Fremdlinge und die Kinder zu schützen. Oft allerdings geschahen solche gesetzlichen Sicherungen als Zugeständnisse erst dann, wenn die Schwachen selbst Macht erlangt hatten und das Gemeinwesen zu stören oder gar zu zerstören drohten.

Mit der Zurückdrängung des Faust- und Fehderechts entwickelte sich notwendig die Monopolisierung des rechtlichen Zwanges in der Hand des Herrschers bzw. später des Staates. Damit dieser Umbruch gelingen konnte, mußte die legale Machtausübung als schlechthin gerechte Gewalt stilisiert werden. Dennoch ist nur zu bekannt, daß tatsächlicher Gewaltbesitz keineswegs reale Gerechtigkeit voraussetzt oder garantiert. Die Gewalt ist vielmehr stets der Versuchung ausgesetzt, dem Zynismus der Macht zu verfallen. Selbst in einer nach vollkommener Gerechtigkeit strebenden Staatsform ist diese Gefahr, die sowohl von seiten des Staates als auch (erst recht) von einzelnen Mächtigen ausgehen kann, tatsächlich vorhanden.

In modernen Staaten und aufgeklärten Gesellschaften wird jedoch dieser latente Gegensatz, der die Reinheit der Rechtsidee und die Verwirklichung der Gerechtigkeit gefährdet, gesehen. Mittels verfassungs- und verfahrensrechtlicher Sicherungen (wie etwa Unabhängigkeit der Richter, Trennung der Rechtsprechung von der Verwaltung, rechtliches Gehör, Willkürverbot und dergleichen) ebenso wie durch institutionelle Vorsorge (Koalitionsrecht, freie Meinungsäußerung und Informationsfreiheit) wird dabei versucht, „Gegenmächte" zu installieren. Dabei stellt sich allerdings häufig die Frage, wer auf welche Weise diese „Gegenmächte" kontrollieren und gegebenenfalls in Schranken zu weisen vermag. Gerade hierin dürfte sich zeigen, daß der *Kampf ums Recht* immer auch ein Kampf um entsprechende Machtpositionen ist.

Das Verhältnis von Recht und Macht gewinnt *in religiösen Ordnungen* besonderes Gewicht, weil das jeweils geltende Recht ebenso wie die Gerechtigkeitsvorstellungen als ein für allemal von Gott gegeben begriffen werden. Gleichermaßen gilt auch die umfassende religiöse Macht als in Gott gegründet. Darum sind Reformen religiöser Rechtsordnungen besonders schwierig. Das Begehren nach Umverteilung oder Kontrolle geistlicher Macht wird als Glaubensabfall und Aufstand gegen die Gottheit selbst denunziert. Deshalb kann religiös begründete Ordnung, auch wenn sie einem aufgeklärten Rechtsverständnis und einem entwickelten Gerechtigkeitssinn total widerspricht, leicht zur Sicherung auch ungerechter Macht gebraucht werden. Der Verweis auf rationale Erwägungen für ein humanes Recht und eine der Würde des Menschen entsprechende Gerechtigkeit vermag nicht gegen die Feststellung aufzukommen, daß eine bestimmte religiöse Ordnung von der Gottheit unveränderlich in der bestehenden Form erlassen worden sei. Darum stellt sich gerade in religiösen Ordnungen die Frage nach dem Verhältnis von Macht und Recht nicht nur besonders dringlich, sondern ist sie oftmals gar nicht (rational und am Menschen orientiert) zu beantworten. Im konkreten Fall muß deshalb gefragt werden, ob bestimmte religiöse Ordnungen und gewisse religiös geprägte Vorstellungen von Gerechtigkeit mit den Kategorien abendländisch-neuzeitlichen Rechtsdenkens zu erfassen sind.

1.1.2. Recht und Gesetz

THOMAS VON AQUIN (ca. 1225—1274) ist ein vom kanonischen Recht anerkannter und empfohlener Kirchenlehrer (c. 1366 § 2 CIC). Folglich muß sich das kanonische Recht an jenen Grundsätzen messen lassen, die dieser große Philosoph und Theologe in der Summa Theologica formuliert hat[2]:

Jegliches Gesetz — so führt er aus — müsse vernünftig sein. Er geht von der idealen Vorstellung aus, daß das menschliche Gesetz notwendig ein Abglanz des natürlichen Gesetzes (der lex naturalis) sein solle, was wiederum nichts anderes bedeutet als die Teilhabe des vernünftigen Geschöpfes an der „lex aeterna", deren Herr und Geber Gott, der Vernünftige, selber ist (q. 91 art. 2). Daraus folgert Thomas, daß alle Gesetze, soweit sie an der rechten Vernunft teilhaben, sich von der „lex aeterna" ableiten lassen (q. 93 art. 3). Das bedeutet, daß Gesetze dieser Art zwar ihrem unmittelbarem Ursprung nach der „lex aeterna" entsprechen müssen, daß aber andererseits ihre konkrete Ausgestaltung, ihr Bezug wie ihre Formulierung, ja ihr inhaltliches Maß, von der Vernunft des Menschen zu verantworten sind. Die praktische Vernunft ist somit Maß, Motiv und Handlungsmaxime für den menschlichen Gesetzgeber. Die Vernunft also ist das wesentliche Gestaltungsprinzip menschlicher Gesetzgebung und damit auch Ursache ihrer Kontingenz, Quell sowohl der Begrenztheit als auch der Endlichkeit jeden menschlichen Gesetzes. Deshalb sagt Thomas in bezug auf die Macht des menschlichen Gesetzes ausdrücklich, daß „keines Menschen Weisheit so groß sei, daß sie sich alle einzelnen Fälle ausdenken könnte" (q. 96 art. 6 ad 3). Folglich bleibt menschliches Gesetz immer defizient, sowohl was die Vielzahl der Fälle anlangt als auch bezüglich der Vollkommenheit des Inhalts. Deshalb gibt es für jedes (menschliche) Gesetz Möglichkeit und Notwendigkeit zur Vervollkommnung, zum Wandel, ebenso wie zur Interpretation. Das Recht hat also teil an der Wandelbarkeit des menschlichen Lebens!

Bedeutung des Gesetzes
Die Bedeutung des Gesetzes liegt in seiner ordnenden, helfenden und schützenden Funktion für das *Gemeinwohl.*Das Gesetz allgemein, zu dem auch das Gesetz der Kirche gehört, denn es ist von Menschen erlassen worden, dient dem „bonum commune", dem menschlichen Gemeinwesen.

Wie kein anderer Theologe seiner Zeit und wie nur wenige vor und nach ihm hat Thomas ein ursprüngliches Gespür sowohl für die Sozialfunktion des Rechts als auch für Recht und Gerechtigkeit an sich gezeigt. Der Aquinate hat als einer der ersten eine moderne Begriffsbestimmung des Gesetzes gegeben, die frei ist von theologischem Pathos und philosophischer Unbestimmtheit. Präzise bestimmt er das Gesetz als eine *„ordinatio rationis ad bonum commune ab eo qui curam communitatis*

[2] Vgl. J. Neumann, Bedeutung und Begrenzung des Rechts bei Thomas von Aquin: ZEvKR 23, 1978, 7—28.

habet, promulgata" (vernünftige Anordnung zum allgemeinen Wohl, von demjenigen, der verantwortliche Sorge für [jene] Gemeinschaft hat, erlassen).

Es mutet wie ein Urteil an, daß alle modernen Gesetzgeber einschließlich der kirchlichen bisher unfähig waren bzw. es nicht wagten, das Wesen ihrer Normen zu definieren und so ihre Bedeutung, ihren Ursprung und ihre Grenze zu benennen. An diesem Mangel leidet auch das kanonische Recht, das bekanntlich eine Begriffsbestimmung für das Gesetz nicht kennt.

Gesetz als Anordnung der Vernunft

Das Gesetz ist Anordnung der Vernunft, denn diese ist Ordnerin von allem, was auf den Menschen Bezug hat (q. 94 art. 2 ad 3). Darum kann der Mensch ein Gesetz nur darüber geben, worüber er zu urteilen vermag (q. 91 art. 4). Wenn Thomas auch unter „ratio" hier die Teilhabe an der göttlichen Vernunft meint, so wissen wir doch — und Thomas würde das am allerwenigsten leugnen — daß eines jeden Menschen Vernunft begrenzt ist und folglich auch ihre Frucht, die „ordinatio rationis", stets der Verbesserung und Anpassung an die sich jeweils wandelnden Gegebenheiten bedarf und dazu fähig ist. Denn das ist gerade die Aufgabe des Gesetzes, daß es konkret und somit abhängig von der je vorfindlichen Wirklichkeit ist. Darum sagt der Aquinate (q. 91 art. 4), daß die menschliche Vernunft aus den Weisungen des natürlichen Gesetzes, als einer Art allgemeiner und unbeweisbarer Prinzipien, notwendig hervorgehe und für die mehr ins einzelne gehenden Fragen die jeweiligen Verfügungen zu treffen habe. Das Gesetz ist also stets konkret ordnende Vernunft.

Ein Gesetz, das nicht vernünftig ist und somit den Rechtsgenossen nicht rational einsichtig gemacht werden kann, verdient nach Thomas diesen Namen nicht! Sachbezogene Vernünftigkeit und nicht ideologische Tendenzen, das Gewicht der Argumente und nicht wortreiche Spekulation geben also einer Norm den Charakter eines vernünftigen Gesetzes, einer „ordinatio rationis". Der Aquinate, aufgewachsen im geistigen und politischen Bannkreis Friedrichs II. — des ebenso idealistischen wie rationalistischen Staufers, der mehr Sinn für Ordnung als für Macht hatte und der scheiterte, weil er an die Vernünftigkeit von Ideen glaubte —, dieser Thomas also versteht das Gesetz wie seine Epigonen der Aufklärung als „ratio scripta"! Obwohl die Aufklärung nur wieder neu dachte, was der ihr weithin wenig bekannte Vasalle des großen Staufers vorgedacht hatte, schuf gerade diese Zeit Gesetze, die teilweise heute noch gelten und die auf jeden Fall Vorbilder für eine präzise Gesetzgebung bis auf den heutigen Tag sind. Die Deutung des Gesetzes als „ratio scripta" in dieser strengen Form ist Geist und Vermächtnis des Thomas an die Neuzeit.

Gesetz dient dem Gemeinwohl

Ein Gesetz muß erlassen sein 'ad bonum commune'. Und das will besagen: Es dient weder dem Schutz der besitzenden noch der abhängigen Klasse, es dient allen. Es verlangt Macht zu seiner Durchsetzung, darf aber nicht als Instrument der

Macht mißbraucht werden. Vielmehr hat es dem Frieden zu dienen (q. 96 art. 3). Die Ausrichtung auf das Gemeinwohl ist für Thomas wesentlicher Bestandteil dieses Begriffes; so sehr, daß ein Gesetz, welches nicht das Wohl aller intendiert, sondern eine Gruppe begünstigt, ein ungerechtes, willkürliches und damit ein nicht verpflichtendes Gesetz wäre! Thomas ist nicht naiv genug, die Entscheidungen darüber der Willkür des einzelnen zu überlassen, doch ganz sicher ist für ihn ein Gesetzgebungsverfahren nach dem Gießkannenprinzip ebenso ungerecht wie eines nach den Grundsätzen des modernen Lobbyismus! Der Verfall unserer gegenwärtigen Gesetzgebungspraxis wird im Spiegel der Lehre des Aquinaten offenkundig und notorisch!

Unter ausdrücklichem Rückgriff auf ISIDOR VON SEVILLA (q. 95 art. 4) und indirekt auf Aristoteles differenziert Thomas die Autoritäten menschlicher Gesetzgebung in das *Königtum,* in dem einer regiert, sodann in die *Aristokratie,* in welcher die Besten oder die Bestgesinnten (optimorum vel optimatum), nämlich die Vernünftigsten bestimmen, weshalb man diesbezüglich auch von „responsa prudentum" und dem „senatus consultus" rede. Die dritte mögliche Leitungsform ist für ihn die *Oligarchie,* die Herrschaft einiger weniger Reicher und Mächtiger. Der Wortwahl des Aquinaten mag man an dieser Stelle anmerken, daß er dieser Gruppe wenig Sympathien entgegenbringt. Dann gibt es schließlich die *Demokratie,* in der die Volksbeschlüsse, „plebiscita", entscheiden.

Als letzte, gänzlich verderbte Herrschaftsform nennt er schließlich die *Tyrannis,* in der man nicht von Gesetz und Recht sprechen kann, weil hier nur die Willkür regiert, es aber nicht Normen nach Recht und Gerechtigkeit „ad bonum commune" gibt. — Aber, so schließt Thomas diese Überlegungen, es gibt endlich auch die Möglichkeit einer Regierung, die aus diesen Formen gemischt ist: quod est optimum = das ist die beste!

Für Thomas ist also eine Norm, die nicht — wenigstens indirekt — dem Wohl aller dient, keine „lex iusta"!

Und ein weiteres: In der q. 96 art. 2 sagt Thomas, daß es *nicht Aufgabe eines Gesetzes* sein könne, *alle Laster* zu tilgen. Denn vieles sei an nicht vollkommenen Menschen zu dulden, was an tugendhaften nicht zu ertragen wäre: „... multa sunt permittenda hominibus non perfectis virtute, quae non essent toleranda in hominibus virtuosis." — Was durch das Gesetz verhindert werden muß, sind solche Taten, ohne deren Verhinderung die menschliche Gemeinschaft nicht gewahrt werden könnte. Darum muß vor allem dem Mutwillen, der Willkür (audacia) gewehrt werden (q. 96 art. 2 ad 1). Nicht also alles, was gut und wünschbar, tugendmäßig und vollkommen ist, muß, ja darf zur gesetzlichen Norm erhoben werden, sondern nur das, was möglich und was um des Gemeinwohls willen notwendig erscheint. Approximation also an das Sittengesetz soweit möglich, Opportunität der Situation und Notwendigkeit um des Gemeinwohls willen sind die Kriterien für eine vernünftige Gesetzgebung. Aber auch diese muß mit Klugheit geschehen; non subito, sed gradatim, nicht plötzlich, sondern schrittweise. Man wünschte, der staatliche Gesetzgeber, aber auch seine eilfertigen und rigiden Kritiker würden die Grundsätze des Aquinaten kennen und beherzigen!

Legitimität und Legitimation des Gesetzgebers

Die Teilbestimmung, *ab eo qui curam communitatis habet*, hat mit unserem Thema, der Frage nach Bedeutung und Begrenzung des Rechtes, nur mittelbar etwas zu tun; deshalb soll diese wichtige Feststellung nur unter dem Gesichtspunkt der Legitimität des Gesetzgebungsvorgangs und der Legitimation des (jeweiligen) Gesetzgebers dargestellt werden.

„Qui curam habet" meint denjenigen, der die Verantwortung trägt. Es geht Thomas also nicht um den — auch in der Demokratie soviel berufenen — Souverän, sondern um den, der die Verantwortung für das Ganze trägt. Das kann ein allein regierender Mensch ebenso sein wie ein oligarchisch-aristokratisches Gremium oder eine parlamentarisch-demokratisch organisierte Mehrheit; für den Aquinaten ist entscheidend, daß sich der wie immer geartete Hoheitsträger verantwortlich weiß für alle, für das „bonum commune" und sich nicht nur einer bestimmten Gruppe verpflichtet fühlt. Nur derjenige, der eine solche Verantwortung überhaupt auf sich zu nehmen und durchzuhalten in der Lage und willens ist, kann für Thomas als legitimer Gesetzgeber gelten.

Es ist schließlich nicht belanglos, daß Thomas sagt, „qui curam habet" und nicht „qui potestatem habet". Zwar sieht auch er Macht und Verantwortlichkeit, Herrschaft und Beauftragung in engem Zusammenhang, doch weiß er sie zu differenzieren. Das Entscheidende ist die Verantwortlichkeit in der Sorge für die anderen; dies, und dies allein, gibt für Thomas jemandem die Qualifikation, Gesetze zu erlassen, als Gesetzgeber Autorität zu beanspruchen und das Recht, als Richter zu urteilen. — Freilich, es hieße ein anachronistisches und unwahrhaftiges Bild von der thomasischen Lehre zu entwerfen, wollten wir verheimlichen, daß für Thomas zunächst einmal Kaiser und König, Papst und Fürsten, Bischöfe und Obere die gottgesetzten, Gehorsam erheischenden Autoritäten sind. Immerhin wird hier die Legitimationsfrage deutlich angesprochen!

Die Promulgation

Das Erfordernis der öffentlichen Verkündung steht endlich in wesentlichem Zusammenhang mit der Frage nach der Bedeutung des Rechts. Wenn nämlich die Rechtsordnung dem „bonum commune" dient und wenn sie einerseits Richtschnur für das menschliche Handeln und andererseits zwingende Kraft sein soll (q. 96 art. 5), dann kann in einer Gemeinschaft von Rechtsgenossen nur das als für alle verbindlich und von allen jedermann gegenüber zu respektierende Norm gelten, was allen bekannt ist, ja was letztlich von allen akzeptiert wird. Denn der Wille der Guten steht, so meint Thomas, grundsätzlich mit dem Gesetz in Einklang. Für ihn steht fest, daß es ein Naturrecht gibt, das als solches konkret formuliert werden kann. Da Recht immer konkret sein muß, besitzt für ihn Naturrecht notwendig stets einen konkreten Inhalt. Von daher ist bei ihm eine eigentümliche Umkehrung der Begriffe zu beobachten, insofern das Gesetz die allgemeinen Normen bestimmt und das Recht diese Normen in der konkreten Situation, hier und jetzt, um der

Gerechtigkeit willen anzuwenden hat. Das Gesetz beinhaltet danach mehr die allgemeinen Grundsätze, während das Recht als Fall-Gerechtigkeit die Verwirklichung des allgemeinen Gerechten im Einzelfall darstellt (q. 52 art. 2). So unterstreicht die Notwendigkeit der Verkündung des Gesetzes nicht nur den Sozialbezug der Rechtsordnung, sondern weist auch auf seine Bedeutung hin, nämlich die Beziehung der Menschen zueinander durch die Festsetzung von Rechten und Anrechten, denen Pflichten korrespondieren, zu sichern und dadurch dem Frieden, weil der Rechtssicherheit und der Vorhersehbarkeit der Rechtsfolgen zu dienen.

Recht als Beziehungsordnung

Das *Recht* erweist sich als *Beziehungsordnung zwischen Personen.* Mit seiner Definition des Gesetzes hat Thomas nicht nur das von Menschen für Menschen erlassene Gesetz, als „lex hominum", deutlich und wesentlich ebenso von der „lex aeterna" wie von der „lex naturalis" abgegrenzt, sondern auch seine Aufgabe eindeutig formuliert, nämlich die zwischenmenschlichen Beziehungen nach den Grundsätzen der Gerechtigkeit zu regeln. Davon handelt er ausführlich in der ›Secunda Secundae‹. Die Bedeutung des Rechts als Funktion der Gerechtigkeit ist stets konkret und liegt darin, „daß sie den Menschen in jenen Dingen ordnet, die den anderen angehen" (II—II q. 57 art. 1). Ein solcher Ausgleich unter den Rechten der Menschen besteht aber immer nur in bezug auf einen anderen, „deshalb besteht auch das Recht, das im Werk der Gerechtigkeit in Frage steht, ... stets in bezug auf einen anderen" (ebd.).

Das wichtigste Problem, das damit ebenfalls angesprochen ist, nämlich die Frage nach Unterscheidung und Bezug zwischen „Recht" als gesatzter Norm und dem, was gerecht ist, müssen wir hier übergehen. Immerhin dürfen wir festhalten, daß für Thomas das Recht — und zwar als jeweils konkrete Normenordnung — einen Ausgleich zwischen verschiedenen Personen auf der Grundlage der Gerechtigkeit darstellt. Der Aquinate geht dabei davon aus, daß der Mensch aus dem, was überhaupt als Recht bezeichnet werden darf, die allgemeine Realbestimmung des Rechtes zu gewinnen vermag.

Nur am Rand sei hier noch darauf hingewiesen, daß der Philosoph aus Königsberg, Immanuel Kant, eben diesen Ansatz wieder aufgegriffen hat, wenn er sagt, das Recht sei der Inbegriff der Bedingungen, unter denen die Willkür des einen mit der Willkür des anderen nach einem allgemeinen Gesetz der Freiheit zusammen vereinigt werden könne.[3]

Nach Thomas darf auch nicht das individuelle „Wertempfinden" für das Verhalten des einzelnen ausschlaggebend sein, sondern allein die *äußerlich objektiv* geregelte Beziehung zwischen den Menschen. Die im Gesetz sich ausdrückende Gerechtigkeit ordnet den Menschen im Blick auf den anderen. Es geht also weder um eine abstrakte Gerechtigkeit noch um das Einzelsubjekt ohne Bezug auf das Du, sondern eben gerade um die Ordnung des Verhältnisses eines Menschen zum anderen, und zwar in ganz bestimmten Ordnungsrelationen, die von der Gerechtigkeit geprägt

[3] I. Kant, Werke Bd. IV (Ed. Weischedel), 337.

sind (q. 58 art. 2). *Die Rechtsordnung als Ordnung des Ausgleichs zielt somit auf den Frieden.* Deshalb hält Thomas auch die Definition des Aristoteles (im 5. Buch der ›Ethik‹), wonach die Gerechtigkeit ein „habitus" sei, auf Grund dessen jemand das Gerechte vollbringt oder vollbringen will, für angemessener als jene des Ulpian, der sie als anhaltenden und festen Willen deutet, jedem das Seine zu geben (q. 58 art. 1).

Grenze des Rechts

Damit aber sind wir zur Frage nach der Begrenztheit und der Grenze des Rechts gekommen: Wir wissen heute, daß des Menschen Gerechtigkeit und seine Rechtsordnung sowohl formal als auch inhaltlich begrenzt sind. Aus den sich daraus ergebenden vielfältigen Fragen sollen zum Schluß nur zwei herausgegriffen werden, die auch unter kirchenrechtlichem und theologischem Aspekt wichtig und bei Thomas — wenigstens mittelbar — angesprochen sind: Die Frage nach dem „göttlichen Recht" und der konkreten Verwirklichung des Gerechten.

Man wird sicher in die Irre gehen und Thomas total mißdeuten, wollte man aus seinem Grundsatz, wonach das Recht jene Bereiche ordne, die die anderen Menschen angehen, folgern, es gäbe keine verpflichtende Ordnung Gott gegenüber. Im Gegenteil, diese Urrelation ist für Thomas die Grundlage allen Rechts und der Quell der verpflichtenden Kraft und des sittlichen Anspruchs einer jeden menschlichen Ordnung. Was aber Thomas in der quaestio 57 (art. 1 ad 3) über die *lex divina* sagt, soll hier nicht unerwähnt bleiben: Da Gott nicht auf einer gleichen (Rechts-)Ebene mit dem Menschen stehe, könnten wir Menschen ihm auch keinen ausgleichenden Gegenwert bieten, ihm folglich nicht das Rechte zurückgeben (non possumus reddere — justum — Deo). Deshalb sei in der Beziehung zwischen Gott und Mensch nicht von „göttlichem Recht" zu reden, sondern von „Herkommen", denn es genüge Gott, wenn wir tun, was wir können. Sprachlich greift er damit auf ISIDOR und indirekt auf das *römische Recht* zurück. Der Sache nach ist jedoch damit eine doppelte *Begrenzung* impliziert: die *äußere,* insofern der Anspruch Gottes weder von der Sache noch vom Vermögen und der Qualität des menschlichen Gesetzgebers her adäquat formulierbar ist. — Der *inhaltlichen* Seite nach ist die Begrenzung dadurch gegeben, daß der Anspruch Gottes an den Menschen zum einen eben nicht ein Ausgleichsverhältnis darstellt und zum anderen Gott dem Menschen „ins Herz zu schauen vermag", also die Dimension der unmittelbaren und unentrinnbaren Verantwortlichkeit des Menschen zum Tragen kommt. Hier beginnt somit jener Bereich, wo menschliche Gesetzgebung ebenso wie menschliche Judikatur notwendig an ihre Grenze gelangen.

Doch noch auf eine andere Form sowohl der Begrenzung als auch der Begrenztheit des Rechts hat Thomas hingewiesen, nämlich auf die Schwierigkeit, das Gerechte durch den Menschen am Menschen konkret und angemessen zu verwirklichen: Er sagt deshalb, daß die Rechtsprechung — also die wesentliche und notwendige Verwirklichung des Rechts — die Bestimmung und Umgrenzung des Gerechten und des Rechts in sich enthalte (definitionem vel determinationem justi sive juris) (q. 60 art. 1). Denn das Recht hat es notwendig — nur — mit äußeren Handlungen zu tun: „Die Materie der Gerechtigkeit ist die äußere Handlung (operatio exterior), sofern sie oder die Sache, die wir bei ihr gebrauchen, in einem bestimmten Verhältnis zu einer anderen Person stehe" (q. 58 art. 11). Da bei der Rechtsprechung das Urteil ein Akt der Vernunft ist (q. 60 art. 1 ad 1), reicht die von Menschen verwaltete Ordnung des Rechts nur so weit wie ihre Vernunft. Das gilt nicht nur hinsichtlich der Art und des Umfangs der in Rede stehenden Handlung, sondern auch bezüglich sowohl der Umstände als auch der konkreten Fassung des Gesetzes. Thomas gibt deshalb zu, daß in manchen Fällen auch die ordnungsgemäß erlassenen Gesetze (leges quae sunt recte positae), wenn sie beachtet würden, gegen das „ius naturale" verstoßen können, dann nämlich, wenn die vom Gesetz angenommenen Voraussetzungen im konkreten Fall nicht zutreffen. In einem solchen Fall würde auch der Gesetzgeber anders urteilen und das Gesetz anders festgelegt haben (q. 60 art. 5 ad 2). So wird also jegliche Setzung einer Rechtsordnung durch den Menschen und ebenso deren Anwendung durch die Begrenztheit des Menschen, seiner Vernunft, seiner Einsichtsfähigkeit und seines Willens beeinträchtigt.

Weil das Recht stets der Anwendung und das sittliche Gebot der Konkretion durch die gesetzliche Norm bedürfen, beides aber durch Menschen geschehen muß, ist jedes menschliche Recht ebenso wie seine Anwendung unvollkommen und kann sich — als positive Norm — nicht auf unwandelbare Grundsätze oder immerwährende Gebote berufen. Das gilt auch für kirchliche Normen. Nur in dieser Ungesichertheit und dem Verwiesensein auf die Anstrengung der dem Irrtum ausgelieferten menschlichen Vernunft vermag das Gesetz *humanes Recht* zu sein, weil es sich seiner Grenzen bewußt und somit vor Überheblichkeit gefeit ist.

1.1.3. Entwicklung des Rechts

Weil das kanonische Recht sich selbst als Rechtsordnung, wenn auch als Recht eigener Art, versteht, mag es nicht nur erlaubt, vielmehr notwendig sein, in knappen Zügen die Entwicklung der allgemeinen Rechtsidee und der Organe ihrer Verwirklichung zu umreißen sowie nach dem Sinn des Rechts überhaupt zu fragen. Denn wenn kanonisches Recht Recht im eigentlichen Sinn sein will, dann muß es sich vergleichen lassen mit jenen konkreten Darstellungen und Verwirklichungen der Rechtsidee, die in dem gleichen geistigen und geographischen Raum entstanden und gegenwärtig sind. Die *abendländische Freiheitsidee* ist ebenso wie die *Staatsidee* nicht denkbar ohne den Rechtsgedanken, wie er seit den Sophisten, über Platon und Aristoteles, das europäische Denken und Handeln bestimmt hat. Das kirchliche Recht ist von diesen Ideen wesentlich bestimmt; umgekehrt hat es seinerseits die Vorstellungen vom gerechten Recht maßgeblich mitgeprägt. Sowohl die „weltlichen" als auch die „geistlichen" Rechtsordnungen der europäischen Welt gründen auf der nämlichen Rechtsidee; sie sind insofern voneinander abhängig. Sicherlich gibt es in der konkreten Ausgestaltung vielfältige formale Unterschiede und materiale Verschiedenheiten, doch im Verständnis des Wesens wie in den formalen Grundsätzen besteht die Gemeinsamkeit gleicher Abstammung. Ohne diese Gemeinsamkeit wäre eine rationale Kommunikation nicht möglich. Darum geht der Hinweis fehl, das kanonische Recht sei ein Recht eigener Art, weshalb es mit den Maßstäben weltlichen Rechts nicht gemessen werden könne. Es ist vielmehr das Charakteristikum der *abendländischen Entwicklung* in Theologie und Kirche, daß sie in einem *Prozeß der Rationalisierung* und in *wechselseitiger Kommunikation* zur *politischen Gesellschaft* ebenso wie zur traditionellen *Philosophie* verlaufen ist. Wenn man den häufig strapazierten und oft mißbrauchten Begriff verwenden will, kann man sagen: Durch die Rezeption nicht nur der abstrakten Rechtsidee, sondern auch der konkreten formalen Rechtstrukturen vollzog sich in gewisser Weise die Säkularisierung des Christentums wie umgekehrt der Rechtsgedanke eine neue, wenn auch „verweltlichte" sakrale „Weihe" empfing.

Auch *kanonisches Recht* hat, insofern und weil es Recht ist, die Verwirklichung der zwischenmenschlichen Gerechtigkeit zum Ziel. Das schließt nicht aus, daß seine Verfassung nach anderen materialen Grundsätzen strukturiert ist als vergleichbare weltliche Ordnungen. Hinsichtlich der formalen Grundsätze jedoch unterliegt es den Forderungen der allgemeinen Rechtsidee. Wäre dem nicht so, würde es den Anspruch, Recht im Sinne der abendländischen Tradition zu sein, verwirken, es wäre dann eine religiöse Ordnung eigener Art wie jene des Talmud oder des Korans, die mit dem europäischen Rechtsdenken nicht mehr kommunikabel ist, weil sie von anderen Maximen ausgeht. Das wäre möglich, liegt jedoch tatsächlich nicht in der Tradition des kanonischen Rechts. Darum ist es, wie gesagt, nicht nur gerechtfertigt, sondern geboten, die Entwicklung der abendländischen Rechtsidee und ihre Institutionalisierung hier zu skizzieren und in den Kontext des kanonischen Rechts hineinzustellen.

Entwicklung

Recht[4] — im weiten Sinn — findet sich zunächst überall dort, wo Herrschaft geordnet, d. h. nach bestimmten Regeln ausgeübt bzw. die Verhältnisse unter den Rechtsgenossen geregelt werden. Solche Herrschaftsansprüche werden in der Regel durch Machtmittel garantiert und mit Strafen sanktioniert. Dabei liegen jeder „Rechtsordnung" bestimmte Leitvorstellungen zugrunde: Beispielsweise die Erhaltung der Macht des eigenen Stammes, die Sicherung der Vorherrschaft eines bestimmten Anführers, einer Familie oder Gruppe oder Ideologie und die Gewährleistung des Friedens innerhalb der Gruppe. Auch das Verhältnis zu den Fremden kann ebenso geregelt sein, wie bestimmte Taten (etwa Totschlag von Stammesgenossen, Heirat außerhalb des eigenen Stammes u. a.) mit Strafen sanktioniert sind. Diese können sehr verschieden sein und vom Verspotten bis zur Tötung reichen.

[4] Leser, die an einem umfassenden Überblick über die Entwicklung des Rechts interessiert sind, seien verwiesen auf das informative und gut lesbare Werk von W. Seagle, Weltgeschichte des Rechts.

In einer späteren Entwicklungsstufe wurden Eigentums-, Erb- und Vertragsformen ebenso geregelt wie Nutzungs- und Mitwirkungsbefugnisse sowie bestimmte gesellschaftliche Pflichten.

In allen *archaischen*, d. h. *vor-aufgeklärten Rechtskulturen* werden die Gottheiten als Garanten des Rechts begriffen. Deshalb ist auch ihre kultische Verehrung gesetzlich geregelt. Wenn Urteile „im Namen Gottes“ ergehen, drückt sich darin der Glaube aus, daß im Urteil des (menschlichen) Gerichtes die Gottheit spricht. Die sogenannten „Gottesurteile“ (ordale) sind ebenso wie der religiöse Eid ursprüngliche Formen des archaisch-mythischen Glaubens, die Gottheit spreche direkt und unmittelbar Recht, überführe den Übeltäter und erweise die Unschuld des Schuldlosen.

Die Gottheit also rächt die Freveltat des Ungerechten und tritt gegebenenfalls für den Übervorteilten, den Schwachen und Rechtschaffenen, den Gerechten, ein. Jedes Vergehen gegen die Gottheit forderte unerbittlich absolute Sühne: den Tod des Übeltäters. Der Grundsatz „Aug um Aug, Zahn um Zahn“ (im sog. ius-Talionis gem. Ex 21, 23 ff.; Lv 24, 19), den wir im Alten Testament, aber auch in anderen alten Rechtsordnungen finden, stellt einen erheblichen Fortschritt der Rechtskultur dar. Auf diese Weise wurde das Ausmaß der Rache begrenzt und in ein entsprechendes Verhältnis zum erlittenen Unrecht gesetzt; sie lag nicht mehr im willkürlichen Belieben des individuellen Rachedurstes. Damit war ein erster Schritt zu einer abstrakten Rechtsordnung mit formalisiertem Verfahren getan.

Die *Römer* verstanden das ius als Weise, die dem einzelnen römischen Bürger ermöglichte, zu seinem individuellen Recht zu kommen. Allerdings dürfte sich auch der römische Begriff „ius“ von einer ursprünglich konkreten Feststellung der Rechtmäßigkeit eines *privaten* Zugriffsaktes auf eine Person oder Sache zu dem in verschiedenen Bedeutungen gebrauchten abstrakten Begriff entwickelt haben. Doch noch in der späten Zeit des römischen Rechts mangelte den Sklaven, aber auch den Frauen und Kindern, die Rechtsfähigkeit oder war sie wenigstens beschränkt. Dennoch erkannte das römische Recht der Kaiserzeit sowohl den Sklaven als erst recht auch den (unmündigen) Kindern und Frauen den *Personcharakter*, den die hausherrliche Gewalt des pater familias zu achten hatte, zu: Auch diejenigen, die nicht (volle) Rechtsfähigkeit besaßen, waren gleichwohl nicht (völlig) rechtlos; dadurch unterschieden sie sich von einer rechtlosen Sache (res). Entsprechend seiner Herkunft aus dem Streitverfahren um private (Vollstreckungs-)Rechte meint der Begriff *ius* ursprünglich das konkrete Recht des Bürgers. Erst im Lauf der Zeit wird es auch zur Bezeichnung für die gesamte Rechtsordnung. Noch die Digesten verstehen es als „ars boni et aequi“ (die Kunst der Verwirklichung des Guten und Billigen im Sinne des Gerechten).

Wahrung des Rechts

Am *römischen Recht* wird deutlich, wie sich eine Rechtsordnung aus ihren privatrechtlichen Anfängen purer Interessen- und Machtverteidigung zur Ordnung öffentlicher, ja schließlich staatlicher Angelegenheiten entwickelt. Der (römische) Kaiser ebenso wie (später) der germanische Stammeskönig wachsen in die Rolle der Wahrer des Rechts hinein. Sie sprechen im Namen der Gerechtigkeit, auf der ihre auctoritas gründet, Recht. Der Gesetzgeber war zugleich höchster Richter und letzte Gnadeninstanz. Sein Spruch war endgültig, wie er andererseits selber keiner individuellen Gewalt unterworfen war und (in späterer Zeit) niemandem Rechenschaft schuldete. Die Fülle der Macht des Reiches war in seiner Person gebündelt. Dennoch war der bei Ulpian (gest. 223 n. Chr.) ausgesprochene Grundsatz, daß der „princeps legibus solutus“ sei (Digesten 1, 3, 31), zunächst nur auf zivilrechtliche Vorschriften bezogen. In der späten Kaiserzeit galt dann zwar der Grundsatz von der allgemeinen Freiheit des Kaisers von den eigenen Gesetzen, doch vermieden es die Kaiser mit Rücksicht auf die öffentliche Meinung nach Möglichkeit, gesetzeswidrig zu handeln. Andererseits wird nun diese rechtliche Ungebundenheit und Präponderanz des kaiserlichen Herrschaftsanspruchs ideologisch zu rechtfertigen gesucht. Der Kaiser hätte seine umfassende auctoritas aufgrund seiner überragenden Tüchtigkeit. Den Kranz der dem Kaiser *zukommenden* (also nicht bloß wünschbaren!) Tugenden hatte die griechische Philosophie, insbesondere die Stoa, geflochten: Virtus, clementia, iustitia und pietas (besondere Tüchtigkeit, nachsichtige Milde, unbestechliche Gerechtigkeit und Gehorsam gegenüber den Gottheiten). Je mehr der Herrscher aus seiner gesellschaftlichen Einbindung, nämlich an Senat und Adel, herausgelöst wurde, desto eher wandelten sich sowohl seine Stellung als auch seine Funktion vom Ersten (princeps) zum (absoluten) Herrn (dominus, kyrios).

Das *germanische Kaisertum* zu Ende des achten Jahrhunderts übernahm grundsätzlich diese Idee des alle Bereiche umfassenden römischen Kaisertums. Doch wie in der frühen Zeit des Prinzipats war die Macht des Kaisers hineingebunden in die Macht der Fürsten. Sie war ihr hellster Glanz und ihr strahlendster Ausdruck. In den Auseinandersetzungen des elften und zwölften Jahrhunderts mit dem Papsttum mußte das Kaisertum allerdings nach und nach auf den religiös-kirchlichen Bereich, und damit auf einen wesentlichen Teil der bisherigen Einheit der staatlichen Rechtsordnung, verzichten. *Die Emanzipation der kirchlichen Herrschaft von der weltlichen bedeutete zugleich auch die Säkularisierung des weltlichen Rechts.* Noch allerdings blieb die kaiserliche Gewalt eingebunden in die Lehensverfassung des Reiches, die dem Kaisertum ebenso eine Grenze setzte wie dem Unabhängigkeits- und Absolutheitsstreben der Regionalfürsten. Das Recht stand also im Dienste des Friedens und der Einheit. Das Recht der Feudalzeit war das Recht der Gleichen, die ihren Untertanen als Schutzgenossen Gesetze gaben und Recht über sie sprachen und mittels des Rechts sie beschützten. So jedenfalls wollte es das Ideal. Herrschaft und Recht deckten sich idealtypisch.

Als jedoch nach dem *Dreißigjährigen Krieg* im siebzehnten Jahrhundert die ausgleichende Macht der Zentralgewalt des Kaisertums geschwächt war, erhoben sich die einzelnen Fürsten zu „absoluten" Herrschern, da sie ihre Macht weder vom Kaiser noch vom Kollegium ihrer Standesgenossen begrenzt oder kontrolliert glaubten. Sie hielten sich für Herrscher „von Gottes Gnaden" und meinten (höchstens) Gott Rechenschaft schuldig zu sein. Das Volk als solches war nur Rechtsobjekt, Gesetze empfangende, dem Souverän gegenüber rechtlose Masse; denn die alten genossenschaftlichen oder feudalen Rechte waren entweder verfallen oder wurden zerschlagen. Ließ der Landesherr einem Untertan das zukommen, was ihm nach den Grundsätzen der Gerechtigkeit zustand, tat er nicht seine Pflicht, sondern erwies er eine Huld, erteilte er ein *Privileg*. Das Gesetz — und damit weithin auch das Recht — diente jetzt größtenteils nur noch der Durchsetzung und Aufrechterhaltung der (fürstlichen) Macht.

Es scheint allerdings ein „Gesetz" der Welt zu sein, daß extreme Zustände auch Material und Rüstzeug für ihre Überwindung liefern. Jenes Zeitalter ist nämlich auffallend mit Denkern gesegnet, die die geistigen Grundlagen für das moderne Recht schufen und die, auf der abendländischen Rechtstradition aufbauend, seine Ideale formulierten. Es sei nur erinnert an: VITORIA (1493—1548), GROTIUS (1583—1645), BODIN (1529—1586), HOBBES (1588—1679), LOCKE (1632—1704), PUFENDORF (1632—1694), MONTESQUIEU (1689—1755), ROUSSEAU (1712—1778), SIEYES (1748—1836) und KANT (1724—1804).

Der moderne Staat als Träger und Wahrer des Rechts

Der fürstliche Absolutismus wurde abgelöst durch den modernen Verfassungsstaat. In ihm soll das Recht nicht mehr in erster Linie der Durchsetzung (fürstlicher) Herrschaft, sondern dem Schutz sowohl des Staates als auch der Bürger vor jeglicher Willkür (sei es der Gewalthaber oder der Individuen) dienen. Er ist seinem Ideal nach vor allem ein *Rechtsstaat,* d. h. Gesetz und Recht sollen in ihm dergestalt herrschen, daß nicht nur alle Rechtsgenossen, also auch die Regierenden, gleicherweise unter dem Gesetz stehen, sondern auch alle den Schutz des Rechts genießen. Für Aristoteles bereits (Nikom. Ethik VIII) war Recht das, was den Gesetzen und der Gleichheit entspricht; umgekehrt war das ungerecht, was damit in Widerspruch steht. Daraus folgerte er, alles Gesetzmäßige sei in gewissem Sinn gerecht, denn in der Gerechtigkeit sei jegliche Tugend beschlossen, weil sie ihre Anwendung in bezug auf den Mitmenschen sei.

Unabhängige Gerichte und ein lückenloser Rechtsschutz sollen die Unverletzlichkeit der gesetzlichen Rechte des Individuums ebenso garantieren wie die gesetzlichen Rechte des Staates. Wenn auch die Idee von „der Herrschaft der Gesetze" weder in allen Staaten vollkommen noch gleichmäßig verwirklicht ist, bildet sie doch die ideale Leitvorstellung, an der nicht nur die Bürger ihr Staatswesen messen, sondern an der auch jeder Staat den anderen mißt, wie er seinerseits daran gemessen wird. Auf der Grundlage der Gerechtigkeit als dem principium iuris dient das Recht der Freiheit der Bürger, indem es Ordnung schafft, Frieden sichert und Konflikte ebenso wie Herrschaftsakte formalisiert und dadurch kontrollierbar zu machen sucht.

Folgerung für das kanonische Recht

Wenn das kanonische Recht eine wirkliche *Rechts*ordnung sein und als solche heute ernst genommen werden will, muß es sich an den Ideen und mit den Maßstäben des modernen Verfassungs- und Rechtsstaates messen lassen. Das Argument, es handle sich dabei um eine Rechtsordnung „eigener Art", eine „von Gott gestiftete Satzung", ist eine ideologische Schutzbehauptung, die als solche weder bewiesen noch widerlegt werden kann. Sie würde das kanonische Recht lediglich der wissenschaftlichen Diskussion entziehen und ihm das Ansehen einer wirklichen *Rechts*ordnung rauben.

1.1.4. Im Dienste der Rechtsidee: Gesetzgebung — Rechtsprechung — Verwaltung

Gegen den zum Gesetz verdichteten Willen des Mon-archen setzte die Moderne die Forderung nach Trennung der staatlichen Gewalten,[5] damit die eine die andere kontrollieren, begrenzen und dadurch der Willkür (des Herrschers bzw. der Macht-

[5] Ch.-L. Montesquieu (De l'esprit des lois [1734]) führt John Lockes Theorien weiter, rationalisiert sie und gelangt zu einer Idealverfassung, die in der Mitte zwischen richtiger Beschreibung der damaligen englischen Verhältnisse und einer Utopie stehen mag: „Legislative, Exekutive, Judikative, diese drei Funktionen müssen auf drei Machtträger verteilt werden, sonst wird ein einzelner oder eine Körperschaft zu mächtig und vernichtet die Freiheit. Die Gesetzgebung soll von einer Volksvertretung und einem Oberhaus, das dem Adel reserviert ist, ausgeübt werden. Die Volksvertreter sollen an Aufträge und Weisungen nicht gebunden sein. Dem Monarchen obliegt die Ausführung der Gesetze und die Ausübung der auswärtigen Gewalt. Die Gerichte, da ihre Urteile den der Willkür stärker ausgesetzten Einzelnen und nicht die Gesamtheit treffen, müssen sie unbedingt unabhängig und in ihrer Rechtsprechung an das Gesetz gebunden sein. ..." (B. Falk, Montesquieu: Klassiker des politischen Denkens. Zweiter Band, 70.)

haber) wehren könne. Der dominante Gedanke ist dabei der, daß „die Gesetze herrschen" sollen, nicht der willkürliche Machtspruch eines Mächtigen. Diese Forderung war, als sie zuerst laut wurde, nichts weniger als eine Revolte gegen die Herrschaft derer, die sich „von Gottes Gnaden" mit der Fülle der Souveränität, also der Fülle aller Gewalt ausgestattet glaubten.

Die Forderung, das Volk müsse für das Volk Gesetze erlassen, wurde theoretisch unterschiedlich begründet; allen Forderungen jedoch lag der Gedanke zugrunde, daß auf diese Weise willkürliche Machtausübung begrenzt und die Gesetzgebung am Gerechten ebenso wie am Guten und Notwendigen orientiert sein solle. Die Industrialisierung mit ihrer Kapitalakkumulation und der beginnenden Umschichtung der Bevölkerung, die Veränderung der Produktionsmethoden und der Märkte ließ sehr bald ständische Parlamente obsolet und die Forderung nach *allgemeinen* „Volkswahlen" lauter werden. Denn wenn die Setzung des Rechts beim „Volk" liegt, was ist dann konsequenter als die Forderung, dieses Volk auch am Erlaß der Gesetze, nach denen es leben soll, zu beteiligen. Diese Entwicklung führte zu dem heute in allen demokratischen Staaten selbstverständlichen allgemeinen und gleichen Wahl- und Stimmrecht, bei dem die Stimme eines jeden Wahlbürgers wenigstens theoretisch gleiches Gewicht hat. Die Gleichheitsforderung ihrerseits verlangte sowohl die Herabsetzung des Wahlalters als auch die Einführung des Frauenwahlrechts und des Verhältniswahlrechts, damit jede Stimme grundsätzlich zum Tragen kommen kann.

Für die modern-aufgeklärte Staatsauffassung, die wesenhaft mit dem rationalen Rechtsbegriff verbunden ist, liegt der Grund aller Staatsgewalt beim Volk. Dabei ist es zweitrangig, auf welche Theorie sich der Satz „alle Staatsgewalt geht vom Volk aus" (Art. 20 Abs. II GG) stützt.[6]

Gesetzgebung

Die tatsächlichen Verhältnisse der neuzeitlichen Massendemokratie haben bewirkt, daß der Wille des Volkes nicht unmittelbar (plebiszitär) sich äußern konnte, sondern mittels Wahlen einige beauftragt wurden, die in eigens geschaffenen Institutionen (Parlamente) den Volkswillen repräsentieren. Die Tatsache, daß auf diese Weise der größte Teil der Bürger von der aktiven politischen Mitwirkung, also auch von der Gestaltung der Gesetze und ihrer Anwendung, ausgeschlossen ist, schafft erhebliche tatsächliche und theoretische Legitimationsprobleme.[7]

Bereits in der Theorie gibt es diesbezügliche Schwierigkeiten: Der Wille des Volkes wird durch Mehrheitsentscheidung Gesetz. Nun wird eine Anordnung nicht allein dadurch, daß sie von der Mehrheit beschlossen worden ist, inhaltlich zu

[6] Anstelle der schier unüberschaubaren Literatur zu diesem Thema, die auch den informationswilligsten Leser eher verwirrt und abschreckt denn informiert, sei nur auf die summarisch unterrichtenden und weiterführenden Titel am Schluß dieses Kapitels verwiesen.

[7] Vgl. statt vieler: N. Luhmann, Legitimation durch Verfahren (Lit.).

einem guten und gerechten Gesetz (wie Verfechter des sog. Rechtspositivismus glauben annehmen zu müssen). Die Mehrheit vermag im modernen Staat schon deshalb kein Garant für den Rechtsgehalt eines Gesetzes zu sein, weil die parlamentarische Mehrheit in der Regel die Vorstellung bestimmter politischer Parteien widerspiegelt, denn Massendemokratie ist notwendig Parteiendemokratie. Außerdem stellt sich die Frage, was mit dem Willen der Minderheit geschieht. Geht er in eine Kompromißformel ein oder bleibt er völlig unberücksichtigt? Geschieht das letztere, hat man auch von einer Diktatur der Mehrheit gesprochen, die nicht besser sei als die eines Einzigen.[8] Der demokratische Parlamentarismus ist deshalb von der Einsicht bestimmt, daß die Minderheit nicht nur eines Schutzes bedarf, sondern auch an der parlamentarischen Willensbildung aktiv beteiligt sein muß (politische Funktion der Opposition). Nur wenn das geschieht, kann davon ausgegangen werden, daß die unterlegene Minderheit den Willen der Mehrheit respektiert, wenigstens so lange, bis es ihr auf legalem Weg gelungen ist, selber die Majorität zu erringen.

Damit dieses System funktionieren kann, muß nicht nur eben diese Möglichkeit, daß die Mehrheit wechseln kann, real gegeben sein, sondern es muß den Gesetzen stets auch eine *rational kommunizierbare Plausibilität* eignen. Denn es gibt in einer Demokratie mit unterschiedlichen politischen Parteien und den veschiedensten Interessengruppen keine extrinsische Instanz, die feststellen kann, ob ein Gesetz „gerecht" und „gut" ist. Auch das Institut eines Verfassungsgerichts, das es überdies nicht in jeder parlamentarischen Demokratie gibt, kann nur mit den Maßstäben der Verfassung messen und nicht mit der Elle ewiger Wahrheit. Weil es nun zweifellos schon nicht einfach ist, Einigung darüber zu erzielen, ob ein Gesetz „notwendig" und „sachlich angemessen" ist, muß formale Legalität stets durch materiale Legitimität vermittelbar sein. Der demokratische Rechtsstaat muß deshalb den Gesetzgebungsvorgang — ebenso wie jenen der Rechtsprechung — soweit wie möglich formalisieren, damit nicht nur die Interessen der Minderheiten berücksichtigt werden, sondern auch die Komplexität der Sachverhalte nicht unzulässig reduziert wird und überdies das Ergebnis intrasozial kommunikabel bleibt. Dazu bedarf es der allseitigen Kompromißbereitschaft, die von der Erkenntnis getragen ist, daß menschliches Recht niemals *die* (absolute) Wahrheit auszusagen und deshalb auch nicht *die* volle Gerechtigkeit herzustellen vermag. Es kann bestenfalls *eine* Form der Wahrheit feststellen und versuchen, den berechtigten Interessen aller Betroffenen möglichst gerecht zu werden. Demokratie und mit ihr parlamentarische Gesetzgebung und gesetzmäßige Rechtsprechung ist somit nur dort möglich, wo es politische Kultur gibt. Menschliches Recht befindet sich somit bestenfalls stets auf dem Weg zur Gerechtigkeit.

Rechtsprechung

Der Souverän ist Inhaber aller Staatsgewalt. Folglich erließen die souveränen Herrscher früherer Zeiten, die ägyptischen Pharaonen, die griechischen Könige und Tyrannen ebenso wie die römischen Kaiser, die deutschen Könige und Fürsten der Neuzeit nicht nur Gesetze, sondern waren sie gleichzeitig auch Wahrer von Ordnung

[8] Vgl. die klassische Auseinandersetzung mit den hier nur angedeuteten Problemen bei: H. Kelsen, Vom Wesen und Wert der Demokratie, bes. 53—68.

und Gesetz. Darum lag es ganz im Rahmen der möglichen Rechtsvorstellung, wenn in (den überschaubaren Verhältnissen) der griechischen Polis die Volksversammlung Gesetzgebungsorgan, Verwaltungsbehörde und Gerichtskörperschaft in einem war. Immerhin dürfte die Praxis des Scherbengerichts, der ein Sokrates zum Opfer fiel, daran gemahnen, daß auch die Masse des Volkes nicht davor gefeit ist, willkürlich und rechtswidrig zu entscheiden, wenn nicht die „Herrschaft der Gesetze" absolut ist. Das Wort von den „Volksgerichten" ist in Deutschland überdies ein Synonym für rechtswidrige Gewaltherrschaft geworden. Weil es verführerisch ist, das eigene Gesetz auch anzuwenden und „souverän" Recht zu sprechen, haben die modernen Demokratien — entsprechend dem Grundsatz Montesquieus — die Rechtsprechung, also das Gerichtswesen, in die Hände unabhängiger, nicht weisungsgebundener Richter gelegt, die allein dem Gesetz und ihrem (Rechts-)Gewissen verpflichtet sein sollen. Ja, der moderne Staat ist geradezu ein „Rechtswege-Staat". Das will sagen: Grundsätzlich hat jedermann gegen jeden Akt der öffentlichen Gewalt, sofern er durch diesen in seinen subjektiven Rechten verletzt wird, die Möglichkeit, den Schutz der Gerichte anzurufen. Im Grundgesetz der Bundesrepublik Deutschland gewährleistet Art. 19 Abs. IV diesen Schutz: „Wird jemand durch die öffentliche Gewalt in seinen Rechten verletzt, so steht ihm der Rechtsweg offen. Soweit eine andere Zuständigkeit nicht begründet ist, ist der ordentliche Rechtsweg gegeben. Art. 10 Abs. II Satz 2 bleibt unberührt."[9]

Verwaltung

Der dritte Bereich staatlicher Machtausübung obliegt der Verwaltung. Aufgrund zunehmender Komplexität der politischen und gesellschaftlichen Verhältnisse und der daraus erwachsenden Ansprüche unterschiedlichster Art bedürfen alle institutionalisierten Bereiche, so auch der Staat, einer Verwaltung, die aufgrund der Erfordernisse zunehmend umfassender werden muß. Ohne Bürokratie sind heute weder der Staat noch andere Großorganisationen denkbar. Die Umsetzung politischer Herrschaftsansprüche erfolgt heute fast ausnahmslos durch das Mittel der Verwaltung, die staatliche Bürokratie.

Unter Bürokratie versteht man bewußt geschaffene und planmäßig gesteuerte Institutionen zum Zweck möglichst vollkommener und relativ reibungsloser rationaler wie rationeller Verwaltung und Herrschaft.

Nach Max Weber, dem großen Theoretiker des Phänomens der Bürokratisierung, wird der reine Typ bürokratischer Organisation vornehmlich durch folgende Merkmale bestimmt[10]:

[9] Auf die Frage, ob und inwieweit durch die Ausnahmeregelung des Art. 10 Abs. II S. 2 die Rechtswegegarantie aufgehoben wird, braucht hier nicht erörtert zu werden. Es sei auf die einschlägige verfassungsrechtliche Literatur verwiesen.

[10] Vor allem in seiner Schrift: Wirtschaft und Gesellschaft u. a. 125ff. — Vergleiche dazu u. a. ferner: T. W. Adorno, Individuum und Organisation: F. Neumark (Hrsg.), Darmstädter Gespräch, 21—35; H. Sultan — W. Abendroth, Bürokratischer Verwaltungsstaat und soziale Demokratie; H. P. Bahrdt, Industriebürokratie.

1. In der Bürokratie besteht eine klare und feste Aufteilung der durch allgemeine Regeln (Gesetze und Verwaltungsanordnungen) definierten Kompetenz und damit eine grundsätzliche Trennung zwischen Amt und Person *(Sachkompetenz).*
2. Die Ämter bzw. Funktionen der Bürokratie sind grundsätzlich hierarchisch strukturiert *(Amtshierarchie).*
3. Die Amtsführung erfolgt nach abstrakten Regeln. Diese Regelgebundenheit garantiert ein hohes Maß an Gleichmäßigkeit und Zuverlässigkeit; sie zwingt den Beamten überdies ohne Ansehen der Person tätig zu werden *(Amtskompetenz).*
4. Die Besetzung der Positionen erfolgt aufgrund rational ermittelter Qualifikationsvoraussetzungen.[11]
5. Der Amtsinhaber bezieht ein „standesgemäßes" festes Gehalt und kann bei Bewährung in der Hierarchie aufrücken. Er darf jedoch daneben keine andere Tätigkeit, die ihn mit seiner Amtsausübung in Konflikt bringen könnte, ausüben.

Diese intensive Bündelung der rationalen Arbeitskapazität bringt es mit sich, daß jede Bürokratie dazu neigt, sich zu verselbständigen. Sie erfüllt dann keine dienende Funktion mehr, noch übt sie Herrschaft stellvertretend aus, sondern sie ist sich selbst zum Selbstzweck geworden. Dennoch herrscht in der Sozialwissenschaft die Auffassung, wie R. BENDIX knapp formulierte: „Die Bürokratie ist allmächtig und zugleich unfähig zu bestimmen, wie sie ihre Macht gebrauchen soll." Denn Bürokraten sind dazu erzogen, stets nur im Rahmen vorgegebener Vorschriften zu handeln. Sie bedürfen also der „Weisung". Trotzdem ergeben sich aus ihrer Situation als „Fachmann" weitreichende Möglichkeiten, die Entscheidungen der politisch Verantwortlichen, der herrschenden Gruppe, zu sabotieren.[12]

Aufgrund der Komplexität des gegenwärtigen Staats und der heutigen gesellschaftlichen Situation ist derjenige im Vorteil, der über die entsprechenden Informationen verfügt und sie gezielt einzusetzen imstande ist. Das bringt die politischen Instanzen oftmals dazu, ihre formale Entscheidungskompetenz tatsächlich an die Bürokratie abzutreten. Denn immer häufiger fällt die Entscheidung wirklich dem zu, der in der Lage ist, denjenigen, der förmlich zu entscheiden hat, zu informieren und so die Entscheidung vorzubereiten.

Für den demokratischen Staat und die „Herrschaft der Gesetze" liegen darin nicht geringe Gefahren, nicht zuletzt die der Resignation der Bürger und des permanenten

[11] Wenn heute in wachsendem Maß Beamtenpositionen einerseits nach Parteiproporz und andererseits aufgrund personalrätlichen Votums vergeben werden, so liegt darin ein fundamentales Attentat auf eine der tragenden Säulen des modernen demokratischen Rechtsstaates. Ein hochkomplexes Gebilde wie der neuzeitliche Staat kann ohne eine loyale, parteipolitisch neutrale Bürokratie nicht gesteuert werden. Wer den Pfad rationaler funktionsbezogener Qualifikation verläßt, liefert die Bürokratie und damit den zu regierenden Staat an außengesteuerte Funktionäre aus.

[12] Vgl. M. Teschner, Bürokratie: EStL [2]1975, 237—242. — Die Geschichte der Weimarer Republik liefert für den Niedergang der Demokratie durch Selbstherrlichkeit der Bürokraten ebenso manche Belege wie das Schicksal einiger Päpste und nicht weniger Bischöfe, die letztlich „Gefangene" ihres Apparates waren.

Leerlaufs der politischen Führung und der (scheinbaren) Überflüssigkeit politischer Parteien. Denn der Bereich wirklich politischer Entscheidung wird immer geringer, die sogenannten „Sachzwänge", vorgelegt und erläutert von der Bürokratie, dominieren. Angesichts einer solchen Sachlage droht der Bürger sich ins Private zurückzuziehen und die Geschäfte der Politik den Experten und Berufspolitikern zu überlassen. Oder aber der genarrte Bürger wendet sich von den etablierten politischen Instanzen ab und neuen Heilspropheten zu, die eine heile und beste Politik versprechen, wenn nur erst die Bürokratie zerschlagen sei. Die Möglichkeit, daß die „total verwaltete Gesellschaft" zu einem Nährboden für einen neuen Autoritatismus werden könnte, muß wenigstens als latente Bedrohung des Rechts und des Rechtsstaates ernst genommen werden.

Auf diese Entwicklung ist deshalb hier eingegangen worden, weil die Paralle zur Entwicklung innerhalb der *römisch-katholischen Kirche* unübersehbar ist[13]: Auf der einen Seite wächst die Macht der Bürokratie und wird der Ablauf der Seelsorge zunehmend bürokratisiert, der Glaube und die Gläubigen werden verwaltet; auf der anderen Seite wächst das Verlangen bei den Gläubigen, als Menschen ernstgenommen und von geistbegabten Führern geleitet zu werden. Darum haben solche Personen, mögen sie nun Amtsträger sein oder nicht, wenn sie sich nur den Flair eines charismatischen Propheten umhängen, es besonders leicht, die Herzen der Menschen zu erobern. Dazu kommt, daß in der katholischen Kirche, wie noch zu zeigen sein wird, ein umfassender Rechtsschutz ebensowenig gegeben ist, wie eine klare formale Kompetenzregelung für die Normsetzungsverfahren.

Zum Problem der „Demokratisierung" in der Kirche

Den genannten Gefährdungen versucht man im weltlichen Bereich durch parlamentarische Kontrolle und demokratisch legitimierte Organe zu begegnen. Im kirchlichen Raum dagegen scheinen diese Defizite im organisatorisch-menschlichen wie im geistlichen Bereich keine zufälligen, partiellen Ausfälle zu sein, sie drücken vielmehr das Selbstverständnis der Kirche aus, die eine Kontrolle der hierarchischen Führung ausschließt. Insofern also gehört auch der Ausfall jeglicher demokratischer Legitimation 'von unten' und jede auf diese Art strukturierte Kontrollmöglichkeit zum System der katholischen Kirche. Die Hoffnung, diesbezüglich mögen irgendwann Änderungen im Sinne einer Mitsprache und „Kontrolle" der Gläubigen gegenüber Klerus und Hierarchie eingeführt werden, ist darum nicht nur illusionär, sondern verkennt auch die Eigenart des katholischen Systems, wie es sich nicht erst seit dem Konzil von Trient verfestigt hat. Die katholische Kirche versteht sich als *ungleiche Gesellschaft,* als societas inaequalis, in der die einen lehren und leiten, die anderen glauben und gehorchen (vgl. unten 2.1.8.); in ihr bilden die „Kleriker die herrschende Schicht". A. HAGEN folgert daraus völlig konsequent im Sinne

[13] Vgl. F.-X. Kaufmann, Theologie in soziologischer Sicht, 127ff.

des klerikal-hierarchischen Systems, daß deshalb „die Kirche in einem diametralen Gegensatz zu dem demokratischen Prinzip" stehe.[14]

Dementsprechend wird eine wirkliche *Kontrolle* der Hierarchie durch „demokratisch" *gewählte* Vertreter des Kirchen*volks* für unzulässig gehalten und als eine der Kirche wesensfremde Vorstellung abgelehnt. Der im Gefolge des II. Vatikanums erhobene Ruf nach „Demokratisierung" hatte einerseits seine Wurzeln in einer illusionistischen Utopie, andererseits aber äußerte sich in ihm auch die Einsicht in eine soziologische „Gesetzmäßigkeit", wonach die umfassende Herrschaft einer elitären Schicht dann vollends 'unbegrenzt' zu werden droht, wenn sie bürokratisch „verwaltet" und perfekt organisiert wird. „Gewalt", die nicht kontrolliert wird, entartet schnell zur Willkür und verkommt vornehmlich im religiösen Bereich zum Totalitarismus.

Die innerkirchliche Entwicklung im Sinne einer Bürokratisierung kulminierte in der Zeit nach dem II. Vatikanischen Konzil (vgl. unten z. B. „Kurienreform" 3.1.3.). Sie fiel zeitlich zusammen mit dem weltweiten Pathos des Vorhabens, alle Lebensbereiche der Gesellschaft zu demokratisieren. Das kam sicher nicht von ungefähr, denn die allgemeinen Gesellschaftsmuster wirken mehr oder weniger konsequent stets auch in gesellschaftliche Teilbereiche hinein. Denn „die gleichen Menschen, die Bürger eines konkreten politischen und gesellschaftlichen Gemeinwesens sind, bilden zugleich auch hier und jetzt das Kirchen*volk*. Der Bürger, der in Staat, Gesellschaft und Kommune irgendwie mitverantwortlich ist, wird schwerlich ein lebendiges Verhältnis zu seiner Kirche haben, wenn er z. B. für sie zwar Abgaben leisten darf, aber nicht über die Verwendung der Mittel mitbestimmen kann"[15], von der geistlichen „Berufung", von der das II. Vatikanische Konzil wortreich spricht, einmal ganz abgesehen.

Wenn das II. Vatikanum die Laien daran erinnert, „mit ihren Erfahrungen den Hirten zu helfen, ihnen ihre Wünsche und Bedürfnisse zu ‚eröffnen' und vor allem ‚die eigenen Probleme und die der Welt' sowie die Fragen, die das Heil der Menschen angehen ... einzubringen", so formuliert es damit letztendlich nur das sachlich Gebotene, weil Notwendige. Allerdings hat sich in der Zwischenzeit das bewahrheitet, was H. SOCHA bereits 1969 befürchtete, daß „der ‚Geist' der vom II. Vatikanischen Konzil verkündeten Theologie der Zuordnung und des Zusammenwirkens

[14] Prinzipien des katholischen Kirchenrechts, 69 und 74. — E. R. v. Kienitz, Gestalt der Kirche, formuliert es nicht weniger deutlich: „Ein weiteres fundamentales Verfassungsprinzip der katholischen Kirche ist das Prinzip der ständischen Gliederung. Nach göttlichem Recht sind *Klerus* und *Laien* scharf voneinander geschieden als Stand der Führung („Ecclesia regnans" = herrschende Kirche) und Stand der Gefolgschaft („Ecclesia oboediens" = gehorchende Kirche). Die katholische Kirche ist also die Kirche des „besonderen Priestertums" und muß, da ihr das ständefeindliche Gleichheitsprinzip der liberalen Demokratien durchaus fremd ist, als eine „ungleiche Gemeinschaft" bezeichnet werden" (33).

[15] J. Neumann, Demokratisierung der Kirche — oder geistliche Mitverantwortung der Gläubigen?: Diak. 7, 1976, 170f.

von Klerus und Laien durch eine allzu perfekte Institutionalisierung ‚ausgelöscht'" werde.[16] Diese Entwicklung war jedoch vorauszusehen, da auch das II. Vatikanische Konzil keine grundlegende Änderung der Kirchenverfassung vorgesehen hatte.

Wenn „Demokratisierung" einerseits der politisch-gesellschaftliche Versuch ist, auf der Grundlage von Mehrheitsentscheidungen, aber unter Achtung der Rechte von Minderheiten und unter dem Schutz einer allseits bejahten Friedensordnung zu leben und in einem ständigen Interessenausgleich einen allgemeinen Konsens herzustellen, dann stellt es kein gutes Zeugnis aus, weder für die christliche Brüderlichkeit[17] noch für die in der Kirche wirksame Humanität, wenn ein „diametraler Gegensatz" zwischen katholischer Kirche und demokratischer Idee diagnostiziert wird (vgl. oben Anm. 14).

Die innerkirchliche Auseinandersetzung hat sich teilweise auf die Frage beschränkt, ob der aus dem politischen Sprachgebrauch stammende Begriff von der „Demokratisierung" überhaupt auf innerkirchliche Mitwirkungsformen angewandt werden dürfe.[18] Das eigentliche Problem brauchte dann offenbar gar nicht mehr diskutiert oder gar verwirklicht zu werden. Nach katholischem Selbstverständnis scheint eine „Demokratisierung" in der Kirche als Verwirklichung des altkirchlichen Grundsatzes von der „Bruderschaft aller Glaubenden"[19] offensichtlich nicht möglich zu sein. Die kirchlichen Mitwirkungsmodelle sind ausschließlich auf

[16] H. Socha, Grundlegung von Beispruchsrechten der Laien durch das II. Vatikanum: Ecclesia et Ius, 369 u. 377.

[17] Nichts dürfte bezeichnender sein als die Tatsache, daß die Überlegungen von E. Golomb (Kirchenstruktur Brüderlichkeit: WuW 23, 1968, 291—305; ders., Kollegialität als Strukturprinzip der Kirche: Lebendige Seelsorge 19, 1968, 157—164), partnerschaftliche Mitverantwortung unter dem neutestamentlichen Gedanken der „Brüderlichkeit" zu institutionalisieren, so gut wie nicht beachtet worden sind.

[18] So z. B. einerseits O. Mauer, Demokratisierung der Kirche?: WuW 23, 1968, 289—290; Memorandum des „Bensberger Kreises" zur Demokratisierung der Kirche in der Bundesrepublik Deutschland, Mainz 1970; K. Rahner, Demokratie in der Kirche?: StZ 182, 1968, 1ff. — A. A.: J. Ratzinger, H. Maier, Demokratie in der Kirche. Möglichkeiten, Grenzen, Gefahren, Limburg 1970; „Neun Thesen gegen Mißbrauch der Demokratie": Berichte und Dokumente, hrsg. v. Zentralkomitee der deutschen Katholiken Nr. 13, Bonn—Bad Godesberg 1971, 3—36. — Zusammenfassend: F. Kaufmann, R. Pesch, E. Feil, Disput zum Thema Demokratisierung der Kirche: HerKorr 26, 1972, 30—36.

[19] Vgl. J. Neumann, Thesen zur „Demokratisierung der Kirche":ThPQ 120, 1972, 34—38: „18. Die Rede von der Demokratisierung der Kirche meint somit einen notwendigen Prozeß der Entfaltung auch des kirchlichen Selbstverständnisses und der Bewußtwerdung der Verantwortung aller Gläubigen und jedes einzelnen für das konkrete Heil der Welt. Dieser Prozeß ist im NT grundgelegt, aber nicht festgeschrieben, so daß er stets auf die jeweils neuen Gegebenheiten reagieren muß." (38) — K. Mörsdorf dagegen fürchtet die Institutionalisierung einer „anderen", nämlich laikalen Hierarchie. Er stellt die Frage, „ob die so verfaßten Laienräte mit der Verfassung der Kirche vereinbar sind" (462). K. Mörsdorf, Die andere Hierarchie: AKathKR 138, 1969, 461—450.

rein beratende Gremien reduziert, die weder Kontroll- noch Weisungsrechte oder Selbstbestimmungsmacht besitzen (vgl. unten 3.1.5. und 3.3.7.).

1.1.5. Wem dient das Recht?

Jede Rechtsordnung muß sich fragen lassen, wem sie dient, welches ihr primärer Zweck ist. Vom Standpunkt der Rechtswissenschaft aus ist der Befehl eines Tyrannen, eines absoluten Monarchen ebenso wie das Gesetz eines demokratisch legitimierten Gesetzgebers „Recht“, obwohl der Zweck jeweils sehr unterschiedlich sein kann. Es macht die Eigenart republikanischen Denkens aus, daß in der demokratischen Rechtsvorstellung Recht gleichbedeutend ist mit Beschränkung und Kontrolle der Macht. Nur der verfassungsmäßige Staat wird als „Rechtsstaat“ verstanden, in dem nicht nur die Gesetze regieren, sondern sie auch dem Gemeinwohl ebenso zu dienen haben wie dem Schutz der Würde und der Freiheit des Individuums.

Die Antwort auf die Frage, „Wem dient das Recht?“ wird also in einer Diktatur anders lauten als in einer Monarchie, in einer Theokratie anders als in einem säkularen Verfassungsstaat, in einem sozialistischen System wiederum anders als in einem demokratischen Staatswesen, in einer Rechtsordnung mit asiatischer Tradition noch einmal anders als in einer westlich-europäischen Industrienation.

Gerade die soziologische Rechtsschule — begründet durch RUDOLF VON IHERING — hat die Aufmerksamkeit von den logischen Analysen abstrakter Rechtsprobleme auf die Frage nach dem Zweck des Rechts gelenkt. Danach ist Recht ein Mittel zu einem Zweck, und die Aufgabe des Juristen besteht darin, die kollidierenden Interessen gegeneinander abzuwägen und Gerechtigkeit im Einzelfall zu verwirklichen.

Formal kann dieser Zweck in der Verwirklichung der Gerechtigkeit liegen, doch besagt eine solche Zweckbestimmung noch wenig, da sie ihrerseits von der Definition dessen abhängt, was im jeweiligen Rechtsbereich unter Gerechtigkeit zu verstehen ist. Es kommt somit in erster Linie auf die materiellen Inhalte der Zweckgerichtetheit an: Sicherung der öffentlichen Ordnung oder individueller Interessen, Schutz des Staates oder des Bürgers sowohl vor der Willkür der Staatsgewalt wie anderer Machtgruppen. Dabei ist zu beachten, daß selten in einem Rechtssystem ein Element absolut und in voller Reinheit finalisiert ist.

Ob die Wahrung der öffentlichen Ordnung vom Interesse des Machthabers oder dem aller Bürger bestimmt ist, ob das Recht eines abstrakten Staates oder das der konkreten Staatsangehörigen ebenso vor der Willkür der Staatsgewalt wie anderer Machtgruppen geschützt wird, sind jeweils wichtige Vorentscheidungen für die Beantwortung der Frage, wem eine Rechtsordnung dient. Dabei wird in der Praxis jeder Gewalthaber behaupten, sein Recht diene dem öffenlichen Wohl. Allein in der Regel geben bereits die Gesetze darüber Aufschluß, wem eine bestimmte Ordnung wirklich dient: dem politischen System (etwa einer sich an die Stelle der Werktätigen setzenden Partei oder dgl.) oder einer herrschenden Schicht (Bevorzugung des

Kapitals oder Großgrundbesitzes), einer religiösen oder weltanschaulichen Machtgruppe (etwa durch Identifizierung religiöser Gebote mit staatlichen Gesetzen) oder dem friedlichen Interessenausgleich in einer Gesellschaft, dem Schutz wohlerworbener Rechte und individueller Freiheiten.

Die Geschichte des modernen Rechts ist geprägt vom Kampf zwischen *Zweck* und *Legalität.* Zwar ist der Konflikt dieser miteinander widerstreitenden Prinzipien, dem Erfordernis der Dauerhaftigkeit des Rechts auf der einen Seite und seiner Anpassung an die je neuen Gegebenheiten und Erfordernisse des sozialen Lebens, alt. Doch der Zweck, dem die Änderungen dienten, war stets lediglich die Umverteilung der Macht und der Herrschaftsverhältnisse. Eine Rechtsänderung bedeutet meist nur den Sieg einer neuen Gesellschaftsgruppe über die bisher herrschende. Erst durch die Aufklärung ist die Vorstellung, daß das Recht Schutz und Frieden in einer Gesellschaft durch die Sicherung individueller Rechte und Freiheiten gewährleisten solle, im westlichen Rechtskreis herrschend geworden. Nicht mehr Umverteilung der Macht und Herrschaftsverhältnisse, sondern Interessenausgleich und Herrschaftskontrolle sollen nun Ziel einer gerechten Rechtsordnung sein. Als „richtiges Recht" kann nicht (mehr) gelten, was lediglich der Durchsetzung partieller Interessen oder der Macht herrschender Schichten dient. Dabei ist nicht zu verkennen, daß die Geschichte des Rechts die Geschichte vieler spezieller, leicht verletzlicher Friedensformen ist: Des Friedens der Sippe, des Marktes, der Stadt und des Handels, des Friedens des Königs wie des Friedens innerhalb eines Rechtsgebietes. Friede kann allerdings nicht durch Gesetz dekretiert und durch Machtspruch verwirklicht werden, sondern allein durch die Beseitigung der Ursachen für den Zwist erreicht und dadurch wahrhaft gesichert werden. Deshalb dient jedes Recht immer auch dem Interessenausgleich, der individuellen Freiheit, der sozialen Gerechtigkeit und gemeinsamen Sicherheit.

Auch das *Recht* einer durch *religiösen Glauben* bestimmten Gruppe muß sich an den genannten Grundsätzen messen und fragen lassen, wem es dient: Den theoretischen Glaubenslehren, der geistlichen Institution, den religiösen Machthabern oder den Gläubigen. Dabei kann es sowohl theoretisch als noch vielmehr in der Praxis sehr schwierig sein, angemessen zu differenzieren. Denn die theoretischen Glaubenslehren (Dogmen) können nach dem Selbstverständnis der betreffenden religiösen Gruppe (im vorliegenden Fall der katholischen Kirche) heilsbedeutsam sein. Deshalb kann das, was der Sicherung der Glaubenslehre dient, auch den Gläubigen dienen, nämlich ihrer ewigen Seligkeit.[20] Ähnliches gilt für die geistliche Institu-

[20] Nach einer solchen Auffassung kann es dann ein christliches Grundrecht „auf unverfälschte Glaubensverkündigung" geben (Papst JOHANNES PAUL II.). Im gleichen Sinn kann JOSEPH KARDINAL RATZINGER von einem „demokratischen Auftrag" sprechen, „den Glauben der Einfachen gegen die Macht der Intellektuellen zu verteidigen" (31. 12. 1979). (A. A. vielleicht 1 Petr. 3, 15.) Für den Außenstehenden stellt sich allerdings die Frage, wer in einer solchen Situation was verteidigt und warum die in der Bergpredigt gepriesenen „Armen im Geiste" eines besonderen Schutzes durch das Amt bedürfen. Denn ganz offensichtlich gewährleisten (nicht nur in der Gegenwart) diesen Schutz wiederum Intellektuelle, da nur sie zu (höheren) kirchlichen Ämtern aufsteigen können.

tion. Wenn sie selbst Gegenstand des heilbringenden Glaubens ist, dann mag es verständlich sein, daß das Recht ihrem Schutz ebenso dient wie dem der vielfältigen institutionellen Subsysteme.

Wenn aber auch die (hierarchisch gestuften) religiösen Führer wesentlicher Bestandteil der Gesamtinstitution sind , insofern sie das Heil personal zu vermitteln haben, kommt auch ihnen Heilsbedeutsamkeit zu. Das hat zur Folge, daß die Interessen der Gläubigen dann am besten gewahrt werden, wenn sie sich gehorsam der hierarchischen Führung unterwerfen.

Was die absolutistischen Herrscher des 18. Jahrhunderts für sich beanspruchten, nämlich Herrscher von Gottes Gnaden zu sein und in Gottes Namen die weltliche Regierung zu betreiben, obliegt nach katholischer Auffassung der Hierarchie (vgl. 2.1.4.). Die Mitglieder dieser Hierarchie leiten die Kirche, lehren die Gläubigen und spenden die Sakramente, die Mittel des Heils. Insofern ist es konsequent, wenn sich bislang das Recht der katholischen Kirche als „Klerusrecht" in doppeltem Sinn darstellt: Als Recht des Klerus und Recht für den Klerus. Denn Bischöfe und Priester sind nach katholischer Lehre die Ausspender der Heilsgeheimnisse. Darum muß das Recht dem Schutz der Hierarchie insgesamt und den hierarchischen Ämtern dienen.

Das *kanonische Recht* stellt darum in der gegenwärtigen europäischen Rechtsordnung eine *archaische Form* dar, weil in ihr aufgrund des kirchlichen Selbstverständnisses das Recht vorrangig der Sicherung der Lehre, der Stabilität der Organisation und Funktionalität ihrer Institutionen dient. Die individuellen Rechte und deren Schutz treten demgegenüber zurück.

Literatur: BAHRDT, H. P., Industriebürokratie, Stuttgart 1958; BAUMANN, J., Einführung in die Rechtswissenschaft, München [5]1977 (mit ausführlichen Literaturhinweisen); BEYME, K. v., Die verfassungsgebende Gewalt des Volkes. Demokratische Doktrin und Wirklichkeit, Tübingen 1968; HAGEN, A., Prinzipien des katholischen Kirchenrechts, Würzburg 1949; IHERING, R. v., Der Kampf ums Recht, Wien 1872 ([20]1921), Nürnberg 1965; IHERING R. v. Der Zweck im Recht, 2 Bde., Leipzig 1877—83 ([8]1923); KANT, I., Werke (Ed. Weischedel), 6. Bde., Darmstadt 1956—1964 Wissenschaftliche Buchgesellschaft; KAUFMANN, A., (Hrsg.), Die ontologische Begründung des Rechts, Darmstadt 1965; KAUFMANN, F. X., Theologie in soziologischer Sicht, Freiburg—Basel—Wien 1973; KELSEN, H., Vom Wesen und Wert der Demokratie, Tübingen [2]1929 (Nachdr. Aalen 1963); KURZ, H. (Hrsg.), Volkssouveränität und Staatsverfassung, Darmstadt 1970; LUHMANN, N., Legitimation durch Verfahren, Darmstadt—Neuwied [3]1978; MATZ, U., Grundprobleme der Demokratie, Darmstadt 1973; MÖRSDORF, K., Die andere Hierarchie. Eine kritische Untersuchung zur Einsetzung von Laienräten in den Diözesen der Bundesrepublik Deutschland: AKathKR 138, 1969, 461—509; MÖRSDORF, K., Kanonisches Recht als theologische Disziplin: AKathKR 145, 1976, 45—58; MÖRSDORF, K., Kirchenrecht: HThG I, 834—843; NEUMANN, J., Bedeutung und Begrenzung des Rechts bei Thomas von Aquin: ZEvKR 23, 1978, 7—28; NEUMANN, J., Demokratisierung der Kirche — oder geistliche Mitverantwortung der Gläubigen?: Diak. 7, 1976, 162—173; NEUMANN, J., und I. HERRMANN, Braucht die Kirche ein Recht? Funktion und Grenze des Rechts in der Kirche,

Düsseldorf 1970; NEUMARK, F. (Hrsg.), Darmstädter Gespräch, 1954; SCHNUR, R., Institution und Recht, Darmstadt 1968; SEAGLE, W., Weltgeschichte des Rechts. Eine Einführung in die Probleme und Erscheinungsformen des Rechts, München ³1967; SOCHA, H., Grundlegung von Beispruchsrechten der Laien durch das II. Vatikanum: Ecclesia et Jus 355—378; SULTAN, H., W. ABENDROTH, Bürokratischer Verwaltungsstaat und soziale Demokratie, Hannover—Frankfurt 1955; WEBER, M., Wirtschaft und Gesellschaft. Grundriß der verstehenden Soziologie, besorgt von J. WINKELMANN, Tübingen ⁵1976 (=Weber, Wirtschaft und Gesellschaft).

1.2. Das kanonische Recht als geschichtlich gewordenes

Das ›Neue Testament‹ enthält im Gegensatz zu manchen Basisschriften anderer Religionen (wie beispielsweise des Judentums und des Islam) weder einen Gesetzesteil noch ein Organisationsstatut. Wenn das ›Neue Testament‹ manchmal als „Gründungsurkunde der Kirche" bezeichnet wird, so ist das zumindest historisch unzutreffend. Die Kirche als Institution und Organisation hat sich ebenso aufgrund jeweils konkreter Umstände aus der Predigt über den gekreuzigten und auferstandenen Jesus von Nazareth, den Gesalbten Gottes (=Christos), entwickelt wie die Ordnung dieser Gemeinden.

Nach neutestamentlicher Überlieferung verkündete Jesus das Hereinbrechen des Reiches Gottes in dieser Weltzeit. Er bekämpfte den kultischen Funktionalismus ebenso wie die formale Verrechtlichung der Beziehung des Menschen zu Gott. Aus diesem Grund geriet er in Konflikt mit den offiziellen Repräsentanten der Religion seiner Väter, mit den Priestern als den Funktionären im kultisch-rituellen Bereich und mit den Schriftgelehrten als den Trägern der gelehrten Tradierung und frommen Kasuistik. Jesus hat nach dem Glauben seiner Jünger ein *neues Ethos,* eine neue Haltung gegenüber Gott und den Menschen gefordert. Er hat die Umkehr (metanoia) des ganzen Menschen gefordert. Die jüdische Frömmigkeit dagegen wird in den neutestamentlichen Schriften so dargestellt, als habe sie sich — nur — in formaler Reinigung durch äußere Opfer und kultische Riten sowie in äußerer Beachtung der gesetzlichen Vorschriften erschöpft.

Die Predigt der Jesus-Jünger nach seinem Tod scheint zunächst einerseits diese radikale Geistigkeit beibehalten zu haben; andererseits hat die Jüngergemeinde offenbar von sehr früher Zeit an den Ritus der Wassertaufe, als äußeres Zeichen der geforderten Verhaltens- und Sinnesänderung, gekannt und geübt.[21] Wenn auch die Taufe im Namen Jesu zunächst Ausdruck eschatologischen Ernstes und des Glaubens gewesen sein mag, daß durch dieses Tun ganz Israel angesichts des nahen Endes zur Umkehr geführt und gesammelt werde, so impliziert andererseits diese Vorstellung natürlich den Keim sowohl für eine institutionalisierte „Gemeinde" als auch für die nun notwendig werdenden „Funktionäre", deren Aufgabe es werden sollte,

[21] Vgl. G. Lohfink, Der Ursprung der christlichen Taufe: ThQ 156, 1976, 35—54 (Lit).

dieses „neue Israel“ zu „weiden“, nachdem die erwartete Wiederkunft ausblieb. Insofern kann man sagen, daß bereits in der durch die Jesus-Jünger geübten Wassertaufe ein rechtliches Element sichtbar wird.

Doch zunächst, als die Parusie des Herrn noch täglich erhofft wurde, waren außer dieser Besiegelung durch die Taufe die (alten) Riten ebenso belanglos wie die Frage nach der Legitimation der „Apostel“ und „Propheten“ (vgl. Apg 9, 15ff., 10, 44ff.).

In dem Maße allerdings, in dem die Jesus-Anhänger zahlenmäßig zunahmen, sie sich außerhalb Jerusalems ausbreiteten und vom jüdischen Tempel- und Synagogengottesdienst lösten, fanden sie ein neues Selbstverständnis und entwickelten eine institutionell feststellbare und gesellschaftliche Identität. Damit stellte sich auch die Frage nach der organisatorischen und geistlichen Ordnung dieser neuen Gruppierungen.

Bei der Ablösung von der jüdischen Ursprungsgemeinde in Jerusalem entstanden neue, durchaus institutionalisierte Formen: Das regelmäßige gemeinsame Gebet, das Brotbrechen bei den gemeinsamen Mahlzeiten sowie die Versorgung der Witwen, Waisen und Armen. Dabei mag — mit Ausnahme des eigentlichen Tempelkultes, der ohnedies auf Jerusalem beschränkt gewesen war — manch eine gewohnte und bewährte synagogale Organisationsform übernommen worden sein, sofern sie dem neuen Selbstverständnis der Jesus-Jünger entsprach. In ihr herrschte zunächst der Primat des Geistes, von dem alle in gleicher Weise in Pflicht genommen werden konnten. Zwar gab es Autoritäten, wie auch schon in frühester Zeit in den einzelnen Gemeinden ein Minimum an Organisation bestanden haben dürfte, aber eine Rechtsordnung war noch ebensowenig ausgeprägt wie bestimmte Ämter.

Die Ausbildung bestimmter „Ämter“ mag ihre Ursache zunächst in „technischen“ Schwierigkeiten und menschlichen Unzuträglichkeiten gehabt haben: Die Apostelgeschichte berichtet im sechsten Kapitel jenen denkwürdigen Vorgang der Bestellung eines Siebener-Kollegiums für die Leitung des hellenistischen Teils der Jerusalemer Christengemeinde. Die Gemeinde wurde mit Hilfe eines Amtsbegriffes neu geordnet; ein Vorgang, den man nicht zu Unrecht die „Geburtsstunde des Kirchenrechts“ genannt hat. Anlaß dazu war ganz offensichtlich ein Konflikt zwischen den hebräisch- und den griechischsprechenden Mitgliedern der Jerusalemer Gemeinde. Die frühe christliche Kirche wurde also nach Schilderung der Apostelgeschichte neu strukturiert und erhielt ein neues Amt aufgrund einer unvorhergesehenen Notlage in der Gemeinde. Die Bestellung der sieben Vorsteher für diesen hellenistischen Teil wird uns von der Apostelgeschichte bereits als ein *dreistufiges Verfahren* geschildert:

1. Die Zwölf klären die Gemeinde über die Notwendigkeit der Bestellung besonderer (sieben) Leiter für diese *Teil*gemeinde auf. Die Zwölf verstehen sich demnach offensichtlich als Repräsentanten des gesamten neuen Israel und Zeugen der Heilstaten ihres Herrn, aber *nicht* als Gemeindeleiter. Was die Zwölf in Jerusalem nach der Schilderung der Apostelgeschichte taten, können wir als die 'Einrichtung' eines neuen kirchlichen Amtes bezeichnen.

2. Die 'Brüder' *wählen* sieben Männer, „vollendet an Gaben des Heiligen Geistes und Weisheit", aus. Dies dürfte durch Aufheben der Hand beim Wahlvorgang geschehen sein.
3. Die so Erwählten werden vor die Zwölf geführt, die über sie beten und ihnen die *Hände auflegen.* Diese Handauflegung ist offenbar dem jüdisch-rabbinischen Ordinationsritus, der Semika — bewußt oder unbewußt — nachgebildet.

Von der Handauflegung im Zusammenhang mit der Bestellung zum Vorsteher*amt,* der episkopé, und den Ältesten, Presbytern, spricht auch der ›Erste Timotheusbrief‹, wenn er zum einen davor warnt, jemanden vorschnell „die Hände aufzulegen" (5, 22) und zum anderen den Adressaten daran erinnert, daß ihm die Gnadengabe durch Handauflegung von seiten des Presbyteriums übertragen ward (4, 14).[22]

Der Streitpunkt scheint keineswegs nur im Organisatorischen gelegen zu haben, auch wenn wir nicht wissen, worin er tatsächlich seine Ursache hatte. Sicher jedoch ist, daß in den ersten 150 Jahren der Entwicklung des Christentums eine Vielzahl von Gruppen, Richtungen und Lehrvorstellungen miteinander im Kampf lagen. Die Apostelgeschichte jedenfalls stellt die Situation so dar, daß die Apostel „Sieben-Männer" als Verantwortliche für den hellenistischen Teil der Gemeinde eingesetzt haben. Da zur damaligen Zeit die Gemeinden Palästinas von einem Siebenerkollegium verwaltet wurden (JOSEPHUS FLAVIUS, Antiquitates 4, 8, 38), legt der Gebrauch dieser Zahl die Vermutung nahe, daß die hellenistische Gruppe in ihnen eine eigene Vorsteherschaft, ein „Presbyterium", also ein Kollegium von Ältesten, als Gemeindeleiter bekommen sollte. Ob für den hebräischen Teil der Jerusalemer Christenheit ebenfalls ein Gremium von Ältesten bestand, wird in diesem Zusammenhang nicht gesagt.

Neben diesen presbyteral-kollegialen „Gemeindevorständen" jüdisch-rechtlicher Prägung gab es offensichtlich Gemeinden mit „freien" Propheten und Lehrern, wie sie in Kapitel 13 der Apostelgeschichte für Antiochia in Syrien erwähnt werden. In anderen Gebieten scheint die Verwaltung der Gemeinden in den Händen von Episkopen und Diakonen gelegen zu haben.[23]

Die frühchristlichen Schriften geben uns, weil sie Verkündigung und kein historischer Bericht sein wollen, kein historisch getreues Bild von der tatsächlichen Entwicklung gemeindlicher Strukturen und „Ämter"; sie bieten auch keine kasuistische Rechtsordnung. Sie erwähnen sowohl unter kompositorischen Gesichtspunken als auch aus konkreten Anlässen eine Vielfalt von Modellen für Gemeindestrukturen, Amtsformen und rechtliche Ordnungen. Das macht es einerseits bis zur Stunde unmöglich, die Entwicklung, Struktur und Funktion gemeindlicher Ämter der Frühzeit und ihr Recht genau zu rekonstruieren, zeigt jedoch andererseits, daß sich die Gemeinde der Jesus-Anhänger mittels „rationaler" Organisationsmodelle zu strukturieren suchte, nachdem die Wiederkunft des Herrn ausblieb und die erste Generation der „Propheten" und „Lehrer" nicht mehr am Leben war.

Neben solchermaßen bestellten „Amtsträgern" gab es allerdings in der Frühzeit der Kirche auch freie, ohne Bindung an eine bestimmte Gemeinde herumziehende „Apostel" bzw. „Pro-

[22] Vgl. E. Haenchen, Die Apostelgeschichte, 377; H. Conzelmann, Die Apostelgeschichte, 81; J. Neumann, Der Spender der Firmung, 19—14.

[23] H. Conzelmann, Geschichte des Urchristentums, 42.

pheten". Sie waren vom Geist getriebene „Charismatiker", die Dank sagten, also Eucharistie feierten, Kranke heilten, Dämonen austrieben, im Geist redeten und die Gemeinde solchermaßen erbauten. Da der Geist frei wirkte und keinerlei Exklusive kannte, gab es auch Prophetinnen, so die Töchter des 'Evangelisten' Philippus (Apg 21, 8 f.). Sehr bald dürfte sich die Frage gestellt haben, wie die Gemeinden die selbsternannten Pseudopropheten von den „echten" Aposteln unterscheiden könnten. Von einer strengen Sukzessionskette, geschweige denn von einer Sukzessionshierarchie, berichten die frühen Schriften nichts. So mußten die Gemeinden alles prüfen, um das Gute zu behalten (1Thess 5, 21). Woher aber nahmen sie die Kriterien und welches waren die Maßstäbe? Allgemein verbindliche Normen gab es noch nicht. Die Lage wurde besonders schwierig, als die Jesus-Anhänger außerhalb der Judenschaft erfolgreich zu missionieren begannen. Nun konnten sie nicht mehr auf gemeinsame religiöse Traditionen zurückgreifen. Die immer tiefer gehende Entfremdung gegenüber dem Judentum ließ in einem neuen gesellschaftlichen und kulturellen Milieu, wie es die neutestamentlichen Schriften an vielen Stellen nahelegen, Interpretationen notwendig werden; vieles, was erzählt wurde, bedurfte der Begründung und Deutung, manches, was geübt wurde, verlangte nach formaler und rechtlicher Absicherung. Weder die Briefliteratur noch die Evangelien und erst recht nicht die Apostelgeschichte vermitteln uns einen Einblick in den „normalen" Alltag der Gemeinden und ihrer institutionellen und organisationsrechtlichen Entwicklung. Das gilt selbst von den Pastoralbriefen; auch bei ihnen überwiegen bestimmte zeitbedingte Interessen, nämlich Ermahnung und Stärkung.[24] Sie wollen keine Theorie des Gemeindeamtes bieten und noch weniger konkrete Rechtsnormen aufstellen. Ämter und Amtsträger werden nur erwähnt, insofern sie unmittelbar mit dem intendierten Ziel zusammenhängen. Daraus ist zu folgern, daß weder die Organisation insgesamt noch das einzelne Amt zu jener Zeit als heilsbedeutsam betrachtet werden. Es gibt weder „heilige" Personen oder Ämter noch eine heilige Hierarchie.

Je länger allerdings die Parusie (=die erwartete Wiederkunft des Christos) ausblieb, desto mehr mußte Spontaneität durch Organisation und Begeisterung durch Regeln substituiert werden. Die *institutionelle Seite* der Gemeinde und ihre *geordnete Verwaltung* gewannen an Bedeutung.[25] Die Frage nach der geistlichen wie nach der technischen Verantwortung verlangte eine Klärung. Zwar dürfte es auch vorher Jüngerinnen und Jünger in jeder Gemeinde gegeben haben, die für das Notwendige sorgten und um Ordnung und Frieden innerhalb der Gruppe bemüht waren (beispielsweise Aquilla und Priscilla: Apg 18, 2; 1 Kor 16, 19; Stephanus: 1 Kor 16, 15 u. a.), doch zeigen die (echten) Paulinischen Briefe noch eine deutliche Dominanz der Gemeinde als solcher. Freilich hat es auch in dieser Situation bereits Eifersucht und Streit gegeben, etwa wenn die einen sagten, sie gehörten zu Paulus, andere zu Apollos oder Kephas (1 Kor 1, 12; 3, 4—5), doch diese Streitigkeiten standen ebenso wie das Auftreten anderer „Apostel" — wenigstens nach der Darstellung der neutestamentlichen Schriften — unter der „Supervision" der Verkündiger der ersten Stunde. Als ein solch kontrollierender Schutz durch die „Zeugen der Auferstehung" nicht mehr möglich war, tauchte zum einen die Frage nach der *Legitimation* auf und zum anderen brauchten die Gemeinden *Kriterien,* mit deren Hilfe sie „Lehre" und „Weg" der verschiedenen „Apostel" und „Lehrer" prüfen konnten. Der Grundsatz des freien Wirkens des Geistes, „Wer nicht wider euch ist, ist für euch"

[24] Vgl. G. Lohfink, Die Normativität der Amtsvorstellungen in den Pastoralbriefen: ThQ157, 1977, 93.106.

[25] Vgl. K. Kertelge, Gemeinde und Amt im Neuen Testament, bes. 40 ff.

(Lk 9, 50), wurde zunehmend von der Notwendigkeit formaler Autorisierung zurückgedrängt. Wußte Paulus sich nach eigenen Aussagen im Galaterbrief ohne Dazwischenkunft einer menschlichen Autorität unmittelbar von Gott berufen (Gal 1, 13; 2, 10), so hat die Apostelgeschichte über die wunderbare Berufung Sauls hinaus noch *formale Kriterien* zu nennen: die geistvermittelnde *Handauflegung* und *Taufe* durch Ananias. Seine apostolische *Legitimation* als christlicher Missionar empfängt Paulus nach der Konstruktion dieser Schilderung dank der Vermittlung des Barnabas durch seinen vertrauten Umgang mit den Aposteln in Jerusalem (Apg 9, 1—28).

In der zweiten Generation beginnt es bedeutsam zu werden, *wer* kraft welcher Vollmacht die Versammlung und das Brotbrechen leitet und die Armenfürsorge der Gemeinde organisiert.

Insgesamt muß festgehalten werden, daß die institutionelle Struktur und die darauf gründende Ordnung nicht Gegenstand des Interesses der neutestamentlichen Schriften sind. Die verschiedenen Ämter sind noch nicht definiert; sie gehen ineinander über und werden ebenso selbstverständlich erwähnt wie in den einzelnen Schriften unterschiedlich benannt. Rechtliche Regelungen allgemeiner Art sind noch kaum notwendig. Konflikte, mögen sie nun glaubensmäßig-geistlich oder disziplinärer Natur gewesen sein, werden von den Aposteln und Propheten, also den Charismatikern, „im Geiste" entschieden.

Wie in den biblischen Schriften, so erfahren wir auch in der nachbiblischen Literatur über die Gemeindeorganisation und ihr Recht nur etwas aufgrund konkreter Anlässe. Gemeindeverfassung, Organisation und Recht waren in den ersten Jahrhunderten nicht Gegenstand eigener Darstellung.

Im sogenannten ›Ersten Clemensbrief‹ begegnet uns ein nachbiblisches Zeugnis für Ursache und Methode frühchristlicher Rechtsentwicklung[26]: In der christlichen Gemeinde von Korinth scheinen jüngere Gemeindemitglieder die leitenden Ältesten abgesetzt zu haben. Die römische Gemeinde schickt aus brüderlicher Sorge ein Mahnschreiben an die zerstrittenen Brüder in Korinth. Darin werden alttestamentliche Kultvorschriften, die der „Herr" angeordnet haben soll, auf die Situation der Jesus-Gemeinde übertragen. Der „Herr" habe geboten, daß die Opfer und Gottesdienste zu festgesetzten Zeiten und Stunden stattfinden sollen. Durch seinen allerhöchsten Ratschluß habe er auch bestimmt, *wo* und *durch wen* der Vollzug geschehen solle (40, 2—3).

Besonders bedeutsam ist, daß im Zusammenhang mit den unterschiedlichen Aufgaben für den Hohenpriester, die Priester und Leviten auch der nicht in diese Hierarchie eingeordnete Gläubige erwähnt wird: Er, der *laikos anthropos*, habe sich an das zu halten, was für die *laikois* (vorher) festgesetzt worden sei (40, 5). Dabei ist festzuhalten, daß der Begriff laikos hier keineswegs im Sinn eines Mitglieds des Volkes Gottes gebraucht wird, wie es immer euphemistisch interpretiert zu werden pflegt; vielmehr ist es durchaus im pejorativen Sinn gemeint, was der gesamten Tendenz dieser Schrift entspricht.[27] Dennoch gibt es keinen Anhalt für ein monarchisches Bischofsamt (vgl. unten 3. 2.) in den beiden Gemeinden.

[26] Der Brief dürfte im Jahre 96/97 n. Chr. verfaßt worden sein. Der Name des Schreibers wird im Brief selbst nicht genannt. Die Tradition schreibt ihn Clemens, einem römischen Gemeindevorsteher, zu.

[27] So aufgrund der philologischen Befunde und unter Berufung auf J. de la Potterie (L'origine et le sens primitif du mot «laic»: NRTh 80, 1958, 840—853: J. B. Bauer, Die Wortgeschichte von ‚Laicus': ZKTh 81, 1959, 424 ff.: „Man darf also nicht, ähnlich wie bei laicos so auch bei

Dagegen entwerfen die Briefe des IGNATIUS VON ANTIOCHIEN[28] die Vision einer hierarchisch geordneten Bischofskirche. Sein Kampf gegen die herumziehenden Wanderapostel, die wie „tollwütige Hunde tückisch beißend" Irrlehren verbreiten (IgnEph 7, 1 u.a.), läßt eine klare Führung ebenso wie eine theologische Begründung notwendig erscheinen. Für ihn stehen Gemeinde, Diakone und Presbyter gemeinsam mit ihrem jeweiligen 'Vorsitzenden', dem Episkopos, in einer Abwehrfront: Die 'Propheten' treten mit dem Anspruch auf, „Geistträger" zu sein; ihnen gegenüber gilt es, das Amt theologisch zu begründen, um auf diese Weise den Amtsträgern Selbstbewußtsein zu geben und sie als die eigentlichen und wahren Geistträger auszuweisen (vgl. IgnEph 9, 21). Ignatius leitet das geistliche Gewicht der gemeindlichen Ämter aus ihrem Abbildcharakter gegenüber der himmlischen Hierarchie ab: Der Trias Gott-Vater, Christus und Apostel entspricht die Trias der Gemeindeleiter, Diakone, Presbyter und an ihrer Spitze der Bischof. Dabei wechseln die Bilder bei ihm durchaus. Auffallend ist, daß er auf den apostolischen Ursprung der Gemeindeordnung nirgends Wert legt. Er argumentiert mit dem Typos und dem Repräsentationsmodell, zwei Denkweisen, die für jene, die mit den damaligen Zeitströmungen bekannt waren, vertraute Muster gewesen sein dürften.

Trotz des weitschweifigen Wortschwalls der Ignatianischen Briefe wird man nicht davon ausgehen dürfen, daß in den Gemeinden Vorderasiens jener Zeit der monokratische Episkopat die herrschende Verfassungsform der christlichen Gemeinden gewesen sei. Der *Kampf gegen die Häresien,* die als lebenswichtig erachtete Reinerhaltung der 'Lehre' und die gesellschaftlichen Einflüsse, nämlich die Leitungsstrukturen der religiösen und profanen Umwelt, wie auch *philosophische Ideen* (insbesondere der Stoa und der Gnosis) dürften wesentlich zur Ausbildung und Durchsetzung der Ignatianischen Vorstellungen beigetragen haben. Dadurch daß der Bischof von Asia von der Abbildhaftigkeit der göttlichen Wirklichkeit in den Amtsträgern der Gemeinde den einen Gott zum *Typos* des einen Bischofs machte, dürfte er diesem Amtstyp ideenmäßig endgültig zum Durchbruch verholfen haben.

Einen interessanten Einblick in die gesellschaftlichen Bedingtheiten für die Entstehungssituation von Amt und Recht in den frühen Christengemeinden gibt die sogenannte ›Didache‹ (=*Lehre* des Herrn durch die zwölf Apostel an die Heiden).[29]

plebeius von der weiten Bedeutung „Volk" ausgehen, sondern muß von der engeren her plebeius als zur Masse derer gehörig verstehen, die dem Klerus gegenüberstehen. Das Adjektiv bezeichnet ja auch bei den Römern den, der nicht zum Patrizierstand gehört" (225). — Dem entspricht in der klassischen Gräzität die Bedeutung der Begriffe: laikatze = huren, dann laikasei = prostituieren, zu unedlem Gebrauch verwenden, laikao = gemein machen, entweihen (W. Pape, Griechisch-deutsches Handwörterbuch II,6). Neuestens dazu: P. Eicher, Priester und Laien — im Wesen verschieden? Zum lehramtlichen Ansatz der notwendigen Kirchenreform: Priester für heute, 34—50, hier: 42—45.

[28] Die sieben Briefe dürften im Jahre 116/117 auf der Reise zum ersehnten Martyrium in Rom geschrieben worden sein.

[29] Entstanden Anfang des zweiten Jahrhunderts in Syrien. Es handelt sich dabei nicht um eine Kirchenordnung, sondern um eine kompilatorische Sammlung eines „Apostels" für seine Gemeinden.

In dieser Schrift gibt ein „Apostel" nicht nur Anweisungen für christliches Verhalten, sondern auch für den Vollzug der Taufe, des Fastens und die Feier der Eucharistie. Es werden überdies auch die ersten Versuche gemacht, formalisierbare Kriterien für die Unterscheidung der Geister echter und falscher „Apostel und Propheten" zu finden:

Wer länger als zwei Tage in der Gemeinde bleibt, wer Geld fordert und wer nicht die „Art des Herrn" an sich hat, wer sich selbst reichlich satt ißt und nicht tut, was er lehrt, soll als falscher Prophet entlarvt werden. Da die wandernden „Apostel und Propheten" offenbar nicht nur unregelmäßig kamen und teilweise fragwürdige Lehren verbreiteten, sondern sich auch vielfältige Mißstände eingeschlichen hatten, wird den Gemeinden empfohlen:

„Erwählt euch daher Vorsteher (Bischöfe) und Diakone, die des Herrn würdig sind, gütige Männer, frei von Habsucht, wahrhaftig und erprobt.

Denn auch sie sind es, die für euch dienen den Heiligdienst der Propheten und Lehrer.

Achtet sie also nicht gering; denn sie sind es, die bei euch in Ehren stehen müssen, mit den Propheten und Lehrern." (XV, 1—2)

Dieser Text zeigt, wie aufgrund der Umstände und Gegebenheiten sich Amt und rechtliche Kriterien entwickeln.

Die sogenannte ›Kirchenordnung des Hippolyt von Rom‹ (Ende des 2/3. Jahrhunderts) geht einen bedeutsamen Schritt weiter und enthält zum ersten Mal genauere *Anweisung über die Bischofsweihe.* Dabei wird festgestellt, daß der Bischof den Presbytern in jeder Beziehung gleich sei, abgesehen vom Thron und der Ordination, weil jenen keine Macht zu ordinieren gegeben sei (c. 4). Ein weiteres rechtliches Moment gewinnt somit Gestalt: die Ordination.

Die Belastungen der Verfolgung durch aufgehetzte Mitbürger und später auch durch den römischen Staat schaffen neue Probleme und verlangen nach rechtlicher Regelung: Es stellt sich die Frage, wie mit den in der Verfolgung Abgefallenen zu verfahren ist und mit jenen, die durch andere schwerste Vergehen sich der Mitgliedschaft in der Gemeinde unwürdig erwiesen haben. Es stellt sich ferner die Frage nach dem Ausschluß aus der Gemeinde und der Zulassung zur Eucharistie. Es taucht aber auch das Problem auf, wie mit jenen, die zu Diakonen, Presbytern oder Bischöfen ordiniert worden sind, verfahren werden soll, wenn sie entweder in der Verfolgung den Glauben verraten haben oder aber zu einer Irrlehre abgefallen waren. Wenn sie nun reumütig zur Kirche zurückkehren und ihre Buße abgeleistet haben, können sie dann ihre Ordination wieder ausüben oder müssen sie neuerdings ordiniert werden (Re-ordination)? Ein ähnliches Problem stellte sich bei der Frage, wie jene zu behandeln sind, die von Ketzern getauft worden waren, sich nun aber der „wahren" Kirche anschließen wollten. Auf diese Weise entwickelte sich im dritten und vierten Jahrhundert ein Tauf-, Ordinations-, Eucharistie- und Bußrecht.

Außerdem mußten Kompetenzprobleme zwischen dem Bischof einerseits und seinem Presbyterium andererseits ebenso geregelt werden wie die Zuständigkeiten von Klerus und Volk bei den Wahlen und der Ordination zum Klerus. Aber auch

Fragen der Vertretung kirchlichen Vermögens nach außen wie die Verfahrensweise bei innerkirchlichen Streitigkeiten, zumal zwischen Bischöfen und Metropoliten, verlangten zunehmend nach einer rechtlichen Regelung.[30]

1.2.1. Das kanonische Recht als Ordnung der katholischen Kirche

Bezüglich der Verfahrensgrundsätze lag es nahe, daß man auf jene des allgemeinen weltlichen Rechts, also des römischen Rechts, zurückgriff, zumal etliche der bedeutendsten Kirchenmänner aus dem Juristen- oder Rhetorenstand kamen. Aus den Schiedssprüchen und Entscheidungen einzelner Bischöfe, vor allem jedoch der Synoden, entwickelten sich Handlungs- und Verhaltensgrundsätze, die auf dem Weg der Rezeption (vgl. 2.1.6.) verbreitet wurden. Um der Rechtskontinuität willen legten sich einzelne Kurien oder interessierte Kleriker bzw. Mönche private Rechtssammlungen an.

1.2.1.1. Erste Sammlungen

Ende des fünften Jahrhunderts stellte ein skytisch-gotischer Mönch namens DIONYSIUS EXIGUUS in Rom eine Sammlung griechischer Konzilskanones unter Hinzuziehung weiteren Materials, insbesondere auch der päpstlichen Dekretalen, die er zeitlich ordnete, her. Diese Sammlung wurde nun im Westen führend. Unter KARL D. GR. als ›Dionysio-Hadriana‹[31] wurde sie im Frankenreich rezipiert. Daneben gab es noch eine weitere Sammlung, ›Hispana‹ genannt. Insbesondere die ›Dionysio-Hadriana‹ bildete eine wichtige Traditionsbrücke vom antik-römisch orientierten Kirchenrecht zum Recht der Kirche des Mittelalters. Daneben entstanden auch Formularsammlungen, so der ›Liber Diurnus‹, eine Sammlung päpstlicher Kanzleiformulare für Rechtsakte.

In den weitläufigen Gebieten nördlich der Alpen wurden Handbücher für die Praxis notwendig. So entstanden für die Verwaltung des Bußsakramentes sogenannte ›Bußbücher‹[32] und für die Bedürfnisse der bischöflichen Verwaltung sogenannte ›Sendbücher‹[33].

[30] Vgl. zum Ganzen bes. O. Heggelbacher, Geschichte des frühchristlichen Kirchenrechts bis zum Konzil von Nizäa, 325, bes. 96 ff.

[31] So genannt, weil Papst HADRIAN 774 diese Sammlung KARL D. GR. übergab und dieser sie 802 auf der Aachener Reichsversammlung als ›Codex canonum‹ anerkennen ließ.

[32] Diese Pönitentialien enthalten Sündenkataloge mit Angabe der jeweils entsprechenden Bußen: Fasten, Gebete, Leibstrafen, Geldbußen u. a. Die ersten dürften in den Klöstern Irlands, Englands und Schottlands im 6. Jahrhundert entstanden sein. Infolge der iro-schottischen Mission gelangten sie auf das Festland. Im siebten Jahrhundert verbreiteten sie sich dort rasch. Sie sind interessante Zeugnisse christlicher Sittengeschichte.

[33] Z. B.: Das ›Sendbuch‹ des Abtes REGINO VON PRÜM (gest. 915) für den Erzbischof Ratbod von Trier.

Kirchenrechtliche Bestimmungen enthielten allerdings auch weltliche Rechtsquellen, so der ›Codex Justinianus‹ (529—534) ebenso wie die germanischen Volksrechte (besonders die ›Lex Alamanorum‹ und die ›Lex Baiuvariorum‹ aus der ersten Hälfte des achten Jahrhunderts).

In den Auseinandersetzungen zwischen Kirche und Staat entstehen aus der Feder kirchlicher Kompilatoren in der Mitte des neunten Jahrhunderts eine Reihe von *gefälschten*[34] Sammlungen (so die des BENEDICTUS LEVITA, insbesondere aber die sogenannten ›Pseudo-Isidorischen Dekretalen‹. Letztere Sammlung wurde im ganzen Mittelalter für echt gehalten und schließlich weithin von Gratian in seine Sammlung aufgenommen.[35] In der Zeit des Investiturstreits entstanden eine Reihe weiterer Kanonessammlungen, die die Ansprüche der kirchlichen „Reformer" und der römischen Kurie stützen sollten. Das juristische Programm der Frühreform formulieren die ›Sententiae Diversorum Patrum‹[36].

Der sogenannte ›Dictatus Papae‹ GREGORS VII. (1075) enthält in prägnanten Sätzen die Leitideen seiner Reformvorstellungen. Gegen Ende des elften Jahrhunderts werden, wohl von Bischof IVO VON CHARTRES, noch drei bedeutende Sammlungen zusammengestellt: 1. die ›Collectio tripartitum‹, 2. ein systematisch geordnetes ›Decretum‹ und 3. eine auf diesem aufbauende, aber für die Praxis sehr geraffte, in acht Bücher gegliederte Sammlung, die sogenannten ›Panormia‹[37].

Die Entwicklung der Rechtssammlungen in den Auseinandersetzungen zwischen päpstlichen und kaiserlichen Ansprüchen zeigt ein Doppeltes: Einmal den Tendenzcharakter, der Rechtsnormen innewohnt bzw. beigelegt wird. Auch die kaiserliche Seite bediente sich in gleicher Weise des Rechts als Kampf- und Machtmittel. Zum anderen läßt sich aus diesen Rechtssammlungen für alle Bereiche der kirchlichen Disziplin, des Sakramentenrechts ebenso wie für das Ämter- und Vermögensrecht, für das Verfassungsrecht nicht weniger als für das Verfahrensrecht eine beträchtliche Weiterentwicklung und Entfaltung feststellen. Insbesondere gilt dies für die primatialen Rechte des Bischofs von Rom.

Durch die Verschmelzung römischer Herrschaftsideen mit germanischen Organisationsvorstellungen (Eigenkirchenwesen, Patronat, Benefizium, genossenschaftlichen Strukturen in Domkapiteln und Bruderschaften, Sendgerichtsbarkeit und dgl.) entstehen neue Rechtsinstitute und Organisationsformen. Die der germanischen Vorstellung eigene Verdinglichung gibt den bislang abstrakten Rechtsgeschäften größere Plastizität: So tritt bei der Weihe zur Handauflegung und Salbung die Übergabe der Gerätschaften, beim Bischof Ring und Stab, hinzu; die fromme Gabe anläßlich einer Meßfeier wird zum „Messe-kaufen", zum taxierbaren Meßstipendium. Überhaupt dringt die Vorstellung, jeder Leistung müsse eine Gegenleistung ent-

[34] Bezüglich des Begriffs „Fälschung" ist zu beachten, daß die meisten der gefälschten Urkunden zweckgerichtete Kompilationen aus echtem Schriftgut darstellen. Man erdachte also nicht etwas völlig Neues, sondern schuf dadurch gänzlich Neues, daß man (bekannte) Sätze aus ihrem Kontext nahm und in einen neuen Zusammenhang stellte.

[35] Vgl. H. E. Feine, Kirchliche Rechtsgeschichte, 150—156.

[36] Diese Programmschrift schreibt die neueste Forschung Kardinal HUMBERT VON SILVA CANDIDA zu und datiert sie auf etwa 1050.

[37] Vgl.: H. E. Feine, Kirchliche Rechtsgeschichte, 158—160.

sprechen, in die kirchliche Praxis ein. *Simonie*, also vermögenswerte Leistung für geistliche Gaben oder kirchliche Ämter, wird ebenso zur Selbstverständlichkeit wie die Ablösung von Bußleistungen durch Geld oder das Einkaufen von Messen. Mit welcher arglosen Selbstverständlichkeit das geschah, zeigen die vielen frommen Stiftungen. Damit ging einher eine Fülle partikularistischer Sonderrechte, die teils durch Gewohnheit, teils kraft besonderer päpstlicher oder kaiserlicher Privilegien erworben worden waren. Über alle diese unterschiedlichen Rechtsvorgänge legten interessierte Kreise, meist Klöster oder bischöfliche Kurien, inhaltlich, methodisch und qualitativ sehr unterschiedliche Sammlungen an. Die rechtliche Situation war in jedem Fall völlig unüberschaubar, da die Zahl einander widersprechender Sammlungen groß war.

1.2.1.2. ›Dekret Gratians‹

Im weltlichen Bereich wurde das klassische römische Recht (durch den Rückgriff auf die ›Digesten Justinians‹) zu Beginn des elften Jahrhunderts wiederbelebt. Aufgrund der Auseinandersetzung mit dem Papsttum kam dem deutschen Kaiser diese Rezeption und Renovation des alten kaiserlichen Rechts politisch gelegen. Diese Rückbesinnung auf das klassische römische Recht durch die neuen Systematiker und Kommentatoren (die Legisten) ließ auch bezüglich des kirchlichen Rechtsstoffs die Notwendigkeit einer systematischen Darstellung spürbar werden. Um 1140 verfaßte der Kamaldulensermönch GRATIAN in Bologna, dem Zentrum des klassischen römischen Rechts, als Grundlage für seinen Unterricht ein nach scholastischer Methode geschriebenes Lehrbuch in Form einer systematischen Quellensammlung. Für die „theologia practica externa" stellte er darin *allgemeine Rechtssätze* (distinctiones) auf, formulierte *Rechtsfälle* (causae), stellte *Rechtsfragen* (quaestiones) und argumentierte mit Hilfe von *Quellenbelegen* (capitula, auctoritates). Diese entnimmt er ohne Kritik den ihm bekannten Sammlungen, insbesondere der pseudoisidorischen. Dabei beschränkte er sich keineswegs auf Rechtsnormen (Dekrete oder Kanones), sondern zitiert auch aus Briefen, Predigten und anderen Werken der Kirchenväter (insbesondere Augustinus, Hieronymus, Ambrosius, Cyprian).

Gratian war bestrebt, die divergierenden Vorschriften zu systematisieren und Widersprüche auszugleichen. Der Titel seiner Sammlung lautet darum auch: ›Concordia discordantium canonum‹. Wegen der Bedeutung, die dieses Werk rasch erhielt, wurde es als ›Corpus decretorum‹, bald aber nur mehr als *›Decretum (Gratiani)‹* bezeichnet. Es verdrängte rasch alle anderen Sammlungen und wurde gleichsam zum Kristallisationspunkt der nun intensiv einsetzenden Beschäftigung mit den Rechtssätzen der Kirche, dem *kanonischen Recht.* Anfänglich wurde diese neue Disziplin von den Kloster- und Domschulen und manchen Kirchenmännern (wie Bernhard von Clairvaux) beargwöhnt und abgelehnt. Sie setzte sich jedoch erstaunlich schnell durch, da sie sich als wirksame Waffe der kirchlichen Reformer gegen kaiser-und königliche Ansprüche erwies.

Obwohl das ›Decretum Gratiani‹ niemals Rechtskraft erlangte, sondern nur eine Rechtsquellensammlung blieb und jede darin angeführte Autorität den Rechtswert behielt, den sie besaß, förderte es dennoch die Verbreitung und Übernahme auch der fragwürdigen Texte (etwa aus den Fälschungen).

Das Werk ist in drei ungleiche Teile gegliedert:
I. Natur und Quellen des Rechts, Recht der kirchlichen Personen und Ämter: 110 Distinctiones, in capitula gegliedert. (Zitierweise: c. 1 D X = capitula 1, Distinctio X).
II. Prozeß-, Vermögens- und Ordensrecht sowie Eherecht (Zitierweise: c. 1 C X q.1 = capitula 1, Causa X, quaestio 1.) Als quaestio 3 der causa 33 ist ein eigener in sieben Distinktionen gegliederter Traktat über das Bußwesen (›De poenitentia‹) eingefügt (Zitierweise: c.1 D V de poen.).
III. Vorschriften bezüglich der Sakramente und des Kultes in fünf Distinktionen (Zitierweise: c.1 D III de cons.).

1.2.1.3. Entstehung des ›Corpus Iuris Canonici‹

Die Kommentatoren dieses Dekrets wurden *Dekretisten* genannt (im Unterschied zu den Kommentatoren der weltlichen leges, den Legisten). Durch sie wurden Erklärungen und teilweise auch Ergänzungen hinzugefügt. Es entstand unter den verschiedensten Bezeichnungen eine umfangreiche, bis heute kaum übersehbare Literatur zum Dekret.

Durch die Kanonistik waren auch die theoretischen Voraussetzungen für ein neues gesetzgeberisches Bewußtsein entwickelt worden. Bedeutende Päpste, wie ALEXANDER III. (1159—1181: Rolandus Bandinelli) und INNOCENZ III. (1198—1216: Lothar von Segni) waren gelernte Kanonisten und gebrauchten ihr Gesetzgebungsrecht in großem Umfang. Das ließ den Rechtsstoff des Dekrets rasch unvollständig und das Verlangen nach weiteren Sammlungen wach werden.

Diese später erlassenen päpstlichen Dekretalen nannte die Kanonistik, weil sie außerhalb des ›Decretum Gratiani‹ gesammelt wurden, „Extravaganten" und stellte von ihnen zahlreiche eigene Sammlungen her. Fünf davon wurden als ›Compilationes antiquae‹ weithin anerkannt. Die dritte von ihnen, die compilatio tertia, enthält die Dekretalen der ersten zwölf Jahre des Pontifikats INNOCENZ' III. Sie wurde vom Papst approbiert und gilt deshalb als authentische, vom Gesetzgeber beglaubigte Sammlung.

Doch wegen der in den ›Quinque Compilationes antiquae‹ enthaltenen Widersprüche und wegen ihrer Unvollständigkeit ordnete der kanonistisch gebildete Papst GREGOR IX. (1227—1241) ihre Überarbeitung an. Der Redaktor, RAIMUND VON PEÑAFORTE, ordnete den Stoff neu und gliederte ihn in fünf Bücher. Die keineswegs sehr gelungene Überarbeitung wurde von Papst GREGOR IX. im Jahr 1234 durch Übersendung an die Universitäten von Paris und Bologna „publiziert". Künftig sollten keine anderen (privaten) Sammlungen mehr verwandt werden dürfen.

Da diese Kodifikation außerhalb des Dekretes stand, bürgerte sich bald die Bezeichnung ›Liber Extravagantium‹ ein (auch ›Liber Extra‹ genannt. Zitierchiffre: X).

Weil es den Rechtsschulen nun verwehrt sein sollte, eigene Sammlungen anzulegen, haben nachfolgende Päpste ihre Dekretalen selbst gesammelt und durch Übersendung an die Universitäten von Bologna und Paris promulgiert. Sie wurden als ›Novellae‹ dem Gesetzbuch Gregors IX. angefügt. Da trotz des Verbots dennoch weitere Sammlungen entstanden (einfach weil sie für die Praxis des Unterrichts wie der Verwaltung gebraucht wurden), ließ BONIFAZ VIII. 1298 den neuen ergänzenden Rechtsstoff publizieren. Diese authentische und mit universaler Rechtskraft ausgestattete Ergänzung wird ›Liber Sextus‹ genannt, weil sie den Anhang zu den fünf Büchern des ›Liber Extra‹ bildet (Zitierchiffre: in VI°).

Spätere Dekretalen Bonifaz' VIII. wurden allerdings wiederum als einfache Privatsammlungen dem ›Liber Sextus‹ hinzugefügt. Papst CLEMENS V. (1305—1314) wollte seine Dekretalen und die Kanones des Konzils von Vienne (1311/1312) als ›Liber Septimus‹ anfügen. Die Publikation erfolgte jedoch erst nach neuerlicher Revision durch Papst JOHANNES XXII. (1316—1334) im Jahr 1317. Diese ›Clementinen‹ genannte Gesetzessammlung ist eine authentische und universale Rechtsnorm. (Zitierweise: c. 1 in Clem. de poenis V 8.)

Es verwundert nicht, daß diese umfangreichen gesetzgeberischen und kompilatorischen Aktivitäten gegen Ende des zwölften Jahrhunderts eine neuerliche Blüte der Kanonistik einleitete. Da nun hauptsächlich die (neueren) Dekretalen behandelt wurden, werden ihre Bearbeiter *Dekretalisten* genannt.

Papst JOHANNES XXII. erließ zwar wichtige Dekretalen, doch ließ er sie weder zu einem corpus zusammenstellen noch gab er ihnen allgemein verbindliche Rechtskraft. Die wichtigsten von ihnen waren in privaten corpora tradiert und teilweise auch den genannten Sammlungen angefügt, doch gehörten sie im eigentlichen Sinn nicht dazu. Erst Ende des 15. Jahrhunderts nahm JEAN CHAPPUIS zwanzig Extravaganten Papst Johannes XXII. in seine private Neuausgabe auf; andere vierundsiebzig Dekretalen von Bonifaz VIII. bis Sixtus IV. (1471—1484) fügte er am Schluß als ›Extravagantes communes‹ an.[38]

1.2.1.4. Bedeutung der Kanonistik

In Analogie zum ›Corpus iuris‹ (civilis) war die von Gratian eingeleitete Sammlung des kirchlichen Rechtsstoffes bald als ›Corpus iuris canonici‹ bezeichnet worden.

Insgesamt hat sich das kanonische Recht als Instrument kirchlicher Macht sowohl gegenüber den weltlichen Herren als auch gegenüber den einzelnen Gläubigen erwiesen: Unter dem Kanonistenpapst INNOCENZ III., den ein Parteigänger

[38] Vgl. zum Ganzen: H. E. Feine, Kirchliche Rechtsgeschichte, 277—294.

(GERVASIUS VON TILBURY) den „wirklichen Kaiser " nannte, erreichte das Papsttum den Gipfel äußerer Macht. Er betrachtete die weltlichen Herrscher als Lehensträger des Papsttums, die er ein- und absetzen kann. „Dem Petrus", so sagt er, „ist nicht allein die gesamte Kirche, sondern der ganze Erdkreis zur Regierung überlassen."[39] In seinem berühmten Dekretale ›Venerabilem‹ stellt er fest, daß das Kaisertum von Ostrom durch den Papst auf Karl d. Gr. und damit auch das Wahlrecht auf die Fürsten übertragen worden sei; das rechtfertige das Recht der Bestätigung der Kaiserwahl durch den Papst.[40] Nun ist die Kirche im Papsttum, wenn auch tatsächlich nur für einen kurzen Augenblick der Weltgeschichte, Hoheitsträgerin auch über die Welt; die in ihr geltende Ordnung ist zum „Gesetz" im strengen Sinn geworden, anwendbar wie dieses, ihm an Kraft und Härte, aber auch an Korrektheit nicht nachstehend.

Etwa 100 Jahre später beanspruchte Papst BONIFAZ VIII. die ausdrückliche Oberhoheit über alle Fürsten, Könige und selbst den Kaiser. Sie alle sollten ihre Reiche lediglich vom Apostolischen Stuhl zu Lehen erhalten. Das deutsche Kaisertum bezeichnete er als eine Schöpfung des Papsttums. In der Bulle ›Unam Sanctam‹ von 1302 schließlich behauptet der Papst als Lehre der katholischen Kirche den Vorrang der geistlichen Gewalt vor der weltlichen. Beide Gewalten kommen der Kirche zu. Ihr stehe es an, auch die weltliche Gewalt zu leiten. Denn die christliche Gesellschaft sei ein gesunder Körper. Nur ein Monstrum habe zwei Häupter; deshalb habe auch die Christenheit nur ein Haupt, den Papst als den Nachfolger Petri und Stellvertreter Christi. Zu Petrus allein habe Christus gesagt: „Weide meine Schafe."[41] Der Papst berief sich bei der Darstellung dieser seiner Lehre nicht nur auf bedeutende Vorgänger, sondern auch auf berühmte Theologen. Er hat seine Anschauung also keineswegs selbst erfunden, sondern stand in einer konsequenten Tradition. Dieses Dokument päpstlichen Universalanspruchs schließt mit der feierlichen Erklärung, es sei für jeden Menschen heilsnotwendig, dem römischen Bischof untertan zu sein: „Porro subesse Romano Pontifici omni humanae creaturae declaramus, dicimus, diffinimus et pronunciamus omnino esse de necessitate salutis."[42]

Doch was im ersten Augenblick als Sieg erscheinen mochte, wandelte sich nur zu bald ins Gegenteil: Die Wohltat korrekter Gesetzlichkeit schlug um ins Unerträgliche, zumal nun das ganze Leben der Christen in wachsendem Umfang umschlungen war von einem dichten Geflecht kanonistischer Normen. Dabei konnte es nicht ausbleiben, daß viele Prozesse, mit allen prozeßrechtlichen Raffinessen geführt, von einer Instanz in die andere verschleppt wurden. Das Dispensen- und Privilegienwesen sowie die Exemtion, d. h. die Befreiung von der bischöflichen Gewalt, zusammen mit einem wuchernden Taxen- und Steuerunwesen nahmen

[39] So an PHILIPP, den König von Frankreich, im Jahre 1198.

[40] Abgedruckt in: C. Mirbt, Quellen I, n. 596, p. 307 f. Mit gleicher Deutlichkeit auch „Per venerabilem" n. 597 p.308.

[41] Abgedruckt in: C. Mirbt, Quellen I nn. 745, 746 p. 458.

[42] Abgedruckt in: C. Mirbt, Quellen I n. 746 p. 460.

schier unvorstellbare Formen an. Die Vielfalt der verschiedenen Gesetze und ihr Verstreutsein über vielerlei Sammlungen ermöglichte es jedem, der sich auskannte, einen legitimen Grund zu finden, der ihn von der Befolgung eines ihm unangenehmen Gesetzes befreite. „Appellation" war die große juristische Mode: Berufung vom Bischof an den Papst, vom Papst an das Konzil, und, wenn es dem eigenen Vorteil diente, auch vom Konzil an den Papst. Spitzfindige Anwendung und selbstsüchtige Auslegung der kanonischen Gesetze führten neben anderen Gründen zu jenem innerkirchlichen Chaos, das für den zündenden Funken der Reformation den idealen Sprengstoff bildete.

1.2.1.5. Tridentinisches Recht

Obwohl schon in den Beratungen der Reformkommission des *V. Laterankonzils* (1512—1517) eine grundlegende Revision des kirchlichen Rechts gefordert worden war, konnte auch das *Reformkonzil von Trient,* das geradezu eine neue Periode des Kirchenrechts durch seine Reformdekrete eingeleitet hatte, eine *Kodifikation* des kirchlichen Rechts nicht voranbringen.[43] Für ein solches Unternehmen war die Zeit offenbar noch nicht reif. Deshalb gelang Papst GREGOR XIII. (1572—1585), der vorher Professor der Rechtswissenschaft gewesen war, zwar eine Reform des Kalenders, nicht jedoch die Revision des kirchlichen Rechts. Es war damals offenbar leichter, nach dem Lauf der Gestirne einen Kalender zu korrigieren als das Durcheinander kirchlicher Satzungen zu einem einheitlichen Gesetzbuch zusammenzufassen. — Immerhin ließ er 1580 wenigstens eine von den sogenannten „Correctores Romani" redigierte Fassung der kirchlichen Rechtssammlungen als amtliche Druckausgabe veröffentlichen.[44] Sie enthielt alle obengenannten Sammlungen unter dem Titel ›Corpus iuris canonici‹. Der Rechtscharakter der einzelnen Teile wurde dadurch jedoch nicht verändert.

So schritt die Kirche aus dem sechzehnten in das siebzehnte Jahrhundert, angetan mit der Rüstung des Mittelalters, kaum ahnend, daß für die Welt eine neue Zeit begonnen hatte — eine Epoche, für die Luther mehr das Ende denn der Anfang einer neuen war.

[43] In der 23. Sitzung am 15. 7. 1563 hatte der Erzbischof von Sense gefordert, es möge unter Ausschaltung des veralteten, „das wahre päpstliche Recht festgestellt werden, an das man sich halten müsse": Acta genuina Concilii Tridentini, ed. A. Theiner, II, 654.

[44] Die von GREGOR XIII. veranlaßte Sammlung zog sich bis 1598 hin. Als der Entwurf dann endlich Papst CLEMENS VIII. vorgelegt wurde, versagte dieser ihm die Zustimmung. Auch eine Wiederaufnahme der Arbeit unter Papst PAUL V. im Jahr 1607 und 1608 blieb der Erfolg versagt. Die Entwürfe scheinen nicht allen Anforderungen entsprochen zu haben; der dogmatische Inhalt überwog, während zahlreiche Rechtsnormen unbeachtet geblieben waren. Vor allem aber mögen die Päpste Konflikte mit den staatskirchlichen Tendenzen bei den katholischen Regierungen gefürchtet haben.

Das *Konzil von Trient* hat dennoch eine so umfassende und nachhaltige Wirkung wie kein anderes auf die Glaubens- und *Rechtsgrundlage* der Kirche ausgeübt, insbesondere auch auf die Disziplin des Klerus und des katholischen Volkes. Die immer wieder befürchtete Schwächung der primatialen Gewalt durch konziliare oder gallikanische Ideen hatte vermieden werden können. So bedeutete insgesamt das Konzil von Trient eine Stärkung des Papsttums. Die Weiterentwicklung des neuen kirchlichen Rechts lag nun völlig in der Hand des Papstes. Die folgenden Jahrzehnte sind eine Zeit reicher gesetzgeberischer Tätigkeit der päpstlichen Zentralgewalt. Die Auslegung, Anwendung und Dispensation von Beschlüssen des Konzils blieb völlig in der Hand des Papstes. Für die korrekte Abwicklung bestellte PIUS IV. 1564 eine eigene Kongregation, die sogenannte Konzilskongregation. Der Ausbau der kurialen Behördenorganisation und damit zugleich die Reform der Kurie im römischen Sinn wurde in den folgenden Jahrzehnten insbesondere durch SIXTUS V. (1585—1590) durchgeführt. Allerdings sind die zahlreichen gesetzgeberischen Erlasse der Päpste in keiner amtlichen Sammlung zusammengefaßt. Sie wurden in inoffiziellen *Bullarien* gesammelt. Lediglich Papst BENEDICT XIV. (1740—1758) hat die seinigen amtlich gesammelt und 1746 durch Übersendung an die Universität Bologna als amtliche Rechtsquellen nach alter Weise promulgiert.

Die kirchliche Rechtswissenschaft nahm nach dem Tridentinum einen neuen Aufschwung. Mit dem Oratorianer LOUIS DE THOMASSIN (1676—1688) wurde das Kirchenrecht selber zum Gegenstand rechtsgeschichtlicher Betrachtung. PROSPER LAMBERTINI war, bevor er als Benedict XIV. den päpstlichen Thron bestieg, Kanonist in Bologna. Noch als Papst verfaßte er ein Meisterwerk ›De synodo dioecesana libri VIII‹ (1748, vermehrt auf libri XIII, 1756), das die kirchliche Praxis bis tief ins 19. Jahrhundert nachhaltig beeinflußte. Dieses Werk untermauerte den Jurisdiktionsprimat des Papstes endgültig und bildet gleichsam die Voraussetzung für die dogmatische Definition auf dem I. Vatikanischen Konzil.

1.2.1.6. Erste vollständige Kodifikation: Der ›Codex Iuris Canonici‹

Dennoch hatte die Kirche, die inzwischen zur universalen Weltkirche sich über den gesamten Erdkreis ausgeweitet hatte, kein universal verbindliches Gesetzbuch. Kein Wunder, daß auf dem I. Vatikanischen Konzil die Forderung nach einem umfassenden kirchlichen Gesetzbuch wiederauflebte.[45] Derartige Wünsche wurden zunächst von der römischen Kurie gedämpft. An ihrem Widerstand scheiterte selbst Papst LEO XIII. (1878—1903), der zusammen mit seinem Kardinalstaatssekretär

[45] Bei der vorbereitenden Befragung der Bischöfe war der Wunsch nach einem neuen, einheitlichen Gesetzbuch allgemein. Die französischen Bischöfe wünschten ein Gesetzbuch nach moderner Art mit kurzen Artikeln. Andere, etwa die italienischen, wären mit einer Ergänzung des ›Corpus Iuris Canonici‹ zufrieden gewesen. Die Skala der Wünsche und Vorschläge reichte sehr weit: Vgl. A. Scharnagl, Das neue kirchliche Gesetzbuch, 6—7; U. Stutz, Der Geist des CIC, 4—8.

Rampolla ein solches Unterfangen wagen wollte. Als im März 1904 sein Nachfolger, PIUS X. (1903—1914), die Kodifikation des kirchlichen Rechtsstoffes in Angriff nahm, verpflichtete er die Bearbeiter auf das alte, bisherige Recht und stellte damit die Weichen: Das künftige Gesetzbuch war auf das bisherige, mittelalterliche Recht verwiesen; es konnte, ja durfte im Grund nur wenig Neues bringen.

Als das neue kirchliche Gesetzbuch, der heute noch geltende ›Codex Iuris Canonici‹, 1917 veröffentlicht wurde, zeigte es seinen konservativen, tradierenden Grundzug: Die römisch-katholische Kirche besitzt eine Rechtsordnung mit klaren juristischen Normen, nüchterner Gliederung, zentralem Gesetzgeber, einheitlicher Anwendung und straffer Gerichts- und Verwaltungsorganisation. Das kirchliche Recht, jetzt endgültig zum Klerusrecht geworden, bestimmt die „Seelsorge". Diese Rechtsordnung versteht sich als auf dem Willen Christi gründend. Da es nur *eine* wahre Kirche Christi gibt, diese aber allein in der römisch-katholischen Kirche existiert, gilt ihr Recht für alle Getauften. Jeder Christ ist somit dem kanonischen Recht unterworfen, sofern ihn dieses nicht ausdrücklich befreit.

Mit dem ›Codex Iuris Canonici‹ war die durch das I. Vatikanische Konzil eingeleitete Neuordnung des kirchlichen Rechts zunächst abgeschlossen.

Daß ein so umfassendes Gesetzbuch aus einer unüberschaubaren Fülle von Einzelerlassen in verhältnismäßig kurzer Zeit zusammengeschmiedet werden konnte und dabei zu einem einheitlichen Ganzen wurde, dürfte das Verdienst des Kardinals Pietro Gasparri (1852—1934) sein. Abgesehen von einer Reihe vorab erlassener Teilpublikationen erfuhr die Öffentlichkeit von der äußerst gründlichen, unter der straffen Leitung Gasparris stehenden Arbeit der Codexkommission wenig. Die vorweg verfügten „Probekodifikationen" betrafen vor allem das Papstwahlverfahren (1904), die Eheschließungsform (1907), die Kurienorganisation (1908), die Visitatio liminum (1909), die Amtsenthebungsverfahren gegen Pfarrer (1910). Durch den Ersten Weltkrieg wurde die Veröffentlichung des neuen kirchlichen Gesetzbuches hinausgezögert. Am Pfingstfest 1917, dem 27. Mai, wurde das erste umfassende Gesetzbuch der katholischen Kirche durch die Konstitution ›Providentissima Mater Ecclesia‹ promulgiert. 600 Jahre lang (seit den Clementinen) hatte es eine solche amtliche Promulgation eines (Teil-)Gesetzbuches nicht mehr gegeben. Das Gesetzbuch sollte am 19. Mai 1918 (Pfingsten) in Kraft treten.

Der ›Codex‹ stellt, anders als die bisherigen amtlichen Sammlungen, „eine vollständige, erschöpfende Kodifikation des ganzen gemeinen katholischen Kirchenrechts nach Art der neuzeitlichen staatlichen Gesetzbücher"[46] dar. Das Gesetzbuch ist in fünf Bücher und in 2214 abstrakt gefaßte Kanones gegliedert. Die Fünfteilung knüpft an die alte, von Lancelotti (im 16. Jahrhundert) wiederaufgenommene Gliederung der Institutionen des Gaius an: Personae, res, actiones und als letzter Teil das Strafrecht. Als erstes Buch ist dem Ganzen ein allgemeiner Teil (›Normae generales‹)

[46] U. Stutz, Der Geist des CIC, 37.

vorangestellt. Entsprechend der traditionellen Auffassung enthält der Codex Iuris Canonici kein eigenes Verfassungsgesetz. Die verfassungsrechtlichen Bestimmungen sind im wesentlichen im zweiten Buch, dem Personenrecht, enthalten. Im Sachenrecht sind insbesondere die sieben Sakramente gesetzlich normiert, aber auch die Verwaltung des kirchlichen Vermögens.

Der ›Codex‹ stellt sich als „das Werk der durch das Vatikanum zu höchster Macht gesteigerten Primatialgewalt dar. Nachdem dem Papsttum auf dem Gebiet des Glaubens und der Sitten die Unfehlbarkeit zugesprochen war, hat es auf dem Gebiet des Rechts ganze Arbeit geleistet und der Kirche ein zusammenfassendes, die innerkirchlichen Verhältnisse erschöpfend und einheitlich regelndes Gesetzbuch, einen ‚unicus et authenticus fons' für Verwaltung, Rechtsprechung und Rechtsunterricht geschenkt, wie sie ihn in ihrem bald 2000jährigen Bestande nicht besaß". „Vor der Geschichte und nach dem in ihm waltenden Geist ist der Kodex ein Werk des absoluten Papsttums."[47] Im Sinn spätabsolutistischer Kodifikationen erklärte Papst BENEDICT XV. feierlich, daß er sich als Erbe der Autorität seines Vorgängers betrachte und fügte an: Wir „verschließen das Ohr vor jedem Verlangen irgendwelcher Revision". Als ratio scripta sollte dieses definitive Gesetzbuch keiner Revision zugänglich sein. Kardinal GASPARRI allerdings dachte realistischer und sprach von der Möglichkeit eines Codex repetitae praelectionis.

FERDINAND ELSENER hat nach umsichtiger Begründung festgestellt: „Der Codex Iuris Canonici von 1917 ist so in unserer Zeit ein Produkt des Natur- und Vernunftrechts des 18. Jahrhunderts und der europäischen Kodifikationsära geworden." Es weht darin „ein gut Teil auch Geist des Absolutismus"[48].

In Erwartung auftretender Unklarheiten wurde eine kardinalizische *Kommission zur authentischen Interpretation des ›Codex‹* gebildet. Sie hat seither eine Fülle von authentischen Interpretationen geleistet.[49] Die Fortbildung des Werkes wurde also ebenso autoritativ gehandhabt wie seine Entstehung. Durch MP ›Cum iuris canonici Codicem‹ Papst BENEDICTS XV. wurde zwar verfügt, daß die römischen Kongregationen neue, generell gültige Dekrete in der Regel nicht mehr erlassen sollten, vielmehr allgemeine Gesetze künftighin mit zusätzlich fortlaufender Numerierung in den CIC eingearbeitet werden sollten (II—III). Sieht man jedoch von den 1962 verfügten Änderungen JOHANNES' XXIII. bezüglich des Kardinalates ab (cc. 232 § 1; 236 § 3), so sind nur zwei Stellen des ›Codex‹ förmlich geändert worden (c. 1099 § 2: 1949; c. 2319 n. 1: 1953). Vielmehr haben die verschiedenen römischen Dikasterien kraft ihrer Teilhabe an der päpstlichen Gewalt jeweils für ihren Bereich weiterführende Gesetze erlassen (müssen). So konnte es nicht ausbleiben, daß das kirchliche Gesetzbuch sehr bald nurmehr einen Teil des tatsächlich in der römisch-

[47] U. Stutz, Der Geist des CIC, 50.

[48] Der Codex Iuris Canonici, 51 f.

[49] Die Rechtsentwicklung seit dem Inkrafttreten des CIC ist in deutscher Sprache gesammelt und herausgegeben worden von S. Mayer, Kirchenrechts-Sammlung.

katholischen Kirche geltenden Rechts darstellte.[50] Die seit Erlaß des ›Codex‹ in Kraft getretenen kirchlichen Gesetze, von denen so gut wie alle Rechtsbereiche betroffen waren, ergänzten das Recht des ›Codex‹ nicht nur, sondern setzten es manchmal außer Kraft.

1.2.1.7. Ära der Konkordatsabschlüsse

Aufgrund teilweise tiefgreifender Veränderungen im europäischen Staatensystem nach dem Ersten Weltkrieg begann unter dem Pontifikat PIUS' XI. (1922—1939) eine *Konkordatsära.* Sie diente vor allem dazu, dem Recht des CIC gegen partikulare Sonder- und Vertragsrechte Geltung zu verschaffen, etwa durch Zurückdrängung des staatlichen Nominationsrechts oder des Wahlrechts der Domkapitel bei Bischofsbestellungen und dergleichen mehr. Auf der anderen Seite waren manche der neu entstandenen Staaten daran interessiert, durch Konkordate, also internationale Verträge, ihre Reputation in der Völkergemeinschaft aufzubessern.[51]

In rascher Folge wurden *Konkordate* geschlossen mit Lettland (1922), Bayern (1924), Polen (1925), Rumänien (1927) und Litauen (1927), Preußen (1929), Baden (1932), Österreich (1933) und vor allem mit dem Deutschen Reich (1933). Daneben wurden noch kleinere Abmachungen mit Portugal (1928) und ein sogenannter *Modus vivendi* mit der Tschechoslowakei (1928) getroffen. Vor allem aber gelang es dem Heiligen Stuhl, das seit der Einverleibung des Kirchenstaates in das Königreich Italien gestörte Verhältnis zwischen Vatikan und Quirinal zu normalisieren. Durch die *Lateranverträge,* bestehend aus dem Staatsvertrag mit dem Finanzabkommen und dem Konkordat, wurde die römische Frage in einer für die Kirche ungemein günstigen Weise beigelegt. Das kanonische Recht erhielt in wichtigen Bereichen, etwa dem Eherecht, in Italien unmittelbar bürgerlich-rechtliche Wirkung.

Unter PIUS XII. (1939—1958) wurden weitere Konkordate mit Portugal (1940), Spanien (1941/1953) und Kolumbien (1942) geschlossen. Das Pontifikat Pius' XII. war durch den Zweiten Weltkrieg und seine verheerenden Folgen belastet. Die Ereignisse waren für Konkordatsabschlüsse insgesamt nicht günstig.

Grundsätzlich waren die kirchlichen Interessen in den meisten für die katholische Kirche wichtigen Ländern vertraglich abgesichert. Ausnahmen machen nur die Vereinigten Staaten von Amerika, die Staaten des britischen Commonwealth und Frankreich.[52]

[50] Die unierten Kirchen des orientalischen Ritus hatten grundsätzlich ihr eigenes, traditionellerweise von Rom unabhängiges Recht. Papst PIUS XI. (1922—1939) setzte allerdings eine Kommission ein, die das Recht der unierten orientalischen Kirchen vereinheitlichen und dem lateinischen Kodex angleichen sollte. Bis zum II. Vatikanischen Konzil sind die wichtigsten Rechtsbereiche neu gestaltet und als *päpstliches Recht* für die unierten Kirchen des orientalischen Ritus promulgiert worden (in den Jahren zwischen 1949 und 1957).

[51] Zum Problem u. a. H. Barion, Konkordat und Kodex, ZSRG.R 58, 1938, 371 ff.

[52] Die schroffe Trennung von Staat und Kirche der Jahre 1904—1906 wurde in der Folgezeit wesentlich gemildert. Seit 1925 bestehen diplomatische Beziehungen zwischen Paris und dem Vatikan (vgl. R. Metz, Églises et État en France, 49 ff.).

In ihnen war jedoch die Geltung des kirchlichen Gesetzbuches ohnehin kaum (mehr) eingeschränkt. Der Geltungsanspruch und die Wirkkraft des kirchlichen Rechts und des CIC waren durch diese übernationalen Verträge allseits sichtbar geworden und anerkannt. Das kanonische Recht betrachtete sich (wieder) als Weltrecht.

Das aber brachte es zugleich mit sich, daß die kirchlichen Gesetzgebungsorgane den unterschiedlichen und in steter Veränderung befindlichen politischen und gesellschaftlichen Verhältnissen Rechnung tragen mußten. Darüber hinaus mußte auch der innerkirchliche Wandel, vor allem im Missionsbereich, aber auch hinsichtlich der liturgischen Praxis, der wissenschaftlichen Institutionen, des Vermögens- und Ordensrechtes, beachtet werden und Unzulänglichkeiten des bisherigen Gesetzes (z. B. durch eine Eheprozeßordnung vom 15. 8. 1936) abgeholfen werden.

1.2.1.8. Formen der Gesetzgebung

Weil für kirchliche *Gesetzgebungsakte* nur die Promulgation dringend erforderlich ist (c. 8 § 1 CIC), kann die äußere Form, in der kirchliche Gesetze erlassen werden, ebenso verschieden sein wie die Instanzen, die sie vornehmen.

Tritt der *Papst* unmittelbar als Gesetzgeber auf, ergehen die Gesetze als *Apostolische Konstitution* oder in anredeloser Briefform *motu proprio* (=aus eigenem Antrieb).

Handeln die *kurialen Kongregationen* stellvertretend für den Papst als Gesetzgeber, so ergehen ihre Gesetze meistens als *Decretum*. Die Ausführungsbestimmungen zu bereits erlassenen Gesetzen werden als Instructiones, Normae, Ordinationes oder auch Decreta bezeichnet. Diese Begriffe können jedoch auch Gesetze im eigentlichen Sinn meinen.[53]

Neuestens sind Normänderung und Normsetzung auch durch *Runderlasse* (Litterae circulares) und *Erklärungen* (Declarationes) vorgenommen worden.

Außerdem ist nicht festgelegt, welche Gesetzgebungsakte vom Papst selbst und welche stellvertretend vom päpstlichen Staatssekretariat oder von den Kongregationen vorgenommen werden. Die tatsächliche Praxis läßt keine Rückschlüsse auf eine überlegte Systematisierung zu.

1.2.1.9. Revisionsvorhaben zum CIC

Trotz vieler Unklarheiten und der Gefahr einer neuerlichen Ausuferung der Gesetzesmaterie war der Gedanke einer umfassenden Reform des noch kein halbes Jahrhundert alten ›Codex‹ bis zum Ende des Pontifikats Pius' XII. kaum ernsthaft

[53] So wurden wesentliche Bestimmungen des Mischehenrechts durch die *Instructio* der Glaubenskongregation ›Matrimonii sacramentum‹ (v. 18. 3. 1966) geändert. Die definitive Regelung des Mischehenrechts vom 31. 3. 1970 dagegen erfolgte in Form eines *Motu proprio* Pauls VI., also eines vom Papst selbst gegebenen Gesetzes.

erwogen worden. Darum kam die Ankündigung Papst JOHANNES' XXIII. (1958—1963) am 25. 1. 1959 überraschend, die nicht nur die Abhaltung einer *römischen Diözesansynode* und eines *Ökumenischen Konzils* vorsah, sondern auch feststellte, ein *Aggiornamento* (eigentlich = auf den jüngsten Stand bringen; heutig machen) des kirchliches Gesetzbuches müsse die beiden erstgenannten Vorhaben begleiten und krönen. Zu diesem Zweck bestellte er bereits 1963 eine *Päpstliche Kommission für die Revision des ›Codex Iuris Canonici‹* und berief dreißig Kardinäle als Mitglieder.

Sein Nachfolger, Papst PAUL VI. (1963—1978) führte sein Vorhaben weiter. Er bestellte 1964 die ersten Consultoren (Fachberater) der ›Codex‹-Revisionskommission und trug ihr 1965 auf, auch die Frage eines gesamtkirchlichen Verfassungsgesetzes (Lex Ecclesiae Fundamentalis) zu prüfen. Schließlich wurde 1968 diese Kommission zum beratenden Organ aller nachkonziliaren Gesetzgebungsvorhaben erklärt.

Das *II. Vatikanische Konzil* hatte seine Aufgabe „pastoral" verstanden; es glaubte deshalb, weitgehend auf juristische Festlegungen verzichten zu sollen. Dennoch hat es in manchen Punkten nicht nur die Richtung für eine künftige Kodifikation gewiesen (Dekr. CD 44), sondern auch an einzelnen Stellen unmittelbar neues Recht geschaffen, das allerdings meist der gesetzlichen Konkretisierung bedurfte.[54]

Obwohl die Väter des II. Vatikanischen Konzils sich entschieden gegen eine weitere Verrechtlichung von Glaube und Kirche gewandt hatten,[55] sind durch das Konzil zahlreiche gesetzgeberische Aktivitäten in fast allen Rechtsgebieten ausgelöst worden.

So wurden unter anderem

1965 die *Bischofssynode* als „ständiges" gesamtkirchliches Beratungsorgan eingerichtet (MP ›Apostolica sollicitudo‹ v. 15. 9. 1965); 1966 die *Amtsvollmachten der Bischöfe* erweitert (MP ›De Episcoporum muneribus‹ v. 15. 6. 1966) und die *Bußpraxis* neu geordnet (Apost. Konst. ›Paenitemini‹ v. 17. 2. 1966); 1967 die Mitgliedschaft einiger *Ortsbischöfe* in der neugeordneten und vom *päpstlichen Staatssekretariat* straff geführten *Römischen Kurie* vorgesehen (MP ›Pro comperto sane‹ v. 6. 8. 1967; Apost. Konst. ›Regimini Ecclesiae‹ v. 15. 8. 1967);

1968 neue Riten für die *Ordination* (zum Diakon, Presbyter und Bischof) erlassen (Apost. Konst. ›Pontificalis Romani‹ v. 18. 6. 1968) und der *Apostolischen Signatur* eine neue Ordnung gegeben (Apost. Signatur v. 25. 3. 1968);

1969 das Päpstliche *Gesandtschaftswesen* reorganisiert und mit erweiterten Kompetenzen ausgestattet (MP ›Sollicitudo omnium Ecclesiarum‹ v. 24. 6. 1969);

[54] So hat beispielsweise das Konzilsdekret CD den *Bischofskonferenzen* einen neuen und bedeutsamen Ort im kirchlichen Verfassungssystem zugewiesen; außerdem hat es das Amt der *Bischofsvikars* neu eingerichtet und die rechtliche Position des *Presbyterrates* umschrieben. Interessanterweise ergingen die Ausführungsbestimmungen zu den von dem Konzil erlassenen disziplinarrechtlichen Bestimmungen in den Dekreten über die Bischöfe, die Priester, die Ordensleute und die Missionen in Form eines MP ›Ecclesiae Sanctae‹ Papst PAULS VI. (v. 6. 8. 1966).

[55] Die wichtigsten Reden der Konzilsväter sind dokumentiert in: Autorität der Freiheit, hrsg. v. J. Ch. Hampe, I—III, München 1967.

1970 ein (einstweiliger) Schlußstrich in der Frage der Mischehenpraxis gezogen (MP ›Matrimonia mixta‹ v. 31. 3. 1970);

1971 das *Lehrbeanstandungsverfahren* vor der römischen Kurie (durch Erlaß der Glaubenskongregation v. 15. 1. 1971) und das *Laisierungsverfahren* von Priestern (Runderlaß der Glaubenskongregation v. 13. 1. 1971) definitiv geordnet sowie die Durchführung der *Eheprozesse* neu geregelt (MP ›Causas matrimoniales‹ v. 28. 3. 1971);

1972 das Verfahren bei *Bischofsernennungen* vereinheitlicht und den päpstlichen Gesandten dabei erweiterte Rechte zugewiesen (Normen des Rates für außerordentliche Angelegenheiten v. 23. 3. 1972); außerdem das *Ordinationsrecht* umgestaltet (MP ›Ministeria quaedam‹ und MP ›Ad pascendum‹ v. 15. 8. 1972) und das Verfahren *zur Auflösung von nichtvollzogenen Ehen* revidiert (Instruktion der Sakramentenkongregation v. 7. 3. 1972);

1973 die Arbeit der *Pastoralräte* umschrieben (Runderlaß der Kleruskongregation v. 25. 1. 1973) und das Verfahren zur *Auflösung von Ehen zugunsten des Glaubens* neu geordnet (Instruktion der Glaubenskongregation v. 6. 12. 1973);

1974 das Meßstipendienwesen geregelt (MP ›Firma in traditione‹ v. 13. 6. 1974) und die *Geheimhaltungspflicht* (päpstliches Geheimnis) verschärft (Reskript des Kardinalstaatssekretariats v. 4. 2. 1974);

1975 eine neue *Papstwahlordnung* mit teilweise wesentlichen Änderungen erlassen (Apost. Konst. ›Romano Pontifici eligendo‹ v. 1. 10. 1975) und die *Bücherzensur* neu gestaltet (Dekret ›Ecclesiae pastorum‹ der Glaubenskongregation v. 19. 3. 1975);

1976 der bisherige „Laienrat" in einen „Päpstlichen Rat für die Laien" umstrukturiert (MP ›Apostolatus peragendi‹ v. 10. 12. 1976) und damit alle Aktivitäten auch der Laien wieder an die Hierarchie gebunden; neue Grundsätze über die Errichtung der sogenannten *Gefreiten Abteien* aufgestellt (MP ›Catholica Ecclesia‹ v. 23. 10. 1976);

1978 die Verleihung des *Pallium* reformiert (MP ›Inter eximia‹ v. 11. 5. 1978);

1979 die Normen für die kirchlichen Universitäten und Fakultäten neu gefaßt (Apost. Konst. ›Sapientia Christiana‹ v. 15. 4. 1979).

1980 schließlich wurde das *Laisierungsverfahren* durch deutlich restriktive „Normae procedurales" nochmals geändert (Runderlaß der Glaubenskongregation v. 14. 10. 1980).

Die hier bewußt nicht vollständig aufgezählten Änderungen von Rechtsnormen sind teilweise in einem anderen Sinn ergangen, als es die Väter des II. Vatikanischen Konzils gewünscht hatten.[56] Auf jeden Fall aber dürften ihre Vielzahl wie die teilweise sehr einschneidenden Änderungen die Notwendigkeit einer grundsätzlichen Reform des gesamten kirchlichen Gesetzesmaterials geboten erscheinen lassen.[57]

[56] Über die damals gehegten Erwartungen unterrichten: J. Neumann, Erwägungen zur Revision des kirchlichen Gesetzbuches: ThQ 146, 1966, 285—304; ders., Das Kirchenrecht vor seiner Revision: Die Autorität der Freiheit II, 488—527; ders., Über die Notwendigkeit eines gesamtkirchlichen Grundgesetzes: Theologie im Wandel, 415—448; ders., Eine Verfassung für die Freiheit. Revision des kirchlichen Gesetzbuches oder Reform des Kirchenrechts?: WuW 23, 1968, 387—400. Über die weltweiten Tendenzen informiert: P. Huizing, Reform des kirchlichen Rechts: Conc (D), 1965, 670—685; bezüglich bestimmter Detailfragen formulierte die *Kanonistische Abteilung* der katholischen Universität Washington 1972 konkrete Vorstellungen: Kanonistische Erwägungen zu priesterlichem Leben und geistlichem Amt: ThQ 151, 1972, 361—379.

[57] Über die tatsächlich verordneten Gesetzesänderungen und Neuerungen informiert: H. Schmitz, Tendenzen nachkonziliarer Gesetzgebung.

Die ›Codex‹-*Reformkommission* hat 1965 ihre Arbeit aufgenommen. Die Bischofssynode von 1967 billigte die von dieser Kommission für ihre Arbeit vorgelegten Leitsätze. Seit 1977 sind alle Materien überarbeitet und liegen in insgesamt zehn Schemata (Entwürfen) für das künftige Gesetzbuch vor.[58] Die ›Codex‹-Reformkommission überarbeitete gemäß den Empfehlungen der Bischofssynode von 1967 und dem Wunsch Papst Pauls VI. auch einen Entwurf für ein *gesamtkirchliches Verfassungsgesetz* (›Lex Ecclesiae Fundamentalis‹). Der (zunächst geheimgehaltene) Entwurf von 1971 mußte nach grundsätzlichem wissenschaftlichem Widerspruch[59] und breiter Ablehnung in der kirchlichen Öffentlichkeit sowie aufgrund der Einwände der Bischofssynode von 1971 wesentlich überarbeitet werden. Eine revidierte Fassung ist inzwischen fertiggestellt.

In der katholischen Kirche ist der römische Papst *alleiniger Gesetzgeber.* (Sofern nicht ein vom Papst berufenes ökumenisches Konzil gemeinsam mit ihm als gesetzgebendes Organ handelt.) Es liegt darum einzig im päpstlichen Ermessen, *ob* und *wann* für die mit Rom vereinten katholischen Kirchen dieses erarbeitete Verfassungsgesetz erlassen und in Kraft gesetzt wird. Die theologischen, juristischen und religionspolitischen Folgen eines solchen Schrittes dürften sehr tiefgreifend sein, auch wenn man davon ausgehen kann, daß der Substanz nach die Grundstruktur der katholischen Kirche und ihrer Rechtsordnung nicht verändert wird. Dennoch stellt es einen *qualitativen* Unterschied dar, ob theologische Sachverhalte und bestimmte, im Glauben gründende Positionen durch (einfaches) kirchliches Gesetz gesichert werden sollen oder ob sie durch ein Verfassungsgesetz definiert und festgeschrieben werden. Allerdings würde eine solche Kodifikation konsequent die Verfassungsentwicklung der katholischen Kirche der Neuzeit fortführen. Sie wäre keineswegs ein Traditionsbruch, sie spiegelte vielmehr nichts anderes wider als das durch die beiden Vatikanischen Konzilien, 1869—1870 und 1962—1965, gestärkte hierarchische Selbstbewußtsein der römisch-katholischen Kirche.

Literatur: ALBERIGO, G., Ein Statut der Restauration: Conc (D) 14, 1978, 492—495; BARION, H., Konkordat und Kodex: FS U. Stutz zum 70. Geburtstag: ZSRG. R 58, 1938, 371 ff.; BAUER, J. B., Die Wortgeschichte von 'laicus': ZKTh 81, 1959, 424 ff.; BÖCKENFÖRDE, E.-W., Kirchlicher Auftrag und politische Entscheidung, Freiburg 1973; CONZELMANN, H., Die Apostelgeschichte, Tübingen 1963; CONZELMANN, H., Geschichte des Urchristentums, Göttingen 1969; EICHER, P., Priester und Laien — im Wesen verschieden?: Priester für heute,

[58] Über den Stand der Vorarbeiten, die Methode, die Stellungnahmen und die Art der Problemstellungen gibt einen Überblick: H. Schmitz, Reform des kirchlichen Gesetzbuches. Codex Iuris Canonici 1963—1978.

[59] Z. B.: Ius Canonicum. El proyecto de ley fundamental de la Iglesia. Texto y analysis critico, Pamplona 1971; Kein Grundgesetz der Kirche ohne Zustimmung der Christen v. J. G. Gerhartz, W. Kasper und J. Neumann; Legge e Vangelo. Discussione su una legge fondamentale per la Chiesa (ed. G. Alberigo); J. Neumann, Zum Entwurf einer Lex Fundamentalis Ecclesisae: Begegnung, 369—387 (vgl. auch 3. Exkurs).

hrsg. v. G. DENZLER, München 1980, 34—50; GERHARTZ, J. G., W. KASPER, J. NEUMANN, Kein Grundgesetz der Kirche ohne Zustimmung der Christen, Mainz 1971; HAENCHEN, E., Die Apostelgeschichte, Göttingen ^{12}1959; HERRMANN, H., Überlegungen zum Auftrag einer nachkonziliaren Codexrevision: Diaconia et Ius, 275—285; HOLLERBACH, A., Neuere Entwicklungen des katholischen Kirchenrechts, Karlsruhe 1974; HUIZING, P., Reform des kirchlichen Rechts: Conc (D) 1, 1965, 670f.; LOHFINK, G., Die Normativität der Amtsvorstellungen in den Pastoralbriefen: ThQ 157, 1977, 93—106; KERTELGE, K., Gemeinde und Amt im Neuen Testament, München 1972; NEUMANN, J., Der Spender Firmung in der Kirche des Abendlandes bis zum Ende des kirchlichen Altertums, Meitingen 1963; NEUMANN, J., Erwägungen zur Revision des kirchlichen Gesetzbuches: ThQ 146, 1966, 285—304; NEUMANN, J., Über die Notwendigkeit eines gesamtkirchlichen Grundgesetzes: Theologie im Wandel, 415—448; NEUMANN, J., Das Kirchenrecht vor seiner Revision: HAMPE, Autorität der Freiheit II, 488—527; NEUMANN, J., Eine Verfassung für die Freiheit. Revision des kirchlichen Gesetzbuches oder Reform des Kirchenrechts ?: WuW 23, 1968, 387—400; NEUMANN, J., Zum Entwurf einer Lex Fundamentalis Ecclesiae. Gesetzestechnische Anmerkungen: Begegnung, 369—387; SCHARNAGL, A., Das neue kirchliche Gesetzbuch, München—Regensburg 1918; SCHMITZ, H., Reform des kirchlichen Gesetzbuches. Codex Iuris Canonici 1963—1978, Trier 1979; SCHMITZ, H., Tendenzen nachkonziliarer Gesetzgebung, Trier 1979; STUTZ, U., Der Geist des Codex Iuris Canonici. Eine Einführung, Stuttgart 1918.

1.3. Kirche und Recht

Das Unbehagen über die Verquickung christlichen Glaubens mit rechtlichen Normen ist alt. Ob es gerechtfertigt ist, wenn eine solche Kritik sich glaubt auf Jesus und Paulus berufen zu können, mag hier dahingestellt bleiben. Wichtig ist, daß es solche Kritik gibt; sie hat einen Grund darin, daß der dem Recht innewohnende herrschaftsstabilisierende und Machtausübung sichernde Charakter vor allem deshalb als Unrecht empfunden wird, weil die Kritiker unter Berufung auf Jesus davon ausgehen, in der Kirche dürfe es keine Macht und Herrschaft und deshalb auch kein gesatztes Recht geben. Es fällt allerdings auf, daß im ersten christlichen Jahrtausend, in der Zeit also, da es noch kein ausgearbeitetes kirchliches Rechtssystem gab, die tatsächlich vorhandenen Normen und kirchlichen Strukturen niemals ernsthaft Gegenstand pauschaler Kritik gewesen sind. Erst die theoretische Systematisierung des Rechts machte die kirchliche Ordnung und ihr Normengefüge der Macht verfügbar. Deshalb ist der Machtmißbrauch des Rechts seit dem Mittelalter ein nicht mehr enden wollendes Thema der kirchlichen Kritiker. Der Protest gegen die umfassende Vergesetzlichung des religiösen Lebens manifestiert sich besonders deutlich in der Verbrennung des ›Corpus Iuris Canonici‹ (zusammen mit der päpstlichen Bannbulle und anderen theologischen Schriften) durch MARTIN LUTHER am 10. 12. 1520.

Durch die Tatsache allerdings, daß der Protest der Reformation schließlich zur definitiven Glaubensspaltung führte, schien die christliche Gesetzeskritik ihren gleichsam institutionalisierten Ort in den protestantischen Kirchen erhalten zu haben, während der Katholizismus sich nun fast unangefochten als „Rechtskirche" entwickeln und verstehen konnte. Deshalb gab (und gibt) es keine nennenswerte theoretische Erwägung über die theologische Legitimation des Rechts in der Kirche von katholischer Seite. Das Selbstverständliche bedarf keiner Rechtfertigung. Man kann sich mit schlichtem Offenbarungspositivismus oder naturrechtlicher Begründung (ubi societas, ibi ius) begnügen. Auf evangelischer Seite dagegen sahen sich die kirchlichen Juristen von anfang an unter Legitimationzwang. Darum gibt es dort auch vielfältige Bemühungen um theologische Reflexion über das Recht der Kirche und in der Kirche.

Der evangelische Jurist RUDOLPH SOHM provozierte seine evangelischen wie katholischen Kollegen mit der These: „Die Kirche will kraft ihres Wesens kein Recht."[60] Er geht zunächst vom wissenschaftstheoretischen Unterschied zwischen theologischer und juristischer Methode aus und folgert daraus: Die Kanonistik sei keine Theologie. Fasziniert von seiner Idee, alles kanonische Recht müsse Sakramentsrecht sein, weil es notwendig von Gott handle, konstruiert er einen wesenhaften Unterschied zwischen dieser Art von Recht und jener, die nach Gratian, vor allem aber seit dem Tridentinum, in der Kirche herrschend geworden sei. „Das kanonische Recht ist Sakramentsrecht ... anderes kanonisches Recht als das Recht der Sakramente gibt es nicht. ... In seinen Systemen des kanonischen Rechts entwikkelt Gratian den Begriff des kanonischen Rechts. Höhere systematische Leistung gibt es nicht. Das Wesen des behandelten Gegenstandes ist zum Gesetz seiner künstlerischen Gestaltung geworden. ...

In dem Augenblick aber, als Gratian sein Werk vollendete, war das von ihm behandelte kanonische Recht bereits zum Untergang bestimmt."[61] Als der ideale und wesentliche Zusammenhang von Recht und Sakrament, fast zur Identifikation verdichtet, aufgelöst wird, kommt es nach Sohms Auffassung zum totalen Bruch. Er kann darum sagen: „Das Wesen der Kirche und das Wesen des Rechts stehen miteinander in Widerspruch." Denn Recht (im juristischen Sinn) bedeutet für ihn die Verweltlichung der Kirche; statt Recht der Sakramente zu sein, wird das Kirchenrecht durch die Einführung des Körperschaftsbegriffs zur veränderbaren, weil (vom Papst als dem Herrn des kanonischen Rechts) dispensablen Ordnung. Für das alte kanonische Recht jedoch habe der Grundsatz gegolten: Jede Änderung sei ausgeschlossen.[62] Mit dieser provozierenden These hat sich die katholische Kanonistik bislang fast ausschließlich mit historischen Widerlegungsversuchen auseinanderzusetzen versucht. Sie gingen allesamt an Sohms These vorbei. Einzig HANS BARION wagte rigoros festzuhalten: „Der Glaube bestimmt den Kirchenbegriff, der Kirchen-

[60] Kirchenrecht I, 3. Die altchristliche Ekklesia sei der rechtlichen Organisation unfähig gewesen; deshalb könne es keine rechtliche Regierungsgewalt in der Ekklesia geben, da sie eine Gliederung des Leibes Christi sei (22f.). Ihre Organisation sei darum nicht rechtlich, sondern charismatisch (26).

[61] R. Sohm, Das altkatholische Kirchenrecht, 6—18; hier: 56 f.

[62] Kirchenrecht I, 3; II, 87ff.

begriff bestimmt das Kirchenrecht ... der Katholik muß von seinem Glaubensstandpunkt aus, nicht um juristischer Überlegungen willen, SOHMS *Gedanken* ablehnen und das Kirchenrecht anerkennen."[63] Nur diese beiden Wissenschaftler haben Mut und Redlichkeit genug besessen zu zeigen, daß hier zwei grundverschiedene Prinzipien miteinander im Widerstreit stehen. Eine Synthese scheint nicht möglich. Dies vor allem deshalb, weil der katholischen Kirchenrechtslehre das wissenschaftstheoretische Sensorium, diese Frage zu verstehen, ebenso zu fehlen scheint wie das methodische Instrumentarium für ihre Beantwortung.[64]

Dazu kommt, daß die Kirche, weil sie sich als die „einzige Gestalt dieser Welt" preisen läßt (G. von Le Fort), ihre reale Rechtsgestalt mit ihrem geistlichen Verständnis zu identifizieren sucht und sich durch kurzschlüssigen Rückgriff auf ein angeblich „ewiges" Wesen den Zugang zum realen und legitimen Dasein mit soziologischen Bezügen und deshalb auch rechtlichen Normen verstellt.[65] Durch die Vision von „Erwachen der Kirche in den Seelen" (Romano Guardini), kann das institutionelle Element der Kirche nicht mehr gesehen werden und wird sie durch ideologische Überfrachtung (Hyperthematisierung) sich selbst zum Problem.

Als Papst PIUS XII. 1943 mit der Enzyklika ›Mystici corporis‹ gleichsam die Identität der rechtlichen geordneten katholischen Kirche mit dem corpus Christi mysticum glaubte „verordnen" zu sollen,[66] verdunkelte er eben dadurch die Notwendig-

[63] Rudolph Sohm und die Grundlegung des Kirchenrechts, 26.

[64] Es dürfte bezeichnend sein, daß der einzige Versuch, das Anliegen R. Sohms in der Kanonistik zu diskutieren, ohne Echo geblieben ist: W. Böckenförde, Das Rechtsverständnis der neueren Kanonistik und die Kritik R. Sohms. Die Untersuchung von P. Krämer (Theologische Grundlegung des kirchlichen Rechts) geht auf die wesentliche wissenschaftstheoretische Frage nicht ein. Vielmehr glaubt er eine Begründung des Rechts der Kirche durch das II. Vatikanische Konzil in folgenden Lehren gefunden zu haben: 1. Im Bildbegriff vom Volk Gottes; 2. Im Bildbegriff vom Leib Christi; 3. In der Kirche als Mysterium oder Sakrament, die gleichzeitig communio sei (154). — Damit ist jedoch nur weitere Unklarheit geschaffen. Das Wort „Bild-Begriff" dürfte dafür bezeichnend sein. Die in der Kontroverse zwischen (Sohm bzw.) Klein und Barion deutlich gewordenen Positionen werden nicht vermittelt, sondern übertüncht. Der Frage, ob diese Positionen miteinander überhaupt vermittelbar seien bzw. ob es eine andere plausible oder theologisch vertretbare Begründung des Kirchenrechts für die katholische Theologie gibt, bleibt offen.

[65] Wenn letztlich, wie bei O. Casel (Mysterium der Ekklesia) — aber keineswegs nur bei ihm — lediglich das „*Wesen*" zählt, dann wird alles „bloß" *Wirkliche* bedeutungslos. „Was die Menschheit gerade heute ersehnt und erstrebt, das hat die Kirche in ihrem Wesen immer verwirklicht, und sie allein kann es, weil ihre Einheit auf göttlichen Fundamenten ruht." (113) Eine solche Aussage ist zutiefst mit dem Denken R. Sohms verwandt, freilich ohne die Möglichkeit, sich die unpathetische Ehrlichkeit des Ausdrucks gestatten zu können.

[66] Vom 29. 6. 1943. Danach ist die Kirche, der mystische Leib Christi, „organisch" und hierarchisch gegliedert. Christus, ihr Haupt, leitet sie auf unsichtbare und außerordentliche Weise. Durch seinen Stellvertreter auf Erden übt er auch eine sichtbare und ordentliche Leitung aus (n. 40). Der Geist Christi macht die Kirche nicht nur zu einer „in ihrer Art vollkommenen

keit institutioneller Daseinsformen der Kirche, obwohl er ausdrücklich von ihnen redete. Die kurzgeschlossene Koppelung zwischen rechtlichen Organisationsformen und geistlich-mystischer, sakramentaler Daseinsweise bewirkte keineswegs eine vertiefte Begründung der rechtlich-institutionalisierten Strukturen, vielmehr das Gegenteil: Durch die Identifikation des corpus Christi mysticum, den der Geist Christi zu einer in seiner „Art vollkommenen Gesellschaft" mache (nn. 62 u. 70), mit der römisch-katholischen Kirche wurde die Tragfähigkeit dieses Bildes überzogen; es verlor an Glaubwürdigkeit, da Erfahrung und Wirklichkeit, Anspruch und Idee nicht mehr miteinander übereinstimmten. So führte eine lehramtliche Fehleinschätzung der ökumenischen, also der gesellschaftlichen Wirklichkeit zu einem theologisch-kanonistischen Identitätsverlust, da Eigenständigkeit und Autonomie der institutionalisierten Form nicht ernst genommen wurden. Das Institutionelle läßt sich eben nicht beliebig von außen her bestimmen. Es ist vielmehr angemessener, notwendiger Ausdruck finaler Funktionalität.

Gegen diese Identifikation von katholischer Kirche mit dem mystischen Leib Christi richtete sich der Protest nicht weniger Teilnehmer des II. Vatikanischen Konzils, weil dadurch ihrer Meinung nach der Geheimnischarakter der Kirche verdunkelt werde. Darum war es ebenso konsequent wie bezeichnend, daß das II. Vatikanum die meiste Aufmerksamkeit dem Thema Kirche und ihren Ämtern und Funktionen zuwandte. Zwar hatte das Problem schon auf der Tagesordnung des I. Vatikanischen Konzils gestanden; es konnte damals wegen des vorzeitigen Abbruchs aufgrund der Kriegsgefahr nicht mehr behandelt werden. Doch erst nach der Enzyklika ›Mystici corporis‹ *mußte* die Kirche sich selbst thematisieren. Dabei verirrte sich das II. Vatikanische Konzil ebenso wie die ekklesiologischen Entwürfe moderner Theologen in alle möglichen Dichotomien (Amt und Charisma, Dogma und Geschichte, Recht und Pneuma, historisches Erscheinungsbild und ewiges Sein u. a. m.). Auf diese Weise allerdings kann die Grundfrage nach der rationalen Legitimation religiöser Institutionen umgangen werden. Die institutionelle Schwerkraft gesellschaftlicher Formationen wird übersehen; deshalb kann auch die stimulierende Differenz zwischen institutioneller Realisierung (z. B. „Amt") und ideeller Konzeption (z. B. „Charisma") nicht thematisiert werden.[67]

Gesellschaft" (nn. 62 u. 70), die durch „das Wesen seiner Gnade fortwährend neues Wachstum" erfährt, sondern dieser Geist „verschmäht es, in den vom Leibe völlig getrennten Gliedern durch die heiligmachende Gnade zu wohnen" (n. 57).

[67] Dieses Defizit — vielleicht gar nicht gewollt — aufgezeigt zu haben ist das Verdienst der Studie von M. Kehl, Kirche als Institution.

1.3.1. Kirche als gesellschaftliches Problem

Die Kirche hat auf dem *II. Vatikanischen Konzil* sich selbst und vor allem ihr Verhältnis zur „Welt" als irritierende Frage erfahren.[68] Für den Standort der Kirche in der heutigen Gesellschaft kommt es nicht nur auf das kirchliche Selbstverständnis an, sondern auch darauf, ob, wie und in welchem Umfang die Kirche sowohl ihr institutionelles Selbstverständnis als auch das, was sie als ihren Auftrag auffaßt, rational kommunikabel zu machen versteht. Sie muß vor allem den Gläubigen gegenüber ihre Strukturen ebenso wie ihre Aussagen plausibel machen können, ohne dabei die Komplexität moderner Gesellschaften in naiver Weise zu reduzieren.

Die Frage nach dem Verhältnis von Kirche und Recht ist somit letztlich eine Frage nach dem gesellschaftlichen Realitätsbezug ihrer Aussage, also ihrer Theologie. Eine Institution, die Fragen der Menschen nicht verstehbar beantwortet oder Antworten gibt auf Fragen, die gar nicht gestellt werden, wird gesellschaftlich dysfunktional. Da das Recht die gesellschaftlichen Beziehungen wesentlich betrifft, und zwar sowohl innerhalb einer bestimmten Rechtsgemeinschaft als auch gegenüber anderen gesellschaftlichen Gruppen und Rechtsordnungen, erweist sich die scheinbar theoretische Frage nach Begründung, Funktion und Handhabung der Rechtsordnung als eminent bedeutsam und praktisch. Wie die staatlichen (und sonstigen) Rechtsordnungen muß sich auch die kirchliche Rechtsordnung jeweils neu legitimieren. Und das nicht etwa weil säkulare oder laizistische Rationalismen solches fordern, sondern weil sich dies als notwendig aus dem Wesen sowohl des Rechts als auch gesellschaftlicher Institutionen in dem Augenblick ergibt, da sie in tatsächlich konkurrierender Kommunikation miteinander stehen. Aus der Tatsache, daß die Kirche kraft ihres eigenen Willens Recht hat, muß sie sich als Institution begreifen können, auch wenn sie für sich selbst andere Begriffe (z. B. societas perfecta) oder Bilder (z. B. Volk Gottes) vorzieht.

Deshalb kommt die Theologie an der Tatsache nicht vorbei, daß die christliche Religion von ihrem Wesen her „eine Religion mit dem Charakter einer Institution ist, in des Wortes tiefster und umfassendster Bedeutung"[69]. Als solche unterliegt sie den diesbezüglichen Gesetzmäßigkeiten. Die eigene Existenz wird nämlich bedroht, wenn eine institutionalisierte Gruppe diejenigen Mechanismen, denen ihr Verhalten unterliegt, glaubt um des „Geistes" willen ignorieren zu können. Solch typisch „schwärmerisches" Verhalten beruft sich dann auf einen institutionellen

[68] Die Past. Konst. GS zeigt es deutlich. Die zahlreichen selbstbewußten Stellungnahmen der Kirche nach Ende des Konzils zu Fragen etwa der Geburtenregelung, dem Weltfrieden, zum Hunger in der Welt, der Abtreibung u. a. m. können über diese latente Unsicherheit kaum hinwegtäuschen. Es gibt offensichtlich das Eigengewicht „profaner" Geschehnisse, die Beschwörungen nicht ohne weiteres zugänglich sind. — Umgekehrt zeigen viele Vorgänge in „politischen" Bereichen, daß die Macht magischer „Beschwörung" — nicht nur in Form der „veröffentlichten Meinung" — keineswegs zu Ende ist; sie ist nicht ohne weiteres durch „Rationalität" zu brechen.

[69] Y. Congar, Institutionalisierte Religion: Künftige Aufgaben der Theologie, hrsg. von T. P. Burke, 86—110; hier: 89.

„Ausnahmezustand“, demnach die eigene Gruppe besonderen Gesetzen unterstehe und sie deshalb „sui generis“ sei. Das aber führt zur gesellschaftlichen Depravation. Der ständige Wechsel der Inhalte, der undifferenzierte Gebrauch von Begriffen (etwa Kirche, Gemeinschaft, Wahrheit, Lehramt, Charisma usw.) tut ein übriges, um mit der wechselnden Bedeutung dieser Termini auch ihre Verbindlichkeit verschwimmen zu lassen. So führt die geistlich-ideologische Überfrachtung jener Begriffe, die einen spezifischen Gehalt für die Institution „Kirche“ haben, zu ihrer Aushöhlung. Das heißt, diese Worte stehen als „Chiffren“, sie werden allenfalls noch „geglaubt“, jedoch kaum mehr internalisiert; darum sind sie nicht mehr in die institutionellen Bezüge als lebendig erfahrbare Wirklichkeit integriert. Allerdings bleibt zu fragen, ob institutionelle Realität und spiritueller Machtanspruch miteinander rational zur Deckung gebracht werden können.

1.3.2. Zum Begriff „Institution“

Da der Begriff Institution für Theologen offensichtlich nicht leicht zugänglich ist, soll hier versucht werden, ihn kurz zu erläutern. Es wird jedoch ganz bewußt auf die Entwicklung einer eigenen Theorie für religiöse Institutionen verzichtet.

Das menschlich-soziale Handeln ist in seiner geschichtlichen und mitmenschlichen Bezogenheit ohne Institutionen weder denkbar noch möglich. Sie stellen Gegebenheiten bereit, in denen Gesellschaft zu funktionieren und sich zu entfalten vermag; deshalb ist das Gesamte des gesellschaftlichen Lebens als „Synthese“ von Institutionen beschreibbar. Alles menschliche Dasein wird durch sie geregelt: Ehe, Familie, Stamm, Sprache und Erziehung ordnen den generativen und erotisch betonten Bereich; die äußeren Lebensnotwendigkeiten werden durch wirtschaftliche und politische Institutionen (Zünfte, Verbände, Kammern, Parteien u. a.) strukturiert; die überlieferten Daseinswerte wie Sprache, Rechts- und Sittenvorstellungen, religiöser Glaube und Kult sind durch übergreifende Kultursysteme institutionalisiert.

Insgesamt ist es den Institutionen eigen, nicht nur Lebensvorgänge zu strukturieren und zu formalisieren (also auch zu ritualisieren) und dadurch zu *stabilisieren,* sondern auch durch Koordination und Ausgleich zu ordnen und zu sichern. Dabei stehen die Institutionen den Sozialgebilden, den Gruppen und Assoziationen, die sie strukturieren, imperativistisch gegenüber. Die Institutionen gliedern also die jeweiligen Verhältnisse und die in ihnen wirkenden Menschen; sie geben ihnen Bestand und machen die Systeme und ihre Inhalte als solche tradierbar und damit unabhängig von individueller Willkür; sie schaffen objektivierbare Muster, die gegebenenfalls übertragbar, jedoch keineswegs ohne weiteres gegeneinander austauschbar sind. Nur Institutionen vermögen geschichtsmächtig zu wirken; allein durch sie ist personale Tradition, also auch Glaubensüberlieferung möglich.

Weil der Mensch, als hochkomplexes und dadurch auch konstitutionell gefährdetes Wesen, stets ein handelnder ist[70], bedarf er der Institutionen als der ihm das Leben ermöglichenden Stabilisationskerne.

Diese Einsicht darf jedoch nicht dazu führen, daß dem Menschen eine (gewisse) freie und verantwortliche Entscheidung abgesprochen bzw. entzogen wird. Der Mensch wird vielmehr allein dadurch zum Menschen, weil er sich in verantworteter Freiheit zu entscheiden vermag. Das schließt Irrtum, Abfall vom eigenen Ziel und die Möglichkeit der Selbstzerstörung ein. Gerade aber deshalb, weil der Mensch „von Natur aus ein Kulturwesen" ist,[71] bedarf er der Institution, die ihn schützt, befreit und fördert. Ohne sie könnte er nicht (menschlich) leben. Unter diesem Gesichtspunkt ermöglichen die institutionellen Sicherungen seine Freiheit. Darum ist menschlichem Verhalten „Eigengesetzlichkeit" (Autonomie) eigen; es ist also nicht allein aus rein biologischer Kausalität und „vorgeprägtem" Verhalten deutbar. Menschliches Handeln im „Kulturkontext" verfolgt stets Zwecke, „die es als diese gar nicht selbst, sondern die Institutionen gesetzt haben."[72] Das hat jedoch zur Folge, daß Institutionen meist (wenn nicht stets) mehreren Zwecken dienen. So deckt beispielsweise die Familie neben sexuellen Bedürfnissen „zumindest gleichwertig auch ökonomische, erzieherische und andere Erfordernisse ab und schließlich solche, die auf die Integration der Gesamtgesellschaft gerichtet sind."[73]

Als sogenannte „Funktionssynthesen" (H. SCHELSKY) definieren und steuern Institutionen deshalb jene Kräfte des Menschen, die bestimmte Aufgaben zu bewältigen haben. Dabei korrelieren die Kräfte den jeweiligen Aufgaben; in Krisensituationen vermögen Institutionen, die bestimmte Funktionen haben, auch andere Aufgaben zu übernehmen.[74]

Aufgabe der Institutionen ist es somit, den Vollzug der verschiedenen ineinander verschränkten Funktionen sowohl *inhaltlich* als auch strukturell zu gewährleisten und eben dadurch freies, also verantwortliches Handeln dem Menschen zu ermöglichen; das aber bedeutet, daß sie nicht nur ordnend und stabilisierend, sondern auch konkretisierend wirken. Das gilt besonders für kulturelle Systeme, die erst dadurch zur faktischen Geltung gelangen, wenn sie tatsächlich gesellschaftlich verankert, d. h. „institutionalisiert" sind.[75]

[70] Vgl.: A. Gehlen, Der Mensch. — Es kann allerdings nicht übersehen werden, daß eine solche Betrachtung des Menschen sehr leicht dazu neigt, ihn *zu* stark zu „stützen", d.h. in ein Korsett von Normen und Zwängen einzupressen. Die Gefahr, daß am Ende einer solchen Sichtweise die *totale* Institution stehen kann, muß gesehen werden.

[71] Vgl. A. Gehlen, Urmensch und Spätkultur; auch: J. Neumann, Das Zusammenwirken von Staat und Kirche: Materialdienst 1974, 13—27.

[72] W. Lipp, Institution: EStL, 1011—1018.

[73] Ders., ebd. 1014.

[74] Vgl.: H. Schelsky, Zur soziologischen Theorie der Institution: Theorie der Institution, 9—26; hier: 14f.

[75] W. Lipp, ebd. 1015. — Auf die Tatsache, daß auf diese Weise auch Instanzen entstehen, welche Weisungsbefugnis besitzen, Herrschaft ausüben und Verfügungsmacht über Gratifikationen haben, sei wenigstens hingewiesen, auch wenn dies hier nicht ausführlich dargestellt werden kann.

Schließlich kann es geschehen, daß die solchermaßen institutionalisierten sozialen Systeme sich von einem bestimmten Punkt an selbst tragen. Das wird dadurch bewirkt, daß das Rollenhandeln mit seinen wechselseitigen normativen Erwartungen dem Einzelnen gegenüber die psychischen Systeme beeinflußt und von dort her die *Persönlichkeitsstruktur* der Individuen dieser Institution prägt (z. B. Leitbildfunktion der Heroen, der Heiligen sowie bestimmter Ideale: Keuschheit, Demut, Gehorsam, „priesterliches" Verhalten und dergleichen).

Ob aufgrund einer solchen „Internalisierung" (im Grenzfall einer „idealen Konstellation") die einzelnen Individuen die sozialen Wertstrukturen so vollständig zum bestimmenden „Über-Ich" werden lassen, daß sie keiner Institution mehr bedürfen, wie es manche Soziologen glauben annehmen zu sollen, ist noch nicht mit Sicherheit nachgewiesen. Wo immer jedoch solches zu beobachten wäre oder als erstrebenswertes Ideal gepriesen wird, wie in den „totalen Institutionen" unterschiedlichster Art, ist der Mensch in Gefahr, nicht nur sein Selbstbewußtsein, sondern auch sein Selbst zu verlieren.[76] Solches sind letztlich inhumane Systeme.

Diese mögliche Gefahr sollte jedoch keineswegs die Institutionalisierung von vornherein diskreditieren. Vielmehr glaubt die handlungstheoretische Soziologie, daß Institutionen die „verfallsbereite" menschliche Natur „entlasten": Durch „Leitideen" werden ordnende Systeme installiert; sie können den Menschen vor der (ihm immanenten) chaotischen Selbstzerstörung bewahren.

1.3.3. Kirche als Institution

In den industriellen Kulturen scheinen die institutionalisierten Religionen, also auch die Kirche, in einer besonderen Lage zu sein: *Einerseits* sind sie so weit durchreflektiert, ist ihr Ordnungssystem so ausgebaut und ihre „Entlastungsfunktion" so umfassend, daß die weltumspannende religiöse Organisation und ein ausgeklügeltes Gratifikationssystem der eigenen Glaubensentscheidung kaum mehr Raum lassen. — *Andererseits* werden unter dem Eindruck säkularisierter und individualistischer Ideen ebenso wie unter taktischer Pragmatik die religiösen „Bedürfnisse" betont und ihre Befriedigung als erste Aufgabe der religiösen Institutionen dargestellt.

An diesem Punkt müßte eine *kritische Theorie* des Religiösen bzw. der kirchlichen Institution einsetzen: Die aus dem Institutionscharakter der Kirche erwachsende Spannung wäre von der Theologie als *vorgegebenes* Problem anzusehen, aufzunehmen und kritisch zu analysieren. Wenn diese institutionell präformierten Spannungen, die sich aus der Frage nach dem Verhältnis von Institution zu Legitimation, von Reflexion zu Organisation ergeben, nicht als solche erkannt werden, können die gegenwärtigen innerkirchlichen Differenzen nicht sinnvoll diskutiert werden. Es hat wenig Sinn, die Diskussion beispielsweise über die Unfehlbarkeit des Papstes nur unter historisch-theologischem Blickwinkel zu führen und vielleicht

[76] Das zeigen deutlich die Untersuchungen von E. Goffman, Asyle.

noch auf die Frage zu verengen, ob der Papst allein unfehlbar sei oder ob es unfehlbare Sätze gäbe. Vielmehr stellt sich über den theologisch-dogmatischen Inhalt hinaus die Frage von der institutionellen Wirklichkeit her. Diese fundamentale Sicht ist jedoch bislang von der Theologie nicht beachtet worden.[77]

Da auch die institutionellen religiösen Systeme nicht allein von speziellen Aufgaben bestimmt werden, sondern immer auch von den in einer Zeit herrschenden sozialen, psychologischen und geistigen Gegebenheiten, werden auch die äußere Gestalt und die innere Struktur des jeweiligen Rechts ebenso wie die je daraus erwachsenden konkreten Rechtsordnungen von ethisch-philosophischen Vorstellungen und politischen Kräften beeinflußt. Wenn bei den religiösen Systemen auch die tragenden Sinngehalte mehr oder weniger konstant bleiben, müssen sich doch ihre Formen, damit der Sinn erkennbar und eben wirksam zu sein vermag, den gesellschaftlichen und geistigen Bedingungen anpassen. Deshalb ist auch das *kirchliche Recht* immer *transitorische, kontingente Norm*, zugeschnitten auf ganz bestimmte geistige Voraussetzungen und gesellschaftliche Umstände.

Die konkrete geschichtliche Religion kann gar nicht anders denn als Institution existieren. Dabei lebt sie ständig in der Gefahr, daß ihr Inhalt und damit auch der in ihr waltende, sie begründende und tragende Geist von der rechtlichen Organisation und sekundären Sozialisationsformen überwuchert wird.

Nun sind die Institutionen der abendländischen Kirche außer vom biblischen Fundament von der hellenistischen Philosophie, der synagogal-rabbinischen Kasuistik, dem römischen Recht und später von Elementen germanischer Rechtsvorstellungen mitgeprägt. Ihre Rechtsordnungen sind unter dem Einfluß vielfältiger politischer und machtpolitischer Konstellationen, die mit ihrem eigentlichen Auftrag oder ihrem Wesen wenig zu tun gehabt haben, zustande gekommen.

Es kann hier nicht darum gehen, die Institutionenbildung in der Urkirche aufzuzeigen und die daraus folgenden rechtlichen Strukturen abzuleiten. Grundsätzlich ist zu sagen, daß zwischen den Strukturen, die auf Jesus selbst zurückgeführt werden, wie etwa das Apostelamt der Zwölf, und den institutionellen Formen der nachjesuanischen bzw. nachbiblischen Zeit zwar ein theologisch-dogmatischer, nicht aber ein soziologisch-institutioneller Unterschied besteht. Unter institutionellem Gesichtspunkt ist festzuhalten, daß der Übergang vom freien prophetischen Wander-

[77] Es dürfte bezeichnend sein, daß die politisch-theologischen Implikationen von H. Küngs Anfrage ›Unfehlbar?‹ gar nicht behandelt worden sind; es hat sich niemand gefunden, der den gegebenen Anstoß in den fundamentalen Bereich des Institutionellen weiterzugehen gewagt hätte. Einzig ein knappes Essay von H. Halbfas (Dogmatische Monokulturen, in: Fehlbar? Eine Bilanz, hrsg. von H. Küng, 69—73) kommt dieser Frage nahe. Dabei werden erst im institutionellen Bereich die wirklichen Gefährdungen sichtbar, die sich ergeben, sowohl für die angefragte wie für die befragende Position. Jede totale, gesamtgesellschaftliche Identität erheischende Institution provoziert nämlich ihre eigene Destruktion. — Ebenso bezeichnend ist allerdings auch, daß gerade diese politisch brisante „Anfrage" Küngs — und nicht die eigentlich theologischen Aussagen — die Reaktion Roms hervorgerufen hat.

apostolat zum gemeindegebundenen Vorsteheramt, wie wir ihm in den Pastoralbriefen begegnen, bei den Apostolischen Vätern und in der Didache keine *qualitative* Weiterentwicklung, sondern nur eine Differenzierung der bereits angelegten Strukturen darstellt. Entscheidend ist, daß das kirchliche Selbstverständnis bereits in früher Zeit die Gemeinden als bestimmbare Größen, d. h. als *Institutionen* im soziologischen Sinn versteht: Die Jesusjünger sind *Zeugen* ihres Herrn und *Tradenten* seines Wortes. Das ist nach kirchlichem Selbstverständnis ihre erste und entscheidende Funktion. Deshalb ist der Jüngerschaft Jesu das Dasein als Gemeinde (das Ekklesia-Sein) und somit institutionelle Existenz wesentlich.

1.3.4. Institution als Instrument von Tradition

Es gibt keine Tradition ohne bestimmte institutionelle Konkretion. Alle kulturelle, geistige und geistliche Weitergabe bedarf formaler Träger, die bestimmte Inhalte weiterzugeben und zu schützen in der Lage sind. Tradition bedeutet auch, daß nicht jeweils alles neu gedacht und alle Formen neu geschaffen werden müssen. Das gilt selbst bei grundsätzlichen inhaltlichen und geistigen Veränderungen.

Auch Revolutionen brauchen in weiten gesellschaftlichen Bereichen unangefochtene Tradition, sollen sie nicht im Chaos versinken. Das Christentum war eine geistlich-ethische und kulturelle Revolution großen Ausmaßes. Dennoch wurden viele ethische Vorstellungen und gesellschaftliche Gegebenheiten der Zeit und des jeweiligen Kulturkreises übernommen. Viele allgemein „menschliche" und soziale Verhaltensweisen werden selbstverständlich integriert; durch die Anweisung, alles „im Herrn" zu tun, werden sie allerdings gleichsam „getauft" bzw. im Blick auf Christus und seine Kirche überhöht. Alles soll die Gemeinde prüfen; das Gute mag sie behalten; das Böse jedoch hat sie zu meiden (1 Thess 5, 21—22). Sie soll bedacht sein auf das, „was edel ist in den Augen aller Menschen", um durch ihr humanes Verhalten „glühende Kohlen" auf dem Haupt des Feindes zu sammeln (Röm 12, 17—21).

Es werden also von der frühen Kirche die natürlichen gesellschaftlichen Gegebenheiten, also spätjüdische und hellenistisch-stoische Gesellschaftsmuster der Gemeinde als Formen *christlichen* „Wohlverhaltens" integriert. Insbesondere die ethischen Anweisungen sind Spiegelbild der allgemeinen gesellschaftlichen Verhaltensformen jener Zeit. Wenn man will, so erhalten sie ihre „christliche" Universalität durch die Formel „im Herrn" und die Verallgemeinerung dieser Grundsätze auf Herren und Sklaven, auf Mann und Frau. Daß das Christentum aus der grundsätzlich gleichen Berufung aller Menschen zum Heil weder die Abschaffung der Sklaverei glaubte fordern noch die politisch-rechtliche Gleichstellung von Mann und Frau meinte durchsetzen zu sollen, zeigt nur das Verwobensein in das Denken der eigenen Zeit und ihre gesellschaftlichen Vorstellungen. Ja, wegen der Naherwartung des Herrn, der unmittelbaren Nähe des Reiches Gottes, glaubte die frühe Christenheit auf Änderungen im irdisch-rechtlichen Raum verzichten zu sollen.

Ganz allgemein kann wohl behauptet werden, daß es kaum eine Tugend und kaum ein Laster gab, das die Christen nicht — positiv oder negativ — in ihr ethisches System übernommen hätten. Wollte das Christentum seine Botschaft vernehmbar machen, mußte es Denkform und Sprache seiner Hörer jeweils adaptieren. Andererseits ist gewiß — und die Geschichte des Christentums bietet dafür ungezählte Beispiele: Jede totale, d. h. jede vom Individuum geforderte totale Identifikation mit der jeweiligen Institution provoziert ihre eigene Destruktion. Genau hier ist nun der Ort des Rechts und seiner positivierten Ordnung: Es stellt sich in institutioneller Gestalt zwischen die Macht der Herrschenden einerseits und die Ohnmacht des Individuums andererseits. Sosehr die Rechtsordnung Instrument der Herrschaft und Mittel zur Machtausübung sein kann, wirkt sie gleichzeitig immer auch mediatisierend, gibt sie dem Individuum Waffen zur Verteidigung seines Rechts an die Hand, fordert sie den Gedanken wie die Verwirklichung von Freiheit und Rationalität, mildert sie sogar die Unmittelbarkeit der Ansprüche der Gottheit gegenüber dem Menschen. *Recht ist ebenso ein Produkt der Rationalität, wie es diese schützt. Recht lebt aber aus der Tradition, die ihrerseits ermöglicht wird durch Institution.*

1.3.5. Recht und Kirche

Eine Einführung in das Kirchenrecht ist nicht der Ort für einen Versuch, das Recht in der Kirche zu begründen. Es kann als allgemein anerkannt vorausgesetzt werden, daß das Kirchenrecht auf Wort und Sakrament gründen müsse und sich als liturgisches ebenso wie als bekennendes Recht (ERIK WOLF) zu verstehen habe. Unter dieser geistlichen Fundierung darf jedoch die Eindeutigkeit seiner Normen nicht leiden (KARL BARTH). Allein mit der Markierung dieser Positionen dürfte — wie der Hinweis auf zwei protestantische Autoren zeigen mag — für die konkrete Ausgestaltung der Rechtsordnung noch wenig gewonnen sein. Den jeweiligen Begründungsmustern braucht hier nicht nachgegangen zu werden. Es mag genügen festzustellen:

1. Soziologisch betrachtet gehört es zu formal geordneten Großinstitutionen, daß sie ihre Innen- und Außenrelationen normativ regeln, sie also „Recht" besitzen.
2. Die katholische Kirche versteht sich als eine rechtlich geordnete religiöse Gemeinschaft, der wesentliche Strukturelemente von Gott eingestiftet und darum unveränderbar sind.
3. Das kanonische Recht begreift sich somit als eine geistliche gottgegründete Ordnung, „Kirchenrecht ist das von Gott und der Kirche für die Kirche geschaffene Recht."[78] Daraus wird nicht selten der Anspruch abgeleitet, daß ein gewisser Bestand an Rechtssäzen, als Sätze „göttlichen Rechts" (vgl. 2.1.7.), in ihrer Substanz nicht veränderbar bzw. hinsichtlich ihrer Grundaussage irreversibel seien.

Eine solche Selbstwertung muß zunächst hingenommen werden. Sie gründet auf einer Glaubensannahme, die demjenigen, der sie nicht teilt, rational in diesem Punkt nicht zu vermitteln ist. Daraus ergeben sich allerdings für die Legitimation des kirchlichen Rechts nicht

[78] So: K. Mörsdorf, Kirchenrecht: HThG I, 834.

nur gegenüber der Gesellschaft, sondern auch vor den eigenen Mitgliedern etliche Schwierigkeiten, die wenigstens genannt werden sollen:

1. Die in den *neutestamentlichen Schriften*, insbesondere in der Paulinischen Briefliteratur, zu findende Ablehnung ritueller und formalistischer Gesetzlichkeit wird weithin einfach überschwiegen, während umgekehrt bestimmte schlichte Darstellungen der neutestamentlichen Literatur mit (verfassungs-)rechtlichem Gehalt angereichert werden.[79] Auf gesicherte Befunde der Exegese wird dabei wenig Rücksicht genommen. Die Dichotomie von „Gesetz und Evangelium" ist kaum Gegenstand der Erörterung,[80] obwohl auf diese Weise Ansätze sowohl für eine Begründung des kirchlichen Rechts als auch für dessen Begrenzung gewonnen werden könnten.

2. *Religiöse Institutionen* strukturieren komplexe und verschiedenartige Vorstellungen und Wirklichkeiten. Ihre Normen sind nicht nur für das bürgerliche Leben ihrer Mitglieder und deren soziale Bezüge relevant, sondern tangieren über diese und die zutage tretenden „religiösen Interessen" auch das öffentliche gesellschaftliche Leben und die Rechtsordnung des jeweiligen Staates. Dadurch wirken sie auf vielfältige Weise direkt oder indirekt in den weltlichen Rechtsraum hinein. Sie müssen deshalb insofern rational kommunikabel sein, als sie im Verständnis der Gesellschaft und im Verhältnis zum staatlichen Recht Bedeutung und Verbindlichkeit erlangen sollen (z. B. wenn kirchliche Amts- oder Dienstrechte Rechtswirkungen für den Bereich des bürgerlichen Rechts erhalten oder wenn die kirchliche Behörde durch konkordatär verbürgtes Recht in öffentlich-rechtlichen Bezirken tätig wird).

Hierbei steht nicht der unbestrittene Grundsatz der Religionsfreiheit zur Diskussion, sondern allein die Frage, wie weit innerkirchliche Rechtsnormen hinsichtlich ihrer Rationalität nach außen vermittelt werden können. Das kirchliche Recht und die Kanonistik jedoch gehen immer noch von der Einheit von Kirche und Gesellschaft in Form der *einen* „Christianitas" aus, wie sie vom 4. bis zum 18. Jahrhundert bestand. Diese aber ist nirgends mehr gegeben. Auch geistesgeschichtliche Prozesse (wie jene der Aufklärung) sind letztlich „irreversibel".

Soll kirchliches Recht also für die öffentliche Ordnung des Staates relevant sein, muß es sich als „Recht" im politischen Verständnis des Staates ausweisen. Das bedeutet keineswegs, daß es mit diesem gleichförmig sein müßte. Es muß jedoch hinsichtlich der Begründung und der formalen Handhabung vergleichbar und sub-

[79] Beispielsweise werden eine Reihe von Erzählungen der Evangelien von K. Mörsdorf (Kirchenrecht I, 1012) als „bewußt kirchenschöpferische Handlungen des Herrn" gedeutet. „Die Berufung zur Jüngerschaft ..., die Auswahl der Zwölf, die Aussendung der Apostel und Jünger, die Verheißung der Einsetzung des eucharistischen Mahles ... und die Verleihung heiliger Gewalten, insbesondere der Berufung des heiligen Petrus zum obersten Hirten der Kirche." Dabei werden eine Fülle von Bibelstellen angeführt. Die eschatologischen Gleichnisse vom Fischnetz (Mt 13,47 ff.) und vom Unkraut (Mt. 13, 24f.; 36ff.) werden als Beleg für die Theorie einer Unterscheidung von „konstitutioneller" und „tätiger Ordnung" in der Kirche herangezogen (19). Messianisches Gerichtswort und institutionalisierende Norm werden miteinander identifiziert (14f.). Folglich ist der „vom Herrn für sich und seine Botschafter erhobene Geltungsanspruch" — für K. Mörsdorf — „rechtlicher Art". (Zur Grundlegung des Rechts in der Kirche: MThZ 3, 1952, 329—348, hier: 332.)

[80] Eine gewisse Ausnahme machen die beiden Schriften von G. Söhngen, Gesetz und Evangelium; ders., Grundfragen einer Rechtstheologie.

summierbar, d. h., es muß sachgemäßer Rechtslogik zugänglich sein. Die Schrankenklausel des Art. 137 Abs. III der ›Weimarer Reichsverfassung‹, die durch Art. 140 GG geltendes Verfassungsrecht geblieben ist, setzt die Vergleichbarkeit, zumindest aber die Verträglichkeit der kirchlichen Rechtsordnung mit jener des Staates voraus.

3. Kirchliches Recht muß — wie übrigens das Recht des Staates und jeder anderen gesellschaftlichen Gruppe auch — darum plausibel machen, *worin* es sich als *Rechts*ordnung legitimiert und *wie* es sich formal als eine solche erweist. Die Lehre vom kirchlichen Recht hat sich bislang unter diesem Aspekt mit den kirchlichen Normen fast gar nicht beschäftigt. Die kirchlichen Gesetze werden nur im Rahmen ihrer innerkirchlichen Verbindlichkeit vorgestellt und formal begründet. Dabei sollte die Wissenschaft vom Kirchenrecht sich bewußt sein, daß sie immer nachzuweisen hat, ob und in welcher Weise durch das kanonische Recht die *Wirklichkeit* christlicher Freiheit *tatsächlich* geschützt und tradiert wird.

Aus dem Grundsatz der Religions- und Bekenntnisfreiheit unserer Verfassung (Art. 4 GG) wird meist wenig differenziert und ohne weitere Begründung gefolgert, daß die gesellschaftlichen Kräfte und vor allem der Staat das Recht der Kirche zu respektieren und zu akzeptieren haben. In dem Maße jedoch, wie die weltliche Rechtslehre nach der Legitimation und Reichweite des staatlichen Rechts fragt, ist zumindest von dieser Seite auch die Frage nach der Legitimation kirchlicher Ordnung — wenigstens soweit sie in den staatlichen Rechtsbereich hineinreicht — zu erwarten. Damit soll die Kirche keineswegs auf das Wort von KARL BARTH festgelegt werden, wonach „kirchliches Recht vorbildliches Recht" sein sollte,[81] vielmehr würde es genügen, wenn es in der Kirche und vor allem jedoch dort, wo der weltliche Rechtsraum tangiert wird, „mit rechten Dingen" und im Geiste gerechter Normen zuginge und diese Ordnungsvorstellungen plausibel gemacht werden würden. Es geht weder darum, mehr Gesetze in der Kirche zu fordern, noch darum, das Recht der Kirche in das Prokrustesbett staatlicher Rechtsformalia zu zwängen, vielmehr einzig darum, den Bezug zwischen Recht und Gerechtigkeit deutlich und plausibel werden zu lassen.

Heute ist nicht mehr strittig, ob die Kirche Recht haben kann oder soll, sondern allein, ob ihr Ordnungs- und Herrschaftsgefüge vom Recht bestimmt ist, ob es sich in seiner tatsächlichen Handhabung als *Rechts*ordnung erweist.

Literatur: BARION, H., Rudolph Sohm und die Grundlegung des Kirchenrechts, Tübingen 1931; BARTH, K., Kirchliche Dogmatik IV/2, Zollikon-Zürich 1955, als Separatdruck: Die Ordnung der Gemeinde. Zur dogmatischen Grundlegung des Kirchenrechts, München 1955; BÖCKENFÖRDE, W., Das Rechtsverständnis der neueren Kanonistik in der Kritik Rudolph Sohms. Eine antekanonistische Studie zum Verhältnis von Kirche und Kirchenrecht, Münster 1969; CASEL, O., Mysterium der Ekklesia. Von der Gemeinschaft aller Erlösten in Christus, Mainz 1961; DOMBOIS, H., Das Recht der Gnade I, Witten 1961, II. Bielefeld 1974; DREIER, R., Methodenprobleme der Kirchenrechtslehre: ZEvKR 23, 1978, 343—367; DE ECHEVERRÍA, L., Die Theologie des Kirchenrechts: Conc (D) 3, 1967, 602—607; GEHLEN, A., Der Mensch, Wiesbaden [11]1974; GEHLEN, A., Urmensch und Spätkultur, Frankfurt [3]1974; GOFFMAN, E., Asyle. Über die soziale Situation psychiatrischer Patienten und anderer Insassen, Frankfurt

[81] K. Barth, Die Ordnung der Gemeinde, 73.

1973; GUARDINI, R., Vom Sinn der Kirche. Fünf Vorträge, Mainz [1]1922, [4]1935; HAGEN, A. Prinzipien des katholischen Kirchenrechts, Würzburg 1949, bes. 69 und 93 ff.; JIMÉNEZ-URRESTI, T. J., Kirchenrecht und Theologie — zwei verschiedene Wissenschaften: Conc (D) 3, 1967, 608—612; KEHL, M., Kirche als Institution. Zur theologischen Begründung des institutionellen Charakters der Kirche in der neueren deutschsprachigen katholischen Ekklesiologie, Frankfurt 1976; KIENITZ, E. R. v., Gestalt der Kirche, Frankfurt 1937; KRÄMER, P., Theologische Grundlegung des kirchlichen Rechts. Die rechtstheologische Auseinandersetzung zwischen H. Barion und J.Klein im Lichte des römischen II Vatikanischen Konzils, Trier 1977; MÖRSDORF, K., Zur Grundlegung des Rechts in der Kirche: MThZ 3, 1952, 329—348; MÖRSDORF, K., Altkanonisches „Sakramentenrecht"? Eine Auseinandersetzung mit den Anschauungen Sohms über die inneren Grundlagen des Decretum Gratiani: STGra I, Bologna 1953; ROUCO-VARELA, A. M., Was ist „katholische" Rechtstheologie?: AKathKR 135, 1966, 530—543; ROUCO-VARELA, A. M., Die katholische Reaktion auf das „Kirchenrecht I" Rudolph Sohms. Ein Beitrag zur Geschichte der katholischen theologischen Grundlegung des Kirchenrechts: Ius Sacrum, 15—52; ROUCO-VARELA, A. M., Die Katholische Rechtstheologie heute. Versuch eines analytischen Überblickes: AKathKR 145, 1976, 2—21; SCHELSKY, H. (Hrsg.), Zur soziologischen Theorie der Institution: DERS., Theorie der Institution, Düsseldorf [2]1973, 9—26; SOBÁNSKI, R., Modell des Kirche-Mysteriums als Grundlage der Theorie des Kirchenrechts: AKathKR 145,1976, 22—44; SÖHNGEN, G., Gesetz und Evangelium. Ihre analoge Einheit, Freiburg—München 1957; SÖHNGEN, G., Grundfragen einer Rechtstheologie, München 1962; SOHM, R., Kirchenrecht I. Die geschichtlichen Grundlagen, Leipzig 1892; Kirchenrecht II. Katholisches Kirchenrecht, Leipzig 1923; SOHM, R., Wesen und Ursprung des Katholizismus, Sonderausgabe 1965, Darmstadt; SOHM, R., Das altkatholische Kirchenrecht und das Dekret Gratians (Nachdr.), Darmstadt 1967 (= SOHM, Altkatholisches Kirchenrecht).

2. GRUNDBEGRIFFE DES KANONISCHEN RECHTS

Das kirchliche Recht wird formal und inhaltlich von einer Reihe von Schlüsselbegriffen geprägt, ohne deren Kenntnis und richtige Deutung es nicht angemessen zu verstehen ist. Diese Begriffe entstammen nur teilweise dem religiösen Denken, meist handelt es sich um Übernahmen aus der (römischen) Rechtssprache. Lediglich wenige Begriffe sind spezifisch christlich. Alle haben sie ihre Geschichte. Obwohl sie für das kirchenrechtliche System von tragender Bedeutung sind, hat sich die Kanonistik weder bemüht, ihre Entwicklung und ihren jeweiligen Stellenwert zu erforschen noch ihren Inhalt zu definieren. Ihr Gebrauch war zu selbstverständlich; außerdem sind nicht abschließend bestimmte Begriffe leichter zu handhaben.

Hier soll der Versuch einer formalen Klärung und einer inhaltlichen Bestimmung begonnen werden. Wegen des speziellen Charakters dieses ›Grundrisses des Kirchenrechts‹ ist eine umfassende Bestimmung weder möglich noch gewollt.

2.1. Theoretisch-theologische Grundbegriffe

Wenngleich es rechtlichen Grundbegriffen eigen ist, daß sie die theoretische Fundierung eines Rechtssystems tragen, dürfte es doch von der Sache her gerechtfertigt sein, zu unterscheiden zwischen *theoretisch-theologischen* Grundbegriffen und *praktischen* Grundbegriffen der Gesetzessprache. Zu den theoretisch-theologischen Grundbegriffen werden hier jene gezählt, die für das kirchliche Verfassungssystem wesentlich sind, denen ihrem Gehalt nach und nicht nur als formale Begriffe fundamentale Bedeutung zukommt.

2.1.1. Wort und Sakrament als Traditionselemente

Zu den Begriffen

1. *Wort* meint hier das auf dem geoffenbarten Wort Gottes gründende Wort der Verkündigung und des gläubigen Gebetes. Es gibt Heilszusage und Trost, konfrontiert den Menschen mit Gottes Willen und kann ihn in die heilsame Krise führen. Es ist nicht einfache Mitteilung, sondern verkündigender Anruf.

2. Die *katholische Kirche* kennt (seit dem zwölften Jahrhundert) sieben *Sakramente;* sie sind Zeichen, die aufgrund ihrer Einsetzung durch Jesus Christus die Kraft haben, Heiligkeit und Gerechtigkeit sowohl zu bezeichnen als auch zu bewirken.

Entwicklung

Es ist für das Christentum — insbesondere in seiner katholischen Form — kennzeichnend, daß das verkündigende Wort wesentlich verbunden ist mit geistlich wirkmächtigen *Zeichen*. Das charismatische, glaubenerzeugende Wort mündet in jedem Fall in die den Glauben bejahende Handlung: die geistspendende Wassertaufe und die besiegelnde Handauflegung.

Die innere Bezogenheit von Wort und Tun wird besonders deutlich bei dem letzten Mahl, das Jesus mit seinen Jüngern feierte und in dem er ihnen den Auftrag gab, solches zu tun, „bis er wiederkommt". In diesem gemeinsamen Tun vollzieht sich somit der „neue Bund" Gottes mit seinem erwählten Volk. Das Wort, das den „Bund" schafft und ständig bewirkt, hat über die individuelle Bedeutung hinaus *konstitutive* Kraft auch für die institutionelle Realität; denn wenn die Zusage Gottes an den Menschen wirklich einen „Bund" darstellt, dann trägt sie eine institutionalisierende Konzeption bereits in sich, weil und insofern sie die Gerufenen zu einem Volk eint. Christliches Rechtsdenken muß somit geprägt sein durch das Hören des Wortes; darum ist jeder Rechtsanspruch und jede Rechtsnorm am Wort der Schrift zu überprüfen. Dieses Wort beansprucht, neues Recht in der Kirche zu begründen und für die Kirche zu gestalten. Es ist nämlich ein Spezifikum des biblisch-kirchlich verstandenen Offenbarungsgeschehens, daß die personale Entscheidung zum Glauben durch das *öffentlich* gesprochene *Wort* angestoßen wird; deshalb gehören das *Bekenntnis* vor der Gemeinde und das zeichenhafte, die Gegenwart des Geistes *bezeugende Tun* im Sakrament zusammen. Darum wohnen dem Untertauchen im Wasser, der Auflegung der Hände, dem Brotbrechen und dem gemeinsamen Becher institutionell-konstitutive Elemente inne.

Was sich nach dem Glauben der Kirche unter dem Einfluß des Geistes ereignet, bezeichnete die frühe Christenheit als „mysterion" (= Geheimnis). Es war ein von Gott bewirktes Geschehen, bei dem der Mensch zwar mitwirken mußte, das jedoch seiner Gestaltungsmacht entzogen war.

Der afrikanisch-römische Jurist TERTULLIAN (ca. 160—220 n. Chr.) übersetzte diesen der bisherigen Kultsprache vertrauten Terminus mit „sacramentum", einem Begriff des römischen Rechts. Im altrömischen Prozeßrecht meint sacramentum zunächst den Eid, mit dem jede Partei ihr Recht beschwören mußte, sodann jene Summe, die die Parteien als Unterpfand ihrer gerechten Sache vor der Gottheit, vertreten durch das Gericht, hinterlegen mußten. Die im Rechtsstreit unterlegene Partei hatte sich der Beleidigung der Gottheit schuldig gemacht. Sie hatte ihr Leben verwirkt; anstelle des verwirkten Lebens verfällt die hinterlegte Garantiesumme, das sacramentum, der Gottheit. In späterer Zeit meint dieser Begriff den Fahneneid der Soldaten bzw. das bei der Eidesleistung zu zahlende Angeld.[1]

[1] Vgl. M. Kaser, Das Römische Zivilprozeßrecht, 60ff.; A. Beck, Römisches Recht bei Tertullian und Cyprian, (Lit.).

Damit war dem christlichen Sakramentsbegriff ein rechtliches Element implantiert. Diese Entwicklung war jedoch keineswegs die Folge dieser Übersetzung, vielmehr machte die sprachliche Übernahme einen gesellschaftlichen und denkerischen Prozeß sichtbar: Von einem bestimmten Komplexitätsgrad an werden nämlich in jeder menschlichen Gesellschaft rechtliche Sicherungen und Normen notwendig. Auf diese Weise wird nicht nur das innere Leben einer Gemeinschaft zielgerichtet geordnet, sondern auch der einzelne vor unangemessenen Ansprüchen in Schutz genommen. Gerade religiöse Institutionen sind der Gefahr zelotischer Indoktrination durch die herrschende Gruppe und rigoristischer Radikalisierung durch Minderheiten besonders ausgesetzt. Die Geschichte auch der christlichen Kirchen ist voll von Beispielen. Das Recht muß dann den Glauben der Gemeinschaft vor der Emphase des einzelnen und umgekehrt den Glauben des einzelnen vor dem Druck des Kollektivs schützen. Dies gilt besonders im Sakramentenrecht.

Allerdings wächst damit auch die für eine geistlich-religiöse Gesellschaft bedrohliche Gefahr, sowohl die eigene Institution als auch das diese ordnende Recht zu überschätzen. Der geistliche Gehalt, das gnadenhafte Geheimnis des Sakraments droht dann hinter der institutionellen Form und der gesetzlichen Norm zurückzutreten. Dies ist das stets latente Problem des „Pharisäismus“.

Heutige Situation

Wenn kirchliches Recht wesentlich „sakramentalisches“, also aus dem glaubenschaffenden Wort und dem geistvermittelnden Sakrament erwachsendes Recht ist, dann hat es dort seinen Grund und erhält von daher sowohl seine Verbindlichkeit als auch seine Begrenzung.

Dieser geistlichen Autonomie sakramentalen Handelns will die Rede von der *objektiven Wirksamkeit* der Sakramente (ex opere operato = Wirksamkeit aufgrund formal korrekten Vollzugs ohne Beachtung der subjektiven Disposition bei Spender und Empfänger) Rechnung tragen. Der Gestaltungsmacht der Kirche sind damit Grenzen gesetzt: Einem einmal Getauften kann der Taufcharakter ebensowenig genommen werden wie einem gültig Ordinierten die Ordination. Damit sind die tiefgehenden Streitigkeiten der alten Kirche um die Gültigkeit der Ketzertaufe (Wiedertaufe) genauso entschieden wie die Frage der Reordination (beispielsweise solcher, die von Ketzern ordiniert worden waren). Seit der Scholastik des Mittelalters spricht die katholische Theologie darum von einem unzerstörbaren Charakter (character indelebilis), den Taufe, confirmatio und ordinatio einprägen. Doch auch die gültige Spendung (und der Empfang) der anderen Sakramente kann nicht durch den Hinweis auf subjektive Unwürdigkeit oder Indisposition angefochten werden: Entscheidend sind die *rechtliche* Befähigung und der formal korrekte Vollzug.

Die Sakramente sind zeichenhafte und wirkmächtige Vollzüge, die auf eine nur im Glauben zugängliche, aber dennoch rechtlich geordnete Weise die konsekutive Vermittlung von Wort und sakramentalem Tun ermöglichen:

Taufe und Firmung begründen die rechtliche Zugehörigkeit zur Kirche und tradieren als Rechtsakte das rechtliche und tatsächliche Dasein der je einzelnen Personen, die diese Gemeinschaft als Institution bilden.

Die *Buße* regelt das geistliche Sühnverfahren bei schwerer individueller Verfehlung und verwirklicht somit stets aufs Neue die reale Heilsverheißung.

Die *Eucharistie* ist Ausdruck der communio mit der Kirche und dadurch Zeichen gnadenhaften Verbundenseins mit Gott.

Die *heilige Ölung* sagt dem vom Tode Bedrohten nicht allein das Erbarmen seines Gottes, sondern auch die glaubende und betende Solidarität seiner Kirche zu.

Die *sakramentale Ehe* sichert die geistlich geordnete Weitergabe des Lebens in der Kirche.

Die *Ordination* schließlich ist nicht nur Bevollmächtigung zum geistlichen Amt, sondern auch Weitergabe des Auftrags von einer Generation auf die andere. Insofern dient sie der Fortsetzung der formalen Amtsstrukturen.

Sakramente sind somit Institutionen zweifacher juristischer Funktion: Sie vermitteln (geistliche) *Rechte* und schaffen spezifische *Traditionen*.

2.1.2. Amt und Sukzession

Zu den Begriffen

1. Als *Amt* wird in einer Institution derjenige Dienst bezeichnet, der zur Erreichung des Zweckes der Institution und mit Beauftragung durch die dafür zuständigen Organe wahrgenommen wird. Das kanonische Recht versteht unter Amt im eigentlichen Sinn eine auf Dauer geschaffene Einrichtung, die zur Erfüllung bestimmter (geistlicher) Aufgaben mit den notwendigen Rechten und Pflichten ausgestattet ist (c. 145 CIC).

2. (Apostolische) *Sukzession* meint die auf die Apostel zurückgeführte und durch die sakramentale Ordinatio (wenigstens theoretisch) ununterbrochene Kette der legalen Amtsnachfolge. In ihr wirken institutionelles Amt und Person zur Einheit zusammen, da Träger der Sukzession jeweils nur „Amts-Personen" sind. Die katholische Kirche sieht in der Sukzession ihre apostolische Identität gewährleistet.

Entwicklung

Die kirchlichen *Amtsformen* im umfassenden Sinn, also der Apostolat ebenso wie der Episkopat, sind keineswegs genuine Kreationen der christlichen Gemeinde, vielmehr Übernahmen damals bekannter Stellvertretungs- bzw. Leitungsformen.

Die Ausbildung der kirchlichen Leitungsämter hat sich in der Oikumene weder gleichzeitig noch gleichförmig entwickelt: Wo *jüdischer Einfluß* bestimmend war, finden wir den kollegialen Rat der „Ältesten", der Presbyter. Die Übernahme gerade dieses Amtsmodells deutet auf die amtliche Stellung dieser Ältesten und das institutionelle Selbstverständnis der christlichen Gemeinde hin: Die Ältesten waren in Israel nämlich eine uralte Verfassungseinrichtung; sie waren jedoch nicht nur „Beamte", sondern hatten Autorität kraft ihrer Würde.

Auch in den *hellenistisch-paulinischen* Gemeinden scheint es eine kollegiale Verfassung der gemeindeleitenden Ämter gegeben zu haben, doch herrschte hier die Bedeutung eines Erstverantwortlichen, des Episkopos (= Aufseher, Vorsteher), vor. Auch diese griechische Bezeichnung hat eine jüdische Entsprechung: Die Gemeinde von Qumram kannte einen „mebaqqer".

Das weist darauf hin, daß die christlichen Gemeinden sich offensichtlich nicht mit einfachen Übernahmen begnügten, sondern in Anlehnung an bestimmte institutionsrechtliche und organisationsmäßige Gegebenheiten sich ihre eigene Form schufen.

Vor allem in der kritischen Phase, als die unmittelbaren Zeugen des Lebens und der Auferstehung Jesu gestorben waren, mußte die Legitimität der Zeugenschaft institutionell gesichert und tradiert werden: Als Mittel dazu diente die Herausbildung der gemeindegebundenen *Leitungsämter* und der ortsbezogenen Amts*sukzession.* Beide hatten ihren Ursprung im Gedanken der koinonia, der communio, insofern die aus dem Glauben erwachsende, strukturierende „Liebe" die Gläubigen der einzelnen Gemeinden zu einem Organismus werden ließ. Gleicherweise wurden die einzelnen Gemeinden eben durch dieses Band der „koinonia-communio" miteinander verbunden. Der geistlich-religiöse Vorgang der communio wurde so in der Gemeinde und durch sie zur institutionellen Realität und gab ihr ein institutionalisiertes Dasein, das unabhängig war vom Willen und dem individuellen Glauben sowie der persönlichen Heiligkeit der Mitglieder.

In der Auseinandersetzung zwischen den unterschiedlichen Lehren, die sich gegenseitig als Irrlehren brandmarkten, vor allem mit der Gnosis und den Montanisten, entwickelte sich der Gedanke der objektiven Funktion des Amtes. IRENÄUS von LYON (vermutlich gest. um 202) formulierte im Kampf gegen die Gnosis das Traditionsprinzip: Glaubensquelle und Glaubensnorm ist für ihn die in der Kirche fortlebende Überlieferung der Apostel. Sie wird gewährleistet durch die von den Aposteln gegründeten Kirchen. Denn die ununterbrochene Nachfolge der Bischöfe in diesen Kirchen von den Aposteln her verbürge die Wahrheit der Lehre. Weil es jedoch zu weit führen würde, die Bischofslisten aller von den Aposteln gegründeten Kirchen aufzustellen, genügte es ihm, „von der größten, sehr alten, allen bekannten und von den glorreichen Aposteln Petrus und Paulus gegründeten Kirche zu Rom" diesen Nachweis der ununterbrochenen Amtssukzession zu erbringen (Gegen die Häresien, III, 3, 3, 1—2).

Um der *Tradierbarkeit* der aufgegebenen Lehre willen war also eine institutionalisierte, rechtlich geordnete, nur von äußeren, überprüfbaren Faktoren abhängige Organisation notwendig: Persönlicher Glaube, charismatische Begabung und Hingabe waren neben anderen Gaben, wie Redegewandtheit, Schriftgelehrtheit, Verwaltungskenntnisse, wohl Voraussetzung für ein kirchliches Amt, doch hing die rechtmäßige Ausübung allein von der legitimen Inhaberschaft des Amtes ab. Diese war durch objektive, formalisierte und deshalb auch formal überprüfbare Tatsachen bestimmt: die rechtsmäßige Wahl und Bestellung, die ordnungsgemäße Ordination durch Bischof und Presbyterium mittels Handauflegung und Gebet.

Aufgrund der Auseinandersetzung mit anderen Lehren also erkannten die Gemeinden, daß sie formales „Recht" brauchten, wenn sie einen „Kanon", einen Maßstab für die Rechtmäßigkeit der Lehre und die Richtigkeit des Glaubens haben wollten. Zögernd nur, „bei den Griechen noch lange mit der Freiheit der Ekstase und Liebe kämpfend, aber durch die Rechtstraditionen des Orients, Roms und des alten Testaments beschleunigt",[2] wurden Recht und Gesetz in *der* Kirche herrschend. „Kirche" wurde nun am konkreten Ort wie in der Oikumene immer mehr zur rechtlich bestimmbaren und formal gesicherten Institution. Das anfänglich

[2] C. Schneider, Geistesgeschichte der Antike, 566.

ungebundene prophetische Apostelturn wurde, je länger die erwartete Wiederkunft des Herrn ausblieb, zur formalisierten Amtshierarchie. Der im Geist redende Prophet wurde endlich durch den förmlichen, rechtmäßig bestellten Bischof mitsamt seinem Presbyterium und den Diakonen ersetzt.

Heutige Situation

Das *Amt* in der katholischen Kirche ist kollegial und hierarchisch gegliedert. Es ruht auf einer doppelten *Sukzessionskette*, nämlich der *Weihe* (hierarchia ordinis) und der *jurisdiktionellen* Beauftragung (hierarchia iurisdictionis). Das geistliche Amt wird also im Vollsinn nicht allein durch die sakramentale Ordination verliehen, vielmehr muß stets die *Missio canonica* hinzukommen.

Wenn auch jeder im Namen der Kirche ausgeübte Dienst als *geistliches Amt* bezeichnet werden kann (c. 145 § 1 CIC), so ist doch im eigentlichen Sinn darunter nur eine auf *Dauer* geschaffene Einrichtung zu verstehen, welche zur Wahrnehmung bestimmter *Dienste* mit der nötigen *Vollmacht* (Jurisdiktion) *ständig* ausgestattet ist (vgl. unten 2.2.5.2.).

Die *Amtsübertragung* erfolgt nach lateinischem Recht durch kanonische Sendung (Missio canonica), nicht durch Ordination (c. 197 § 1 CIC), die allerdings oftmals (z. B. beim Pfarr-oder Bischofsamt) die notwendige Voraussetzung ist (cc. 118, 154; 453 i. V. m. c. 1474 CIC).

Das oberste Hirtenamt des Papstes ist „kraft göttlicher Einsetzung" stets konkret in der Kirche existent. Wenngleich der Ordo der Bischöfe als Kollegium ebenfalls „kraft göttlicher Einrichtung" — also unverzichtbar — besteht, so bedarf doch das einzelne Bischofsamt am jeweiligen Ort der kirchlichen Errichtung, durch welche diese Teilkirche ihr geistliches Haupt und damit ihr (rechtliches) Dasein in der Kirche erhält.

Jedes Amt bedarf daher der *Einrichtung* (durch Gesetz oder Gewohnheit). Jene Ämter, denen (rechtlich) konstitutive Bedeutung für die Kirchenorganisation zukommt, bedürfen der Errichtung an einem bestimmten Ort durch Verwaltungsakt von seiten der zuständigen kirchlichen Autorität und sind stets juristische Personen (vgl. unten 2.2.6.c). Die diesen konstitutiven Ämtern zugeordnete Hilfsfunktionen (auf der päpstlichen Ebene: Kardinalstaatssekretär, Kardinalpräfekten und Sekretäre, Richter und Offiziale, Nuntien und Apostolische Delegaten; auf der bischöflichen: Bischofsvikare, Generalvikar, Offizial; auf der pfarrlichen: Kapläne und Hilfsgeistliche) sind in der Regel keine juristischen Personen und bedürfen keiner eigenen Errichtung. Anders als die durch die Ordination gegebene Weihegewalt, die im theologischen Sinn unwiderruflich ist, kann die durch ein Amt übertragene (jurisdiktionelle) Vollmacht von der kirchlichen Autorität zurückgenommen oder begrenzt werden.

Das kanonische Recht unterscheidet *bepfründete* und *nichtbepfründete* Ämter (c. 146 CIC). Die nichtbepfründeten Ämter werden im Personenrecht (cc. 145—195 CIC) behandelt; die bepfründeten dagegen werden in ihrer Vermögenseigenschaft gesehen und im Sachenrecht (cc. 1409—1488 CIC) geregelt; dabei wird hier vieles ausgesagt, was für das gesamte kirchliche Ämterrecht bedeutsam ist. Sollen die Bestimmungen des kirchlichen Gesetzbuches über das Kirchenamt verstanden werden, müssen diese Aussagen zusammen gesehen werden (vgl. unten 2.2.5.). Auch der revidierte ›Codex‹ wird nach den bisherigen Entwürfen wohl das Amtsrecht nicht zusammengefaßt darstellen. Diesbezüglich erweist sich die Übernahme der *triplex-munera*-Systematik als ungeeignet, die Einheit der unterschiedlichen Funktionen des kirchlichen Amtes darzustellen.

Weil gegenwärtig — insbesondere in Deutschland — die Amtsinhaber (tariflich) besoldet werden, spielt die Unterscheidung in bepfründete und unbepfründete Ämter praktisch keine Rolle mehr.

Ob und inwieweit *nichtordinierte* kirchliche Mitarbeiter (z. B. Pastoralreferenten, Mitarbeiter im wissenschaftlichen oder karitativen Dienst) ein *Kirchenamt* innehaben (können), ist weder theoretisch durchdacht noch gesetzgeberisch entschieden (vgl. unten 3.3.5. und 6.7.4.3.).

Jene Kirchenämter, die mit oberhirtlicher Vollmacht ausgestattet sind (Patriarch, Metropolit, Bischof) werden im Päpstlichen Konsistorium errichtet und verliehen und daher *Konsistorialbenefizien* genannt (c. 1411 CIC).

Rechtswirksam kann ein Kirchenamt einer (physischen oder moralischen) Person nur durch *kanonische Verleihung* (provisio) von seiten der zuständigen kirchlichen Autorität übertragen werden (c. 147 CIC). Nichtverleihungsberechtigten kann aufgrund besonderer Rechtstitel die Wahl, Nomination oder Präsentation des künftigen Amtsinhabers zugestanden werden (c. 148 CIC). Das neuere kanonische Recht, einschließlich der nachkonziliarischen Normen, ist jedoch der Mitwirkung Nichtverleihungsberechtigter bei der Bestellung von Amtsinhabern nicht wohlgesonnen.

Die *Erledigung des Amtes* tritt in *ordentlicher* Weise ein durch den Tod des Amtsinhabers, Ablauf der Amtszeit oder bei Eintritt in den Ruhestand. Amtsinhaber (Bischöfe und Pfarrer) sollen mit Vollendung des 75. Lebensjahres von sich aus auf ihr Amt verzichten (Dekr. CD 21 u. 31 i. V. m. Eccl. Sanctae I, 11 u. 20 § 3). — In außerordentlicher Weise kann sich ein Amt erledigen durch Amtsenthebung oder Versetzung. Im Gefolge des II. Vatikanischen Konzils ist durch MP Eccl. Sanctae der Grundsatz der Unabsetzbarkeit der Benefiziaten aufgehoben worden (I, 20) (vgl. unten 3.3.3.).

Das Kirchenamt hängt seinem Wesen nach in keiner Weise von staatlichen Autoritäten ab. Ein eigenmächtiger Eingriff des Staates zieht die heillose Nichtigkeit nach sich (c. 147 CIC). Nach deutschem Verfassungs- und Konkordatsrecht wird die kirchliche Amtsorganisation unter Wahrung ihrer Eigenständigkeit als Körperschaft des öffentlichen Rechts anerkannt (vgl. 9.3.3.). Die Inhaber kirchlicher Ämter sind als solche jedoch keine Staatsbeamte. Aufgrund konkordatärer Abmachung hat die Kirche dem Staat bei gewissen Ämtern jedoch begrenzte Einflußmöglichkeiten zugestanden.

Das *Amt* ist somit zu einem wesentlichen und objektiven *Vermittlungsinstrument* der formalen (apostolischen) *Sukzession* geworden. In gewisser Weise hängt das (rechtliche) Dasein der Kirche am Amt. Darum ist die katholische Kirche auch in dieser Hinsicht als *Amts-Kirche* zu bezeichnen.

2.1.3. Ordo — iurisdictio

Zu den Begriffen

1. Im *römischen Staatsrecht* bedeutet *ordo* eine in den Zensuslisten geführte, geschlossene Körperschaft. Den höchsten ordo bildeten die Senatoren; der zweite war der ordo equester (Ritterstand).

In der *katholischen Kirche* meint ordo (Weihe) die sakral-rechtlich wirksame, kultische Beauftragung für einen bestimmten geistlichen Dienst. Der Ordinierte gelangt dadurch in den besonderen Ordo (Stand) des Klerus. Den Klerikern sind die Leitungs- und Kultdienste vorbehalten (c. 948 CIC).

2. *Iurisdictio* bezeichnet im *römischen Recht* die hoheitliche Machtbefugnis in der Privatrechtspflege. Sie kam ursprünglich dem König, in der Republik den Höchstmagistraten zu. Im Prinzipat wurde sie weiter ausdifferenziert. In späterer Zeit meinte der Begriff allgemeine Hoheitsgewalt.

Im *kanonischen Recht* bedeutet *iurisdictio* (hoheitliche) Leitungsvollmacht, die der Kirche kraft göttlicher Einsetzung übertragen ist und die entweder als ordentliche (eigenberechtigte oder stellvertretende) oder als delegierte Gewalt wirksam wird (cc. 196—197 CIC).

Entwicklung

Die Bestellung zu kirchlichen Leitungsdiensten erfolgte anfangs sicher nicht nach einem einheitlichen „Ritus". Ein solcher mußte sich erst herausbilden. Die Apostelgeschichte schildert *zwei* verschieden entwickelte Verfahren.

Die Aufnahme des *Matthias* in den Kreis der Zwölf erfolgte in recht schlichter Form: Nach einem Gebet „warfen sie das Los für die beiden. Es fiel auf Matthias, und so wurde er zu den Aposteln hinzugezählt" (Apg 1, 26). Nach dem Gebet über die Kandidaten erfolgte allein die Auswahl der Personen, worauf der so Erwählte unmittelbar als den Zwölf zugehörig galt.

Bei der *Bestellung der Sieben* als Vorsteher für den hellenistischen Teil der Jerusalemer Gemeinde wird das Verfahren bereits als dreistufig gegliedertes geschildert (vgl. oben 1.2.).

Nach diesem Modell entwickelte sich im Laufe der Zeit jene Bestellungsform für den kirchlichen Dienst, wie wir sie grundsätzlich noch heute kennen:

1. Die Einrichtung bzw. Errichtung eines Amtes.
2. Die Bezeichnung der Person (Wahl oder Ernennung).
3. Die Übertragung der geistlichen Vollmacht unter Gebet und Handauflegung (Ordination).

Durch den geistlich-sakralrechtlichen Akt (der Handauflegung unter Gebet) wurde der so Bestellte „Bischof" oder „Presbyter" an einer bestimmten Kirche. Eine Translation war zunächst ebenso unüblich wie eine Berufung ohne Zuweisung eines bestimmten Amtes. Die Wanderapostel und Wanderpropheten, die vor allem im Orient in den ersten Jahrhunderten immer wieder anzutreffen sind, sprengen dieses Schema deshalb nicht, weil sie keiner bestimmten Gemeinde vorstanden.[3]

Was einerseits Gebet und Handauflegung bewirkten und was andererseits das Fehlen einer *cathedra* oder eines *titulus* bedeutete, wurde erst durch bestimmte Ereignisse zum Problem, als nämlich „rechtgläubige" Bischöfe und Presbyter von ihren angestammten Ämtern, ihren Kirchen, sei es durch häretisch-schismatische Revolution oder durch politisch-kriegerische Wirren vertrieben worden waren. Es stellte sich nun die *Frage*, ob diese überhaupt an einer anderen Kirche wirken könnten, und in welchem Verhältnis sie zu dem ansässigen Bischof bzw. dem Presbyterium tätig werden dürften. Grundsätzlich galt nämlich, daß derjenige, der seine Kirche verließ, seines geistlichen Auftrags (Amtes) verlustig ging: Das Bischof- oder Presbytersein war an eine ganz bestimmte Kirche und nur an sie gebunden.

Gleicherweise stellte sich bald die *Frage*, was mit solchen Bischöfen und Presbytern zu geschehen habe, die — aus welchen Gründen auch immer — aus der communio der Großkirche ausgeschlossen bzw. überhaupt von häretisch-schismatischen Bischöfen berufen worden waren, nun aber um die Wiederherstellung der communio baten. Konnte die einmal von einem rechtmäßigen Bischof vollzogene Handauflegung nach dem Abfall wieder anerkannt bzw. die Handauflegung durch einen häretischen Bischof und der Dienst in einem schismatischen Presbyterium als geistlich gültig und damit auch als rechtsmäßig anerkannt werden? Hierüber hat es schwere Kämpfe, vor allem zwischen der römischen und der afrikanischen Kirche gegeben.[4] Bis ins 12./13. Jahrhundert waren diesbezüglich theoretische Meinung und praktische Handhabung kontrovers und uneinheitlich. Reordinationen kamen ebenso vor wie einfache Übernahmen des schismatischen (oder ketzerisch) Ordinierten nach gewährter *pax*.

Grundsätzlich jedoch war die geistliche Bestellung für einen kirchlichen Dienst jahrhundertelang an das Amt einer bestimmten Kirche gebunden. Das Konzil von *Chalcedon* (451) verfügte, daß Ortswechsel von Bischöfen und Klerikern gemäß der alten canones nicht zulässig sei (can. 5);[5] es verbietet die Handauflegung, wenn damit nicht eine Bindung an ein bestimmtes Amt gekoppelt ist: „Niemand darf ‚ohne Bindung' die Handauflegung erhalten, weder ein Presbyter noch ein Diakon noch ein anderer Kleriker, wenn er nicht ausdrücklich für die Kirche der Stadt oder des Dorfes oder eines Martyriums oder Klosters die Handauflegung empfängt. Bezüglich derjenigen jedoch, die ‚ohne Bindung' die Handauflegung erhalten haben, beschließt die heilige Synode, daß eine solche Handauflegung wirkungslos sei (ákyron), und daß sie nirgends tätig werden dürfen zur Schande für den Handauflegenden" (can. 6). Durch

[3] Ob die sog. „Chorbischöfe" (=Landbischöfe; chora=Land) hier ihre Wurzeln haben, braucht in diesem Zusammenhang nicht weiter verfolgt zu werden; vgl.: Th. Gottlob, Der abendländische Chorepiskopat.

[4] Vgl.: A. Schebler, Die Reordination in der „altkatholischen" Kirche, bes. 25.

[5] Diesem Kanon des Konzils von *Chalcedon* gingen Bestimmungen der Synode von *Arles* (314) can. 2 und 21; von *Nizäa* (325) can. 15; von *Antiochia* (341) can. 3, 21 u. 22 sowie die *Apostolischen Konstitutionen* (nn. 13 u. 14 bzw. 14 u. 15) voraus.

die Ordination erfolgte somit zugleich die Anstellung; diesen Vorgang nennt man „relative" Ordination, weil dabei die Ordination stets auf ein bestimmtes Amt bezogen ist. Dieser Grundsatz hat sich theoretisch bis heute durchgehalten: Jeder Bischof *muß* für ein bestimmtes Bischofsamt und jeder Presbyter oder Diakon für eine bestimmte Teilkirche (Diözese-Prälatur/Ordensverband) bestellt werden.[6]

Das Translationsverbot, also das Verbot, einen Bischof von einem Bischofssitz auf einen anderen zu versetzen, konnte schon recht früh nicht mehr strikt eingehalten werden, wenngleich es im Westen strenger beachtet wurde. Für die Besetzung der römischen Kathedra wurde das Verbot erstmals im Jahr 882 bei der Wahl des Bischofs von Caere in Etrurien als Papst MARINUS durchbrochen.[7] Die Versetzung eines Bischofs auf einen anderen Bischofssitz gilt im Westen seit Papst GREGOR VII. als päpstliches *Vorbehaltsrecht* und darf nur mit seiner Einwilligung geschehen.

Unter dem prägenden Einfluß des römischen Rechts wurde der *Ordo*begriff in das kirchliche Amtssystem übernommen. Er bot die Möglichkeit, einerseits die kirchlichen Führer deutlich gegenüber jenen abzugrenzen, die keinen kirchlichen Leitungsauftrag besaßen, also gegenüber den Laien, auch wenn sie im weltlichen Raum mächtig waren. Andererseits konnten auf diese Weise der kirchliche „Ordo" strukturiert und die Zuständigkeiten und Vollmachten der Mitglieder geregelt werden. Der Jurist TERTULLIAN (160—220) führt diesen Begriff des römischen öffentlichen Rechts in den kirchlichen Sprachschatz ein und spricht von „ecclessiae ordo", „ordo ecclesiasticus", „ordo episcoporum" und „ordo sacerdotalis".[8]

Damit war eine Möglichkeit gefunden, die Elemente der Bestellung für ein bestimmtes Amt begrifflich zu unterscheiden: Die Berufung auf ein konkretes Amt durch Handauflegung schloß in sich die Eingliederung in eine bestimmte Stufe des Ordo und gab eben dadurch einen (zunächst nur juristisch verstandenen) unverlierbaren Status, aus dem sich dann später der theologische Gedanke des „character indelebilis" entwickeln sollte. Die *„ordinatio"*, unter Gebet und Handauflegung, war weiterhin die sakralrechtliche Bestellung für ein kirchliches Amt, war liturgische *Amtseinsetzung*.

Aus verschiedenen, vornehmlich situationsbedingten Gründen setzte sich im Laufe der Zeit die Unterscheidung durch, daß ein Ordinierter, der seines Amtes ver-

[6] Bezüglich der sog. *Titular*bischöfe hatte sich dieser Grundsatz sogar bis in die Bezeichnung durchgehalten: Sie wurden auf tituli in partibus infidelium geweiht.

[7] Vgl. F. X. Seppelt, G. Schwaiger, Geschichte der Päpste, 115. Mit der Erhebung des Bischofs von Anagni als STEFAN VI. (896—987) geriet das Translationsverbot auch für den römischen Stuhl endgültig in Verfall. Dennoch wurden diese ersten Verstöße gegen die alten Canones als Mißbräuche getadelt. Allerdings ließ sich von nun an die Berufung auch auswärtiger Bischöfe auf den päpstlichen Stuhl nicht mehr aufhalten.

[8] De monogamia 11; Adversus Marcionem 4, 5; De exhortatione castitatis 7. Im Gegensatz zu jenen, die dem kirchlichen „ordo" zugehören, wird die übrige Gemeinde als „plebs" bezeichnet (De exhortatione castitatis 7). Weitere Nachweise bei: A. Beck, Römisches Recht bei Tertullian und Cyprian, 105.

lustig ging, zwar keine Leitungsbefugnis mehr besaß, er aber dennoch in seinem Ordo blieb. Die zum Amt gehörige, zunächst noch durch die Ordination verliehene Vollmacht wurde schließlich — ebenfalls unter römisch-rechtlichem Einfluß — als „iurisdictio" bezeichnet.[9]

Heutige Situation

Seit dem Mittelalter wird die eine, durch die Ordination gegebene Vollmacht der Kirche zunehmend in zwei aufeinander bezogene Bereiche unterschieden: In die durch den *Ordo* — *unverlierbar* — gegebene geistliche „Weihevollmacht", die einen bestimmten hierarchischen Status gewährleistet und in die vom *Amt* — oder einer *besonderen rechtlichen Beauftragung* — abhängige *„Jurisdiktionsvollmacht"*. Gegenwärtig gibt die sakral-rechtliche Ordination, auch wenn sie gültig und legal vorgenommen wird, keine unmittelbar anwendbare Jurisdiktionsvollmacht. Der Ordinierte, ob er nun zum Diakon, Presbyter oder Bischof geweiht ist, bedarf in jedem Fall der „iuridica determinatio" durch die jeweils zuständige kirchliche Autorität.

Die Unterscheidung zwischen Weihevollmacht und Jurisdiktionsgewalt stellt heute das strukturierende Gliederungsprinzip der einen kirchlichen Vollmacht dar (cc. 196—209 CIC; Nota explicativa praevia 3).

2.1.4. Hierarchie: hierarchia ordinis — hierarchia iurisdictionis

Zum Begriff

Hierarchie (griechisch: hier-archia = heilige Herrschaft) meint zunächst eine durch die Gottheit angeordnete Stufung (priesterlicher) Herrschaft. Die Hierarchie der christlichen Kirche (hierarchia ecclesiastica) gilt als Abbild der himmlischen.

Hierarchia ordinis bedeutet die von Gott gegründete und durch heilige Ordination aufgebaute Stufung von Bischof, Presbyter und Diakon.

In der *hierarchia iurisdictionis* ist nur die Stufung von Papst und untergeordnetem Episkopat göttlichen Rechts (c. 108 § 3 CIC). Alle anderen Stufungen, vom Patriarchen bis zum Vikar, sind kirchlichen Ursprungs. Diese Hierarchie wird durch „determinatio iuridica", also durch Übertragung rechtlicher Vollmacht, aufgebaut.

Entwicklung

Was institutionell das Wesen der Hierarchie ausmacht und wie sie entsteht, ist bis heute weder soziologisch noch theologisch hinlänglich reflektiert,[10] obwohl dieser

[9] Es ist bedauerlich, daß die Feststellung von Karl Hofmann in der zweiten Auflage des LThK von 1933 (V, 725) noch immer gilt, daß es nämlich „eine eingehende Untersuchung über den kirchlichen Jurisdiktionsbegriff und seine Geschichte" nicht gibt.

[10] In der 6. Auflage des von der Görres-Gesellschaft herausgegebenen ›Staatslexikons‹ kommt dieser Begriff weder als Stichwort vor, noch ist er überhaupt im Sachregister genannt. Das ›Evangelische Staatslexikon‹ bringt unter diesem Stichwort lediglich eine einseitige theologische Darstellung des katholischen Hierarchiebegriffs. Daß es auch im weltlichen Bereich

Begriff die abendländischen Herrschaftsvorstellungen wesentlich bestimmt. Was selbstverständlich ist, bedarf keiner Reflexion. Denn bis zum Ende des 18. Jahrhunderts waren nicht nur alle gesellschaftlichen Bereiche in sich streng hierarchisch gegliedert, sondern sie standen auch zueinander in einer festen sozialen und politischen Wertrelation: Hochadel, Klerus, Dienstadel, das städtische Patriziat, die Gelehrten, die Handwerker und die (freien) Bauern.

Die Übernahme gesellschafts- und zeitbedingter hierarchischer Vorstellungen in das kirchliche System läßt sich in groben Zügen etwa wie folgt beschreiben: Nachdem sich in der frühen Kirche das bischöfliche Leitungsamt als ein eigener Ordo herausgebildet hatte, differenzierte sich dieser sowohl nach oben (Metropoliten und Patriarchen) als auch nach unten (Chorbischöfe und Coadjutoren). Gleicherweise wurden auch die Stufen der Presbyter durch Differenzierung weiter strukturiert: Die (höheren) Archipresbyter und „parochi cardinales", die Dekane und Offiziale standen den Hilfspriestern und hörigen Priestern gegenüber, wobei die Bezeichnungen nach Ort und Zeit stark differieren. Stufungen entwickelten sich auch bei den Diakonen (Regional- und Archidiakone einerseits, Subdiakone andererseits).

Der hierarchische Aufbau wird in der gängigen kanonistischen Literatur als für die kirchliche Organisation geradezu charakteristisch bezeichnet.[11] Dabei wird übersehen, daß der

Hierarchien gibt, wird nicht erwähnt. Unter dem Stichwort „hierarchisches Prinzip" erfolgt nur ein Verweis auf „Staatsorganisation" und „Verwaltung". — Das „Handwörterbuch zur deutschen Rechtsgeschichte" (hrsg. v. A. Erler und E. Kaufmann) kennt diesen Begriff, der die Rechtsgeschichte des Abendlandes wesentlich mitgeprägt hat, ebenfalls nicht. Auch das ›Handbuch theologischer Grundbegriffe‹ führt diesen Terminus nicht. Herders ›Theologisches Taschenlexikon‹ läßt im Bd. 3 lediglich K. Mörsdorf seine formale Theorie vom kirchenrechtlichen System vortragen. Grundsätzliche Reflexionen fehlen. Selbst H. Küng (Die Kirche, 458) gebraucht den Begriff, ohne ihn zu problematisieren oder zu analysieren. Er will „Hierarchie" einfach durch das Programm des Dienstes ersetzt wissen. Dabei schließen sich Hierarchie und Dienst, als strukturierter Dienst, keineswegs aus. Weil die soziologische Dimension nicht gesehen wird, kommt es in den modernen theologischen Werken immer zu einer unvermittelten Gegenüberstellung von rechtlich normierten Kirchenstrukturen mit einem biblizistischen Verständnis von Charisma, Dienst und Gemeinde, das den realen Notwendigkeiten ebensowenig gerecht wird wie den geschichtlichen Gewordenheiten und den tatsächlichen Gegebenheiten. Gerade hier wäre die Beachtung soziologisch-historischer Entwicklungen höchst bedeutsam.

[11] Die kanonistische Literatur behandelt diese Frage weder unter systemtheoretischem geschweige denn unter systemkritischem Gesichtspunkt. Die soziale Dimension wird ebenso übersehen wie vor- und außerchristliche Vorbilder. Der Versuch einer rational-funktionalen Deutung wird nicht unternommen. — Die Behauptung, der Begriff Hierarchie werde „seit Dionysius Areopagita zur Bezeichnung der der Kirche eigenen Ordnung verwendet, die in ihrem Kern auf dem Willen ihres Stifters beruht" (K. Mörsdorf: EStL, 972), ist in dieser kurzschlüssigen Form sicher falsch. Irrig ist auch die Behauptung von W. Aymans (Lexikon der Pastoraltheologie. Handbuch der Pastoraltheologie V, 202), dieser Begriff sei „zwar nicht biblisch, wohl aber genuin kirchlichen Ursprungs". Solche Behauptungen übersehen 1. die

Sache nach hierarchische Strukturen sehr alt, weit verbreitet und keineswegs spezifisch religiöse oder gar christliche Herrschaftsmuster sind. Sie bilden sich vielmehr nach allgemeinen zweckrationalen Mustern der Legitimation von institutioneller Herrschaft heraus, und zwar unabhängig davon, ob sich diese Herrschaft im konkreten Fall durch „Charisma" oder von Geburt wegen legitimiert oder auf Wahlen durch Rechtsgenossen gründet. Hierarchie fußt somit „auf dem Glauben an die Legalität gesatzter Ordnungen und des Anweisungsrechts der durch sie zur Herrschaft Berufenen".[12] Sie ordnet also stets Herrschaft und wird geprägt von vorgegebenen Normen. Hierarchie *legitimiert* sich somit einerseits mittels rationaler Methoden und *stabilisiert* andererseits unter Berufung auf nicht mehr hinterfragbare Vorgegebenheiten bestehende Herrschaft. Dabei kann die Ausübung des hierarchisch gegliederten Instanzenzugs durchaus auf jeder (Entscheidungs-)Ebene mit kollegialen bzw. demokratischen Gremien gekoppelt sein. In der Kirche der ersten Jahrhunderte war dies gebietsweise durchaus der Fall. Eine hierarchische Struktur kann somit durchaus kollegial und synodal organisiert sein, wie umgekehrt eine synodal-kollegiale Organisationsform hierarchische Über- und Unterordnung nicht auszuschließen braucht.

Es kann hier keine Soziologiegeschichte hierarchischer Strukturen, die übrigens noch nicht geschrieben ist, entwickelt werden, vielmehr sei lediglich darauf hingewiesen, daß sowohl in den profanen Regierungssystemen als auch in den vor- und außerchristlichen Gesellschaftsordnungen hierarchische Gliederungen allgemein üblich waren bzw. sind. Das erweist keineswegs die Abhängigkeit der kirchlichen Leitungsstufen von diesen Vorbildern, doch zeigt es andererseits, daß hierarchische Stufungen für bestimmte Organisationsformen und Herrschaftsstrukturen als angemessen gegolten haben und noch gelten.

Nach Darstellung des ›Alten Testaments‹ führten beispielsweise die Reformen des Königs Joschija mit der Kultzentralisation in Jerusalem (2 Kön 22, 8—23, 20) und die großen, wohl exilischen Kultentwürfe (Ex 25 und Ez 40—48) zu hierarchischen Abstufungen.

In ähnlicher Weise waren die *römischen* „sacerdotes" und „pontifices" gegliedert: Obwohl als Kollegien organisiert, waren sie hierarchisch strukturiert. Seit alter Zeit standen neben dem „rex sacrorum", der allein bestimmte priesterliche Funktionen in der vorrepublikanischen Zeit auszuüben vermochte, der Pontifex Maximus; ihm folgten der Ordo der Flamines maiores, die Flamines minores und dann die Einzelpriester niederer Gottheiten. Der Pontifex Maximus war in diesem System nicht „primus inter pares", sondern Vorgesetzter (mit Disziplinargewalt) und Vertreter des Kollegiums gegenüber Senat und Volk.[13]

Es ist anzunehmen, daß sich die priesterliche Hierarchie — keineswegs nur bei den Römern — der allgemeinen Stufen- und Rangfolge politischer Machtausübung nachgebildet hat, weil und insofern das Religiöse in den vorsäkularisierten Kulturen stets ein Teil des Politischen war. Für den alttestamentlich-jüdischen Rechtskreis hat bereits MAX WEBER darauf hingewiesen.[14]

deutlichen Entlehnungen aus der hellenistischen Philosophie; 2. daß der Sache nach das Phänomen „Hierarchie" sowohl in der Synagoge als auch in den sogenannten „heidnischen" Religionen längst praktiziert wurde und 3. daß die polemische Streitschrift des Pseudo-Dionysius-Areopagita erst später ideologisch voll zum Tragen kam.

[12] M. Weber, Wirtschaft und Gesellschaft, 124; vgl. auch: 19f.; 651f.; 688—726.

[13] Vgl. KP IV, 1046—1048 (Pontifex); 1487—1488 (Sacerdotes); II, 560—562 (Flamines).

[14] Gesammelte Aufsätze zur Religionssoziologie III. In der Zwischenzeit ist dieser Hinweis weder von der Kirchensoziologie noch von der Theologie oder der Kanonistik aufgenommen worden.

Zwar ist die römische Magistratsverfassung auf ihre hierarchische Struktur noch nicht ausdrücklich untersucht worden, doch dürften am hierarchischen Aufbau sowohl der Regierung des Imperiums als auch der Munizipal-Magistratur keine begründeten Zweifel mehr bestehen: Die Magistraten bzw. der Prinzeps als Haupt der Gesamtverwaltung wurden von Präfekten für bestimmte Aufgaben oder Territorien vertreten, die ihrerseits wieder einer (hierarchisch) gegliederten Verwaltung vorstanden.[15]

Das Spezifische des kirchlichen Hierarchiebegriffs dürfte durch die Verschmelzung des von der Kirche übernommenen römischen Ordo-Denkens mit bestimmten östlichen, neuplatonisch-spekulativen Vorstellungen entstanden sein. Sie sprechen erstmals ausdrücklich von „hier-archia". Allerdings meinen sie nicht ein formales juristisches Strukturprinzip, sondern gemäß der neuplatonischen Ideen-Lehre ein Abbildsystem ontologischer Daseinswirklichkeit. In der Schrift des PSEUDO-DIONYSIUS-AREOPAGITA ›Über die kirchliche Hierarchie‹, die frühestens vom Ende des fünften Jahrhunderts stammt,[16] werden gnostische Systeme im Rückgriff auf alt-ägyptische Hierarchievorstellungen[17] in ein (neu- oder pseudo-)platonisches System eingebaut. Diese Schriften, um 850 von SCOTUS ERIUGENA ins Lateinische übersetzt, wirkten im Mittelalter aufgrund der Autorität ihres angeblichen Verfassers mächtig und genossen geradezu kanonisches Ansehen.

So anders geartet das Denken des Pseudo-Areopagiten gegenüber dem römischen auch sein mag, ist doch die darin zutage tretende Apotheose des Priestertums, als Stand göttlich begründeter Wissenschaft, grundsätzlich offen für eine rechtliche Struktur. Von der mystischen „Vollendungsgewalt" des Hierarchen ist es nur ein Schritt zur „plena potestas", zur „iurisdictio" des römischen Rechts. Zwar gab es, wie wir gesehen haben, schon vor dieser Schrift hierarchische Stufungen in der Kirche, doch stärkte sie diese Tendenzen kraft einer für nachapostolisch gehaltenen Autorität. Daß diese Schrift trotz erster richtiger Einschätzung als monophysitische Fälschung sich so rasch und nachhaltig durchsetzen konnte, mag darauf hin-

[15] Vgl. KP III, 877—881 (Magistratus); IV, 1097—1107 (Praefectus); IV, 1135—1140 (Princeps).

[16] Aus der Feder dieses unbekannten Autors stammen vier Abhandlungen: ›De divinis nominibus‹; ›De mystica theologia‹; ›De caelesti hierarchia‹; ›De ecclesiastica hierarchia‹ und weitere elf Briefe. J. Stiglmayr (im Historischen Jahrbuch) und H. Koch (in der ThQ) haben im Jahr 1895 unabhängig voneinander nachgewiesen, daß diese Schriften frühestens gegen Ende des fünften Jahrhunderts vermutlich in Syrien verfaßt worden sind. — Was schon bei CLEMENS VON ALEXANDRIEN (Stromata 6, 13: 107, 1) anklang, daß nämlich die kirchliche Hierarchie zur himmlischen in Parallele zu setzen sei, tritt bei Pseudo-Dionysius in höchster Form der Mystifizierung und Ideologisierung des kirchlichen Dienstes in Erscheinung. Obwohl die Schriften bereits um 532 von Erzbischof HYPATIOS VON EPHESUS als Fälschungen erkannt worden waren, gewannen sie dennoch rasch größtes Ansehen. Der anonyme Verfasser hat vor allem die Werke des Neuplatonikers PROKLOS (412—485 n. Chr.) teilweise wörtlich abgeschrieben und dessen Triaden-Schema übernommen. Proklos meinte, daß „Theologie" nur zum kleinen Teil diskursiv mitgeteilt werden könne. Ein viel wichtigerer Zugang eröffne sich durch das symbolische Verständnis der Schriften (Platon).

[17] Vgl. H. Ball, Die Hierarchien der Engel und der Kirche, 69.

weisen, wie begierig und dankbar diese ideologische Deutung von den kirchlichen Machthabern aufgenommen wurde. Gerade in der Zeit des großen, durch die Völkerwanderung verursachten Umbruchs dürfte diese Schrift ungemein systemstabilisierend gewirkt haben.

Deshalb hat H. DOMBOIS sicher nur bedingt recht, wenn er meint, daß die Ordo-Spekulation des Pseudo-Dionysius für die Ausbildung des hierarchischen Systems überschätzt würde, weil solche Philosophumena soziale Formen nicht zu erzeugen, sondern nur vorhandene zu deuten und zu ihrer Weiterbildung beizutragen vermögen.[18] Tatsächlich dürfte gerade darin die nicht zu unterschätzende Bedeutung dieser Schrift liegen: Sie rechtfertigt bzw. überhöht ein zunächst aus pragmatisch-rationalen, historisch verstehbaren Gründen übernommenes System, das immerhin mit wesentlichen Aussagen des ›Neuen Testaments‹ zunächst nicht ohne weiteres in Einklang zu bringen ist und verleiht ihm eine ideologisch-mystifizierende Begründung und Erhöhung durch den Verweis auf eine angeblich sehr alte Tradition. Nur mit solcher Hilfe konnte sich offensichtlich diese Art „heilige Hierarchie" in dem rationalen System westlicher Theologie als Einrichtung „ex divina institutione" durchsetzen und tabuisieren.[19]

Bezüglich des Umgangs mit dem Hierarchie-Begriff in der katholischen Kirche stellt H. DOMBOIS fest, daß die Existenz einer göttlich gestifteten Hierarchie nach Art eines „unbefangenen Offenbarungspositivismus" als vorgegeben hin- und angenommen wird.[20] Dombois charakterisiert Hierarchie im allgemeinen als ein mehrachsiges, historisches und soziologisches Phänomen, das aus mehreren, sich antinomisch aufbauenden Elementen besteht. Sein Hinweis, daß Hierarchie eine „Ordnung" und nicht nur eine Machtabstufung sei, ist ebenso richtig wie unvollständig. Denn zur Schaffung und Durchsetzung einer Ordnungsvorstellung gehört „Macht". Entscheidend dürfte darum sein, welchem Zweck die hierarchische Struktur dient: der Sicherung von Ordnung oder der Durchsetzung von Herrschaft. Sicher ist die Feststellung richtig, daß Ordnung stets eines institutionalisierten Rahmens bedarf; das bedeutet: Die Stufung der Autorität gründet sich nicht allein auf die persönliche Ausstrahlung (Charisma) eines Funktionsträgers, sondern leitet sich aus seiner Stellung im hierarchischen Stufenbau ab (Status). Deshalb kann nur dort von Hierarchie im eigentlichen Sinn gesprochen werden, wo es mindestens drei Stufen einer solchen Ordnungspyramide gibt. Außerdem kann Hierarchie niemals nur „für sich selbst" oder „in sich selbst" bestehen. Sie müsse, so meint Dombois, stets auf eine soziale Organisation bezogen sein, als deren Strukturform sie wirke. Hierbei dürfte Dombois zu stark von einem rationalen und funktionalen Hierarchiebegriff ausgehen. Er vernachlässigt eine Analyse der bestehenden Hierarchien. Das zeigt sich nicht zuletzt darin, daß er annimmt, Hierarchie könne sich immer nur dort bilden, wo „existenzbestimmende Entscheidungen zu fällen sind".[21] Unsere Erkenntnisse über die moderne Industriebürokratie und gegenwärtige staatliche Verwaltungshier-

[18] Hierarchie, 70.

[19] Vgl. J. Neumann, Anstoß zu freiem Denken: ThQ 151, 1971, 351.

[20] Hierarchie, 12.

[21] Hierarchie, 27.

archie legen zumindest die Vermutung nahe, daß durchaus auch systemimmanente Machtinteressen eine wesentliche Rolle spielen können. Auch die Annahme, Hierarchien stelle sich stets dar als ein vernünftig geordnetes Gefüge, in dem die Sachverhalte und Vollzüge durch rationale Differenzierung aufbereitet und für personale Entscheidung überhaupt erst erschlossen werden, ist durch Beobachtung konkret existierender Hierarchien nicht immer zu erweisen. Vielmehr zeigen sowohl die katholische Kirche als auch andere moderne bürokratische Hierarchien, daß durch präzise Kompetenzzuweisung für die unteren Stufen bestimmte Herrschaftsmuster stabilisiert werden (sollen). Zwar folgert Dombois zu Recht, daß Hierarchie zerfallen muß, wenn einmal alles bereits entschieden und wenn zum anderen ein Wandel ihres Identitätsverständnisses nicht mehr möglich wäre, wenn Hierarchie also als Abbild vorgegebener Seinsordnung (miß-)verstanden wird.[22] Allerdings ist demgegenüber zu beachten, daß es zum Wesen hierarchischer Systeme gehört, kreative Prozesse kalkulierbar zu machen und situationsbedingte Entscheidungen rational vorzubereiten. Die Letztverantwortung allerdings bleibt dem jeweils Statushöheren vorbehalten. Darum darf gefolgert werden, daß hierarchische Systeme, auch religiöser Art, nicht nur der rationalen Organisation von Herrschaft, sondern vor allem auch der stabilisierenden Verteilung von Kompetenzen zum Zwecke der Machterhaltung dienen. Dies nicht zuletzt auch dadurch, daß die letztverantwortliche Entscheidung stets dem jeweils Ranghöchsten zukommt.

Heutige Situation

Die von der Theologie fraglos rezipierten Begriffe „Ordo" und „Hierarchie" sind also aus ganz bestimmten gesellschaftlichen, politischen und geistigen Zusammenhängen übernommen worden. Wenn heute das kirchliche Recht nicht nur den hierarchisch gestuften Ordo der Weihe und der Jurisdiktion kennt, sondern auch das Kardinalskollegium als „Senatus Romani Pontificis" in drei Ordines gegliedert ist (cc. 230—231 CIC), so sind damit Organisationsformen als wesentlich christlich deklariert, die tatsächlich auch in vor- und außerchristlichen Gesellschaften vorkommen. Dessenungeachtet versteht sich die katholische Kirche als eine hierarchisch gegliederte Gesellschaft, die von einer vielfältig gestuften Hierarchie geleitet wird: Sie ist eine mit hierarchischen Organen ausgestattete Gesellschaft (LG 8).

2.1.5. Apostolizität — Kollegialität — Communio — Synodalität

Zu den Begriffen

1. *Apostolizität* der Kirche bezeichnet ihre in der geschichtlichen Entwicklung gleichbleibende Identität mit der Kirche der Apostel. Diese ist nach katholischem Selbstverständnis von Christus in den Aposteln und durch sie gegründet. Ihr Glaube und ihre Wirklichkeit leben

[22] Hierarchie, 27f.; vgl.: J. Neumann, Anstoß zu freiem Denken, 347.

fort in der unverfälschten Lehre und den Sakramenten. Die Authentizität der Lehre wird dadurch gewährleistet, daß Papst und Bischöfe in ununterbrochener Reihenfolge in einem wahren, nämlich theologischen (und nicht nur historischen) Sinn Nachfolger der Apostel sind. Apostolizität ist somit wesentlich an Ordo und apostolische Sukzession gebunden.

2. Die Lehre von der *Kollegialität* (der Apostel und als deren Nachfolger der Bischöfe) ist vom II. Vatikanischen Konzil wieder aufgegriffen worden. Danach bilden die Bischöfe der katholischen Kirche gemeinsam mit ihrem Haupt, dem römischen Papst, ein geistliches Kollegium, das insofern Mitverantwortung für den Glauben der Gesamtkirche trägt. Die Tradition der Apostolizität erweist sich deshalb keineswegs allein in der formalen Sukzession nur einer apostolischen Kirche, sondern in der Gemeinschaft aller rechtmäßigen Bischöfe und Kirchen.

3. Darum ist die *Communio* das Band geistlicher und rechtlicher Gemeinschaft und apostolischer Berufung, bischöflicher Kollegialität und der Gemeinschaft wahren Glaubens und des rechten Kultes (vinculum unitatis, caritatis et pacis). Ein rite ordinierter Bischof wird erst durch die hierarchische Communio mit dem Haupt (Papst) und den Gliedern des Bischofskollegiums Mitglied eben dieses Kollegiums (LG 22).

4. Bildet die Apostolizität die Grundlage und ist die Communio das einigende und kennzeichnende Band der Kollegialität der Nachfolger der Apostel, so erweist sich ihre geschichtliche Wirklichkeit im realen Vollzug *synodalen* Handelns. In der Versammlung der Bischöfe zu Synoden (Konzilien) zu gemeinsamer Beratung und Beschlußfassung wird die kollegiale Natur des bischöflichen Amtes sichtbar (LG 42). In der Rechtssprache werden die Begriffe „Konzil" und „Synode" synonym gebraucht; sie drücken also keinen rechtlichen oder sachlichen Unterschied aus.

Von solchermaßen verstandener Synodalität ist die Idee des sogenannten *Konziliarismus* zu unterscheiden. So wird eine von Kanonisten des 12. und 13. Jahrhunderts entwickelte Theorie genannt, die dem ökumenischen Konzil Oberhoheit über den Papst zuspricht. Die früheren Theorien des Konziliarismus sahen im allgemeinen Konzil nicht sosehr eine Versammlung autonomer Bischöfe als vielmehr die Repräsentanz der Gesamtkirche (Congregatio fidelium). Anlaß war das Bemühen um die Beseitigung von Schismen und das Problem der Gegenpäpste sowie sonstiger Reformen, die vom Papsttum verschleppt wurden. Die späteren Formen des Konziliarismus sind durch das Bestreben gekennzeichnet, die Stellung der einzelnen Bischöfe oder ihrer Kirchen, oft als Nationalkirchen, zu fördern. Diese Art von Konziliarismus mündete in den Gallikanismus. Durch das I. Vatikanum ist der Konziliarismus verurteilt und somit die Möglichkeit einer legalen Wiederbelebung unmöglich gemacht worden.

Entwicklung

Apostolizität ist ein wesentliches theologisches Charakteristikum der Kirche. Wenn die kirchliche Rechtstradition unter institutionellen Gesichtspunkten analysiert wird, darf die Gruppe der *Zwölf* nicht kurzschlüssig mit „den" *Aposteln* identifiziert und auf solche Weise ein apostolisches „Kollegium"[23] — als historisches Fak-

[23] Vgl. hierzu u. a.: H. v. Campenhausen, Kirchliches Amt und geistliche Vollmacht, 15—31; hinsichtlich der Entstehung der Identifikation der Zwölf mit den Aposteln vertreten noch nicht allgemein rezipierte Thesen: W. Schmithals, Das kirchliche Apostelamt; G. Klein, Die Zwölf Apostel. A. Vögtle (Zwölf: LThK X, 1443—1445) setzt sich kritisch mit diesen Theorien auseinander. — K. Rahner stellt in seinem Kommentar zum ersten Teil des dritten Kapitels der Konstitution ›Lumen Gentium‹ (in: LThK. E I, 214) fest: „Die konkrete Inhaltlichkeit

tum — behauptet werden, das im Bischofskollegium, gleichsam als Nachfolgeorgan, seine Fortsetzung durch die Geschichte gefunden hätte.

Das *II. Vatikanische Konzil* hat eine solche Nachfolgeschaft zwar in *lehrhafter* Aussage *grundsätzlich* festgestellt, doch wollte es damit keine historische, sondern eben eine institutionelle und theologische Aussage machen.[24] Der Text der dogmatischen Konstitution LG will die genauere Antwort auf die geschichtlichen Fragen nach Art und Zeit der Gründung des Zwölferkreises nicht präjudizieren; das hätte die Kompetenz eines Konzils überfordert, da dies eine Frage der historischen Faktizität und nicht der lehramtlichen Deklaration ist. Ausdrücklich hat das Konzil deshalb vermieden, „den Text bei Lk 6, 13 zu wiederholen, nach dem Jesus die ‚Zwölf' selbst Apostel genannt hat"[25].

Für unsere Frage ist die Tatsache bedeutsam, daß etwa gegen Ende des ersten Jahrhunderts, als die unmittelbaren Zeugen aus dem Kreis der Zwölf, der Jünger und Apostel, der Missionare und Propheten gestorben waren, „gnostische" Ideen in den christlichen Gemeinden zu dominieren drohten. Nun werden, wohl um eine uferlose Ausweitung unmöglich zu machen, die „Zwölf" — wenigstens in der synoptisch-lukanischen Überlieferung — als ein geschlossenes „Kollegium" dargestellt. Damit wurde eine später institutionalisierte Form als konstitutives Element der kirchlichen Überlieferung gedeutet. Diese Tradition stellt nämlich die Gruppe der Zwölf „nach Art eines Kollegiums, eines festen Kreises (coetus stabilis)" dar, wie es die Konstitution LG formuliert. Dieser Kreis wird von nun an Ausdruck der Erfüllung der prophetischen Heilshoffnungen: Ihre Mitglieder gelten — in dieser Tradition — aufgrund ihrer Berufung (durch Jesus) nicht nur als die authentischen Zeugen, sondern auch als die endzeitlichen Richter über die zwölf Stämme Israels (Lk 22, 30)[26] und als ihre neuen Stammväter.

Damit ist die — zunächst rein funktionale — Zeugen*schaft* zum Zeugen*amt* der „Apostel" institutionalisiert. Das solchermaßen „Apostolische" wird nun zum

des in der Schrift (iure divino) Grundgelegten kommt uns also in der faktischen Gestalt des Geschichtlichen entgegen, ohne daß wir das Recht hätten, beides zu trennen. Diese Tatsache ist bedeutungsvoll, weil ja — rein historisch (!?) gesehen — wohl nicht bestritten werden kann, daß in der Zeit der palästinensischen und paulinischen Urgemeinden die Verfassung der Kirche gewissermaßen noch ‚flüssig' gewesen zu sein scheint. Diese Tatsache stellt somit die Frage nach der genaueren theologischen Interpretation des ius divinum in der Verfassung der Kirche, auf die der Text nicht mehr eingeht."

[24] Dogm. Konst. LG Art. 20: „Aus diesem Grund lehrt die Heilige Synode, daß die Bischöfe aufgrund göttlicher Einsetzung an die Stelle der Apostel als Hirten der Kirche getreten sind." — Denn so sagt die Konstitution: „Der Herr Jesus rief, ... die er selbst wollte, und bestimmte zwölf, daß sie mit ihm seien und er sie sende, das Reich Gottes zu verkündigen. Diese Apostel setzte er nach Art eines Kollegiums oder eines festen Kreises ein ...!" (Art. 19, Abs. 1).

[25] K. Rahner, Kommentar: LThK. E I, 213.

[26] Dabei ist zu beachten, daß 1 Kor 6, 3 diese „richterliche" Funktion noch allen „Heiligen" zuspricht.

Kennzeichen der — antignostischen — Tradition.[27] Von jetzt an ist allein dort Kirche, wo die apostolische Tradition nicht nur lebendig, sondern institutionell durch die zweifache Tradition des Glaubens der Ortsgemeinde und die „apostolisch-bischöfliche" Sukzession ihrer Ämter erweisbar ist.[28] Die Weitergabe des (wahren) Glaubens mittels der Sukzession im Amt erhält in den Auseinandersetzungen mit häretischen Lehrern ihren *institutionellen* Kristallisationspunkt in der *Person* des Bischofs; denn das bischöfliche „Amt" ist nur dort existent, wo der Bischof ist; allein durch seine Person erhält es Dasein und Verbindlichkeit. Die moderne Unterscheidung zwischen dauerhaftem Amt und dem natürlicherweise zeitlich begrenzten Dasein der Person war damals noch nicht theoretisch geklärt. Als „apostolischer" Bischof ist er Zeuge und Tradent des Glaubens seiner Kirche. Darum kann es bei IRENÄUS (gest. ca. 202 n. Chr.) heißen, daß „mit der römischen Kirche wegen ihres besonderen Vorranges jede Kirche übereinstimmen" müsse, weil „in ihr immer die apostolische Tradition bewahrt worden ist, von denen, die von allen Seiten kommen".[29] Dann folgt die Aufzählung der Reihe der Inhaber des römischen Bischofsamtes. Dabei geht es jedoch gar nicht um einen wie immer gearteten „Primat" Roms, weil eine Nachforschung in den anderen „apostolischen" Kirchen zu dem gleichen Ergebnis führen müßte;[30] es geht vielmehr um den institutionalisierten und *formalisierten* Erweis der *Authentizität* der apostolischen Tradition einer konkreten Kirche. In jenem Text wird zur Bestätigung der richtigen römischen Tradition auf Polycarp verwiesen, der „von den Aposteln zum Bischof von Smyrna eingesetzt" worden sei. „Mit seiner Lehre stimmten alle Kirchen in Asien und die Nachfolger des Polycarp überein ..." Bei seinem Aufenthalt in Rom führte er, der auswärtige Bischof, „viele von den genannten Häretikern in die Kirche zurück, indem er predigt, daß er einzig und allein die Wahrheit von den Aposteln empfangen habe, die auch von der Kirche überliefert worden ist"[31].

Es wird also neben der Ortskirche und der Person ihres Bischofs noch ein weiteres Element sichtbar, das für die Echtheit der Tradition bedeutsam ist: Das Zeugnis der anderen Kirchen durch ihren jeweiligen Bischof, der seinerseits in einer „apostolischen" Sukzession stehen muß. Der Glaube *der* Kirche wird somit tradiert und gewährleistet durch die „koinonia/communio" (= Gemeinschaft) des Glaubens der

[27] Vgl. u.a.: W. Schmithals, Das kirchliche Apostelamt, 251 ff.; bes. 253 Anm. 152 unter Verweis auf Ignatius von Antiochien (ad Trall. inscr.).

[28] Bei IRENÄUS (Gegen die Häresien III, 3, 1) hat diese Auffassung bereits endgültige Form angenommen: „Die von den Aposteln in der ganzen Welt verkündete Tradition kann in jeder Kirche jeder finden, der die Wahrheit sehen will, und wir können die von den Aposteln eingesetzten Bischöfe der einzelnen Kirchen aufzählen und ihre Nachfolger bis auf unsere Tage" (Deutsche Übersetzung nach: BKV I, 1912, 211).

[29] Gegen die Häresien III, 3, 2: BKV I, 211 f.

[30] Vgl. B. Botte, Der Kollegialcharakter des Priester- und Bischofsamtes: Das apostolische Amt, 68—91, hier: 77 f.

[31] Irenäus, Gegen die Häresien III, 3, 4: BKV I, 213.

einzelnen Ortskirchen. Insofern dieser Glaube in der Form des institutionalisierten Bischofsamtes tradiert wird, gehört die gegenseitige Kohärenz des Glaubens der einzelnen Gemeinden, ausgedrückt in ihren Bischöfen, zur Voraussetzung apostolischer Tradition. Diese gibt es also nur insoweit, als ihre eigene Tradition im Verbund mit der apostolischen Überlieferung der anderen Kirchen lebt. Nach eindeutiger Auffassung der frühen christlichen Zeugnisse gehört die gemeindlich-episkopale Kollegialität in Form eines institutionellen Aufeinanderangewiesenseins der Häupter der einzelnen Kirchen, als der Repräsentanten ihres Glaubens, zum Wesen kirchlicher Tradition.

Sukzession und *Apostolizität* sind nur möglich im rechtlich-institutionalisierten Gemeinschaftsbezug der Gemeinden untereinander, der konkretisiert wird durch die Communio ihrer Bischöfe. Wer an ihr nicht teilhat, gehört nicht zum Kollegium der Apostelnachfolger, steht nicht in der apostolischen Tradition; die bloße Aufzählung einer Sukzessionskette wäre dann wertlos.

Die Verbindung der Gemeinden untereinander war zunächst ein natürlich gewachsener Vorgang und keineswegs das Ergebnis abstrakter Theorie. Sie hatte eine ihrer Ursachen wohl darin, daß die Gründungen eines „Apostels" untereinander und die Tochtergemeinden zu ihrer Muttergemeinde ein besonders inniges Verhältnis hatten und sich auf deren Glaubenstradition und Amtssukzession beriefen. Der einzelne Bischof steht also in einer mehrfachen Beziehung: Einmal in der Verbindung zu seinen Vorgängern und zu seinen apostolischen Mitbischöfen; dann zu seinem Presbyterium und damit zu seiner Kirche. Diese Communio der Bischöfe untereinander bezeichnet CYPRIAN (ca. 210/258 n. Chr.) als „Corpus sacerdotum", als Körperschaft der Priester (im Sinne von Hoher-Priester-Bischof).[32] Die „Einheit der universalen Kirche" erweist sich für ihn in der „Einheit des Bischofsamtes"; darum ist „der Episkopat *einer*, und der einzelne [Bischof] hat in gleicher Weise so daran Anteil, daß jeder den ganzen besitzt".[33] Von nun an kristallisiert sich eine doppelte Kollegialität der Bischöfe heraus, nämlich einerseits jene der Bischöfe untereinander, andererseits jene mit ihrem Presbyterium.

War das *Presbyterium* Ausdruck der Einheit des Bischofs mit seiner Gemeinde, so drückt sich in den Zusammenkünften der Bischöfe schon in sehr früher Zeit die Einheit des über den Erdkreis zerstreuten Episkopates aus. Aus dem Bewußtsein

[32] Ep. 68, 3—4: „Deshalb ist ja ... die mächtige Körperschaft der Bischöfe (copiosum corpus sacerdotum) durch gegenseitige Eintracht zusammengekittet und vom Band der Einheit umschlungen, damit sie anderen zu Hilfe eilen ..., wenn einer aus unserer Mitte versuchen sollte, eine Irrlehre aufzustellen ..." — Deshalb soll Marcianus „nicht so tun, als ob er über die Körperschaft der Bischöfe (collegio sacerdotum) gerichtet habe, da er selbst von der Gesamtheit der Bischöfe gerichtet worden ist (quando ipse sit ab universis sacerdotibus iudicatus)." (Deutsche Übersetzung: BKV Cyprian I, 1928, 302—304; CSEL III/II [ed. G. Hartel], 746—748.)

[33] Über die Einheit der katholischen Kirche, 5. (Deutsche Übersetzung nach: BKV Cyprian I, 137 [hier Fußnote 4].)

dieser wesentlichen Notwendigkeit institutioneller — und keineswegs nur „geistiger" — Einheit der Bischöfe versammelten sich diese, wenn wichtige Fragen anstanden, zur gemeinsamen Beratung. Zwar ist die diesbezügliche Quellenlage für die ersten drei Jahrhunderte dürftig, doch läßt die Selbstverständlichkeit, mit der EUSEBIUS[34] mehrfach von solchen gemeinsamen Beratungen in wichtigen Fragen berichtet, vermuten, daß solche synodalen Zusammenkünfte seinen Lesern bekannt waren. So hören wir von Synoden gegen Ende des zweiten Jahrhunderts in (der Provinz) Asien gegen Montanus (V 16, 10) und von Konferenzen und gemeinsamen Beratungen[35] anläßlich des Osterfeststreites unter Bischof VICTOR I. von Rom (189—199) (V 23,2). In diesem Zusammenhang erfahren wir von Synoden in Palästina, Rom, Pontus, Gallien und Osroene (V 23,3). Aus Anlaß der Novatianischen Streitigkeiten habe sich, so berichtet Eusebius, „in Rom eine mächtige Synode von 60 Bischöfen und einer noch größeren Zahl von Priestern und Diakonen versammelt. Gleichzeitig berieten in den Provinzen die Bischöfe der verschiedenen Gegenden in besonderen Versammlungen über das, was zu tun wäre" (VI 43,2). In diesem Zusammenhang zitiert Eusebius ein Schreiben des römischen Bischofs KORNELIUS an Bischof FABIAN von Antiochien, in dem es heißt: „In Gegenwart zahlreicher Bischöfe und Presbyter und einer großen Menge von Laien machten sie [nämlich die Bekenner Maximus und Urbanus sowie Sidonius und Celerinus] alle seine [nämlich des Novatian] Ränke und Bosheit kund ..." (VI 43,6). — Daraus dürfen wir entnehmen, daß auch in Rom auf öffentlichen Versammlungen, zu denen die Laien Zutritt hatten, alle Fragen von Belang verhandelt worden sind. Gegen die „Irrlehre" PAULS von SAMOSATA wurden zwischen den Jahren 264—268 drei Synoden abgehalten.[36] Im dritten Jahrhundert sind die Synoden, die sich teilweise an die in Entstehung begriffenen Metropolitanverbände anschließen[37] und die sie ihrerseits gestalten, bereits ein fester Bestandteil der kirchlichen Verfassung. Die Auseinandersetzung um die Frage, ob die von Ketzern Getauften bei ihrem Übertritt zur Kirche nochmals getauft werden müßten oder nicht, ging nicht nur von Synoden aus,[38]

[34] Kirchengeschichte (H. Kraft), 267.

[35] „Es fanden daher Konferenzen und gemeinsame Beratungen von Bischöfen statt, und alle gaben einstimmig durch Rundschreiben die kirchliche Verordnung hinaus, ..." (Übersetzung nach: Eusebius, Kirchengeschichte [H. Kraft], 267.)

[36] Eusebius, Kirchengeschichte VII, 27—30; „... Alle übrigen Hirten der Kirche aber eilten von allen Seiten nach Antiochien und traten gegen den Verwüster der Herde Christi zusammen" (VII, 27). — „... ohne Mühe könnte man noch unzählige andere Bischöfe aufzählen, welche sich zusammen mit Presbytern und Diakonen zu gleichem Zweck in der erwähnten Stadt versammelten. Die Genannten aber waren die berühmtesten unter ihnen" (VII, 28). — „Unter ihm (nämlich Kaiser Aurelian) versammelten sich sehr viele Bischöfe zu einer letzten Synode, auf welcher das Haupt der antiochenischen Häresie entlarvt und klar einhellig wegen Ketzerei verurteilt, aus der katholischen Kirche ... ausgeschlossen wurde" (VII, 29).

[37] H. Jedin, Konzilien I, 851.

[38] Zu Anfang des dritten Jahrhunderts beschloß eine afrikanische Synode unter Agrippinus

sondern wurde auch vielfach auf Synoden ausgetragen.[39] Auf der Höhe des Streites mit dem Bischof STEFAN VON ROM versammelte CYPRIAN in den Jahren 255 und 256 eine stattliche Zahl afrikanischer Bischöfe um sich.[40]

Wenn das Konzil von *Nizäa* (325) in can. 5 für jede Eparchie (Provinz) jährlich zwei Synoden vorschreibt, „damit durch solch allgemeine Versammlungen aller Bischöfe der Provinz dergleichen Untersuchungen angestellt werden ...", so führt es damit keine Neuerung ein, sondern greift nur eine bereits bestehende Übung auf und gibt einem vorhandenen Institut eine (weitere) bestimmte Aufgabe.[41]

Auch der Begriff *synodos* kommt, wie viele andere Termini des kirchlichen Sprachgebrauches, aus der griechischen Rechtssprache und meint dort eine politische Körperschaft, der einerseits (im Archäischen Bund) Wahl und Abwahl der leitenden Beamten oblag, der die Legislative, das Geldbewilligungs- und Entscheidungsrecht über Krieg und Frieden sowie über das Auswärtige zustand. Darüber hinaus wurden auch religiös-kultische Versammlungen mit diesem Begriff bezeichnet.[42]

Das zugrundeliegende Verb synodeúo bedeutet soviel wie „zusammen reisen", „jemand auf dem Weg begleiten"; „synodos" ist der „Weggenosse", derjenige also, der den „gleichen Weg" hat. Eine Synode ist somit eine Versammlung solcher, die den gleichen Weg, vor allem das nämliche Ziel haben. Von dieser Grundbedeutung her mag sich dieser Begriff den Christen angeboten haben für eine Versammlung der Glaubenden und als Ausdruck der Einheit der „apostolischen" Kirche. Darum nennen die Apostolischen Konstitutionen (aus dem 4. Jahrhundert) sogar die gottesdienstliche Versammlung der Gemeinde einen „synodos" (V 20).[43] — Synodos meint also im christlich-kirchlichen Sprachgebrauch eine „kirchliche Versammlung".

Dem Juristen Q. S. F. TERTULLIAN (ca. 160—220) danken wir wohl die Rezeption des aus dem römischen Verwaltungsrecht stammenden Begriffs *concilium*[44] in die Sprache der west-

(218—22) (Cyprian, ep. 71, 4; 73, 3), daß die aus einer Häresie zur Kirche Zurückkehrenden als Ungetaufte zu betrachten und nochmals zu taufen seien. Diesen Beschluß machten sich auch zwei Synoden in Asien zu eigen, nämlich jene von Ikonium (Firmilian: Cyprian, ep. 75, 7) und jene von Synada (Eusebius, Kirchengeschichte VII, 7, 5).

[39] So versammelten sich auf der Synode von 256 um Cyprian 87 Bischöfe in Karthago.

[40] Cyprian, ep. 70 (nämlich etwa 31 Bischöfe); ep. 72 (nämlich 71 Bischöfe).

[41] Das Konzil von *Konstantinopel* (382) hat in can. 2 diesen Kanon dahingehend interpretiert, daß die ganze Verwaltung der Diözesen der Kirchenprovinz von diesen Synoden untersucht werden müsse. Ebenso — nur mit anderen Terminen — die Apostolischen Kanones in can. 38 (36). — Desgleichen erhebt das Konzil von *Nizäa* (can. 4) nur die geltende Praxis zum gesatzten Recht, wenn es vorschreibt, daß ein Bischof jeweils von allen Bischöfen einer Eparchie (Provinz) aufgestellt werden soll. Auch hier wird also ein „synodales" und zugleich „kollegiales" Handeln verlangt. Mindestens aber muß eine Repräsentanz dieses (provinzialen) Bischofskollegiums, nämlich drei Bischöfe, die Handauflegung vornehmen. — Dieses „kollegiale" Tun ist auch heute noch für die Bischofskonsekration vorgeschrieben (can. 955 CIC).

[42] PRE, 2. Reihe, 8. Halbband, 1932, 1415—1434, bes. 1416—1430.

[43] Didascalia et Constitutiones Apostolorum I, 391; V 20, 19.

[44] Über das Fasten c. 13: „Außerdem werden in den griechischen Ländern an bestimmten Orten jene Versammlungen aus allen Kirchen, die man *Konzilien* nennt, abgehalten, auf denen

lichen Kirchen. Dieser Terminus bezeichnete ursprünglich die Wahl- und Beschlußversammlungen der nach Bezirken (tribus) geordneten plebs. Die (späteren) „concilia provinciarum" leitete jeweils der Priester des Provinzialtempels. Diesem oblagen nicht nur der Kaiserkult und die damit zusammenhängenden Spiele, sondern später kamen ihm auch profane Kontrollbefugnisse zu. Weil aber der Begriff „concilium" bei den Römern der Kaiserzeit bereits ein feststehender Terminus besonders für politische (staatliche oder kommunale) Ratsversammlungen war, „synodos" sich dagegen im Abendland vornehmlich als Bezeichnung für kirchliche Versammlungen eingebürgert hatte, finden wir in der kirchlichen Literatur der alten Zeit häufig das Adjektiv „synodale" als Beifügung zu „concilium", um auszudrücken, daß es sich hier eben um ein kirchliches, nicht aber um ein kommunales oder staatliches Konzil handelt. Diese zusätzliche Bestimmung war deshalb durchaus naheliegend, weil auch die Kaiser und Könige vom vierten Jahrhundert an bis zum Beginn des zweiten Jahrtausends Synoden oder Konzilien beriefen, auf denen auch weltliche Fragen verhandelt wurden, wie umgekehrt die Beschlüsse dieser geistlichen bzw. gemischten Versammlungen nicht selten als Reichsgesetze verkündet und urgiert wurden.

Heutige Situation

Da hier nicht die Entwicklung des Synodalwesens in der Geschichte dargelegt werden soll, mag das Gesagte genügen.

Es zeigt:

1. Daß Synoden in der gesamten Kirche des Ostens wie des Westens schon sehr früh zum originären Verfassungsbestand gehören und
2. daß die synodalen Formen variiert haben, je nach Anlaß, Ort und dem Gewicht der beteiligten Persönlichkeiten. Bedeutsam dürfte sein, daß die Bildung von Kirchenprovinzen durch die Abhaltung von Synoden wesentlich gefördert wurde.

Vor allem in der Neuzeit ist in vielen Gebieten das Synodalwesen auf allen Ebenen fast völlig außer Übung geraten. Weil die gesellschaftlichen und politischen Verhältnisse andere Kommunikations- und Herrschaftsformen erheischten, fruchteten auch immer wiederkehrende Ermahnungen wenig. Immerhin dürfte die Tatsache, daß das kirchliche Gesetzbuch noch vorschreibt, Provinzialsynoden sollen mindestens alle 20 und Diözesansynoden wenigstens alle 10 Jahre abgehalten werden (c.283 und c. 356 § 1 CIC), darauf hindeuten, daß in der formalen Rechtstradition dieses Institut aller Nichtübung zum Trotz noch nicht in Vergessenheit geraten ist. Auch das II. Vatikanische Konzil empfiehlt die ehrwürdigen Einrichtungen der Synoden und Konzilien. Ob sie allerdings neben der neuen Form kollegialer Kommunikation, den Bischofskonferenzen, weiterzubestehen vermögen, bleibt abzuwarten.

sowohl alle wichtigen Angelegenheiten gemeinschaftlich verhandelt werden als auch eine Repräsentation der gesamten Christenheit in ehrfurchtgebietender Weise gefeiert wird." (BKV, Tertullian II, 550 = Corpus Christianorum, Series Latina, Tertullian opera II p. 1272.)

2.1.6. Konsens und Rezeption

Zu den Begriffen

1. *Consensus* meint in der römischen Rechtssprache zunächst die den Vertrag tragende Willenseinigung. Da es sich bei Glaubensfragen und indirekt auch bei Normen der kirchlichen Disziplin um geistlich-geistige Entscheidungen handelt, können sie nicht einfach dekretiert werden; sie bedürfen vielmehr der inneren ebenso wie der äußeren Zustimmung. Aus diesem Grund wurde bei kirchlichen Beschlüssen (und Wahlen) auf Einmütigkeit (unanimitas) größter Wert gelegt.[45]

2. Weil kirchlicher Glaube und geistliche Disziplin von allen akzeptiert sein müssen, wurde bis zum Mittelalter nicht allein auf die formale Gültigkeit und Rechtmäßigkeit der Beschlüsse abgestellt.[46] Entscheidend war vielmehr ihre Rezeption sowohl durch die Kirche insgesamt als auch durch die einzelnen Ortskirchen.

Entwicklung

Da wegen der Verkehrsverhältnisse und der politischen Zustände meist nur ein Teil der Bischöfe an den Synoden teilnehmen konnte, hing viel davon ab, ob ihre Beschlüsse von „der Kirche", nämlich von den einzelnen Ortsgemeinden und ihren Bischöfen, angenommen, „rezipiert" wurden. Auch die sogenannten „ökumenischen Konzilien", anfangs als Reichssynoden vom Kaiser einberufen,[47] erhielten ihren Rang nicht kraft eigenen Beschlusses allein oder gar kraft päpstlicher Machtvollkommenheit, sondern durch *kirchliche Rezeption.* Eine Reihe — auch kaiserlicher — Konzilien wurde von der Gesamtkirche nicht anerkannt,[48] während umgekehrt manche partikularrechtlichen Synoden sich größten kanonischen Ansehens erfreuten.[49]

[45] Um der Einmütigkeit willen verließ beispielsweise die oppositionelle Minorität das I. Vatikanische Konzil vorzeitig, damit die für notwendig erachtete unanimitas bei der Beschlußfassung über die Unfehlbarkeit des Papstes nicht beeinträchtigt würde. Aus dem gleichen Grund kam aber auch der — wenigstens nachträglichen — Zustimmung der anfänglich dissentierenden Bischöfe eine so große theologische wie rechtliche Bedeutung zu, daß sie teilweise mit Sanktionen erzwungen wurde. Vgl.: A. B. Hassler, Pius IX (1846—1878); ders., Wie der Papst unfehlbar wurde, 152ff. Immerhin waren 20 Prozent der Bischöfe der feierlichen Konzilssitzung, auf der die päpstliche Unfehlbarkeit beschlossen wurde, ferngeblieben. Zur Notwendigkeit der Einmütigkeit bei kirchlichen Wahlen vgl.: F. Elsener, Zur Geschichte des Majoritätsprinzips (Pars maior und Pars sanior), insbesondere nach schweizerischen Quellen: ZSRG. K 42, 1956, 73—116; 560—570.

[46] Vgl. H. Müller, Rezeption und Konsens: ÖAKR 27, 1976, 3—21.

[47] So war beispielsweise auch die Synode von *Arles* (314) von Kaiser KONSTANTIN I. einberufen worden. Später ergingen vielfach Synodalbeschlüsse als kaiserliches Recht und verlangten dann Achtung von jedermann. Dieses sind jedoch äußere, dem kirchlichen Verfahrensrecht ursprünglich fremde Einflüsse, die der Kirche insgesamt mehr geschadet als genützt haben; sie führten konsequent zum sog. Caesaropapismus.

[48] So z. B. die sogenannte „Räubersynode", ein Konzil, das 449 von Kaiser THEODOSIUS II. nach *Ephesus* einberufen worden war.

[49] Z. B. die Synode von *Elvira* (um 305/306) und *Sardika* (um 314).

Um in wichtigen, für die ganze Kirche bedeutsamen Fragen ein einheitliches Vorgehen zu gewährleisten, war es üblich geworden, daß die Beschlüsse den Bischöfen anderer kirchlicher Vororte mitgeteilt wurden.[50] Darüber hinaus förderte natürlich jede Anerkennung von seiten einer anderen Kirche die Bedeutung und damit auch die Wirksamkeit der eigenen Synodalbeschlüsse. Man wußte sich nicht nur als Glied der Gesamtkirche und deshalb auf ihren Konsens angewiesen, vielmehr haben nicht selten auch Machtinteressen eine Rolle gespielt: Es ging um das Ansehen der eigenen Partei ebenso wie um die Anerkennung des Für-wahr-und-wichtig-Gehaltenen. Die gegenseitige Information diente also der *horizontalen* Rezeption. Angesichts der wechselnden Teilnehmer sollte das Verlesen der früheren Synodalbeschlüsse oder die ausdrückliche Berufung auf Kanones überdies dazu helfen, die *vertikale* Rezeption, nämlich die geistliche und rechtliche *Tradition*, zu sichern.

Aus dem Wissen um die gemeinsame Verantwortung und die konstitutionelle Bedeutung der „communio" erhielt die Rezeption nicht nur große faktische Bedeutung, sondern wurde zu einer institutionalisierten Ausdrucksform der kirchlichen Gemeinschaft (communio/koinonia): Die Glaubenslehre einer Kirche und/oder ihres Bischofs ebenso wie der Beschluß einer Synode bedurften der — wenigstens impliziten — Annahme durch die Gesamtkirche in Gestalt entweder der bedeutsamen Bischofskirchen oder anderer synodaler Versammlungen. Dabei konnte eine lehrmäßige Aussage ebenso wie eine disziplinäre Norm durchaus weitergedacht, besser formuliert und neuen Entwicklungen angepaßt werden: Es war ein System zukunftsoffener Adaption und sachbedingter Reaktion. Maßstab des Handelns der Kirche war dabei die apostolische Überlieferung, soweit sie sich im Glauben der Gesamtkirche, repräsentiert vor allem in den Synoden, widerspiegelte.

Um die Mitte des fünften Jahrhunderts war der Grundsatz, daß (nur) das Geltung habe, was überall, immer und von allen geglaubt worden sei (VINCENZ VON LERINS), ein allgemein anerkanntes ekklesiologisches, dogmatisch-rechtliches Axiom. — Dieser Grundsatz war allerdings nur in dem Sinn zu verstehen, daß sich Glaube überall und immer und in allen ausdrücklich geäußert habe. Um diesen solchermaßen manifesten Glauben festzustellen, war es notwendig, die „magistri probabiles" gleichsam als beweisfähige Zeugen der Tradition zu befragen, jene also, die in der Gemeinschaft der Kirche das gleiche gelehrt haben, mögen sie es nun gemeinschaftlich auf Synoden als einzelne Bischöfe oder als anerkannte Lehrer getan haben. Weil jedoch die Formulierung eben dieses Glaubens weniger allein unter

[50] Es ist nicht verwunderlich, daß sich beispielsweise in den pelagianischen Streitigkeiten 59 Bischöfe der Synode von *Mileve* (416/17) an INNOZENZ, den Bischof von Rom, wandten. (Mansi IV, 334 ff.) Auch fünf Bischöfe der Synode von *Karthago* (416) — unter ihnen Augustinus — wandten sich im gleichen Sinn an den Bischof von Rom. Sie taten das nicht, damit der römische Bischof den Beschlüssen ihrer Synode „Rechtskraft" verleihe, diese hatten sie vielmehr aus sich selbst, sondern um der Gefahr vorzubauen, daß die römische Kirche — wie andere Kirchen auch — durch die Pelagianer getäuscht würde (Mansi III, 1071 ff.; 1974 ff. und 1078).

dem Gesichtspunkt abstrakter theoretischer Spekulation, sondern vielmehr situiert als Antwort auf ganz bestimmte, jeweils neu auftauchende Fragen oder Gefährdungen verstanden wurde, läßt dieser Grundsatz Raum sowohl für theologische als auch disziplinäre Weiterentwicklungen.

Exkurs: Die bewahrende Form des Rechts

Der Vorgang der Rezeption war und ist zugleich Grundlage und Ausdruck kirchlicher Tradition in Form bestimmter Institutionen, deren erstes Ziel es ist, Kontinuität in Recht zu überführen und gesetzlich zu sichern. Zugleich wird sichtbar, daß die Ordnung der Kirche vom Gesichtspunkt des kirchlichen Gemeinwesens her gestaltet ist und so insgesamt den Charakter einer öffentlichen und objektiven Ordnung erhält. Das (pragmatische) Verwaltungsrecht mit einem weiten Spielraum für arbiträre Entscheidungen hatte dabei freilich bis in die Neuzeit den Vorrang vor einem abstrakten Verfassungsrecht.[51] Bis ins 19. Jahrhundert unterschied sich das kanonische Recht allerdings diesbezüglich nur wenig von den weltlichen Rechtsordnungen.

Die christliche Religion hat — wie oben bereits angedeutet — alttestamentlich-jüdisches, hellenistisch-antikes und römisches Erbe in sich verwoben. Als die Germanen in das römische Imperium eindrangen, galt für die autochthone Bevölkerung — und wohl nicht nur für den Klerus — der Grundsatz „Ecclesia (Romana) vivit lege Romana" (Lex Riburia c. 58, 1, vermutlich aus dem Jahr 620). Dabei brachten die Germanen ihrerseits ihr eigenes kulturell-religiöses und rechtliches Gedankengut in die Kirche mit ein.[52] Wegen der großen Bedeutung des Religiösen für das Leben des Menschen (insbesondere in „vor-aufgeklärter" Zeit) war in die religiöse Form das Gesamte der menschlich-kulturellen Tradition verwoben: Sie bewahrte — allen Tempelzerstörungen und Verbrennungen heidnischer Literatur zum Trotz — das alte vielfältige Erbe und formte eine neue Kultur. Ja, man darf ohne Übertreibung sagen, daß es die christliche Religion war, welche — häufig genug ungewollt — über die politischen Umbrüche im Imperium Romanum und die Stürme der Völkerwanderung hinweg, aber auch während der religiös-weltanschaulich bedingten Umwälzungen des 16. und 18. Jahrhunderts, den Zusammenhang des abendländischen Denkens mit den geistigen Quellen und kulturellen Wurzeln der Antike wahrte. Daß die Gestalt des Christentums dabei seinerseits gleichfalls tiefgreifend mitgeformt wurde, entspricht nur der historischen Bedeutung dieses umfassenden Vorgangs.

Denn in der Rechtsordnung der Kirche treten uns — wenn auch matt und vielfältig gebrochen — römische Ordnungs- und Rechtsvorstellungen entgegen. Aber auch germanisches Rechtsdenken ist eingewoben. Die Anerkennung geschichtlichen Gewordenseins kirchlicher Rechtsinstitutionen beinhaltet allerdings auch die Anerkennung ihrer Kontingenz und ihrer menschlichen Fehlbarkeit. Recht in einer Gesellschaft von Menschen ist immer Recht von Menschen für Menschen. Wie Kontinuität Weiterentwicklung aus authentischen Ursprüngen nicht ausschließt, so sind auch geschichtlich gewordene Rechtsinstitutionen nicht Petrefakte, vielmehr stellen sie ein unstabiles Gleichgewicht zwischen zwei Kräften dar, der Kontinuität und dem Zweck der jeweiligen Gemeinschaft.[53]

[51] Vgl. H. E. Feine, Kirchliche Rechtsgeschichte, 66.

[52] Auf die „germanische Kontinuität" hat O. Höfler hingewiesen: Das germanische Kontinuitätsproblem: HZ 157, 1938, 1—26.

[53] Vgl. A. Desqueyrat, Die Institution: Institution und Recht, 158.

Heutige Bedeutung

Consensus (als Zustimmung) oder consilium (als Rat) spielen im heutigen kanonischen Recht nur in der förmlichen Weise eine Rolle, als der Obere bei bestimmten, im Recht genannten Entscheidungen verpflichtet ist, vorher den Rat oder die Zustimmung Beispruchsberechtigter oder Betroffener einzuholen (c. 105 CIC).[54] Umgekehrt kann Gewohnheitsrecht in der Kirche heute nur Gesetzeskraft erlangen durch den (wenigstens stillschweigenden) Konsens des zuständigen Oberen (c.25 CIC). Das Erfordernis der rechtlichen Rezeption ist in der Neuzeit tatsächlich durch die Pflicht zum gläubigen Gehorsam verdrängt worden (z.B.: c. 1323f. CIC).

2.1.7. Ius divinum — ius naturale — ius ecclesiasticum

Zu den Begriffen

1. Im römischen Recht kommt der Begriff *ius divinum* (= göttliches Recht) auf. Er enthält nicht nur den Gegenstandsbereich von *fas* (= also das, was man tun darf, ohne religiöse Bedenken zu haben), vielmehr wird unter dem Einfluß der stoischen Philosophie auch die Tendenz eine neue: Ius divinum meint nun im Gegensatz zum staatlichen Recht (= lex) die aus kultischer Tradition hervorgegangenen Normvorstellungen.[55]

Das kanonische Recht und die katholische Theologie verstehen unter *ius divinum* solche Normen, die entweder direkt oder indirekt auf göttlichem Gebot ruhen oder zum unaufgebbaren Normbestand der Kirche gehören: Norminhalte göttlichen Rechts werden mit Formeln „ex divina institutione, ordinatio divina, institutio divina oder Christi institutio" umschrieben.

2. Das *ius naturale* (= natürliches Recht/Naturrecht, auch *ius divinum naturale* genannt) gründet in der Vorstellung, es gäbe eine Wesensnatur des Menschen, an der das Recht ausgerichtet sei. MAX WEBER definiert es als „Inbegriff der unabhängig von allem positiven Recht und ihm gegenüber präeminent geltenden Normen, welche ihre Dignität nicht von willkürlicher Satzung zu Lehen tragen, sondern umgekehrt deren Verpflichtungsgewalt erst legitimieren". In diesem Zusammenhang weist M. WEBER auch darauf hin, daß das Naturrecht „die spezifische Legitimationsform der revolutionär geschaffenen Ordnungen" sei.[56] In der Philosophie und Rechtswissenschaft sind zahlreiche Theorien über das Naturrecht entwickelt worden. Ebensooft wurde es in Frage gestellt.[57]

Die Naturrechtslehre der katholischen Kirche ist wesentlich von THOMAS VON AQUIN geprägt.[58] Im kanonischen Recht, das das Naturrecht als *ius divinum naturale,* also als Teil des ius divinum versteht, gelten jene Normen, die der *gesunden* Natur des Menschen entsprechen, als naturrechtlich begründet.

[54] Vgl. J. Neumann, Synodales Prinzip, 43.

[55] Vgl. U. A. Wolf, Ius Divinum, 36. Die Definition ISIDORS VON SEVILLA ist somit irreführend, weil verengend. Sie lautet: „*Fas* est lex divina, *ius* lex humana."

[56] Wirtschaft und Gesellschaft, 497.

[57] Einen Überblick über Funktion und Grenze des Naturrechts bieten: J. David, Das Naturrecht in Krise und Läuterung: Naturrecht in der Kritik, hrsg. v. F. Böckle und E.-W. Böckenförde; W. Korff, Norm und Sittlichkeit, bes. 42ff.

[58] Summa theologica II—I, 91—94; Summa contra gentiles III, 129.

3. *Ius ecclesiasticum* meint im weiten Sinn die Gesamtheit aller in der Kirche geltenden Normen. Im engeren Sinn bedeutet es im Gegensatz zum *ius canonicum* das im ›Corpus Iuris Canonici‹ enthaltene *klassische* kirchliche Recht, also das durch die Gesetzgebungstätigkeit der Päpste und Synoden neu entstandene Kirchenrecht. Der Begriff ist älter als jener des ius canonicum.

Die mittelalterliche Kanonistik bezeichnete die Gesamtheit des kirchlichen Rechts als *ius canonicum,* das mit dem *ius civile* das *ius utrumque,* das Weltrecht der Christenheit, bildete.[59]

Gesetze rein kirchlicher Natur werden als „ius mere ecclesiasticum" bezeichnet (cc. 12, 2205 § 2 CIC). Grundsätzlich meint heute ius ecclesiasticum das gleiche wie ius canonicum. Der Vorschlag, ius canonicum als Bezeichnung für das allgemeine und ius ecclesiasticum für das gesamte Kirchenrecht einschließlich des Partikularrechts zu verwenden (so u. a. U. STUTZ), hat sich nicht durchgesetzt.

Entwicklung

Der Begriff vom *ius divinum* ist durch TERTULLIAN und CYPRIAN, vor allem aber durch LAKTANZ in den kirchlichen Sprachgebrauch übernommen worden. Allerdings meint er dort noch die Bestimmtheit des Menschen zum zweifachen Gottesdienst: zur Gottesverehrung und zur Nächstenliebe.[60]

Ius divinum und ius humanum treffen in der Friedensidee des augusteischen Zeitalters und der jesajanischen Friedensvision zur divina coniunctio in der weltweiten neuen societas zusammen. Der Begriff meint also noch nicht direkt auf Gottes Anordnung zurückgehende, irreversible und formal verbindliche Rechtsnormen.

Über ISIDOR VON SEVILLA (›Etymologien‹) gelangt die römisch-rechtliche und stoisch geprägte Naturrechts-Lehre — allerdings zunächst noch ohne Rückgriff auf den Begriff vom *ius divinum* — in das ›Decretum Gratiani‹ (C1, c.2, c.5, c.7, D 1).

Obwohl GRATIAN den Begriff *ius divinum* kennt (D VIII), gebraucht er ihn nicht als Gegensatz zum menschlichen Recht (ius), vielmehr bemüht er dafür die alte römische Dichotomie *fas-ius.* Dabei wird *divina vel naturalis lex* gleichgesetzt mit *fas* bzw. *scriptura sacra* (= lex evangelii) und dem *ius* gegenübergestellt,[61] ohne daß *ius* formal definiert wird.[62]

Gratian geht es nicht darum, ein *ius divinum* aus dem Evangelium abzuleiten, vielmehr geht es ihm um den Erweis der Rationalität von constitutio und consuetudo, also formalisierbarer Rechtsbegriffe. Die Schrift zieht er nur heran, um diese Begriffe inhaltlich zu füllen und zu begründen.[63]

Unter dieser Betrachtungsweise ist ius naturale auch ius divinum. Feststellung, Auslegung und Anwendung dieses *ius* obliegt jedoch ganz selbstverständlich den kirchlichen Hierarchen, dem in seiner Essenz damals bereits für unfehlbar[64] gehal-

[59] Vgl. K. Mörsdorf, Die Rechtssprache des Codex Iuris Canonici, 43.

[60] Vgl. U. A. Wolf, Ius Divinum, 55.

[61] Vgl. M. Grabmann, Mittelalterliches Geistesleben II, 69.

[62] Vgl. A. Stiegler, Der kirchliche Rechtsbegriff, 118.

[63] Vgl. U. A. Wolf, Ius Divinum, 65 ff. mit zahlreichen Belegen.

[64] In diesem Zusammenhang wäre hinzuweisen auf das päpstliche Privilegien- und Dispensrecht. Darin beispielsweise, daß der Papst sich berechtigt glaubt, vom allgemeinen Natur-

tenen Lehramt. Gerade unter dem Aspekt der Verfügungsmacht der apostolischen Autorität über ius divinum und ius naturale sowie die lex evangelii erweist sich Gratian nicht, wie RUDOLPH SOHM[65] glaubte annehmen zu sollen, „als letzter Vertreter des altkatholischen, sondern als Begründer des neukatholischen Rechts, insofern diesem die potestas ordinis durch die potestas iurisdictionis geprägt ist".[66] Zwar läßt Gratian das *ius naturae* nicht mit der *lex evangelii* und dem *ius* identisch, vielmehr „nur" in ihm enthalten sein, doch eben dadurch ist der Papst Herr über alle (drei) Formen rechtlicher Gestaltung. Insofern kann von einer „Gottunmittelbarkeit des Rechts" bei Gratian gesprochen werden[67] und davon, daß der Dreiklang von positiv-göttlichem Recht, natürlichem göttlichem Recht und menschlichem Recht zum Einklang gebracht wird.

Es kann und braucht hier nicht die Rechtslehre des THOMAS VON AQUIN dargestellt zu werden, vielmehr mag die Feststellung genügen, daß er unter *ius divinum* anderes versteht als die moderne Kanonistik, nämlich „jenes Recht, das von Gott promulgiert ist".[68] Das ist eine an sich nichtssagende Feststellung, die an dieser Stelle bei Thomas vor allem in Richtung auf die verschiedenen Arten der Gerechtigkeit zielt.[69] Angesichts der sonstigen analytischen Scharfsichtigkeit des Aquinaten legt sich die Annahme nahe, daß ihm an einer Theorie des ius divinum nicht gelegen gewesen sein dürfte, „während Thomas lex naturalis und ius naturale, aber auch lex humana (positiva) und ius humanum (positivum) sauber zu unterscheiden weiß, gelingt ihm dies im Blick auf das Begriffspaar ‚lex divina' und ‚ius divinum' nicht: Er hilft sich mit der Verlegenheitsauskunft, das ‚ius divinum' basiere auf göttlicher Promulgation, d.h. er identifiziert ‚ius divinum' und ‚lex divina', ist es doch Spezifikum einer lex, auf Promulgation angewiesen zu sein"[70].

Daß sich bei fließenden Grenzen zwischen ius humanum und ius divinum der letztere Begriff zu allem gebrauchen läßt, zeigt Thomas bei der Behandlung der Judentaufe, der Pfründehäufung und des Zehnt-Gebotes.[71] U. A. WOLF kommt

recht, etwa bezüglich der Unauflöslichkeit der Ehe einer „nur" naturrechtlich gültigen Ehe, zu dispensieren, zeigt sich der Gestaltungsanspruch der höchsten Leitungsautorität der Kirche. Auf dieses seit dem Mittelalter bis heute tatsächlich ausgeübte Recht sei hier nur ergänzend hingewiesen (vgl. unten 6.7.4.2.).

[65] Altkatholisches Kirchenrecht und das Dekret Gratians.

[66] U. A. Wolf, Ius Divinum, 69.

[67] A. Stiegler, Der kirchliche Rechtsbegriff, 118.

[68] Summa Theologica II—II q. 57, 2 ad 3.

[69] Die Antwort ad 3 lautet vollständig: „Weil die Gerechtigkeit den Ausgleich fordert, wir aber Gott keinen ausgleichenden Gegenwert bieten können, deshalb können wir Gott nicht im vollen Sinne das Recht geben. Daher ist, strenggenommen, nicht vom göttlichen ‚Recht' die Rede, sondern von ‚fas' (non dicitur proprie ius lex divina, sed fas); denn es genügt Gott, wenn wir tun, was wir können. Die Gerechtigkeit aber strebt dahin, daß der Mensch, soviel er kann, Gott vergilt, indem er sich ihm völlig unterwirft."

[70] U. A. Wolf, Ius Divinum, 68.

[71] Quaestiones quodlibetales II q. 4, 7; IX q. 7, 15; II q. 4, 8.

deshalb nach Analyse dieser Texte zu der Vermutung, „Thomas vermöge letztlich mit dem Gebilde eines ‚Ius divinum' theologisch nichts anzufangen. Aus seiner eigentlichen Funktion ist es verdrängt durch die lex divina nova in cordibus fidelium, ... durch die in einem tugendsamen Leben zu bewährende, sakramental vermittelte gratia infusa ... Darüber hinaus scheint Thomas den Begriff ‚Ius divinum' aber auch in bezug auf die Schrift zu verwenden, verstanden als einen rechtlich relevanten Kodex göttlicher Weisungen, dessen Auslegung kirchliches Privileg ist. ... Doch sieht man näher hin, ist eigentlich nicht die Schrift ‚Ius divinum', vielmehr *entsteht* auf der Basis von Schrift *und* consuetudo durch die potestas ecclesiastica ‚Ius divinum'. So zeigt sich, daß wie für Gratian so auch für Thomas die kirchliche Hierarchie letztgültige Instanz für das ‚Ius divinum' ist."[72]

Das bedeutet: Die Feststellung, welche Norm iuris divini sei, hängt nicht ab von der Tatsache ihres „Geoffenbartseins" in der Schrift (und Tradition), sondern von der declaratio und promulgatio der Kirche kraft des höchsten Amtes der hierarchia iurisdictionis.[73]

Die nachmittelalterliche Kanonistik hat den Begriff *ius divinum* unreflektiert übernommen und teilweise durch gewagte Ableitungen beträchtlich ausgeweitet. Das hat sich auch in der jüngsten Zeit nicht geändert.[74] Lediglich über die Frage, auf welche Weise das ius divinum verbindlich wird und wie es in den Bereich des kirchlichen Rechts einzubauen ist, gingen die Anschauungen auseinander.

Heutige Bedeutung

Die heute herrschende Lehre der Kanonistik geht davon aus, daß göttliches Recht von sich aus und unabhängig vom Zutun des kirchlichen Gesetzgebers juristische Gültigkeit in der Kirche hat und somit zum kanonischen Recht gehört. Der Grund dafür sei die sakramentale Natur der Kirche. Die kirchliche Formulierung göttlichen Rechts hat deshalb nur deklaratorischen Charakter.[75]

[72] U. A. Wolf, Ius Divinum, 85f.

[73] Ob damit, wie R. Sohm und J. Klein behauptet haben, eine Umwandlung der auctoritas sacra zur potestas iuridica geschehen ist, „die in der Kirche die rechtliche Grundlegung des Glaubens bewirkt und ihn dadurch in einer Weise verwandelt hat, die seiner Aufhebung gleichkommt" (J. Klein, Von der Tragweite des kanonischen Rechts: EvTh 17, 1957, 97—116; hier: 115), braucht hier nicht weiterverfolgt zu werden. Eine argumentative Auseinandersetzung hat jedenfalls bis jetzt nicht stattgefunden.

[74] Noch bei H. Jone (›Gesetzbuch der lateinischen Kirche‹) werden — durchaus in Übereinstimmung mit der herrschenden Lehre — alle möglichen Normen des kanonischen Rechts, wie die Pflicht, in Todesgefahr die Heilige Kommunion zu empfangen, (c. 864 § 1 CIC) oder die Residenzpflicht der Pfarrer (c. 465 CIC) auf göttliches Recht zurückgeführt: I, 406; II, 111.

[75] Vgl. statt vieler J. M. Rias Bracons, El Derecho divino en el ordenamiento canónico: RevistDerCan: 20, 1965, 267—320.

In der gegenwärtigen theologischen und kirchenpolitischen Diskussion wird häufig auf göttliches Recht rekurriert, wenn die anstehenden Fragen rational nicht mehr beantwortet werden können.[76]

Blickt man jedoch in das kirchliche Gesetzbuch, stellt man fest, daß in ihm das *ius divinum* zur Begründung positiver Rechtssätze vergleichsweise selten und behutsam herangezogen wird. Allerdings darf dabei nicht übersehen werden, daß das sogenannte „göttliche Recht" sowohl durch die Berufung auf das „Naturrecht" als auch durch die — meist stillschweigende — Bezugnahme auf dogmatische Lehraussagen, beispielsweise bei den Normen über den Primat und die Sakramente, an vielen Stellen des kirchlichen Gesetzbuches zum Tragen kommt, auch wenn nicht direkt darauf Bezug genommen wird.

Für eine theoretische Erklärung des Begriffs *ius divinum* sind darum solche Normen des kanonischen Rechts interessant, die bestimmte verfassungsrechtliche Positionen „kraft göttlicher Einsetzung" in der kirchlichen Rechtsordnung gegründet sein lassen. So etwa die Feststellung des c. 100 § 1 CIC, der sagt: Der Katholischen Kirche und dem Apostolischen Stuhl kommen der Charakter einer moralischen (d.h. einer juristischen) Person kraft göttlicher Einsetzung zu. Nun ist historisch zweifelsfrei, daß der römische Apostolische Stuhl nicht als „juristische Person" gegründet worden ist. Diese Norm des kirchlichen Gesetzbuches will nicht eine geschichtliche Ableitung oder theologische Deutung geben, sondern eine juristische Feststellung treffen: Sie soll den Anspruch der Kirche ausdrücken, daß sie kraft ihres Wesens Rechtsfähigkeit besitzt und sie diese weder von einer weltlichen Macht erbitten noch erhalten muß, diese ihr vielmehr dank ihrer Stiftung in dem Umfang zukommt, wie sie es zur Erfüllung ihrer Sendung für notwendig erachtet.[77]

[76] Für solches Verhalten typisch ist die Kontroverse auf der „Gemeinsamen Synode der Bistümer in der Bundesrepublik Deutschland" zwischen K. Rahner und H. Flatten in bezug auf die Verbindlichkeit von Glaubensaussagen und des göttlichen Rechts. Karl Rahner wandte sich vor allem gegen die Feststellung Flattens, daß durch den Verweis auf dogmatische Festlegungen oder den Charakter als ius divinum jegliche Problemdiskussion unzulässig sei: „... ich kann einfach nicht finden, daß die *konkreten* Fragen, wie sie *heute* über die Unauflöslichkeit der Ehe gegeben sind, so einfach zugedeckt werden können, wie das eben in dem Votum von Herrn Flatten geschehen ist. So einfach ist es eben nicht" (HerKorr 25, 1971, 100).

[77] Vgl. zum Ganzen J. Neumann, „ius divinum": Orien. 31, 1967, 5—8; hier: 6; ders., Das Kirchenrecht im Spannungsfeld der wissenschaftlichen Disziplinen: ThQ 152, 1972, 317—325; hier: 322. In bezug auf die Kirchenverfassung hat sich mit dem Problem auseinandergesetzt: P. Huizing, „Göttliches Recht" und Kirchenverfassung: StZ 94, 1969, 162—173. — K. Rahner (Über den Begriff des „ius divinum" im katholischen Verständnis: Schriften zur Theologie, Bd. V, 249—277) geht weniger der kanonistischen als der theologischen Valenz dieses Begriffes nach. Allgemein stellt er fest: „Es gibt nun aber einmal Wesensidentität in Gestaltwandel. Wer dies grundsätzlich bestreitet, leugnet ... das bleibende Wesen der Kirche ... oder er muß die Gleichheit auch der Gestalt dieses Wesens behaupten, was der Erfahrung widerspricht" (252f.).

Nicht viel anders steht es mit der Bestimmung des c. 107 CIC, in der gesagt wird, daß in der Kirche kraft göttlicher Anordnung (ex divina institutione) von den Laien die Kleriker zu unterscheiden seien. C. 948 CIC nimmt diese Feststellung auf und präzisiert sie dahin, daß letztere berufen sind, die Gläubigen zu leiten und den göttlichen Kult zu vollziehen. Schon Gratian (c. 7 C. 12 q. 1) wußte, daß es zwei Arten von Christen gibt (Duo sunt genera Christianorum). — Unabhängig von allen exegetischen oder historischen Auslegungsstreitigkeiten wollen diese Kanones festhalten, daß es zum wesentlichen Verfassungsbestand der katholischen Kirche gehört, daß das „allgemeine Priestertum der Gläubigen und das Priestertum des hierarchischen Dienstes sich dem Wesen und nicht bloß dem Grade nach unterscheiden" (LG 10).

Wie stark „göttliches oder natürliches Recht" modifiziert wird, wenn es vom kirchlichen, also menschlichen Gesetzgeber kodifiziert wird, zeigt der Gebrauch des Begriffes *ius divinum* in den cc. 109 und 219 CIC. Dort wird bestimmt, daß die höchste päpstliche Jurisdiktionsgewalt dem vom Kardinalskollegium rechtmäßig Erwählten mit Annahme der Wahl „ipsomet iure divino" zukomme. Es steht hierbei nicht das Papstamt als solches oder seine Begründung in göttlichem Recht in Rede, sondern der rein funktionale Ablauf der Übertragung der päpstlichen Amtsgewalt an den Erwählten. Was hier ausgesagt sein soll, ist allein dies: Der Gewählte erhält die volle päpstliche Jurisdiktionsgewalt allein durch die Annahme der Wahl *ohne* ein weiteres Tätigwerden einer anderen kirchlichen Instanz; und er erhält diese Vollmacht kraft des Wahlvorganges direkt und unmittelbar von Gott. Dadurch soll die Freiheit und Unabhängigkeit des Papstes von jeder anderen kirchlichen Autorität bereits vom ersten Augenblick an gesichert und ausgedrückt sein. Die Lehre des II. Vatikanischen Konzils jedoch hat die Bedeutung des bischöflichen Amtes und damit auch der bischöflichen Konsekration umfassend deutlich gemacht. Darum war es theologisch bedenklich, daß aufgrund dieser Normen ein Nichtbischof allein aufgrund der Wahl die volle bischöfliche Papstgewalt besitzen sollte. Deshalb hat der Papst als Inhaber der höchsten Gewalt der Kirche durch die Papstwahlkonstitution Papst PAULS VI. ›Romano Pontifici eligendo‹ vom 1.10.1975 (vgl. unten 3.1.1.) bestimmt, daß in dem Fall, da der Erwählte noch nicht Bischof wäre, er unverzüglich zum Bischof zu weihen sei (n. 88). Es wird damit also bestimmt, daß die dem Erwählten kraft göttlichen Rechts zukommende päpstliche Höchstgewalt solange in Schwebe bleibe, bis der Erwählte zum Bischof konsekriert ist. Der Papst gestaltet also einen Satz, der in seinem Grundbestand, daß es nämlich außer der Wahl keiner weiteren Dazwischenkunft eines menschlichen Aktes bedürfe, dahin, daß diese Norm uneingeschränkt nur gilt, wenn der Erwählte bereits Bischof ist. Da das Papstamt an das Amt des Bischofs von Rom gebunden ist, ist die Bindung der päpstlichen Gewalt an die bischöfliche Konsekration konsequent.

Der Rückverweis auf „göttliches Recht" will somit bestimmte konstitutive Rechtssätze, gleichsam in Form einer gehobenen Rechtsvermutung, aus der Beliebigkeit des raschen Wechsels nach Gutdünken des Gesetzgebers herausnehmen.

Außerdem ist zu bedenken, daß jedes *ius divinum,* sofern es als Norm des kirchlichen Rechts erscheint, „menschliches Recht“ ist. Der Verweis auf die Papstwahlkonstitution vom Jahr 1975 mag das verdeutlichen. Denn dem menschlichen Gesetzgeber obliegt ja gerade die Schwierigkeit, ein generelles Sollen auf einen ganz bestimmten Sachverhalt zuzuschneiden und zugleich zu differenzieren. In der notwendigen Differenzierung ist aber die Bruchstückhaftigkeit und die Begrenztheit der menschlichen Aussage zwangsnotwendig enthalten. Jedes durch den Menschen formulierte Gesetz ist, weil es von Menschen formuliert wurde, notwendigerweise begrenzt, unvollkommen und bedarf der jeweiligen Adaption. Das, was wir als „göttliches Recht“ bezeichnen, ist darüber hinaus ein in einer bestimmten Situation gesagtes und geschichtlich vermitteltes Wort, das der Mensch mit Hilfe seiner Vernunft den unterschiedlichen Gegebenheiten anpassen muß. Die Norm göttlichen Rechts „du sollst nicht töten“ bedarf der Differenzierung. Deshalb unterscheiden die Rechts- wie die Morallehren zwischen Mord, Totschlag, den verschiedenen Arten der fahrlässigen Tötung, der gerechtfertigten Tötung und der Tötung aus Notwehr. Was für das höchste menschlich-irdische Gut, das Leben des Menschen, gilt, kann auch bezüglich anderer Werte und Bereiche nicht außer acht gelassen werden. Darum sind auch die Normen „göttlichen Rechts“, soweit sie vom kirchlichen Gesetzgeber formuliert und konkretisiert sind, menschlichen Rechts und damit hinsichtlich ihrer konkreten Realisierung wandelbar, weil anpassungsfähig und anpassungsbedürftig.

2.1.8. Klerus — Laien — Religiosen

Zu den Begriffen

1. *Kleros* (griech.) bedeutet das Landlos, später der erworbene Boden. Grundbesitz gilt später als Voraussetzung für bestimmte (bürgerliche) Rechte. In hellenistischer Zeit kann dieser Begriff auch (königliches) Lehen meinen.

Ähnliche Vorstellungen liegen auch dem biblischen Gebrauch zugrunde: Jahwe hat sich das Volk Israel als sein kleros (Los bzw. Erbteil) erwählt (Dtn 4, 20; 9, 29). Umgekehrt aber spricht der Fromme auch von Jahwe als seinem Los bzw. Erbteil (Ps 16,5).

Bereits bei ORIGENES (gest. ca. 215 n. Chr.) scheint der Begriff „clerus“ zum Terminus technicus geworden zu sein (In Jr 11, 3). Nach HIERONYMUS (347—420 n. Chr.) tragen die Diener des Herrn diese Bezeichnung, weil sie der Herr erwählt hat und er ihr Los ist (Ep 52, 5).

Innerhalb der katholischen Kirche meint der Begriff jene Personen, die Gott für seinen Dienst auserwählt hat: Die christliche Tradition rechnete dazu alle, die wenigstens die prima tonsura empfangen hatten (c. 108 CIC). Seit dem 1.1.1973 gehören zum Klerus nurmehr die Bischöfe, Presbyter und Diakone.[78]

[78] Am 15. 8. 1972 ordnete Papst PAUL VI. die niederen „Dienste“ durch MP ›Ministeria quaedam‹ und die Normen über die Weihestufe des Diakonats durch MP ›Ad pascendum‹. Alle entgegenstehenden Bestimmungen, also auch das entgegenstehende Recht des CIC, sind damit aufgehoben: (Tonsur), Ostiariat, Lektorat, Exorzistat und Akolythat sowie Subdiakonat sind damit als Weihestufen abgeschafft (vgl. unten 6.6.1.1.).

2. Das Wort *Laie* kommt von laos (griech.) und bedeutet Volk. Im Griechischen wird damit nicht nur das Volk im allgemeinen, sondern auch die Masse des Volkes im Gegensatz zu den Regierenden bezeichnet. In diesem Sinn wird laicos ebenso wie plebeius pejorativ gebraucht (vgl. oben 1.2. bes. Anm. 27).

Heute meint es in der katholischen Kirche den Nichtordinierten, jenen Christen also, der nicht zur „lehrenden", sondern zur „hörenden" Kirche gehört. Im profanen Sprachgebrauch bezeichnet Laie den Nichtfachmann, weil im Mittelalter meist nur Kleriker des Lesens und Schreibens kundig waren.

Nach kanonischem Recht sind die Laien von den Klerikern kraft göttlicher Anordnung zu unterscheiden (c. 107 CIC).

3. *Religiosen* (von religiosus = fromm, gottesfürchtig) sind Personen, die sich einem klösterlichen Verband (= religio) durch (zeitliche oder ewige) Gelübde angeschlossen haben (c. 488 n. 1 CIC).

Im unfachlichen Gebrauch werden die Religiosen auch als „Ordensleute" bezeichnet. Im strengen Sinn jedoch werden nur die Angehörigen eines Ordens so benannt, nicht aber die Mitglieder einer „Kongregation" oder eines „Säkularinstitutes".

Der Gegensatz zu religiosus ist saecularis = weltlich. Die Säkularisierung bedeutet im kanonischen Ordensrecht die Rückversetzung eines Religiosen in den Laienstand.

Dennoch ist der Religiosenstatus nicht ein „dritter Stand" neben Klerus und Laien, vielmehr können die Angehörigen dieser beiden „Stände" jeweils Religiosen sein (c. 107 CIC). Umgekehrt sind Kleriker und Laien, die nicht Religiosen sind, *saecularis*, also „Weltleute".

Entwicklung

Die Ausdifferenzierung und gleichzeitige Monopolisierung bestimmter verkündigender, gottesdienstlicher und gemeindeleitender Funktionen ist oben dargestellt worden (2.1.2.; 2.1.3). Die hauptamtliche Elite der Kirche verdankt ihre Entstehung einer spezifischen Aufgabentrias:

1. Den Gottesdienst zu leiten und zu gestalten. Die Spendung der Sakramente wurde ihr Vorbehaltsrecht.
2. Ein seit dem vierten Jahrhundert differenziertes und exakt bestimmtes System einer Heilslehre zu verkündigen und über deren Reinheit ebenso zu wachen wie über einen rigoros präjudizierten Lebenswandel der Mitglieder.
3. Die Armen, Alten und Waisen der Gemeinde zu versorgen und die Kranken zu pflegen.

Seit diese Aufgaben eigens bestimmten Funktionären oblagen, begann auch die *Absonderung* dieser Personen von den übrigen Gemeindemitgliedern. Äußeres Kennzeichen waren die (später durch Schranken abgeteilten) besonderen Plätze im Altarraum. Nur wer die „Weihe" empfangen hatte, durfte schließlich den Altarraum betreten und am Altar fungieren. Die am Anfang offenbar vorhanden gewesene revolutionäre Idee von der Gleichheit aller Getauften (z.B. Gal 3, 28), die noch bei Tertullian nachwirkte, wurde sehr bald zugunsten patriarchalischer Herrschaftsmuster aufgegeben. Damit wurden auch die partiell aufgekommenen Ämter der „Diakonissen", „Jungfrauen" und „Witwen", die teilweise kultische und häusliche Hilfsdienste an Frauen leisteten, als klerikale Stufen wieder verdrängt.[79]

Bereits im dritten Jahrhundert waren Leitungsbefugnis und besondere Stellung des Klerus grundsätzlich unbestritten. Allerdings gab es noch Unklarheiten hinsichtlich der Kompetenzverteilung innerhalb des Klerus. In den Zeiten der Verfolgung kam den *Confessores* eine besondere Ehrenstellung zu. In der Regel wurden sie (oft ohne Weihe) dem Klerus, meist dem Presbyterium, zugezählt. Zur Zeit des Papstes KORNELIUS (251) sind für Rom vier ordines minores (Ostiarier, Lektoren, Exorzisten und Akolythen) erwähnt. In den Kirchen des Ostens gibt es wohl auch niedere Kirchendiener, doch werden sie nicht zum Klerus gerechnet.

In der *Kirche des Westens* wurden die *niederen Weihen* bald funktionslos und dienten als Durchgangsstufen für die Diakonats- und Priesterweihe. Zu gewissen Zeiten jedoch bildeten die Minores auch die quasi-sakramentale Grundlage für die Übertragung kirchlicher Jurisdiktionsgewalt und Ämter. Diese Tradition lebt noch in c. 118 CIC fort; danach können allein Kleriker Träger von Kirchengewalt sein.[80]

Seit dem *Mittelalter* ist die privilegierte Stellung des Klerus rechtlich gesichert. Im ›Dekretum Gratiani‹ heißt es: „Es gibt zwei Geschlechter von Christen. Dem einen kommt es zu, den göttlichen Dienst zu verrichten und der Betrachtung wie dem Gebet hingegeben zu sein. Dieses Geschlecht der Gottgeweihten, die sich von allem weltlichen Getriebe fernhalten, bilden die Kleriker. ... Das andere Geschlecht der Christen sind die Laien. Laos bedeutet nämlich Volk. Ihnen, den Laien ist es gestattet, Güter zu besitzen ..., Frauen zu heiraten, das Land zu bebauen, Recht zu sprechen, Prozesse zu führen, Opfergaben vor den Altar zu bringen und (dem Klerus) den Zehnten zu leisten, denn so können sie gerettet werden, wenn sie Unrecht vermeiden und Gutes tun" (c. 7 C 12 q. 1). Es mag auffallen, daß der zitierte Text nicht den traditionellen, aus dem römischen Recht stammenden Begriff „ordo", also Stand, gebraucht, sondern von „genera" spricht, von Geschlechtern. Das könnte darauf hindeuten, daß diese Formulierung aus germanischem Denken stammt.

Das Zitat beschreibt die gesellschaftliche Wirklichkeit aus der Sicht des Klerus: Auf der einen Seite die von Gott auserwählten, betenden, ehelos lebenden Kleriker (und Mönche), die die eigentlichen Könige sind, da sie als Vikare, Stellvertreter Gottes auf Erden, im Frieden stiller Frömmigkeit leben. Auf der anderen Seite die Laien, die den lärmenden und banalen Geschäften des Tages nachgehen. Sie schulden den Klerikern (und Mönchen) nicht nur Unterhalt und Ehrerbietung, sondern haben ihnen auch — um Gottes willen — gehorsam zu sein.

[79] Vgl. F. Wickert, Die Geschichte der Diakonissenweihe: EHK 21, 1939, 57—76; F. Heiler, (Die Frau in den Religionen der Menschheit, 131) meint, daß mit dem Verfall der Erwachsenentaufe auch die Notwendigkeit weiblicher Mithilfe bei der Taufe schwand; deshalb konnten sich misogyne Tendenzen immer deutlicher durchsetzen.

[80] C. 154 CIC konkretisiert diese Norm dahingehend, daß Seelsorgeämter gültig nur solchen Klerikern verliehen werden können, die Priester sind.

Außerdem war ein Weiteres von besonderer gesellschaftlicher Bedeutung: Die Geistlichkeit besaß das *Bildungsmonopol*. Alle Schulen waren Dom- oder Klosterschulen. Allein die Geistlichkeit konnte lesen und schreiben und beherrschte das Latein, die damalige Kanzlei-, Rechts- und Diplomatensprache. Darüber hinaus war jene Zweiteilung der Aufgaben auch für das alltägliche Leben wegweisend: Es galt für den Adel als überflüssig und für den Bauern als anmaßend, lesen oder schreiben oder gar lateinisch reden zu wollen. Allein Reiten, Fechten, Jagen und Kämpfen hielt man für Tätigkeiten, die dem Edlen angemessen waren. Dabei muß beachtet werden, daß mit „Laien“ so gut wie ausschließlich die adeligen und fürstlichen Herren gemeint sind. Das einfache Volk, die schlichten Gläubigen, spielten im Ringen um die Macht nur eine Rolle als Gefolgsleute, Untertanen und Soldaten. Es gab für sie nur einen, allerdings nicht zu unterschätzenden gesellschaftlichen Ausweg: Der Aufstieg in den privilegierten Klerus und in den bevorrechtigten Ordensstand stand jedem, der für berufen und begabt befunden wurde, offen.

BONIFAZ VIII. formulierte schließlich die feindliche Abgrenzung extrem in seiner Konstitution vom 31. 7. 1297, die mit den Worten beginnt: „Clericis laicos infestos oppido tradit antiquitas“: Seit altersher sind die Laien die erbitterten Feinde des Klerus (c. 3 VI° 23, 3). Damit hatte der Herrschaftsanspruch des Klerus im Hochmittelalter seinen letzten und höchsten Ausdruck gefunden und schließlich seine Katastrophe erlebt. Papst CLEMENS V. mußte — auf Druck Philipps des Schönen — dem jene Bulle gegolten hatte, widerrufen.

Die *Mönche* sind die wahren „Geistlichen“. Der Kampf zwischen (Welt-)Klerus und Mönchtum um die Vorherrschaft in der Kirche kann hier nicht nachgezeichnet werden. Er hatte teilweise groteske Formen angenommen, doch die Machtpositionen wechselten rasch und waren nicht einheitlich. Seit GREGOR VII., der selber Mönch war und der von entscheidender Bedeutung für die Verklerikalisierung und Verrechtlichung der Kirche ist, werden auch die „Welt“-Kleriker als „Geistliche“ bezeichnet. Man überträgt damals die von der christlichen Anthropologie gemachte Unterscheidung zwischen „fleischlichen“ und „geistlichen“ Menschen auf die juristische Ebene sozialer Kategorien: Die Männer der Kirche sind die „Geistlichen“, die Laien sind die „Fleischlichen“. Man spricht auch von der rechten und linken Seite des Leibes Christi. Dabei erscheint die Qualität des Christlichen vor allem geknüpft an die Loslösung vom Leibe, von der Ehe, von persönlichem materiellem Besitz. Allerdings wurde dieser Verzicht vielfältig belohnt durch Ansehen, Macht und sozialen Rang.[81] Der auf der Ordination gründende und durch sie ergänzte Klerikalstand ist rechtlich vom Laienstand unabhängig. Die Berufung erfolgt nicht durch Zustimmung oder Bestellung von seiten des Volkes oder der weltlichen Gewalt, sondern allein durch die Auswahl seitens der Hierarchie selbst (c. 109 CIC). Insgesamt haben die Religiosen entscheidenden Anteil an der Gestaltung und Ausbreitung sowie an der gesellschaftlichen Verankerung des Christen-

[81] Vgl. Y. Congar, Laie: HThG II, 7—25; hier: 10.

tums im Volk. Ihnen vor allem verdankt die Kirche im Hochmittelalter ihren (relativen und einstweiligen) Sieg über das Kaisertum und im Spätmittelalter (vor allem den Bettel- und Predigerorden) den Ausgleich gefährlicher sozialer Spannungen sowie die Förderung der Wissenschaft (Universitäten) und der Frömmigkeit (Mystik). Andererseits gingen von den Ordensleuten auch erhebliche gesellschaftliche und religiöse Unruhen aus. Die Laien jedoch waren nur Objekte der Seelsorge und der Fürsorge. Durch die von der Reformation vorgetragene Lehre vom „allgemeinen Priestertum aller Gläubigen" wurde das Bekenntnis zur Notwendigkeit und Gottgestiftetheit des Klerus und die Bejahung des gottwohlgefälligen Daseins der Ordensleute geradezu *das* Unterscheidungskriterium des Katholischen (Konzil v. Trient sess. XXIII cc. 2; 4).

Heutige Bedeutung

Durch das *II. Vatikanische Konzil* ist zwar das allgemeine Priestertum aller Gläubigen mit der Feststellung akzeptiert worden, daß zwischen den Lehrern, den Ausspendern der Geheimnisse Gottes und Hirten für die anderen, einerseits und den Gläubigen, die nicht Glieder des Ordo sind, andererseits eine wahre Gleichheit in der allen Gläubigen gemeinsamen Würde und Tätigkeit zum Aufbau des Leibes Christi walte. Darum schließe „der Unterschied, den der Herr zwischen die geweihten Amtsträger und dem übrigen Gottesvolk gesetzt" habe, eine „Verbundenheit ein, weil die Hirten und die anderen Gläubigen in enger Beziehung zueinander verbunden seien" (Dogm. Konst. LG 32). Wenn darum auch Kleriker und Laien aufeinander zugeordnet seien, weil jeder Stand in besonderer Weise am Priestertum Christi teilnehme, so sei doch das besondere „Priestertum des hierarchischen Dienstes dem Wesen nach und nicht bloß dem Grade nach" von den nichtordinierten Gläubigen unterschieden (Dogm. Konst. LG 10).

Der Bischof ist der eigentliche Priester seiner Kirche. Alle Presbyter haben zusammen mit dem Bischof an ein und demselben Priestertum und Amt Christi teil, weshalb diese Einheit der Weihe und Sendung ihre hierarchische Gemeinschaft mit dem Ordo der Bischöfe erfordere (Dekr. PO 7). Deshalb üben die Presbyter im Namen des Bischofs entsprechend ihrem Anteil an der Vollmacht den Auftrag (munus) Christi aus. Sie sind die Erzieher im Glauben (Dekr. PO 6). Die Religiosen sind bezüglich der göttlichen und hierarchischen Verfassung der Kirche kein Zwischenstand zwischen dem Klerus und den Laien, vielmehr werden aus beiden Gruppen Gläubige berufen (Dogm. Konst. LG 43). In ihnen erweist sich die Erhabenheit des Gottesreiches gegenüber allem Irdischen. Im Ordensstand zeigt sich „die überragende Größe der Herrschaft Christi (magnitudinem virtutis Christi regnandis) und die wunderbare, unbegrenzte Wirkkraft des Heiligen Geistes in der Kirche. Der Stand (status), der durch das Gelöbnis der evangelischen Räte begründet wird, ist also zwar nicht Teil der hierarchischen Struktur der Kirche, gehört aber unerschütterlich zu ihrem Leben und zu ihrer Heiligkeit" (Dogm. Konst. LG 44).

Die Unterscheidung der Christgläubigen in Kleriker und Laien gehört somit nach wie vor zum wesentlichen Verfassungsbestand der katholischen Kirche. Auch der Ordensstand, für Männer und Frauen, bildet eine wesentliche Verfassungsinstitution der Kirche.

Literatur: ALBERIGO, G., Wahl — Konsens — Rezeption im christlichen Leben: Conc (D) 8, 1972, 477—483; AYMANS, W., Kollegium und kollegialer Akt im kanonischen Recht, München 1969; AYMANS, W., Das synodale Element in der Kirchenverfassung, München 1971; Ball, H., Die Hierarchien der Engel und der Kirche, 1955; BECK, A., Römisches Recht bei Tertullian und Cyprian, Halle 1930 (Nachdr. Aalen 1967); BÖCKLE, F., BÖCKENFÖRDE, E.-W. (Hrsg.), Naturrecht in der Kritik, Mainz 1973; BOTTE, B., Der Kollegialcharakter des Priester- und Bischofsamtes: Das Apostolische Amt, hrsg. v. J. GUYOT, Mainz 1961, 68—91; BRACONS, J. M. RIAS, El Derecho divino en el ordenamiento canónico: RevistDerCan 20, 1965, 267—320; CAMPENHAUSEN, H. v., Kirchliches Amt und geistliche Vollmacht, Tübingen ²1963; CONGAR, Y., Der Laie, Stuttgart ²1959; CONGAR, Y., Laie: HThG II, 7—25; CONGAR, Y., Die Rezeption als ekklesiologische Realität: Conc (D) 8, 1972, 500—514 DAVID, J., Das Naturrecht in Krise und Läuterung. Eine kritische Neubesinnung, Köln 1967; DESQUEYRAT, A., Die Institution. Ihre Natur, Arten und Probleme: Institution und Recht, hrsg. v. R. Schnur, Darmstadt 1968, 119—175; DOMBOIS, H., Hierarchie. Grund und Grenze einer umstrittenen Struktur, Freiburg 1971; ELSENER, F., Zur Geschichte des Majoritätsprinzips (Pars maior und Pars sanior), insbesondere nach schweizerischen Quellen: ZSRG. K 42, 1956, 73—116; 560—570; DORDETT, A., Kirche zwischen Hierarchie und Demokratie, Wien 1974; FUCHS, V., Der Ordinationstitel von seiner Entstehung bis auf Innozenz III., Bonn 1930 (Nachdr. Amsterdam 1963); FUNK, F. X., Die Bischofswahl im christlichen Altertum und seit dem Anfang des Mittelalters: Kirchengeschichtliche Abhandlungen und Untersuchungen I, Paderborn 1897, 32—39; GANZER, K., Päpstliche Gesetzgebungsgewalt und kirchlicher Konsens. Zur Verwendung eines Dictums Gratians in der Concordantia Catholica des Nikolaus von Kues: Von Konstanz nach Trient. Beiträge zur Geschichte der Kirche von den Reformkonzilien bis zum Tridentinum. Festgabe für A. Franzen, hrsg. v. R. Bäumer, München — Paderborn — Wien 1972, 171—188. GANZER, K., Das Mehrheitsprinzip bei den kirchlichen Wahlen des Mittelalters: ThQ 147, 1967, 60—87; GOTTLOB, TH., Der abendländische Chorepiskopat, Bonn-Köln 1928 (Nachdr. Amsterdam 1963); GRABMANN, M., Mittelalterliches Geistesleben. Abhandlungen zur Geschichte der Scholastik und Mystik II, München 1936; HEGGELBACHER, O., Geschichte des frühchristlichen Kirchenrechts bis zum Konzil von Nizäa 325, Freiburg/Schw. 1974; HEILER, F., Altkirchliche Autonomie und päpstlicher Zentralismus, München 1941; Heinemann H., „Göttliches Recht"? Versuch einer Differenzierung: ThQ 157, 1977, 279—291; HEIMERL, H., Kirche, Klerus, Laien. Unterscheidungen und Beziehungen, Wien 1961; HUIZING, P., „Göttliches Recht" und Kirchenverfassung: StZ 94, 1969, 162—173; KAISER, M., Hierarchie nach dem Verständnis des Codex Iuris Canonici und dem Zweiten Vatikanischen Konzil: Ius et Salus animarum, 103—121; KASER, M., Das Römische Zivilprozeßrecht, München 1966; KLEIN, J., Von der Tragweite des kanonischen Rechts: EvTh 17, 1957, 97—116; KLEIN, J., Skandalon. Um das Wesen des Katholizismus, Tübingen 1958; KLOSTERMANN, F., Desiderate zur Reform des Laienrechts: ThPQ 115, 1967, 334—348; KÖTTING, B., Zur Frage der „successio apostolica" in frühchristlicher Sicht: Cath (M) 27, 1973, 243—247; KORFF, W., Norm und Sittlichkeit. Untersuchungen zur Logik der normativen Vernunft, Mainz 1973; KOTTJE, R., Die Wahl der kirchlichen Amtsträger. Geschichtliche Tatsachen und Erfahrungen: Conc (D) 7, 1971, 196—200; LEITMAIER, CHARLOTTE, Die Assenspflicht des gläubigen Katholiken: Convivium utriusque iuris, 165—181; LEITMAIER, L. (CHARLOTTE), Der Laie in der Kirche im Mittelalter und im 20. Jahrhundert: ZSRG. K 39, 1953, 28—45; LEITMAIER, CHARLOTTE, Der Katholik und seine Rechte in der Kirche. Kritisch-konservative Überlegungen, Wien-Freiburg-Basel 1971; LESSING, W., Konsensus in der Kirche, München 1973; MÖRSDORF, K., Die Stellung des Laien in der Kirche: RDC 10/11, 1960/61, 214—234; Müller, H., Rezeption und Konsens in der Kirche. — Eine Anfrage an die Kanonistik: ÖAKR 27, 1976, 3—21; Neumann, J., Weihe und Amt in der Lehre von der Kirchenverfassung des Zweiten Vatikanischen Konzils: AKathKR 135, 1966, 3—18; Neumann, J., Das „ius divinum" im Kirchenrecht. Kritische Überlegungen: Orien. 31, 1967, 5—8; Neumann, J., Anstoß zu freiem Denken: ThQ 151, 1971, 346—354; Neumann, J., Kirchenrecht im Spannungsfeld der wissenschaftlichen Disziplinen: ThQ 152, 1972, 317—325; Oehler, K., Der Consensus omnium als Kriterium der Wahrheit in der antiken Philosophie und Patristik. Eine Studie der Geschichte des Begriffs der allgemeinen Meinung: Ders., Antike Philosophie und byzantinisches Mittelalter, München 1969, 234—271; Rahner, K., Über den Begriff des „ius divinum" im katholischen Verständnis: Ders., Schriften zur Theologie, Bd. V.: Neuere Schriften, Zürich-Köln 1962, 249—277; Reform und Anerkennung kirchlicher Ämter. Ein Memorandum der Arbeitsgemeinschaft ökumenischer Universitätsinstitute, München— Mainz 1973; Riedlinger, H., Anmerkungen zum Problem des „ius divinum": Ius et salus animarum, 31—41; Saier, O., „Communio" in der Lehre des Zweiten Vatikanischen Konzils. Eine rechtsbegriffliche Untersuchung, München 1973; Schebler, A., Die Reordination in der „altkatholischen" Kirche unter besonderer Berücksichtigung der Anschauungen Rudolf Sohms, Bonn-Köln 1936 (Nachdr. Amsterdam 1963); Schmithals, W., Das kirchliche Apostelamt. Eine historische Untersuchung, Göttingen 1961; Schneider, C., Geistesgeschichte der Antike, München 1970; Semmelroth, O., L. Hofmann, Der Laie in der Kirche. Seine Sendung, seine Rechte, Trier 1955; Seppelt, F. X., G. Schwaiger, Geschichte der Päpste, München 1964; Siegrist, J., Das Consensus-Modell. Studien zur Interaktionstheorie und der kognitiven Sozialisation, Stuttgart 1970; Stiegler, A., Der kirchliche Rechtsbegriff. Elemente und Phasen seiner Erkenntnisgeschichte, München-Zürich 1958; Weber, M., Gesammelte Aufsätze zur Religionssoziologie III: Das antike Judentum, Tübingen ^{3}1963; Weber, M., Wirtschaft und Gesellschaft. Grundriß der verstehenden Soziologie, Tübingen ^{5}1976; Wickert, F., Die Geschichte der Diakonissenweihe: EHK 21, 1939, 57—76; Wolf, U. A., Ius Divinum. Erwägungen zur Rechtsgeschichte und Rechtsgestalt, München 1970.

2.2. Praktische Grundbegriffe der kanonistischen Gesetzessprache

Wenn auch die im folgenden zu behandelnden Begriffe theologisch geprägt sind, so sind sie doch in erster Linie für die konkrete Normgestaltung, Gesetzesauslegung und Herrschaftsausübung in der Kirche bedeutsam. Deshalb kann die Darstellung der historischen Entwicklung sehr knapp sein; dies um so mehr, als manches in anderem Zusammenhang bereits angesprochen worden ist. Ausschlaggebend bei diesen Begriffen ist vor allem ihre derzeitige rechtliche Bedeutung. Allerdings ist auch bei ihnen zu beachten, daß die lateinischen Ausdrucksformen in den einzelnen Gesetzen und Dokumenten mehrfache Bedeutung zulassen. Darüber hinaus gibt es Beispiele dafür, daß selbst Definitionen im Gesetzbuch nicht für das gesamte Werk gelten.[82]

[82] Beispielsweise wird in c. 1015 § 3 CIC die naturrechtlich gültige Ehe zwischen Nichtgetauften als „matrimonium legitimum" definiert. C. 331 § 1 n. 1 verlangt vom Kandidaten für das

Dennoch lassen sich bei den hier zu behandelnden Begriffen genügend eindeutige Bestimmungen vornehmen, vor allem bezüglich ihres Stellenwertes im Gesamtsystem des kanonischen Rechts. Diese Bedeutungen dürften auch alle Teilrevisionen unbeschadet überstehen. Wie bei den theoretisch-theologischen Grundbegriffen bereits deutlich geworden sein mag, sind die tragenden Termini des kanonischen Rechts aus vor- und außerchristlichen Rechtskreisen übernommen, umgeformt und oft auch mit neuen Inhalten gefüllt worden. Was immer aber auch mit ihnen geschehen sein mag, sie spiegeln die vielfältigen geistigen Entwürfe, die sie gebaren, ebenso wider, wie sie Denken und Verhalten jener bestimmten, die sie übernahmen. So war es nur natürlich, daß die angenommenen Termini prägend auf jene Institution zurückwirkten, die sie benutzte. Ihre Übernahme bedeutete, daß neben das Wort Jesu und das Pneuma Terminologie und Methodik des römischen Rechts traten.

2.2.1. Auctoritas — iurisdictio — potestas

Im römischen Recht verlieh die auctoritas patrum (des Senats) den Beschlüssen der Komitien Rechtskraft und Verbindlichkeit. CICERO (104—43 v. Chr.) bezeichnet in seiner Schrift ›De re publica‹ drei Begriffe als Fundamentalnormen, auf denen die römische Verfassungsordnung gründe: Die *auctoritas* des Senats, die *potestas*, die Macht der Magistraten und die *libertas*, die Freiheit des Volkes. Dabei war auctoritas das die Macht mäßigende, die freie Willkür bindende, die Ordnung sichernde, Herrschaft stabilisierende und das Chaos bändigende Prinzip umfassender politischer Tradition auf der Grundlage des Rechts. Sie war gleichsam das Ergebnis verantwortlicher Beratung (consilium), die die Macht (potestas) mit Ansehen füllt, ihre Grenzen bestimmt und ihr dadurch Bestand verleiht. Der Begriff auctoritas birgt bei aller Rationalität einen geheimnisvollen Inhalt, weshalb er sich bereits bei den Römern einer juristischen Definition entzog: Auctoritas war eine gestaltende Wirklichkeit, der man sich aus Staatsräson und freiwilliger Einsicht unterwarf.[83]

Doch auch das römische Privat- ebenso wie das Prozeßrecht sind vom Gedanken der auctoritas geprägt; in ihnen bedeutet dieser Terminus die Bestätigung von Rechtsgeschäften durch einen tutor bzw. die Beistandschaft (actio auctoritatis).

Bei der Übernahme durch die Kirche erfuhr dieser Begriff, den die Bibel nicht kennt, eine Umprägung. „Von Tertullian, dem ältesten lateinischen Kirchenschriftsteller, Schöpfer der lateinischen Kirchensprache, von Haus aus wahrscheinlich selbst Jurist, über Cyprian, Bischof von Karthago, der aus dem römischen Beamtenadel hervorgegangen war und ausgesprochen politisch dachte, bis zum heiligen Augustin vollzog sich im wesentlichen die Anpassung des vieldeutigen Begriffs aus

Bischofsamt, er müsse „ex legitimo matrimonio" stammen. Das kann ja nur heißen: aus einer (kirchlich) gültigen Ehe. Ein Rückgriff auf die Definition des c. 1015 § 3 wäre sinnwidrig.

[83] Vgl. H. Wagenvoort, Auctoritas: RAC I, 902—904.

der römischen Staatspraxis an die Interessen und Bedürfnisse der Kirche."[84] Die Begriffsübernahme traditioneller Termini ging Hand in Hand mit der hierarchischen Institutionalisierung des abendländischen Christentums. Die von heiliger Begeisterung erfüllte Gemeindekirche wurde zur politisch bedeutsamen Universalkirche, der „die politische wie die geistige Erbschaft Roms in den Schoß und auf die Schultern fiel".[85]

Das Glaubensbekenntnis, die regula fidei, wird zur formalen auctoritas der Kirche. Diese beruht nicht mehr nur auf Schrift, Tradition und Sukzession, sie hat vielmehr frische Quellen: die Märtyrer, die Weisungen der Bischöfe und Konzilien.[86]

Potestas meint *Befugnis* zu rechtswirksamem Herrschaftshandeln, also die Anwendung von auctoritas. Im römischen Rechtsverständnis dürfte dieser Terminus begrifflich nicht von *imperium* abzugrenzen sein. Potestas könnte als die handelnde, ihre Macht gebrauchende auctoritas beschrieben werden. Im Gegensatz zu imperium als der öffentlichen Ausübung der Hoheitsrechte bezeichnet *iurisdictio* (vgl. oben 2.1.4.) die hoheitliche Rechtsbefugnis zunächst auf dem Gebiet der *Privat*rechtspflege. Später wurde darunter auch die (Privat-)Rechtspflege der Provinzialstatthalter der Municipialmagistrate verstanden.

Iurisdictio mandata bzw. *delegata* bedeutet die kraft Gesetzes oder durch Rechtsakt von einem Jurisdiktionsmagistraten abgeleitete bzw. übertragene Gerichtsvollmacht.[87] Erst später erhielt dieser Begriff instrumentale Bedeutung im Sinne berechtigter und bevollmächtigter Ausübung einer auctoritas.

Im kanonischen Recht bezeichnen *potestas* und *auctoritas (ecclesiastica)* die Hoheitsgewalt der Kirche im weiten Sinn. Dem Papst kommt die suprema ac plena potestas iurisdictionis in universam Ecclesiam zu (c. 218 § 1 CIC). Seine *potestas iurisdictionis* ist eine wahrhaft bischöfliche, ordentliche und unmittelbare (c. 218 § 2 CIC). Dem rechtmäßig einberufenen und vom Papst geleiteten Ökumenischen Konzil kommt die höchste potestas über die gesamte Kirche zu (c. 228 CIC). Die Bischöfe als Nachfolger der Apostel leiten ihre Teilkirchen kraft göttlicher Anordnung (vgl. 2.1.7.) mit ordentlicher potestas, unterstehen dabei jedoch der *auctoritas* des Römischen Pontifex (c. 329 § 1 CIC). Sie leiten (regunt) die ihnen zugewiesenen Teilkirchen durch auctoritas und sacra potestas. Diese ihre potestas propria, ordinaria et immediata wird in ihrem Vollzug von der höchsten auctoritas der Kirche geregelt (nämlich mittels des Instrumentes der iurisdictio) (LG 27). Iurisdictio umfaßt im kanonischen Recht nicht nur die Gerichtsgewalt, sondern meint jede kirchliche Hoheitsgewalt, und zwar sowohl im Rechts- als auch im Gewissensbereich (c. 296 CIC).

Das kirchliche Verfassungssystem ruht somit auch nach der Lehre des *II. Vatikanischen Konzils* auf der Trias: *auctoritas — iurisdictio — potestas.* Wesentliche Termini

[84] Th. Eschenburg, Über Autorität, 32.

[85] Vgl. Hannah Arendt, Was ist Autorität?: Fragwürdige Traditionsbestände im politischen Denken der Gegenwart, 158.

[86] Vgl. G. Tellenbach, Auctoritas: RAC 1, 904—909.

[87] Vgl.: M. Kaser, Das römische Zivilprozeßrecht, 26ff.; 132ff.; 361.

der römischen Rechtsordnung sind damit als fundamentale Normen dem geistlich-politischen Selbstverständnis der Kirche integriert.

2.2.2. Episcopus — (iudex) ordinarius — praelatus

Das kanonische Recht kennt für den *Bischof*[88] als Oberhirte einer Diözese[89] mehrere Bezeichnungen: Antistes (ecclesiarum) und pontifex, aber auch (iudex) ordinarius loci, praelatus, rector dioecesis und vor allem *episcopus.*[90]

In der antiken Rechtssprache hießen in abhängigen Städten die von der herrschenden Macht entsandten Aufsichtsbeamten episkopoi. In „freien" Städten trugen bestimmte Mitglieder des Beamtenkollegiums, die besondere Kontroll- bzw. Leitungsfunktionen innehatten, diesen Titel (RAC II, 396; KP II, 323). Schließlich wurden auch Vereinsfunktionäre mit beaufsichtigenden und leitenden Aufgaben so genannt. Auch administrative ‚Beamte' hellenistischer Kultgenossenschaften bzw. von Vereinigungen mit religiösen Zwecken führten diesen Titel (ThWNT II, 619, 14). Allerdings scheinen sie dabei keine eigentlich religiösen oder kultischen Aufgaben wahrgenommen zu haben; vor allem dürften sie das Vereinsvermögen verwaltet haben.

Auch andere beaufsichtigende und leitende Tätigkeiten eines Wächters, Kundschafters oder Aufsehers wurden mit dem allgemeinen Terminus espiscopus bezeichnet.

Im Wirkbereich der hellenistischen *Philosophie* schließlich wurde dieser Begriff in einer besonderen Bedeutung verwandt: Die kynischen Wanderprediger wurden als „Boten und Erkunder" und „Herolde" der Gottheit bezeichnet. Diese hatten die Herzen der Menschen zu erforschen und zu beaufsichtigen (episkopein). Es fällt auf, daß dabei nicht das Substantiv episkopos verwandt wurde (ThWNT I, 408; II, 606).

[88] Die den germanischen Sprachen gemeinsame Bezeichnung für den Leiter eines ‚Bistums' (= Bischofstums) dürfte auf einer frühen Entlehnung aus dem kirchenlateinischen (ursprünglich griechischen) Lehnwort episcopus beruhen (vgl. unten 3.2. Anm. 1).

[89] Der Begriff dioíkesis meinte ursprünglich die allgemeine Verwaltung, insbesondere die Finanzverwaltung des Staates (im Gegensatz zur Tempelverwaltung). Im „späteren" römischen Verwaltungsrecht wird damit der Teilbezirk einer provincia bezeichnet. In der diokletianischen Reichsreform von 297 wurde das Imperium in 96, später in 120 Provinzen (im Osten Eparchien genannt), gegliedert. Sie waren in 12 dioeceses zusammengefaßt. Bei den Christen hieß der Bischofssprengel zunächst wohl paroikia. Im griechischen Staatsrecht waren die paroiken jene, die zwar als Freie in der Polis (später in den römischen Provinzen) lebten, die jedoch nicht das Bürgerrecht besaßen. Die Christen verstanden sich bekanntlich als Fremdlinge auf dieser Erde, weil sie ihr Bürgerrecht im Himmel haben. Vom vierten Jahrhundert an begann paroikia den (pfarrlichen) Teilsprengel zu bezeichnen und meinte dioíkesis nun den Bezirk der Bischofskirche. Zur Begriffsgeschichte vgl.: A. Blöchinger, Die heutige Pfarrei als Gemeinschaft, bes. 33 ff.

[90] Vgl. Ph. Hofmeister, Episcopus im Codex: ThQ 133, 1953, 160—175; 326—342.

Doch auch die Götter selbst werden als episkopoi bezeichnet, wenn sie als Patrone bestimmter Städte oder Menschen, Ordnungen oder Lebensbereiche auftreten. Als solche wachen sie über deren Unversehrtheit ebenso wie über die Einhaltung von Verträgen (RAC II, 398).

Bei aller Vieldeutigkeit dieses Wortes im griechischen Sprachgebrauch wird erkennbar, daß es als Amtsbezeichnung von Menschen zunächst durchaus dem profanen Bereich angehört; durch seine Anwendung auf die Götter hat es allerdings auch eine religiöse, wenngleich nicht kultische Komponente.

Das griechische Wort espiskopos ist schon in vorchristlicher Zeit ins Lateinische eingegangen und vereinzelt zur Benennung staatlicher bzw. kommunaler Aufsichtsbeamten — später insbesondere im Verpflegungswesen — verwandt worden.

Als Zweig der Staatsverwaltung wurde der Staatskult von den Priestern der verschiedenen Ordines, die jeweils eigene Kollegien bildeten, ausgeführt. Ein besonderes Kollegium waren die Pontifices, an deren Spitze der Pontifex Maximus stand, der auch die Disziplinaraufsicht führte. Plutarch bezeugt, daß der Pontifex Maximus auch Episkop der Jungfrauen (= Vestalinnen) genannt wurde (Numa 9).

Der Begriff *antistes* dürfte erst spät mit fremden Kulten (z.B. mit dem Mithraskult) nach Rom gekommen sein.

Die in den christlichen Gemeinden zunächst wohl vornehmlich mit verwaltenden Aufgaben betrauten ortsansässigen ‚Gemeindebeamten' werden in den frühchristlichen Schriften unter anderem auch als episkopoi bezeichnet. Die von den frühen christlichen Gemeinden für leitende Aufgaben gebrauchten Begriffe (Aufseher, Lenker, Ältester) waren, wie wir annehmen dürfen, aus dem Kommunal- und Vereinsrechts bekannt. „Aufseher" und „Ältester" bezeichneten in den Kultvereinen nicht priesterliche, sondern verwaltende, überwachende und karitativ tätige Funktionäre. Dagegen fehlten bei den christlichen Amtsträgern Bezeichnungen aus dem ausgesprochenen Kultrecht (z.B. sacerdotes, hieroi und pontifices).

In der kanonischen Rechtssprache werden die (Orts-)Oberhirten auch als *ordinarii* (sc. *iudices*) bezeichnet.[91] Allerdings meint der Begriff „Ordinarius" außer dem Römischen Papst *Residenzialbischöfe* und die gefreiten Äbte und Prälaten, aber auch die Generalvikare, die Apostolischen Administratoren sowie die Apostolischen Präfekten und Vikare nebst den höheren Oberen exemter klerikaler Religiosenverbände (c. 198 CIC).

Außerdem kann auch der Begriff *praelatus* sowohl den (zuständigen) Bischof als auch jene Welt- und Ordensgeistlichen bezeichnen, die ordentliche Jurisdiktion in foro externo (also hoheitliche Leitungsgewalt) besitzen. Den bloßen Ehrenprälaten kommt eine solche Vollmacht nicht zu (c. 110 CIC).[92]

[91] Die kanonistische Rechtssprache unterscheidet zwischen ordinarius loci und ordinarius proprius (c. 94 CIC).

[92] Gewöhnlich bezeichnet die Kanonistik nur solche Inhaber hoheitlicher Leitungsgewalt als Prälaten, die nicht Bischöfe sind: K. Mörsdorf, Die Rechtssprache CIC 104; P. Hinschius, Kirchenrecht I, 375.

Die heute (noch) gebräuchlichen Bezeichnungen für die Träger geistlicher Hoheitsgewalt stammen aus der antiken Rechts- und Verwaltungssprache. Sie weisen auf den juristischen Ursprung nicht nur dieser Begriffe, sondern auch der ihnen zugrundeliegenden Ämter hin.

2.2.3. Forum internum — forum externum

Forum bezeichnet in der römischen Rechtssprache neben dem Marktplatz vor allem den Gerichtsort, die gerichtliche Zuständigkeit und dann das Gericht selbst. Passivisch gebraucht bedeutet es das Unterworfensein unter eine bestimmte Gerichtsbarkeit, aktivisch die Zuständigkeit eines bestimmten Amtsträgers für eine Rechtssache (de foro competenti). Besondere Zuständigkeiten im Zivil- wie Strafprozeß (für Senatoren, Soldaten, Beamte und Geistliche) hießen privilegium fori.[93]

Die (mittelalterliche) Kanonistik übernahm den Begriff forum aus der römischen Rechtssprache für die Bestimmung von rechtlicher Abgrenzung und gerichtlicher Zuständigkeit. Im kanonischen Prozeßrecht bezeichnet forum den Gerichtsstand. Auch zur Abgrenzung zwischen kirchlichem (forum ecclesiasticum) und weltlichem Bereich (forum saeculare) wird es im geltenden Recht benutzt (cc. 1301 § 1, 1553 § 2, 1933, § 3 CIC).

Einen spezifischen Gebrauch läßt das Begriffspaar *forum internum — forum externum* erkennen. Es entstand in der juridifizierenden Bußtheologie zu Beginn des 13. Jahrhunderts: Das forum paenitentiale stand dem forum iudiciale gegenüber. THOMAS VON AQUIN gebrauchte forum exterius erstmals gleichbedeutend mit forum iudiciale. Den Gegensatz dazu bildete dann das *forum conscientiae seu paenitentiale;* damit wurde der Eindruck erweckt, als stünde der Bereich des Gewissens bzw. des (geheimen) Bußsakramentes in Gegensatz zu dem Rechtsbereich der Kirche. Für das gegenwärtige kanonische Recht sind alle Vorgänge in sämtlichen Foren, wie immer sie bezeichnet sein mögen, der rechtlichen Hoheitsgewalt der Kirche unterworfen (c. 196 CIC).[94] Das geltende Recht geht davon aus, daß in beiden Foren die eine iurisdictio ecclesiae ausgeübt wird. Allerdings kann die Kirche als eine auf dem persönlichen Glauben ihrer Glieder aufbauende Gesellschaft vom inneren Wollen des Individuums bei bestimmten geistlich bedeutsamen Rechtsakten nicht absehen. Wenn auch einem Spruch in foro interno die gleiche seinsmäßige Rechtsbedeutsamkeit zukommt wie einem Entscheid in foro externo, so kann dennoch im Einzelfall ein Widerspruch zwischen der tatsächlichen Wirksamkeit in foro interno und der förmlichen Beweisbarkeit in foro externo bestehen. Dies kann

[93] Vgl. L. Wenger, Institutionen des römischen Zivilprozeßrechts, 40ff., 72f.; M. Kaser, Römisches Privatrecht, 26.

[94] Vgl. B. Fries, Forum in der Rechtssprache.

nicht nur im Fall eines Handelns in foro interno sacramentale (=Bußsakrament), sondern auch in foro interno non sacramentale auftreten. Beispielsweise ist eine in foro interno sacramentale erteilte Dispens von einem (trennenden) Ehehindernis unter Umständen in foro externo nicht beweisbar. Bei Nachweis des (trennenden) Ehehindernisses und bei Nichtbeweisbarkeit der (anläßlich der Beichte) erteilten Dispens gilt die (gültig) geschlossene sakramentale Ehe für den äußeren Rechtsbereich als ungültig.

Umgekehrt gilt eine formal korrekte Eheschließung auch dann als gültig, wenn (wenigstens) ein Partner die Ehe selbst oder eine ihrer Wesenseigenschaften durch positiven Willensakt ausgeschlossen hat (c. 1081 i. V. m. c. 1086 CIC), solange dies in foro externo nicht bewiesen werden kann (c. 1014 CIC).

Im Extremfall kann somit eine Diskrepanz zwischen beiden Foren entstehen. Schwerer dürfte es allerdings wiegen, daß geistliche ebenso wie innere Entscheidungen des Individuums einer juristisch-formalisierten Kompetenz unterworfen werden, obwohl anerkannt ist, daß sie sich einer letztlich stimmigen Überprüfung entziehen. Die Möglichkeit des Eingriffs in den nach außen hin nicht in Erscheinung tretenden inneren Bereich ist einerseits vom geistlichen Selbstverständnis der Kirche her gerechtfertigt, andererseits jedoch nicht nur eine Quelle für Rechtsunsicherheiten im Extremfall, sondern zugleich auch bezeichnend für den tiefgreifenden Anspruch der kirchlichen Rechtsordnung, bis in das Innerste des Menschen gestaltend zu wirken. Denn — wie gesagt — forum internum und forum externum bezeichnen nicht den Gegensatz zwischen Rechtsbereich und Gewissensbereich, sondern zwei lediglich hinsichtlich ihres Öffentlichkeitsgrades unterschiedene Bereiche der einen Hoheitsgewalt der Kirche.[95]

[95] K. Mörsdorf beschreibt diesen Anspruch folgendermaßen: „... die Kirche kann sich als geistliche Gemeinschaft, die auf der Überzeugungstreue ihrer Glieder beruht, nicht mit dem bescheiden, was nach außen gegeben ist, sondern muß auf dem aufbauen, was wirklich ist und geschieht, mag es auch verborgen sein. Die Kirche kann sich darum grundsätzlich nicht mit einem bloß äußeren Rechtsverhalten begnügen, sondern muß die freie innere Zustimmung fordern. Die Erzwingbarkeit der Normen des Kirchenrechts ist — abgesehen davon, daß der Kirche physische Zwangsmittel nur in begrenztem Ausmaß zur Verfügung stehen — anderer Art als im weltlichen Recht. Die geistlichen Zwangsmittel der Kirche sind darauf angelegt, eine verstockte Haltung durch das Gewinnen einer besseren Einsicht zu brechen" (Kirchenrecht: HThG I, 838). Das Zitat dürfte das Problem geistlichen Zwanges deutlich zeigen: Entweder wird „Haltung durch das Gewinnen besserer Einsicht" *freiwillig* verändert oder aber diese Haltung wird durch den Zwang des Gesetzes *gebrochen;* dann aber ist fraglich, ob ein solcher Sinneswandel sittlich zurechenbar ist und ob er überhaupt auf solche Weise herbeigeführt werden darf. Hier ist die Möglichkeit des Rechtes am Ende und hat es seine Grenze erreicht. Recht kann und darf immer nur äußeres Verhalten erzwingen; es muß sich damit begnügen, zu hoffen, daß der Gesetzesuntertan die positive Absicht des Gesetzes nicht nur formal respektiert, sondern auch inhaltlich akzeptiert.

2.2.4. Dispens — Privileg — Aequitas canonica — Epikie

Weil die kirchliche Rechtsordnung der Differenz zwischen formaler Norm und beweisbarem Tatbestand einerseits und inhaltlicher Erfüllung und möglicherweise nicht beweisbarem Sein andererseits gerecht zu werden versucht, greift sie auf die Rechtsinstitute der *Dispens* und des *Privilegs* sowie auf die Gestaltungsgrundsätze der *aequitas canonica* und der *Epikie* zurück.

Um die Starre positiven Rechts zu mindern, gleichzeitig jedoch der kirchlichen Autorität das Gestaltungs- und Normsetzungsrecht auch für den Einzelfall zu sichern, arbeitet das kanonische Recht mit Ausnahmeregelungen für den Einzelfall oder für bestimmte Fallgruppen. Dabei greift es auf bekannte Institutionen (des römischen Rechts) zurück:

1. Seit dem Ende der römischen Republik war der Cäsar Herr der Gesetze; er konnte darum für den Einzelfall ihre Verpflichtungskraft aufheben. Dispensen werden in der Regel dann notwendig, wenn die Reichweite der Gesetze weitgehend und die Verpflichtungskraft so umfassend ist, daß letztlich alles, was nicht erlaubt ist, als verboten zu gelten hat. Dann bedarf es der gewährenden Dispensen und gestaltenden Privilegien.

Dispensatio[96] meint das genaue Abwägen im einzelnen (Rechts-)Fall und schließlich die Aufhebung der Wirkung einer Norm für einen bestimmten Einzelfall und einen bestimmten Tatbestand (c. 80 CIC).

Seit mit dem Aufkommen der Kanonistik im 12. Jahrhundert das Geflecht kirchlicher Gesetze immer dichter geworden war, bedurfte es der konsequenten und systematischen Anwendung von Dispensen durch den Herrn der Gesetze (den Papst für päpstliches und den Bischof für bischöfliches Recht) (cc. 81—82 CIC). Zwar bedurfte der Papst zur Erteilung der Dispens — nach der Lehre der meisten Kanonisten — eines gerechten und vernünftigen Grundes, doch übten die Päpste tatsächlich seit dem 12. Jahrhundert kraft ihrer plenitudo potestatis ein praktisch nur vom positiven göttlichen Recht begrenztes, gegenüber dem Kirchenrecht also unbeschränktes Dispens- und Privilegienrecht aus. Notwendigkeiten für Dispensen ergaben sich viele: Es konnte vom Alter, vom Weihegrad, von körperlichen Gebrechen, vom Besitz mehrerer unvereinbarer Kirchenämter, von Ehehindernissen aller Art und anderem mehr dispensiert werden. Die Taxen für Dispensationen und Erteilungen von Privilegien waren erheblich und machten im Hochmittelalter einen nicht geringen Teil der päpstlichen Einnahmen aus.

Bestimmte Befreiungen wie etwa von Gelübden und Versprechenseiden (cc. 1311 und 1320 CIC) oder die Auflösung des Bandes einer Ehe (cc. 1119 u. 1120 CIC) werden „unechte" Dispensen genannt. In diesen Fällen hat die kirchliche Autorität keine unmittelbare Zuständigkeit, vielmehr kann sie nur feststellend tätig werden. Dieser hoheitliche Feststellungsakt hat allerdings Rechtsfolgen: Die bis dahin beste-

[96] Vgl. J. Lederer, Der Dispensbegriff des kanonischen Rechts.

henden Wirkungen werden für den kirchlichen Rechtsbereich vernichtet. Es wird hierbei jedoch nicht von einer Norm befreit, sondern die kraft allgemeinen Rechts eingetretenen Rechtsfolgen werden im nachhinein von der höchsten kirchlichen Autorität für wirkungslos erklärt oder abgeschwächt.

Rechtssprachlich unglücklich ist es, wenn auch die „Begnadigung" im Strafrecht als dispensatio bezeichnet wird. Begnadigung ist zwar inhaltlich der Dispens verwandt, formal jedoch zu unterscheiden, weil durch sie Rechtsfolgen einer Sühnstrafe (c. 2236 § 1 CIC) aufgehoben oder gemildert werden.

Daß dispensatio schließlich auch noch die Spendung eines Sakramentes bezeichnen kann, macht den Begriff nur noch schillernder.[97]

Dispens ist somit *Normbefreiung* durch den zuständigen Hoheitsträger oder einen von ihm Beauftragten.

Unter bestimmten Voraussetzungen, etwa wenn das Angehen der zuständigen Autorität schwierig ist oder Gefahr eines schweren Schadens droht, können auch nachgeordnete Jurisdiktionsträger dispensieren, sofern es sich um Normen handelt, von denen der Heilige Stuhl (oder der Partikulargesetzgeber) zu dispensieren pflegt (c. 81 CIC). In der Regel dürfen Dispensen nur aus einem vernünftigen und wichtigen Grund erteilt werden.

2. Im alten römischen Recht hieß das eine Einzelperson betreffende *Ausnahmegesetz* „privilegium". Im klassischen römischen Recht meint es die *Sondernorm* zugunsten bestimmter Personen und Personengruppen. Bis ins neunte Jahrhundert wurde jede Urkunde kirchlicher Autoritäten aber auch weltlicher Herren in Sachen der Kirche als Privilegium bezeichnet, auch wenn nur alte Rechte bestätigt wurden. Das kanonische Recht versteht unter Privilegien *objektive Rechtsnormen* für den Einzelfall oder bestimmte Fallgruppen.

Bestimmte Status-Rechte werden ebenfalls als „unechte" Privilegien bezeichnet. Sie sind leges speciales des allgemeinen Rechts, also Sondernormen: So etwa die Standes-„Privilegien" der Kleriker, der Kardinäle, des Bischofs oder der Ordensleute. Sie sollten künftig besser als Standes- oder Amtsrechte bzw. als Gruppenvorrechte (etwa der Ordensleute) bezeichnet werden. Denn einerseits kann der Einzelne auf diese Rechte nicht verzichten, andererseits gehören sie zu seinen subjektiven Rechten. Insbesondere handelt es sich bei den „unechten" Privilegien um folgende Vorrechte:

a) Das *privilegium canonis* gewährt den Geistlichen erhöhten Schutz vor Realinjurien (Sakrileg) (cc. 119, 2343, 2344 CIC). Nach Art. 5 des Reichskonkordats genießen die Geistlichen (der katholischen Kirche) in Ausübung ihrer Tätigkeit den gleichen Schutz des Staates wie Staatsbeamte.

b) Da es unziemlich ist, daß Laien über Geistliche zu Gericht sitzen (K. Mörsdorf), beinhaltet das *privilegium fori* das Recht der Geistlichen, sich ausschließlich vor einem kirchlichen Richter verantworten zu müssen (c. 120 CIC). In den meisten

[97] Vgl. K. Mörsdorf, Die Rechtssprache des CIC, 388.

Ländern ist dieses Vorrecht gewohnheitsrechtlich abgeschafft. Sein Fortfall ist für Deutschland und Österreich von der Kurie anerkannt (seit 1911). Ein solches Sonderrecht wäre mit dem Grundgesetz der Bundesrepublik Deutschland (Art. 3 u. 101) unvereinbar.

c) Das *privilegium immunitatis* meint die Befreiung von Steuern und Diensten, die mit dem geistlichen Stand nicht zu vereinbaren sind, z.B. Kriegs-, Hand- und Frondienst (cc. 121, 139 CIC). Nach Art. 6 des Reichskonkordats sind Kleriker und Ordensleute von der Verpflichtung zur Übernahme öffentlicher Ämter (z.B. als Schöffen) befreit. Nach dem Wehrpflichtgesetz von 1956 sind Geistliche (aller Konfessionen) von der Wehrpflicht ausgenommen.

d) Das *beneficium competentiae* schützt den notwendigen Lebensunterhalt der Geistlichen (c. 122 CIC). Durch Art. 8 des Reichskonkordats ist das Amtseinkommen der Geistlichen von der Zwangsvollstreckung gleichermaßen ausgenommen wie das der Beamten.

Die *„echten" Privilegien* (auch Indulte genannt) (cc. 63—79 CIC) dagegen stellen das einer physischen oder juristischen Person vom Gesetz verliehene *Ausnahmerecht* (iura singularia) dar. Als Gunsterweis ist das Privileg ein erlaubender Rechtssatz, der die Freiheit gibt, etwas zu tun oder zu unterlassen. In der Regel kann der Begünstigte nicht gezwungen werden, von seinem Privileg Gebrauch zu machen, sofern es ihm nur zu seinen eigenen Gunsten gegeben ist. Es stellt eine Eigenart des kirchlichen Rechts dar, daß auch Sachen (z.B. Altäre) und Orte (etwa eine Kirche oder Friedhof) Träger von Ausnahmerechten sein können (beispielsweise bezüglich bestimmter liturgischer Rechte oder besonderer Ablässe).

3. *Aequitas*[98] bezeichnet im Rechtsdenken der Römer einen speziellen Aspekt der Gerechtigkeit im Sinne gleicher Entscheidung in gleichgelagerten Fällen. Sie meint also die materielle Gerechtigkeit in der Fallentscheidung: Das ius wird konkretisiert zur ars boni et aequi (Celsus: D 1, 1, 1 pr.). Tatsächlich konnte jedoch eine Divergenz zwischen aequitas und ius nicht übersehen werden. Aequitas wurde deshalb zum primären Maßstab der Kritik und Mittel zur Interpretation des ius (und nicht mehr sein Wertgehalt).

In diesem Sinn nennt auch c. 20 CIC die *aequitas canonica* als Interpretationsprinzip zur Auslegung der Gesetze; es soll helfen, den richtigen Sinn einer Norm zu finden.[99]

Für die kirchliche Autorität soll die aequitas canonica Maßstab des Handelns sein. Insofern wirkt sie als Imperativ für gerechte Anwendung des Rechts und seine Ergänzung und Entwicklung im Sinne der Gerechtigkeit. Allerdings stehen Recht und Gerechtigkeit dabei zuallererst im Dienste des Schutzes der Institution und der

[98] In der Regel wird aequitas mit „Billigkeit" übersetzt. Es bedeutet jedoch zunächst auch Gleichheit, Gleichmaß, die Gleichheit vor dem Gesetz und Gleichheit des Rechts, sodann das der Gerechtigkeit entsprechende Verfahren (Georges I, 189). Man sollte es darum besser mit „Angemessenheit" als mit „Billigkeit" übersetzen.

[99] Vgl. F. Elsener, Gesetz, Billigkeit und Gnade: Summum ius summa iniuria, 168—190.

Aufrechterhaltung der Ordnung. Die Idee des Schutzes der individuellen Rechte fehlt zwar nicht, doch steht dieser Gedanke in einem eigenartigen Bezug zur kirchlichen Gesamtordnung, weil die individuellen Rechte im kanonischen Recht in erster Linie Rechte der Amtsinhaber sind. Die Kleriker als die eigentlichen Rechtssubjekte des kanonischen Rechts haben ihre Rechte in erster Linie als Mitglieder der Elite und Inhaber von Leitungsämtern.

Andererseits läßt allerdings gerade der Grundsatz der aequitas canonica das kanonische Recht offen sein, damit es sich an die immer neuen geistigen, gesellschaftlichen und politisch-ökonomischen Verhältnisse und veränderten Gegebenheiten anzupassen vermag. Umgekehrt hat die aequitas canonica auch dafür zu sorgen, daß nicht zelotische Rigoristen die Ordnung der Kirche verformen und den Freiraum des Rechts zerstören. Darum verbietet der Grundsatz der aequitas canonica in seiner Konsequenz jede gottunmittelbare absolute Herrschaftsmacht, die für gerechtes Recht keinen Raum mehr ließe. Somit stellt dieser Grundsatz einen nie abgeschlossenen Auftrag der kirchlichen Autoritäten dar, stets um ein menschliches und gerechtes Recht in Gesetzgebung, Rechtsprechung und Verwaltung bemüht zu sein. Zugleich ist er ein Hinweis darauf, daß das kirchliche Recht keine starre Rechtsordnung zu sein bräuchte.

4. *Epikie* (griechisch: epieikeia = Milde, Nachsicht) bewertete Aristoteles höher als das legale Verhalten. Wo das gesatzte Recht dem Einzelfall nicht gerecht werde, sei es geboten, das Gesetz entsprechend seinem Geist auszulegen, zu verbessern bzw. zu praktizieren, damit es der Gerechtigkeit entspreche. Demgemäß ist für Thomas von Aquin die Epikie eine Tugend, eine Tochter der Klugheit und der aequitas, die den Geist der Freiheit voraussetzt.[100]

Während die aequitas canonica sich in erster Linie an die Autorität richtet und auffordert, im Sinne der Gerechtigkeit zu entscheiden, ist die Epikie eine Aufforderung an den Gesetzesunterworfenen, situations- und sach*gerecht* zu handeln. Sie ist somit die andere, subjektive Seite der aequitas, gleichsam der Imperativ an den Gesetzesunterworfenen, sich im konkreten Fall seinerseits — etwa durch das Mittel der Rezeption sowie durch Schaffung von Gewohnheitsrecht und Einwirkung auf den Gesetzgeber — mutig und eigenverantwortlich für die Annäherung des Gesetzes an die Gerechtigkeit einzusetzen. Dabei entbindet sie denjenigen, der Epikie übt, nicht davon, die Rechtsfolgen seines unter Umständen formal gesetzeswidrigen Handelns tragen zu müssen.

So erweisen sich *aequitas* und *Epikie* als die je zu verantwortenden dynamischen Impulse der Rechtsgestaltung und Gesetzesentwicklung; man kann sie als herrschaftsbegrenzende Institutionen lebendigen Rechts betrachten. Allerdings müßte die tatsächliche Rechtsanwendung diese Prinzipien auch zur Wirksamkeit kommen

[100] Nikomachische Ethik V, 4; Summa Theologica II—II q. 120. — Vgl.: R. Egenter, Über die Bedeutung der Epikie im sittlichen Leben: PhJ 53, 1940, 115—127; A. Di Marino, L'epikeia cristiana: DT 55, 1952, 396—424.

lassen. Das jedoch ist heute tatsächlich im kanonischen Recht ebensowenig zu erkennen wie in weltlichen Rechtsordnungen. Für die Rechtspraxis scheinen beide Institutionen belanglos geworden zu sein, denn es gibt kaum mehr einen Rechtsfall von Bedeutung, wo eine Berufung auf diese Prinzipien von der kirchlichen Autorität respektiert und akzeptiert würde.

Dispens und *Privileg* dagegen sind zwar unentbehrliche Hilfsmittel einer Rechtsordnung, doch moderne Rechtsauffassung und heutige Vorstellung von Gerechtigkeit erheischen eine äußerst behutsame Anwendung dieser Institute. Gerade eine geistlich orientierte Rechtsordnung sollte so strukturiert sein, daß sie weithin ohne diese Instrumente auszukommen vermag. Die derzeit noch geltende Dispens- und Privilegienordnung ist Ausdruck eines überholten feudalen und absolutistischen Machtanspruchs und einer nicht länger zu verantwortenden Herrschaftspraxis. Der Hinweis, geistliches Recht müsse dem individuellen Heil entsprechen und deshalb den unterschiedlichsten Verhältnissen gerecht werden, greift nicht. Wenn die Rechtsordnung eine wirklich geistliche wäre, könnte sie in vielen Bereichen so gestaltet sein, daß nur im äußersten Fall auf Dispens und Privileg zurückgegriffen werden müßte.[101]

2.2.5. Beneficium — officium — munus — dignitas

Die Bedeutung der hier behandelten Begriffe für „Amt und Würde" ist schon im römischen Sprachgebrauch schillernd gewesen; das hat sich auch im kanonischen Recht nicht wesentlich geändert. Das kirchliche Gesetzbuch nennt die angeführten Termini an manchen Stellen unterschiedslos nebeneinander: Officia, beneficia, dignitates (cc. 626 § 1, 2392 u. a. CIC) und dazu noch munera (cc. 2390, 2403 CIC) vgl. oben 2.1.2.).

1. Im römischen Recht bezeichnet *beneficium* besonders Rechtswohltaten, vor allem im Privatrecht.[102] Fast während des ganzen ersten Jahrtausends waren die

[101] So behält beispielsweise MP ›Matrimonia mixta‹ vom 31. 3. 1970 das Hindernis der Konfessionsverschiedenheit bei (n. 1). Gleichzeitig wird jedoch bestimmt, daß die Kirche bereit sei „nach den Gegebenheiten der Zeit, des Ortes und der Personen ... zu dispensieren, sofern ein gerechter Grund vorliegt" (n. 3). — Die *Deutsche Bischofskonferenz* machte von ihrem Recht Gebrauch und bestimmte diesbezüglich in den Ausführungsbestimmungen vom 23. 9. 1970 (abgedr.: Amtsblätter der Deutschen Bistümer), daß in ihren Diözesen stets ein gerechter Grund für die Dispens vorliege, sofern die anderen Voraussetzungen gegeben seien. Die Dispensvollmacht wird überdies an den jeweiligen Pfarrer delegiert. — Dieses Vorgehen dürfte zeigen, daß pastorale Probleme sinnvoll und menschengerecht eben nicht durch eine einerseits strenge und allgemeine Norm und andererseits durch eine flexible und freundliche Dispenspraxis geordnet werden können.

[102] Darunter beispielsweise das „Beneficium competentiae" als „Rechtswohltat des Notbedarfs", die dem von einer Exekution bedrohten Schuldner das zum Leben Notwendige beläßt (vgl. oben: 2.2.4. Ziff. 4) (KP I, 862 f.).

Kleriker im Bereich der römisch-rechtlichen Kirchenordnung an den bischöflichen Kirchen ad nutum episcopi angestellt. Sie waren somit in ihrer ganzen wirtschaftlichen Existenz vom Bischof abhängig. In germanischen Gebieten entwickelte sich dagegen ein System der sogenannten Eigenkirchen (U. STUTZ). Kirchen dieser Art standen auf dem Boden des jeweiligen Grundherrn und dienten ihm und seinen Hintersassen; sie waren sein Eigentum. Die Stellung der an diesen Kirchen wirkenden Geistlichen „unterschied sich in nichts von dem des herrschaftlichen Müllers oder des ackerbauenden Grundholden".[103] Dem Bischof blieb in diesen Fällen meist nur die Weihe, kaum ein Aufsichtsrecht. Dagegen bestimmte das Aachener Kirchenkapitulare (von 818/819): Künftig sollten nur Freie (oder Freigelassene) unter Gewährung eines festen lastenfreien Existenzminimums (congrua portio) angestellt werden. Schließlich legte es sich nahe, die im Frankenreich nördlich der Alpen üblich gewordene Form der freien Leihe, der sogenannten Benefizialleihe, für die Kirchen von Grundherren und die an ihnen tätigen Priester zu übernehmen. Aus dieser ländlichen Kirchenleihe hat sich im Hochmittelalter, als das Eigenkirchenwesen verfiel, das kirchliche Benefizium im eigentlichen Sinn entwickelt:[104] eine bestimmte Vermögensmasse (dos, praebenda), die mit einem Kirchenamt dauernd verbunden ist und zum Lebensunterhalt des Amtsinhabers dient (beneficium propter officium). Im kirchlichen Gesetzbuch bedeutet darum beneficium im technischen Sinn das bepfründete Kirchen*amt*.[105]

Die Legaldefinition des c. 1409 CIC bestimmt das Benefizium als eine juristische Person (ens iuridicum), die von der zuständigen kirchlichen Autorität auf Dauer errichtet ist und die aus zwei komplementären Bestandteilen besteht: Aus dem officium und dem Recht auf die zum Amt gehörigen Erträgnisse.[106] Deshalb spricht das Gesetzbuch an einigen Stellen auch von beneficialia officia (cc. 146, 1411 n. 3 u. a. CIC).

Tatsächlich stellt das Benefizium unter den modernen ökonomischen Bedingungen nur noch den rechtlichen Mantel (in Form einer nichtkollegialen juristischen Person) für ein kirchliches Amt dar. Es bestimmt somit den materialen Gehalt des Amtes, dient jedoch nicht mehr der Versorgung des Amtsinhabers. Anstelle des Vermögens, aus dem der Amtsinhaber seinen Lebensunterhalt bezogen hatte, ist heute zunehmend das Diensteinkommen getreten.

Als der CIC in Kraft trat, hatte das Benefizium tatsächlich weithin viel von seiner ursprünglichen Bedeutung für die Versorgung des Amtsinhabers verloren. Insofern

[103] H. E. Feine, Kirchliche Rechtsgeschichte, 203.

[104] Vgl. u.a. D. Lindner, Das kirchliche Benefizium in Gratians Dekret: STGra II, 1954, 377ff.

[105] Daneben wird es auch in seinem ursprünglichen Wortsinn (Wohltat bzw. Gunstbezeugung) gebraucht: cc. 810, 1290 § 1 CIC insbes. für die sog. Rechtswohltat (beneficium restitutionis) cc. 1687 § 1, 1847 CIC und das beneficium competentiae (cc. 122, 1923 § 1 CIC): vgl.: R. Köstler, Wörterbuch zum CIC, 52f.

[106] Wer nur Einkünfte bezieht ohne ein Amt innezuhaben, hat kein Benefizium, sondern eine Kommende (c. 1412 n. 5 CIC) oder eine Pension.

ist es anachronistisch, wenn im Gesetzbuch das Benefizialwesen theoretisch noch weiterhin als Basis des kirchlichen Amtsrechts dargestellt wird. Dies um so mehr, als im CIC das Ämterrecht zerrissen ist, da zunächst die amtsrechtlichen Bestimmungen in den cc. 145—195 CIC dargestellt werden, die vermögensrechtliche Seite des Amtes jedoch in den cc. 1409—1488 CIC behandelt wird, obwohl sie sich in nicht wenigen Fällen überschneiden. So sehr diese Auseinanderreißung für die Praxis hinderlich ist, dürfte andererseits die betonte Beibehaltung des Benefizialrechts — unter vermögensrechtlichen Gesichtspunkten — rechtsgeschichtlich und rechtsmethodisch interessant sein. Denn das Benefizialrecht hat viel zur Ausbildung einer (relativen) finanziellen Unabhängigkeit zuerst der kirchlichen, dann aber auch der weltlichen Beamtenschaft von ihren bischöflichen Herren bzw. ihren Landesherren beigetragen. Durch den Rechtsanspruch auf angemessene Versorgung und lebenslänglichen Unterhalt, der nur aufgrund gesetzlich umschriebener Verfehlungen und in einem förmlichen Verfahren entzogen oder geschmälert werden kann, hat dieses Institut wesentliche Gedanken für die Entwicklung des modernen Dienstrechts beigesteuert.

2. Die inhaltliche Bedeutung von *officium* reichte auch im Verständnis der Römer von Pflicht über Gefälligkeit, Amtspflicht und Amt bis zum Inbegriff aller Dienstleistungen und dem Personal eines Amtsbüros. Diese Vieldeutigkeit hat sich in der Kirchensprache erhalten. Es bezeichnet Pflicht und Verbindlichkeit ebenso wie Gehorsam und Schuldigkeit; schließlich die geistlichen Amtshandlungen, den Chordienst und das Stundengebet der Kleriker und Mönche, die dienstliche Stellung oder „amtliche" Funktion, vor allem jedoch das Amt.[107]

Das kirchliche Gesetzbuch gibt in c. 145 § 1 CIC eine Legaldefinition. Danach ist jede Dienstleistung (munus), die dem Ziel der Kirche dient und in ihrem Namen wahrgenommen wird, als officium im weiten Sinn zu verstehen. Als Kirchenamt im engen Sinn wird jener Inbegriff von Rechten bezeichnet, der dem Amtsinhaber Anteil an der Kirchengewalt entweder durch göttliche oder kirchliche Anordnung gibt. Diese Legaldefinition ist jedoch nur theoretisch; sie läßt sich aus dem Gebrauch der Termini im Gesetzbuch kaum verifizieren.[108]

Tatsächlich werden einfache Dienstleistungen (munera) manchmal als officia und umgekehrt officia im eigentlichen Sinn vereinzelt als munera bezeichnet.

Das legitim errichtete und auf Dauer eingerichtete Amt (und nicht die Weihe) vermittelt somit iurisdictio. Das Dasein der Kirche hängt deshalb nach katholischem Verständnis am Dasein des (konkret vorhandenen) apostolischen Amtes (des Bischofs).[109] So gesehen ist der Begriff officium (im engen Sinn) zentral und konstitutiv für die Kirchenverfassung, insofern das Amt (des Bischofs) durchaus im juristischen Sinn — also keineswegs nur in einer unbestimmten Weise einer pneu-

[107] H. Heumann, E. Seckel, Handlexikon 388f.; R. Köstler, Wörterbuch zum CIC, 243ff.

[108] Vgl. K. Mörsdorf, Die Rechtssprache des CIC, 183, 116.

[109] Vgl. J. Neumann, Amt, römisch-katholisches: EStL 36—38.

matisch-charismatischen Berufung — zu begreifen ist. In Verbindung mit der formalen und materialen Deutung der apostolischen Sukzession (vgl. oben 2.1.2.) und der Funktion der Ordination (vgl. oben 2.1.3.) als unabdingbarer Voraussetzungen zur Übernahme eines kirchlichen Amtes im eigentlichen Sinn erweist sich der formalisierte Amtsbegriff als ein auch theologisch entscheidendes Datum.[110] Insofern der Begriff officium im eigentlichen Sinn einerseits die Ordination voraussetzt und andererseits durch eben dieses Amt iurisdictio vermittelt wird, sind in ihm also ordinatio und apostolische Sukzession zur Einheit verschmolzen. Er ist deshalb der signifikante Zentralbegriff des kanonischen Amtsrechts. Die in den letzten Jahren immer wieder vorgetragene Beteuerung, kirchliches Amt sei stets und ausschließlich *Dienst*amt, mag somit vielleicht Ausdruck eines schlechten Gewissens bzw. eines vagen nicht reflektierten Unbehagens sein, nicht jedoch eine objektive Beschreibung des kirchlichen Amtsbegriffes. Dieser orientiert sich allein an formalen Kriterien: der auf Dauer angelegten Einrichtung durch die zuständige Autorität, die legale Verleihung und die auf diese Weise bewirkte Teilhabe an kirchlicher Leitungsgewalt. Eine juridifizierende Deutung der jüdischen Stellvertretungsfunktion (shaliach) hat sich mit dem — recht unbestimmten — officium-Begiff des römischen Rechts ebenso verbunden wie mit germanischen lehensrechtlichen Vorstellungen und religiösen Ideen, der repraesentatio und dem charismatischen charakter indelebilis. Die aus dieser Verbindung hervorgegangene sakralrechtliche Norm stellt somit die hierarchisch-juristische Konkretisierung des Selbstverständnisses der katholischen Kirche dar.

3. *Munus*, dessen Bedeutung bereits in der römischen Rechtssprache sehr allgemein war, ist im kanonischen Recht der allgemeinste Begriff zur Bezeichnung „amtlicher" Obliegenheiten. Das Gesetzbuch gibt keine Legaldefinition und gebraucht den Terminus manchmal als Oberbegriff für alle Kirchenämter, dann für jene Ämter, die nicht bleibend errichtet sind, und schließlich für jegliche Amtspflichten. Vor allem in den Texten des II. Vatikanischen Konzils wird munus in einer geradezu unbestimmbaren Vielfalt verwandt.[111]

Durch die bischöfliche Konsekration werden nach der Lehre des Konzils nicht nur das munus sanctificandi, sondern auch die munera docendi et regendi (LG 21) übertragen. Die Funktion des Bischofs wird als „munus pastorale" bezeichnet (LG 27 u.a.). Von Christus wird gesagt, er erfülle sein „munus propheticum" nicht allein durch die Hierarchie, sondern auch durch die Laien (LG 35).

Diese Hinweise mögen genügen zu zeigen, daß die juristische und theologische

[110] Bemühungen, die juristische Valenz des Amtes theologisch zu relativieren (z.B.: ›Reform und Anerkennung kirchlicher Ämter. Ein Memorandum‹), verfehlen die institutionelle Realität und die ideologische Bedeutung dieses Begriffs für das katholische Kirchenverständnis.

[111] Seine Bedeutung reicht in den Texten des II. Vatikanischen Konzils von „Bestechungsgeld" über das Amt des Bischofs bis zu den „Drei Ämtern Christi". Die sprachliche Unklarheit des lateinischen Textes wird in den deutschen Übersetzungen noch vergrößert, wenn z.B. munus, ministerium, mandatum unterschiedslos mit „Auftrag" und andererseits mit „Amt" übersetzt werden (vgl.: J. Neumann, Weihe und Amt: AKathKR 135, 1966, 3—18).

Vieldeutigkeit dieses Begriffs höchstens noch größer geworden ist. Seine rechtliche Bedeutung muß dem jeweiligen Kontext entnommen werden.

4. Zu den unbestimmten, aber dennoch wichtigen und oft gebrauchten Begriffen im kanonischen Amtsrecht gehört schließlich der Terminus *dignitas.* Wie im römischen Sprachgebrauch[112] meint dieses Wort auch in der kanonischen Rechtssprache an sich kein Kirchenamt, sondern eine kirchliche Würde. Neben den mit einem höheren Kirchenamt verbundenen Dignitäten, bei denen Amt und Würde nicht zu trennen sind, bezeichnet es auch hervorgehobene Mitglieder in Kapiteln (c. 395 § 1 u.a. CIC) sowie einfachere Würden (etwa akademische Grade).

An den dargestellten Begriffen mag auffallen, daß bis heute zentrale Termini der römischen Rechts- und Herrschaftsvorstellungen ohne wesentliche Veränderung in die kirchliche Rechtssprache eingegangen sind und die Machtstrukturen der Kirche prägen. Die inhaltlichen Bedeutungen sind nur beim Begriff beneficium weiterentwickelt und formal hinreichend definiert worden. Diese Entwicklung ist, wie gezeigt wurde, allerdings mehr germanischem als christlichem Denken zu danken. Beachtlich mag ferner sein, daß vornehmlich politische und staatsrechtliche Begriffe übernommen worden sind. Die kirchliche Rechtssprache verrät somit ein beachtliches Maß an imperialer römischer Tradition.

2.2.6. Person

Rechtssubjekte im klassischen und modernen Sinn können allein Menschen, nämlich Personen, sein. Die Rechtsordnung richtet sich daher dieser Voraussetzung gemäß stets allein an Menschen. Das ist keineswegs selbstverständlich. „Archaische" Rechtsvorstellungen betrachteten nicht nur die Gottheiten als Vertragspartner und Rechtsgenossen, sondern grundsätzlich auch Tiere und Sachen als mögliche Träger von Rechten und Pflichten.[113] Hier jedoch geht es allein um den Personbegriff im Rechtssinn, näherhin im Verständnis des kanonischen Rechts.

[112] Dignitas = Würde, Würdigkeit, sittlicher Wert und darauf gründende Achtung, amtliche Stellung, Rang. In der späten Kaiserzeit bezeichnet es außerdem Staatsämter (im Gegensatz von militia), aber auch die Qualität oder den Wert einer Sache (Heumann, Seckel, Handlexikon, 147).

[113] Ein solches Denken zeugt vom Bewußtsein der geschöpflichen Einheit von Mensch und Tier ebenso wie vom Wissen um das gegenseitige Aufeinander-angewiesen-Sein. Die Tiere als Geschöpfe Gottes stehen beispielsweise im ›Alten Testament‹ unter Gottes Schutz; in der Not konnten sie zu Gott rufen (Ijob 38, 41). Sie standen unter dem Noahbund (Gen 9, 9—11) und mußten Buße tun (Jon 3, 8). Tiere konnten als Vermittler und Träger göttlicher Willensäußerung auftreten (Num 22, 20—35; 1 Sam 6, 12 u.a.). Darum genossen Tiere teilweise analoge (manchmal größere) Rechte als Sklaven. Im ›Alten Testament‹ z.B. haben Sklaven und Tiere Anrecht auf Sabbatruhe und Anspruch auf Nahrung (Ex 23, 12; Dtn 25, 4). Auch strafrechtlich konnten Tiere belangt werden (Ex 21, 28).

Zum Begriff

Die moderne Rechtslehre spricht von *Rechtsfähigkeit* (Rechtssubjektivität) als der Fähigkeit, Träger von Rechten und Pflichten zu sein. Wem diese Fähigkeit zukommt, ist Person im Rechtssinn. Rechtsfähig sind nach heutiger Auffassung alle Menschen (= natürliche Personen) sowie bestimmte, von der Rechtsordnung mit Rechtssubjektivität ausgestattete Organisationsformen. Da ihnen Rechtssubjektivität zuerkannt ist, sie also aktiv und passiv rechtsfähig sind, werden sie als *juristische* (bzw. in romanischer Sprachweise auch als *moralische*) Personen bezeichnet.

Das römische Recht sprach von *persona* (= eigentlich Larve, Maske und davon abgeleitet Rolle)[114] zunächst in bezug auf die Rolle, die jemand im Rechtsleben bzw. konkret im Prozeß „spielte": seine Parteirolle. Daraus entwickelte sich in klassischer Zeit die Vorstellung von der Prozeßfähigkeit vor Gericht allgemein (= legitimam personam in iudicio habere: rubr. C. 3, 6). Im klassischen Griechisch gibt es dafür keine genaue Entsprechung (KP IV, 657). Der Begriff einer *persona moralis seu iuridica* war jedoch unbekannt; einen terminus technicus für Körperschaft kannten die Römer nicht. Von universitas sprachen sie bei Gesamtheiten verschiedener Art; corpus und collegium bezeichneten besondere Arten von (rechtsfähigen) Verbänden.[115]

Gibt das Personsein auch die allgemeine Rechtsfähigkeit, so ist davon die *Handlungsfähigkeit* zu unterscheiden. Letztere meint die Fähigkeit, durch eigenes Tun Rechte und Pflichten zu erwerben. Während bei der natürlichen Person die Handlungsfähigkeit von bestimmten Voraussetzungen abhängt (z.B. Alter, Vernunftgebrauch), vermag eine juristische Person *als solche* überhaupt nicht zu handeln. Sie bedarf dazu eigener Organe.

Allgemeine Rechtsfähigkeit besagt jedoch nicht, daß jeder Person jede denkbare Rechtsstellung zugänglich wäre; die allgemeine Rechtsfähigkeit muß im einzelnen Fall durch die besondere Rechtsfähigkeit konkretisiert und somit legitimiert werden. Die allgemeine Rechtsfähigkeit verliert dadurch viel von ihrer grundlegenden Bedeutung, wenn im Einzelfall eine besondere Rechtsfähigkeit verlangt ist (z.B. ein bestimmtes Geschlecht, eine bestimmte familienrechtliche Stellung oder Staatsangehörigkeit und dgl.). So gesehen ist es weder begriffswidrig noch systemfremd, wenn das kanonische Recht bezüglich der allgemeinen und besonderen Rechtsfähigkeit spezifische Eingrenzungen kennt.

Bedeutung im kanonischen Recht

1. Die katholische Kirche versteht sich als eine von jeder staatlichen oder menschlichen Autorität unabhängige Institution mit eigener rechtlicher Organisation, die über alle geistlichen, weltlichen und juristischen Mittel zur Erreichung ihres Zwekkes verfügt. Sie weiß sich insofern dem Staat, der seinerseits alle Mittel zur Erreichung seines Zweckes besitzt, ebenbürtig. Seit dem 19. Jahrhundert stellt deshalb die kuriale Doktrin Kirche und Staat als *perfectae societates*, mit jeweils unterschiedlichen Zielen, nebeneinander.[116]

[114] Vgl. Heumann, Seckel, Handlexikon, 425f.

[115] Vgl. M. Kaser, Römisches Privatrecht, 72.

[116] Zur Problematik dieses relativ jungen Begriffs und seiner Entwicklung vgl.: P. Huizing, Um eine neue Kirchenordnung: Vom Kirchenrecht zur Kirchenordnung? 57—83; hier: 58; K. Walf, Die katholische Kirche — eine „societas perfecta"?: ThQ 157, 1977, 107—118.

2. Anders jedoch als ein Staat, in dem jeder Mensch ein gewisses Mindestmaß an Rechtssubjektivität besitzt, auch wenn die Rechtsfähigkeit weithin eingeschränkt sein kann, gehört jemand zur Kirche nur kraft eines besonderen Rechtsakts. Dieser Rechtsakt ist *einzig* die sakramentale *Wassertaufe.*

C. 87 CIC bestimmt, daß durch die Taufe ein Mensch zur Person in der Kirche Christi konstituiert wird; durch sie erhält er alle Rechte und Pflichten eines Christen, sofern nicht bezüglich der Rechte das Band der kirchlichen communio entweder durch eine *Sperre* (obex) oder durch eine von der Kirche verhängte *Strafe* (censura) beeinträchtigt ist. Daraus ergeben sich nicht geringe theologische und rechtliche Probleme.[117] Hier sollen nur die wichtigsten juristischen Implikationen festgehalten werden:

a) Nur ein Getaufter, aber auch jeder Getaufte, ist für das kanonische Recht und die innere Ordnung der Kirche Person, also Rechtssubjekt und damit auch Rechtsunterworfener. Die Rechtsfähigkeit dagegen hängt im Einzelfall von besonderen Gegebenheiten ab (Alter, Geschlecht, Zugehörigkeit zum Klerus u. a.).

Da die Taufe ein sakramentales Siegel einprägt (character indelebilis), gibt es nach kanonischem Recht keine Möglichkeit, aus der Kirche als geistlich-religiösem Rechtsverband auszuscheiden. Es gilt der Grundsatz: Semel christianus, semper christianus. Insoweit beansprucht die katholische Kirche als die einzige Kirche Christi (Dogm. Konst. LG 8) grundsätzlich volle Jurisdiktionshoheit über *alle* Getauften, mögen sie nun in ihr oder in einer anderen christlichen Gemeinschaft getauft sein, mögen sie sich zu ihr bekennen oder nicht.[118] Denn wer immer „in der rechten Weise die Taufe empfangen hat, ist dadurch in eine gewisse, wenn auch nicht vollkommene Gemeinschaft mit der katholischen Kirche hineingeschaffen"[119]. Jede Taufe „ist daher hingeordnet auf das vollständige Bekenntnis des Glaubens, auf die völlige Eingliederung in die Institution des Heils, wie sie Christus gewollt hat, und schließlich auf die völlige Eingliederung in die eucharistische communio"[120]. Das II. Vatikanische Konzil hat somit vom Hoheitsanspruch der katho-

[117] Auf die theologischen Probleme ist hier weder einzugehen noch sollen die verschiedenen Lösungsversuche vorgestellt werden. Aus der vielfältigen Literatur sei nur erwähnt: K. Rahner, Die Gliedschaft in der Kirche nach der Enzyklika Pius' XII ›Mystici corporis Christi‹: Schriften zur Theologie II, 7—94 (mit Lit. bis 1961). K. Mörsdorf, Persona in Ecclesia Christi: AKathKR 131, 1962, 345—393 (Lit.); P. Meinhold (Hrsg.), Das Problem der Kirchengliedschaft heute, Darmstadt 1979.

[118] Das II. Vatikanische Konzil formuliert juristisch wenig präzis: „Mit jenen, die durch die Taufe mit dem Christennamen geschmückt sind (christiano nomine decorantur), den vollen Glauben jedoch nicht bekennen oder die Einheit der communio unter dem Nachfolger Petri nicht bewahren, weiß sich die Kirche aus mehrfachem Grund verbunden ..." (Dogm. Konst. LG 15).

[119] Dekr. UR 3: „Hi enim qui in Christum credunt et baptismum rite receperunt, in quadam cum Ecclesia catholica communione, etsi non perfecta, constituuntur."

[120] Dekr. UR 22: „Itaque baptismus ordinatur ad integram fidei professionem, ad integram incorporationem in salutis institutum, prout ipse Christus illud voluit, ad integram denique in communionem eucharisticam insertionem."

lischen Kirche nichts zurückgenommen. Wenn auch die katholische Kirche ihren Jurisdiktionsanspruch gegenüber nichtkatholischen Christen seit dem 11. Jahrhundert im Osten und im 16. Jahrhundert im Westen nicht mehr durchsetzen konnte, so scheint sie ihn jetzt diesen Christen gegenüber auch nicht mehr voll urgieren zu wollen.

b) Das bedeutet: Grundsätzlich unterliegt jeder Getaufte der Hoheitsmacht der Kirche Jesu Christi. Diese existiert real, vollkommen und legitim (nur) in der katholischen Kirche. Die subjektiven Rechte können jedoch von jenen nicht wahrgenommen werden, die entweder nicht zur katholischen Kirche gehören oder deren Rechte zur Strafe behindert sind. Deshalb unterscheidet der Gesetzgeber zwei verschiedene Rechtsursachen für den Nichtbesitz der subjektiven und aktivischen Rechte in der Kirche:

1. Ohne subjektiv zurechenbares Verschulden, vielmehr allein aufgrund der konkreten Tatsache der institutionellen Trennung von der einzig wahren Kirche, kommen den nichtkatholischen Christen keine Rechte in ihr zu. Jenen Christen, die in einer nichtkatholischen Glaubensgemeinschaft geboren und getauft wurden, kann zwar „die Schuld der Trennung nicht zur Last gelegt werden" (UR 3), doch können sie innerhalb der katholischen Kirche von ihrer grundsätzlich durch die Taufe verliehenen Rechtssubjektivität keinen Gebrauch machen. Sie haben in der Kirche keine Rechte. Nur in besonderen Fällen (etwa bezüglich des Klagerechts in Ehesachen) kann ihnen die Gunst gewährt werden, ihre subjektiven Rechte im Einzelfall auszuüben. Der CIC bezeichnet diese tatsächliche Aberkennung der Rechte als obex, als tatsächlich gegebene Sperre (c. 87), weil sie keinen Strafcharakter besitzt. Obex meint also einen rechtsbedeutsamen Sachverhalt ohne subjektive Schuld.

2. Eine Minderung der Rechte in der katholischen Kirche kann jedoch auch durch eine censura, eine Strafe[121] verursacht sein. Im Gegensatz zum obex, bei dem lediglich ein objektiv feststellbarer Tatbestand gewürdigt wird, setzt die Verhängung einer censura stets (subjektiv zurechenbare) Schuld voraus.[122]

c) Über denjenigen, der in der katholischen Kirche getauft wurde oder zu ihr konvertierte, beansprucht die Kirche Hoheitsgewalt. Diese Rechtsunterworfenheit kann nach kanonischem Recht weder vom einzelnen aufgekündigt noch von der Kirche aufgehoben werden. Das wird deutlich beispielsweise im Eherecht: Wer jemals katholisch war, kann eine kanonisch gültige Ehe nur in der vom kirchlichen Recht vorgeschriebenen Form schließen, selbst wenn er inzwischen einer anderen Religionsgemeinschaft beigetreten wäre. Diesbezüglich gilt der Grundsatz: Semel catholicus, semper catholicus.

[121] Die Frage, ob *censura* hier lediglich eine sog. Besserungs- bzw. Beugestrafe (poena medicinalis) gemäß c. 2216 CIC meine (wie R. Köstler, Wörterbuch zum CIC, 65, meint) oder ob censura hier auch sogenannte Sühnstrafen, die statusmindernd wirken (etwa infamia), einschließt — wie K. Mörsdorf (Die Rechtssprache CIC, 389) annimmt — kann hier außer Betracht bleiben.

[122] Allerdings wird bei Vorliegen einer objektiven Straftat subjektive Schuld bis zum Erweis des Gegenteils vermutet (vgl. cc. 2201, 2202, 2204—2208 CIC).

d) Ein Sonderproblem stellt der in manchen Ländern, so in der Bundesrepublik Deutschland, mögliche *Kirchenaustritt* dar. Ein solcher Kirchenaustritt wird dort vom Staat zur Wahrung des Grundrechts der Religionsfreiheit gewährt, wo an der Zugehörigkeit zu einer bestimmten Religionsgesellschaft bestimmte öffentliche Rechte hängen. Der Kirchenaustritt ist vor einer jeweils vom Gesetz bestimmten staatlichen Instanz (in der Bundesrepublik in der Regel vor dem Standesbeamten) zu erklären. Er hat rechtsgestaltende Wirkung allein für den bürgerlichen Rechtsbereich. Wenn der Staat Kirchensteuer erhebt, wird der Ausgetretene dazu — von diesem — nicht mehr herangezogen.

Darüber, wie der Kirchenaustritt, den es als solchen nur in ganz wenigen Ländern gibt, vor dem Forum der Kirche zu qualifizieren ist, gibt es keine eindeutige Rechtsnorm. Für die Bundesrepublik Deutschland gilt, daß der Betreffende von den Sakramenten ausgeschlossen ist[123] (vgl. unten 9.3.4.4.).

Juristische Personen

Die Vorstellung, daß es rechtsfähige Organisationsformen geben kann, die von den jeweiligen Mitgliedern losgelöste Träger von selbständigen Rechten sein können, ist zusammen mit der Theorie von der Rechtsfähigkeit erst durch die Wissenschaft des 19. Jahrhunderts entwickelt worden. Sie konnte dabei allerdings auf ältere Ansätze zurückgreifen: Der Antike war ein solcher Gedanke fremd, wenngleich die Römer nicht daran vorbeigehen konnten, daß es Personenmehrheiten gibt, die eines eigenen Willens fähig sind und deren Vermögen von dem ihrer Mitglieder verschieden ist.[124] In der nachklassischen Zeit bildete die einzelne christliche Bischofskirche (ecclesia) zunächst einen Personenverband. Als sich aber die Willensbildung von den Mitgliedern immer stärker auf die kirchlichen Organe verlagert, tritt die juristische Auffassung von der Gemeinde als einer Körperschaft hinter jene als Anstalt zurück. Man war um eine Klärung nicht bemüht. Die dominierende Position des Bischofs begünstigte die Vorstellung, er habe das Kirchengut in seinem treuhänderischen Eigentum. Ähnlich verhielt es sich mit den Klöstern und ihren Vorstehern. Am Privatrecht wie am Zivilprozeß hatten Kirchen und Klöster selbstverständlich teil.

Die Bezeichnung „juristische Person" stammt aus dem 19. Jahrhundert und meint eine *Dauerorganisation von Personen und Zwecken.* Grundsätzlich besitzt sie die

[123] Das setzen die deutschen Bischöfe in einer Stellungnahme vom 22.12.1969 fest: AKathKR 138, 1969, 557—559. Damit erkennen die deutschen Bischöfe dem zunächst rein bürgerlich-rechtlichen Geschehen des Kirchenaustritts nach Art einer lex canonizata auch für den innerkirchlichen Bereich bestimmte rechtserhebliche Folgen zu. — Eine weitere Erklärung der deutschen Bischöfe vom 20. 8. 1971 befaßt sich vor allem mit den kirchlichen Folgen des sogenannten „modifizierten Kirchenaustritts": AKathKR 140, 1971, 557. Zum Problem: J. Neumann, Zur Kirchenfinanzierung in der Bundesrepublik Deutschland: ThQ 156, 1976, 198—205.

[124] Vgl. M. Kaser, Römisches Privatrecht, 72. — Auch hier brauchen weder die Begründungsversuche mit Hilfe der rezeptorischen Fiktionstheorie noch der realen Verbandspersönlichkeit dargestellt zu werden. Beide Versuche einer Erklärung beruhen auf der unbegründeten Überschätzung des in diesem Zusammenhang nur zufällig verwendeten Personbegriffs.

gleiche Rechtsfähigkeit wie die natürliche Person. Es macht jedoch geradezu ihr Wesen aus, daß sie von den einzelnen natürlichen Personen, ihren Mitgliedern, auch wenn sie sie gegründet haben, unabhängig ist.

Der Sache nach kannte das kanonische Recht von seinem Anbeginn an juristische Personen:[125] officium, beneficium, capitulum, titulus, mensa episcopalis, congregatio und collegium cardinalium u.a. belegen dies. Der Begriff als solcher ist jedoch jüngeren Datums.[126]

Die *katholische Kirche* und der *Apostolische Stuhl* sind juristische Personen kraft „göttlicher Anordnung" (c. 100 § 1 CIC). Die übrigen kirchlichen juristischen Personen haben diese Eigenschaft entweder kraft Gesetzes (ipso iure) oder durch besondere förmliche Gewährung (concessio) von seiten der zuständigen *kirchlichen* Autorität. Es gibt im kanonischen Recht also keine juristische Person privaten Rechts. Auch ein frommer Verein bedarf für seine Rechtsfähigkeit der Errichtung durch die zuständige kirchliche Obrigkeit (c. 686 CIC). Voraussetzung ist, daß die juristische Person einem religiösen oder karitativen Zweck dient. Sie ist ihrer Natur nach auf Dauer angelegt. Darum überlebt sie ihr letztes Mitglied, sofern sie nicht rechtmäßig aufgehoben wird, um einhundert Jahre (c. 102 § 1 CIC).

Das kanonische Recht folgt der allgemein üblichen Klassifikation und unterscheidet

Körperschaften (personae morales collegiales), also Personenmehrheiten, die bei ihrer Gründung mindestens aus drei Personen bestehen müssen (c. 100 § 2 CIC), und

Anstalten (personae morales non collegiales). Darunter versteht man herrschaftlich verfaßte Organisationen, die nicht — wie eine Körperschaft — vom Willen mehrerer natürlicher Personen getragen werden, sondern die einer bestimmten Aufgabe satzungsmäßig dienen. Sie werden vom Anstaltsherrn eingerichtet und mit einer Satzung ausgestattet. Eine Sonderform herrschaftlicher Organisationen stellen die Stiftungen dar. Sie verwalten eine für bestimmte Zwecke endgültig gestiftete Vermögensmasse gemäß der konstituierenden Willensanordnung des Stifters.[127]

Juristische Personen genießen im kanonischen Recht den gleichen Schutz wie Minderjährige. Die *Willensbildung* geschieht in den körperschaftlichen juristischen Personen durch Mehrheitsbeschluß. Fragen, die jedes Mitglied unmittelbar berühren, müssen entsprechend dem Grundsatz entschieden werden: „Quod autem omnes, uti singulos, tangit, ab omnibus probari debet" (c. 101 § 1 n. 2 CIC). In anstaltlichen juristischen Personen erfolgt die Willensbildung gemäß den Anstalts-Statuten bzw. aufgrund der jeweils zutreffenden Normen des kanonischen Rechts (z.B. beim Benefizium, bei der Kirchenstiftung, bei Frommen Anstalten und Seminarien).

[125] Der CIC gebraucht meist als fachliche Bezeichnung „persona moralis". Gleichwertig werden jedoch auch „persona iuridica", „ens iuridicum" und „corpus morale" verwendet.

[126] Die ältere Kanonistik sprach von „persona universitatis", „—repraesentata", „— mystica" oder „corpus mysticum".

[127] Vgl. zum Ganzen H. J. Wolff, O. Bachof, Verwaltungsrecht II, 7—9.

Der Personbegriff dient also auch im kanonischen Recht zur Bezeichnung der Fähigkeit, im Rahmen innerkirchlichen Rechts Träger von Rechten und Pflichten zu sein, also Rechtssubjektivität zu besitzen.

2.2.7. Delikt und Strafe

Die Kirche als eine äußerlich in Erscheinung tretende, rechtlich verfaßte und „vollkommene" Gesellschaft kennt seit altersher strafbare, mit Sanktionen belegte Handlungen und seit dem Aufkommen der Kanonistik ein förmliches Straf- und Strafprozeßrecht. Entgegen manchen Behauptungen ist es keineswegs so, daß das Strafrecht erst verhältnismäßig spät in die Kirche eingedrungen sei, ihr ursprüngliches Selbstverständnis demgegenüber vom Prinzip der Liebe bestimmt werde. Tatsächlich fordert der *Gott Jesu* nicht nur absolute Zuwendung und endgültige Bekehrung (u. a.: Lk 9, 62; 10, 1—16), sondern berichten auch die frühen christlichen Schriften für den rein disziplinären Bereich von (uns ungewöhnlich hart erscheinenden) Maßnahmen gegen Übeltäter. Nach der Darstellung der Apostelgeschichte ahndet Gott durch Petri Mund selbst relativ geringfügigen Betrug mit dem Tod (Apg 5, 1—11). *Paulus,* der die judaistischen Verführer als „Hunde" bezeichnet (Phil 3, 2) und sie wiederholt verflucht (Gal 1, 8—9), fordert die Gemeinde zu Korinth auf, seinem Urteil über den sogenannten „Blutschänder" beizutreten: „Im Namen unseres Herrn Jesu Christi sollt ihr" — befiehlt der Apostel — „diesen Menschen dem Satan übergeben zum Verderben für das diesseitige Leben, damit seinem Geist Rettung werde am Tage des Herrn" (1 Kor 5, 4—5).[128] Es dürfte jedoch verfehlt sein, solch ein Vorgehen als „Verfahren" gemäß „Sätzen heiligen Rechts" zu bezeichnen.[129] In diesen Geschehnissen soll vielmehr die Macht Gottes demonstriert, nicht aber „Recht" gesprochen werden. Denn Recht bezeichnet, wie wir eingangs gesehen haben, die an der Gerechtigkeit orientierte Norm *menschlichen* Handelns.

Im Strafrecht gilt der Rechtsgrundsatz: nulla poena sine lege poenali (praevia). Es gehört somit zum Wesen eines Strafrechts, daß die Rechtsgenossen *vorher* wissen müssen, welche Tat als Delikt mit welcher Strafe bedroht ist. Außerdem gehört es zum gerechten und humanen Recht, daß die Strafe der Art und Schwere der begangenen Straftat angemessen ist. Theokratisch-religiös begründete Sanktionen dagegen reagieren häufig disproportional auf Vergehen, weil sie auch in äußerlich geringfügigen Übertretungen ein Attentat gegen die religiöse Wahrheit und damit letzt-

[128] Die Exegeten deuten diese Aufforderung zur „Übergabe an den Satan" als Ausschluß aus der Kirchengemeinschaft (Exkommunikation). Der Wortlaut klingt jedoch anders und die Wirkungsgeschichte zeigt, daß diese Stelle von der Kirche später sehr wörtlich genommen worden ist. Auf die Möglichkeit, wie solche Darstellungen in den eigenen Zeugnissen der Christen auf die nüchtern urteilenden Römer gewirkt haben mögen, weist H. Nesselhauf (Der Ursprung des Problems „Staat und Kirche", 24f.) hin: Für die Zeitgenossen waren dies Fälle von eklatanter Magie und Verderbungszauber, und darauf stand bei den Römern die Todesstrafe. Vgl. auch: J. Neumann, Martyrium — Inquisition — Exorzismus: Angst und Gewalt, 202ff.

[129] Wie es E. Käsemann (Exegetische Versuche und Besinnung II, 69—82) tut.

endlich gegen Gott sehen. Auf diese Weise wird die von der Gerechtigkeit geforderte Proportion zwischen der Schwere subjektiv zurechenbarer Schuld und der Härte der Strafe nur zu leicht verschoben. Als um Gerechtigkeit bemühte Ordnung verlangt darum auch das kanonische Recht die Angemessenheit der Strafe im Verhältnis zur Schwere des Delikts (c. 2218 § 1 CIC: aequa proportio). Tatsächlich hat sich die Kanonistik bemüht, sowohl die Straftatbestände zu präzisieren, als auch die formalen Anforderungen zu erhöhen, etwa durch den Grundsatz, daß strafrechtliche Normen eng bzw. mild auszulegen (c. 2219 §§ 1, 3 CIC: in dubio pro reo) und Analogien verboten sind (c. 2219 § 3 CIC).

Delikte

Bereits wenige Jahrzehnte nachdem das Christentum unter KONSTANTIN aufgehört hatte, als ‚kriminelle Vereinigung' diskriminiert zu sein, forderten die Christen nicht nur ihrerseits die Kaiser auf, gegen die Nichtchristen wegen ihrer Staatsgefährlichkeit mit der Schärfe des Schwertes vorzugehen und ihre Tempel niederzubrennen, sondern gelang es ihnen auch, das kaiserlich-weltliche Strafrecht teilweise in ihrem Sinn umzuformen. Im Jahr 385 werden PRISCILLIAN und seine Gefährten auf kirchliches Betreiben vom *kaiserlichen* Gericht (in Trier) als Ketzer verurteilt und hingerichtet. Sehr früh also lassen sich in der Geschichte der Kirche einerseits religiös motivierte Vergehen, die als Straftatbestände betrachtet wurden, nachweisen und andererseits Strafverfahren zur Ahndung eben dieser Verbrechen feststellen.

Aus dem kirchlichen *Bußverfahren* entwickelten sich die ersten Ansätze für eine von kaiserlichen Gerichten unabhängige kirchliche Strafrechtspflege. Als schwerste Delikte galten: *Apostasie* (Glaubensabfall), *Häresie* (Irrlehre) und *Schisma* (Verletzung der communio) (vgl. unten 7.), aber auch *Sakrileg* (Schändung geheiligter Personen und Dinge), *Ehebruch, Blutschande, Homosexualität* und *Mord.* Im Laufe der Zeit kamen noch andere Tatbestände hinzu, etwa *Simonie* (Schacher mit geistlichen Gnaden oder Ämtern), *Beichtverrat, Verführung* anläßlich der Beichte *(sollicitatio)*, später noch *Klausurverletzung, Abtreibung* und anderes mehr.

Das kanonische Recht hat diese Tatbestände ergänzt, modifiziert und kasuistisch spezifiziert. Das kirchliche *Gesetzbuch* hat im dritten Teil des V. Buches (cc. 2314—2414) einen Tatbestandskatalog aufgestellt. Er reicht von Vergehen gegen Glaube und Einheit der Kirche, gegen die Religion und gegen die kirchliche Autorität und geistliche Sachen über Vergehen gegen Leben, Freiheit, Eigentum und gute Sitten bis zu Fälschungsvergehen und Vergehen bei der Spendung und dem Empfang von Sakramenten, insbesondere der Weihen. Am Schluß werden noch bestimmte Amtsvergehen und Mißbräuche kirchlicher Gewalt genannt.[130] Nur die

[130] Die ausführlichste Darstellung der Entwicklung des kirchlichen Strafrechts in deutscher Sprache findet sich bei: P. Hinschius, Kirchenrecht IV, 691 ff.; V—VI; schönfärbend und sehr pauschal: L. de Naurois, A. Scheuermann, Der Christ und die kirchliche Strafgewalt.

hier beschriebenen Tatbestände sind kirchliche Straftaten im eigentlichen Sinn und können strafrechtlich verfolgt werden.

Der Begriff der Straftat (delictum) ist im kirchlichen Recht aus den Begriffen Sünde (peccatum) und Schuld (culpa) hervorgegangen und eng mit ihnen verwandt.[131] Deshalb setzt die Begehung eines Deliktes ebenso wie die Zuziehung einer Strafe immer persönlich zurechenbares, nämlich sündhaftes Verschulden voraus (c. 2229 CIC). Hierin zeigt sich eine (nicht unproblematische) Eigenart des kirchlichen Strafrechts: der Anspruch, bis in den Gewissensbereich des Menschen hineinzuwirken. Zwar kann ein Delikt nur eine nach außen hin feststellbare Handlung, also nicht ein reiner Gedanke, sein. Deshalb mag beispielsweise die Leugnung eines Dogmas allein in Gedanken (schwer) sündhaft sein, sie ist aber keine Straftat im Sinne des kanonischen Rechts: De internis non iudicat praetor. Verdichtet sich der Gedanke jedoch zur zurechenbaren Handlung, etwa durch das geschriebene oder gesprochene Wort, wird die (bloße) Sünde zum strafbaren Delikt. Diese Doppelbezüglichkeit ist typisch für das kirchliche Strafrecht: Einmal ist die innere Motivation für die strafrechtlichen Wirkungen bedeutsam, und umgekehrt beansprucht das Strafrecht gleichzeitig, den inneren Bereich des Menschen, ja sein Verhältnis zu Gott, nicht nur zu tangieren, sondern zu gestalten: etwa durch den Ausschluß aus der Heilsgemeinschaft und die Versagung der Sakramente. Allerdings versucht dieses tiefenwirksame Recht, sich selbst an gesatzte und verpflichtende Normen zu binden, um auf diese Weise seine eigene Handhabung rational und formal überprüfbar zu machen. Das Delikt muß wenigstens in rudimentärer Form nach außen in Erscheinung treten und subjektiv zurechenbar sein.

Strafen

Da sich das kirchliche Strafrecht aus der öffentlichen Kirchenbuße entwickelt hat, ist der Bischof sowohl Strafbefehlsgeber als auch Richter in einer Person. Zeitweise kam auch den bischöflichen Synoden nicht nur gesetzgebende, sondern auch richterliche Funktion zu. Seit dem Mittelalter wurde zunehmend die ordentliche bischöfliche Gerichtsgewalt an einen Beamten (official) des Bischofs übertragen, der dann in dessen Namen zu Gericht saß.

Die kirchliche Strafgewalt ist also bischöfliche Strafgewalt. Demgemäß hat jede kirchliche Strafe, worin immer sie bestehen mag, eine geistliche Komponente. Das zeigt sich vor allem an dem Institut der „von selbst eintretenden Strafe“ (censura latae sententiae). Bei entsprechender Strafandrohung tritt eine solche Strafe von Rechts wegen mit Begehen der Straftat ein; sie wird daher auch Tatstrafe genannt. Sie bedarf keiner Verhängung durch richterliches Urteil, sondern nur noch eines Feststellungsaktes von seiten der kirchlichen Autorität (sententia declaratoria). Die kirchliche Strafnorm wirkt somit (in bestimmten Fällen) direkt über das Gewissen des Straftäters und gegebenenfalls durch den Gruppendruck (moralischen Zwang)

[131] Die kirchliche Rechtssprache kennt für (schwere) Straftaten auch den Begriff crimen (vgl.: R. Köstler, Wörterbuch zum CIC, 99, 112).

auf sein Verhalten. Der von dieser Strafe Betroffene muß ihre Wirkungen an sich vollziehen. Ist die Tat nicht öffentlich bekannt, so ist er jedoch nicht gezwungen, sich selbst bloßzustellen.

Der kirchliche Gesetzgeber definiert allgemein die Strafe als den Entzug eines Gutes. Zur Ahndung eines strafwürdigen Delikts werden von der kirchlichen Autorität bestimmte Rechtsgüter entzogen, um den Übeltäter zur Besserung zu veranlassen (c. 2215 CIC). — Es mag auffallen, daß in der Kanonistik die Frage nach Sinn und Zweck der Strafe nur am Rande behandelt wird. Der Vergeltungszweck scheint zu dominieren. Das Hauptinteresse liegt bei der Rechtfertigung der Tatsache, daß es in der Kirche, als einer Gemeinschaft der von Gott Berufenen, strafendes Zwangsrecht gibt. Die meist unzureichenden Rechtfertigungsversuche brauchen hier nicht dargestellt zu werden.

Hinsichtlich der *Straffunktion* werden zwei Arten von Strafen unterschieden (c. 2216 CIC):

Die *Beuge- oder Besserungsstrafe* (poena medicinalis), fachsprachlich auch als censura bezeichnet, soll den verstockten Willen des Straftäters beugen (c. 2241 CIC). Sie wird auf unbestimmte Dauer verhängt, bis der Betreffende seine Tat bereut und eine angemessene Wiedergutmachung des Schadens bzw. Ärgernisses leistet bzw. dies wenigstens verspricht (cc. 2242 § 3; 2248 CIC). Dann jedoch hat er einen Rechtsanspruch auf Befreiung von *dieser* Strafe. Die Aufhebung der Beugestrafe ist allein durch *Lossprechung* (absolutio gem. cc. 2245—2254 CIC) möglich. Einige Strafwirkungen erlöschen auch nicht durch den Tod des Bestraften. Damit beispielsweise ein Exkommunizierter kirchlich beerdigt werden kann, bedarf er post mortem der Lossprechung.

Die *Sühn- oder Vergeltungsstrafe* (poena vindicativa) wird stets auf bestimmte Zeit verhängt und soll ebenso Vergeltung für das begangene Unrecht sein wie der Besserung des Delinquenten dienen (c. 2286 CIC). Soll sie vor der im Urteil festgesetzten Frist aufgehoben werden, muß eine Begnadigung (dispensatio) durch den Gerichts*herrn* erfolgen. Das bischöfliche oder päpstliche Gericht kann nur Strafen verhängen, nicht aber sie nachlassen (c. 2236 § 3 CIC). Die Gewalt des Gerichtes ist in jedem Fall mit der Urteilsfällung erschöpft. Kraft seiner Universalgewalt kann der Papst auch von Strafen begnadigen, die von einem bischöflichen Gericht verhängt worden sind; nicht jedoch umgekehrt.

Die Eigenart des kirchlichen Rechtssystems, welche das forum internum und das forum externum gleichermaßen umgreift, bringt es mit sich, daß auch eine Strafe im Rechtssinn, vor allem wenn sie als Tatstrafe von selbst eingetreten ist, nur im forum internum wirksam sein kann. In einem solchen Fall darf auch die Lossprechung (und gegebenenfalls selbst die Begnadigung) im forum internum vorgenommen werden. Wirkt die im forum externum erteilte Lossprechung und Begnadigung selbstverständlich auch im inneren Bereich, so kann die im inneren Bereich erteilte Lossprechung in der Regel nur im forum internum geltend gemacht werden, obwohl auch sie grundsätzlich für den anderen Bereich wirksam ist. Hier wird eine der Rechtsklarheit abträgliche Doppelbödigkeit deutlich: Sowohl die von selbst eintretende Strafe als auch die Möglichkeit, sie — etwa durch Lossprechung im inneren (sakramentalen) Bereich — zu beheben bzw. zu umgehen, haben zusammen mit veränderten gesellschaftlichen Verhältnissen dazu geführt, daß das kirchliche Strafrecht heute jede rechtspolitische Bedeutung verloren hat.

Nicht weniger problematisch sind die *remedia poenalia*, auch „Strafsicherungsmittel" genannt, die entweder verhindern sollen, daß eine Straftat verwirkt wird oder die eine verhängte Strafe zusätzlich noch verschärfen (cc. 2216 n. 3; 2234; 2307; 2309 § 4; 2311 § 2 CIC).

Strafarten

Die bekannteste *Beugestrafe (censura)* ist die *Exkommunikation*. Sie stellt die (zeitweilige) Aufhebung der communio dar und hat zur Folge, daß der Zensurierte keine aktive Rechtsfähigkeit in der katholischen Kirche mehr besitzt; im geistlichen Bereich ist er vom Empfang der Sakramente, einschließlich der Buße, ausgeschlossen. Dennoch bleibt er Rechtsunterworfener der Kirche, allerdings ohne die Möglichkeit zu haben, seine Rechte wahrzunehmen. Er hat weiterhin grundsätzlich alle Pflichten, vor allem diejenige, sich zu bekehren.[132] Sein Rechtsanspruch auf Lossprechung lebt jedoch in dem Augenblick auf, da er sich der zuständigen kirchlichen Autorität als bußfertig erweist. Diese hat ihn nach pflichtgemäßem Ermessen zu absolvieren und gegebenenfalls mit einer Sühnstrafe oder Strafbuße zu belegen (c. 2248 § CIC).

Das kirchliche Gesetzbuch kennt noch die alte Differenzierung zwischen dem excommunicatus toleratus und excommunicatus vitandus (c. 2258 CIC). Mit einem zu meidenden Gebannten dürfen die Gläubigen nicht einmal im bürgerlichen Bereich verkehren (c. 2267 CIC). Da unter modernen gesellschaftlichen Verhältnissen von der Kirche nicht mehr durchgesetzt werden kann, daß Exkommunizierte allgemein und bestimmte (nämlich der excommunicatus vitandus) in besonderer Weise zu meiden sind, tritt der Unterschied gegenwärtig nicht zutage. Beide Formen sind jedoch nach wie vor geltendes Recht, ebenso wie die Möglichkeit feierlichen Bannfluchs (c. 2254 § 2 CIC). Ein solches *Anathem*[133] ist in liturgischer Form nach dem Pontificale Romanum auszusprechen. Diese Weisen könnten, da im Gesetz vorgesehen, jederzeit praktiziert werden, wenn die kirchliche Autorität meint, sie ließen sich unter bestimmten gesellschaftlichen Voraussetzungen wieder urgieren.

Auch die *Gottesdienstsperre* (interdictum, c. 2268—2277 CIC) ist eine typisch kirchliche Strafe: Durch sie wird die Feier von Gottesdienst, insbesondere die Spen-

[132] K. Mörsdorf, (Kirchenrecht III, 382), kommentiert: „Der Gebannte wird vereinsamt, damit er in sich gehe und seine Verhärtung aufgebe; zugleich wird die kirchliche Gemeinschaft vor der Gefahr verderblicher Ansteckung beschützt."

[133] Vom griechischen anathematizo = ursprünglich: der Gottheit zueignen oder weihen und schließlich überantworten; von daher: mit Fluch belegen, jemand verfluchen, den Bann vollstrecken (KP I, 334; W. Bauer, Wörterbuch zum NT, 108).

dung der Sakramente, verboten. Sie richtet sich entweder individuell oder kollektiv an bestimmte *Personen* oder verbietet die Abhaltung von Gottesdiensten an bestimmten *Orten.* Da die Wirkungen dieser Strafe auch subjektiv Unschuldige treffen, ist sie allein schon unter dem Grundsatz „nulla poena sine culpa", daß also niemand bestraft werden darf, der nicht subjektiv schuldhaft gehandelt hat, fragwürdig. Sie widerspricht sowohl dem heutigen Rechtsempfinden als auch den traditionellen Grundsätzen eines gerechten und angemessenen Rechts. Insofern ist sie auch im kanonischen Recht ein Fremdkörper. Darum wird diese Strafe in einem künftigen kirchlichen Gesetzbuch voraussichtlich fehlen.[134]

Das Interdikt wurde hauptsächlich als Beuge-, aber auch als Sühnstrafe verhängt.

Die meisten anderen Strafen des kanonischen Rechts sind ausgesprochene Klerikerstrafen, so die *Dienstenthebung* (suspensio: cc. 2278—2285 CIC), die *Absetzung* (depositio: c. 2303 CIC), die Enthebung vom geistlichen Dienst ebenso wie die Entsetzung von allen Ämtern und Würden beinhaltet, und schließlich die *Verstoßung aus dem geistlichen Stand* (degradatio: c. 2305 CIC).

Die suspensio kann sowohl als Beuge- als auch als Sühnstrafe verhängt werden, während die depositio und degradatio ihrer Natur nach Sühnstrafen sind. Die *Konfinierung* (Verbannung, Einweisung in Demeritenhäuser oder Klosterhaft) ist in diesem Jahrhundert aus der Übung gekommen, wenngleich c. 2298 n. 8 CIC sie noch als besondere klerikale Sühnstrafe vorsieht.

Tatsächlich ist das kirchliche Strafrecht heute weithin obsolet geworden. Die kirchlichen Oberen ahnden Vergehen gegen die kirchliche Ordnung in der Regel mit Hilfe von Verwaltungsmaßnahmen und nicht auf dem Weg des Strafprozesses. Die Umstände des modernen gesellschaftlichen Lebens und ein gewandeltes Rechtsbewußtsein haben wesentlich dazu beigetragen, daß die Waffe des kirchlichen Strafrechts stumpf geworden ist. Allerdings sollte auch nicht übersehen werden, daß die Ahndung von Vergehen durch Verwaltungsmaßnahmen den Betroffenen in der Regel um eine Reihe von Möglichkeiten des Rechtsschutzes bringt, die das Strafrecht bietet. Die tatsächliche Nichtanwendung des Strafrechts der Kirche dürfte sehr tiefliegende psychologische und soziologische Ursachen haben: beispielsweise die Unsicherheit bezüglich der Legitimation von Strafen und Strafrecht für eine Glaubensgemeinschaft, Sorge vor dem Aufsehen, das Strafprozesse (dazu noch gegen Geistliche) erregen, und Unbehagen über die Möglichkeit langer Prozeßdauer (aufgrund von Berufungs- und Revisionsmöglichkeiten) und vieles andere mehr. Darum ist damit zu rechnen, daß es nach einer Revision des kirchlichen Gesetz-

[134] Immerhin ist diese Kollektivstrafe noch in neuester Zeit zur Durchsetzung höchst respektabler Forderungen verhängt worden. So wurde beispielsweise das Interdikt über die Karmelitinnen des Klosters Marienthal im Elsaß verhängt, als sich die Schwestern hartnäckig weigerten, den ausgetretenen deutschen Schwestern die Mitgift zurückzuzahlen (AKathKR 101, 1921, 149). Als im Zuge der Rassenintegration in den Südstaaten der USA sich einige Gemeinden weigerten, Farbige zum Gottesdienst (der Weißen) zuzulassen, verhängten einige Bischöfe über die renitenten Gemeinden die Gottesdienstsperre.

buches nur noch ein Disziplinarrecht für Kleriker und andere kirchliche Bedienstete geben wird.[135] Ein allgemeines Strafrecht der Kirche hat sich als wirkungslos erwiesen. Es setzt die Einheit von Kirche und Gesellschaft voraus. Dann allerdings wirkt es total, weil es dem Individuum keine Ausweichmöglichkeiten gestattet. Ob es allerdings die Kirche zu schützen und das Leben in ihr gläubiger, froher und rechtlich gesicherter zu machen vermag, ist hier nicht zu beantworten.

Literatur: ARENDT, H., Was ist Autorität?: Fragwürdige Traditionsbestände im politischen Denken der Gegenwart, Frankfurt 1957; BUNNIK, R. J., Das Amt in der Kirche. Krise und Erneuerung in theologischer Sicht, Düsseldorf 1969; DESQUEYRAT, A., Die Institution. Ihre Natur, Arten und Probleme: R. SCHNUR (Hrsg.), Institution und Recht, Darmstadt 1968, 119—175; DOSKOCIL, W., Der Bann in der Urkirche, München 1958; EGENTER, R., Über die Bedeutung der Epikie im sittlichen Leben: PhJ 53, 1940, 115—127; ELSENER, F., Gesetz, Billigkeit und Gnade im kanonischen Recht: Summum ius, summa iniuria, Tübingen 1963, 168—190; ELSENER, F., Der Codex Iuris Canonici im Rahmen der europäischen Kodifikationsgeschichte: F. ELSENER, P. HUIZING, A. MÜLLER, Vom Kirchenrecht zur Kirchenordnung? Einsiedeln-Zürich-Köln 1968; ESCHENBURG, TH., Über Autorität, Frankfurt ²1976; FABRICIUS, F., Relativität der Rechtsfähigkeit, München-Berlin 1963; FRIES, B., Forum in der Rechtssprache, München 1963; GMELIN, K., Auctoritas, römischer Princeps und päpstlicher Primat, Stuttgart 1935; KAISER, M., Aussagen des Zweiten Vatikanischen Konzils über die Kirchengliedschaft: Ecclesia et Ius, 121—135; KLEIN, G., Die zwölf Apostel. Ursprung und Gehalt einer Idee, Göttingen 1961; KRAFT, H., Die Anfänge des geistlichen Amts: ThLZ 100, 1975, 81—98; LAMMEYER, J., Die juristischen Personen in der Kirche, München-Paderborn-Wien 1971 (Nachdr. von 1928); LEDERER, J., Der Dispensbegriff des kanonischen Rechts, München 1957; LEDERER, J., Die Neuordnung des Dispensrechts: AKathKR 135, 1966, 415—443; LINDNER, D., Die Lehre von Privilegien nach Gratian und den Glossatoren des Corpus Iuris Canonici, Regensburg 1917; LINDNER, D., Das kirchliche Benefizium in Gratians Dekret: STGra II, 1954, 377 ff.; LÜTCKE, K.-H. „Auctoritas" bei Augustin, Stuttgart 1978; DI MARINO, A., L'epikeia cristiana: DT 55, 1952, 396—424; MEINHOLD, P., Das Problem der Kirchengliedschaft heute, Darmstadt 1979; MÖRSDORF, K., Persona in Ecclesia Christi: AKathKR 131, 1962, 345—393; MÖRSDORF, K., Officium ecclesiasticum: AKathKR 146, 1977, 502 ff.; MÜLLER, H., Zugehörigkeit zur Kirche als Problem der Neukodifikation des kanonischen Rechts: ÖAKR 28, 1977, 81—98; DE NAUROIS, L., A. SCHEUERMANN, Der Christ und die kirchliche Strafgewalt, München 1961; NESSELHAUF, H., Der Ursprung des Problems „Staat und Kirche", Konstanz 1975; NEUMANN, J., Martyrium-Inquisition-Exorzismus: Angst und Gewalt, hrsg. v. H. V. STIETENCRON, 202 ff.; RAHNER, K., Die Gliedschaft in der Kirche nach der Enzyklika Pius' XII. ›Mystici corporis Christi‹: DERS., Schriften zur Theologie II, Einsiedeln-Zürich-Köln 1961, 7—94; RING, TH. G., Auctoritas bei Tertullian, Cyprian und Ambrosius, Würzburg 1975; SCHAUF, H., Zur Frage der Kirchengliedschaft: ThRv 58, 1962, 217—224; SCHLOSSMANN, S., Persona und ΠΡΟΣΩΠΟΝ im Recht und im christlichen Dogma, Darmstadt 1968; WALF, K., Die katholische Kirche — eine „societas perfecta"? ThQ 157, 107—118; WENGER, L., Institutionen des römischen Zivilprozeßrechts, München 1925.

[135] Vgl. H. Schmitz, Reform des kirchlichen Gesetzbuches, 91 (Stellungnahme der „Tagung katholischer Kirchenrechtler 1974" zum Entwurf für die Neubildung des kirchlichen Strafrechts).

II. Teil

DAS GELTENDE KIRCHLICHE RECHT

3. DAS VERFASSUNGSRECHT

Obwohl der „Verfassungsgedanke", nämlich die Forderung nach einem Verfassungs*gesetz* (das die Rechte des Herrschers begrenzt und umgekehrt jene des Volkes festlegt), im 19. Jahrhundert geradezu ein europäischer Gedanke war[1] und die kirchliche Rechtswissenschaft seit der Mitte jenes Jahrhunderts von einem kirchlichen „Verfassungsrecht" zu sprechen begann,[2] kennt das 1917 promulgierte und seit Pfingsten 1918 verbindliche kirchliche Gesetzbuch *kein* Verfassungsgesetz im eigentlichen Sinn.

Die verfassungsrechtlich bedeutsamen Grundaussagen werden vor allem — keineswegs aber ausschließlich — im zweiten Buch des CIC, im sogenannten Personenrecht, gemacht. Auch im dritten Buch (dem Sachenrecht) finden sich verfassungsrechtlich bedeutsame Aussagen: beispielsweise c. 731 CIC (Wesen der Sakramente), c. 1035 CIC (Recht auf Eheschließung), cc. 1518 u. 1519 CIC (der Papst als oberster Verwalter des Kirchengutes, der Bischof des Bistumsvermögens). Auch im vierten Buch (Prozeßrecht) finden sich materiale Verfassungsaussagen: c. 1569 CIC (das Recht eines jeden Gläubigen, sich unmittelbar an den Papst zu wenden), c. 1608 CIC (Verpflichtung der Gerichte zur Gewährung von Rechtsschutz) ebenso wie der Grundsatz des Verbots der Doppelbestrafung in ein und derselben Sache und die Bestimmung, daß eine Strafe nur aufgrund eines vorgängigen Strafgebotes verhängt werden dürfe (c. 2220 CIC).[3]

Allerdings stehen im kirchlichen Gesetzbuch ekklesiologisch wichtige Aussagen ungeschieden in einer Linie mit solchen, die für das Wesen der Kirche weniger konstitutiv sind. So sind beispielsweise rein funktionale Bestimmungen, wie jene über die Kapläne (c. 476 CIC) und über die Regelung der Präzedenz (des Vorranges) der Pfarrstellvertreter (c. 478 CIC), formal nicht abgehoben von den grundlegenden Aussagen, daß die Bischöfe die Nachfolger der Apostel sind (c. 329 CIC) und die Pfarrer unter der Autorität des Bischofs die Seelsorge ausüben (c. 451 CIC). Dennoch enthält das geltende kirchliche Gesetzbuch viele grundlegende Bestimmungen, die das Wesen der Kirche und das für sie konstitutive Strukturprinzip erkennen lassen. Deshalb kann durchaus gesagt werden, die römisch-katholische Kirche besitzt bereits derzeit ein kodifiziertes, wenn auch nicht systematisiertes materielles Verfassungsrecht. Bezüglich der Erwägungen für die Schaffung eines künftigen Verfassungsgesetzes (Lex Ecclesiae Fundamentalis) sei auf das oben (1.2.1.) Gesagte verwiesen.

[1] Vgl. E. Forsthoff, Deutsche Verfassungsgeschichte der Neuzeit, 107; G. Oestereich, Die Entwicklung der Menschenrechte und Grundfreiheiten: Bettermann, Neumann, Nipperdey, Die Grundrechte I/1, 5—104, bes. 57—80.

[2] Vgl. G. Phillips, Kirchenrecht I—II; M. Permaneder, Handbuch des gemeingültigen katholischen Kirchenrechts; Ae. L. Richter, Lehrbuch des katholischen und evangelischen Kirchenrechts; P. Hinschius, Kirchenrecht II; Ph. Hergenröther, Lehrbuch des Kirchenrechts, 37 f., 161 f. u. a.

[3] Allerdings gibt es eine Ausnahme: Wenn die besondere Verwerflichkeit einer Tat eine Bestrafung verlangt, obwohl für sie keine allgemeine Strafsanktion vorgesehen ist, gestattet c. 2222 § 1 CIC der zuständigen kirchlichen Autorität, trotzdem eine Strafe zu verhängen.

Exkurs: Kodifikation von Christenrechten?

Die modernen staatlichen Verfassungen enthalten in der Regel Aussagen über (die unmittelbare) Geltung von Menschenrechten. Auch das geplante gesamtkirchliche Verfassungsgesetz soll einen Katalog der *Grundrechte* und *Grundpflichten* der Christen enthalten. Damit ist ein oft geäußertes Desiderat formal aufgegriffen.[4]

Da die Kirche sich als eine Gemeinschaft im Glauben begreift, kann sich gegen die bestimmenden Glaubensgrundsätze zweifellos kein Kirchenmitglied auf seine individuelle Glaubens- oder Gewissensfreiheit berufen. Der allgemeine Katalog von Grundrechten kann nicht unbesehen auf den kirchlichen Bereich übertragen werden. Weil und insofern jedoch in der Kirche tatsächlich Macht ausgeübt wird, können auch die individuellen Rechte der Kirchenglieder beeinträchtigt werden. Sie zu schützen wäre Aufgabe eines Katalogs christlicher Grundrechte in der Kirche. Es bleibt abzuwarten, ob die Sicherung der Rechte der Person inhaltlich tatsächlich über jene Grundfestlegungen des CIC hinausgeht, die bestimmt, daß die Gläubigen ein Recht haben, vom Klerus die geistlichen Güter und die notwendigen Hilfen zum Heil nach Maßgabe der Normen des kirchlichen Rechts zu empfangen (c. 682 CIC).

Andererseits ist nicht zu übersehen, daß sich die Kirche mit den *Menschenrechten* — als Ausgrenzungs- und Anspruchsrechten gegenüber den Machthabern — von Anfang an schwer getan hat. Die christlichen Kirchen, insonderheit die katholische Kirche, haben sie weder in ihrer Entwicklung noch bei ihrer Durchsetzung unterstützt. Sie galten vielmehr bis in die jüngste Zeit als illegitime Kinder eines Treuebruchs gegen das jeweilige Herrschertum. — Schließlich jedoch erkannte auch die katholische Kirche, daß sich unter Berufung auf die Menschenrechte trefflich für die eigenen Interessen streiten lasse. Nicht zufällig waren es vor allem Bischöfe aus Polen und anderen Staaten des realen Sozialismus, die auf dem II. Vatikanischen Konzil von allen Staaten die Anerkennung der Menschenrechte, insbesondere der *Religionsfreiheit,* forderten.

So kam es, daß die Pastoralkonstitution GS des II. Vatikanums (vom 7. 12. 1965) verlangen konnte, die politischen Machthaber sollten die Menschenrechte und die daraus fließenden Rechte anerkennen (Art. 60). *Papst* PAUL VI. und erst recht JOHANNES PAUL II. wurden und werden nicht müde, die Notwendigkeit und Gottesgewolltheit der Menschenrechte zu betonen und ihre Beachtung durch die weltlichen Machthaber zu fordern.[5]

[4] Aus dem deutschsprachigen Bereich vor allem: H. W. Daigeler, Heutiges Menschenrechtsbewußtsein und Kirche; H. Heimerl, Menschenrechte, Christenrechte und ihr Schutz in der Kirche: ThPQ 121, 1973, 26—33; K. Walf, Die Menschenrechte in der katholischen Kirche: Diak. 5, 1974, 376—388; G. Luf, Grundrechte und kirchlicher Rechtsschutz: ÖAKR 26, 1975, 25—54; J. Neumann, Menschenrechte — auch in der Kirche?, P. Hinder, Grundrechte in der Kirche (Lit.).

[5] So z. B. PAUL VI. in seinem Schreiben an den Vorsitzenden der 28. Generalversammlung der Vereinten Nationen vom 10. 10. 1973: „Gerade weil die Kirche besonders auf die Rechte Gottes bedacht ist ..., kann sie die Rechte des nach dem Bild und Gleichnis Gottes geschaffenen Menschen nicht außer acht lassen! Sie fühlt sich selber verletzt, wenn die Menschenrechte — wie und wo auch immer — mißachtet oder übertreten werden. ... die Pflicht, diese Rechte zu achten, ist umfassend." — JOHANNES PAUL II. richtete am 12. 12. 1978 eine Botschaft an UN-Generalsekretär Waldheim, in der er nachdrücklich auf die Notwendigkeit der Beachtung der Menschenrechte hinwies. Desgleichen ist ein ganzer Abschnitt seiner Enzyklika ›Redemptor hominis‹ vom 4. 3. 1979 der Frage der Menschenrechte gewidmet.

Da die „klassischen" Menschenrechte, wie Gleichheit, Recht auf Leben, Freiheit und Sicherheit, auf wirksamen Rechtsschutz, auf Unantastbarkeit des Privatlebens, der Familie, des guten Rufes und des freien Postverkehrs, sowie das Recht auf Freizügigkeit und auf freie Eingehung einer Ehe, das Recht auf Eigentum, der Gedanken-, Gewissens- und Religionsfreiheit ebenso wie das Recht auf Arbeit und freie Berufswahl nicht unmittelbar und einfach in ein gesamtkirchliches Verfassungsgesetz aufgenommen werden können, bleibt einstweilen abzuwarten, ob und wie dieses Problem gelöst wird. Da die Kirche sich als Tradentin der von Gott geoffenbarten Wahrheit versteht, können die Christenrechte in ihr letztlich nur als Anspruch 'auf unverfälschte Lehre des Evangeliums' gedeutet werden.[6]

Die Stoßrichtung der Menschenrechtsidee dürfte somit in fundamentaler Weise umgedeutet werden: Das Recht des Individuums wird als Anspruchsrecht auf 'rechte Lehre', unverkürzte Verkündigung, vollkommene Heiligkeit und die Fülle geistlicher Güter gedeutet, da der Glaube der großen Schar der Gläubigen vor dem Intellektualismus einer kleinen Gruppe zu schützen ist. Es ist somit zu erwarten, daß die Rede von den „Christenrechten" in der Kirche durchaus eine andere Stoßrichtung erfahren wird, als sie der säkularen Idee von den Menschenrechten innewohnt. Es bleibt abzuwarten, wie der kirchliche Gesetzgeber die Christenrechte normieren und in welchem Umfang er die subjektiven Rechte des einzelnen Gläubigen auch gegen Maßnahmen der Kirchenleitung schützen wird.

Literatur: ALBERIGO, G. (Hrsg.), Legge e Vangelo. Discussione su una legge fondamentale per la Chiesa, Brescia 1972; DAIGELER, H. W., Heutiges Menschenrechtsbewußtsein und Kirche. Die Beteiligung des einzelnen an der Leitung des Gemeinwesens in Demokratie und Kirche, Einsiedeln 1973; DENZLER, G., Menschenrechte in den Lehren der Päpste: Religionsfreiheit im 20. Jahrhundert, hrsg. v. H. HELBLING. Zürich 1977, 65—78; DOMBOIS, H., Rechtstheologische Erwägungen zur Grundstruktur einer Lex Fundamentalis Ecclesiae: Conc (D) 5, 1969, 589—593; DORDETT, A., Zum Entwurf der „Lex Fundamentalis": WuW 26, 1971, 308—317; FORSTHOFF, E., Deutsche Verfassungsgeschichte der Neuzeit, Stuttgart [2]1961; GERHARTZ, J. G., W. KASPER, J. NEUMANN, Kein Grundgesetz der Kirche ohne Zustimmung der Christen, Mainz 1971; HEIMERL, H., Menschenrechte, Christenrechte und ihr Schutz in der Kirche: ThPQ 121, 1973, 26—33; HEINEMANN, H., Menschenrechte? Eine Anfrage an das Kirchenrecht: ÖAKR 25, 1974, 238—255; HINDER, P., Grundrechte in der Kirche. Eine Untersuchung zur Begründung der Grundrechte in der Kirche, Freiburg/Schw. 1977; HUBER, W., H. E. TÖDT, Menschenrechte. Perspektiven einer menschlichen Welt, Stuttgart-Berlin 1977; HUIZING, P., „Göttliches Recht" in der Kirchenverfassung: StZ 184, 1969, 162—173; KAISER, M., Grundgesetz der Kirche? Zum Problem der Lex Ecclesiae Fundamentalis: StZ 97, 1972, 99—111; LUF, G., Grundrechte und kirchlicher Rechtsschutz. Erwägungen zu einer hermeneutischen Rechtstheologie: ÖAKR 26, 1975, 25—54; NEUMANN, J., Grundrechte in der Kirche:

[6] In diesem Sinne hat sich beispielsweise JOHANNES PAUL II. im Oktober vor den Professoren der Katholischen Universität Washington geäußert, als er sagte: „Es ist das Recht der Gläubigen, nicht von Theorien und Hypothesen verunsichert zu werden" (HerKorr 33, 1979, 542—544). In diesem Sinne formuliert auch P. Hinder (Grundrechte in der Kirche, 262) die kirchlichen Grundrechte u. a.: Recht auf Hören und Weitergeben des Wortes sowie auf rechte Verwaltung desselben; Recht auf die Feier der Sakramente als wirkmächtige Zeichen des Handelns Gottes in der Einheit der Communio; Recht auf apostolische Vermittlung der Botschaft in der Autorität Christi; Recht der Amtsträger auf Gehör und Gehorsam.

Die Wiedergewinnung des Humanen. Beiträge zur gesellschaftlichen Relevanz der Menschenrechte, hrsg. v. H. VOGT, Stuttgart 1975, 200—238; NEUMANN, J., Menschenrechte — auch in der Kirche? Zürich—Einsiedeln—Köln 1976 (= Neumann, J., Menschenrechte); NEUMANN, J., Religiöse Freiheit im System der katholischen Kirche: Religionsfreiheit im 20. Jahrhundert, hrsg. v. H. HELBLING, Zürich 1977, 53—64; PILTERS, MICHAELA, K. WALF, (Hrsg.), Menschenrechte in der Kirche, Düsseldorf 1980; ROELLECKE, G., Der Begriff des positiven Gesetzes und das Grundgesetz, Mainz 1969; SCHWARTLÄNDER, J. (Hrsg.), Menschenrechte. Aspekte ihrer Begründung und Verwirklichung, Tübingen 1978; WALF, K., Die Menschenrechte in der katholischen Kirche: Diak. 5, 1974, 376—388.

3.1. Der Papst und die päpstliche Höchstgewalt

Der *Bischof von Rom* gilt als Nachfolger des Apostels Petrus (c. 218 §1 CIC; Dogm. Konst. LG 18). Insofern ist er als Bischof von Rom zugleich auch universaler Bischof der römisch-katholischen Kirche. Das II. Vatikanische Konzil hat diese für die Verfassungsstruktur wesentliche Grundnorm von der höchsten und vollen Universalgewalt des Papstes (suprema et plena potestas iurisdictionis), wie sie c. 218 CIC bestimmt, aufgenommen und festgestellt:

„Der *Römische Pontifex*[7] hat kraft seines Amtes als Stellvertreter Christi und Hirt der ganzen Kirche volle, höchste und universale Gewalt (plena, suprema et universalis potestas) über die Kirche und kann sie immer frei ausüben." Denn, so fährt das Konzil fort, „der Herr hat allein Simon zum Fels (Petrus) und Schlüsselträger der Kirche bestellt (Mt 16, 18—19) und ihn als Hirten über die ganze Erde eingesetzt (Jo 21,15ff.)" (LG 22).

Bezüglich der *Lehre* besitzt der Papst *Unfehlbarkeit* „kraft seines Amtes, wenn er als oberster Hirt und Lehrer aller Christgläubigen, der seine Brüder im Glauben stärkt (Lk 22, 32), eine Glaubens- oder Sittenlehre in einem endgültigen Akt verkündet" (definitivo actu proclamat). „Daher heißen seine Definitionen mit Recht aus sich und nicht erst aufgrund der Zustimmung der Kirche (definitiones eius ex sese, et non ex consensu Ecclesiae)[8] unveränderlich (irreformabiles), da sie unter dem Beistand des Heiligen Geistes, der (dem Papsttum) im heiligen Petrus verheißen wurde, hervorgebracht sind." (LG 25.)

Die *Vollgewalt* des Papstes ist eine wirklich *bischöfliche, ordentliche und unmittelbare* sowohl über jede der einzelnen Kirchen als auch über alle und jeden einzelnen Hirten und Gläubigen. Sie ist von menschlicher Autorität völlig unabhängig (c. 218 § 2 CIC).

[7] Die kirchenamtliche (Rechts-)Sprache gebraucht für den Papst in der Regel die römisch-vorchristliche Bezeichnung „Pontifex Maximus". Kaiser GRATIAN hatte 382 n. Chr. auf diese traditionelle Bezeichnung verzichtet. Zur Geschichte: P. Stockmeier, Die Übernahme des Pontifex-Titels im spätantiken Christentum: Konzil und Papst, 75—84.

[8] Damit wird die Formulierung der Dogm. Konst. ›Pastor aeternus‹ des I. Vatikanischen Konzils aufgenommen und die Norm des c. 1323 CIC umschrieben.

Das besagt einmal, daß der Gewalt des Papstes unmittelbare Verbindlichkeit und Zuständigkeit überall und jedwedem Gläubigen gegenüber zukommt: Bei Vorliegen eines gewichtigen Grundes[9] kann der Papst also direkt in die Kompetenz eines jeden Bischofs und die Belange einer jeden Teilkirche (Diözese) unmittelbar eingreifen; umgekehrt kann jeder Gläubige, sei er Bischof, Priester, Ordensangehöriger oder Laie, sich in jeder Sache unmittelbar und unter Umgehung aller ordentlicherweise zuständigen Instanzen direkt an den „Heiligen Vater" wenden. Gleichzeitig wird diese Gewalt als wirklich bischöfliche bezeichnet, um darzutun, daß sie nicht als reine Leitungsgewalt oder bürokratische Herrschaftsmacht zu verstehen, vielmehr als hohepriesterlich-geistliche zu begreifen ist, die in der apostolischen Vollmacht des Petrus wurzelt.

Die *Höchstgewalt* des Papstes äußert sich in umfassender *Gewalteneinheit.* Der Papst ist höchster Gesetzgeber, Richter und Lenker der Kirche in einer Person. Das schließt nicht aus, daß beispielsweise die ordentliche Rechtsprechung nicht vom Papst selbst, sondern durch ständig eingesetzte päpstliche Gerichte in seinem Namen wahrgenommen wird. Andererseits kann der Papst von keiner Instanz zur Rechenschaft gezogen werden (Prima Sedes a nemine iudicatur: c. 1556 CIC). Gegen seine Entscheidung kann an keine andere Instanz, weder an ein ökumenisches Konzil (c. 228 § 2 CIC) noch an eine weltliche Macht appelliert werden. Wer solches dennoch zu unternehmen wagt, zieht sich die dem Heiligen Stuhl in besonderer Weise vorbehaltene Exkommunikation zu (cc. 2332, 2333 CIC).

Als höchster und universaler *Gesetzgeber* ist der Papst nur an die Sätze göttlichen Rechts gebunden. Er ist Herr der Kanones: Er kann sie aufheben, verändern und davon dispensieren. Dabei ist er weder an ein bestimmtes Gesetzgebungs*verfahren* noch an bestimmte Gesetzgebungs*organe* gebunden.

Als oberster *Richter* kann der Papst jede Rechtssache an sich ziehen, wie umgekehrt jeder Gläubige sich unmittelbar in jedem Stand des Verfahrens bzw. auf dem Weg der Sprungberufung an ihn wenden kann (cc. 1557, 1569 CIC).

Als höchster *Verwalter* hat der Papst umfassende Weisungs- und Gestaltungskompetenz für die ganze Kirche, die er größtenteils durch die Dikasterien der römischen Kurie wahrnehmen läßt. Zu diesem Bereich gehört die Sakraments-Verwaltung ebenso wie die Vermögensverwaltung. Diesbezüglich stellt c. 1518 CIC ausdrücklich fest, daß der Römische Pontifex der höchste Verwalter und Verfügungsberechtigte aller Güter der Universalkirche sei.

Überdies sind alle Angelegenheiten von größerer Bedeutung (causae maiores genannt) entweder aufgrund ihrer Natur oder kraft positiven Gesetzes dem Römischen Pontifex vorbehalten (c. 220 CIC). Im Laufe der Entwicklung wurden schließlich beinahe alle bedeutsamen Akte im Bereich der kirchlichen Verwaltung

[9] M. Kaiser (Das Prinzip der Subsidiarität in der Verfassung der Kirche: AKathKR 133, 164, 3—13) meint, ein solches Eingreifen des Papstes in die Rechte einer Teilkirche und ihres Bischofs dürfe stets nur nach dem Grundsatz der Subsidiarität ausgeübt werden. Tatsächlich jedoch gibt es keine Instanz, die einen unrechtmäßigen Eingriff rechtswirksam rügen oder gar die Rechtswidrigkeit feststellen könnte.

zu sogenannten causae maiores. Die Bischöfe konnten viele ursprünglich zu ihren Amtsrechten zählende Handlungen nur noch kraft päpstlicher Beauftragung vornehmen. Durch MP ›Pastorale Munus‹ vom 30.11.1963 und MP ›De Episcoporum muneribus‹ vom 15.6.1966 sind eine Reihe dieser vorbehaltenen Rechte den Bischöfen zwar nicht als eigentliche Amtsrechte, wohl aber als ordentliche Vollmachten zurückgegeben worden.[10] Das päpstliche Vorbehaltsrecht jedoch ist grundsätzlich beibehalten worden.

Schließlich ist der Papst als Herr des Staates der Vatikanstadt auch *weltlicher Souverän.* Die tausendjährige weltliche Herrschaft des Papsttums war infolge der italienischen Einigungsbewegung 1870 zusammengebrochen. Durch den im Rahmen der Lateranverträge vom 11.2.1929 zwischen dem Heiligen Stuhl und dem Königreich Italien vereinbarten politischen Vertrag (trattato) wurde das 44 Hektar große Gebiet um die Peterskirche und den vatikanischen Palast von Italien als Vatikanstadt und souveränes Staatsgebiet des Heiligen Stuhles anerkannt.

3.1.1. Die Papstwahl

Im Institut der Papstwahl hat sich die alte Form der Bestellung zum Bischof durch Wahl rudimentär erhalten. Die ursprüngliche Wahl des Bischofs von Rom durch Klerus und Volk unter Mitwirkung der Nachbarbischöfe ist seit dem elften Jahrhundert nach und nach auf den Kreis der Kardinäle beschränkt worden. Durch die 1179 auf dem III. Laterankonzil erlassene Dekretale ‹Licet de vitanda‹ hat *Alexander III.* die Papstwahl mit endgültigem Erfolg geregelt. Nurmehr die Kardinäle haben den Papst (ohne Mitwirkung durch Klerus und Volk von Rom) mit Zweidrittelmehrheit zu wählen. Diese Grundmaxime hat sich bis zur letzten Neuordnung der Papstwahl durch Paul VI. vom 1. 10. 1975 durch die Apost. Konst. ›Romano Pontifici eligendo‹ erhalten: Wahlkörper ist allein das Kardinalskollegium; als ständiges Kollegium ist es gemäß kirchlicher Tradition auch bei Sedisvakanz des päpstlichen Stuhles handlungsfähig. Dies wird als der formale Grund dafür angegeben, daß den auf dem II. Vatikanischen Konzil und in der Zeit danach vielfältig vorgetragenen Wünschen nach Erweiterung des Wahlkörpers nach Art eines die Weltkirche — durch Wahlen — repräsentierenden Wahlgremiums nicht Rechnung getragen worden ist. Weil das Kardinalskollegium seine rechtliche Existenz nicht — wie beispielsweise ein ökumenisches Konzil oder eine Bischofssynode — vom Papst erhält, kommt ihm nicht nur — wie bisher schon — das Recht der Wahl des neuen Papstes zu, sondern hat es auch gewisse Vollmachten zur interimistischen Leitung der Gesamtkirche in allgemeinen Angelegenheiten der laufenden Verwaltung (n. 1).

[10] Für die unierten Ostkirchen kam die Rückgabe eines Teils der bischöflichen Rechte durch MP ›Episcopalis Potestatis‹ vom 2. 5. 1967. Zum Problem: J. Lederer, Die Neuordnung des Dispensrechts: AKathKR 135, 1966, 415—443.

Allerdings haben diejenigen Kardinäle, die bei Beginn des Konklave das 80. Lebensjahr vollendet haben, kein Wahlrecht mehr.[11]

Zwischen dem 15. und 20. Tag nach dem Tod des Papstes muß das sogenannte *Konklave* beginnen, in dem die Wahl des neuen Papstes vorzunehmen ist (nn. 37, 41). Unter Konklave wird ein bestimmter, fest umschriebener Ort verstanden, an dem die Kardinäle und wenige, ganz bestimmte Beamte, Ärzte, Techniker und Diener ohne jeglichen Kontakt mit der Außenwelt Tag und Nacht zu verweilen haben, bis die Wahl erfolgt ist und der neue Papst feststeht.

Zwar sieht die Wahlordnung auch eine Wahl durch *Akklamation* (quasi per inspirationem), bei der alle Wähler spontan und einmütig jemanden zum Papst ausrufen müßten (n. 63), ebenso vor wie eine sogenannte *Kompromißwahl,* bei welcher die versammelten Kardinäle *einstimmig* ein Wahlgremium, das aus einer ungeraden Anzahl von Mitgliedern zu bestehen hat, bestimmen müssen. Dieses Wahlmännergremium hat dann den Papst definitiv zu wählen (n. 64).

Die gewöhnliche Wahlform ist jedoch jene durch *geheime Abstimmung.* Gewählt ist, wer mindestens eine Stimme mehr als zwei Drittel der Stimmen erhält (n. 65). Der Wahlvorgang selbst ist einschließlich der dazugehörigen Liturgie bis ins kleinste geregelt.

Wenn der Erwählte, was die Regel ist, bereits die Bischofsweihe empfangen hat, ist er mit Annahme der Wahl Bischof der Kirche von Rom und damit wirklicher Papst und Haupt des Bischofskollegium. Als solchem eignet ihm die höchste Gewalt über die ganze Kirche, die er unverzüglich ausüben kann (n. 88).

Interessant ist die durch die Papstwahlordnung verfügte Neuerung: C. 219 CIC ging davon aus, daß der Gewählte, kraft „göttlichen Rechts", sogleich mit der Annahme der Wahl die volle und höchste päpstliche Iurisdiktionsgewalt besitzt. Die Papstwahlordnung von 1975 dagegen bestimmt für den Fall, daß der Erwählte (ausnahmsweise und wider Erwarten) noch nicht Bischof sein sollte, sogleich (statim) durch den Dekan des Kardinalskollegiums zum Bischof zu weihen ist (nn. 88—90). Erst mit der Bischofsweihe wird er Bischof von Rom und damit Papst der Universalkirche. Nur derjenige also kann Papst sein, der auch der Weihe nach Bischof von Rom und Mitglied des Bischofskollegiums ist.

3.1.2. Das Kardinalskollegium

Die Presbyter der 25 bzw. später 28 stadtrömischen Titelkirchen hießen *Kardinalpresbyter* (cardo = Angelpunkt). Sie versahen abwechselnd den Gottesdienst an den vier Patriarchalbasiliken. Auch manche Presbyter anderer angesehener außerrömischer Kirchen trugen diesen Titel (z.B. von Ravenna, Mailand, Verona und Neapel). Die 14, später 18 *Kardinaldiakone* dürften aus den römischen Regionaldiakonen hervorgegangen sein. Die Bischöfe der (sieben) suburbikarischen Bistümer wurden schließlich ebenfalls als Kardinäle bezeichnet und ebenso wie die Kardinalpresbyter zu liturgischen Funktionen in Rom und zur Beratung des Bischofs herangezogen.

[11] Es war diesen Kardinälen bereits durch MP ›In gravescentem aetatem‹ vom 21. 11. 1970 das aktive Wahlrecht aberkannt. Das passive Wahlrecht, also das der Wählbarkeit, besitzen sie jedoch nach wie vor.

Seit Ende des zwölften Jahrhunderts wurden auch auswärtige Bischöfe zu Kardinal*presbytern* und Kardinal*diakonen* ernannt (extra curiam). Weiheordo und Grad im Kardinalskollegium deckten sich nun nicht mehr. Das Hauptorgan kardinalizischer Mitwirkung war das Konsistorium, an dem alle Kardinäle gemeinsam mit dem Papst teilnahmen. Im Mittelalter betrug die gesetzliche Sollzahl für das Kardinalskollegium 6 Kardinalbischöfe, 28 Kardinalpresbyter und 14 Kardinaldiakone. SIXTUS V. setzte ihre Zahl 1586 auf 70 fest (6 + 50 + 14). Diese Anzahl sah auch noch c. 231 CIC vor.

Die Kardinäle sind heute die Berater und Beistände des Papstes bei der Leitung der Gesamtkirche. Die Leiter der kurialen Kongregationen und Behörden sind allesamt im Kardinalsrang. Das Kardinalskollegium bildet gleichsam den Senat des Papstes (c. 230 CIC). Die Kardinäle werden vom Papst frei aus dem Klerus der gesamten Weltkirche einschließlich den mit Rom unierten Ostkirchen ernannt. Bei ihrer Kreierung ist jegliche Einflußnahme Dritter, etwa weltlicher Herrscher, verboten. Das Institut der sogenannten Kronkardinäle ist damit abgeschafft. Die Ernennung erfolgt im geheimen Konsistorium. Erst von diesem Augenblick an haben sie das Recht zur Teilnahme an der Papstwahl und genießen die kardinalizischen Vorrechte (c. 233 CIC). Sie gelten als creaturae papae, da sie vom Papst kreiert werden. Sie haben dem Papst einen besonderen Treueid zu leisten; durch das Symbol der Öffnung und Schließung des Mundes wird ihre besonders verschwiegene Bindung an den Creator ausgedrückt. Mit Ausnahme der Patriarchen der katholischen Ostkirchen werden ihnen römische Kirchen als Titelkirchen zugewiesen, über die sie jedoch keinerlei Jurisdiktion besitzen (MP ›Ad hoc usque tempus‹ vom 25.4.1969).

Aus besonderen Gründen kann der Papst einen Kardinal mittels der sogenannten „Reservatio nominis in pectore" (c. 233 § 2 CIC) kreieren (in petto). Er gibt dessen Namen im Konsistorium jedoch nicht bekannt. Anlaß dafür sind in der Regel Fragen der politischen Opportunität.

Seit JOHANNES XXIII. sind die Normen für die Kardinäle teilweise einschneidend geändert worden: Am 15. 12. 1958 hob er durch Allocutio ›Ex quo die‹ die *zahlenmäßige Begrenzung* des Heiligen Kollegiums (und damit c. 231 § 1 CIC) auf. Durch MP ›Ad Purpuratorum‹ vom 11. 2. 1965 verfügte PAUL VI. die Aufnahme der Patriarchen der katholischen Ostkirchen als eigene Gruppe in den Ordo der Kardinäle.

Das Kollegium der Kardinäle, dem nicht mehr als 120 wahlberechtigte Mitglieder angehören sollen (Apost. Konst. ›Romano Pontifici eligendo‹ n. 33) ist traditionellerweise in drei Ordines gegliedert:

1. den *Ordo der Kardinalbischöfe* einschließlich der Gruppe der ostkirchlichen Kardinalpatriarchen. Die in c. 236 § 3 CIC vorgesehene Möglichkeit, auf ein freigewordenes suburbikarisches Bistum optieren zu können, ist durch MP ›Ad Suburbicarias Dioeceses‹ Johannes' XXIII. vom 10. 3. 1961 abrogiert. Durch MP ›Suburbicariis sedibus‹ vom 11. 4. 1962 verfügte derselbe Papst, daß die Kardinalbischöfe künftig in ihrem suburbikarischen (Titel-) Bistum keine Jurisdiktionsrechte mehr besitzen. Die sieben suburbikarischen Diözesen (Albano, Ostia, Porto und Santa Rufina, Palaestrina, Sabina und Poggio Mirteto, Frascati und Velletri) erhalten eigene Bischöfe, die nicht Kardinäle und nur für die Leitung ihrer Kirche zuständig sind;

2. den *Ordo der Kardinalpresbyter.* Seit MP ›Cum gravissima‹ JOHANNES' XXIII. vom 15. 4. 1962 müssen alle Kardinäle die Bischofsweihe empfangen. Die zu Kardinälen kreierten Bischöfe der Weltkirche werden in der Regel diesem Ordo zugezählt;
3. den *Ordo der Kardinaldiakone.* Auch sie müssen die Bischofsweihe empfangen. Nach zehnjähriger Mitgliedschaft im Kardinalskollegium haben sie das *Optionsrecht* für den Ordo der Kardinalpresbyter (c. 236 § 1 CIC).

Die Wahl des *Dekans* und *Subdekans* des Heiligen Kollegiums wurde durch MP PAULS VI. ›Sacro Cardinalium Consilio‹ vom 26. 2. 1965 neu geregelt. Für diese Ämter gilt nicht mehr die Anciennität, vielmehr wählen im Falle der Erledigung die Kardinäle der suburbikarischen Bistümer einen Dekan bzw. Subdekan. Das Wahlrecht kommt also nicht dem gesamten Kollegium zu, sondern nach einem streng hierarchischen Modell nur denjenigen Mitgliedern des Ordo der Kardinalbischöfe, die ihren Titel in einem suburbikarischen Bistum haben.

Das Kardinalskollegium als solches hat im wesentlichen nur noch die eine Aufgabe der Papstwahl. Der Kardinalat gilt jedoch als besondere Auszeichnung für die betreffende Person bzw. seine Diözese. Die Kardinäle genießen zahlreiche Vor- und Ehrenrechte. Sie tragen eine eigene (rote) Gewandung. Ihre diesbezüglichen Rechte sind (neu) geregelt durch die Instructio der Zeremonienkongregation vom 6. 6. 1967, das MP ›Pontificalis Domus‹ vom 28. 3. 1968 und MP ›Pontificalia Insignia‹ vom 21. 6. 1968 sowie durch eine Instructio der Ritenkongregation vom 21. 6. 1968 und eine Instructio des päpstlichen Staatssekretärs vom 31. 3. 1969. Aufgrund Art. 21 des Staatsvertrages genießen sie in Italien die den königlichen Prinzen zustehenden protokollarischen Ehren. Die in Rom residierenden Kardinäle besitzen die vatikanische Staatsangehörigkeit (Gesetz über die Staatsangehörigkeit Art. 1 litt. a).

3.1.3. Die Römische Kurie

Unter Römischer Kurie versteht man den Inbegriff von Organen, Behörden und Gerichten als eine höchste Form geistlicher Bürokratie, die den Papst bei der Leitung der katholischen Weltkirche unterstützt. Sie erledigt die laufenden Angelegenheiten teils auf dem Verwaltungsweg, teils auf dem Prozeß- oder Gnadenweg kraft ordentlicher stellvertretender Vollmacht. Aufgrund besonderer Vollmachten entscheidet sie mit Approbation des Papstes in besonderen Fällen und wird auch gesetzgeberisch tätig.

Der Begriff *curia* hat eine lange römische Tradition. In Rom bezeichnete er zuletzt den Munizipalsenat sowie das Gebäude, in dem dieser seine Sitzungen abhielt. Schon seit den Tagen GREGORS I. hat die päpstliche Bürokratie im Ducatus Romanus nicht nur kirchliche, sondern auch staatliche Funktionen ausgeübt. Aufgrund der (gefälschten) *Konstantinischen Schenkung* beanspruchten die Kleriker des Lateran (wo der Papst damals seinen Amtssitz hatte) den gleichen Vorrang wie der kaiserliche Senat. Dieses Palladium Lateranense ist in der Folgezeit ein stehender Begriff geworden. Seit dem 11. Jahrhundert wird es üblich, vom päpstlichen Hofstaat als der Römischen Kurie zu sprechen.

Von JOHANNES XXII. wurden 1332 Organisation und Geschäftsgang seiner Behörde durch ordinationes und regulae festgelegt. SIXTUS V. errichtete 1588 fünfzehn Kardinalkongregationen für die einzelnen Zuständigkeitsbereiche. Sie führen seither die oberste Verwaltung der Kirche im Namen des Papstes und kraft ordentlicher stellvertretender Gewalt.

Nach der Kurienreform PIUS' X. von 1908 hat PAUL VI. durch Apost. Konst. ›Regimini Ecclesiae‹ vom 15. 8. 1967 die Römische Kurie neu gegliedert und erweitert. (Sie wird künftig zitiert mit „n." und „§".)

Die Neuordnung trat in Kraft am 1. 3. 1968 zusammen mit der ›Geschäftsordnung für die Römische Kurie‹ (›Regolamento‹) vom 22. 2. 1968. (Das ›Regolamento‹ wird künftig zitiert: Regolam. mit „Art." und gegebenenfalls „§".)

Dem grundsätzlichen Umbau gingen einige Änderungen voraus, andere folgten. Insgesamt erweist sich die von PAUL VI. eingeleitete Reform als ein Prozeß ständiger Anpassung und zunehmender Zentralisierung.

Durch die Kurienreform wurden die drei traditionellen Typen der Dikasterien, nämlich der (Kollegial-)*Kongregationen*, der *Tribunale* und der (monokratischen) *Ämter* (officia) ergänzt durch die neuen Behördentypen der ständigen *Sekretariate*, sowie durch die *Räte* und *Kommissionen*, *Präfekturen* und das *Statistische Amt*. Eine einschneidende Änderung brachte einmal die zentralistische Straffung durch die Präponderanz und die Übertragung des Rechtes der Weisungsbefugnis für den *Kardinalstaatssekretär*, die grundsätzliche Begrenzung der Amtszeit der Kurienkardinäle und der dort tätigen Beamten auf fünf Jahre sowie die Bestimmung, daß sowohl die kardinalizischen Mitglieder als auch die Beamten aus aller Welt zu berufen seien („Internationalisierung" der Kurie) (n. 3).

Unter Römischer Kurie versteht man somit heute die Gesamtheit der dem Papst zur Leitung der Gesamtkirche dienenden *Dikasterien* (ursprünglich griech. = Gerichte, Behörden). Jedem Dikasterium ist eine Anzahl von *Consultoren* beigeordnet. Unter ihnen können auch durch Charakter, wissenschaftliche Bildung und Erfahrung ausgezeichnete Laien sein (n. 5 § 1). Die Consultoren werden auf fünf Jahre berufen. Eine erneute Bestätigung um fünf Jahre ist zulässig.

Arbeit und Verfahrensweise der Dikasterien werden durch die ›Allgemeine Geschäftsordnung der Römischen Kurie‹ (›Regolamento‹) geregelt. Unter anderem wird für alle Mitarbeiter eine gestufte *Altersgrenze* vorgesehen. Für die untergeordneten Mitarbeiter liegt sie beim 65., für die Beamten beim 70. und für die höheren Prälaten beim 74. Lebensjahr.

Die Vorschriften über den Rechtsschutz durch die Möglichkeit der Anrufung der Zweiten Sektion der Apostolischen Signatur (Art. 119 § 1) vermag tatsächlich kaum zu greifen, da ein Rekurs nur möglich ist, sofern der Papst den jeweiligen Entscheid (noch) nicht gebilligt hat. Diese Regelung dürfte nur als Kompetenzkonfliktregelung funktionieren.

3.1.3.1. Das Kardinalstaatssekretariat

Bei der *Kurienreform* PAULS VI. ist die traditionell bedeutsame Position des *Kardinalstaatssekretärs* erheblich ausgebaut worden: In seine umfassende Kompetenz fällt nicht nur alles, was der Papst ihm überträgt, sondern auch alles, wofür kein anderes

Dikasterium zuständig ist. Er ist der allgemeine Vertreter des Papstes, den er unmittelbar bei der Leitung der Gesamtkirche und der Kommunikation zu den Dikasterien der Kurie unterstützt. Zur Durchführung dieser Aufgabe hat er das Recht erhalten, zur Koordinierung der Arbeit, zur Weitergabe von Mitteilungen und zur Beschlußfassung die Leiter der kurialen Behörden zusammenzurufen (nn. 18 u. 20).

Die Konzentration der Macht in der Hand des Kardinalstaatssekretärs und seiner „Superbehörde", des Staatssekretariates, ist beachtlich: Abgesehen von dem Aufsichtsrecht gegenüber allen Dikasterien, die sich insbesondere in der Personalkompetenz ausdrückt (Regolam. Art. 3 § 4 Ziff. 4; Art. 6 § 2), führt der Kardinalstaatssekretär in Personalunion das „Außenamt" des Papstes, den *„Rat für die öffentlichen Angelegenheiten der Kirche"* (n. 27 § 2). Dieser Rat führt alle anfallenden Verhandlungen mit den staatlichen Regierungen und ist leitendes Organ der päpstlichen Gesandten in aller Welt (n. 28).

Diesem Rat ist auch die *Päpstliche Kommission für Rußland* zugeordnet.

Der *Kardinalstaatssekretär* ist überdies (oftmals geborenes) Mitglied fast aller wichtigen anderen Dikasterien. Das bei der Kurienreform neu eingerichtete *General-Rationarium der Kirche* ist einem *statistischen Amt* ähnlich. Es hat die Aufgabe, Nachrichten zu sammeln und geordnet zusammenzustellen, die nötig und nützlich sein können, den Stand der Kirche besser zu erkennen und daraus hilfreiche Hinweise zu ziehen.[12] Es ist dem Staatssekretariat zugeordnet, ebenso der *Rat für die sozialen Kommunikationsmittel.* Auch der *Präfekt der Vatikanstadt* ist dem Kardinalstaatssekretär verantwortlich (nn. 23—25).

Das am 9. 5. 1971 eingerichtete *Amt für Personalangelegenheiten,* das Vorschläge für die rechtliche und wirtschaftliche Stellung des Personals am Heiligen Stuhl machen soll, scheint keine besondere personelle Förderung zu erfahren.[13]

3.1.3.2. Die Kongregationen

Die römischen *Kongregationen* (Sacrae Congregationes) sind seit der Kurienreform einander rechtlich gleichgestellt (n. 1 § 2); deshalb wurde auch ihre Reihenfolge neu bestimmt.[14] Teilweise erhielten sie mit neuer Kompetenzabgrenzung auch neue Bezeichnungen und eine revidierte innere Sachgebietsgliederung. Das Vorhaben, ihre Anzahl zu reduzieren, hat sich offenbar nur begrenzt verwirklichen lassen. Ihre Zahl beträgt derzeit (1980) neun statt vorher zwölf, wobei zu bedenken ist, daß die Kongregation für außerordentliche Angelegenheiten und die Kongregation für die Kirchenfabrik von St. Peter ihren ursprünglichen Status einer Kongregation verloren haben.

[12] Auffallend ist, daß unter dem Leiter dieses Amtes die namentlich aufgeführten Mitarbeiter sämtlich Frauen sind (Annuario Pontificio 1979, p. 1100).

[13] Das ›Annuario Pontificio‹ 1979 weist zwar die Kommission aus, nennt aber keine Mitglieder (p. 992, 1099).

[14] Dabei springt ins Auge, daß das ›Annuario Pontificio‹ (1979) eine von ›Regimine Ecclesiae‹ abweichende Reihenfolge bringt.

Die Kongregationen sind als *Kollegialbehörden* organisiert und als solche die obersten Verwaltungsorgane des Papstes. Ihre Mitglieder, Kardinäle und jeweils sieben Ortsbischöfe (aufgrund des MP ›Pro comperto sane‹ vom 6. 8. 1967) werden vom Papst ernannt. Ihre Mitglieder haben also kein kollegiales Selbstergänzungsrecht. Die Zahl der kardinalizischen Mitglieder ist nicht festgelegt und kann vom Papst nach freiem Ermessen bestimmt werden.

Obwohl *Verwaltungsbehörden*, besitzen sie mit Gutheißung des Papstes, der jedoch in keiner Kongregation mehr den Vorsitz führt, auch *Gesetzgebungskompetenz*. Trotz der grundsätzlich angestrebten Trennung von Verwaltung und Rechtsprechung (n. 7) haben sie in bestimmten Fällen richterliche Funktionen (u. a.: nn. 35, 62, 68, § 5).

Jede Kongregation wird von einem *Kardinalpräfekten* geleitet, dem ein *Sekretär*, ein *Untersekretär* und die notwendige Anzahl von *Beamten* zur Seite stehen (n. 2 §§ 3—4). Die einzelnen Kongregationen sollen in der Regel einmal im Jahr eine *Vollversammlung* abhalten, zu der auch die ihr angehörigen (sieben) Diözesanbischöfe einzuladen sind. Auf ihr sind die Fragen von größerer Wichtigkeit, die ihrem Wesen nach Programmcharakter tragen, zu beraten (Regolam. Art. 110—122). Die laufenden Angelegenheiten werden nach jeweils internen Verfahrensrichtlinien, bei wichtigen Fragen in der *ordentlichen Versammlung* (Regolam. Art. 110), bei einfachen Angelegenheiten im sogenannten *„Kongreß"* beraten und entschieden (Regolam. Art. 124—125).

Zur Koordination der Arbeit der verschiedenen Kongregationen ist traditionellerweise vorgesehen, daß die Präfekten einer Behörde zugleich geborene Mitglieder einer anderen oder mehrerer anderer Dikasterien sind; gleicherweise sind auch die Sekretäre geborene Consultoren bei anderen Organen.

Das *Amtsgeheimnis* (n. 12) ist durch Instructio des Kardinalstaatssekretärs vom 4. 2. 1974 präzisiert und verschärft worden.

Die Glaubenskongregation

Die *Glaubenskongregation* (bis 1965: Congr. S. Officii; von 1542—1908: Congr. Romanae et universalis inquisitionis) ist für alle Fragen der Glaubens- und Sittenlehre und alle den Glauben betreffende Probleme einschließlich der Überwachung des Schrifttums zuständig (nn. 29, 31—36). Sie prüft verdächtige Lehren nach einer eigenen Verfahrensordnung (n. 32). Diese wurde von der Kongregation am 15. 1. 1971 erlassen. Außerdem richtet sie Glaubensirrtümer nach den Vorschriften eines ordentlichen Prozesses (n. 35) und ahndet Verstöße gegen das Bußsakrament nach besonderen Regeln (n. 36). In diesen Bereichen hat sie die Kompetenz eines obersten Gerichts. Außerdem ist sie zuständig für Verfahren zur sogenannten „Laisierung" von Presbytern (und Diakonen). Sie verfährt dabei gemäß einer revidierten, nicht promulgierten Ordnung vom 14. 10. 1980 (vgl. unten 6.6.6.).

Dieser Kongregation sind zwei wichtige Kommissionen zugeordnet: Am 30. 4. 1969 wurden zum ersten Mal die 30 Mitglieder der neu gegründeten *Theologen-Kommission* für fünf Jahre ernannt. Am 12. 7. 1969 wurden der Kommission von der Glaubenskongregation nach vorheriger Billigung des Staatssekretariates die vorläufigen Statuten gegeben. Sie soll den

Apostolischen Stuhl und insbesondere die Glaubenskongregation in Lehrfragen beraten. Vorsitzender dieser Kommission ist der Kardinalpräfekt der Kongregation. Sie soll wenigstens einmal im Jahr tagen und Fragen, die ihr von der Kongregation zur Beratung vorgelegt werden, behandeln.

Die — früher selbständige — *Bibelkommission* wurde durch MP PAULS VI. ›Sedula cura‹ vom 27. 6. 1971 neu geordnet und der Kongregation für die Glaubenslehre unterstellt. Obwohl ihr Vorsitzender der Kardinalpräfekt ist, wird auf die Theologen-Kommission nicht Bezug genommen. Die Bibelkommission soll höchstens 20 Mitglieder haben und mindestens einmal im Jahr tagen. Die zu behandelnden Fragen können nur vom Papst oder vom Vorsitzenden der Kommission bestimmt werden. Beratungsthemen dürfen jedoch nicht nur von den Kongregationen, sondern auch von der Bischofssynode, den Bischofskonferenzen, den Kommissionsmitgliedern und sogar von den *katholischen* Universitäten und Bibelgesellschaften vorgeschlagen werden. Der Bibelkommission kommen zwei besondere Rechte zu: Einmal behält sie ihr Recht zur Verleihung akademischer Grade der Bibelwissenschaften. Zum anderen hat sie die Befugnis, Instruktionen und Dekrete vorzubereiten, die nach Approbation durch den Heiligen Vater von der Kongregation für die Glaubenslehre promulgiert werden.[15]

Die Mitglieder beider Kommissionen sollen aus Theologen aller Nationen und aller theologischer Richtungen berufen werden.

Die Kongregation für die Ostkirchen

Der *Kongregation für die Ostkirchen* gehören außer den vom Papst ernannten Kardinälen auch die Patriarchen der Ostkirchen sowie der Kardinalpräses des Sekretariates zur Förderung der Einheit der Christen kraft Gesetzes an (n. 42). Sie hat für jede mit Rom unierte Kirche (Ritus) eine eigene Abteilung (n. 43) und ist zuständig für alle Angelegenheiten, die Personen, Disziplin und Riten der (katholischen) Ostkirchen betreffen. Sie ist ferner territorial zuständig für alle Gebiete, in denen der größte Teil der Christen einem orientalischen Ritus angehört. Insoweit ist sie selbst für lateinische Ordensleute zuständig (n. 45).

Die Kongregation für die Bischöfe

Die bisherige Konsistorialkongregation ist in *Kongregation für die Bischöfe* umbenannt worden (n. 46). Außer den vom Papst frei ernannten Kardinälen und Bischöfen sind Mitglieder kraft Amtes die Kardinalpräfekten des Rates für öffentliche Angelegenheiten der Kirche, der Glaubenskongregation, der Kongregation für den Klerus und für das katholische Unterrichtswesen (n. 48).

Diese Kongregation ist zuständig für die Ernennung von Bischöfen und sonstigen selbständigen Ordinarien sowie deren gesamte Amtsführung, ferner für teilkirchliche Synoden und Bischofskonferenzen, denen gegenüber sie *Weisungsrecht* besitzt (nn. 49—51). Das Verfahren bei der Bestellung von Bischöfen ist durch Erlaß des Rates für öffentliche Angelegenheiten der Kirche vom 25. 5. 1972 neu geordnet. Damit wurden Bemühungen, Klerus und Gläubigen wieder eine wenigstens geringe

[15] Vgl. H. Schmitz, Kurienreform II, 39—42.

Mitwirkungsmöglichkeit zu sichern, zurückgewiesen (vgl. unten 3.2.5.3.). Der Kardinalpräfekt dieser Kongregation hat das Recht, in Fragen, die auch in die Kompetenz der Klerus-, der Religiosenkongregation und gegebenenfalls auch der Unterrichtskongregation fallen, deren Leiter zu gemeinsamen Beratungen zusammenzurufen (n. 53).

Die wichtige *Päpstliche Kommission für Lateinamerika* ist dieser Kongregation zugeordnet, deren Kardinalpräfekt auch ihr Vorsitzender ist.

Durch MP PAULS VI. ›Apostolicae caritatis‹ vom 19. 3. 1970 wurde eine zentrale *Päpstliche Kommission für die Seelsorge am Menschen unterwegs* (Pontificia commissione de spirituali migratorum atque itinerantium cura) geschaffen. In ihr fließen alle diesbezüglichen Kompetenzen zusammen; sie ist der Kongregation angegliedert.

Die Kongregation für die Sakramente und den Gottesdienst

Durch Apost. Konst. ›Constans nobis‹ vom 11. 7. 1975 wurden die Kongregation für die Sakramente und die Kongregation für den Gottesdienst mit Wirkung zum 1. 8. 1975 als *Kongregation für die Sakramente und den Gottesdienst* neu eingerichtet und in zwei Sektionen (Hauptabteilungen) gegliedert:
a) für die Disziplin der Sakramente,
b) für den Gottesdienst.

An der Spitze jeder Abteilung steht ein „Untersekretär". Die erste Sektion ist zuständig für alle Fragen, die den Gottesdienst und die Verwaltung der Sakramente betreffen. Kraft besonderer Entscheidung des Papstes vom 14. 7. 1973 ist sie in allen Fragen, bei denen der Nichtvollzug einer Ehe in Rede steht, allein zuständig. Diese sogenannten *Nichtvollzugsverfahren* (Inkonsummationsverfahren) werden nach einer von dieser Kongregation am 7. 3. 1972 erlassenen Verfahrensordnung (Instructio ›Dispensationis matrimonii‹) mittels einer eigenen Sonderkommission durchgeführt (vgl. unten 6.7.4.2.).

Die Kongregation für Heiligsprechungsverfahren

Die *Kongregation für Heiligsprechungsverfahren* ist am 8. 5. 1969 aus der durch Apost. Konst. „Regimine Ecclesiae" neu umschriebenen Ritenkongregation (nn. 58ff) durch Apost. Konst. PAULS VI. ›Sacra Rituum Congregatio‹ ausgegliedert und als eigene Kongregation eingerichtet worden.

Sie besteht aus drei Abteilungen: Die *erste* führt im förmlichen Prozeß die Vor- und Hauptverfahren in Selig- und Heiligsprechungsangelegenheiten durch (n. 7). Die *zweite* wird vom Amt des Generalglaubensanwaltes (Promotor generalis) gebildet, der in den Heiligsprechungsverfahren „das Recht zu wahren hat" (n. 9). Die *dritte* ist die historisch-hagiographische Abteilung, die für historische Fälle zuständig ist (n. 10). Das Verfahren für Selig- und Heiligsprechungsprozesse war zuvor durch MP PAULS VI. ›Sanctitas clarior‹ vom 19. 3. 1969 neu geordnet worden.

Die Kleruskongregation

Die ehemalige Konzilskongregation ist durch die Kurienreform zur *Kleruskongregation* umgewandelt worden (n. 65). Diese Kongregation ist grundsätzlich für alle Angelegenheiten zuständig, die (Welt-)Geistliche betreffen. Sie ist in drei Abteilungen gegliedert: Die *erste Abteilung* bearbeitet Fragen der Dienste und der Disziplin des Klerus im allgemeinen, der Dom- und Stiftskapitel im besonderen; sie führt die Aufsicht auch über die Arbeit der Pastoral- und Presbyterräte; schließlich hat sie bei einfachen Streitigkeiten bezüglich der Rangordnung unter Klerikern zu entscheiden (n. 68). Die *zweite Abteilung* ist für Werke und Methoden des Apostolats, insbesondere auch der Katechese, zuständig. Sie hat das Recht, Pastoraldirektorien abzufassen (n. 69). Nicht mehr zuständig ist sie für die Werke der Wander- und Tourismusseelsorge (vgl. oben S. 146). Die dritte Abteilung besorgt die Aufstellung von Regelungen für die Verwaltung des kirchlichen Vermögens, soweit nicht andere Dikasterien dafür zuständig sind. Insbesondere ist sie verantwortlich für Stiftungen, kirchliche Kunstschätze und dergleichen. In diesem Zusammenhang kann sie auch als *Gnadeninstanz* tätig werden, wenn es sich um Tatbestände widerrechtlicher Aneignung von Kirchengut handelt (n. 70).

Die Kongregation für Ordensleute und Säkularinstitute

Die *Kongregation für Ordensleute* und *Säkularinstitute* ist in zwei Abteilungen gegliedert:

Eine ist zuständig für Angelegenheiten, die Ordensleute und Ordensinstitute des lateinischen Ritus betreffen, während

die zweite Fragen der sogenannten Säkularinstitute zu behandeln hat.

Es gehört zu den Aufgaben der Kongregation, die zeitgemäße Erneuerung und das Wachstum des Ordenslebens und der Ordensidee zu fördern. Ihre Arbeit wird unterstützt vom *Rat der internationalen Vereinigung der Generaloberen* und der *Generaloberinnen*.

Die Kongregation für das katholische Unterrichtswesen

Die bisherige Kongregation für die Seminare und Universitäten ist in *Kongregation für das katholische Unterrichtswesen* umbenannt worden. Sie ist zuständig für die Fragen der Klerikerausbildung und der *wissenschaftlichen katholischen* Unterweisung von Klerikern und Laien. Ihre drei Abteilungen sind für folgende Sachbereiche zuständig:

1. Für die Leitung und Verwaltung der Priester-Ausbildungsseminare und die Erziehung und wissenschaftliche Ausbildung des Klerus wie der Ordensleute und Säkularinstitute.

2. Für die Leitung der Universitäten, Fakultäten, Hochschulen und alle Institute für höhere Studien, sofern sie irgendwie von der Autorität der Kirche abhängen. Sie soll die Zusammenarbeit der katholischen Universitäten sowie deren Zusammenschluß auf nationaler und internationaler Ebene fördern.

3. Die 3. Abteilung ist zuständig für das kirchliche Schulwesen. Ihre Kompetenz in Schulfragen erstreckt sich über den gesamten Erdkreis, sofern es sich nicht um Orte handelt, die der Kongregation für die Ostkirchen bzw. der Kongregation für die Evangelisation der Völker unterstehen. Sie könnte also als das „Schulreferat" dieser Kongregation bezeichnet werden.

Insgesamt obliegt dieser Kongregation auch die Untersuchung und Förderung allgemeiner Probleme über Erziehung und Wissenschaft; sie bemüht sich um Zusammenarbeit mit den Bischofskonferenzen und den weltlichen Behörden. Bei dieser Tätigkeit soll sie sich gebührend mit dem Rat für öffentliche Angelegenheiten der Kirche abstimmen. Sie führt auch die Aufsicht über nationale und internationale Kongresse zur Behandlung der ihr anvertrauten Probleme (nn. 75—80).

Die Kongregation für die Glaubensverbreitung

Durch die Kurienreform wurde die Kongregation für die Glaubensverbreitung (De Propaganda Fide) in *Kongregation für die Verkündigung des Evangeliums unter den Völkern oder für die Glaubensverbreitung* oder *De Propaganda Fide* umbenannt. Zu ihren Mitgliedern von Amts wegen gehören die Vorsitzenden der Sekretariate für die Einheit der Christen, für die Nicht-Christen und für die Nicht-Glaubenden. Für die sogenannten Missionsgebiete hat diese Kongregation umfassende Kompetenzen. Im Unterschied zu den anderen Kongregationen gehören ihr außer den ordentlichen Mitgliedern noch 24 weitere Mitglieder an, die für Missionsfragen besonders qualifiziert sein müssen (Instructio dieser Kongregation vom 26. 2. 1968).

Eine eigene Verwaltungsabteilung ist für die Finanzen der Kongregation zuständig und verwaltet entweder die kirchlichen Güter in den Missionsgebieten direkt oder überwacht ihre Verwaltung. Sie ist der Wirtschaftspräfektur des Heiligen Stuhles rechenschaftspflichtig (n. 91). Angegliedert sind der Kongregation der Oberste Rat der Päpstlichen Missionswerke. Von diesem sind abhängig die Priestermissionsvereinigung, das Werk der Glaubensverbreitung, das Apostel-Petrus-Werk und die Werke von der Heiligen Kindheit (n. 89).

3.1.3.3. Die Sekretariate

Einen neuen Mischtyp zwischen Kollegialbehörden und Studienkommissionen stellen die *Sekretariate* dar. Sie sind erst im Zusammenhang mit dem II. Vatikanischen Konzil eingerichtet worden. Damals war es zweifelhaft, ob sie über die Konzilszeit hinaus Bestand haben werden. Durch die Kurienreform PAULS VI. sind sie jedoch in die Kurialverfassung voll integriert.

Sie werden jeweils von einem *Kardinalpräses* mit Hilfe seines Sekretärs und eines Untersekretärs geleitet. Die Zahl ihrer bischöflichen Mitglieder ist jedoch nicht auf sieben begrenzt.

Das Einheitssekretariat

Das *Sekretariat zur Förderung der Einheit der Christen* (kurz auch „Einheitssekretariat" genannt) ist in zwei Abteilungen gegliedert. Eine für den westlichen und eine für den östlichen Teil der Welt (n. 92).

Die am 22. 10. 1974 eingesetzte *Päpstliche Kommission für die religiösen Beziehungen zum Judentum* ist diesem Sekretariat zugeordnet und wird vom Kardinalpräses geleitet.

Das Sekretariat für die Nicht-Christen

Das *Sekretariat für die Nicht-Christen* soll unbeschadet der Kompetenz der Kongregation für die Verkündigung des Evangeliums nicht nur Studien betreiben, sondern auch der Förderung der gegenseitigen Achtung und dialogischer Beziehungen mit den Nicht-Christen dienen (n. 98).

Für die besonderen Beziehungen zum Islam wurde am 22. 10. 1974 eine *Päpstliche Kommission für die religiösen Beziehungen zum Islam* eingerichtet, die diesem Sekretariat beigeordnet ist.

Das Sekretariat für die Nicht-Glaubenden

Das *Sekretariat für die Nicht-Glaubenden* widmet sich mit Billigung des Papstes dem Studium des Atheismus, um dessen verschiedene Formen und Anschauungen gründlich zu erforschen und gegebenenfalls Gespräche aufnehmen zu können (n. 102).

3.1.3.4. Die Räte und Kommissionen

Eine weitere neue Sonderform für planerische und informierende Institutionen stellen der *Rat für die Laien* und die *Studienkommission „Iustitia et Pax"* dar. Sie sind von PAUL VI. durch MP ›Catholicam Christi Ecclesiam‹ vom 6. 1. 1967 eingerichtet worden. Sie sollten zunächst fünf Jahre lang versuchsweise arbeiten. Offenbar wegen der noch nicht abgeschlossenen Versuchsphase verweist Apost. Konst. ›Regimine Ecclesiae‹ lediglich auf das genannte Einrichtungsdekret.

Der Laienrat

Durch MP PAULS VI. ›Apostolatus Peragendi‹ vom 10. 12. 1976 wurde der Laienrat in ein römisches Dikasterium, den *Päpstlichen Laienrat,* also ein hierarchisches Organ, umgewandelt. An seiner Spitze steht der *Kardinalpräses;* ihm zur Seite steht die aus drei in Rom residierenden Kardinälen und dem Sekretär zusammengesetzte *Präsidialversammlung.*

Den eigentlichen Ratskörper bilden größtenteils Laien; sie sollen aus verschiedenen Teilen der Welt kommen; Männer und Frauen sollen sich in dieser Gruppe etwa die Waage halten.

Auch diesem Rat stehen Konsultoren zur Seite, wobei die Sekretäre der Kongregation für die Bischöfe, für die orientalischen Kirchen, für die Kleriker, für die Religiosen und Säkularinstitute, für die Evangelisation der Völker und der Sekretär der Studienkommission „Iustitia et Pax“ zu den geborenen Konsultoren gehören.

Der Rat ist (nach Art einer Kongregation) für alles zuständig, was die Laien in der Kirche angeht: von frommen Vereinigungen angefangen bis zu den Aktivitäten der Laien zum Zwecke der Unterstützung der Seelsorge. Dabei kann sich dieser Rat auch der Unterstützung des am 11. 1. 1973 eingesetzten „Komitees für die Familie“ bedienen. Ihm fällt die Aufgabe zu, die geistigen, moralischen und sozialen Probleme von Ehe und Familie unter pastoralen Gesichtspunkten zu untersuchen. Das Gremium besteht aus dem Präsidenten, dem Vizepräsidenten und den Mitgliedern sowie den Konsulenten, den Fachberatern. Eine Reihe von Konsultoren beraten dieses Komitee. Angesichts der Tatsache, daß es hier um existentielle Themen der „Laien“ geht, nämlich Ehe und Familie, ist das hierarchisch-klerikale Element beachtlich stark. Der Vorsitzende ist ein Kardinal, nämlich der Präsident der Päpstlichen Kommission für die Laien; sein Stellvertreter ist ein Bischof. Von den acht Konsulenten gehören sechs dem geistlichen Stand an. Von den sieben Konsultoren sind drei Kleriker.

Durch die Eingliederung des „Päpstlichen Laienrates“ in die Römische Kurie sind auch alle die Laien betreffenden Fragen wieder zur Gänze in die Kompetenz der hierarchischen Bürokratie reintegriert.

Die Pflege der Caritas

Den Fragen einer effizienten Verwirklichung der Gerechtigkeit unter den Völkern sollte die 1967 eingerichtete *Studienkommission „Iustitia et Pax“* (für Gerechtigkeit und Frieden) dienen. Auch sie ist durch MP ›Iustitiam et Pacem‹ vom 10. 12. 1976 in eine kuriale Päpstliche Kommission umgewandelt worden. Sie soll als Studien- und Koordinationsgremium für die kirchliche Liebestätigkeit fungieren. Daneben wurde durch Apost. Brief ›Amoris officio‹ vom 15. 7. 1971 durch Papst PAUL VI. ein zentrales Koordinationsorgan der gesamtkirchlichen Caritas- und Hilfswerke eingerichtet: der *Päpstliche Rat „Cor unum“ zur Förderung der menschlichen und christlichen Entwicklung.* In diesen Rat sind als Mitglieder die Vertreter der katholischen Hilfswerke aus aller Welt zu berufen, die „unbeschadet ihrer eigenen Rechte und Verfahrensweise“ selbständig arbeiten sollen. Der Rat hat jedoch die verschiedenen kirchlichen Hilfswerke und ihre Arbeitseinsätze zu koordinieren. Damit kommt den einzelnen Hilfswerken künftig nur noch eine gewisse Autonomie zu; der Einsatz ihrer Mittel wird zentral gesteuert. Bei der Errichtung dieses Rates ist seinerzeit gefragt worden, ob auf diese Weise Einfluß und Ansehen mancher in Entwicklungs- und Caritasfragen sehr engagierter Kirchen mediatisiert bzw. ob umgekehrt der beherrschende Einfluß der Römischen Kurie wiederhergestellt werden soll.

3.1.3.5. Die Gerichts- und Gnadenhöfe

Zum traditionellen Bestand der Römischen Kurie gehören die *Gerichte* und der *päpstliche Gnadenhof.* Ihre Gestalt, ihre Bezeichnungen und ihre Kompetenzen haben in den Jahrhunderten so oft gewechselt, daß die Entwicklung hier auch nicht annähernd nachgezeichnet werden kann.

Die Apostolische Signatur

Oberster kirchlicher Gerichtshof und zugleich oberste Behörde der Gerichtsverwaltung ist die in zwei Abteilungen gegliederte *Apostolische Signatur.* Sie ist aus den päpstlichen Kanzleien der Signatura gratiae und der Signatura iustitiae entstanden. Diese hatten die Gnadenerweise und Rechtsfälle zu bearbeiten und dem Papst zur Unterschrift (signatura) vorzulegen.

Heute besteht der Oberste Gerichtshof aus einigen vom Papst ernannten Kardinälen, von denen einer, vom Papst erwählt, das Amt des Präfekten bekleidet. Er wird von einem Sekretär und einem Untersekretär unterstützt.

Die *erste Abteilung* ist als Gericht kraft ordentlicher oder delegierter Gewalt für jene Fälle zuständig, die ihm durch das kirchliche Gesetzbuch übertragen sind, so u. a.:

Verfahren gegen Rotarichter wegen Verletzung des Amtsgeheimnisses, wegen Schadenersatz oder wegen Befangenheit; Rekurse gegen Rotaurteile, für die keine ordentliche Berufung mehr zugelassen ist (c. 1603 CIC).

Außerdem behandelt sie Bittgesuche um Gnaden im Gerichtsbereich und Kompetenzzuweisung an ein bestimmtes Gericht; sie beaufsichtigt die nachgeordneten Gerichte und ist zuständig für die Errichtung von Regionalgerichten (n. 105). Für die Einrichtung überdiözesaner, regionaler oder überregionaler Gerichtshöfe hat die Apostolische Signatur am 28. 12. 1970 detaillierte Normen erlassen. Darüber hinaus hat sie durch Runderlaß vom 28. 12. 1970, mit Rechtskraft ab 25. 3. 1971, die Diözesanbischöfe verpflichtet, regelmäßig über eine ordnungsgemäße Rechtspflege bei allen Rechtsstreitigkeiten, Ehesachen nicht ausgenommen, zu berichten. Von 1972 an soll alle fünf Jahre, jeweils im Januar, zusammen mit dem Bericht über den Stand der Diözese, aber in einer eigenen Akte, ein Bericht über den Stand des Diözesangerichtes eingesandt werden, in dem ganz bestimmte, in dem Erlaß genannte Fragen einläßlich zu beantworten sind.

Die *zweite Abteilung* entscheidet in Streitfällen, die aus kirchlichen *Verwaltungsakten* entstanden sind, entweder aufgrund eingelegter Berufung oder aufgrund eines Rekurses gegen die Entscheidung des jeweiligen Dikasteriums (n. 106). Sie entscheidet auch bei Kompetenzstreitigkeiten zwischen einzelnen kurialen Behörden und in jenen Fällen, in denen der Signatur eine solche Angelegenheit vom Papst zugewiesen worden ist. Sie fungiert also auch als „Kompetenzkonfliktsgerichtshof" (n. 107).

Die Signatur verfährt, wenn sie im Prozeßweg entscheidet, nach einer am 25. 3. 1968 promulgierten Prozeßordnung. Die danach noch bestehenden Rechtsunklarheiten wurden von der Kommission zur Interpretation der Konzilsdekrete am 11. 1. 1971 und am 1. 7. 1971 authentisch entschieden.

Die Sacra Romana Rota

Für ordentliche Rechtsstreitigkeiten ist die *Sacra Romana Rota,* das Gericht des Papstes, zuständig. Der Name kommt vermutlich daher, daß sich das Kollegium der päpstlichen auditores um einen runden Tisch (aus Stein?) zur Beratung versammelte. Sie hießen auditores, weil sie dem Papst lediglich die Ergebnisse ihrer Ermittlungen vorzulegen hatten; er entschied dann persönlich. Heute sind die Rotarichter wirkliche, d. h. erkennende Richter; ihren alten Namen *auditor* haben sie jedoch behalten. Sie sind echte Prälaten mit ordentlicher iurisdictio pro foro externo und als Gericht kollegial organisiert. An ihrer Spitze steht als primus inter pares der Dekan.

Gewöhnlich entscheidet die Rota nicht im Plenum, vielmehr wird jede Rechtssache von einer aus drei Rotaauditores bestehenden Kammer entschieden.

Die Sacra Romana Rota ist zuständig als letztes ordentliches Berufungsgericht. Ausnahmsweise jedoch kann sie auch gleich als erste Berufungsinstanz oder sogar als erste Instanz überhaupt angegangen werden.

Die Apost. Konst. ›Regimini Ecclesiae‹ hat bei Ehenichtigkeitsfällen die besonderen bisherigen Kompetenzen der Kongregationen (vor allem der Glaubenskongregation, wenn Ungetaufte beteiligt waren) aufgehoben und die Rota für allein zuständig erklärt (n. 109).

Struktur und Organisation dieses Gerichtes wurden durch „Neue Normen“ geregelt, die die Rota selbst erstellt, der Papst am 25. 5. 1969 approbiert hatte. Die Verfahren vor der Rota werden bis zur Revision des kirchlichen Gesetzbuches nach den Normen vom 25. 6. 1934 durchgeführt.

Die Apostolische Pönitentiarie

Herkömmlicher-, wenn auch fälschlicherweise wird auch der päpstliche *Gnadenhof,* die *Apostolische Pönitentiarie,* zu den „Gerichten“ gezählt. Sie ist zuständig für Gnadenerweise im forum internum, also im sakramentalen wie im nichtsakramentalen inneren Bereich. Sie spricht darum nicht „Recht“, sondern gewährt Gnade auch bei eingestandener Schuld. Außerdem ist sie zuständig für alle das Ablaßwesen betreffenden Fragen.

An ihrer Spitze steht der *Kardinalgroßpönitentiar,* der von einem Regens und einigen Prälaten unterstützt wird. Sie bilden zusammen den Rat des Großpönitentiars (n. 111).

Der Großpönitentiar behält sein Amt auch bei Sedisvakanz des päpstlichen Stuhles, weil Entscheidungen im Gewissensbereich keinen Aufschub dulden. Die Pönitentiarie ist auch für Gnadengelegenheiten aus den katholischen Ostkirchen zuständig.

Verfassung, Kompetenz und Verfahrensweise dieses Gnadenhofes werden nach wie vor durch die Ordnung vom 25. 3. 1935 geregelt.

3.1.3.6. Die Ämter

Einen weiteren klassischen kurialen Behördentyp, neben den Kongregationen und Gerichten, stellen die *Ämter* (officia) dar. Die Kurienreform von 1967 hat hier ganz besonders tiefgreifende Veränderungen bewirkt.

Die Apostolische Kammer

Von den traditionellen *Ämtern* ist allein die *Apostolische Kammer* (Camera Apostolica) übriggeblieben. Sie ist insofern juristisch wie politisch von besonderem Interesse, weil sie tatsächliche Bedeutung allein während der Sedisvakanz des Päpstlichen Stuhles erlangt. Dann kommt dem *Kardinalkämmerer* die Aufgabe zu, die zeitlichen Güter und die Rechte des Heiligen Stuhles zu wahren und zu verwalten (n. 122).

Während der Sedisvakanz stehen dem *Kardinal-Camerlengo* bei der Verwaltung der Güter des Heiligen Stuhles drei assistierende Kardinäle zur Seite (Apost. Konst. ›Romano Pontifici eligendo‹ n. 17). Außerdem präsidiert der Kardinal-Camerlengo der sogenannten *Spezialkongregation,* einem Organ zur Entscheidung über einfache Angelegenheiten der laufenden Verwaltung während der Sedisvakanz. Ihm assistieren jeweils für drei Tage je ein Kardinal aus jedem kardinalizischen Ordo (Apost. Konst. ›Romano Pontifici eligendo‹ n. 7).

Die Präfektur für Wirtschaftsangelegenheiten

Der *Präfektur für die Wirtschaftsangelegenheiten des Heiligen Stuhles* obliegen Verwaltung und *Kontrolle* des Vermögens des Heiligen Stuhles und die Aufstellung einer Gesamtbilanz der Einnahmen und Ausgaben im vergangenen Jahr sowie die Erstellung eines Haushaltsplanes für das kommende Jahr. Außerdem obliegt ihr die Rechnungsprüfung.

Die Präfektur wird wahrgenommen von einer Kommission, bestehend aus drei Kardinälen, von denen einer das Amt des Präses bekleidet (n. 117). Sie wird beraten von sachkundigen Konsultoren (n. 118) und ist dem Papst unmittelbar verantwortlich (n. 120 Ziff. 3).

Die Einrichtung dieser Präfektur dürfte den Versuch darstellen, die vielerlei partiellen Kompetenzen im Finanzbereich unter Kontrolle zu bekommen, um dadurch zu einer geordneten Finanzverwaltung zu gelangen.

Die Vermögensverwaltung

Die *Vermögensverwaltung des Heiligen Stuhles* (Administratio Patrimonii Apostolicae Sedis) besorgt die allgemeine Vermögensverwaltung der Römischen Kurie. Sie wird von einem Kardinalpräses geleitet, dem ein Rat von Kardinälen zur Seite steht. Er wird von einem Sekretär unterstützt. Die Vermögensverwaltung ist in zwei Abteilungen gegliedert, eine ordentliche und eine außerordentliche, denen je ein Delegat vorsteht. Die Tätigkeit der außerordentlichen Abteilung, die besondere, ihr vom Papst übertragene Aufgaben wahrnimmt, ist durch Sondergesetz geregelt. Die publizierten Normen über diese zweifellos nicht unwichtige Tätigkeit sind äußerst knapp gehalten.

Die Präfektur des Apostolischen Palastes

Die *Präfektur des Apostolischen Palastes* (Praefectura Palatii Apostolici) ist eine Art *Protokollamt.* Dieser Präfektur obliegt die Regelung der Audienzen beim Papst und der päpstlichen Zeremonien mit Ausnahme der streng liturgischen Teile. Sie hat außerdem die Reisen des Papstes vorzubereiten und dabei dem Staatssekretariat Hilfe zu leisten. Sie entscheidet über die Rangordnung der Kardinäle und der beim Heiligen Stuhl akkreditierten Gesandten und ist für die Ordnung bei Empfängen verantwortlich (nn. 126—127).

Sie wird von einem Präfekten geleitet.

Der päpstliche Hofstaat, *Päpstliches Haus* (Pontificalis Domus) genannt, ist von PAUL VI. durch MP ›Pontificalis Domus‹ vom 28. 3. 1968 neu geordnet worden. Er besteht aus der *Kapelle* (cappella) und der *Päpstlichen Familie,* die sich aus bestimmten Geistlichen und laikalen Würdenträgern zusammensetzt. Die Mitglieder sowohl der „Kapelle" als auch der „Familie" werden vom Papst frei ernannt, sofern sie nicht kraft Amtes bzw. aufgrund ihrer Stellung dazugehören (wie z. B. die Patriarchen, die Kardinäle und die Auditoren der Rota). Alle erblichen Würdenstellungen sind ausdrücklich abgeschafft (Pontif. Dom. 3 § 4).

3.1.3.7. Die ständigen Kommissionen

In der neueren kurialen Praxis sind bestimmte Aufgaben der Rechtsfortbildung, der authentischen Interpretation von Gesetzen ebenso wie die Erarbeitung von Kodifikationen (für die Ostkirche) bestimmten selbständigen (kardinalizischen) Kommissionen anvertraut worden. Darum nimmt es nicht wunder, wenn unter den päpstlichen Kommissionen, die keinem Dikasterium direkt zugeordnet sind, die *Kommission für die Revision des ›Codex Iuris Canonici‹ für die lateinische Kirche* (vgl. oben 1.2.1.9) und die Kommission für die Revision des kirchlichen Gesetzbuches für die Ostkirchen[16] sowie die *Kommission für die* (authentische) *Interpretation der Dekrete des II. Vatikanischen Konzils* hervorragen. Es dürfte bezeichnend für die Eigenart des kirchlichen Rechtssystems und des päpstlichen Herrschaftsstils sein,

[16] PAUL VI. hat am 10. 6. 1972 anstelle der von PIUS XI. eingesetzten Kommission für die Erarbeitung eines Gesetzbuches für die Ostkirche eine neue *Päpstliche Kommission für die Revision des ostkirchlichen Codex Iuris Canonici* eingerichtet. Sie soll das Recht für die Ostkirchen im Lichte des II. Vatikanischen Konzils überarbeiten bzw. die Kodifikation vollenden. Die Kommission trat am 18. 3. 1974 zu ihrer ersten Sitzung zusammen. Es fällt auf, daß weder die Errichtung dieser nicht unwichtigen Kommission noch die Ernennung der Mitglieder förmlich promulgiert worden sind.

daß über die Kommission für authentische Interpretation der Dekrete des II. Vatikanischen Konzils lediglich einem Erlaß des Kardinalstaatssekretärs vom 11. 7. 1967 zu entnehmen war, der Papst habe sie errichtet.[17] Durch Erlaß des Kardinalstaatssekretärs vom 14. 4. 1969 wurde ihre Kompetenz auch auf die Interpretation der Durchführungsbestimmungen zu den Konzilsdekreten ausgedehnt. Sie ist also *das* für die Rechtsfortbildung entscheidende Organ der katholischen Kirche, da die Rechtsfortbildung durch höchstrichterliche Entscheidungen höchstens im Eherecht eine gewisse Rolle spielt.

Die Päpstliche Kommission für die Interpretation der Dekrete des II. Vatikanischen Konzils besteht (1979) aus sechs Kardinälen und sechs bischöflichen Mitgliedern. Den Vorsitz führt der Präsident der Codex-Reformkommission, Kardinal P. FELICI. Die fünf anderen kardinalizischen Mitglieder (Baggio, de Fuerstenberg, Knox, Palazzini und Pironio) und drei der sechs bischöflichen Mitglieder (Casoria, Lourdusamy und Sabattani) gehören auch der CIC-Reformkommission an. Es dürfte nicht unbedenklich sein, wenn die hochbedeutsame Rechtsentwicklung auf dem Weg der authentischen (d. h. verbindlichen) Interpretation, die im weltlichen Recht in der Regel durch höchstrichterliche Rechtsprechung geschieht, für die Weltkirche in die Hände einiger weniger Kardinäle und Bischöfe gelegt ist, unter denen sich zudem kein einziger Ortsbischof befindet.

Die übrigen Kommissionen sind hinsichtlich ihrer Bedeutung recht unterschiedlich. Sie reichen von der wichtigen *Päpstlichen Kommission für die sozialen Kommunikationsmittel*, der auch das *Presseamt des Heiligen Stuhles* (Sala Stampa della Santa Sede) zugeordnet ist, über die *Päpstliche archäologische Kommission* (di archelogia sacra) bis zur *Kommission für die Heiligtümer in Pompei und Loreto.*[18]

[17] Vgl. Kurienreform II, 21f. Auch bezüglich dieser sehr wichtigen Kommission muß H. Schmitz feststellen: „Auffallend ist, daß solche nicht unbedeutenden Maßnahmen nicht durch amtlich promulgierte Akte erfolgen." (22)

[18] Zu den hier nicht weiter erwähnten Kommissionen gehören beispielsweise auch: Die *Päpstliche Abtei S. Girolamo für die Revision und Neuherausgabe der ›Vulgata‹.* (Errichtet am 15. 6. 1933); die *Päpstliche Kommission für die ›Neo-Vulgata‹* (am 29. 11. 1965 eingesetzt). Im Unterschied zur Arbeit der Benediktiner von S. Girolamo soll nicht der Urtext, sondern ein revidierter Text der ›Neo-Vulgata‹ erstellt werden); Die *Päpstliche Kommission für christliche Archäologie* (gegründet 6. 1. 1852); der *Päpstliche Rat für geschichtliche Studien* (1883 als Kardinalskommission für geschichtliche Studien errichtet, am 7. 4. 1954 in den Päpstlichen Rat umgewandelt); die *Päpstliche Kommission für die kirchlichen Archive Italiens* (am 5. 4. 1955 gegründet); der *Päpstliche Rat für die religiöse Kunst Italiens* (am 1. 9. 1924 eingerichtet); die *Kardinalskommission für die päpstlichen Heiligtümer von Pompei und Loreto* (von Leo XIII. eingerichtet, wurde sie von Paul VI. am 7. 1. 1965 auf das Heiligtum von Loreto ausgedehnt); die *Ständige Kommission für die Erhaltung der historischen Bauten und Kunstdenkmäler des Heiligen Stuhles* (1923 gegründet).

3.1.3.8. Die Verwaltung des päpstlichen Palastes

Zur Verwaltung des *päpstlichen Palastes* (Vatikan) gehören schließlich nicht nur die *Cappella musicale Pontificia* und die *Schweizergarde,* sondern vor allem auch die *Kirchenstiftung von St. Peter.* Sie wird von einem Kardinalpräsidenten geleitet und arbeitet nach den Vorschriften der Apost. Konst. ›Sapienti Consilio‹ vom 29. 6. 1908. Die Vatikanische Bibliothek, das Vatikanische Geheimarchiv, die Vatikanische Druckerei (Tipografia Poliglotta Vaticana) sowie der Vatikanische Verlag (Liberia Editrice Vaticana für derzeit zwölf Periodica und die offiziöse vatikanische Zeitung ›L'Osservatore Romano‹) runden das Bild der kirchlichen Zentralverwaltung ab.

3.1.3.9. Der Staat der Vatikanstadt

Allerdings darf bei der Darstellung der Ämter, Behörden und Funktionen des Heiligen Stuhles auch die Verwaltung des politischen Substrats, nämlich des *Staates der Vatikanstadt,* nicht vergessen werden. Die geistliche Leitung liegt beim Vikar des Vatikanstaats, der als Generalvikar Seiner Heiligkeit die kirchlichen Belange in diesem Staat vertritt. Das politische Gouvernement liegt — rechtlich nicht ganz unbestritten — bei der *Päpstlichen Kommission für den Staat der Vatikanstadt.* Ihr Organ ist der Päpstliche Gouverneur. Der Verwaltung der Vatikanstadt sind die Vatikanischen Museen ebenso zugeordnet wie die Vatikanische Post, ein Sicherheitsbüro und ein Informationsbüro für Pilger und Touristen, Radio Vatikan und die Päpstliche Sternwarte. Schließlich gibt es zwei Gerichtshöfe erster Instanz, einen Appellationsgerichtshof und ein Kassationsgericht.[19]

3.1.3.10. Zusammenfassung

Zur Römischen Kurie gehören somit eine Vielzahl von Behörden in bunter Mannigfaltigkeit der Formen: Ämter, Kongregationen, Sekretariate und Kommissionen, Gerichte und Präfekturen, wie sie innerhalb einer weltweiten Institution mit einer fast 2000jährigen Geschichte und einem noch weiterreichenden Selbstbewußtsein erwartet werden können. Auffällig ist die personelle und institutionelle Verzahnung der kirchenpolitisch bedeutsamen Dikasterien. In den Händen einiger weniger *Männer* laufen die Fäden aller Informationen und damit auch aller Macht zusammen, um dann gefiltert, gewichtet und aufbereitet dem *einen Manne* zur Entscheidung vorgelegt zu werden. Die große Zahl der Mitglieder der Behörden und ihrer Berater aus aller Welt sollte über zweierlei nicht hinwegtäuschen:

[19] Vgl. R. Raffel, Die Rechtsstellung der Vatikanstadt, bes. 110ff.; Annuario Pontificio 1979 p. 1151ff.

1. Daß die wichtigen Entscheidungen von nur einigen wenigen voll informierten Männern getroffen werden.
2. Daß die Zahl der Mitarbeiter gemessen an der Größe des „Unternehmens" und der Effizienz der geleisteten Arbeit ebenso erstaunlich gering ist wie ihr Salär bescheiden.

Damit allerdings bieten sich auch Ansatzpunkte für ungewünschte Möglichkeiten. Nur eine gutbezahlte Bürokratie ist unbestechlich; nur eine unbestechliche Bürokratie ist eine loyale und darum eine im Sinne des jeweiligen Systems gute Bürokratie. Dies erkennend, haben die letzten Päpste versucht, die Besoldungssituation zu verbessern.

Schließlich mag bedenklich stimmen, daß die gesamtkirchliche Verwaltung *keiner* wie immer gearteten *Kontrolle* von außen unterworfen ist. Weder ein Konzil noch die Bischofssynode haben auch nur eine entfernte Kontrollfunktion. Der auf dem II. Vatikanischen Konzil von vielen Mitgliedern geäußerten Forderung, die Bischofssynode möge über der Kurie stehen und das Recht haben, sie zu kontrollieren, ist bei der Kurienreform nicht stattgegeben worden. Die hierarchische Bürokratie kontrolliert sich vielmehr selbst, gibt sich selbst Gesetze und spricht sich selbst Recht (Apostolische Signatur). So begegnet uns zu Ende des 20. Jahrhunderts in der Römischen Kurie der Hof eines absoluten Fürsten. Mentalität, Form und Farbe, Recht und Protokoll eines umfassenden Absolutismus des 18. Jahrhunderts, hier sind sie Gegenwart, hier leben sie unangefochten von einer total veränderten Wirklichkeit. Die farblos und nüchtern gewordene moderne Welt berauscht sich am bunten geistlichen Schauspiel, das jedoch — wie jedes echte Theater — weit mehr ist als ein Theater: Es ist eine Welt für sich, der unerfüllten Sehnsüchte und Ängste; es ist die Realität des Irrealen, der Schein der Form im Verwirrspiel der Undurchschaubarkeit. Ausdruck dessen sind beispielsweise die fehlenden oder nicht publizierten Verfahrensordnungen, Zuständigkeitsregelungen und dergleichen mehr.

Die verwandten Begriffe und Bezeichnungen (Kurie, Präfekt und Präfektur, Rota und Signatur) gaukeln eine alte Tradition ebenso vor wie die Termini der Rechtssprache die Gegenwart eines objektiven Rechts. Tatsächlich jedoch werden auch Dogma und Opportunität, hohepriesterliche Gewalt und Weltmachtanspruch beherrscht und gesteuert von einer alten Bürokratie und geschulten Technokraten, die ihre Bastion insbesondere im Staatssekretariat, im Rat für öffentliche Angelegenheiten, in der Glaubenskongregation, in der Präfektur für Wirtschaftsangelegenheiten und in manchen Kommissionen haben. Dort ist der Innenraum geistlicher Macht und universalen Herrschaftsanspruchs.

Die Zeit, da die Kirche von *einem Mann*, dem Nachfolger Petri, gelenkt wurde, ist längst vorbei. Das liegt in der Natur der Dinge wie in der Größe der Institution und dem Fortgeschrittensein der Zeit. Darin liegt nicht das eigentliche Problem. Die Fragwürdigkeit dürfte darin bestehen, daß eine kleine Gruppe im Namen des vicarius Christi Macht ausübt und damit in gewisser Weise auch ihn selbst kontrolliert.

Die geistliche Leitung der katholischen Kirche liegt somit letztendlich in den Händen der Bürokratie. Sie aber wird durch nichts und durch niemanden kontrolliert. Denn vor ihr steht der Papst, der sie schützt. Und ihn kontrollieren zu wollen gilt der katholischen Kirche seit langer Zeit als Frevel, ist er doch der Stellvertreter Christi, der Nachfolger Petri. So verstanden könnte ein gesamtkirchliches Kontrollorgan den Papst schützen, indem es seine Bürokratie kontrollierte. Aber sie identifiziert sich mit ihm und er mit ihr und beide mit der katholischen Kirche.

Wenn *Petrus* nur einen Bruchteil jener Macht besessen hätte, die der Papst bzw. seine Kurie besitzen, *Paulus* hätte gewiß dafür gesorgt, daß entweder die Machtausübung kontrolliert würde (etwa durch ein Konzil oder wie immer er es genannt hätte) oder er hätte verlangt, an der Macht beteiligt zu werden. Im Laufe der Geschichte wurde jedoch nicht Paulus an der Macht beteiligt, sondern die Bürokratie. Sie nimmt teil an der Infallibilität des Papstes, denn sie stellt seine engsten Mitarbeiter und Berater, die entscheidende Schar der Kardinäle. Sie hat ein Eigengewicht entwickelt, das jeden, der von außen kommt, in kurzer Zeit umzuprägen und zu integrieren versteht. Was die moderne Herrschaftssoziologie über die Bedeutung von Eliten und über die Bürokratie zu sagen weiß, hier kann sie es wie in einem Reagenzglas studieren und belegen.

3.1.4. Das Ökumenische Konzil

Entsprechend dem Selbstverständnis der Christen, Gott habe sie „aus allen Völkern der Erde" (ursprünglich griech.: oikumene = bewohnter bzw. bekannter Erdkreis) zu *einem* Volk und dadurch zum Heil berufen, betrafen religiöse Fragen jeden einzelnen. Als schließlich Zusammenkunft und gemeinsame Beratung aller (aus vielerlei Gründen) nicht mehr möglich waren und sich kirchliche Leitungsämter entwickelt hatten, trafen sich die Bischöfe und Presbyter zur Beratung wichtiger Fragen in unregelmäßigen Abständen und an den verschiedensten Orten. Aus einem bestimmten theologischen Selbstverständnis erblühte ein reges Synodalwesen.

Nach Zeit und Region entfaltete es sich zwar unterschiedlich, doch blieb es insgesamt bis ins zweite Jahrtausend lebendig. Vor allem dort mußte es verkümmern, wo entweder eine kirchliche Zentralgewalt oder staatliche Herrschaft dominierten. In dem Maße, wie die päpstliche Macht im Abendland wuchs, nahm die Bedeutung der Synoden ab, wie sie umgekehrt an Ansehen gewannen, als das Papsttum darniederlag (Avignoner Exil, Schismen).

Die konziliaristischen Theorien (gerade der Kanonisten), die teilweise auf den Reformkonzilen des 14. und 15. Jahrhunderts Bedeutung erlangten,[20] haben im

[20] Vgl. J. Gill, Konstanz und Basel-Florenz. Geschichte der ökumenischen Konzilien IX, bes. 11ff.

Papsttum und der Römischen Kurie ein tiefes Trauma hinterlassen. Das führte schließlich zu einem grundsätzlichen Argwohn gegen synodale Versammlungen jeglicher Art. Auch in der prekären Lage der Bedrohung durch die Reformation im 16. Jahrhundert fürchteten Papsttum und Kurie konziliaristische Gedanken fast ebenso wie die Ideen der Reformation. Sie hatten Angst, es könnte zu einer Wiederholung von Konstanz (1414—1418) oder gar Basel (Pavia: 1423—1431—1437, Florenz—Lyon—Lausanne: 1449) kommen.[21]

Nachdem dem *I. Vatikanischen Konzil* (1869—1870), auf dem der Jurisdiktionsprimat und die Unfehlbarkeit des Papstes „ex sese et non ex consensu Ecclesiae" in Glaubens- und Sittenfragen definiert worden waren, sofern er „ex cathedra" spricht, schien eine synodale Versammlung des Episkopats überflüssig geworden zu sein, obwohl jenes Konzil nicht beendet, sondern wegen äußerer Umstände vom Papst am 20. 10. 1870 nur auf unbestimmte Zeit (sine die) vertagt worden war. Dennoch enthält das kirchliche Gesetzbuch die grundlegenden Normen für ein ökumenisches Konzil (cc. 222—229 CIC). Auf dieser Rechtsgrundlage konnte Papst JOHANNES XXIII. am 25. 12. 1961 das II. Vatikanische Konzil zum 11. 10. 1962 einberufen.

Das kanonische Recht versteht den Begriff „ökumenisches Konzil" ganz im eingangs erwähnten klassischen Sinn, „den ganzen Erdkreis umfassend", gleichsam als Synonym für „katholisch" = allumfassend; „ökumenisch" will also nicht auf die verschiedenen christlichen Kirchen bezogen werden.

Das kirchliche Recht bestimmt hinsichtlich eines ökumenischen Konzils, es sei eine Versammlung aller Kardinäle, Patriarchen, Erzbischöfe und Bischöfe der katholischen Kirche aufgrund päpstlicher Einberufung und unter dem Vorsitz des Papstes (cc. 222, 223 CIC). Außerdem sind ordentliche Mitglieder die sogenannten gefreiten Äbte und Prälaten, der Abtprimas, die Erzäbte monastischer Ordensverbände und „Generale" exemter klerikaler Genossenschaften (c. 223 § 1 nn. 3 u. 4 CIC). Während der CIC vorsah, daß die Titularbischöfe als außerordentliche Mitglieder mit beschließender Stimme eingeladen werden konnten (c. 223 § 2 CIC), hat das II. Vatikanische Konzil verfügt, daß allen Bischöfen, die rechtmäßige Mitglieder des Bischofskollegiums sind, das Recht zusteht, am ökumenischen Konzil teilzunehmen (Dekr. CD 4). Wenn sie Mitglieder des Konzils sind, dann kommt ihnen auch volles Stimmrecht zu.

(Bestimmte) Theologen und Kanonisten können als (beratende) Teilnehmer ohne Stimmrecht eingeladen werden (c. 223 § 3 CIC). Auf dem *II. Vatikanischen Konzil* waren neben den amtlichen Konzilsberatern (periti) zum ersten Mal wieder Laien als Auditoren (seit dem 30. 9. 1963) und Auditrices (seit dem 20. 9. 1964) zugelassen worden, nachdem bereits von Anfang an nichtkatholische „Beobachter-Delegierte" anwesend sein durften (seit 11. 10. 1962).

[21] J. Lortz, Die Reformation in Deutschland II, 202.

Dem Konzil, das von den Mitgliedern ohne Billigung seines Vorsitzenden nicht verlassen werden darf (c. 225 CIC), kommt *höchste Gewalt* über die gesamte Kirche zu (c. 228 § 1 CIC) . Allerdings erhalten seine Beschlüsse nur dann verpflichtende Rechtskraft, wenn sie vom Römischen Pontifex bestätigt und promulgiert worden sind (c. 227CIC). Darum ist es auch absolut unzulässig, von irgendeiner Entscheidung des Papstes an ein ökumenisches Konzil zu appellieren (c. 228 § 2 CIC). Eine solche Appellation ist gemäß c. 2332 CIC mit der von selbst eintretenden und dem Heiligen Stuhl speciali modo zur Lossprechung vorbehaltenen Exkommunikation bedroht. Dieser Grundsatz hat sich seit MARTIN V. (1418) in der katholischen Kirche schließlich durchgesetzt. Ohne den Papst ist ein ökumenisches Konzil juristisch nicht existent. Ihm allein steht darum auch seine Verlegung, seine Auflösung und vor allem seine Berufung zu (c. 222 CIC). Das II. Vatikanische Konzil hat diese Rechtsauffassung vollauf bekräftigt und festgestellt: „Ein ökumenisches Konzil existiert nur, wenn es vom Nachfolger Petri als solches bestätigt oder wenigstens rezipiert wird" (LG 22). In diesem Sinne bestimmt auch die Papstwahlkonstitution ›Romano Pontifici eligendo‹ ausdrücklich, daß das Recht zur Papstwahl einzig beim Kollegium der aktiv wahlberechtigten Kardinäle liegt; ein Konzil oder eine Bischofssynode ist mit dem Tod des Papstes ipso iure aufgelöst. Das Konzil (oder die Bischofssynode) darf aus keinem noch so schwerwiegenden und anerkennenswerten Grund fortgesetzt werden, solange nicht der neue, rechtmäßig gewählte Papst die Wiederaufnahme oder Fortsetzung verfügt hat (n. 34; c. 229 CIC).

Jedes Konzil gibt sich eine *Geschäftsordnung*, die jedoch die jurisdiktionelle Prärogative des Papstes nicht antasten darf. Der Papst führt entweder persönlich oder durch einen beauftragten Stellvertreter die Verhandlungen. Den vom Papst vorgelegten Beratungsthemen können die Konzilsväter mit Zustimmung des Vorsitzenden von sich aus weitere hinzufügen (c. 226 CIC).

3.1.5. Die Bischofssynode

Von vielen Vätern des II. Vatikanischen Konzils war ein bischöfliches Beratungsgremium als Ausdruck der ständigen Präsens des Kollegiums der Bischöfe beim Papst, als dem Haupt des Kollegiums, verlangt worden.[22] Auch war gefordert worden, ein solcher „Bischofsrat" müsse neben dem Papst und *über* der Römischen Kurie stehen.

Am 15. 9. 1965, noch vor der ersten Generalkongregation der IV. Sessio des II. Vatikanischen Konzils, richtete PAUL VI. durch MP ›Apostolica Sollicitudo‹ die *Bischofssynode* als „ständige Körperschaft" (coetus permanens) ein. Das Konzil brauchte und konnte nun einen solchen „Beirat" nicht mehr konstituieren. Damit aber war die Einrichtung dieser Bischofssynode nicht ein kollegialer, sondern ein primatialer Akt.

[22] Vgl. J. Neumann, Die Bischofssynode: ThQ 147, 1967, 1—27; hier: 3—6.

Die Bischofssynode wird beschrieben als eine zentrale Einrichtung der Kirche und eine Vertretung des ganzen katholischen Episkopats (nicht des Bischofskollegiums!).

Die durch dieses MP eingerichtete Synode kann nur durch den Papst einberufen werden. Die Bischöfe haben — wie bei einem ökumenischen Konzil — kein Selbstversammlungsrecht. Der Papst bestätigt die gegebenenfalls von den Bischofskonferenzen gewählten Mitglieder, er bestimmt die zu behandelnden Fragen, stellt die Tagesordnung auf und leitet die Synode persönlich oder durch Stellvertreter (III 1—6). Aus der sicher sachlich richtigen Überlegung, die Synode zu einem elastischen Instrument zu formen, das nötigenfalls auch nur für ein bestimmtes Teilgebiet der Kirche einberufen werden kann, sind drei verschiedene Formen vorgesehen: die *Generalversammlung*, die *außerordentliche* und die *besondere Versammlung* (IV).

1. Die Mitglieder der *Generalversammlung* werden von den Bischofskonferenzen[23] nach einem bestimmten Schlüssel gewählt (V 1b und c), außer den Patriarchen, Großerzbischöfen und den außerhalb der Patriarchate regierenden Metropoliten der katholischen Kirchen des orientalischen Ritus und den Kardinälen, die den römischen Dikasterien vorstehen als „geborene" Mitglieder (V 1a und 2). Gewählt werden auch die zehn Vertreter der klerikalen Ordensverbände (V 1d).

2. Die Mitglieder der *außerordentlichen Versammlung* bestehen außer den unter 1. genannten „geborenen" Mitgliedern aus den Präsidenten der verschiedenen Bischofskonferenzen und drei Vertretern der klerikalen Ordensverbände (VI). Abgesehen von den drei Vertretern der klerikalen Ordensverbände handelt es sich bei dieser Versammlung um eine Synode der Purpurträger (Kardinäle).

3. Die Mitglieder der *besonderen Versammlung* werden nach den für die Generalversammlung aufgestellten Regeln ausgewählt. Diese besondere Versammlung ist jedoch grundsätzlich nur für bestimmte Teilgebiete der Kirche gedacht, weshalb ihre Teilnehmer auch nur aus den Bischöfen der betreffenden Bischofskonferenzen (bzw. aus den in diesem Gebiet wirkenden klerikalen Ordensverbänden) gewählt werden dürfen, für deren Gebiet diese Konferenz abgehalten wird. Auch die Kurienkardinäle sollen nur insoweit hinzugezogen werden, als dies aufgrund der zu behandelnden Fragen notwendig ist.

Damit in jeder Form der Bischofssynode der Sachverstand genügend vertreten sei, kann der *Papst* jeweils bis zu 15 Prozent der jeweiligen Mitgliederzahl von sich aus Bischöfe, Ordensleute und sogar sachverständige Geistliche nach freiem Ermessen in diese Synode berufen (X). Die Bischofssynode wird zwar als „ihrem Wesen nach ständig" bezeichnet, jedoch ist sie ihrer Struktur nach zeitlich so weit befristet, als dies zur Erfüllung der ihr jeweils gestellten Aufgaben notwendig ist (I c u. d). Sie hat tatsächlich keine rechtliche Existenz, sofern sie nicht vom Papst einberufen und geleitet wird. Ständig ist somit nicht die Synode als solche, sondern allein ihre Möglichkeit. Darum kann sie auch nicht, wie es manche Konzilsväter gerne gesehen hätten, die Funktion des Kardinalskollegiums, einschließlich der Papstwahl, übernehmen.

[23] Die Zahl der von einer Bischofskonferenz zu wählenden Vertreter bestimmt sich nach der Anzahl ihrer Mitglieder: Hat die betreffende Bischofskonferenz nicht mehr als 25 Mitglieder, so ist ein Vertreter zu wählen. Hat sie nicht mehr als 50 Mitglieder, sind zwei, hat sie nicht mehr als 100 Mitglieder, sind drei Vertreter zu wählen. Zählt eine Bischofskonferenz mehr als 100 Mitglieder, kann sie vier Vertreter bestellen (VIII).

Der Bischofssynode kommt aus sich *keine Entscheidungsvollmacht* zu, der Papst müßte sie ihr denn im Einzelfall nach freiem Ermessen geben (II). Sollten ihr aber einmal Vollmachten übertragen werden, dann fließen sie — gleich jenen der römischen Dikasterien — aus der Vollgewalt des Papstes, nicht jedoch aus derjenigen des Kollegiums der Bischöfe. Das stellt sie in rechtstheoretischer Hinsicht unter die Römische Kurie. Denn die Gewalt der päpstlichen Dikasterien ist in der Regel *ordentliche* stellvertretende Gewalt, da sie ihnen als den gesetzlich eingerichteten Stellvertretungsorganen von Rechts wegen zukommt. Die Bischofssynode dagegen könnte bestimmte Vollmachten jeweils nur für besondere Fälle erhalten, sie besäße dann also lediglich *delegierte* Vollmacht. Die Bischofssynode steht somit nicht über oder neben der Kurie, sondern als ein Informations- und Beratungsgremium des Papstes an einem eigenen, wenn nicht sogar tieferen Platz.

In Ergänzung des MP ›Apostolica Sollicitudo‹ wurde am 24. 12. 1966 die Geschäftsordnung der Bischofssynode veröffentlicht: Dem Papst allein kommt es demnach zu, die Synode einzuberufen und über die diesbezüglichen Vorschläge zu entscheiden. Er bestätigt nicht nur die gewählten Mitglieder, sondern bestimmt sowohl die zu behandelnden Fragen als auch die Tagesordnung. Neu eingerichtet wird das Amt eines „beauftragten Präsidenten“. Er wird vom Papst für die Dauer einer jeden Versammlung frei ernannt. Auf der außerordentlichen Bischofssynode 1969 drängten die Synodalen auf ein beständiges beschließendes Organ. In seiner Schlußansprache zu dieser außerordentlichen Synode erklärte PAUL VI. am 27. 10. 1969, dem Sekretariat der Synode eine erweiterte Wirksamkeit geben zu wollen. Am 23. 3. 1970 konstituierte der Papst einen „Rat des Generalsekretariats der Bischofssynode“. Er besteht aus zwölf gewählten und drei vom Papst ernannten Mitgliedern. Dieser Rat hat nur beratende und koordinierende Funktion; er soll periodisch (zweimal jährlich) tagen.[24]

3.1.6. Die päpstlichen Gesandten

Die römischen Bischöfe haben schon seit früher Zeit Gesandte zu anderen Kirchen, zu Synoden oder an die Höfe weltlicher Herrscher abgeordnet. Am oströmischen Kaiserhof waren sie seit LEO I. (vom 5. bis 9. Jahrhundert) durch einen ständigen Gesandten, „Apokrisiar“ genannt, vertreten. Vor allem aber durch die kirchenpolitischen Bemühungen der sogenannten Reformpäpste, insbesondere GREGORS VII., wurde das päpstliche Gesandtschaftswesen zu einem wichtigen kirchenpolitischen Instrument. Die Legaten des Bischofs von Rom waren oft mit besonderen Vollmachten ausgestattet, die der ordentlichen bischöflichen Jurisdiktion konkurrierten; außerdem hatten sie häufig fiskalische Interessen zu vertreten. Ihr hochfahrendes und habsüchtiges Gebaren gab schließlich Anlaß zu heftigem Widerspruch von seiten der Bischöfe und der weltlichen Herrscher. Infolge des großen abendländischen Schismas bekamen die Gesandtschaften schließlich oftmals auch diplomatischen Charakter, als nämlich Päpste und Gegenpäpste Gesandte zu den verschiedenen Regierungen abordneten, um diese für sich zu gewinnen.

Seit dem 15. Jahrhundert wurde das Institut der Legaten, vielleicht nach dem Vorbild italienischer (Stadt-)Staaten, durch ständige Nuntien ersetzt.

[24] Vgl. J. Neumann, Bischofsrat: Lexikon der Pastoraltheologie, 64f.

Doch erst in der zweiten Hälfte des 16. Jahrhunderts wird die Bezeichnung *nuntius ordinarius* für den ständigen, allgemeinen Vertreter des Papstes üblich. Bald nahmen diese ständigen Nuntien neben ihrer diplomatischen Aufgabe als Organe des wachsenden Zentralismus der Päpste mit deren Vollmacht auch Aufsichtsrechte über die Kirchen ihres Gesandtschaftsgebietes wahr und griffen in deren Verwaltung ein; dies provozierte nicht selten den Protest der Bischöfe und Regierungen. Solche Eingriffe in die bischöflichen Leitungskompetenzen führten nach der Einrichtung einer Nuntiatur in München im Jahr 1785 zum offenen Konflikt mit den deutschen Erzbischöfen (Emser Punktation).

Bei der Neuverteilung der Macht in Europa durch den Wiener Kongreß (1815) wurden die Nuntien von den Vertragspartnern den weltlichen Botschaftern gleichgestellt; wo sie als geborene Doyens des diplomatischen Corps rangierten, wurde diese ihre Stellung anerkannt und festgeschrieben. Das Recht des Papstes, Gesandte mit diplomatischem Status zu entsenden, bestand auch nach dem Untergang des Kirchenstaates (1870) fort. In den Lateranverträgen mit Italien (1929) ebenso wie im Konkordat mit dem Deutschen Reich (1933) wurde die Stellung des jeweiligen päpstlichen Nuntius als Doyen zugesichert (Schlußprotokoll zu Art. 3 des Reichskonkordates).

In der Wiener Übereinkunft über diplomatische Beziehungen vom 18. 4. 1961 werden die Nuntien den Botschaftern, die Internuntien unter der zweiten Rangklasse, den Gesandten, aufgeführt (Art. 14 Abs. 1). Ebenso wird der Vorrang für die päpstlichen Repräsentanten, wie ihn manche Länder einräumen, für diese Staaten anerkannt (Art. 16 Abs. 3).

Dort, wo die päpstlichen Legaten *diplomatischen Status* genießen, also beim jeweiligen Gaststaat akkreditiert sind, haben sie eine *doppelte Funktion:* eine innerkirchliche und eine diplomatisch-politische. Volle diplomatische Beziehungen hat der Vatikan (1979) mit 87 Staaten (darunter erstaunlich vielen aus der „Dritten Welt“) und mit elf internationalen Organisationen (darunter die Unesco und der Europarat).

Auch in jene Staaten, die mit dem Heiligen Stuhl keine diplomatischen Beziehungen unterhalten, entsendet der Papst seine Vertreter. Sie haben dort keinen diplomatischen Status, sondern sind allein für die kirchlichen Belange zuständig.

Nicht nur im Mittelalter und auf dem Konzil von Trient war Kritik am Auftreten, Gebaren und an den Kompetenzen der päpstlichen Gesandten geübt worden, sondern auch auf dem *II. Vatikanischen Konzil.* Deshalb hatte dieses Konzil gewünscht, daß nicht nur die Römische Kurie selbst neu gestaltet, sondern auch „das Amt der päpstlichen Legaten, unter Berücksichtigung des den Bischöfen eigenen Hirtenamtes, genauer abgegrenzt werde“ (Dekr. CD 9 Abs. 2). In einem Interview am 25. 4. 1969 hatte Kardinal LEO SUENENS die vielfältige Kritik nicht weniger Väter des II. Vatikanischen Konzils aufgegriffen und unter anderem auch die Doppelfunktion der Nuntien, als diplomatische Vertretungen und innerkirchliche Kontrolleure, beanstandet.[25] Wenig später ordnete Papst PAUL VI. durch MP ›Solli-

[25] Das Interview von Kardinal Suenens wurde in den ›Informations Catholique Internationales‹ am 15. 5. 1969 veröffentlicht: Das Dossier Suenens. Diagnose einer Krise, hrsg. v. J. de Broucker. Über die Nuntien: 54 ff.; auch auf der außerordentlichen Bischofssynode im Oktober 1969 hat Kardinal Suenens zur Frage der Nuntien noch einmal Stellung genommen; ebd. 285 ff.

citudo omnium Ecclesiarum‹ vom 24. 6. 1969 das päpstliche Gesandtschaftswesen neu. Die „Reform" stellt tatsächlich eine Straffung und eine Verstärkung der päpstlichen Primatialgewalt dar. Die Wünsche der Konzilsväter und die Erwägungen von Kardinal Suenens wurden nicht nur nicht beachtet, vielmehr ausgesprochen in ihr Gegenteil verkehrt. Darüber hinaus ist festzuhalten, daß der Papst dieses Institut von sich aus und ohne Einschaltung der im gleichen Jahr stattfindenden außerordentlichen Bischofssynode neu gestaltet hat. Damit sollte offenbar deutlich gemacht werden, daß die Legaten allein in päpstlichem Dienst stehen; sie haben keineswegs eine vom Gesamtkollegium der Bischöfe abgeleitete oder gar ihm dienende Funktion, vielmehr sind sie ausschließlich Organe des Römischen Pontifex. Sie sind — darin grundsätzlich von weltlichen Diplomaten unterschieden — gleichsam die „Hohen Kommissare" des Heiligen Stuhls für jene Gebiete, in die sie entsandt werden. Die Kommunikation der Lokalkirche mit dem Heiligen Stuhl hat grundsätzlich über sie zu erfolgen, wie umgekehrt auch die Weisungen aus Rom von ihnen weitergegeben und erläutert werden.

Das MP beginnt mit einer ausführlichen Präambel, die ausgeht von Aussagen bezüglich der dogmatischen Ordnung der Kirche und des Bischofskollegiums, um dann unvermittelt in eine andere Ebene, nämlich jene der kirchlichen Organisation, überzuwechseln, ohne daß dieser Übergang deutlich gemacht wird. Christlich-theologische Erwägungen werden unmittelbar in rechtlich-politische Normen umgesetzt. Auf diese Weise gelingt es, die juristisch-politische Bedeutung des Bischofsamtes und der Kollegialität der Bischöfe zu überspielen. Die Sinnspitze aller theologischen Ausführungen zielt allein auf das universale Amt des Papstes und seine Höchstgewalt.

Als *päpstliche Legaten* werden jene, in der Regel im Ordo der Bischöfe stehenden Gesandten bezeichnet, die den Römischen Pontifex *ständig* bei bestimmten Nationen oder Regionen vertreten (I 1). Dabei sind folgende *Amtsformen* zu unterscheiden:

I. Diejenigen Legaten, die als *ständige* Repräsentanten des Papstes sowohl bei den jeweiligen Ortskirchen als auch als *diplomatische Vertreter* bei der jeweiligen Staatsregierung fungieren, heißen *Nuntius,* wenn sie den Rang von Botschaftern mit dem Recht des geborenen Dekans (Doyen) des jeweiligen diplomatischen Corps haben.

Sie werden als *Pro-Nuntius* bezeichnet, wenn ihnen dieses vom Heiligen Stuhl beanspruchte Recht von der jeweiligen Regierung nicht zugestanden wird.

Internuntius werden sie genannt, wenn sie als Gesandte zweiter Klasse (bevollmächtigte Geschäftsträger) akkreditiert sind (I 2).

Wenn besondere Umstände es erheischen, können auch andere Amtsbezeichnungen verwandt werden, etwa: „Apostolischer Delegat und Gesandter des Heiligen Stuhles bei der Regierung". Außerdem kann in Vertretung eines Legaten ein „Regens" oder ein „ständiger Geschäftsträger" dessen Funktion wahrnehmen (I 3).

II. Die ständigen Vertreter des Papstes allein bei den jeweiligen *Ortskirchen,* also *ohne diplomatischen Status,* heißen „Apostolische Delegaten" (I 2).

III. Die als Vertreter des Heiligen Stuhles bei internationalen Organisationen oder Konferenzen und Kongressen bestellten Priester oder Laien werden *Delegaten* genannt, wenn der Heilige Stuhl Mitglied der betreffenden Organisation ist bzw. auf der jeweiligen Konferenz mit Stimmrecht teilnimmt; sie heißen *Beobachter* (observatores), wenn sie nicht Mitglied bzw. ohne Stimmrecht sind (II 1). Für sie gelten die Normen dieses MP ebensowenig wie für den zeitweiligen Vertreter des abwesenden Leiters der Legation, der die Bezeichnung „einstweiliger Geschäftsträger" führt (II 2).

Einzig dem Papst steht das unabhängige Recht zu, die Legaten zu benennen, zu versetzen und abzuberufen. Soweit seine diplomatischen Vertreter betroffen sind, ist er dabei allein an die Norm des internationalen Rechts gebunden (III 1). Das besagt vor allem, daß keine andere Instanz, weder ein ökumenisches Konzil, eine Bischofssynode, die Bischofskonferenzen noch die Bischöfe derjenigen Kirche, für welche der Legat bestimmt ist, irgendwelche Mitwirkungsrechte haben. Damit ist allen diesbezüglichen Wünschen, wie sie auf dem II. Vatikanischen Konzil und auf der außerordentlichen Bischofssynode von 1969 geäußert worden sind, eine klare und definitive Absage erteilt.

Die Legaten üben ihre vielfältigen Aufgaben unter der Leitung und nach Weisung des Kardinalstaatssekretärs und des Präfekten des Rates für öffentliche Angelegenheiten der Kirche aus, dem sie auch verantwortlich sind (IV 5). Obwohl sie in gewisser Weise als Mitarbeiter der Römischen Kurie zu betrachten sind und deshalb Vorschriften über die Altersgrenze auch für sie gelten, erlischt ihr Auftrag nicht bei Sedisvakanz des Apostolischen Stuhles (III 2—3).

Die päpstlichen Legaten sind Interpreten der Sorge des Römischen Pontifex um das Wohl jener Länder, in denen sie ihr Amt ausüben; sie haben die Bande der Einheit zwischen dem Apostolischen Stuhl und den Ortskirchen zu vertiefen. Auch wenn sie nicht bei den Staatsregierungen akkreditiert sind, haben sie — in Zusammenarbeit mit den Bischöfen ihres Amtsbereiches — die Interessen und Rechte der Kirchen wahrzunehmen und zu schützen. Auch die Pflege geeigneter Kontakte zu den anderen christlichen Gemeinschaften und zu den nichtchristlichen Religionen ist ihnen aufgetragen (IV 1—4).

Zu den *ordentlichen Aufgaben* der Apostolischen Delegaten gehört es ferner, den Apostolischen Stuhl über alle Vorgänge in ihrem Amtsbereich *zu informieren,* die für das kirchliche Leben und die Seelsorge bedeutsam sind; umgekehrt haben sie die römischen Anordnungen zu übermitteln und zu interpretieren (V 1—3).

Vor allem bezüglich der *Ernennung von Bischöfen* hat der Legat — unbeschadet des Rechts der orientalischen Kirchen, Bischöfe gemäß ihren Kanones zu wählen — entscheidende Mitwirkungsrechte:

a) Er hat „frei und mit gebührender Vorsicht Geistliche wie auch kluge Laien, die ihm zu nützlicher und vertrauenswürdiger Auskunft geeignet erscheinen, um ihre Ansichten zu bitten". Dabei sind alle Beteiligten zur strengsten Verschwiegenheit verpflichtet (VI 2 Litt. a).

b) Bei diesem seinem Vorgehen hat er nach den diesbezüglichen, vom Apostolischen Stuhl erlassenen Normen zu verfahren. Diese Normen sind durch Runderlaß des Rates für die öffentlichen Angelegenheiten der Kirche vom 25. 3. 1972 ergangen. Dem päpstlichen Legaten kommt aufgrund dieser Normen bei der Bestellung von Bischöfen eine Schlüsselposition zu (vgl. unten 3.2.5.3.). Bezeichnenderweise wird das Informationsverfahren über die Kandidaten *„Inquisition"* genannt.

Bedeutsam dürfte auch die Bestimmung des MP sein, wonach der Legat zwar nicht von Rechts wegen *Mitglied der Bischofskonferenz* (des jeweiligen Kirchengebietes) ist, er aber nichtsdestoweniger an der Eröffnungssitzung einer jeden Vollversammlung teilzunehmen hat. Dazu ist ihm rechtzeitig die Tagesordnung samt den Beratungsunterlagen zuzustellen (VIII 2). Damit ist er über alle Aktivitäten der Bischofskonferenz im voraus unterrichtet.

Bezüglich seiner Tätigkeit in Fragen, die das Verhältnis von Kirche und Staat betreffen, bestimmt das MP, es könne nützlich sein, „wenn der päpstliche Legat in einer den Umständen entsprechenden Art und Weise Meinung und Rat der Bischöfe einholt und diese über den Verlauf der Verhandlungen in Kenntnis setzt" (X 2). Die Bischöfe müssen also nicht in jedem Fall informiert werden und haben vor allem kein Beispruchsrecht; gegebenenfalls kann der Nuntius auch ohne (und selbstverständlich auch gegen) sie handeln.

Schließlich stehen dem Legaten noch beträchtliche Vorrechte zu, wie etwa die Exemtion seines Amtssitzes von der bischöflichen Jurisdiktion und die Präzedenz innerhalb seines Amtsbezirks vor allen Erzbischöfen und Bischöfen, sofern sie nicht Kardinäle sind (X 1—5).

Würdigung

Mit der nachkonziliaren Ausgestaltung des päpstlichen Gesandtschaftswesens sind die Wünsche des *II. Vatikanischen Konzils* in entgegengesetzter Weise verwirklicht worden. Der Aufgabenbereich der Legaten ist eher erweitert als eingeschränkt. „Der rechte Ausgleich zwischen den polaren Strukturen ... hier zwischen dem primatialen und dem bischöflichen Element ... ist im Bereich des päpstlichen Gesandtschaftswesens, der ständigen Gesandten, noch nicht erreicht. Vor allem die Stellung der Bischofskonferenz hätte stärker berücksichtigt gehört", meint H. SCHMITZ in seinem Kommentar wohl nicht zu Unrecht.[26] Die Bischöfe sind in ihrem Verhältnis zum Papst so „unter die primatiale Führung gebunden, daß der wahre Verantwortliche für die Kirche eines bestimmten Gebietes nicht mehr eigentlich die Bischöfe sind, sondern der päpstliche Gesandte, der sie auswählt, der ihre Arbeit überwacht und der sie indirekt anleitet. Die Bischöfe haben die Stellung gesetzlich vorgeschriebener, aber eben doch weisungsgebundener Beamter"[27]. Die Immediatgewalt des Papstes hat sich mit MP ›Sollicitudo omnium Ecclesiarum‹ ein wirksames bürokratisches Instrument geschaffen. In ihm haben der päpstliche Zentralismus und die kuriale Bürokratie juristisch und tatsächlich einen neuen, bislang nicht dagewesenen Höhepunkt erreicht.

[26] MP über die Aufgabe der Legaten des römischen Papstes, 37.

[27] J. Neumann, Neuordnung des päpstlichen Gesandtschaftswesens: Orien. 33, 1969, hier: 186. Zur inner- und außerkirchlichen Bedeutung vgl. auch F. Houtart, Soziologische Erwägungen über den diplomatischen Dienst des Heiligen Stuhles: Conc (D) 10, 1974, 76—83.

Literatur: ALBERIGO, G., Cardinalato e Collegialità. Studi sull' ecclesiologia tra l'XI e il XIV secolo, Florenz 1969; FÜRST, C. G., Cardinalis. Prolegomena zu einer Rechtsgeschichte des römischen Kardinalskollegiums, München 1967; GANZER, K., H. SCHMITZ, (Hrsg.), Motuproprio über die Aufgaben der Legaten des Römischen Papstes, Trier 1969 (NKD 21); HASSLER, A. B., Pius IX. (1846—1878). Päpstliche Unfehlbarkeit und I. Vatikanisches Konzil. Dogmatisierung und Durchsetzung einer Ideologie, 2 Bde., Stuttgart 1977; HASSLER, A. B., Wie der Papst unfehlbar wurde. Macht und Ohnmacht eines Dogmas, München 1979; HEINEMANN, H. (Hrsg.), Kongregation für die Glaubenslehre. Neue Verfahrensordnung zur Prüfung von Lehrfragen. — Deutsche Bischofskonferenz, Trier 1974 (NKD 37); HOUTART, F., Soziologische Erwägungen über den diplomatischen Dienst des Heiligen Stuhles: Conc (D) 10, 1974, 76—83; JORDAN, K., Die Entstehung der Römischen Kurie: ZSRG. K 28, 1939, 97—152 (mit einem Nachtrag von 1962 mit dem gleichen Titel gesondert erschienen: Darmstadt 1973); JORDAN, K., Das Eindringen des Lehnswesens in das Rechtsleben der römischen Kurie, Darmstadt 1973 (Neudruck); KAISER, M., Das Prinzip der Subsidiarität in der Verfassung der Kirche: AKathKR 133, 1964, 3—13; KAUFMANN, L., Nuntiaturen vor neuen Strukturen: Orien. 35, 1971, 14—18; KLEWITZ, H. W., Die Entstehung des Kardinalskollegiums: ZSRG. K 25, 1936, 123 ff; LÉCUYER, J., Die theologische Position der Römischen Kurie: Conc (D) 15, 1979, 427—431; MARTIN, I., Die Präsenz des Heiligen Stuhles bei den Staaten: Conc (D) 6, 1970, 571—575; MORDECK, H., Propria auctoritas apostolicae sedis: DA 28, 1972, 105—132; MÜLLER, A., Das Problem von Befehl und Gehorsam im Leben der Kirche, Einsiedeln 1964; MÜLLER, H., Zum Verhältnis zwischen Episkopat und Presbyterat im Zweiten Vatikanischen Konzil. Eine rechtstheologische Untersuchung, Wien 1971; NEUMANN, J., Die Bischofssynode: ThQ 147, 1967, 1—27; NEUMANN, J., Neuordnung des päpstlichen Gesandtschaftswesens: Orien. 33, 1969, 182—187. (Abgedruckt auch in: Das Dossier Suenens, 291—301); NEUMANN, J., Bischofsrat. Lexikon der Pastoraltheologie, 64 f.; OECHSLIN, H., Die Völkerrechtssubjektivität des Apostolischen Stuhles und der katholischen Kirche, Freiburg/Schw. 1974; PLÖCHL, W. M., Das neue päpstliche Gesandtschaftsrecht: ÖAKR 21, 1970, 115—129; RAFFEL, R., Die Rechtsstellung der Vatikanstadt, Bonn 1961; RIEDMATTEN, H. DE, Die Präsenz des Heiligen Stuhles in den internationalen Organismen: Conc (D) 6, 1970, 561—570; RUESS, K., Die rechtliche Stellung des päpstlichen Legaten bis Bonifaz VIII., Paderborn 1912; SÄGMÜLLER, J. B., Die Papstwahl durch das Kardinalskolleg als Prototyp der Bischofswahl durch das Domkapitel: ThQ 97, 1915, 321—336; SCHMITZ, H., Kurienreform I, Trier 1968 (NKD 10), Kurienreform II, (1968—1975), Trier 1976 (NKD 47); SOCHA, H., „Helfer und Schützer der Bischöfe". Die Stellung des Nuntius nach geltendem Recht: ThGl 65, 1975, 60—75; STOCKMEIER, P., Die Übernahme des Pontifex-Titels im spätantiken Christentum: Konzil und Papst, München —Paderborn—Wien 1975, 75—81; ULLMANN, W., Über die rechtliche Bedeutung der spätrömischen Kaisertitulatur für das Papsttum: Ex aequo et bono, 23—44; WALF, K., Die Entwicklung des päpstlichen Gesandtschaftswesens in dem Zeitabschnitt zwischen Dekretalenrecht und Wiener Kongreß (1159—1815), München 1966; WALF, K., Das Motuproprio Pauls VI. über das Amt der päpstlichen Gesandten: AKathKR 138, 1969, 114—125; WÜSTENBERG, B., U. A., Unitatis vincula. Zum päpstlichen Gesandtschaftswesen: Diak. 1, 1970, 135—141; ZITOLA, G., Sekretariate und Räte der Römischen Kurie: Conc (D) 15, 1979, 448—450.

3.2. Die Bischöfe

Zum Begriff: Bischof[28] (episcopus) ist ein typischer Begriff der kirchlichen Rechtssprache zur Bezeichnung eines leitenden geistlichen Amtes. — In der Weihehierarchie (hierarchia ordinis) nimmt der Bischof die oberste Stelle ein (vgl. oben 2.1.4; 2.2.3.).

Nach *katholischer Tradition* ist die katholische Kirche wesentlich eine Bischofskirche. Insofern die Bischöfe Nachfolger der Apostel sind, versteht die katholische Kirche sich als apostolisch. Die Apostolizität hängt somit an der Institution des Bischofsamtes als Traditionselement. Selbst das I. Vatikanische Konzil, das den universalen Jurisdiktionsprimat und die Unfehlbarkeit des Papstes definiert hat (Dogm. Konst. ›Pastor aeternus‹), erinnert daran, daß das Bischofsamt „göttlichen Rechts" sei. Schon CYPRIAN (Mitte des dritten Jahrhunderts) schrieb: „Dort, wo der Bischof, dort ist die katholische Kirche" (ep. 66, 8).

Dennoch war in den letzten Jahrhunderten die geistliche Bedeutung des bischöflichen Amtes hinter der Fülle der päpstlichen Macht und Regierungsbefugnis weitgehend zurückgetreten. Der Bischof schien Würde und Wert allein aus der unermeßlichen Amtsfülle des Nachfolgers Petri zu beziehen.[29] Es war darum fast selbstverständlich, daß die Bischöfe neben ihrer potestas ordinaria einer vom Papst delegierten Vollmacht bedürfen, damit sie überhaupt imstande waren, einen „sehr großen Teil ihrer Aufgaben zu erfüllen".[30] Die Depravation des Bischofsamtes wurde als selbstverständliche, aus der Dominanz der Primatialgewalt fließende Gegebenheit hingenommen. Das mag nicht zuletzt daran gelegen haben, daß es kaum mehr eine Theologie des Bischofsamtes gab. Erst durch die Betonung der Sakramentalität der Bischofsweihe (und der Kirche) im Zusammenhang mit der „Liturgischen Bewegung" bahnte sich ein neuer Denkansatz an. Dennoch wurde die These von der Sakramentalität der Bischofsweihe, die fast einer Neuentdeckung gleichkam, vielfach abgelehnt. Auch die Entscheidung Papst PIUS' XII. durch Apost. Konst. ›Sacramentum ordinis‹ vom 30. 11. 1947 brachte lediglich eine Entscheidung über Form und Materie des Weihesakramentes, doch blieb die Frage offen, wie sich die drei Weihestufen zueinander verhalten; ob die Diakonatsweihe nur eine Vorstufe und die Bischofsweihe gleichsam nur die Ausgliederung einer „Amts-

[28] Die den germanischen Sprachen gemeinsame Bezeichnung dieses kirchlichen Amtsträgers (bischof, biscof, bisschop, bishop, biskop) dürfte auf einer frühen Entlehnung aus dem kirchenlateinischen, ursprünglich griechischen Lehnwort episcopus beruhen.

[29] Selbst in der Festschrift ›Episcopus‹ wurde das Bischofsamt als theologisches Problem fast überhaupt nicht behandelt. Es überwogen theologiegeschichtliche Darstellungen von Deutungen des Bischofsamtes bei früheren Theologen. Nur eine einzige systematische Darstellung gibt es darin, wobei sich dieser Autor gleich eingangs glaubt gegen Fehldeutungen absichern zu müssen: „Das Bischofsamt leitet sich aus dem Apostelamte her ... Die Bischöfe sind Hüter des apostolischen Glaubens. In dieser Doppelaussage ist eingeschlossen der Vorrang des römischen Bischofs; er ist Nachfolger des Apostelfürsten Petrus, und als solcher ist er Bischof der Bischöfe." (G. Söhngen, Überlieferung und apostolische Verkündigung. Eine fundamentaltheologische Studie zum Begriff des Apostolischen, ebd., 89—109, hier: 89).

[30] So in der eben genannten Festschrift: E. v. Kienitz, Bischöfliche Jurisdiktion und päpstlicher Auftrag, 296—304; hier: 296.

stufe" aus der einen Ordination sei, blieb unbeantwortet. Jedoch von dieser, zunächst akademischen Fragestellung ausgehend, begann die Theologie, sich seit den vierziger Jahren wieder mit dem Bischofsamt und seiner theologischen Bedeutung und nicht nur seiner rechtlichen Funktion zu befassen.[31]

Die ersten Früchte dieser Erwägungen fielen zeitlich zusammen mit den Vorbereitungen zum II. Vatikanischen Konzil. Darum erschien dessen Lehre von der Gründung der Kirche im Bischofsamt vielfach noch revolutionär und der Primatialgewalt des Papstes abträglich.

Nach der Dogm. Konst. LG stehen die Bischöfe ihrer Kirche vor, „deren Hirten sie sind, als Lehrer der Lehre, als Priester des heiligen Kultes und Beauftragte für die Leitung ... Aus diesem Grund lehrt die Heilige Synode, daß die Bischöfe aufgrund göttlicher Einsetzung an die Stelle der Apostel als Hirten der Kirche getreten sind" (Dogm. Konst. LG 20).

In den Bischöfen ist also „inmitten der Gläubigen der Herr Jesus Christus, der Hohepriester, anwesend ... darum lehrt sie, daß durch die Bischofsweihe die Fülle des Weihesakramentes übertragen wird. ... Es ist deshalb Angelegenheit der Bischöfe, durch das Sakrament des Ordo neue Erwählte in die Körperschaft der Bischöfe aufzunehmen" (LG 21). — Insgesamt steht die Vorstellung von einem eigenständigen Bischofsamt kraft „göttlichen Rechts" in einer nicht geringen Spannung zu der ebenfalls auf „göttlichem Recht" beruhenden Primatialgewalt.

3.2.1. Die Lehre von der Kollegialität der Bischöfe

Diese Spannung, die im Rechtsbereich am deutlichsten in Erscheinung tritt, glaubte das II. Vatikanische Konzil durch die Betonung der theologischen Lehre von der *Kollegialität der Bischöfe* mildern zu können: „Im Rahmen dieses Kollegiums wirken die Bischöfe, unter treuer Beachtung des primatialen Vorranges ihres Hauptes, in eigener Vollmacht." Darum hat, nach der Lehre des II. Vatikanischen Konzils, „das *Bischofskollegium* oder die *Körperschaft der Bischöfe* (collegium seu corpus episcoporum) nur Autorität, wenn sie in Gemeinschaft mit dem Römischen Pontifex, dem Nachfolger Petri, als ihrem Haupt verstanden wird ... Der *Ordo der Bischöfe* aber, der dem Kollegium der Apostel im Lehr- und Hirtenamt nachfolgt, ja in dem die apostolische Körperschaft immerfort weiterbesteht, ist gemeinsam mit ihrem Haupt, dem Römischen Pontifex, und niemals ohne dieses Haupt, gleichfalls Träger der höchsten und vollen Gewalt über die ganze Kirche. Jedoch kann diese Gewalt nur mit Zustimmung des römischen Bischofs ausgeübt werden" (Dogm. Konst. LG 22).

Trotz dieser die apostolische Kollegialität der Bischöfe gänzlich in die apostolische Vollgewalt des Papstes einbindenden Formulierungen glaubte die „Superior auctoritas" auf Fragen,

[31] So insbesondere: K. Rahner, J. Ratzinger, Episkopat und Primat; Y. Congar (Hrsg.), Das Bischofsamt und die Weltkirche.

welcher theologische Verbindlichkeitsgrad jener Lehre zukomme, die in der Konstitution über die Kirche vorgelegt werde, „erläuternde Vorbemerkungen“ zu den Aussagen über die Kollegialität beifügen zu sollen. Darum wurde auf Weisung der Superior auctoritas eine Erklärung der *Theologischen Kommission* den Konzilsvätern mitgeteilt, vom Generalsekretär des Konzils unterzeichnet und zu den Konzilsakten genommen, die die Aussagen über das Verhältnis (des Kollegiums) der Bischöfe zum Amt des Papstes eindeutig machen sollten. In dieser ›Nota explicativa praevia‹ (Erklärende Vorbemerkung), die tatsächlich dem Konzilstext nichts hinzusetzt, vielmehr den erbaulichen Stil der Konstitution nur mit sachlichen Worten wiedergibt, heißt es u. a.:

1. „*Kollegium* ist nicht im streng juridischen Sinne (sensu stricte iuridico) zu verstehen als ein Personenkreis von Gleichrangigen, die etwa ihre Gewalt ihrem Vorsitzenden übertrügen, sondern als feststehender Personenkreis, dessen Aufbau und Vollmacht aus der Offenbarung abzuleiten sind. ... Aus dem gleichen Grund werden verschiedentlich für das Bischofskollegium auch die Ausdrücke *ordo* oder *corpus* angewandt. Der Parallelismus zwischen Petrus und den übrigen Aposteln auf der einen Seite und Papst und Bischöfen auf der anderen schließt nicht die Übertragung der außerordentlichen Vollmacht der Apostel auf ihre Nachfolger und selbstverständlich auch nicht eine *Gleichheit* zwischen Haupt und Gliedern des Kollegiums ein, sondern nur eine *Verhältnisgleichheit* zwischen der ersten Beziehung (Petrus-Apostel) und der zweiten (Papst-Bischöfe). ...

3. Von dem Kollegium, das es ohne Haupt nicht gibt, wird gesagt: ‚*Es ist ebenfalls Träger der höchsten und vollen Gewalt* über die ganze Kirche.‘ Das anzunehmen ist notwendig, damit die Vollgewalt des Römischen Pontifex nicht in Frage gestellt wird. Denn bei dem Kollegium wird sein Haupt immer und notwendigerweise mitverstanden, *das in dem Kollegium sein Amt als Vicarius Christi und Hirt der gesamten Kirche unverkürzt bewahrt.* Mit anderen Worten: Die Unterscheidung waltet nicht zwischen dem Römischen Pontifex einerseits und den Bischöfen zusammengenommen andererseits, sondern zwischen dem Römischen Pontifex für sich und dem Römischen Pontifex vereint mit den Bischöfen. Da aber der Römische Pontifex das *Haupt* des Kollegiums ist, kann er allein manche Handlungen vollziehen, die den Bischöfen in keiner Weise zustehen, z. B. das Kollegium einberufen und leiten, die Richtlinien für das Verfahren approbieren usw. Der Römische Pontifex geht bei der Leitung, Förderung und Billigung der kollegialen Betätigung in Ausrichtung auf das Wohl der Kirche nach eigenem Urteil vor.

4. Der *Summus Pontifex*, als höchster Hirt der Kirche, kann seine Vollmacht jederzeit nach Gutdünken (ad placitum) ausüben, wie es von seinem Amt her gefordert wird. Das Kollegium aber handelt, wenn es auch immer besteht, darum nicht auch schon beständig in streng (stricte) kollegialem Akt, wie die Überlieferung der Kirche beweist. Mit anderen Worten: Das Kollegium ist nicht immer ‚in voller Tätigkeit‘, vielmehr handelt es nur von Zeit zu Zeit in streng kollegialem Akt und nicht ohne *Zustimmung des Hauptes.* Es heißt aber ‚nicht ohne *Zustimmung des Hauptes*‘, damit man nicht an eine *Abhängigkeit* wie von einem *Außenstehenden* denke. Der Ausdruck ‚Zustimmung‘ erinnert im Gegenteil an die *Communio* zwischen Haupt und Gliedern und schließt die Notwendigkeit des *Aktes,* der dem Haupt als solchem zusteht, mit ein ... Im ganzen aber wird ersichtlich, daß es sich um die *Verbundenheit* der Bischöfe *mit ihrem Haupt* handelt, niemals jedoch um die Betätigung der Bischöfe *unabhängig* vom Papst. In diesem Falle, wenn die Tätigkeit des Hauptes ausfällt, können die Bischöfe als Kollegium nicht handeln, wie aus dem Begriff ‚Kollegium‘ hervorgeht. Diese hierarchische Communio aller Bischöfe mit dem Papst ist in der Tradition fest verwurzelt.“

Damit ist, vermittelt durch den bislang wenig gebrauchten Begriff vom Kollegium der Bischöfe, zwar einerseits die *geistliche* Bedeutung des Bischofs in einer Weise betont, die demgegenüber die Presbyter und Laien theologisch-geistlich belanglos erscheinen läßt; diese existieren nur als Gehilfen des apostolischen Amtes der Bischöfe; von ihnen leiten sie ihren Auftrag ab, aus ihnen empfangen sie geradezu ihr kirchliches Dasein. Andererseits bleibt die rechtliche Abhängigkeit der Bischöfe, als Nachfolger der Apostel, vom Papst, als dem Nachfolger Petri, zur Gänze erhalten. Die Rede vom corpus seu collegium episcoporum zeugt zwar von einer — fast verdrängten — Erinnerung daran, daß ursprünglich das Bischofsein ein autonomes kirchliches Amt sui generis gewesen ist. Die rechtliche Abhängigkeit der Bischöfe aber zeigt, wie sehr sich das Verhältnis von Papsttum und „Episkopat" im Laufe der Geschichte entwickelt hat: Dem einen Römischen Pontifex steht die Vielfalt der einzelnen, rechtlich untergeordneten Bischöfe gegenüber. Episkopat ist darum nur eine Gattungsbezeichnung für bischöfliche Vorsteher von Teilkirchen, deren rechtlicher Status unterschiedlich sein kann (vgl. unten 3.2.2.1.; 3.2.2.2.; 3.2.5.; 3.3.1.; 4.)

3.2.2. Die oberbischöflichen Ämter

Entsprechend der konsequenten hierarchischen Gliederung der katholischen Kirche sind schon früh bestimmte Bischofssitze den anderen ihres Bereiches übergeordnet worden. Die Anlässe dazu dürften vielfältig gewesen sein:
— Die Betonung des besonderen apostolischen Ursprungs bestimmter Bischofssitze,
— die Festlegung innerkirchlicher Schlichtungskompetenzen,
— eine gewisse organisationsrechtliche Angemessenheit aufgrund territorialer, politischer oder traditioneller Zugehörigkeit,
— bestimmte politische Interessen und Einflüsse (Konstantinopel).

Bereits Kanon 6 des Konzils von *Nizäa* (325) kennt als bestehende Gewohnheit die Überordnung einiger Bischofssitze über die der sie umgebenden Regionen.[32] Auf Einzelheiten der historischen Entwicklung ist hier nicht einzugehen. Bedeutsam bleibt jedoch, daß bis heute oberbischöfliche Ämter stets mit einem bestimmten Bischofssitz verbunden sind.

[32] Kanon 6 besagt: „Die alte Sitte, die in Ägypten, Lybien und der Pentapolis herrscht, behalte auch fernerhin ihre Gültigkeit, daß nämlich der Bischof von Alexandrien über alle diese (Provinzen) Gewalt habe, da auch für den römischen Bischof ein gleiches Verhältnis besteht. Ebenso sollen auch zu Antiochien und in den anderen Eparchien den Kirchen ihre Vorrechte bewahrt bleiben. Durchaus klar ist aber, daß wenn jemand ohne Zustimmung des Metropoliten Bischof geworden ist, die große Synode ihm nicht Bischof zu bleiben gestattet ..." — Kanon 28 des Konzils von *Chalcedon* (451) bestimmt: „Da wir den Satzungen der heiligen Väter durchaus folgen und den vor kurzem verlesenen Kanon der 150 Bischöfe, auf der zweiten allgemeinen Synode kennen, so haben wir auch in betreff der Vorrechte der heiligen Kirche von Konstantinopel, Neu-Rom, das gleiche beschlossen. Mit Recht haben die Väter dem Stuhl der alten Roma wegen ihres Charakters als Kaiserstadt seine Vorrechte eingeräumt, und

3.2.2.1. Die Patriarchen

Für die orientalischen Kirchen ist in der Regel der Patriarch das geistliche Oberhaupt eines bestimmten Ritus bzw. einer „autonomen" Kirche. Bei den unierten Ostkirchen haben die (sechs) Patriarchen weithin ihre alte Bedeutung behalten: Unter der Autorität des Papstes hat der Patriarch ordentliche, eigenberechtigte Gewalt über die Bischöfe, einschließlich der Metropoliten, der Kleriker und Gläubigen seines Ritus (IOpers can. 216 ss.). Gemäß ostkirchlicher Tradition ist er allerdings weithin an die Mirwirkung synodaler Organe gebunden, etwa im Bereich der Gesetzgebung (IOpers can. 243). Durch MP ›Ad Purpuratorum Patrum‹ vom 11. 2. 1965 Papst Pauls VI. wurden die Patriarchen der (unierten) orientalischen Kirchen, die zu Kardinälen ernannt worden sind, dem Ordo der Kardinalbischöfe zugerechnet, ohne suburbikarische Bistümer übertragen zu bekommen und ohne dem römischen Klerus zugezählt zu werden.

Der Bischof von Rom ist Patriarch des Abendlandes. Darum haben die abendländischen Patriarchate von Venedig und Lissabon ihre Bedeutung im Laufe der Zeit völlig eingebüßt.[33] C. 271 CIC stellt lapidar fest, daß die Titel „Patriarch" und „Primas" (in der lateinischen Kirche) bloße Ehrenbezeichnungen sind und keinerlei besondere Jurisdiktionsrechte mit sich bringen, sofern nicht Sonderrecht etwas anderes bestimmt. Lediglich dem *lateinischen Patriarchen von Jerusalem,* dessen Jurisdiktionsrechte im Jahre 1847 wiederhergestellt worden sind, kommen gewisse Prärogativen zu.[34]

3.2.2.2. Die Metropoliten — Erzbischöfe

Die Leiter einer Kirchenprovinz werden Metropoliten oder Erzbischöfe genannt. Als solchen kommen ihnen auch in der lateinischen Kirche noch gewisse Jurisdiktionsrechte zu (cc. 272—279 CIC). Sie haben ein Aufsichtsrecht über die Reinerhaltung des Glaubens und die Aufrechterhaltung der kirchlichen Disziplin in den Suf-

durch dieselbe Rücksicht bewogen haben die 150 Bischöfe die gleichen Vorrechte auch dem Heiligsten Stuhl von Neu-Rom zuerkannt, mit gutem Grunde urteilend, daß die Stadt, welche durch das Kaisertum und den Senat geehrt ist, und die dieselben Vorrechte wie die alte Kaiserstadt genießt, auch in kirchlicher Beziehung erhöht werden und die zweite nach jener sein müsse. ..." Dieser Beschluß rief den heftigen Widerspruch des römischen Bischofs, LEOS I., hervor.

[33] Die erst in der Neuzeit (1886 und 1540) eingerichteten Patriarchate für Ostindien (Goa) und Westindien sind obsolet geworden.

[34] Bereits Kanon 7 des Konzils von *Nizäa* spricht, freilich in sehr dunkler Weise, von den Vorrechten des Jerusalemer Bischofssitzes: „Da es einmal Gewohnheit und alte Überlieferung ist, daß der Bischof von Aelia (=Jerusalem) besonders geehrt werde, so soll er auch die Nachfolge der Ehre genießen, während der Metropole die ihr zustehende Würde gewahrt bleibt."

fraganbistümern. Etwaige Mißbräuche können sie jedoch nicht selbst abstellen, sondern müssen sie dem Heiligen Stuhl mitteilen. Für den Fall, daß ein Suffraganbischof seine Visitationspflicht gröblich vernachlässigt und der Heilige Stuhl es für notwendig erachtet, kann der Metropolit das Visitationsrecht ausüben (c. 274 CIC).

Im *Gerichtsbereich* ist das Gericht des Metropoliten Berufungsinstanz für End- und Zwischenurteile, die von Gerichten seiner Suffraganbischöfe gefällt wurden (c. 1594 § 1 i. V. m. c. 274 n. 7 CIC).

Sollte bei *Sedisvakanz* eines Suffraganbischofssitzes das zuständige Domkapitel nicht innerhalb der vorgeschriebenen Frist den Kapitelsvikar wählen, fällt das Ernennungsrecht für dieses Mal an den Metropoliten (c. 274 n. 3 CIC).

Äußeres Zeichen seiner Würde ist das *Pallium.* Es besteht heute aus einer etwa drei Zentimeter breiten, weißen Wollbinde mit sechs eingestickten schwarzen Kreuzen. Es wird so um die Schulter gelegt, daß je ein Ende über Brust und Schulter herabhängt. Jeder Metropolit hat gemäß c. 275 CIC die Pflicht, unmittelbar nach seiner Ernennung bzw. Konsekration vom Papst das Pallium zu erbitten. Solange er es nicht erhalten hat, darf er weder seine Jurisdiktion als Metropolit ausüben noch jene liturgischen Funktionen vornehmen, bei denen das Pallium zu tragen ist (c. 276 CIC). Es darf nur innerhalb der eigenen Kirchenprovinz getragen werden (c. 277 CIC). Die bisher übliche Praxis, diese Auszeichnung auch einfachen Bischöfen ehrenhalber zu verleihen, die dadurch jedoch keine weitergehenden Jurisdiktionsrechte erhielten und hinsichtlich ihrer eigenen Stellung gegenüber dem Metropoliten keinerlei Veränderung erfuhren, ist durch MP ›Inter eximia‹ Papst PAULS VI. vom 11. 5. 1978 definitiv verworfen worden. Künftig darf das Pallium für die gesamte lateinische Kirche nurmehr den Metropoliten und dem lateinischen Patriarchen von Jerusalem verliehen werden.

In den katholischen Ostkirchen ist der einem Patriarchen oder Erzbischof unterstehende Metropolit (IOpers can. 315) von jenem zu unterscheiden, der außer dem Papst keinen Patriarchen über sich hat (IOpers can. 320, 324). Ein solcher kann auch als Großerzbischof (arcivescovo maggiore)[35] bezeichnet werden. Insgesamt haben die ostkirchlichen Metropoliten ihre schon vom Konzil von Nizäa (can. 4) beschriebenen Rechte weithin behalten.

Das *II. Vatikanische Konzil* hat in dem Dekr. CD beschlossen:

„1. Die Abgrenzung der Kirchenprovinzen soll zweckmäßig überprüft und die Rechte und Privilegien der Metropoliten durch neue geeignete Normen festgelegt werden.

2. Es gelte als Regel, daß alle Diözesen und andere Gebietsumschreibungen, die rechtlich den Diözesen gleichgestellt sind, einer Kirchenprovinz zugeteilt werden. Deshalb sollen Diözesen, die gegenwärtig dem Apostolischen Stuhl unmittelbar unterstellt und mit keiner anderen vereinigt wurden, entweder, soweit möglich, zusammen mit einer neuen Kirchenprovinz vereinigt oder jener Kirchenprovinz

[35] So Kardinal JOSYF SLIPYI, ukrainischer Erzbischof von Lwów (Lviv). Am 23. 12. 1963 wurde er zum Großerzbischof ernannt. Den mehrfach von den ukrainischen Gläubigen geäußerten Wünschen, ihn zum Patriarchen zu ernennen und damit die ukrainische Kirche zu einem eigenen Patriarchat zu erheben, ist Rom bisher nicht gefolgt.

angegliedert werden, die am nächsten oder günstigsten gelegen ist. Sie sollen nach Maßgabe des allgemeinen Rechts dem Metropolitanrecht des Erzbischofs unterstellt werden." (n. 40)

Die Ausführungsbestimmungen ›Ecclesiae Sanctae‹ fordern deshalb, daß die Bischofskonferenzen aufmerksam prüfen sollen, „ob eine ausreichendere Förderung des Heils der Seelen in ihrem Lande

a) eine passendere Abgrenzung der Kirchenprovinzen erfordert,

b) oder zur Errichtung von Kirchengebieten rät; insofern dies zu bejahen ist, sollen sie dem Apostolischen Stuhl die Gesichtspunkte vorlegen, nach denen die Abgrenzung der Provinzen überprüft und die Errichtung von Kirchengebieten rechtlich geordnet werden soll. Außerdem sollen sie dem Heiligen Stuhl die Gründe angeben, aus denen Diözesen, die bisher in ihrem Lande dem Apostolischen Stuhle unmittelbar unterstellt waren, einer Kirchenprovinz angegliedert werden sollen." (n. 42)

Ob diese Wünsche des Konzils zu greifen vermögen, bleibt abzuwarten. Gerade die territoriale Gliederung der Weltkirche war und ist von sehr vielen politischen Rücksichtnahmen bestimmt. Aus diesen Gründen unterbleibt manchmal die notwendige Zusammenfassung in Kirchenprovinzen. Allerdings hat das Institut der Kirchenprovinzen und damit auch das Amt und die Funktion des Metropoliten / Erzbischofs durch die Aufwertung der Bischofskonferenzen an kirchenpolitischer und juristischer Bedeutung verloren.

3.2.3. Die Bischofskonferenzen

Die Bischofskonferenzen sind in Deutschland und Österreich seit 1848 üblich gewordene beratende Zusammenkünfte der Ortsoberhirten. Obwohl von Rom zunächst nicht begrüßt,[36] gelangten sie bald zu tatsächlicher innerkirchlicher wie auch politischer Bedeutung. Der CIC erkannte ihnen gemeinrechtlich nur begrenzte, nämlich die Metropolitansynode vorbereitende Aufgaben zu (c. 292 CIC).

Das *II. Vatikanische Konzil* hat im Dekr. CD die Bischofskonferenzen als gemeinrechtliche Elemente der Kirchenverfassung anerkannt und ihnen bestimmte Funktionen für ein bestimmtes Land bei einem mehrere Diözesen umfassenden Gebiet zuerkannt. Den jeweiligen Bischofskonferenzen gehören alle Ortsoberhirten jeden Ritus mit Ausnahme der Generalvikare an, die Koadjutoren, die Weihbischöfe und andere Titularbischöfe, die dort ein besonderes, vom Apostolischen Stuhl oder von den Bischofskonferenzen übertragenes Amt ausüben. Die päpstlichen Legaten, die für jene Gebiete zuständig sind, sind dagegen nicht von Rechts wegen Mitglieder der Konferenz.

Ob bei diesen Konferenzen auch die Weihbischöfe und die anderen Bischöfe, die nicht Ortsoberhirten sind, das Stimmrecht besitzen, haben die Statuten der jeweiligen Konferenzen zu bestimmen (Dekr. CD n. 38, 2).

[36] Vgl. R. Lill, Die ersten deutschen Bischofskonferenzen.

Die *Statuten* einer jeden Konferenz sind vom Heiligen Stuhl zu überprüfen und zu approbieren. Wenn auch die Ausführungsbestimmungen „Ecclesiae Sanctae" den Bischofskonferenzen eine ganze Reihe von koordinatorischen und informatorischen Kompetenzen zuweisen, kommt den Bischofskonferenzen in der Regel nur dann Beschlußkompetenz zu, wenn sie ihnen im Einzelfall vom allgemeinen Recht oder durch eine besondere Anordnung des Apostolischen Stuhles, sei es motuproprio oder auf Bitten der Konferenz, gegeben worden ist. In diesem Fall müssen die Beschlüsse mit zwei Dritteln der Stimmen der abstimmungsberechtigten Prälaten gefaßt werden. Beschlüsse sind, bevor sie rechtswirksam werden können, dem Apostolischen Stuhl zur Billigung vorzulegen (CD n. 38, 4).

Auch wenn den Bischofskonferenzen nicht generell das Gesetzgebungsrecht zusteht und sie noch keine mit Vollmacht ausgestatteten Mittelinstanzen sind, haben sie dennoch tatsächliche große Bedeutung für die Koordinierung der überdiözesanen Arbeit und die geordnete Interkommunikation der Diözesen eines Gebietes. Der Bischofskonferenz obliegt es, jährlich dem Heiligen Stuhl die Namen für mögliche Bischofskandidaten zu benennen (MP Ecclesiae Sanctae I 10; Normen des Rates für die öffentlichen Angelegenheiten der Kirche vom 25. 3. 1972 Art. II—V).

Die Bischofskonferenzen wählen sich gemäß ihrer vom Heiligen Stuhl jeweils approbierten Satzung einen *Vorsitzenden.* Dieser hat als solcher keine Jurisdiktionsrechte, gehört also kraft dieser Eigenschaft nicht zu den „Oberbischöfen". Nach dem Statut der Deutschen Bischofskonferenz von 1966 ist er nicht einmal Organ dieser Konferenz (Statut Art. 3). Er wird von den Mitgliedern der Vollversammlung in geheimer Wahl auf sechs Jahre aus der Zahl der residierenden Bischöfe gewählt (Statut Art. 9). Er hat die Tagesordnung der Vollversammlung aufzustellen (Statut Art. 11) und vertritt die Konferenz nach außen (GeschOr § 6 Abs. 1). Für den rechtsmäßigen Vollzug der Beschlüsse der Konferenz ist nach dem Statut der Deutschen Bischofskonferenz nicht der Vorsitzende, sondern jeder einzelne Diözesanbischof für sein Bistum verantwortlich (Statut Art. 13).

Das Gewicht des Vorsitzenden der Bischofskonferenz ist wesentlich von zwei Faktoren bestimmt: Einmal von dem Recht, die Bischofskonferenz nach außen zu vertreten, wobei er freilich an ihre Beschlüsse gebunden ist (GeschOr § 6 Abs. 1), und zum anderen durch seinen Informationsvorsprung und das Recht, die Tagesordnung für die Arbeit der Vollversammlung zu bestimmen (Statut Art. 11).

Wichtige laufende Aufgaben werden von einem „Ständigen Rat" wahrgenommen. In ihm ist jedes Bistum durch einen Bischof mit Sitz und Stimme vertreten. Außerdem gehört aufgrund einer Wahl durch die Vollversammlung einer der apostolischen oder kanonischen Visitatoren dem „Ständigen Rat" als Mitglied an.

Zur Wahrnehmung von Aufgaben im rechtlichen und wirtschaftlichen Bereich haben sich die Diözesen in der Bundesrepublik Deutschland durch Vertrag vom 4. 3. 1968 zu einem „Verband der Diözesen Deutschlands" zusammengeschlossen. Er ist eine Körperschaft des öffentlichen Rechts. Damit ist eine überdiözesane juristische Person des staatlichen Rechts geschaffen worden für alle rechtlichen und wirtschaftlichen Fragen, die nicht Angelegenheiten einer Diözese allein, vielmehr gemeinsame Aufgaben aller Diözesen sind. Der Haushalt dieses Verbandes wird vornehmlich durch eine Verbandsumlage gedeckt, die aufgrund des Kirchensteueraufkommens der einzelnen Diözesen errechnet wird.

Die „Gemeinsame der Synode der Bistümer in der Bundesrepublik Deutschland" (1971—1975) hat überdies eine „Gemeinsame Konferenz" beschlossen. Diese „Gemeinsame Konferenz" setzt sich aus zwölf Mitgliedern der Deutschen Bischofskonferenz und zwölf Mitgliedern des Zentralkomitees der deutschen Katholiken zusammen. Die Leitung obliegt dem Vorsitzenden der Deutschen Bischofskonferenz gemeinsam mit dem Präsidenten des Zentralkomitees der deutschen Katholiken, unbeschadet der je eigenen Verantwortung. Die Geschäftsführung wird vom Sekretär der Deutschen Bischofskonferenz und vom Generalsekretär des Zentralkomitees der deutschen Katholiken wahrgenommen. Die „Gemeinsame Konferenz" hat nur beratende Funktion.[37]

3.2.4. Das Synodalwesen

Seit frühester Zeit der Kirche hat sich die bischöfliche Kollegialität in synodalen Versammlungen, in Konzilen für bestimmte kirchliche Bezirke, realisiert (vgl. oben 2.1.5.). Die synodale Praxis entwickelte sich nach Zeit und Ort unterschiedlich. Das Konzil von Trient versuchte das darniederliegende Synodalwesen dadurch zu beleben, daß es die Abhaltung von *Provinzialsynoden* wenigstens alle drei Jahre vorschrieb und die jährliche Durchführung von Diözesansynoden verlangte (sess. XXIV, de reform c. II). Dank wachsender monokratischer Zentralisierung sowohl auf bischöflicher als auch auf päpstlicher Ebene konnten die synodalen Versammlungen — von bestimmten Ausnahmen, vor allen Dingen in Übersee, abgesehen — keine Bedeutung mehr gewinnen. Auch wenn der Codex Normen für Partikularsynoden kennt, wurde eine Renaissance des synodalen Lebens dadurch nicht eingeleitet.

Deshalb dürfte auch der Wunsch des II. Vatikanischen Konzils, „daß die ehrwürdigen Institutionen der Synoden und Konzilien mit neuer Kraft aufblühen" mögen, „damit auf diese Weise besser und wirksamer für das Wachstum des Glaubens und die Erhaltung der Disziplin ... entsprechend den Zeitläuften, gesorgt werde" (CD 36), kaum allgemein zu verwirklichen sein. Dies nicht zuletzt deshalb, weil die neuen vom II. Vatikanischen Konzil geschaffenen Formen der Kommunikation der Hierarchen (Bischofssynode und Bischofskonferenzen) (vgl. oben 3.1.5.; 3.2.3.) systemgerechter arbeiten.

[37] Vgl. J. Homeyer, Die Deutsche Bischofskonferenz: Katholiken und ihre Kirche, 74—88. — Der politischen Realität in Deutschland hat die katholische Kirche im Jahr 1976 Rechnung getragen, als der Heilige Stuhl die bislang nur informelle „Berliner *Ordinarien*konferenz" durch Genehmigung der Statuten als „auctoritas territorialis" im Sinn von Eccl. Sanctae (I, 41 § 2) förmlich als eigene „Berliner *Bischofs*konferenz" anerkannte.

3.2.4.1. Plenar- und Nationalsynoden

Sogenannte *Plenarkonzilien* für mehrere Kirchenprovinzen, im ersten Jahrtausend in manchen Gebieten das kirchliche Koordinations- und Leitungsinstrument schlechthin, dürfen gemäß c. 282 CIC nur noch mit vorgängiger Erlaubnis des Papstes und unter Vorsitz eines päpstlichen Legaten, dem auch das Konvokationsrecht zukommt, abgehalten werden.

Bestimmte Zuständigkeiten sind vom gemeinen Recht für diese Synoden nicht vorgesehen. Gesetzgebende und rechtsprechende Kompetenz kommt ihnen erst dann zu, wenn ihre Dekrete vor der Promulgation vom Heiligen Stuhl geprüft und approbiert worden sind. Aus sich heraus besitzen diese Synoden somit weder eine bestimmte sachliche Zuständigkeit noch Gesetzgebungsbefugnis.

Wird eine solch überregionale Synode für ein bestimmtes Staatsgebiet abgehalten, wird sie auch *Nationalsynode* genannt. Da die römische Zentralgewalt mit Synoden dieser Art teilweise ungute Erfahrungen hat machen müssen,[38] steht sie ihnen reserviert gegenüber.

Tatsächlich kommt dieser Art von Synode in der neueren Kirchengeschichte kaum mehr politische Bedeutung zu.

Der Versuch der *katholischen Kirche der Niederlande*, nach dem II. Vatikanischen Konzil eine nationale Pastoralsynode abzuhalten, darf heute als mißlungen angesehen werden. Diese Versammlung sollte kein Provinzialkonzil im Rechtssinne sein, sondern ein kirchliches Gremium, das die gemeinsamen Anstrengungen der niederländischen Kirche sichtbar machen wollte, nicht nur die Beschlüsse des II. Vatikanums auf die konkreten Verhältnisse zu übertragen, sondern auch solche Probleme anzugehen, deren Lösung dringlich erschien. Auf dieser Kirchenversammlung wurden eine Reihe von brennenden Fragen behandelt, die auch in der universalkirchlichen Diskussion noch nicht geklärt waren und aktuelle Probleme darstellten (Ehe und Familie einschließlich der Frage der Geburtenregelung, der Mischehen sowie Fragen des Priesteramtes und die Zölibatsproblematik). Weder die römische Zentrale noch die Nachbarkirchen förderten diese Bemühungen der niederländischen Kirche um einen neuen, kommunikativen Stil. Vielmehr wurde dieses Suchen nach Eigenverantwortung und geistlich-geistiger Autonomie argwöhnisch betrachtet und verdächtigt. Nicht zuletzt dürfte dieser synodale Versuch daran gescheitert sein, daß man in der Vorbereitungszeit glaubte auf klare rechtliche Kompetenzabgrenzungen und verfahrensrechtliche Regelungen verzichten zu können. Es zeigte sich hierbei, daß gerade junge Institutionen im Stand des Experiments rechtlicher Regelungen nicht entbehren können.

[38] Erinnert sei nur an die sogenannten „Kaiserlichen Synoden" im zehnten und elften Jahrhundert: Vgl. M. Boye, Die Synoden Deutschlands und Reichsitaliens von 922 bis 1059: ZSRG. K 18, 1929, 131—284; J. B. Sägmüller, Lehrbuch des katholischen Kirchenrechts I/4, 1934, 505f. — Für Nordamerika (in Baltimore 1852, 1866, 1884) und für Südamerika (in Rom 1899) wurden dagegen Plenarkonzilien vom Papst berufen: Vgl. E. Corecco, Die synodale Aktivität im Aufbau der katholischen Kirche der Vereinigten Staaten von Amerika: AKathKR 137, 1968, 38—94.

3.2.4.2. Provinzialsynoden

Für jede Kirchenprovinz soll gemäß c. 283 CIC wenigstens alle 20 Jahre ein Provinzialkonzil durch den Metropoliten oder bei seiner rechtmäßigen Verhinderung durch den ältesten Suffraganbischof einberufen werden (c. 284 CIC). Dem einberufenden Vorsitzenden obliegt es, allerdings nach Absprache mit den Teilnahmeberechtigten, den Tagungsort und mit ihrer Zustimmung die Tagesordnung zu bestimmen (c. 288 CIC).

Teilnahmeberechtigt und zugleich auch teilnahmeverpflichtet sind außer den Ordinarien, die kraft ihrer Zugehörigkeit zur betreffenden Provinz oder aufgrund besonderer Option dieser Provinz adskribiert sind (c. 285 CIC), auch die entsprechenden Domkapitel bzw. die Diözesankonsultoren. Jedes dieser Kollegien ist durch zwei seiner Mitglieder vertreten, die jedoch nur beratende Stimme haben (c. 268 § 3 CIC). Auch die höheren Ordensoberen exemter klerikaler Genossenschaften sowie monastische Kongregationen, die in diesem Gebiet residieren, sind einzuladen (c. 286 § 4 CIC).[39]

Für alle Fragen, die in die Gesetzgebungskompetenz des Papstes fallen oder bereits durch gesamtkirchliches Recht geregelt sind, haben die Provinzialsynoden keine Zuständigkeit. Ihre Beschlüsse binden alle Ordinarien, die zu dieser Provinz gehören, also auch jene, die — weil keiner Kirchenprovinz zugehörig — mit Zustimmung des Heiligen Stuhles ein für allemal gemäß c. 285 CIC für diese Metropolitie optiert haben.

In diesen Normen über die Provinzialsynode ist das alte Synodalwesen noch einigermaßen erhalten geblieben: Abgesehen vom Selbstversammlungsrecht liegen die wesentlichen Entscheidungen über Thematik und Verlauf der Versammlung bei dieser selbst. Ihre Beschlüsse haben verbindliche Kraft. Allerdings ist nicht nur der Eintritt der vollen Rechtswirksamkeit, sondern auch die Bekanntmachung ihrer Beschlüsse an die Prüfung und Genehmigung durch den Heiligen Stuhl gebunden (c. 291 § 1 CIC). Die alte Praxis, den Nachbarkirchen die gefaßten Beschlüsse mitzuteilen, ist im lateinischen Recht dahin geändert worden, daß der Kurie des römischen Bischofs ein Kontroll- und Approbationsrecht vorbehalten ist.

Obwohl in der Provinzialsynode das alte Synodalwesen noch verhältnismäßig unverfälscht weiterbesteht, ist diese einzige synodale Form überdiözesaner Gesetzgebung in der lateinischen Kirche kaum mehr in Übung. Sie hat das Zeitalter des staatskirchlichen und päpstlichen Absolutismus tatsächlich nicht überlebt.

[39] Beachtlich dürfte sein, daß höhere Personalobere, beispielsweise die Äbte, obwohl Ordinarien im Sinne des c. 198 § 2 CIC und Prälaten gemäß c. 110 kein beschließendes Stimmrecht vom Gesetzgeber allgemein zugestanden erhalten. Die postkonziliare Rechtsentwicklung ist auch hierin teilweise neue Wege gegangen (z. B. bei der Bischofssynode), wenn auch dieser Kreis von Amtsträgern bislang noch kein Teilnahmerecht an den Bischofskonferenzen hat.

3.2.4.3. Diözesansynoden

Auch in den Normen des kirchlichen Gesetzbuches über die Diözesansynode findet sich altes Recht, das freilich durch ein absolutistisch-monarchisches Wert-und Gesetzgebungsverständnis in bezeichnender Weise verändert worden ist:
Eine Diözesansynode soll mindestens alle zehn Jahre stattfinden; sie darf sich jedoch nur mit Fragen befassen, die für Klerus und Volk der betreffenden Diözese bedeutsam und nützlich sind. Damit können Themen von überregionaler oder gar gesamtkirchlicher Bedeutung zumindest unmittelbar nicht Gegenstand der Beratung und Beschlußfassung einer solchen Versammlung sein (c. 356 CIC). Aus diesem Grunde dürfte diesem Typ synodaler Zusammenkunft auch künftig keine Bedeutung mehr zukommen. Für den diözesanen Bereich nehmen Presbyterrat und Pastoralrat die entsprechenden Aufgaben wahr. Die die eigene Diözese übergreifenden Probleme müssen auf andere Weise beraten und entschieden werden.
Gesetzgebende Gewalt kommt der Diözesansynode ohnedies nicht zu. Alleiniger Gesetzgeber auf dieser Synode ist der Bischof (c. 362 CIC). Beschlüsse, denen der Bischof nicht beitritt, die er nicht — allein — unterzeichnet und verkündet, erlangen keine Rechtskraft.

Nach dem geltenden Recht der lateinischen Kirche sind die synodalen Versammlungen, gleich welchen Kompetenzumfanges, rein hierarchische Versammlungen, auf denen die Presbyter und erst recht die Laien kein Stimmrecht haben. Das Recht erwähnt die Laien nicht einmal. Auf der nur beratenden Diözesansynode haben zwar die Presbyter Mitwirkungsrechte, doch ist eine Beteiligung von Laien selbst dann nicht vorgesehen, wenn sie im unmittelbaren kirchlichen Dienst stehen oder direkt betroffen sind. Schon aus diesem Grund werden diese Formen rein klerikaler Versammlungen, mögen sie aus Bischöfen allein oder aus Bischöfen und Klerikern bestehen, den tatsächlichen Verhältnissen kaum mehr gerecht. Die Laien allein deshalb von der Beschlußfassung in Belangen der Kirche auszuschließen, weil sie nicht ordiniert sind, heißt einen wesentlichen Teil der kirchlichen Wirklichkeit außer acht lassen.

3.2.4.4. „Synoden" neuer Art

Nach dem *II. Vatikanischen Konzil* wurden in verschiedenen Gebieten kirchliche Versammlungen zum Zweck gemeinsamer Rezeption der Konzilsbeschlüsse abgehalten; solche Unternehmungen sind vom allgemeinen Recht nicht vorgesehen. Mit Billigung des Heiligen Stuhles wurden unterschiedliche Formen erprobt. Das verschiedenartige Vorgehen, die differierenden Verfahren und teilweise thematische Überfrachtung führten zusammen mit je anderen Ausgangslagen zu unterschiedlichen Ergebnissen; diese wiederum hinterließen oft irritierende Unsicherheit und eine gewisse „Synodenmüdigkeit“.[40]

Die „Gemeinsame Synode der Bistümer der Bundesrepublik Deutschland“ war sicher ein bemerkenswerter Versuch eines überdiözesanen synodalen Beratungs- und Beschlußgremiums. Dies nicht zuletzt auch deshalb, weil — anders als bei den übrigen synodalen Unternehmungen — die Bischöfe nicht nur in die Beratungsarbeit, sondern auch in die Beschlußfassung integriert waren. Doch gerade diese Bemühung um eine Einheit von Hierarchie und „Volk“ führte zu einer statuarisch-perfekten Regelung. An ihr zeigten sich die Schwierigkeiten, die innerhalb der katholischen Kirche einer solchen Kooperation entgegenstehen, deutlich. Es fragt sich daher, ob angesichts einer rechtlich wie emotional tief verwurzelten Zentralisation im Papsttum und in den einzelnen Bischöfen solche konziliaren Versammlungen sinnvoll sind. Offensichtlich läßt die Angst, die Kompetenz der Hierarchen könnte angetastet oder gar geschmälert werden, diesen Gremien nicht den für wirkungsvolle Arbeit notwendigen Spielraum. Ob diese Synode deshalb für den kirchlichen Rechtsbereich anderer Länder Vorbild sein kann, bleibt abzuwarten.[41]

3.2.5. Der Diözesanbischof

Nach dem Verständnis des II. Vatikanischen Konzils ist der Bischof kraft sogenannten „göttlichen Rechts“ Hirte eines Teiles des Gottesvolkes, dessen Leitung ihm anvertraut ist. Darum „weiden die einzelnen Bischöfe, denen die Sorge für eine Teilkirche übertragen ist, als deren eigentliche, ordentliche und unmittelbare Hirten ihre Schafe (proprii, ordinarii et immediati earum pastores) unter der Autorität des Papstes“ (Dekr. CD. II). Ihnen obliegt es, das Volk zu lehren, zu heiligen und zu leiten (Dogm. Konst. LG 25—27). Kraft dieser ihnen aufgetragenen Gewalt (potestas) haben sie Recht und Pflicht, in dem von der höchsten kirchlichen Autorität gezogenen Rahmen Gesetze für ihre Untergebenen zu erlassen, Urteile zu fällen und alles, was der Ordnung des Gottesdienstes und des Apostolates dient, zu regeln.

3.2.5.1. Zu den Begriffen: Bistum — Diözese

Bistum ist kein Terminus der griechischen oder lateinischen Sprache, sondern eine im Mittelalter entstandene Neuschöpfung der Landessprachen und meint das, was des Bischofs ist, nämlich seinen Amtsbezirk.

[40] Vgl. J. Neumann, Das Synodale Prinzip, 59—96; H. Schmitz, Die Diözesansynode: AKathKR 144, 1975, 444—454.

[41] Ein Mitglied des Präsidiums jener Synode, H. Fischer, äußert sich zwar optimistisch, kann allerdings seinen Optimismus nicht durch Fakten erhärten (vgl. Die „Gemeinsame Synode der Bistümer der Bundesrepublik Deutschland“: Katholiken und ihre Kirche, 89—95; hier: 94).

Die kanonistischen Termini waren bzw. sind: dioikesis (dioecesis), paroikia und eparchia. *Dioikesis* meint im Griechischen allgemein die Verwaltung, insbesondere die allgemeine (Finanz-)Verwaltung des Staates (im Gegensatz zur Tempelverwaltung). In den hellenistischen Reichen hatte der Leiter der Finanzverwaltung meist den Titel „dioiketes". In der Bedeutung „Verwaltungsbezirk" dürfte der Begriff dioikesis in das römische Staatsrecht übernommen worden sein, wobei er entweder das Territorium einer Stadt (wie territorium, ager oder regio) oder den *Teil*bezirk einer provincia bezeichnete, als der Summe der zu einer civitas gehörigen Ortschaften (vici). In der Diokletianischen Reichsreform von 297 n. Chr. wurde das Imperium in 96 bzw. später in 120 Provinzen — im Osten *Eparchien* genannt — aufgegliedert. Sie wurden in zwölf dioeceses zusammengefaßt. Dabei schwankte die zu einer Diözese gehörende Zahl der Provinzen zwischen vier und zwanzig. Die Diözesen ihrerseits wurden zusammengefaßt in den Bezirk eines praefectus praetorio: Oriens und Illyrien im Osten, Italien und Gallien im Westen.

Der christliche Grundbegriff für die Schar der Auserwählten war u.a. der Terminus paroikia. Die paroikoi waren im griechischen Staatsrecht jene, die zwar als Freie im Territorium der Polis oder später in den römischen Provinzen lebten, jedoch das Bürgerrecht nicht besaßen. Die Christen ihrerseits verstanden sich als solche, die als umgrenzten Kreis ihre Heimat nicht auf Erden haben, sondern wie Fremdlinge (parepidemoi) auf dieser Welt leben, weil sie ihr Bürgerrecht (politeuma) im Himmel haben. Vom vierten Jahrhundert ab verblaßte dieser Sinn im kirchlichen Sprachgebrauch immer mehr und wurde parochia — vor allem im Westen — zur Bezeichnung für die (bischöfliche) Gemeinde; erst wesentlich später bezeichnete dieses Wort dann den „pfarrlichen" Teilsprengel eines Bistums.

Im heutigen kanonistischen Sprachgebrauch der lateinischen Kirche meint die dioikesis den Sprengel des Bischofs, jenen Bezirk also, in dem er — rechtmäßig — sein Weihwasser (= seinen Segen) aus„sprengen", also Jurisdiktionsrechte ausüben darf.

In den Ostkirchen, auch in den mit Rom unierten, wird die bischöfliche Territorialkirche meist als Eparchie bezeichnet, während der bischöfliche Zuständigkeitsbereich außerhalb der orginären Gebiete der Ostkirche, also außerhalb eines orientalischen Patriarchats, „Exarchat" genannt wird.

3.2.5.2. Die bischöfliche Ortskirche

Die universale Kirche ist in einzelne Ortskirchen gegliedert, an deren Spitze jeweils der Bischof steht. Er leitet die Kirche mit apostolischer Vollmacht, nicht als Delegat des Papstes. Der Papst kann folglich nicht legitim die Territorialgliederung der einzelnen Bischofskirchen aufheben und jeweils nur apostolische Delegierte einsetzen. Der Heilige Stuhl hat solches zwar für den Bereich der sogenannten „Missionsverfassung" getan und Apostolische Vikare und Präfekten eingesetzt, die ihm direkt weisungsgebunden unterstehen und ad nutum papae abberufbar sind (vgl. unten 4). Doch ist dieses Verfahren gerade nach der vom *II. Vatikanischen Konzil* vertieften Lehre vom apostolischen Amt der Bischöfe fragwürdig und kann sicher nicht ohne Schaden ausgeweitet werden.

Dennoch ist es allein Sache der höchsten kirchlichen Autorität, solche Territorialkirchen (seien es Kirchenprovinzen als Zusammenschlüsse mehrerer Diözesen zu einem Verwaltungsverband, seien es Diözesen oder diözesanähnliche Gebietsgliederungen) zu errichten, anders zu umschreiben, zu teilen oder aufzuheben (c. 215 CIC; Dekr. CD 39. 41). Es steht jedoch nicht im Belieben des Papstes, überhaupt solche Kirchenbezirke einzurichten oder nicht. Denn auch die einzelne Ortskirche ist „nicht nur eine — gewissermaßen nachträglich — gegründete Agentur der einen Weltkirche ..., die ebensogut eine solche Gründung unterlassen könnte, sondern das Ergebnis dieser Weltkirche selbst."[42]

In der Rechtssprache wird unter „Diözese" auch das Gebiet einer sogenannten „Gefreiten Abtei" oder einer „Gefreiten Prälatur" verstanden (c. 215 § 2 CIC) (vgl. unten 3.4.2.).

Jede bischöfliche Teilkirche muß das Wesen der Kirche insgesamt erkennbar werden lassen. Dazu gehört sowohl eine entsprechende Abgrenzung des Diözesangebietes als auch eine sachgerechte Verteilung des Klerus und der finanziellen Mittel (Dekr. CD 22). Eine jede Teilkirche soll eine organische, lebensfähige Einheit hinsichtlich des Personals, der Ämter und Einrichtungen sein. Dabei soll auf die demographische Zusammensetzung der Bevölkerung ebenso geachtet werden wie auf die jeweiligen staatlichen Ämter und sozialen Einrichtungen. Auch die staatlichen Gebietseinteilungen sind zu berücksichtigen. Dabei soll die Größe des Diözesangebietes so bemessen werden, „daß einerseits der Bischof selbst, wenn auch von anderen unterstützt, imstande sei, die bischöflichen Amtshandlungen und die Pastoralvisitationen angemessen vorzunehmen; auch soll es ihm möglich sein, die Seelsorgsarbeit der Diözese zu leiten und zu koordinieren"; umgekehrt aber soll auch ein hinreichendes Arbeitsgebiet vorhanden sein (Dekr. CD 23 Ziff. 1—2). Die dazugehörigen Ausführungsbestimmungen (Eccl. Sanctae I 12 § 1) wollen, daß die Gründe für eine Neuumschreibung der Diözesen leidenschaftslos erörtert werden mögen. Dieser Hinweis ist sicherlich angebracht, da, vor allem in Mitteleuropa, die Diözesaneinteilungen oft alte und teilweise stammesmäßig bedingte Grenzen widerspiegeln, weshalb ihren Veränderungen oft erheblicher emotionaler Widerstand entgegengesetzt wird.

Dazu kommt die nicht leicht zu beantwortende Frage nach der *optimalen Bistumsgröße*. Die Antwort kann zweifellos nicht definitiv und pauschal gegeben werden, sie richtet sich vielmehr ebenso nach theologischen und geistlichen wie ökonomischen und gesellschaftlichen Voraussetzungen. Vieles, was vom Evangelium her nicht gefordert ist, wird dennoch heute als für ein Bistum notwendig erscheinen. KARL RAHNER[43] hat darauf hingewiesen, eine Diözese müsse so beschaffen sein, „daß in ihr (gerade in ihrer jeweiligen geographischen, demographischen, geschichtlichen und religiösen Eigenart) das Ganze der Kirche in Erscheinung tritt", sie also zu Recht „Kirche" genannt zu werden verdiene. Dies dürfte auch der tiefere Sinn der Verbote von Sardika und Laodicea gewesen sein, für Dörfer Bischöfe zu bestellen, denn ein

[42] Vgl. K. Rahner, Zur Theologie der Pfarre: H. Rahner (Hrsg.), Die Pfarrer, Freiburg 1956, 27—39, hier: 33.

[43] Vgl. K. Rahner, Über den Episkopat: ders., Schriften zur Theologie VI, 392—399; N. Greinacher, Das Bistum als Verwirklichung der Kirche: ThQ 158, 1978, 50—61, hier 58f.

„Dorf" kann nicht Abbild des Ganzen sein. Was allerdings zu einem urbanen Lebensraum gehört, kann nach Zeit, Ort und sozioökonomischer Struktur sehr verschieden sein. Ein Bistum muß nicht nur eine hinreichende Anzahl von Gläubigen haben, sondern bedarf auch jener Organe und institutionellen Voraussetzungen, die — heute — zur Darstellung der Kirche gehören. Es muß außerdem ein Mindestmaß an kirchlicher Infrastruktur vorhanden sein: angefangen von den nötigen finanziellen Mitteln über die notwendigen Ausbildungsstätten bis zu den Institutionen der Caritas.

Das Bistum wird somit als Teilkirche geradezu von folgenden Voraussetzungen konstituiert:

1. dem bischöflichen Hirten,
2. einem zureichend ausgebildeten Klerus,
3. einer hinlänglichen Anzahl von Gläubigen,
4. einer bestimmten Qualität und Zahl notwendiger religiöser Ausbildungsstätten und missionarischer Aktivitäten sowie
5. den Möglichkeiten zur Entfaltung karitativer Wirksamkeit.

Allerdings hat auch das II. Vatikanische Konzil keine definitive Antwort darauf gegeben, welche rechtliche Qualifikation der Diözese nach kirchlichem Recht zukommt. Die kirchliche Amtsstruktur ist vielmehr stets auf das zugeordnete Amt bzw. auf das Benefizium und seinen Inhaber bezogen, in diesem Fall also auf das Amt des Bischofs. Wenn auch die Gliederung in Bischofskirchen ein wesentliches Prinzip der kirchlichen Verfassung ist, so wird damit nichts über die juristische Eigenart der Diözese als solcher gesagt. Durch eine Entscheidung der Päpstlichen Interpretationskommission vom 23. Juni 1953 wird der Diözese unter Bezugnahme auf c. 1495 § 2 CIC grundsätzlich eine eigene Rechtspersönlichkeit zugesprochen, doch fehlt diesbezüglich bisher eine klare gesetzliche Norm. Allein aus c. 1557 § 2 CIC, wonach nur die päpstlichen Gerichte als Zuständigkeiten für Streitigkeiten von Bistümern erklärt werden, und c. 1495 § 2 CIC war zu schließen, daß ihnen Rechtspersonalität zukommt.

Die geringe Beachtung, die die Diözese/Bistum als solche bisher von der Kanonistik erfuhr, hat zweifellos eine Ursache in der Tatsache, daß einerseits die rechtliche Vertretung des Bistums allein beim Bischof liegt und zum anderen die theologische Bedeutung der Diözese als einer Teilkirche in der Kanonistik bislang nicht thematisiert worden ist. Die Diözese wurde vom Bischof her definiert und lediglich als Jurisdiktions*bezirk* verstanden, nicht aber als Teilkirche mit einem bestimmten gläubigen *Volk*, das ebenso das personale wie das geistliche Substrat darstellt.

Nach *deutschem Verfassungsrecht* (Art. 140 GG i. V. m. Art. 137 III WRV) sind die Diözesen mitsamt ihren Unter- und Nebengliederungen „Körperschaften des öffentlichen Rechts". Um im rechtlichen und wirtschaftlichen Bereich gemeinsam rechtsverbindlich handeln zu können, haben sich die (Erz-)Diözesen der Bundesrepublik Deutschland durch Vertrag vom 4. 3. 1968 mit Wirkung zum 1. 7. 1968 zu einem „Verband der Diözesen Deutschlands" zusammengeschlossen und dazu eine Satzung und Geschäftsordnung erlassen[44] (vgl. oben 3.2.3.). Nach deutschem Recht

[44] Publiziert in den Amtsblättern der Diözesen der Bundesrepublik Deutschland.

kann somit sowohl eine einzelne Diözese für ihren Bereich als auch *die* katholische Kirche in der Bundesrepublik Deutschland für überdiözesane Angelegenheiten rechtlich handeln. Damit ist im Rahmen der römisch-katholischen Kirche erstmals auch eine überdiözesane juristische Person für den staatlichen Rechtsbereich geschaffen worden.[45]

Eine Diözese ist somit eine vom Bischof geleitete, in sich gegliederte, in der Regel territorial umschriebene Teilkirche, die Auftrag und Verheißung der Gesamtkirche repräsentiert (Dogm. Konst. LG 27).

3.2.5.3. Die Bestellung zum Bischof

Da der Bischof mit der „Fülle des Weihesakramentes" (plenitudo sacramenti ordinis) ausgezeichnet ist, kommt ihm (gleichsam) iure divino als Stellvertreter und Gesandter Christi (vicarius et legatus Christi) jene Vollmacht zu, deren er bedarf, um die ihm anvertraute Kirche führen zu können (Dogm. Konst. LG 26). Wenn auch die Ordination einen ontischen Grundbestand an geistlicher Führungsqualität verleiht, bedarf sie noch der konkreten Zuordnung zu einer Teilkirche durch die canonica seu iuridica determinatio (Nota explicativa praevia n. 2 in Verdeutlichung von Dogm. Konst. LG 22).

Die Bischöfe der katholischen Kirche, als Nachfolger der Apostel, leiten kraft göttlicher Einsetzung die ihnen zugewiesenen Kirchen mit ordentlicher Gewalt unter der Autorität des Römischen Pontifex, der sie frei ernennt (c. 329 §§ 1—2 CIC). Die wie immer geartete Mitwirkung Dritter (des Domkapitels, der jeweiligen Regierung oder des Herrschers) bei der Auswahl der geeigneten Person wird seit Inkrafttreten des CIC nur noch aufgrund besonderer vertraglicher Regelung (Konkordat) oder ungebrochenen Gewohnheitsrechts geduldet. Das *II. Vatikanum* bekräftigt diese Haltung konsequent: „Da das apostolische Amt der Bischöfe von Christus dem Herrn eingesetzt ist und ein geistliches und übernatürliches Ziel verfolgt", erklärt diese Synode, „daß es wesentliches, eigenständiges und an sich ausschließliches Recht der zuständigen kirchlichen Autorität ist, Bischöfe zu ernennen und einzusetzen" (Dekr. CD 20).

Die Ausführungsbestimmungen „Ecclesiae Sanctae" von 1967 „zu einigen für das Bischofsamt bedeutsamen Beschlüssen des II. Vatikanischen Konzils" ordnen an, daß „unter Wahrung des Rechts des Römischen Pontifex die Bischöfe frei zu ernennen und einzusetzen", die Bischöfe bzw. die einzelnen Bischofskonferenzen dem Heiligen Stuhl jährlich die Namen geeigneter *Bischofskandidaten* vorzulegen haben (n. 10). Bevor ein Priester zum Bischof ernannt wird, mußte er schon bislang vor der Entscheidung bei der zuständigen römischen Kongregation (dem „Definitivprozeß") einen „Informativprozeß" durchlaufen, der meist vom zuständigen päpst-

[45] Vgl. K.-E. Schlief, Die Organisationsstruktur der katholischen Kirche: HdbStKirchR I, 299—325, hier: 311.

lichen Gesandten geführt wurde. Dabei wurden seine persönliche Integrität, die geistliche und fachliche Eignung geprüft.

Der „Rat für öffentliche Angelegenheiten der Kirche" hat durch Runderlaß ›Episcoporum delectum‹ vom 25. 3. 1972 Normen darüber veröffentlicht, wie bei der *Kandidatenauswahl für bischöfliche Ämter* künftig einheitlich zu verfahren sei.[46] Ausdrücklich wird festgestellt, daß durch die demgemäß aufgestellten Kandidatenlisten die Freiheit des Papstes, auch andere auszuwählen und zu ernennen, in keiner Weise beeinträchtigt wird (Art. XI).

Die Sammlung der Informationen über einen Kandidaten für ein konkretes Bischofsamt obliegt dem (jeweils zuständigen) päpstlichen Legaten. Dieser hat nach eigenem Ermessen solche Persönlichkeiten, Geistliche wie Laien, zu befragen, welche nützliche Kenntnisse von dem Kandidaten haben (Art. XII). Wenn der päpstliche Legat es für opportun hält, kann er auch einige Persönlichkeiten aus dem Domkapitel sowie bestimmte Mitglieder aus dem sede plena bestehenden Presbyterrat hören (Art. XIII Abs. 2). Das bedeutet, daß die Gremien als solche weder gehört werden dürfen noch diesbezüglich rechtlich relevante Beschlüsse fassen können. Ferner sind alle, auch die Befragten, aufgrund des sogenannten „Secretum Pontificium" zur absoluten Verschwiegenheit verpflichtet (Art. XIV).[47] Die Kandidaten sind vor allem daraufhin zu prüfen, ob sie „in gutem Ruf stehen, einen untadeligen Lebenswandel führen, urteilsfähig und klug sind, einen ausgeglichenen und festen Charakter besitzen, ob sie am rechten Glauben beharrlich festhalten, dem Apostolischen Stuhl wie auch dem kirchlichen Lehramt treu ergeben sind; ob sie gründliche Kenntnis der Dogmatik, Moraltheologie und des Kirchenrechts haben, sich auszeichnen durch Frömmigkeit, Opfergeist und pastoralen Eifer und zum Führungsamt geeignet sind. Ferner ist zu achten auf hohe Intelligenz, Studiengang, soziale Gesinnung, darauf, daß sie dialog- und kooperationsfähig sowie zeitoffen sind und sich in lobenswerter Weise bemühen, unparteiisch zu sein; auch Familienherkunft, Alter, Gesundheit und etwaige Erbanlagen sind zu berücksichtigen" (Art. VI). Das herkömmliche kanonische Recht verlangt folgende Eigenschaften: Geburt aus rechtmäßiger Ehe, Mindestalter von dreißig Jahren und fünf Dienstjahre als Priester, gute Sitten, Frömmigkeit und Klugheit sowie das Doktorat oder Lizentiat der Theologie oder des kanonischen Rechts bzw. wenigstens hinreichende Kenntnis in diesen Disziplinen (cc. 330, 331 CIC). Die Entscheidung, ob diese Voraussetzungen im konkreten Fall als gegeben anzusehen sind, liegt allein beim Heiligen Stuhl, der aus bestimmten Gründen von diesen Voraussetzungen auch abweichen kann.

Außer dem allgemeinen freien Besetzungsrecht des Papstes für bischöfliche Stühle besteht das Recht der *Bischofswahl* lediglich in einigen schweizerischen Bistümern (Basel, Chur und St. Gallen). Daneben gibt es aufgrund alter Patronatsrechte nur vereinzelte (staatliche) Nominationsrechte (wie etwa in Elsaß-Lothringen) oder

[46] Deutsch bei: H. Schmitz (Hrsg.), Kleriker- und Weiherecht, 132—151. Allgemeine Rechtsgrundlage dafür bildet das MP ›Sollicitudo omnium Ecclesiarum‹ vom 24. 6. 1969.

[47] Durch die ›Instructio de Secreto Pontificio‹ des Kardinalstaatssekretärs, die der Papst am 4. 2. 1974 approbiert hat, ist die nicht veröffentlichte Instruktion von 1968 abgelöst. Unter das päpstliche Geheimnis fallen: „7. von Amtswegen erlangte Kenntnis über die Ernennung von Bischöfen, Apostolischen Administratoren und sonstigen Ordinarien ... sowie über die diesbezüglichen Untersuchungen" (Art. I): Vgl. H. Schmitz (Hrsg.), Kurienreform II, 125—135.

Präsentationsrechte (u.a. in Spanien und in einigen mittel- und südamerikanischen Staaten). Dank der *Konkordate*[48] mit Preußen (1929), Baden (1932) und dem Deutschen Reich (1933) gilt für die Besetzung der bischöflichen Stühle Deutschlands (mit Ausnahme Bayerns) folgendes modifizierte Wahlverfahren: Bei Vakanz eines bischöflichen Stuhles reicht das betroffene Domkapitel dem Heiligen Stuhl eine Liste kanonisch geeigneter Kandidaten ein. Für die Diözesen in den ehemals preußischen Ländern ist vorgesehen, daß „auch die Diözesanerzbischöfe und Bischöfe Preußens Listen von kanonisch geeigneten Kandidaten" einreichen (PrK Art. 6 Abs. 1). Unter Würdigung dieser (sowie der bereits vorliegenden) Vorschläge benennt der Heilige Stuhl, nachdem er sich auf obengenannte Weise (3.1.6.) informiert hat, dem Domkapitel drei Kandidaten, aus denen dieses in freier, geheimer Abstimmung den Bischof zu wählen hat.

Bevor der Heilige Stuhl jedoch den vom Domkapitel Erwählten zum Bischof ernennt, ist bei der jeweiligen Landesregierung festzustellen, ob gegen den Betreffenden Bedenken (allgemein-) politischer Natur bestehen. Nach dem PrK obliegt es dem Domkapitel, nach der Wahl bei der Staatsregierung anzufragen, „daß Bedenken politischer Art" gegen den Erwählten nicht bestehen (Art. 6 Abs. 1). Nach dem BayK und BadK hat der Heilige Stuhl selbst diese Anfrage an die jeweilige Landesregierung zu richten (BayK Art. 14 § 1; BadK Art. III Abs. 2). In Bayern besaß hinsichtlich der Besetzung der bischöflichen Stühle der König ein Nominationsrecht. Mit dem Ende der Monarchie (1918) fiel dieses Recht ersatzlos fort. Da in Bayern das Bischofswahlrecht des Domkapitels nicht mehr in Übung war, sah das 1924 geschlossene bayerische Konkordat ein solches zugunsten des freien päpstlichen Ernennungsrechts auch nicht mehr vor. Das jeweils betroffene Kapitel kann dem Heiligen Stuhl lediglich eine Liste von Kandidaten unterbreiten. Aus dieser und den anderen von den Bayerischen Bischöfen und Kapiteln alle drei Jahre eingereichten Listen nimmt der Heilige Stuhl eine Auswahl vor.

Die *Verleihung* des Bischofsamtes erfolgt in der lateinischen Kirche *ausschließlich durch den Papst.* Wird sie im feierlichen Geheimen Konsistorium vorgenommen, wird sie Praekonisation genannt. Um die Vakanzen abzukürzen, wird die Amtsverleihung heute lediglich im Konsistorium bekanntgegeben, aber zwischenzeitlich durch ein Breve vollzogen. Vor der Besitzergreifung seiner Diözese hat der Ernannte das Glaubensbekenntnis abzulegen (professio fidei) und einen Treueid gegenüber dem Heiligen Stuhl zu leisten (cc. 1406 § 1 n. 3; 332 § 2 CIC). — Aufgrund Art. 16 des Reichskonkordates hat der Ernannte überdies auch einen Treueid gegenüber dem Staat abzulegen.[49]

[48] Die Texte der Konkordate sind abgedruckt u.a.: W. Weber, Die deutschen Konkordate und Kirchenverträge der Gegenwart I—II, Göttingen 1962—1971. — Für die Besetzung des bischöflichen Stuhles Essen ist durch Vertrag zwischen dem Apostolischen Stuhl und dem Land Nordrhein-Westfalen anläßlich der Neuerrichtung dieses Bistums am 19. 2. 1956 vereinbart worden, daß diesbezüglich die Bestimmungen des Preußischen Konkordates gelten.

[49] Vgl. E. H. Fischer, Die politische Klausel des Reichskonkordates und ihre rechtliche Tragweite: ThQ 134, 1954, 352—376; Ph. Hofmeister, Der Bischofseid gegenüber dem Staate: MThZ 6, 1955, 195—214.

Damit der zum residierenden Bischof Ernannte seine Regierungsrechte antreten kann, muß er von der ihm übertragenen Diözese *Besitz ergreifen.* Die possessio canonica der Diözese hat spätestens vier Monate nach Empfang des päpstlichen Ernennungsschreibens zu erfolgen und geschieht durch dessen Vorlage vor dem Domkapitel (c. 334 CIC). Falls der Ernannte noch nicht die Bischofsweihe empfangen hat, muß er sich binnen dreier Monate zum Bischof ordinieren lassen. Erst dadurch wird er zum Mitglied des collegium episcoporum und vermag seinerseits zu ordinieren.

Die *Bischofsweihe* ist in jedem Fall päpstliches Vorbehaltsrecht (c. 953 CIC). Ein anderer Bischof darf sie nur als Beauftragter des Papstes vornehmen. Entsprechend alter kirchlicher Gepflogenheit und als Zeichen der kollegialen Communio sollen dem Konsekrator stets zwei weitere Bischöfe als Konkonsekratores assistieren (c. 954 CIC), ohne daß deren Mitwirkung allerdings zur Gültigkeit notwendig wäre.[50]

Die *Inthronisation* im Vollzug der Konsekration ist ein feierlicher, in der lateinischen Kirche jedoch rechtlich belangloser Akt der Inbesitznahme von Kathedra und Kathedrale, bei dem die anwesenden Diözesangeistlichen dem neuen Oberhirten huldigen (Homagium).

Unter Berufung auf den Charakter der Kirche als Volk Gottes ist in der lateinischen Kirche seit dem II. Vatikanischen Konzil mehrfach verlangt worden, das *Wahlrecht für kirchliche Ämter,* insbesondere für das Bischofsamt (wieder) einzuführen.[51]

Das genannte Konzil allerdings wünschte bezüglich der Bestellung der Bischöfe ausdrücklich, „daß in Zukunft staatlichen Obrigkeiten keine Rechte oder Privilegien mehr eingeräumt werden bezüglich der Wahl, der Ernennung, der Präsentation oder der Designation von Bischöfen. Die staatlichen Autoritäten aber ... werden freundlichst gebeten, auf die genannten Rechte oder Privilegien, die sie gegenwärtig durch Vertrag oder Gewohnheit genießen, nach Rücksprache mit dem Apostolischen Stuhl freiwillig verzichten zu wollen" (Dekr. CD 20). Eine Mitwirkung des Klerus oder des Volkes bei der Auswahl der Bischöfe hat das Konzil überhaupt nicht vor Augen gehabt. Im Gegenteil: Die in manchen Gebieten noch geübten Volkswahlen für die Pfarrer will es nachdrücklich abgeschafft wissen (Dekr. CD 28 i. V. m. Eccl. Sanctae I 18). Somit besteht — wenigstens aufgrund des II. Vatikanums — kein Grund zu erwarten, daß Klerus und Volk der lateinischen Kirche in absehbarer Zeit konkrete Mitspracherechte bei der Auswahl der Kandidaten für das Bischofsamt erhalten werden. Vielmehr ist festzustellen, daß die Rechtsentwicklung seit dem Konzil die Entscheidungsfreiheit des Papstes ausgeweitet und gefestigt hat.

[50] Apost. Konst. PIUS' XII. ›Episcopalis Consecrationis‹ vom 30. 11. 1944.

[51] Vgl. G. Biemer, Die Bischofswahl als neues Desiderat kirchlicher Praxis: ThQ 149, 1969, 171—184; H. Küng, Mitentscheidung der Laien in der Kirchenleitung und bei kirchlichen Wahlen: ThQ 149, 1969, 147—165; J. Neumann, Wahl und Amtszeitbegrenzung nach kanonischem Recht: ThQ 149, 1969, 117—132; F. Nikolasch, Bischofswahl durch alle.

3.2.5.4. Die bischöfliche Gewalt

„Die Bischöfe leiten die ihnen zugewiesenen Teilkirchen als Stellvertreter und Gesandte Christi durch Rat, Empfehlung, Beispiel, aber auch durch Autorität und heilige Vollmacht (sancta potestas) ... Kraft dieser Vollmacht haben die Bischöfe das heilige Recht und vor dem Herrn die Pflicht, *Gesetze* für ihre Untergebenen zu erlassen, *Urteile* zu fällen und alles, was zur Ordnung des Gottesdienstes und des Apostolates gehört, zu *regeln* (Dogm. Konst. LG 27). Ihnen kommt also die Gesetzgebungs-, Gerichts- und Verwaltungskompetenz zu (c. 335 § 1 CIC). Außerdem sind sie die verantwortlichen Liturgen und Lehrer der ihnen anvertrauten Kirchen (Dogm. Konst. LG 26; Dekr. CD 11—18).

Das Konzil bekräftigt das Selbstverständnis der römisch-katholischen Kirche (vgl. cc. 109, 147, 1409—1495 CIC), die beansprucht, ihren apostolischen Auftrag in voller und uneingeschränkter Freiheit und unabhängig von jeder weltlichen Macht wahrzunehmen (Dekr. CD 19). Wenn das Dekret ›Christus Dominus‹ behauptet, daß die Bischöfe immer dann, wenn sie Seelsorge treiben, „auch für das staatsbürgerliche Wohl und den sozialen Fortschritt" sorgen, stellt sich die Frage, ob eine solche Aussage in dieser allgemeinen Form theologisch haltbar ist. Doch auch vom theologischen Gewicht abgesehen ist zu prüfen, ob es sachlich richtig und politisch angemessen ist, wenn das Konzil an der nämlichen Stelle behauptet, „... im Rahmen ihres Amtes und wie es Bischöfen geziemt, leihen sie den staatlichen Obrigkeiten ihre tatkräftige Unterstützung und leiten zu Gehorsam gegenüber ihren Gesetzen und zur Ehrfurcht gegenüber den verfassungsmäßigen Gewalten an" (n. 19).

Die Tatsache, daß das Konzil die Bischöfe als gute Hirten, als Väter ihrer Kirchen und als Brüder ihrer Presbyter versteht (Dogm. Konst. LG 18—21; 27—28; Dekr.CD 16), entkleidet sie keineswegs ihrer Vollmacht im Rechtssinne. Zwar sollen sie die Priester, ihre vorzüglichsten Mitarbeiter, als „Söhne und Freunde betrachten, sie daher bereitwillig anhören" und sich um ein vertrauensvolles Verhältnis zu ihnen bemühen (Dekr. CD 18), doch bleiben die rechtlichen Formen dieser Kooperation unbestimmt (vgl. Dekr. CD 27). Es dominiert die Entscheidungsfreiheit des Bischofs (Dekr. CD n. 28): Im Rahmen des allgemeinen Kirchenrechts kommt dem Bischof persönlich, soweit es zur Leitung der Diözese erforderlich ist, *Gesetzgebungsvollmacht* zu. Die von ihm erlassenen Gesetze bedürfen, sofern sie nicht höherrangiges Recht tangieren oder sogenannte res mixtae betreffen, weder einer Bestätigung noch der Mitwirkung eines anderen Organs; sie erlangen vielmehr in der Regel Rechtskraft mit ihrer Promulgation (c. 335 CIC).

Die vom *II. Vatikanum* vorgeschriebenen gesamtkirchlichen Bischofskonferenzen (Dekr. CD n. 38 i. V. m. Eccl. Sanctae I 41) beeinträchtigen das Gesetzgebungsrecht des Ortsbischofs ebensowenig wie die Beteiligung der Titularbischöfe an der bischöflichen Leitungsgewalt in der Amtsfigur des Bischofsvikars (Dekr. CD 26—27 i. V. m. Eccl. Sanctae I 14).

Seine eigenen Gesetze und Verordnungen kann der Bischof — ebenso wie jene seiner Vorgänger — aufheben, abändern oder von ihnen dispensieren.[52] Gegen bischöfliche Gesetzgebungsakte gibt es allenfalls das Rechtsmittel der Beschwerde (Rekurs) an den Heiligen Stuhl.

Der Ortsbischof ist in allen *Gerichtsfällen* erste Instanz (c. 1572 CIC). Für die allgemeine Gerichtsbarkeit, die heute fast ausschließlich mit Ehenichtigkeitsprozessen befaßt ist, hat der Bischof einen ständigen Vertreter mit potestas ordinaria vicaria, den *Offizial*, zu bestellen (c. 1573 § 1 CIC) sowie die erforderlichen (Pro-)Synodalrichter mit delegierter Gewalt zu berufen (c. 1574 CIC). — Der Bischof kann den Offizial ad nutum abberufen. Um die laufende Rechtspflege sicherzustellen, behält der Offizial jedoch bei Sedisvakanz nicht nur sein Amt, sondern er kann auch vom Kapitelsvikar nicht abgesetzt werden (c. 1573 § 5).

Da Bischof und Offizial einen Gerichtshof bilden, kann gegen ein vom Offizial bzw. von einem bischöflichen Kollegialgericht gefälltes Urteil keine Berufung an den Bischof eingelegt werden (c. 1573 § 2 CIC).

Wenngleich der Bischof seine richterliche Gewalt persönlich ausüben und jederzeit bei einem Kollegialgericht den Vorsitz übernehmen und das Verfahren an sich ziehen kann (cc. 1572 § 1; 1578 CIC: Ausnahmen nur c. 1572 § 2 CIC), rät doch das Gesetz bei ordentlichen Verfahren davon dringend ab.

In bestimmten Sonderverfahren allerdings (gem. cc. 2142—2194 CIC) kann nur der Bischof allein und in eigener Person entscheiden. MP Ecclesiae Sanctae I 20 bestimmt: „§ 1. Der Bischof kann jeden Pfarrer von seiner Pfarrei rechtmäßig amovieren, wenn sein Dienst, auch ohne schwere Schuld seinerseits, aus einem im Recht genannten Grund oder einem ähnlichen Grund nach dem Urteil des Bischofs nachteilig oder wenigstens ineffizient wird. Bis zur Revision des Kodex ist dabei das Verfahren einzuhalten, das für die amoviblen Pfarrer bestimmt ist (c. 2157—2161 CIC) ... § 2. Wenn es das Heil der Seelen oder Not oder der Nutzen der Kirche verlangen, kann der Bischof einen Pfarrer auch von einer Pfarrei, die er mit Nutzen leitet, zu einer anderen Pfarrei versetzen oder zu jedem beliebigen anderen kirchlichen Amt. Wenn sich aber der Pfarrer sträubt, so muß der Bischof, damit die Versetzung gültig angeordnet werde, in allem denselben Verfahrensweg einschlagen, von dem eben die Rede war."

Formal handelt es sich bei diesen Verfahren nicht um Prozesse im eigentlichen Sinn, sondern um an Mindestformen gebundenes hoheitlich-verwaltendes Handeln; inhaltlich jedoch dürfte die zwangsweise Versetzung bzw. Enthebung oder Suspension eines Pfarrers bzw. eines Geistlichen ein solch gewichtiges, das Leben des Betroffenen wie der Gemeinschaft tangierendes Tun sein, daß es material der Rechtsprechung zugerechnet werden muß. Bei diesen „summarischen Prozeß-Verfahren" (c. 2145 CIC) gibt es nur ein einziges Rechtsmittel, nämlich den Rekurs an den Apostolischen Stuhl (cc. 2146; 2194 CIC).

Diesen Sonderverfahren ist die Vorgehensweise in Lehrfragen verwandt. Zwar kennt das kanonische Strafrecht förmliche Verfahren wegen Apostasie, Häresie, Schisma (cc. 2314—2318 CIC) und anderen Glaubensdelikten, doch sind sie nicht vergleichbar mit solchen Verfahren, wie sie heute vorgesehen sind, wenn ein Theologe falscher oder fehlerhafter Lehre bezichtigt

[52] Vgl. Ph. Hofmeister, Episcopus im Codex: ThQ 133, 1953, 166—169.

wird. Grundsätzlich steht es dem Bischof frei, in einem formfreien Verfahren zu entscheiden. Der Ortsoberhirt kann allerdings auch die Frage, ob bestimmte Lehren eines katholischen Autors der kirchlichen Glaubenslehre widerstreiten oder sie verfälschen, durch ein sogenanntes Lehrbeanstandungsverfahren der Deutschen Bischofskonferenz prüfen lassen.[53] Durch ein solches Verfahren begibt sich der Bischof nicht seiner Verantwortung für die rechte Lehre. Er muß sich dem Spruch dieses Verfahrens nicht anschließen; vor allem ist er frei in den zu treffenden Maßnahmen.[54] Gegen den Entscheid des Bischofs kann der Betroffene Rekurs an den Heiligen Stuhl, nicht aber Berufung (Appellation) an ein päpstliches Gericht einlegen.

Gerade im Bereich der Rechtssicherung zeigt sich, wie schwer sich auch die katholische Kirche tut, einerseits formgerechte Verfahren durchzuführen, andererseits aber die für unvertretbar gehaltene Gewissensverantwortung des Amtsinhabers zu respektieren. Das Erfordernis der Rechtssicherheit und der Klarheit der Rechtsnormen kommt dabei nicht selten ebenso zu kurz wie das Gewissen des Beklagten, da in der Regel formal stets nur ein objektiver Tatbestand, nicht aber seine persönliche Meinung zur Rede steht.

Die Regelfälle bischöflicher Gerichtsbarkeit sind Ehenichtigkeitsprozesse. Sie sind durch MP PAULS VI. ›Causae matrimoniales‹ vom 28. 3. 1971 neu geordnet (vgl. unten 6.7.4.3.).

Die in jeder Beziehung bedeutendste und umfangreichste Tätigkeit des Bischofs ist formal dem Bereich der *Verwaltung* zuzurechnen. Zu ihr gehört vor allem die Aufsicht über Klerus und Gläubige (Visitationspflicht cc. 343—346 CIC). Der Bischof hat auf die Beachtung der Kirchengesetze zu dringen und Mißbräuche in Glaube, Kult und Disziplin abzustellen (c. 336 CIC). Schließlich obliegt ihm Aufsicht und Verwaltung des kirchlichen Vermögens (c. 1519 CIC) sowie die Betreuung der ihm unterstehenden religiösen Gemeinschaften.

3.2.5.5. Der Generalvikar

Ordentlicher Stellvertreter für die allgemeine Verwaltung ist der Generalvikar (cc. 336—371 CIC). Wenn es die Umstände erheischen, kann der Bischof mehrere Generalvikare mit unterschiedlichen Kompetenzen bestellen. Der Bischof ernennt den Generalvikar frei und kann ihn jederzeit abberufen. Das Amt des Generalvikars endet mit dem Amt des Bischofs. Im Falle der Behinderung des Bischofs jedoch geht die Leitung der Diözese interimistisch auf den Generalvikar über (c. 429 CIC).

Die Vertreter des Bischofs im Bereich der Verwaltung sind weisungsgebunden und dürfen nicht gegen seinen (mutmaßlichen) Willen handeln. Überdies kann der Bischof jederzeit in ihren Geschäftsbereich eingreifen.

[53] Gem. Verfahrensordnung vom 21. 9. 1972, abgedruckt in: H. Heinemann (Hrsg.), Kongregation für die Glaubenslehre. Neue Verfahrensordnung zur Prüfung von Lehrfragen. — Deutsche Bischofskonferenz, 37—45 (vgl. unten 7.3.).

[54] Vgl. J. Neumann, Menschenrechte — auch in der Kirche?, 166—171; ders., Das Lehrbeanstandungsverfahren bei der Deutschen Bischofskonferenz: Convivium utriusque iuris, 301—315.

Gegen Anordnungen des Generalvikars ist nicht der Bischof, sondern der Heilige Stuhl Beschwerdeinstanz. Allerdings kann der Bischof (außerrechtlich) um Abhilfe angegangen werden, da der Bischof Akte seiner Verwaltung grundsätzlich abändern kann.

3.2.5.6. Die Bischofsvikare

Da dem durch das II. Vatikanum neu eingerichteten Amt des *Bischofsvikars* (Dekr. CD 27 i. V. m. MP Eccl. Sanctae n. 14) ebenfalls ordentliche stellvertretende Gewalt zukommt, müssen (allgemeine) Zuständigkeiten und spezielle Aufgaben der Bischofsvikare vom Bischof gegenüber den Kompetenzen des Generalvikars abgegrenzt werden (vgl. unten 3.3.1.).

3.2.5.7. Zur Frage des Rechtsschutzes

Eine Verwaltungsgerichtsbarkeit kennt die katholische Kirche augenblicklich nur für bestimmte Fälle auf der Ebene des Heiligen Stuhles.[55] Für den bischöflichen Bereich ist die Schaffung eines solchen Gerichtszweiges zwar von der Gemeinsamen Synode der Deutschen Bistümer am 19. 11. 1975 beschlossen,[56] jedoch bislang vom Heiligen Stuhl nicht genehmigt worden. Der wesentliche Streitpunkt der Synode war die Frage, ob durch die Möglichkeit, daß das „Obere Verwaltungsgericht über Klagen gegen Entscheidungen, die dem Bischof vorbehalten sind", zu urteilen hat (§ 43 KVGO), nicht die unvertretbaren Rechte des Ortsbischofs angetastet würden. Vermutlich hat dieses — ungelöste — Problem bislang einer Approbation dieser Ordnung durch den Heiligen Stuhl im Weg gestanden.

[55] Die zweite Abteilung der Apostolischen Signatur entscheidet Streitfälle, die aus kirchlichen Verwaltungsakten entstanden sind und die dem Gerichtshof aufgrund eingelegter Appellation oder Rekurses übertragen worden sind (Apost. Konst. Regimine Ecclesiae n. 106). Alle anderen kirchlichen Gerichte sind für die Überprüfung kirchlicher Verwaltungsakte absolut unzuständig: Zwischenurteil der SR. Rota vom 30. 5. 1964 (AKathKR 137, 1968, 203—266).

[56] Die Ordnung für die Schiedsstellen und Verwaltungsgerichte der Bistümer der Bundesrepublik Deutschland (Kirchliche Verwaltungsgerichtsordnung — KVGO): Synode 3, 1976, 57—76. Ein Entwurf der päpstlichen Kommission für die Revision des kirchlichen Gesetzbuches ›De procedura administrativa‹ vom 30. 3. 1973 sieht eine gesamtkirchliche Rahmenordnung für solche Verfahren vor. Es ist deshalb damit zu rechnen, daß in den nächsten Jahren in der römisch-katholischen Kirche Rechtsschutz gegen Verwaltungsakte nachgeordneter kirchlicher Verwaltungsbehörden gewährt werden dürfte. Allerdings bleibt abzuwarten, ob und in welchem Umfang Verwaltungsakte, die der Papst oder ein Bischof persönlich gesetzt haben, Gegenstand einer solchen verwaltungsgerichtlichen Überprüfung sein werden.

3.2.5.8. Das Ordinariat

Die dem Bischof bei seiner umfassenden Verwaltungstätigkeit zur Verfügung stehende Bürokratie wird *Kurie,* in Deutschland meist *Ordinariat* genannt. Das Ordinariat als solches besitzt keine Rechtspersönlichkeit.

3.2.5.9. Die geistliche Verwaltung

Die *Verwaltung der Sakramente* stellt kanonistisch einen besonderen Teilbereich der bischöflichen Verwaltung dar. Der nach der Lehre des *II. Vatikanums* mit der Fülle des Weihesakramentes ausgezeichnete Bischof ist „Verwalter der Gnade des höchsten Priestertums". Darum steht jede rechtmäßige Eucharistiefeier grundsätzlich unter der Leitung des Bischofs, der seinem Volk von der Fülle der Heiligkeit Christi vielfältig und reichlich spendet. „Durch den Dienst am Wort teilen sie die Kraft Gottes den Glaubenden zum Heil mit, und durch die Sakramente, deren geregelte und fruchtbare Verwaltung sie mit ihrer Autorität ordnen, heiligen sie die Gläubigen. Sie leiten die Taufspendung, die Anteil am königlichen Priestertum Christi gewährt. Sie sind die originären Firmspender, sie erteilen die heiligen Weihen und regeln die Bußdisziplin. Ferner ermahnen und unterweisen sie sorgsam ihr Volk, daß es in der Liturgie und vorzüglich im Meßopfer seinen Anteil gläubig und ehrfürchtig erfülle" (Dogm. Konst. LG 26).

Dementsprechend hängen die *Presbyter* bei der Ausübung ihrer Vollmacht von den Bischöfen ab. „In den einzelnen örtlichen Versammlungen der Gläubigen machen sie den Bischof ... gewissermaßen gegenwärtig" (Dogm. Konst. LG 28). Vor allem die *Pfarrer* sind die hervorragenden Mitarbeiter des Bischofs in der (geistlichen) Verwaltung, da ihnen „unter seiner Autorität die Seelsorge in einem bestimmten Teil der Diözese anvertraut ist" (Dekr. CD 30). Die Verwaltung vor allem der statusbegründenden Sakramente (Taufe/Firmung, Ehe und Ordination, in gewisser Weise auch Buße) ist dem Bischof vorbehalten, wenn dies in der Praxis auch tatsächlich nur bezüglich der Ordination durchgehalten wird. Der Bischof kann sich allerdings ausnahmsweise und nach vorheriger Anhörung entweder der Diözesansynode oder des Domkapitels bestimmte *Sünden zur Lossprechung* vorbehalten (cc. 893—898 CIC). Die vorgängige Beratung ist in diesem Fall notwendig, soll der bischöfliche Vorbehalt rechtswirksam sein. Dieses Beispiel mag zeigen, wie stark die Sakramentenverwaltung — als Teil der allgemeinen bischöflichen Verwaltung — von rechtlichen Gesichtspunkten und gesetzlichen Vorschriften bestimmt ist.

3.2.6. Bischöfliche Rechte und Pflichten

Im Laufe der Zeit haben sich die römischen Päpste aus den verschiedensten Gründen immer mehr bischöfliche Rechte vorbehalten (vgl. oben 3.1.). Obwohl zur ordentlichen Amtsführung der Diözese notwendig, besaßen die Ortsbischöfe schließlich nicht wenige wesentliche Rechte nur noch kraft besonderer Gewährung durch den Papst. Über die diesbezüglichen Zustände wurde zwar auf dem *Konzil von Trient* geklagt und grundsätzlich Abhilfe beschlossen,[57] dennoch konnte die Frage nach Berechtigung und möglichem Umfang der päpstlichen Vorbehaltungsrechte bis heute weder theologisch befriedigend geklärt noch kanonistisch einwandfrei gelöst werden. Schließlich wurden seit dem 17. Jahrhundert den Bischöfen eine Reihe von Vollmachten aufgrund des Fünfjahresberichts für jeweils fünf Jahre gewährt (Quinquennalfakultäten).[58]

Auf dem *II. Vatikanum* ist nachdrücklich die Wiederherstellung der ursprünglichen Bischofsrechte verlangt worden.

Ausdrücklich wurde in die 1964 verabschiedete Dogm. Konst. LG die — allerdings auch bislang niemals bestrittene — Feststellung aufgenommen, daß die Bischöfe nicht als Stellvertreter der römischen Päpste zu verstehen seien, „denn sie haben eine ihnen eigene Vollmacht inne und heißen in voller Wahrheit Vorsteher des Volkes, das sie leiten" (n. 27). Wenn das 1965 erlassene Dekret CD den Bischöfen als den Nachfolgern der Apostel in ihren Diözesen kraft ihres Amtes jede ordentliche, eigenständige und unmittelbare Gewalt (potestas ordinaria, propria ac immediata) zuspricht, die sie zur Ausübung ihres Hirtendienstes brauchen (n. 8a), übernimmt es inhaltlich die Bestimmung des c. 334 § 1 CIC. Es schafft somit kein grundsätzlich neues Recht. Im folgenden Abschnitt des Dekretes (8b) wird zwar den einzelnen Diözesanbischöfen die Vollmacht erteilt, „die Gläubigen, über die sie dem Recht entsprechend ihre Gewalt ausüben, von einem allgemeinen Kirchengesetz im Einzelfall zu dispensieren, so oft sie es für deren geistliches Wohl für nützlich erachten, sofern nicht von der höchsten kirchlichen Autorität ein besonderer Vorbehalt gemacht wurde". Damit ist den Bischöfen jedoch weder eine mit dem päpstlichen Recht konkurrierende Vollmacht gewährt noch das päpstliche Gesetzgebungs- und Vorbehaltsrecht als solches in Frage gestellt. Vielmehr ist die bisher durch c. 81 CIC den Bischöfen in besonderen Situationen de iure zugestandene Dispensvollmacht generalisiert worden. Sie bleibt allerdings an zwei Voraussetzungen geknüpft: an das geistliche Wohl des Betroffenen und das Fehlen eines besonderen päpstlichen Vorbehaltes.

Bevor diese grundsätzliche Feststellung vom Konzil beschlossen worden war, hatte Papst Paul VI., offenbar angeregt von der vor allem in der Zweiten Sitzungsperiode des Konzils heftig geführten Diskussion um diese Frage, durch MP ›Pastorale Munus‹ vom 30. 11. 1963 den

[57] Vgl. H. Jedin, Delegatus Sedis Apostolicae und bischöfliche Gewalt auf dem Konzil von Trient: Ders., Kirche des Glaubens — Kirche der Geschichte. Ausgewählte Aufsätze und Vorträge II, Freiburg u.a., 1966, 414—428.

[58] Vgl. L. Mergentheim, Die Quinquennalfakultäten pro foro externo. Ihre Entstehung und Einführung in deutschen Bistümern I—II, Stuttgart 1908; ders., Zur Entstehungsgeschichte der Quinquennalfakultäten pro foro externo: ZSRG.K 33, 1912, 100ff. — Der CIC hat dieses Institut übernommen (c. 340).

Bischöfen 40 Einzelvollmachten und acht Privilegien gewährt. Damit waren die meisten der durch die Quinquennalfakultäten gegebenen Vollmachten den Ortsbischöfen nun als von Rechts wegen zustehende (iure competunt) erklärt. Sie gelten jetzt als (ordentliche) Amtsvollmachten und müssen nicht mehr eigens erbeten werden, sondern kommen dem Ortsbischof mit rechtmäßiger Übertragung seines Amtes de iure zu.

Im einzelnen betreffen die Vollmachten des MP ›Pastorale Munus‹ hauptsächlich folgende Bereiche: Die Diözesanbischöfe können Priestern wegen Priestermangels gestatten, mehrmals täglich die *Messe* zu feiern, die Frist der *eucharistischen Nüchternheit* zu reduzieren und Zeit und Ort der Meßfeier den Bedürfnissen entsprechend anzupassen. Sie dürfen die Feier der Messe außerhalb geweihter Stätten und auf dem Wasser gestatten sowie alten oder kranken Priestern in der eigenen Wohnung. Sie können unter bestimmten Voraussetzungen Priestern die *Firmvollmacht* erteilen und Beichtvätern die Lossprechung von vorbehaltenen Zensuren gestatten. Sie können von bestimmten Weihehindernissen, Irregularitäten und Ehehindernissen *dispensieren* sowie unter bestimmten Voraussetzungen die Eheheilung in der Wurzel verfügen. Sie haben das *Recht,* Kathedral- und Stiftskapiteln aus gerechtem Grund den Chordienst zu reduzieren, die Brevierpflicht umzuwandeln, die Weihe von Tragaltären und dergleichen einfachen Priestern zu übertragen. Sie dürfen gestatten, daß Laienreligiosen und fromme Frauen schon das erste *Auswaschen der Kelchwäsche* vornehmen dürfen. Schließlich können sie uneheliche Söhne in das Priesterseminar aufnehmen und bei Vorliegen eines rechtmäßigen Grundes erlauben, daß Kirchengut veräußert, verpfändet und belastet wird. Sie können die normale Amtszeit des ordentlichen Beichtvaters von Ordensfrauen bis zu einer fünften Amtszeit verlängern und aus gerechtem Grund die päpstlichen *Klausurbestimmungen* für Nonnenklöster modifizieren. Zu den *Privilegien,* die auch den Titularbischöfen mit der authentischen Kenntnis von ihrer kanonischen Ernennung an zukommen, gehören vor allem: das Wort Gottes überall zu *verkünden,* die *Beichte* von Gläubigen überall zu hören, alle Gläubigen von allen vorbehaltenen Sünden *loszusprechen* (mit einer Ausnahme) und die heilige Eucharistie in ihrer Hauskapelle aufzubewahren. Ferner haben sie das Recht, aus gerechtem Grund die Messe zu jeder Tageszeit zu feiern und mit einfachem Kreuzzeichen überall Gegenstände zu segnen und mit entsprechenden Ablässen zu versehen.

In Ausführung der Feststellung von n. 8 b des Dekretes CD stellt das von Papst PAUL VI. am 15. 6. 1966 erlassene MP ›De Episcoporum muneribus‹ zunächst fest: „Gesetze, welche die Mutter Kirche in ihrer Sorge im Codex Iuris Canonici sanktioniert ... und nicht widerrufen hat", bleiben in Kraft, sofern sie nicht offenkundig aufgehoben oder geändert worden sind (n. I). Durch das genannte MP wird c. 81 CIC teilweise geändert, doch behält sich der Papst ausdrücklich in einer Reihe wichtiger Tatbestände das Recht zu dispensieren vor.

Das MP ›De Episcoporum muneribus‹ behält dem *Papst* insbesondere vor:

Die Entbindung von Diakonen und Presbytern von der Zölibatspflicht; die Erlaubnis der Ausübung der Priesterweihe durch Verheiratete; die Dispens vom Verbot standesfremder

Tätigkeiten (z.B. Übernahme öffentlicher Ämter oder Abgeordnetenmandate) im Einzelfall; die Entbindung von allgemeinen Gesetzen, welche Ordensleute als solche betreffen; die Befreiung vom erforderlichen Weihealter um mehr als ein Jahr und von Vorschriften der Studienordnung für Theologen. Ferner behält sich der Heilige Stuhl alle gerichtsanhängigen sowie besonders gravierenden Irregularitäten vor. Auch die Dispens einer Reihe von Ehehindernissen bleiben ebenso vorbehalten wie die Befreiung von einer vom allgemeinen Recht festgesetzten und vom Heiligen Stuhl im konkreten Fall festgestellten und verhängten Sühnstrafe. — Für die unierten Ostkirchen ist durch MP ›Episcopalis Potestatis‹ vom 2. 5. 1967 eine ähnliche Regelung verfügt worden, die die Stellung der Patriarchen und Großerzbischöfe zu berücksichtigen trachtet.

Die *Quinquennalfakultäten* sind vom Heiligen Stuhl (der Kongregation für die Bischöfe) im Jahr 1968 neu geordnet worden.[59]

Durch den konziliaren Grundsatz von der Eigenständigkeit der bischöflichen Vollmacht und aufgrund der nachkonziliaren Anordnungen darf zunächst die Zuständigkeit des Ortsbischofs zur Dispens vermutet werden, sofern nicht ein päpstliches Vorbehaltsrecht entgegensteht. Diese Vorbehaltsrechte sind in allen wesentlichen Fragen der kirchlichen Disziplin beibehalten worden. Man kann fragen, ob auf diese Weise das Recht des Bischofs in seiner apostolischen Würde und einer dementsprechenden Fülle wiederhergestellt werden kann. Trotzdem bleibt der Bischof in allen theologisch und kirchenpolitisch entscheidenden Fragen an das gesamtkirchliche, päpstliche Gesetz gebunden. Umgekehrt darf allerdings auch bezweifelt werden, ob Forderungen nach weitergehender bischöflicher Autonomie im System des kanonischen Rechts und im Gefüge der universalen katholischen Kirche realistisch sind und sich verwirklichen lassen. Die päpstlichen Vorbehaltsrechte jedenfalls zeigen klar die *zentralistische Grundstruktur* der römisch-katholischen Kirche und die Dominanz des päpstlichen Primats auch in Angelegenheiten der kirchlichen Disziplin.

3.2.6.1. Die Besuchs- und Berichtspflicht

Das *II. Vatikanum* hat die Verbundenheit der Bischöfe mit dem Papst als dem Nachfolger Petri nachdrücklich betont. Darum wurde die *bischöfliche Berichtspflicht,* wie sie c. 340 CIC vorschreibt, durch Dekret der Kongregation für die Bischöfe ›Ad Romanam Ecclesiam‹ vom 29. 6. 1975 nur unwesentlich modifiziert. Hinsichtlich der Reihenfolge der Berichterstattung wurde eine neue Ordnung getroffen. Der Sache nach bleibt c. 340 CIC i. V. m. Regimini Ecclesiae I 9 § 2 in Geltung.

Die regierenden Bischöfe sind aufgrund der genannten Normen verpflichtet, in dem Jahr, da sie den Bericht zu erstellen haben, die *visitatio ad liminum Apostolorum*

[59] Vgl. H. Schmitz, Vollmachten der Bischöfe und Ordensoberen, 44—48; 128ff.

(Besuch bei den Schwellen, d.h. bei den Gräbern der Apostel) zu unternehmen.[60]

Ursprünglich ein im achten Jahrhundert nachweisbarer Devotionsakt gegenüber den Apostelgräbern von seiten der Bischöfe der römischen Kirchenprovinz und später jener, die vom römischen Bischof ordiniert worden waren (Syn. Rom [743] c. 4 = c. 4 D 93), wandelte sich seit GREGOR VII. (1073—85) dieser Brauch vom Ausdruck der oboediens der Bischöfe gegenüber dem Papst zu einer Verpflichtung zur *Berichterstattung* und Leistung taxmäßiger *Abgaben*. Durch die Dekretalen GREGORS IX. (1227—41) wurde die visitatio ad liminum allgemein verbindlich gemacht (1234). Die Bischöfe mußten sich bei ihrer Weihe eidlich verpflichten, jährlich entweder persönlich oder durch einen Nuntius dem Papst einen Besuch abzustatten und die „visitatio realis", nämlich die damit verbundene Abgabe zu leisten. Die zu zahlenden Gebühren waren erheblich: Sie wurden von GREGOR X. (1271—75) auf ein Drittel der Jahreseinnahmen für jedes Bistum festgesetzt. Kein Wunder, wenn die Bischöfe wenig Lust zur visitatio ad liminum verspürten und die Päpste diese immer wieder als Rechtspflicht einschärfen mußten.

Die Verpflichtung war in drei Gruppen gestaffelt: *Jährlich* waren die *citramontani* zur visitatio verpflichtet, alle *zwei Jahre* die *ultramontani* und alle *drei bis fünf Jahre* die *ultramarini*. Daneben gab es eine Reihe von Sonderregelungen. Während des Avignonischen Exils fiel das devotionale Element völlig dahin: Es galt der Grundsatz „Ubi Papa, ibi Roma".

SIXTUS V. (1585—90) erließ noch im Jahr seines Amtsantritts durch die Const. ›Romanus Pontifex‹ eine strenge Neuregelung und setzte die Frequenz je nach Entfernung auf drei bis zehn Jahre fest. BENEDICT XIV. (1740—58) mußte 1740 durch die Apost. Konst. ›Quod Sancta‹ die visitatio ad liminum erneut einschärfen und dehnte sie gleichzeitig auch auf die praelati nullius aus. Sie umfaßt nun 1. den Besuch der Apostelgräber, 2. den mündlichen Bericht über den Stand der Diözese an den Papst und 3. einen schriftlichen Bericht an die Kongregation. — Die Missionsbischöfe konnten sich durch Prokuratoren vertreten lassen (Propaganda-Kongregation 1626). Diese Kongregation entwickelte 1861 einen formalen, schriftlich einzureichenden Quinquennalreport, der dann schließlich in das allgemeine Recht einging.

Im 19. Jahrhundert geriet dieses Institut weithin wiederum in Verfall, so daß sich PIUS X. 1909 zu einer detaillierten Neufassung und Wiedereinschärfung genötigt sah. Sie erfolgte durch Dekret der Consistorialkongregation ›A remotissima‹, bestimmte die Fristen ebenso wie die Fragenkreise und schrieb ein neues Berichtsschema vor. Diese Vorschriften gingen fast unverändert in den CIC ein.[61]

Sinn dieser visitatio ad liminum ist heute das persönliche Gespräch sowohl mit dem Papst als auch mit den Leitern und Beamten der verschiedenen römischen Dikasterien, vor allem aber ist sie sichtbarer Ausdruck der Anerkennung der päpstlichen Höchstgewalt.

Über bestimmte Vorgänge — etwa über anhängige und (in welcher Weise) entschiedene Prozesse jeder Art — sind *jährlich* sehr detaillierte Berichte an die Apostolische Signatur zu sen-

[60] Die außereuropäischen Bischöfe müssen nur alle zehn Jahre nach Rom kommen (c. 841 §§ 1—2 CIC). — Die Vorbereitung und Koordination dieser Besuche obliegt dem päpstlichen Legaten im Einvernehmen mit dem Heiligen Stuhl: Dekr. ›Ad Romanam Ecclesiam‹ n. 4.

[61] Vgl. J. B. Sägmüller, Die Visitatio liminum bis Bonifaz VIII.: ThQ 82, 1900, 69—117; J. Pater, Die bischöfliche Visitatio liminum ss. Apostolorum. Eine historisch-kanonistische Studie; H. E. Feine, Kirchliche Rechtsgeschichte, 342; 348; 714.

den, entweder über das General-Rationarum der Kirche oder über die Nuntien.[62] Überdies muß alle fünf Jahre ein genauer Bericht über den Stand des Diözesangerichtes gegeben werden, in dem auch die Namen aller an dem Verfahren beteiligten Amtspersonen und ihre fachlichen Voraussetzungen einschließlich ihrer akademischen Grade ebenso anzuführen sind wie die Höhe der jeweils erhobenen Gebühren (III 8—10; IV).

3.2.6.2. Ehrenrechte

Die bischöflichen Ehrenrechte sind Ausdruck der Amtswürde und Zeichen der gesellschaftlichen bzw. kirchlichen Wertschätzung. Insofern die Bischofs*weihe* Grundlage einer *wesenhaften* Dignität ist, kommen diese Vorrechte grundsätzlich auch den nichtresidierenden Bischöfen zu. Doch auch Prälaten ohne Bischofsweihe werden diese Rechte ganz oder teilweise zuerkannt bzw. verliehen, sofern sie den Bischöfen gleichgestellte Funktionen wahrnehmen (cc. 294, 323, 325, 370 § 2, 439 CIC).

Diese Rechte haben sich in dem Maße entwickelt, wie die Vorstellung von der Heiligkeit und Würde des bischöflichen *Amtes* herrschend wurde. Allerdings dürften in den Anfängen vielfach gesellschaftliche Einflüsse von außen den Anstoß gegeben haben. Bereits vor dem vierten Jahrhundert kam es vor, daß weltliche ‚Beamte' Bischöfe wurden. Sie mögen dann ihr bislang gewohntes Decorum beibehalten haben, wie es von PAUL VON SAMOSATA bekannt ist. Er war Statthalter der Königin Zenobia von Palmyra und seit 260 auch Bischof von Antiochien. Eine im Jahr 268 dort abgehaltene Synode warf ihm unter anderem auch vor, er lasse sich „Ducenarius" nennen, habe sich einen *Thron* errichten lassen und gewähre in einem eigens hergerichteten Secretum *Audienzen*.

Als den Bischöfen im vierten Jahrhundert auch im weltlichen Rechtsbereich (schieds-)richterliche Funktionen zuwuchsen und später — vor allem im Osten — umgekehrt Kleriker und insbesondere Bischöfe in Staatsämter und Richterfunktionen berufen wurden, brachten es die Umstände mit sich, daß man ihnen dann auch jene Ehren erwies, die hohen Beamten zukamen. Die gebräuchlichen, oftmals sehr alten, sakralrechtlichen und hoheitsrechtlichen Ehrenzeichen und Titulaturen wurden nach und nach übernommen. Sie stammen also keineswegs aus genuin christlichem Denken, sondern verdanken ihr Fortleben in der Kirche gesellschaftlichen Gepflogenheiten und außerchristlichen religiösen Vorstellungen.

Die meisten bischöflichen Ehrenrechte beziehen sich auf die *liturgischen Funktionen;* sie werden auch *Pontifikalien* genannt. Sie umfassen zunächst das dem Bischof de iure zustehende Recht, sich bei liturgischen Amtshandlungen oder bei der Teilnahme an ihnen bestimmter Gewänder, Abzeichen und Geräte zu bedienen. Für den Gebrauch der Pontifikalinsignien hat das *II. Vatikanische Konzil* knappe Richtlinien formuliert, die den ausgedehnten Gebrauch der Pontifikalien durch infulierte

[62] Rundschreiben der *Apostolischen Signatur* ›Inter cetera‹ an die Vorsitzenden der Bischofskonferenzen über den Stand und die Tätigkeit der kirchlichen Gerichte vom 28. 12. 1970.

Prälaten einschränken wollen. — Papst PAUL VI. hat dem Wunsch des Konzils durch MP ›Pontificalia Insignia‹ vom 21. 6. 1968 weithin entsprochen und den Gebrauch der Pontifikalinsignien neu geregelt. Gleichzeitig erließ die Ritenkongregation eine Instruktion ›Pontificales Ritus‹, durch welche die Zahl der Pontifikalinsignien reduziert und ihr Gebrauch vereinfacht wurde. Beide Normen gelten seit dem 8. 9. 1968 im Bereich der katholischen Kirche.

Zu den bischöflichen Insignien gehören insbesondere:

a) der (Krumm-)*Stab*, ein (zunächst außerhalb der Liturgie gebrauchtes) Jurisdiktionssymbol. Vom neunten bis elften Jahrhundert wird er fast ausschließlich von der weltlichen Autorität verliehen. In den liturgischen Gebrauch wurde er zunächst bei Prozessionen und beim Kirchweihfest eingeführt, also bei der äußeren Darstellung der (bischöflichen) Hoheitsgewalt. Auch heute darf der Bischofsstab in einer fremden Diözese nur mit der wenigstens präsumierten Einwilligung des zuständigen Ortsoberhirten benutzt werden.

b) Der (erhöhte) *Thron* kam nach klassischen Vorbildern und frühkirchlichen Vorläufern im Mittelalter allgemein als bevorrechtigter Sitz für Könige, Bischöfe und Äbte in Übung. — Rechtlich gesehen bedeutet die Inthronisation die reale Besitzergreifung der Diözese durch den Bischof und ist ein einprägsamer sakral-liturgischer Rechtsakt. Die Cathedra ist Inbegriff der rechtmäßigen apostolischen Sukzession. Darum wird schon im sechsten Jahrhundert die Bischofskirche die cathedralis ecclesia genannt.

c) Die *Mitra* (infula; phrygische Mütze) hat sich vermutlich aus vor- bzw. außerchristlichen kultischen Kopfbedeckungen entwickelt. Heute ist die Mitra eine liturgisch-festliche Kopfbedeckung des Bischofs (und bestimmter infulierter Prälaten) nach Art einer zweispitzigen hohen Mütze.

Die Überreichung von Hirtenstab, Ring und Mitra gehören ebenso zum Ritus der Bischofskonsekration wie die Inthronisation.

Weitere bischöfliche Insignien sind das *Brustkreuz* (pectorale), der *Ring* (ursprünglich Siegelring), die *Cappa magna* (Kapuzenmantel mit Schleppe), *Mozzetta* (Schulterumhang mit kleiner Kapuze) und *Pilleolus* (Scheitelkäppchen).

Vom Augenblick der offiziellen Bekanntmachung der Verleihung des Bischofsamtes an genießen die (Titular- und Residenzial-)Bischöfe eine Reihe von *Vor- und Ehrenrechten*, von denen hier nur die rechtlich und liturgisch bedeutsamsten erwähnt werden sollen: Die Bischöfe haben ihren ausschließlichen Gerichtsstand in Strafsachen beim Papst (c. 1557 § 1 n. 13 CIC); vor einem (kirchlichen) Gericht brauchen sie nicht persönlich als Zeugen zu erscheinen (c. 1770 § 2 n. 1 CIC), und ihre Hauskapelle ist ipso iure mit den Rechten einer halböffentlichen Kapelle ausgestattet (c. 1189 CIC). Nach lateinischem Recht ist es allein den konsekrierten Bischöfen vorbehalten, die heiligen Öle zu weihen (c. 239 § 1 n. 20 i. V. m. c. 743 § 1 CIC) und die Ordination vorzunehmen (c. 951 CIC). Die Bischöfe sind auch die originären Spender der Firmung.

Des regierenden Bischofs ist im *Kanon einer jeden Messe*, die in seinem Territorium gefeiert wird, fürbittend durch Nennung seines Namens zu gedenken. — Die Bischöfe können weiterhin den Titel („Hochwürdigste") „Exellenz" führen. Der Gebrauch eines heraldisch korrekten Wappens bleibt gestattet.

3.2.6.3. Amtszeit

Die herkömmliche Auffassung insbesondere vom bischöflichen Amt war geprägt von der mystifizierenden Deutung sowohl der geistlichen Vaterschaft als auch von der ehelichen Bindung des Bischofs an seine Kirche.[63] Ein kirchlicher Amtsinhaber, vornehmlich ein Bischof, hatte sein Amt grundsätzlich auf Lebenszeit inne. Ein Amtsverzicht war zwar rechtlich zulässig (cc. 184—191 CIC), galt jedoch außer bei schwerer Gebrechlichkeit ebenso als unschicklich wie die auch nur vage Vorgabe einer „Altersgrenze". Das hatte allerdings auch materielle Gründe, denn der Benefiziat, und ein solcher war (und ist) nach kanonischem Recht der Bischof, erhält seinen Unterhalt von den Reichnissen seines Beneficiums (mensa episcopalis). Mit dem Amtsverzicht jedoch ist auch ein Verzicht auf das Benefizium (Pfründe) untrennbar gekoppelt. Darum bedeutet der Amtsverzicht in der Regel auch Verzicht auf den Unterhalt. Allenfalls war es möglich, einem gebrechlichen Amtsinhaber einen Koadjutor (cc. 350 § 2; 351 § 2 CIC) (u. U. cum iure successionis) oder einen Administrator (cc. 312—318 CIC) an die Seite zu geben, der an seiner Stelle die Amtsgeschäfte (oder einen Teil davon) wahrnahm.

Das Amt des Bischofs wird heute zwar grundsätzlich unbegrenzt, d.h. auf Lebenszeit, verliehen, doch seine tatsächliche Ausübung ist zeitlich begrenzt. Das *75. Lebensjahr* gilt als gesetzmäßig vorgeschriebene Obergrenze; eine Bitte um frühere Entbindung von den Amtspflichten ist möglich. Seit dem Ende des 18. Jahrhunderts werden die kirchlichen Amtsträger immer weniger nach den Grundsätzen des Benefizialsystems besoldet. Darum konnte das *II. Vatikanum* mit den bisherigen Vorstellungen brechen und allen Benefiziaten, auch den Bischöfen, nahelegen, wenn sie „wegen zunehmenden Alters oder aus einem anderen schwerwiegenden Grund nicht mehr recht in der Lage sind, ihr Amt zu versehen ... von sich aus freiwillig oder auf Anraten der zuständigen Autorität, den Verzicht anzubieten. Wenn aber diese den Verzicht annimmt, wird sie auch für den standesgemäßen Unterhalt der aus dem Amt Scheidenden und für die besonderen Rechte, die ihnen zugebilligt werden sollen, Vorsorge treffen" (Dekr. CD 21).

Die Ausführungsbestimmungen „Ecclesiae Sanctae" sehen vor, daß die Diözesanbischöfe und alle ihnen rechtlich Gleichgestellten „mit Vollendung des 75. Lebensjahres von sich aus

[63] Schon CYPRIAN nennt Novatian ein „ehebrecherisches ... Haupt" (einer Gegenkirche) (ep. 45). In der lateinischen Kirche war die *Translation* eines Bischofs auf einen anderen Bischofssitz lange verpönt, obwohl GREGOR VON NAZIANZ (ca. 382) das Translationsverbot zu den längst abrogierten Gesetzen rechnete („Mit Gesetzen hantierten sie, die schon lange tot waren und die mich offensichtlich gar nicht betrafen": Gregor von Nazianz, De Vita Sua, hrsg. v. Ch. Jungk, Heidelberg 1974, 143). Erst 882 wurde ein Bischof auf die römische Cathedra transferiert, nämlich MARINUS, Bischof von Caere in Etrurien. Er wird in der Reihe der römischen Bischöfe auch als Martin II. gezählt. Vgl.: J. Trummer, Mystisches im alten Kirchenrecht. Die geistige Ehe zwischen Bischof und Diözese: ÖAKR 2, 1951, 62—75; J. Neumann, Wahl und Amtszeitbegrenzung: ThQ 149, 1969, 118—120.

der zuständigen Autorität den Verzicht auf ihr Amt erklären sollen" (I 11). Problematisch ist, daß die „zuständige Autorität" völlig frei ist, den Amtsverzicht anzunehmen oder nicht. Wie die Entwicklung zeigt, gibt es Fälle, in denen der Heilige Stuhl (oder der zuständige Bischof) das Verzichtangebot sofort annimmt und andere, in denen er erst nach wiederholten Bitten zustimmt. Das bedeutet eine ungute „Qualifizierung" des altgewordenen Amtsinhabers zu später Zeit. Es wäre besser, wenn das Gesetz vorschreiben würde, daß bei Vollendung des 75. Lebensjahres der Amtsverzicht nur dann nicht angenommen werde, wenn schwerwiegende Gründe dem entgegenstehen.

3.2.7. Sedisvakanz

Wird der bischöfliche Stuhl durch Tod, durch vom Papst angenommene Verzichtleistung, Versetzung auf ein anderes Kirchenamt oder Absetzung *vakant*, geht die Leitungsgewalt des Bischofs, sofern der Heilige Stuhl nichts anderes verfügt hat oder ein Koadjutor cum iure successionis existiert, ipsomet iure auf das *Domkapitel* über (c. 431 CIC).[64]

Bei *Verzichtleistung* bleibt allerdings der bisherige Amtsinhaber in der Regel als Amtsverweser tätig, bis der Nachfolger von der Diözese Besitz ergriffen hat. Bei Versetzung auf ein anderes Amt nimmt der bisherige Bischof die Stellung eines Kapitelsvikars ein, bis er sein neues Amt angetreten hat. Binnen acht Tagen nach sicherer Kenntniserlangung von der Vakanz des bischöflichen Stuhles hat das Domkapitel (cc. 432, 433, 438 CIC) einen *Kapitelsvikar* zu wählen. Dieser rechtmäßig gewählte Bistumsverwalter bedarf keiner Bestätigung. Er erlangt mit Annahme der Wahl de iure die volle Amtsgewalt (c. 438 CIC) und hat die Wahl lediglich dem Heiligen Stuhl mitzuteilen (c. 432 § 4 CIC).

Wenn das Kapitel nicht binnen acht Tagen nach Kenntniserlangung des Erledigungsfalles — aus welchem Grund auch immer — einen Kapitelsvikar bestellt, geht das Bestellungsrecht *auf den Metropoliten* über (c. 432 §§ 2 u. 3; 357; 406 § 2; 454 § 3; 1423 § 1; 1573 § 5; 1590 § 1 CIC). Sofern ein Weihbischof vorhanden ist, soll dieser als Kapitelsvikar bestellt werden (Dekr. CD 26 i. V. m. Eccl. Sanctae I 13 § 3). Die Jurisdiktionsrechte der (bischöflichen) Bischofsvikare erlöschen nicht mit dem Amt des Bischofs (Dekr. CD n. 26 i. V. m. Eccl. Sanctae I 14 § 5). — Als Interimsverwalter hat der Kapitelsvikar sich getreu dem Grundsatz „sede vacante nihil innovetur" (c. 436 CIC) aller Handlungen zu enthalten, die einen Vorgriff auf die Rechte des künftigen Amtsinhabers bedeuten könnten. Er ist jedoch dem Kapitel gegenüber völlig unabhängig. Dieses kann sich weder Rechte vorbehalten noch sich in seine Amtsgeschäfte einmischen oder ihn absetzen. Dem Kapitel kommen lediglich

[64] Besteht das Domkapitel zum Zeitpunkt der fälligen Wahl nurmehr aus einem (handlungsfähigen) Mitglied, so hat dieses gem. dem Grundsatz des c. 102 § 2 CIC „ius omnium in unum recidit" die Wahl allein vorzunehmen. Vgl.: Ph. Hofmeister, Ius omnium in unum recidit: ÖAKR 12, 1961, 231—241.

die ordentlichen Beispruchsrechte zu. — Der Kapitelsvikar kann allerdings dem Kapitel gegenüber seinen Verzicht, der keiner Annahme bedarf, erklären (c. 443 CIC). Dem neuen Bischof schuldet er Rechenschaft für seine Amtsführung (c. 444 CIC).

Die Amtsfigur des Kapitelsvikars ist deshalb so interessant, weil sich in ihm zwei alte Grundsätze des kanonischen Rechts erhalten haben: 1. Der Übergang der vollen bischöflichen Gewalt bei Sedisvakanz auf das Domkapitel als kollegialer juristischer Person; 2. das uneingeschränkte Wahlrecht des Domkapitels für diesen Amtsträger und die Unabhängigkeit des gewählten Amtsträgers von dem Wahlorgan.

3.2.8. Das Domkapitel

Wenn auch der einzelne Bischof in seiner Kirche Christus repräsentiert, verstand sich die Kirche der Frühzeit als eine Gemeinschaft, die von der gemeinsamen Verantwortung getragen wurde (koinonia = communio). Nur derjenige war rechtmäßiger Bischof, der sowohl mit seiner Gemeinde und seinem Presbyterium als auch mit seinen auswärtigen Amtskollegen in geistlicher und rechtlicher communio lebte. Darum kam — wie eingangs gezeigt wurde — der Gemeinsamkeit der Bischöfe untereinander wie des Bischofs mit seinem Presbyterium nicht nur bei der Liturgie, sondern auch bei der Handhabung der Kirchendisziplin *wesentliche* Bedeutung zu. Der Klerus der Bischofsstadt bzw. der Bischofskirche besaß stets eine gewisse liturgische Bedeutung und eine begrenzte rechtliche Eigenständigkeit gegenüber dem Bischof. Aus dem frühchristlichen Presbyterium entwickelten sich einerseits unter germanisch-rechtlichem Einfluß, andererseits aus dem Bemühen um eine sittliche Hebung des Klerus durch gegenseitige Beaufsichtigung in der vita communis im frühen Mittelalter die (Dom-)*Kapitel.* Etwa seit der Mitte des neunten Jahrhunderts wurden sie zu autonomen Körperschaften gegenüber dem Bischof. Seit dem *IV. Laterankonzil* steht ihnen satzungsgemäß das Bischofswahlrecht zu. In der Folgezeit beanspruchten sie weitere Beispruchs- und Beratungsrechte.[65]

Wenngleich die Domkapitel auch keineswegs die Rechtsnachfolger der frühchristlichen Presbyterien, vielmehr feudal-aristokratische Körperschaften sind, ist doch die ursprüngliche Doppelfunktion des priesterlichen Rates um den Bischof noch an den Normen des gegenwärtigen kanonischen Rechts erkennbar: Aufgabe des Kapitels ist einmal die *liturgische* Assistenz für die bischöflichen Gottesdienste (cc. 391 § 1; 412 § 1 CIC), und zum anderen die Funktion als *Senat* und *Rat* des Bischofs. Auf dieses gehen bei Sedisvakanz die Regierungsrechte des Bischofs über (c. 391 § 1 CIC). Das *II. Vatikanum* hat die Stellung des Kapitels nicht verändert. Es

[65] Vgl. G. v. Below, Die Entstehung des ausschließlichen Wahlrechts der Domkapitel. Mit besonderer Rücksicht auf Deutschland, Leipzig 1883; Ph. Hofmeister, Bischof und Domkapitel nach altem und neuem Recht; F. Merzbacher, Domkapitel: HRG I, 757—761.

hat jedoch angeregt, die Ordnung der Domkapitel, sofern nötig, den heutigen Erfordernissen anzupassen (Dekr. CD 27).

Nach geltendem Recht hat das Domkapitel in bestimmten Angelegenheiten ein *Beispruchsrecht,* sei es in Form eines bloßen Rates bzw. *Anhörungsrechts,*[66] sei es in Form eines notwendigen *Zustimmungsrechts.*[67] Rechtstheoretisch und kirchenpolitisch von besonderer Bedeutung ist es, wie bereits dargelegt, daß im Falle der Sedisvakanz die bischöflichen Leitungsrechte auf das Domkapitel übergehen, das dann seinerseits einen Kapitelsvikar zu stellen hat.

Die Mitgliedschaft im Domkapitel hat heute insofern eine besondere Bedeutung, als die einzelnen Mitglieder kraft deutscher Gepflogenheit regelmäßig die engsten Mitarbeiter und Berater des Bischofs bei der Leitung der Diözese sind.[68]

Das deutsche Staatskirchenrecht regelt die Stellung und Ergänzung der Domkapitel (BayK Art. 10; PreußK Art. 2 u. 8; BadK Art. II u. VII; ReichsK Art. 14 Satz 3) sowie — wenigstens teilweise — ihre staatliche Bezuschussung (BayK Art. 10; PreußK Art. 4; BadK Art. VI Ziff. 2).

3.2.8.1. Der Presbyterrat

Spricht das Dekret ›Christus Dominus‹ in n. 27 noch allein vom Domkapitel als „Senat und Rat des Bischofs", so empfiehlt das zeitlich spätere Dekret ›Presbyterorum ordinis‹ (vom 7. 12. 1965) über Leben und Dienst der Priester in n. 7 den Bischöfen, in ihrer Diözese einen „Kreis oder Senat" (coetus seu senatus) von Presbytern zu schaffen, der das Presbyterium repräsentiert. Dieser Vorschlag geht aus von der Vorstellung, daß alle Presbyter zusammen mit dem Bischof an ein und demselben Priestertum Christi teilhaben. Darum, so wird gefolgert, haben die Bischöfe die Presbyter, denen in der Ordination die Gabe des Heiligen Geistes verliehen wurde, als ihre notwendigen Helfer und Berater bei ihrem Dienst des Lehrens, Heiligens und Leitens zu betrachten. Aus der grundlegenden geistlichen und rechtlichen Bedeutung der Ordination also wird die Teilhabe der Presbyter an der geistlichen Leitung der Teilkirche theologisch begründet.

Die *Ausführungsbestimmungen* „Eccl. Sanctae" (I 15 § 1) bestimmen deshalb:
1. In jeder Diözese soll ein *Presbyterrat* bestehen, der das gesamte Presbyterium vertritt;
2. in diesem Gremium soll der Bischof seine Presbyter anhören, sie um Rat fragen und alles mit ihnen besprechen, was die Seelsorge und das Wohl der Diözese betrifft;
3. dem Presbyterrat sollen auch Ordensleute angehören, sofern sie in der Seelsorge tätig sind;
4. der Presbyterrat hat nur beratende Funktion und besteht nur solange der Bischof sein Amt innehat.

[66] Cc. 386 § 1; 388; 400 § 1; 406 §§ 1—2; 454 § 3; 1234 § 1; 1303 § 4; 1359 § 2; 1428 § 1; 1520 § 1 CIC.
[67] Cc. 394 § 2; 1532 § 3; 1653 § 1 CIC.
[68] Vgl. J. Neumann, Synodales Prinzip, 41—43.

5. Bezüglich des Auswahlverfahrens und der Zusammensetzung des Presbyterrates sind keine näheren Bestimmungen getroffen. Je nach den gesellschaftlichen Umständen, in denen die jeweilige Bischofskirche existiert, können unterschiedliche Formen der Bestellung für diesen „Senat des Bischofs" gewählt werden.[69]

Durch Litterae Circulares der *Kongregation für den Klerus* vom 11. 4. 1970 wurde überdies verfügt[70]:

1. Diese in jeder Diözese einzurichtenden Presbyterräte haben Titel und Funktion eines „senatus Episcopi in regimine dioecesis" (n. 10).
2. Jeder Presbyterrat muß nach Statuten arbeiten, die der Bischof erlassen hat und die den päpstlichen Rundschreiben entsprechen.
3. Den Bischofskonferenzen obliegt es zu bestimmen, welche Fragen vor dem Presbyterrat vom Bischof verhandelt werden müssen. Ziel dieser Vorschrift soll es offenbar sein, dem Presbyterrat eine tatsächliche Teilhabe an der Leitung der Diözese zu sichern.
4. Wo jedoch noch ein Domkapitel oder ein Rat der Diözesankonsultoren besteht, bleibt sein Recht einstweilen unangetastet. Das bedeutet jedoch keineswegs, daß diese Rechte nicht auch gleichzeitig dem neuen Organ des Presbyterrates übertragen werden können.

Wir haben hier also eine Doppelung der Bindung des Bischofs, sich gegebenenfalls von zwei Kollegien beraten und bei der Leitung der Diözese helfen zu lassen. Das kann zweifellos nur eine Übergangslösung sein. Allerdings sollte nicht übersehen werden, daß die Domkapitel gegenüber dem Presbyterrat zwei gravierende Vorteile besitzen: Einmal haben sie den rechtlichen Status einer kollegialen juristischen Person, die sich seit je als ein legitimes Gegengewicht zur monokratischen Gewalt des Bischofs verstand. Als juristische Person hat das Domkapitel überdies gegenüber den Presbyterräten den Vorzug, daß es eine objektive Dauerhaftigkeit besitzt, also vom Willen des Bischofs unabhängig ist und während der Sedisvakanz nicht nur bestehen bleibt, sondern dann sogar zur vollen Bedeutung erwächst.

Der *Presbyterrat* als „coetus seu senatus Episcopi in regimine dioecesis" (Litt. Circ. n. 10) darf weder als Interessenvertretung der Priester gegenüber ihrem Bischof noch als Beratungsorgan für rein priesterliche Angelegenheiten mißdeutet werden. Im Gegensatz zum Domkapitel allerdings hat er keinen gesetzlich festgelegten Zuständigkeitsbereich. Somit ist er in erster Linie nicht bei der Entscheidung konkreter Einzelfälle, sondern bei Grundsatzentscheidungen zu hören. Schließlich ist zu beachten, daß auch bei der Erörterung grundsätzlicher Angelegenheiten die Initiative stets beim Bischof zu liegen hat. Der Presbyterrat ist kein Organ, das vom Bischof Rechenschaft verlangen könnte. Der Bischof ist vielmehr in jeder Sache und in jedem Stadium der Beratung eigenverantwortlicher Herr des Verfahrens (Litt. Circ. n. 8).

Der Presbyterrat ist gegenüber dem Domkapitel auch in dem Sinne ein zweiter Senat, weil er tatsächlich „zweitrangig" ist. Dank seiner rechtlichen Kompetenzlosigkeit betont er die formale wie materiale Alleinverantwortlichkeit des Bischofs.

[69] Vgl. J. Neumann, Das synodale Prinzip bei diözesanen und pfarrlichen Gremien: Pastoraltheologische Informationen. Synodales Prinzip in der Kirche, 6—87, hier: 36—39.

[70] Vgl. H. Schmitz, Consilium Presbyterale. Stellung, Funktion und Organisation des Priesterrats im Lichte der kirchenrechtlichen Normen, Weisungen und Planungen: AKathKR 144, 1975, 20—46.

Ausdrücklich stellt das Rundschreiben der Kongregation für den Klerus fest, daß beispielsweise konkrete Stellenbesetzungen wie alle Fragen, die ihrer Natur nach Diskretion verlangen, durch den Presbyterrat nicht verhandelt werden können (n. 9). Er ist somit von den politisch bedeutsamen Akten ausgeschlossen.

3.2.8.2. Der Pastoralrat

Während das Dekret CD nur vom Domkapitel als „Senat oder Rat" des Bischofs spricht, wünscht es andererseits, jeder Diözesanbischof solle in seinem Bistum ein *Consilium pastorale* einrichten, dem er selbst vorstehe. Diesem Rat sollen besonders ausgewählte Kleriker, Ordensleute und Laien angehören. *Alles,* was die Seelsorgearbeit der Diözese betrifft, soll dieser Rat untersuchen, beraten und praktische Folgerungen daraus ziehen (n. 27). Das Dekret ›Apostolicam Actuositatem‹ über das Apostolat der Laien empfiehlt in n. 26 ein weiteres Gremium, den „Diözesanrat", dessen Konstituierung zwar nicht verpflichtend vorgeschrieben, aber doch nachdrücklich angeraten wird. Beide Räte sollen das apostolische Wirken der Kirche im Bereich der Seelsorge, der Verkündigung und des Apostolats sowie auf karitativen, sozialen und anderen Gebieten unterstützen.

Ein Rundschreiben der *Kongregation für den Klerus* vom 25. 1. 1973[71] unterstreicht die Bedeutung des Pastoralrates für die Diözese und legt dem Bischof nahe, mit diesem Rat, der für alles zuständig ist, was zur Seelsorge Bezug hat, vertrauensvoll zusammenzuarbeiten. Ein gesetzlich festgelegter Kompetenzbereich oder bestimmte Beispruchsrechte werden ihm jedoch nicht zugewiesen. Der Bischof ist ihm gegenüber ebenso wie gegenüber dem Diözesanrat rechtlich nicht gebunden. Die geistliche und rechtliche Alleinverantwortlichkeit des Diözesanbischofs wird durch diese Gremien nicht beeinträchtigt.[72]

3.2.8.3. Rechtliche Würdigung

Eine Analyse der Mitverantwortungsorgane auf diözesaner Ebene ergibt, daß einzig die „klassischen" Gremien, nämlich die Domkapitel, dem Diözesanbischof gegenüber mit — wenn auch begrenzten — rechtserheblichen Kompetenzen ausgestattet sind. Alle anderen — nachkonziliaren — Gremien haben keine eigene Rechtsfähigkeit und existieren folglich nur, solange der Bischof im Amt ist. Sie sind rechtlich an die Person des Amtsträgers gebunden. Die Bindung geht so weit, daß

[71] Litterae Circulares der Kongregation für den Klerus vom 25. 1. 1973, Prot. Nr. 140686/I, abgedr.: AKathKR 142, 1973, 483—489.

[72] Vgl. R. Potz, Pastoralrat und Domkapitel. Überlegungen zur Stellung bischöflicher Beratungsorgane: ÖAKR 23, 1972, 69—96; J. Neumann, Das synodale Prinzip bei diözesanen und pfarrlichen Gremien, 40ff.

ohne seine Zustimmung in der Regel nicht einmal ein gültiger Beschluß zustande kommt.[73] Ferner haben sie weder ein Selbstversammlungsrecht noch können sie die Verhandlungsgegenstände bestimmen, ja ihr rechtliches Dasein selbst hängt allein vom Willen des Bischofs ab. Auch das heftig umstrittene Limburger Synodalmodell macht in dieser Beziehung keine Ausnahme.[74] An dieser Rechtslage ändern grundsätzlich auch die Richtlinien der Gemeinsamen Synode der Bistümer der Bundesrepublik Deutschland über die ›Verantwortung des ganzen Gottesvolkes für die Sendung der Kirche‹ (Kapitel 3: Diözesanebene) vom Mai 1975 nichts.[75] Sie wollen die tatsächliche Praxis in der Bundesrepublik Deutschland lediglich vereinheitlichen und harmonisieren, nicht jedoch die Kompetenz dieser Gremien erweitern. Die neuen Mitwirkungsorgane unterstützen den Bischof bei der Leitung seiner Diözese und der Artikulierung kirchlicher Interessen, binden ihn jedoch weder im Bereich seiner Gesetzgebung noch hinsichtlich der Verwaltung, der Verkündigung und der Sakramentenspendung an ihre Vorschläge oder Beschlüsse.

Literatur: Arnold, F., Das Diözesanrecht nach den Schriften Hinkmars von Reims, Wien 1935; Arnold, F., Die Rechtspersönlichkeit der Diözese. Vorgeschichte einer Entscheidung der Interpretationskommission: AnGr 69, 1955, 131—140; Below, G. v., Die Entstehung des ausschließlichen Wahlrechts der Domkapitel. Mit besonderer Rücksicht auf Deutschland, Leipzig 1883; Biemer, G., Die Bischofswahl als neues Desiderat kirchlicher Praxis: ThQ 149, 1969, 171—184; Boye, M., Die Synoden Deutschlands und Reichsitaliens von 922 bis 1959: ZSRG. K 18, 1929, 131—284; Corecco, E., Die synodale Aktivität im Aufbau der katholischen Kirche der Vereinigten Staaten von Amerika; AKathKR 137, 1968, 38—94; Dassmann, E., Zur Entstehung des Monepiskopats: JAC 17 (1964) 74—90; Deussen, G., Weisen der Bischofswahl im 1. Clemensbrief und in der Didache; ThGl 62, 1972, 125—135; Dordett, A., Domkapitel — Priesterrat: ÖAKR 27, 1976, 91—106; Dordett, A., Die unveräußerliche Gewalt des kirchlichen Amtsträgers: ÖAKR 27, 1976, 254—275; Elfers, H., Die Kirchenordnung Hippolyts von Rom, Paderborn 1938; Fahrnberger, G., Bischofsamt und Priestertum in den Diskussionen des Konzils von Trient. Eine rechtstheoretische Untersuchung, Wien 1970; Feine, H. E., Die Besetzung der Reichsbistümer vom Westfälischen Frieden bis zur Säkularisation 1648—1803; Fischer, E. H., Die politische Klausel des Reichskonkordates und

[73] Eine Ausnahme macht der Diözesanrat der Diözese Rottenburg, wenn er gem. § 9 des Kirchensteuergesetzes des Landes Baden-Württemberg vom 18. 12. 1969 als Diözesansteuervertretung beschließt. Aufgrund der Kirchensteuerordnung vom 1. 7. 1971 steht in Haushaltsangelegenheiten dem Bischof ein einmaliges Vetorecht zu. „Der Beschluß (des Diözesanrates) wird ohne Zustimmung des Bischofs rechtskräftig, wenn nach nochmaliger Beratung *zwei Drittel* der stimmberechtigten Mitglieder für den Beschluß stimmen" (§ 6 Abs. 4). In dieser Angelegenheit, nämlich in der Festsetzung des Diözesanhaushaltsplans und der Diözesankirchensteuerhebesätze, besitzt der Diözesanrat also wirklich entscheidende Kompetenzen.

[74] Vgl. J. Neumann, Das synodale Prinzip bei diözesanen und pfarrlichen Gremien, 54 ff.

[75] Der genannte Beschluß wird ergänzt durch die „Rahmenordnung für die pastoralen Strukturen und für die Leitung und Verwaltung der Bistümer in der Bundesrepublik Deutschland". Beide Beschlüsse sind abgedruckt: Gemeinsame Synode der Bistümer I, 637—677; 679-709.

ihre rechtliche Tragweite: ThQ 134, 1954, 352—376; GILLMANN, F., Das Institut der Chorbischöfe im Orient, München 1903; GOTTLOB, TH., Der abendländische Chorepiskopat, Bonn —Köln 1928 (Nachdr. 1963); GOTTLOB, TH., Der kirchliche Amtseid der Bischöfe, Bonn 1936; GREINACHER, N., Das Bistum als Verwirklichung der Kirche: ThQ 158, 1978, 50—61; HAUCK, A., Die Bischofswahlen unter den Merowingern, Erlangen 1883; HEFELE, C. J., Die Bischofswahlen in den ersten christlichen Jahrhunderten: Beiträge zur Kirchengeschichte, Archäologie und Liturgik I, Tübingen 1864, 140—144; HEGGELBACHER, O., Die Aufgabe der frühchristlichen Patriarchate: Ius et salus animarum, 393—405; HERRMANN, H., Die Neuordnung der Bischofswahl: eine weitere Surrogatlösung: Diak. 3, 1972, 417 ff.; HOFMEISTER, PH., Bischof und Domkapitel nach altem und neuem Recht, Neresheim 1931; HOFMEISTER, PH., Von den Koadjutoren der Bischöfe und Äbte: AKathKR 112, 1932, 359—436; HOFMEISTER, PH., ‚Episcopus' im Codex: ThQ 133, 1953, 160—175; 326—342; HOFMEISTER, PH., Der Bischofseid gegenüber dem Staate: MThZ 6, 1955, 195—214; HOFMEISTER, PH., Ius omnium in unum recidit: ÖAKR 12, 1961, 231—241; HOMEYER, J., Die Deutsche Bischofskonferenz, hrsg. v. G. GORSCHENEK, München—Wien 1976, 74—88; INSTINSKY, H. U., Bischofsstuhl und Kaiserthron, München 1975; KIENITZ, E. V., Bischöfliche Jurisdiktion und päpstlicher Auftrag: Episcopus, 296—304; KLAUSER, TH., Der Ursprung der bischöflichen Insignien und Ehrenrechte, Krefeld [2]1953; KÜNG, H., Mitentscheidung der Laien in der Kirchenleitung und bei kirchlichen Wahlen: ThQ 149, 1969, 147—165; LABHART, VERENA, Zur Rechtssymbolik des Bischofsringes, Köln 1963; LAST, H., Audientia episcopalis: RAC I, 915—919; LEISCHING, P., Die Bischofskonferenz. Beiträge zu ihrer Rechtsgeschichte mit besonderer Berücksichtigung ihrer Entwicklung in Österreich, Wien 1963; LILL, R., Die ersten deutschen Bischofskonferenzen, Freiburg 1964; MERGENTHEIM, L., Die Quinquennalfakultäten pro foro externo. Ihre Entstehung und Einführung in deutschen Bistümern, 2 Bde., Stuttgart 1908; MÖRSDORF, K., Das neue Besetzungsrecht der bischöflichen Stühle unter besonderer Berücksichtigung des Listenverfahrens, Bonn 1933; MÖRSDORF, K., Patriarch und Bischof im neuen ostkirchlichen Recht: Begegnung der Christen, FS Otto Karrer, 1959, 463—478; MÖRSDORF, K., Neue Vollmachten und Privilegien der Bischöfe, AKathKR 133, 1964, 82—101; MÜLLER, H., Der Anteil der Laien an der Bischofswahl. Ein Beitrag zur Geschichte der Kanonistik von Gratian bis Gregor IX., Amsterdam 1977; NEUMANN, J., Wahl und Amtszeitbegrenzung nach kanonischem Recht: ThQ 149, 1969, 117—132; NEUMANN, J., Das synodale Prinzip bei diözesanen und pfarrlichen Gremien: Pastoraltheologische Information. Folge 5, Frankfurt 1977, 6—87; NIKOLASCH, F., Bischofswahl durch alle. Konkrete Vorschläge, Graz 1973; PATER, J., Die bischöfliche Visitatio liminum ss. Apostolorum. Eine historisch-kanonische Studie, Paderborn 1914; POTZ, R., Pastoralrat und Domkapitel. Überlegungen zur Stellung bischöflicher Beratungsorgane: ÖAKR 23, 1972, 69—96; RAHNER, H., (Hrsg.), Die Pfarrer, Freiburg 1956; RAHNER, K., J. RATZINGER, Episkopat und Primat, Freiburg—Basel—Wien 1961; RAHNER, K., Über den Episkopat: *Ders.,* Schriften zur Theologie VI, 369—422; RAHNER, K., Bischof und Bistum: Handbuch der Pastoraltheologie I, Freiburg [2]1970, 167, 181—193; RAHNER, K., Theologisches zur Aufgabe des Regionalbischofs: Schriften zur Theologie XII, Zürich 1975, 501—512; SÄGMÜLLER, J. B., Die Visitatio liminum bis Bonifaz VIII.: ThQ 82, 1900, 60—117; SCHIEFFER, R., Die Entstehung von Domkapiteln in Deutschland, Bonn 1976; SCHLIEF, K.-H., Die Organisationsstruktur der katholischen Kirche: HdbStKirchR I, Berlin 1974, 299—325; SCHMITZ, H., Plädoyer für Bischofs- und Pfarrerwahl. Kirchenrechtliche Überlegungen zu ihrer Möglichkeit und Ausformung: TThZ 79, 1970, 230—249; SCHMITZ, H., Consilium Pastorale. Funktion und Organisation des diözesanen Pastoralrats nach neuen Weisungen des Apostolischen Stuhls:

AKathKR 142, 1973, 417—435; SCHMITZ, H., Kleriker- und Weiherecht. Sammlung neuer Erlasse, Trier 1974 (NKD 38); SCHMITZ, H., Die Diözesansynode. Ihre geplante Zukunft in kirchenrechtlicher Sicht: AKathKR 144, 1975, 444—454; SCHMITZ, H. (Hrsg.), Vollmachten der Bischöfe und Ordensoberen. Sammlung neuerer Erlasse, Trier 1970 (NKD 16); STOMMEL, E., Bischofsstuhl und hoher Thron: JAC 1, 1958, 52—78; STUTZ, U., Der neueste Stand des deutschen Bischofswahlrechts. Mit Exkursen in das Recht des 18. und 19. Jahrhunderts, Stuttgart 1909; TRUMMER, J., Mystisches im alten Kirchenrecht. Die geistige Ehe zwischen Bischof und Diözese: ÖAKR 2, 1951, 62—75; TÜCHLE, H., Romfahrten deutscher Bischöfe im 10. Jahrhundert: Ortskirche — Weltkirche, 98—110; DE VRIES, W., Rom und die Patriarchen des Ostens, Freiburg 1963; DE VRIES, W., Papst und Bischofskollegium gemäß den drei letzten ökumenischen Konzilien des ersten Jahrtausends: ThPQ 118, 1970, 154—162; WALF, K., Die Kompetenzen der bischöflichen Vikare und stellvertretenden Generalvikare in den Diözesen der Bundesrepublik Deutschland: ThQ 151, 1971, 146—154.

3.3. Die Mitarbeiter des Bischofs

Der Dienst christlicher Verkündigung scheint von Anfang an auf eine Vielzahl von Glaubensboten angelegt gewesen zu sein. Die Apostel, die Jünger, die Sieben und später die „Ämter" der Episkopen, der Diakone und Ältesten deuten darauf hin, daß eine Vielgestaltigkeit und Differenziertheit den Aufgaben und Diensten der Kirche wesentlich ist. Die Ausbreitung der Gemeinden, das zahlenmäßige Wachstum ihrer Gläubigen, ihre Ausdehnung auf die umliegenden Gebiete und die Zunahme verschiedener Aufgaben machten es sehr bald notwendig, daß die Bischöfe bei der Leitung der Gemeinde, der Verkündigung des Wortes und der Spendung der Sakramente durch Mitarbeiter unterstützt wurden. Die traditionellen Mitarbeiter des Bischofs waren und sind die Presbyter und die Diakone. Daran hat sich grundsätzlich wenig geändert. Im Gegenteil: Die komplexeren gesellschaftlichen Verhältnisse erforderten auch differenzierte pastorale Bemühungen, also eine vielfältige Schar von Mitarbeitern. Das hat dazu geführt, daß Gehilfen des Bischofs nicht nur Presbyter und Diakone sind, sondern einerseits sogar Bischöfe als Hilfsbischöfe, andererseits auch Nichtordinierte heute unverzichtbar sind.

3.3.1. Die bischöflichen Mitarbeiter

War anfangs die bischöfliche Ordination ausschließlich auf ein konkretes Bischofsamt bezogen (vgl. oben 2.1.3.), so wurde es aus unterschiedlichen Gründen im Laufe der Zeit notwendig, unbeschadet der Alleinzuständigkeit des Ortsbischofs für besondere Aufgaben einer Diözese Hilfsbischöfe zu bestellen.

Die älteste Form ist jene des *Koadjutorbischofs.*[76] Wegen der Größe der Diözese,

[76] Vgl. Ph. Hofmeister, Von den Koadjutoren der Bischöfe und Äbte: AKathKR 112, 1932, 359—436.

der besonderen seelsorglichen Bedingungen oder aufgrund persönlicher Umstände auf seiten des Ortsbischofs (etwa Krankheit oder anderweitige — politische — Aufgaben) wird ein Koadjutor dem Ortsbischof als Gehilfe bzw. als Amtsvertreter beigegeben. Der CIC unterschied Koadjutoren mit und ohne Recht der Nachfolge (c. 350 CIC). Das Dekret CD dagegen bestimmt, daß ein Bischofskoadjutor (künftig) stets mit dem Recht der Nachfolge ernannt wird und er vom Bischof immer zum Generalvikar zu bestellen sei, sofern er nicht größere Vollmachten zugewiesen erhält (n. 26). — Bei der Bestellung eines Bischofskoadjutors wird das Wahlrecht der deutschen Domkapitel suspendiert.

Wenn der Diözesanbischof seiner Diözese den Hirtendienst des Bischofs nicht ausreichend zu leisten vermag, soll er sich nach dem Willen des II. Vatikanischen Konzils „nicht sträuben, von der zuständigen Autorität einen oder mehrere *Hilfsbischöfe* zu erbitten, die ohne das Recht der Nachfolge für die Diözese bestellt werden" (Dekr. CD 26). In Deutschland werden diese Auxiliarbischöfe auch Weihbischöfe genannt, weil sie (vor 1965) meist lediglich Weihevollmachten, jedoch keine Jurisdiktionsrechte besaßen. Sie wurden etwa seit dem 9./10. Jahrhundert auf den Titel solcher Diözesen ordiniert, die in den Händen der Ungläubigen waren. Dennoch blieb die Bestellung von Weihbischöfen bis zum 14. Jahrhundert die Ausnahme.[77]

Große Ausdehnung der Diözese, zu große Zahl der Gläubigen, besonders schwierige Verhältnisse oder andere wichtige Gründe können heute Anlaß für den Ortsbischof sein, Hilfsbischöfe zu erbitten, die er, sofern im Ernennungsschreiben nichts anderes vorgesehen ist, zu Generalvikaren oder wenigstens zu bischöflichen Vikaren bestellen soll, damit ihre bischöfliche Würde gewahrt werde (Dekr. CD 26, 25). Die Auxiliarbischöfe sollen rechtlich nur von ihm abhängen. Umgekehrt wird der Diözesanbischof ermahnt, bei Angelegenheiten von größerem Gewicht seine Mitarbeiter im Bischofsrang zu Rate zu ziehen.

Dem Gedanken der bischöflichen Kollegialität will vor allem die Einrichtung der neuen Amtsfigur des bischöflichen Vikars (vicarius episcopalis) dienen. Wenn der Weihbischof einer Diözese vom Ortsbischof nicht zum Generalvikar bestellt wird, soll er (wenigstens) zum Bischofsvikar berufen werden (Dekr. CD 27). Die Ausführungsbestimmungen ›Eccl. Sanctae‹ setzen diesbezüglich fest, daß die Bischofsvikare „sich einer ordentlichen stellvertretenden Gewalt erfreuen, wie sie das allgemeine Recht dem Generalvikar zuweist, und zwar entweder

— in einem bestimmten Teil der Diözese
— oder in einem bestimmten Geschäftsbereich
— oder für Gläubige eines bestimmten Ritus
— oder für einen bestimmten Personenkreis.

Daher kommen den bischöflichen Vikaren innerhalb der Grenzen ihrer Zuständigkeit diejenigen ständigen Vollmachten zu, die dem Bischof vom Apostolischen

[77] Im Zeitalter des Absolutismus kam es vor, daß Diözesan-„Bischöfe" die Priester- und Bischofsweihe gar nicht empfingen. An ihrer Stelle mußten dann *Weih*bischöfe für die *Weihe*handlungen bestellt werden (vicarius in pontificalibus).

Stuhl zugestanden werden, ebenso die Ausfertigung von Reskripten, wenn nicht etwas anderes ausdrücklich durch Vorbehalt geregelt oder das persönliche Eingreifen des Bischofs in Anspruch genommen wird. Es steht dem Diözesanbischof allerdings frei, nach seinem Belieben Angelegenheiten für sich oder seinen Generalvikar zu reservieren, ebenso aber auch, dem Bischofsvikar einen Spezialauftrag zu verleihen, der vom gemeinen Recht für bestimmte Rechtsgeschäfte vorgeschrieben wird" (I 14 § 2).

Dennoch sind nach dem Willen des Gesetzgebers die Bischofsvikare keineswegs selbständige „Kleinbischöfe", sondern Mitarbeiter des bischöflichen Amtes (cooperatores officii episcopalis) (I 14 § 3). Da die potestas ordinaria vicaria der Bischofsvikare jedoch nicht wie beim Generalvikar umfassend, sondern grundsätzlich unter bestimmten Gesichtspunkten beschränkt ist, wird ihre Einordnung in das Gesamtgefüge der ordentlichen bischöflichen Verwaltung deutlich gemacht. Auf diese Weise soll eine konkurrierende Gewalt der Bischofsvikare untereinander und gegenüber dem Generalvikar vermieden werden.[78]

Die Ausführungsbestimmungen ›Eccl. Sanctae‹ ermöglichen es allerdings auch, daß unter besonderen Umständen selbst *Nichtbischöfe* für bestimmte Zeiten und bestimmte Aufgaben zu Bischofsvikaren bestellt werden. Sie können nicht nur jederzeit vom Bischof wieder abberufen werden, sondern ihre Vollmacht erlischt auch im Augenblick, da der Bischofssitz verwaist (I 14 § 5). Der lateinische Text spricht lediglich negativ von „qui Episcopi Auxiliares non sint" und sagt nicht positiv, daß es wenigstens Presbyter sein müssen. Daraus wird man folgern dürfen, daß auch Diakone mit einem solchen Auftrag betraut werden können. Ob Laien, eventuell sogar Frauen, ein solches Amt übertragen werden kann, wird der Gesetzgeber bzw. der authentische Interpret zu klären haben. Nach dem Wortlaut von ›Eccl. Sanctae‹ dürfte das nicht auszuschließen sein. Die Einrichtung des Amtes der Bischofsvikare hat nicht unbedingt zu einer Entlastung des Diözesanbischofs geführt, vielmehr eher zu einer Aufblähung der diözesanen Bürokratie. Die vom II. Vatikanischen Konzil gewünschte Hervorhebung einer authentischen apostolischen Würde des Bischofs leidet zweifellos durch die Tatsache, daß es kaum mehr eine Diözese gibt, die nicht neben dem Ortsbischof wenigstens einen, wenn nicht mehrere Bischofsvikare hat.

3.3.2. Die Dekane

In den Flächendiözesen, wie sie in den Gebieten nördlich der Alpen, in Gallien und Spanien entstanden, waren Unterteilungen in überschaubare Seelsorgsbezirke unumgänglich geworden. Diese wiederum wurden zu Visitations- und Aufsichtseinheiten unter einem *Archipresbyter* (Erzpriester), *Vicarius foraneus* (Außenvikar) oder *Dekan* (Dechant) zusammengefaßt (c. 217 § 2 CIC). Die Bezeichnungen hängen von der jeweiligen lokalen Tradition ab.

[78] Vgl. K. Walf, Die Kompetenzen der bischöflichen Vikare und stellvertretenden Generalvikare in den Diözesen der Bundesrepublik Deutschland: ThQ 151, 1971, 148.

Unter Bezugnahme auf Dekr. CD 30 Ziff. 1 will MP ›Eccl. Sanctae‹ (I 19 § 1) diese Mittelinstanzen im Interesse der Förderung interpfarrlicher Zusammenarbeit erhalten wissen. Die geistlichen Vorsteher dieser Bezirke (Dekanate) sollen vom Bischof auf Zeit bestellt werden, doch wird betont, daß der Bischof sie jederzeit frei abberufen kann.

Gemeinrechtlich werden die Dekane vom Bischof ernannt (c. 446 § 2 CIC).[79] Partikularrechtlich — teilweise auf Gewohnheitsrecht gründend — sind in den deutschen Diözesen verschiedene Mischformen von Mitwirkungsmöglichkeiten für die Geistlichen des betreffenden Dekanats vorgesehen: Vorschlagsrecht des Klerus und Ernennung von seiten des Bischofs[80] oder Wahl durch den Klerus und Bestätigung durch den Bischof.[81]

Dem Dekan kommen gemeinrechtlich bestimmte Aufsichts- und Dispensrechte zu (cc. 445—450 CIC). Ferner gehört es zu seinen Aufgaben (gegebenenfalls nach Beratung mit dem Presbyterrat und dem Pastoralrat seines Dekanats), Planungen und Entscheidungen des Bistums auf die lokale Situation anzupassen, für spezialisierte (überpfarrliche) Pastoralangebote zu sorgen und die Arbeit der nachgeordneten pastoralen Strukturen (Pfarreien und Pfarrverbände) zu koordinieren (Gemeinsame Synode: Rahmenordnung für die pastoralen Strukturen II 2).

Der Dekan führt ein eigenes Siegel und wird nach gewohnheitsrechtlichen Partikularnomen von Definitoren und einem Kämmerer (für die Vermögensverwaltung) unterstützt.

3.3.2.1. Regionaldekane

Wo es sachlich geboten und notwendig erscheint, können mehrere Dekanate zu einer *Region* zusammengefaßt werden. Sie soll einen Raum umfassen, der aufgrund kultureller oder gesellschaftlicher Einheitlichkeit gemeinsame pastorale Bemühungen erheischt. Die Region ist eine koordinierende Instanz zwischen den Dekanaten und dem Bistum.

[79] W. Astrath (Wahl oder Ernennung des Dechanten?: AKathKR 137, 1968, 524—530) hat mit guten Gründen darauf hingewiesen, daß der Gesetzgeber mit dem Begriff „eligere" sich nicht festgelegt hat, *wie* das Amt des Dekans vom Bischof zu verleihen ist. Der bischöflichen Ernennung bzw. Bestätigung kann somit durchaus eine Wahl durch den Klerus des Dekanats vorausgehen.

[80] *Limburg* (KABl. v. 30. 12. 1969, 98—99) und *München* (KABl. v. 16. 1. 1967) sprechen zwar einerseits von *Wahl* durch das Presbyterium, andererseits jedoch von *Ernennung* durch den Bischof. Dabei wird ausdrücklich festgestellt, daß der Bischof, falls das „Ergebnis der Wahl" (München) bzw. „der Gewählte" (Limburg) nicht den Anforderungen des Amtes entsprechen, frei entscheiden kann, wobei Limburg als Alternative noch die Anordnung einer Neuwahl vorsieht.

[81] So beispielsweise in *Mainz* (KABl. v. 1. 8. 1970, 55ff.) und *Rottenburg* (KABl. v. 17. 11. 1967, 143—144; neue Fassung v. 28. 2. 1973, 251—252).

An ihrer Spitze steht in der Regel der auf Zeit gewählte und vom Bischof ernannte bzw. bestätigte *Regionaldekan.* Im Auftrag des Bischofs leitet er im Zusammenwirken mit dem Regionalpastoralrat oder einer Arbeitskonferenz die Pastoralarbeit der Region und koordiniert jene Aufgaben, die über ein Dekanat hinausgreifen (Gemeinsame Synode: Rahmenordnung für die pastoralen Strukturen III 2. 2.).

In manchen Diözesen steht den Regionen je ein Regionalbischof vor (z.B. München—Freising), in anderen ist überdies je ein Domkapitular/Ordinariatsrat Beauftragter des Bischofs für eine jede Region (z.B. Stuttgart—Rottenburg).

Die Dekane bzw. Regionaldekane sind im Rahmen ihres Auftrags dem Bischof für die pastoralen Dienste in ihrem Amtsbereich verantwortlich. Sie haben ihm regelmäßig zu berichten. Für die beim Dekanat bzw. bei der Region angestellten Mitarbeiter sind sie die Dienstvorgesetzten.

3.3.2.2. Schuldekane

In den meisten deutschen Diözesen gibt es für den Bereich des schulischen Religionsunterrichtes eigene *Schuldekane.* Ihre Kompetenzen sind unterschiedlich geregelt. Zu Schuldekanen können meist auch nichtordinierte hauptamtliche und theologisch voll ausgebildete Religionslehrer gewählt werden. Der Schuldekan ist Beauftragter des Bischofs für die Glaubensunterweisung an allen Schulen des Dekanats. Er nimmt in der Regel „die Aufsicht über den Religionsunterricht“ entsprechend den staatlichen Schulordnungen im Auftrag der Kirche wahr.

3.3.3. Die Pfarrer

Das II. Vatikanische Konzil bezeichnet die Priester als „Gehilfen und Organe ihres Bischofs“, die ihn „in den örtlichen gottesdienstlichen Versammlungen gleichsam gegenwärtig machen“ (Dogm. Konst. LG 28). Darum bilden sie, wie das Dekr. CD sagt, mit dem Bischof „ein Presbyterium und eine Familie, deren Vater der Bischof ist“ (28).

Den *Pfarrern,* die einer bestimmten Ortsgemeinde auf Dauer vorstehen und sie unter der Autorität des Bischofs leiten (Dekr. CD 30), kommt dabei unter rechtlichen Gesichtspunkten besondere Bedeutung zu; allerdings fällt auf, daß das *II. Vatikanum* diesbezüglich recht wenig sagt, sich vielmehr mit der Darstellung eines patriarchalischen Grundmusters und der Feststellung ihres inferioren Ranges gegenüber den Bischöfen begnügt (Dekr. CD 30 Ziff. 1—2).

Das *kirchliche Gesetzbuch* bestimmt, daß jede Diözese in verschiedene Sprengel unterteilt werden *muß,* die jeweils von einem konkreten gläubigen *Volk,* einem *Gotteshaus* und einem vom Bischof bestellten *Priester* gebildet werden (c. 216 § 1 CIC). Der eine solche Teilkirche pastoral betreuende und unter der bischöflichen

Autorität verantwortlich leitende Presbyter führt den Titel „Pfarrer" (parochus) (c. 451 § 1 CIC). Es kann nach kanonischem Recht für jede Pfarrei nur *einen* Pfarrer geben, denjenigen Priester nämlich, der auf den Titel der Pfarrkirche angestellt und Inhaber des Benefiziums ist. Allerdings kann nach geltendem Recht auch eine juristische Person (Kapitel oder Kloster, Universität u. ä.) Pfarrer (parochus habitualis) im Rechtssinne sein. Die juristische Person bedarf allerdings eines Priesters, der als sogenannter „parochus actualis", als Pfarrvikar, die pfarrlichen Aufgaben wahrnimmt (c. 471 § 1 CIC). Diese Form des Pfarrer-Seins dürfte mit der Revision des kirchlichen Gesetzbuches der Geschichte angehören, aus der sie allein zu erklären ist.

Zum Pfarrer kann *nur ein Priester* bestellt werden (c. 453 § 1 i. V. m. c. 154 u. c. 1474 CIC). In der Regel wird der Pfarrer vom Ortsbischof frei ernannt, sofern nicht kraft rechtmäßiger Gewohnheit Wahl- oder Präsentationsrechte bestehen (cc. 455—457 CIC). Diese Rechte sollen zwar abgeschafft werden, bestehen jedoch grundsätzlich solange fort, bis sie (einvernehmlich) aufgehoben werden. Auch bei einer „gebundenen Verleihung" bleibt dem Ortsbischof das kanonische Verleihungsrecht. Der ernannte Pfarrer erlangt die pfarrliche Gewalt erst durch die Amtseinweisung (Investitur) seitens des Bischofs (c. 461 CIC).

Bezüglich der *Eignung* der Kandidaten für das Pfarramt und der *Kompetenz* des Bischofs zur Ein- und Absetzung von Pfarrern bestimmt das Dekr. CD folgendes:

„Bei der Beurteilung der Eignung eines Priesters für die Leitung einer Pfarrei berücksichtige der Bischof nicht nur dessen Wissen, sondern auch seine Frömmigkeit, seinen Seelsorgseifer und die übrigen Begabungen und Eigenschaften, die für die rechte Ausübung der Seelsorge erforderlich sind.

Der einzige Sinn des pfarrlichen Dienstes besteht im Heil der Seelen. Damit nun der Bischof bei der Verleihung von Pfarreien leichter und angemessener vorgehen kann, sollen unter Wahrung des Rechts der Ordensleute alle Vorschlags-, Ernennungs- und Vorbehaltsrechte sowie das Gesetz des allgemeinen oder des besonderen Pfarrkonkurses, wo es in Geltung ist, abgeschafft werden.

Die Pfarrer aber sollen sich in ihrer jeweiligen Pfarrei jener Festigkeit im Amt erfreuen, die das Seelenheil erfordert. Die Unterscheidung zwischen absetzbaren und unabsetzbaren Pfarrern wird daher abgeschafft, und die Verfahrensweise bei der Versetzung und Absetzung von Pfarrern soll überprüft und vereinfacht werden. So kann der Bischof besser den Erfordernissen des Seelenheiles Rechnung tragen, wobei er freilich die natürliche und die kanonische Billigkeit wahren muß.

Pfarrer jedoch, die wegen zunehmenden Alters oder aus einem anderen schwerwiegenden Grund gehindert sind, ihr Amt recht und fruchtbar auszuüben, werden dringend gebeten, von sich aus oder auf Einladung des Bischofs auf ihr Amt zu verzichten. Der Bischof soll für einen angemessenen Unterhalt der Verzichtleistenden sorgen." (31)

Damit weist das *II. Vatikanische Konzil* selbst alle Überlegungen, die Gemeinde am Vorgang der Bestellung eines Pfarrers zu beteiligen, eindeutig zurück.

Das bisherige *kanonische Recht* hat als große Leistung der Rechtsidee die Unabsetzbarkeit des Inhabers eines Benefiziums entwickelt (vgl. oben 2.2.5.). Deshalb konnte ein Pfarrer von seiner Pfarrei nur aufgrund schwerer Vergehen und nach durchgeführtem förmlichem Verfahren (gem. cc. 2747—2156 bzw. 2186—2194 CIC) abgesetzt oder versetzt (cc. 2162—2167 CIC) werden. Das *II. Vatikanische Konzil*, das bezüglich der Bischöfe so hehre Worte gefunden hat, macht mit den Pfarrern entgegen einer beachtlichen Rechtstradition buchstäblich „kurzen Prozeß“: Der Bischof kann nun jeden Pfarrer „von seiner Pfarrei rechtmäßig abberufen, wann immer sein Dienst, auch ohne schwere Schuld seinerseits, aus einem der im Recht angeführten Gründe oder einem ähnlichen Grunde nach dem Urteil des Bischofs nachteilig oder auch nur unwirksam wird“ (MP Eccl. Sanctae I 20 § 1). — Das bedeutet: Jeder Pfarrer leitet nur ad nutum episcopi seine Pfarrei; er kann aus jedem Grunde und zu jeder Zeit abberufen werden. Ausdrücklich wird bestimmt, daß immer dann, wenn das Heil der Seelen oder der *Nutzen* der Kirche es verlangten, der Bischof auch einen Pfarrer, der seine Pfarrei gut und mit Erfolg leitet, auf eine andere Pfarre oder zu jedem anderen kirchlichen Amt versetzen kann (MP Eccl. Sanctae I 20 § 2).

Damit hat auch das kanonische Recht die Abkehr vom individuell-subjektiven Recht im Bereich des kirchlichen Amtsrechts vollzogen. Das ist sachlich zweifellos angemessen. Problematisch dürfte es jedoch auf dem Hintergrund der oben dargestellten patriarchalischen Vorstellungen sein, denn es sind gemeinrechtlich keinerlei Vorkehrungen gegen Willkürakte des Bischofs vorgesehen, mit denen das bisherige kanonische Recht dank einer langen Erfahrung realistisch gerechnet hatte. Es zeigt sich, daß geistliche und ideologische Annahmen einer Rechtsordnung und damit auch den Gewaltunterworfenen zum Nachteil gereichen. Denn Rechtsordnungen werden nicht für den Ideal-, sondern für den Konfliktfall gemacht. Zwar ist der Bischof gehalten, ein gewisses Mindestverfahren zu beachten und im Hauptverfahren zwei Synodalexaminatoren zu hören (c. 2159 CIC), doch gibt es gegen die Entscheidung des Bischofs kein anderes Rechtsmittel als den Rekurs (ohne aufschiebende Wirkung) an den Heiligen Stuhl.

Wenn auch das Amt des Pfarrers grundsätzlich auf Dauer übertragen wird, so sind doch alle Pfarrer *gebeten* (rogantur), nicht später als mit Vollendung des 75. Lebensjahres von sich aus ihrem Bischof den Verzicht auf ihr Amt anzubieten. Der Bischof ist gehalten, für ihren angemessenen Unterhalt und Wohnung zu sorgen (MP Eccl. Sanctae I 20 § 3). Wenn ein Pfarrer die Altersgrenze erreicht hat und einer Aufforderung des Bischofs, auf sein Amt zu verzichten, nicht nachkommt, kann ihn der Bischof nicht einfach absetzen, sondern muß das eben erwähnte Verfahren durchführen (Antwort der *Kommission zur Interpretation der Dekrete des II. Vatikanischen Konzils* vom 7. 7. 1978).

Amtsrechte: „Der Pfarrer leitet die Pfarrgemeinde kraft seiner Weihe und seiner Beauftragung durch den Bischof. Er nimmt die Leitungsaufgabe im Zusammenwirken mit dem Pfarrgemeinderat wahr. ... Der Pfarrer ist Vorgesetzter der für die Pfarrgemeinde angestellten Mitarbeiter“ (Gemeinsame Synode: Rahmenordnung für die pastoralen Strukturen III 1.1.2). Er hat darum kraft seines Amtes ordentliche Jurisdiktionsgewalt für die Eheassistenz und die Verwaltung des Bußsakramentes. Eine Reihe von Funktionen sind ihm (persönlich) vorbehalten, so u. a. die Eheassistenz, die Beerdigung, die Taufwasserweihe und feierliche Segnungen außerhalb der Kirche (c. 462 CIC).

Der Pfarrer ist rechtlich verpflichtet, die üblichen Gottesdienste zu halten, die Sakramente zu spenden, die Pfarrangehörigen und insbesondere die Armen, Kranken und Sterbenden zu betreuen sowie besonders die Jugend zu unterweisen (c. 467

CIC). Er führt das Pfarrsiegel (c. 470 § 4 CIC) und hat die Pfarrbücher (Taufbuch, Firmregister, Ehe- und Sterbematrikel sowie die Pfarrkartei) auf dem laufenden zu halten (c. 470 §§ 1—3 CIC).

Er hat Recht und Pflicht zu Verwaltung seiner Pfründe und das Recht, ihre Reichnisse zu genießen. Heute beziehen die Pfarrer allerdings ebenso wie alle anderen Geistlichen ein der staatlichen Beamtenbesoldung angeglichenes *Gehalt.* Die Pfründvermögen werden meist zentral von der Diözese treuhänderisch verwaltet. Außerdem kommen dem Pfarrer für bestimmte Akte (z.B. Spendung von Sakramenten) die Stolgebühren (Stolarien) zu, auch dann, wenn diese Handlungen von anderen (Geistlichen) vorgenommen wurden (c. 463 CIC).

Außerdem ist der Pfarrer an bestimmten Feiertagen und an allen Sonntagen verpflichtet, eine heilige Messe für seine Pfarrangehörigen zu *applizieren* (c. 466 § 1 CIC präzisiert durch Dekret der Kleruskongregation vom 25. 7. 1970). Aus dem Wesen des Pfarramtes ergibt sich, daß der Pfarrer — außer während des regulären Urlaubs — zur Anwesenheit in seiner Pfarrei rechtlich verpflichtet ist (Residenzpflicht).

Eine rechtliche Sonderform des Pfarrers stellen *die ständigen Pfarrvikare* gemäß c. 451 § 2 n. 2 CIC als Inhaber einer vicaria perpetua dar. Der ständige Pfarrvikar besitzt nicht ordentliche Gewalt wie der Pfarrer, sondern leitet im Namen des Bischofs einen bestimmten Seelsorgebezirk, der noch nicht förmlich zur Pfarrei erhoben worden ist. Inhaltlich jedoch besitzt er volle pfarrliche Rechte.

Für öffentliche Gotteshäuser (Kirchen oder Kapellen), die nicht Stifts- oder Pfarrkirchen sind und die auch nicht mit einer Religiosengemeinschaft verbunden sind, muß vom Bischof jeweils ein Presbyter als *Kirchenrektor* (rector ecclesiae) bestellt werden (cc. 479—485 CIC). Dieser ist insbesondere für die rechtmäßige Durchführung von Gottesdiensten in der Kirche verantwortlich. Die sogenannten „Hausgeistlichen" sind in der Regel nicht Kirchenrektoren im strengen Sinn; für sie gelten Sonderregelungen (des Ordensrechts).

Auch die Leitung religiöser Gruppen ist unter den heutigen gesellschaftlichen Gegebenheiten weithin *bürokratisiert* worden. Die zahlenden „Seelen" werden verwaltet. Die dazu notwendigen Verwaltungsaufgaben sollen von geeigneten Mitarbeitern übernommen werden, damit die Pfarrer nicht durch die Überzahl der Verwaltungsaufgaben von ihren eigentlichen Diensten abgehalten werden. Die Gemeinsame Synode will darum, daß der „Pfarrer und alle Mitarbeiter im unmittelbaren pastoralen Dienst ... von Verwaltungsaufgaben möglichst zu entlasten" sind (Rahmenordnung für die pastoralen Strukturen III 1.1.3.).

3.3.4. Die Hilfspriester

Von den ständigen Pfarrvikaren oder Pfarrverwaltern sind diejenigen Vikare, Kooperatoren oder Kapläne zu unterscheiden, die unselbständig arbeiten und einem Pfarrer zur Ausbildung oder zur Hilfe beigegeben sind. In der gegenwärtigen

Situation des „Priestermangels" können nur unter besonderen persönlichen und sachlichen Voraussetzungen junge Priester, meist allein zur Ausbildung (d. h. bis zur zweiten Dienstprüfung) einigen Pfarrern als Cooperatores (Mitarbeiter) oder Kapläne beigegeben werden.

In manchen Diözesen tragen diejenigen Geistlichen, die die zweite Dienstprüfung noch nicht abgelegt haben, die Amtsbezeichnung „Vikar". Ihre Rechte und Pflichten sind diözesanrechtlich jeweils in einem Vikarsstatut festgelegt.

In letzter Zeit hat es sich eingebürgert, Geistlichen, die vom Bischof mit Sonderaufgaben betraut sind, den Titel „Pfarrer" zu verleihen (etwa Industriepfarrer, Jugendpfarrer, Schulpfarrer, Pfarrer für Sonderseelsorge u. dgl.). Dies sind meist reine Titulaturen, mit denen keine pfarrliche Gewalt im Vollsinne übertragen wird. Wegen der Eigenverantwortlichkeit ihres Auftrags sind sie allerdings auch keineswegs „Hilfspriester", sondern Mitarbeiter des Bischofs in einem überpfarrlichen Amt; deshalb dürfte es angebracht sein, daß sie den allgemein gebräuchlichen Seelsorgertitel „Pfarrer" tragen.

3.3.5. Die nichtordinierten Mitarbeiter

Die traditionellen Dienste der Laien im kirchlichen Dienst beschränkten sich — außer auf Hilfsdienste, wie Sammlungen und Hausbesuche — auf die Tätigkeit als Haushälterinnen in den Pfarrhäusern, als Mesner, Organisten, Chorleiter und allenfalls später als Erzieherinnen in Kindergärten und als Pfarrsekretärinnen.

Aufgrund der Komplexität der modernen Gesellschaft jedoch mußten sowohl die pastoralen Methoden differenziert als auch die Mitarbeiter spezialisiert eingesetzt werden. Das erforderte die Mitarbeit zahlreicher nichtordinierter Kräfte (Pfarrschwestern, Aktuare, Religionslehrer u. ä.). Nicht zuletzt aufgrund der gesellschaftlich und arbeitspolitisch bedingten Stagnation der Zahl des Priesternachwuchses in den letzten Jahrzehnten mußten auch viele Aufgaben im eigentlichen Pastoraldienst theologisch ausgebildeten Laien haupt- oder nebenberuflich übertragen werden. Diese Laien nehmen nicht nur kraft ihres „allgemeinen Priestertums aller Gläubigen" an der Sendung der Kirche teil, vielmehr stehen sie — in gestufter Weise — im amtlichen Auftrag der Kirche den ordinierten Mitarbeitern des Bischofs zur Seite. Ihre Zahl hat in den letzten 15 Jahren ständig, wenn auch nicht in allen Diözesen gleichmäßig, zugenommen.

Es üben somit haupt- oder nebenberuflich angestellte „Laien" eine Reihe gewichtiger pastoraler Dienste aus: Insbesondere arbeiten sie im Religionsunterricht, in der Gemeindekatechese, der Verkündigung, der Jugendunterweisung, der Erwachsenenbildung sowie in sozialen und karitativen Aktivitäten mit. Das führte dazu, daß die kirchlichen Behörden sich genötigt sahen, ihre Arbeit, die Einstellungsvoraussetzungen und Arbeitsbedingungen einläßlicher zu regeln.

3.3.5.1. Aufgabe und Verwendung

Die *Gemeinsame Synode* hat in ihrem Beschluß über ›Die pastoralen Dienste in der Gemeinde‹ gewisse Richtlinien aufgestellt über Verwendung und Art des Dienstes der „Laien" sowie über die notwendigen Ausbildungsvoraussetzungen.

In bestimmten Funktionen nehmen diese „Laien" am amtlichen Auftrag der Kirche teil. Da „Gemeindeleitung" im eigentlichen Sinn die Feier der Eucharistie einschließt und deswegen nur einem Priester übertragen werden kann, können „Laien" nicht Gemeindeleiter werden (Die pastoralen Dienste 3.3.1).

Diese sehr allgemein gehaltenen Grundsätze sind von der Deutschen Bischofskonferenz in einem ›Rahmenstatut für Pastoralreferenten‹ (von 1978) und in einer ›Rahmenordnung für die Ausbildung, Berufseinführung und Fortbildung der Pastoralreferenten‹ (von 1979) sowie durch ›Richtlinien über persönliche Anforderungen an Diakone und Laien im pastoralen Dienst im Hinblick auf Ehe und Familie‹ (von 1978) fortgeschrieben und präzisiert worden. Die einzelnen Diözesen haben darüber hinaus entsprechende Detailrichtlinien erlassen.

Bezeichnend dürften darin die restriktiven Tendenzen sein. So bestimmt das Rahmenstatut, „daß nicht durch eine Kumulierung von Aufgaben des kirchlichen Amtes" — es müßte richtiger des hierarchischen Amtes heißen — „bei einem Pastoralreferenten das Spezifische seines Berufes und Dienstes verdeckt wird" (Rahmenstatut 6.1.). Darum wird funktional sinnwidrig, aber politisch konsequent verfügt, daß „in der Zeit des Priestermangels" für Bezugspersonen in Gemeinden, für die kein eigener Priester am Ort zu Verfügung steht, zunächst ehrenamtliche Kräfte herangezogen werden sollen. Höchstens neben diesen „kann auch ein hauptberuflich im pastoralen Dienst tätiger Laie mit dieser Funktion betraut werden; auf jeden Fall soll die Verbindung zum Pfarrer der größeren pastoralen Einheit nicht von einem allein, auch nicht vom Pastoralreferenten allein, sondern durch Teilaufträge von mehreren geeigneten Laien aufrechterhalten werden. Die Weise wie der Priester und die Bezugspersonen ihren Dienst ausüben, muß auch im Bewußtsein der Gemeinde deutlich werden lassen, daß die Leitung der Gemeinde beim Pfarrer liegt" (Rahmenstatut 6.2.). — Das ist eindeutig und bedarf keiner weiteren Erläuterung.

Was schließlich die Beauftragung von Laien zum Religionsunterricht an öffentlichen und privaten Schulen betrifft, so ist sie grundsätzlich durch Beschluß der Deutschen Bischofskonferenz vom 22./25.9.1969 über die Erteilung der Missio canonica bzw. Verleihung des „Diploms für laienapostolische Arbeit" geregelt; in den einzelnen Diözesen sind dazu teilweise einläßliche Verordnungen ergangen. Die Beauftragung ist an bestimmte ausbildungs- und glaubensmäßige Voraussetzungen geküpft. Oft sind dafür eigene bischöfliche Kommissionen als Prüfungs- und Empfehlungsinstanzen eingesetzt.[82]

[82] So beispielsweise gem. den ›Richtlinien der nordrhein-westfälischen Diözesen‹ v. 16. 6. 1971 über die Erteilung der Missio canonica an Laien: AKathKR 140, 1971, 211—213.

Unter gewissen Voraussetzungen, die von der Gemeinsamen Synode näherhin umschrieben worden sind und bei Wahrung der Präponderanz der geweihten Amtsträger hat die Deutsche Bischofskonferenz aufgrund eines Reskriptes der Kongregation für den Klerus vom 20. 11. 1973 Richtlinien für die Beteiligung von Laien an der Verkündigung (vom 7. 3. 1974) erlassen. *Laien* können *nur in außerordentlichen Fällen* zum Dienst der Verkündigung zugelassen werden. Ein außerordentlicher Fall im Sinne der Richtlinien liegt dann vor, wenn es dem eucharistiefeiernden Priester „physisch oder moralisch unmöglich ist", die Predigt selbst zu halten und kein anderer Geistlicher zur Verfügung steht oder wenn für eine Predigt zu besonderem Anlaß ein Laie mit spezieller Fähigkeit vorhanden ist, dessen Ansprache für nützlich gehalten wird. Ob ein solcher Fall jeweils vorliegt, entscheidet der Bischof. Der Bischof gibt auch — für den Einzelfall oder „auf Zeit" — die amtliche Beauftragung. Für eine Beauftragung „auf Zeit‘ ist immer eine theologische wie homiletische Ausbildung und ein christliches Leben in Übereinstimmung mit dem Lehramt der Kirche Voraussetzung.

Unter gewissen Bedingungen können aufgrund eines Beschlusses der Deutschen Bischofskonferenz vom September 1969 (approbiert von der Kongregation für den Klerus am 13. 11. 1969) Laien auch zur *Austeilung der Heiligen Kommunion* ermächtigt werden. Diesen Dienst können geeignete Personen (Ordensbrüder und Ordensschwestern, Männer und Frauen) übernehmen, „die dazu vom Bischof durch namentliche Benennung und eine ausdrückliche Beauftragung ermächtigt worden sind". Voraussetzung ist eine hinreichende Einführung „nicht nur hinsichtlich des praktischen Vollzugs, sondern vor allem auch in bezug auf die religiöse Bedeutung" (Erlaß vom 16./19.2.1970).

3.3.5.2. Lebensgestaltung

Wer einen pastoralen Dienst übernimmt, wird von der Kirche verpflichtet, „sich grundsätzlich mit der Kirche und ihrer Lehre zu identifizieren" (Gemeinsame Synode: Die pastoralen Dienste 3.4.1.). Eine Einstellung zu Ehe und Familie, die in Widerspruch zu den Grundsätzen der katholischen Kirche steht, mache den pastoralen Dienst unglaubwürdig und unfruchtbar. Darum hat die Deutsche Bischofskonferenz am 1. 5. 1978 vom Heiligen Stuhl approbierte ›Richtlinien über persönliche Anforderungen an Diakone und Laien im pastoralen Dienst im Hinblick auf Ehe und Familie‹ erlassen.

Danach wird in den kirchlichen Dienst *nicht* übernommen bzw. in ihm nicht geduldet:

— Wer ohne kirchlich gültige Eheschließung eheähnlich zusammenlebt,

— wer in einer religionsverschiedenen Ehe lebt bzw. eine solche eingehen will. Wer bislang schon in einer konfessionsverschiedenen Ehe lebt, kann nur dann im pastoralen Dienst weiter beschäftigt werden, wenn der Ortsordinarius glaubt, dies „unter Abwägung aller pastoralen Momente" tolerieren zu können,

— wer seine Kinder nicht katholisch taufen läßt und nicht im katholischen Glauben erzieht,

— wer geschieden ist.

Auch bei bereits bestehendem Arbeitsverhältnis liegt es im Ermessen des Ordinarius, die Zustimmung zu versagen. Dies hat dann die Kündigung zur Folge.

Damit ist die zeitweise nachsichtige Haltung einiger Diözesanleitungen in der Frage der konfessionsverschiedenen Ehe eines im pastoralen Dienst stehenden Mitarbeiters auf eine konsequente Linie festgelegt worden. Doch auch andere Bedienstete kirchlicher Einrichtungen, vom Chefarzt eines Krankenhauses bis zur Kindergärtnerin, müssen sich im Arbeitsvertrag ähnlichen Abmachungen unterwerfen.

3.3.5.3. Die Aus- und Weiterbildung

›Die Rahmenordnung für die Ausbildung, Berufseinführung und Fortbildung von Pastoralreferenten‹ (vom 8. 3. 1979) schließlich regelt die Bildungsphasen für Pastoralreferenten einläßlich:

Die *erste* Phase dient dem wissenschaftlichen Studium und der geistlichen Reifung. Sie wird durch die erste Dienstprüfung (Diplom) und die Übernahme in den kirchlichen Ausbildungsdienst abgeschlossen.

Die *zweite* Phase dauert drei Jahre und stellt die praktische Berufseinführung dar. Sie wird mit der zweiten Dienstprüfung abgeschlossen.

Die *dritte* Phase umfaßt die gesamte Dienstzeit nach der zweiten Dienstprüfung und dient vor allem dem Austausch und der gemeinsamen Reflexion über die in der Praxis gewonnenen Erfahrungen.

3.3.5.4. Arbeitsrechtliche Mitwirkungsgremien

Der *deutsche Gesetzgeber* war bemüht, den Mitarbeitern besonders in den sie betreffenden Fragen gewisse Mitsprache- und Mitwirkungsrechte in den Betrieben zu sichern.[83] Das Betriebsverfassungsgesetz von 1972, das jenes von 1952 ablöste, bestimmt, daß in Betrieben mit „mindestens fünf ständigen wahlberechtigten Arbeitnehmern ... Betriebsräte gewählt“ werden müssen (§ 1 BetrVerfG). Bestimmte Unternehmen, die unmittelbar und überwiegend politischen, koalitionspolitischen, konfessionellen, karitativen, erzieherischen, wissenschaftlichen oder künstlerischen Bestimmungen oder Zwecken der Berichterstattung oder Meinungsäußerung dienen, sind als sogenannte „Tendenzbetriebe“ insoweit von den Vorschriften dieses Gesetzes ausgenommen, als die Eigenart des Unternehmens dem entgegensteht (§118 Abs. 1 BetrVerfG).

[83] Vgl. R. A. Strigl, Kirchliches Dienstrecht: Ex aequo et bono, 531—544.

Die *Religionsgemeinschaften* jedoch und ihre karitativen und erzieherischen Einrichtungen unterliegen unbeschadet ihrer Rechtsform diesem Gesetz nicht (§ 118 Abs. 2 BetrVerfG)! Das bedeutet: Die Landeskirchen, Diözesen und andere juristische Personen der Religionsgesellschaften mit allen ihren pflegerischen und erzieherischen Einrichtungen (Krankenhäusern, Altenheimen, Kindergärten, Privatschulen u. dgl.) brauchen die gesetzlichen Vorschriften bezüglich der Mitwirkung ihrer Bediensteten bei der Entscheidung bestimmter innerbetrieblicher Vorgänge nicht zu beachten.

Nun ist es zweifellos ein kurioser Gedanke, sich die Jünger Jesu oder die iro-schottischen Mönche „gewerkschaftlich" organisiert, in Betriebs- oder Personalräten zusammengefaßt und mit geregelter Arbeitszeit vorstellen zu sollen. Allein ein solch anachronistischer Verweis trifft in mehrfacher Hinsicht nicht:

1. Gerade unter dem Einfluß germanischen Rechtsdenkens haben sich in den kollegialen kirchlichen Strukturen sowohl bei den Weltgeistlichen (in den Kapiteln) als auch bei den Ordensleuten (in den Konventen) beachtliche Mitwirkungs-, ja Mitregierungsmodelle entwikkelt. Sie fallen heute nur deshalb nicht auf, weil sie systemimmanent wirken.

2. Die Kirche in der Bundesrepublik Deutschland ist aufgrund ihrer Finanzkraft und dank einer ungemein freundlichen Subventionspolitik des Staates einer der größten Arbeitgeber. In manchen Bereichen der Sozialarbeit kommt den Kirchen insgesamt eine beinahe monopolähnliche Stellung zu.

3. Darüber hinaus haben sich die gesellschaftlichen Zusammenhänge derart gewandelt, daß auch ein opferbereiter Mensch auf bestimmte Sicherungen für Krankheit, Alter und Tod bedacht sein muß, soll nicht die Allgemeinheit dafür herangezogen werden.

Darum ist es gesellschaftspolitisch überaus problematisch, wenn Hunderttausende von Arbeitnehmern keinerlei *gesetzlich festgelegte* tarifpolitische und mitwirkende Arbeitnehmervertretung besitzen. Da *Ordensangehörige* und *Priester* (als Quasi-Kirchenbeamte) ohnedies nicht unter das Betriebsverfassungsgesetz fallen würden,[84] ist es grundsätzlich nicht sinnwidrig und unsachgemäß, wenn der Gesetzgeber die Kirchen von der Geltung des Betriebsverfassungsgesetzes bzw. der Personalvertretungsgesetze des Bundes und der Länder ausgenommen hat, sofern sie für eine dem Personalvertretungsgesetz nachgebildete, aber ihrem Selbstverständnis entsprechende Repräsentanz sorgen.

Mit Rücksicht auf die *Novellierung* des ›Betriebsverfassungsgesetzes‹ sowie der ›Personalvertretungsgesetze‹ wurde vom „Verband der Diözesen Deutschlands" die kirchliche ›Mitarbeitervertretungsordnung‹ von 1972 am 1. 1. 1978 neu geordnet. — Danach vollzieht sich die Mitwirkung der Mitarbeitervertretung in folgenden Formen (§ 18 Abs. 2).:

„Information,

Anhörung zu Maßnahmen des Dienstgebers,

[84] Keine Arbeitnehmer im Sinne dieses Gesetzes sind: „Personen, deren Beschäftigung nicht in erster Linie ihrem Erwerb dient, sondern vorwiegend durch Beweggründe karitativer oder religiöser Art bestimmt ist" (§ 5 Art. 2 Ziff. 3 Betr.VerfG). Das trifft grundsätzlich auf alle Ordensangehörigen zu. Aber auch die „Priester" würden als Quasi-Kirchenbeamte (gem. § 130 BetrVerfG) nicht unter dieses Gesetz fallen.

Vorschlagsrecht und Antragsrecht der Mitarbeitervertretung,
Beteiligung an Entscheidungen des Dienstgebers."

Insgesamt räumt die am Personalvertretungsrecht des Bundes und der Länder orientierte ›Mitarbeitervertretungsordnung‹ den Mitarbeitervertretungen geringere Mitwirkungsmöglichkeiten als die staatlichen Gesetze ein. Besonders gravierend dürften folgende Abweichungen von den staatlichen Regelungen sein:

1. Daß die kirchlichen Mitarbeitervertretungen bei Kündigungen zu den Maßnahmen des Dienstgebers nur „gehört" werden müssen, wenn auch unter der Androhung der Unwirksamkeit für den Fall der Nichtanhörung (§ 20 der Rahmenordnung der Mitarbeitervertretungsordnung).

2. Eine Teilnahme von Vertretern der Gewerkschaften oder (kirchlicher) Berufsverbände an den Sitzungen der Mitarbeitervertretungen ist in keinem Fall vorgesehen und folglich auch nicht zulässig.

3. Vor allem bezüglich der Arbeitsvertrags- und Tarifgestaltung kommt den Mitarbeitervertretungen keine Kompetenz zu. Das bedeutet, daß die Inhalte der Arbeitsverträge ebenso wie die Besoldungsfragen einseitig vom Dienstgeber bestimmt werden. Da dieses Verfahren heftig kritisiert wird und gesellschaftspolitisch nicht weiterhin durchzuhalten ist, zumal die Gewerkschaften sich angeboten haben, den unzufriedenen kirchlichen Bediensteten beizustehen, haben die einzelnen Diözesen „Kommissionen des Dienst- und Arbeitsvertragsrechts" geschaffen bzw. planen ihre Einrichtung.

Die Kommission soll bei der Gestaltung des Dienst- und Arbeitsvertragsrechtes des Bistums, der Kirchengemeinden und aller kirchlichen Stiftungen, der Verbände von Kirchengemeinden und aller Einrichtungen des Deutschen Caritasverbandes sowie aller anderen kirchlichen Einrichtungen des öffentlichen wie des privaten Rechts mitwirken. Sie soll von der Dienstgeber- und der Mitarbeiterseite paritätisch besetzt sein. Die Vertreter des Dienstgebers werden vom Generalvikar berufen, die der Mitarbeiter werden nach Sachbereichen aufgrund eines Wahlmännerverfahrens gewählt. Der Bischof ist allerdings an die Beschlüsse dieser Kommission nicht gebunden.

3.3.5.5. Situation der nichtordinierten Mitarbeiter

Soziologisch ist das Phänomen des Rückgriffs auf nichtordinierte Mitarbeiter in der katholischen Kirche aus vielen Gründen interessant:

Einmal, weil alle kirchlichen Mitarbeiter letztlich als Gehilfen des Bischofs bzw. als Gehilfen der Priester, der eigentlichen Mitarbeiter des Bischofs kraft ihrer Ordination, gesehen werden. Das bedeutet: Das Organisations- und Zuordnungsprinzip ist hierarchisch auf den Bischof hin zentriert. Die Mitarbeiter sind Gehilfen des Bischofs, nicht der Gemeinde als Volk Gottes. Diese theologisch immer wieder hervorgehobene Sichtweise drückt sich in den rechtlichen Strukturen aus.

Zum anderen ist wichtig zu sehen, wie ein gesellschaftlich asynchrones Herrschaftsmuster mittels einer nach Perfektion strebenden und starken Bürokratie — hierin also durchaus zeitkonform — versucht, neue Kader, die an der Herrschaft beteiligt werden wollen, in einer inferioren Gehilfen-Position zu halten. Obwohl die in einen neuen Status Drängenden sich auf theologisch-geistliche Grundsätze berufen (allgemeines Priestertum, Berufung aller Getauften zum Apostolat), erwachsen daraus deshalb keine ernsten Schwierigkeiten für die episkopal-klerikale Herrschaft, weil diese sich auch ihrerseits auf biblisch-geistliche Grundlagen beruft, etwa die Hirtenverantwortung, die Stellvertreterschaft u. a. Da sie außerdem über die notwendigen Informationsmöglichkeiten ebenso wie über politische und finanzielle Mittel, über eine zum Teil unterschwellig wirkende gesellschaftliche Bedeutung und damit über geistliche Macht verfügt, kann sie ihre Auffassung innerhalb des kirchlichen Gettos auch durchsetzen. Solange einerseits Taufe, Erstkommunion, kirchliche Hochzeit und kirchliches Begräbnis weithin begehrte Übergangsriten bleiben und andererseits die Kirche als Arbeitgeber zugleich auch gewisse Verhaltensweisen urgieren kann, ist die hierarchisch-klerikale Herrschaft gesellschaftlich abgesichert und deshalb auch mittels eigener Rechtsnormen wenigstens formal durchsetzbar.

Ferner dürfte *psychologisch* aufschlußreich sein, daß dies gegenwärtig aufgrund der allgemeinen geistigen und gesellschaftlichen Tendenzen und der ungesicherten wirtschaftlichen Lage möglich ist.

Rechtspolitisch beachtlich ist schließlich die Konsequenz, mit welcher die Administration die vagen aber wohlklingenden Worte des II. Vatikanischen Konzils und die Kompromißformulierungen der ›Gemeinsamen Synode‹ in eindeutige, die Praxis bestimmende Rechtsnormen präzisiert, die sowohl den neuen Bewerber als auch den bereits angestellten Mitarbeiter in ein strenges Reglement stellen. Nach den bisherigen Erkenntnissen der Institutions- und Herrschaftssoziologie dürfte, sofern nicht wesentlich neue gesellschaftliche, wirtschaftliche und politische Faktoren auftauchen, kaum daran zu zweifeln sein, daß das hierarchische System sich behaupten wird.

3.3.6. Die Pfarrverbände

Eine sachgerechte Pastoral und ein rationeller Einsatz von engagiertem Personal und hinreichenden Sachmitteln sind heute oftmals im begrenzten Raum einer Pfarrei nicht mehr möglich. Vielfach können die einzelnen Pfarreien diese unterschiedlichen Aufgaben nicht mehr allein bewältigen. „Je nach Siedlungsstruktur, Bevölkerungsdichte und Katholikenanteil sind die Erwartungen und Bedürfnisse der Menschen im Verflechtungsnahbereich nur dann erfüllbar und ihre aktive Beteiligung am kirchlichen Leben in der Pfarrgemeinde leichter zu erreichen, wenn große, nicht überschaubare Pfarrgemeinden untergliedert und Pfarrgemeinden zu Pfarrverbänden zusammengeschlossen werden." Aus diesem Grund sind sogenannte „Pfarrverbände" entwickelt worden. „Ein Pfarrverband ist ein Zusammenschluß rechtlich selbständig bleibender Pfarrgemeinden. Ihm werden durch Statut Aufgaben der Pfarrgemeinden zu gemeinsamer Erfüllung übertragen" (Gemeinsame Synode: Rahmenordnung für die pastoralen Strukturen III 1. 2). Die Pfarrverbände werden vom Bischof im Benehmen mit dem zuständigen Dekanat bzw. der Region nach Anhörung der betroffenen Pfarrgemeinden errichtet. Hauptsächliche Aufgaben eines solchen Verbandes sind die gemeinsame Planung, subsidiäre Hilfe und kooperative Organisation der pastoralen Arbeit. Dazu gehören beispielsweise Predigtplanung und Predigeraustausch, Abstimmung der Gottesdienstzeiten, Bildungsarbeit, ökumenische Kontakte und Informationsarbeit sowie auf Zielgruppen gerichtete Bemühungen.

In einer priesterlosen Gemeinde eines solchen Pfarrverbandes kann notfalls auch ein nichtordinierter Beauftragter bestellt werden, der die nichtpriesterlichen Funktionen übernimmt (vgl. jedoch oben 3.3.5.1.). — Die *Leitung des Pfarrverbandes* obliegt einem von der Pfarrverbandskonferenz für fünf Jahre gewählten Pfarrer als Pfarrverbandsvorsitzenden. Er bedarf der Bestätigung durch den Bischof und vertritt den Pfarrverband nach außen; er trägt die Verantwortung für die Durchführung der diesem Verband übertragenen Aufgaben und ist Vorgesetzter der von diesem angestellten Mitarbeiter.

Die anfallenden Aufgaben der *Mitverantwortung* werden von der *Pfarrverbandskonferenz* wahrgenommen. Ihr gehören alle im unmittelbaren pastoralen Dienst innerhalb des Pfarrverbandes stehenden Priester, Diakone und Laien sowie die Vertreter der einzelnen Pfarrgemeinderäte an. Arbeiten Ordensgemeinschaften im Pfarrverband mit, so haben auch sie eine Vertretung in dieser Konferenz.

Das traditionelle kanonische Recht kannte solche Verbände nicht. Sie stellen den Versuch der territorialen Kirchen dar, den gewandelten gesellschaftlichen Verhältnissen pastoral gerecht zu werden. Sie lassen die alte Pfarrstruktur grundsätzlich unangetastet, fassen sie jedoch zu größeren und darum kräftigeren Einheiten zusammen.

3.3.7. Der Pfarrgemeinderat

Für die Ebene des Bistums hat das *II. Vatikanische Konzil* verschiedene Gremien der Mitverantwortung konzipiert; als Beratungsorgane für den Bischof sind insbesondere der *Presbyterrat* und der *Pastoralrat* modellhaft beschrieben worden (bes. Dekr. CD 27; PO 7; AA 26).

Da jegliches *Apostolat der Kirche*, also auch das der Laien, unter der Leitung und Aufsicht des Bischofs steht, schloß das Konzil nicht aus, daß Gremien ähnlichen Charakters auch für den innerdiözesanen Bereich, also für Pfarrei, Dekanat und Region vom Bischof eingerichtet werden können. Wegen der sehr unterschiedlichen Situationen in verschiedenen Teilen der Weltkirche, aber auch um den Bischöfen möglichst wenig Vorschriften bezüglich der Organisation ihrer Diözesen zu machen, stellte das Konzil jedoch keine Grundsätze für diese Mitverantwortungsgremien auf. Den Bischöfen sollte es überlassen bleiben, wie sie zur Intensivierung ihres Hirtendienstes entsprechende Gremien auch auf den unteren Ebenen installieren wollten.

In *Deutschland* bestanden tatsächlich auf Pfarrebene bereits *kraft staatlicher Gesetze* sogenannte *„Kirchenvorstände"* (in Preußen bzw. in den preußischen Nachfolgestaaten: Preußisches Gesetz über die Verwaltung des katholischen Kirchenvermögens von 1924) bzw. „Kirchenverwaltungen" (so in Bayern, revidiert durch: Bayerisches Stiftungsgesetz von 1954) als Ortskirchensteuervertretungen. Bei diesen Kirchenvermögens- und Kirchensteuerorganen handelt es sich um gewählte Kollegialorgane zur Verwaltung des Vermögens der Kirchenstiftung und der Kirchengemeinde. Deshalb lag es nach dem II. Vatikanischen Konzil in den deutschen Diözesen nahe, auf Pfarrebene Mitverantwortungsgremien für allgemeine pastorale Fragen einzurichten. Diese *Pfarrgemeinderäte* (die verschieden bezeichnet werden) sind in den einzelnen Bistümern unterschiedlich strukturiert und haben auch entsprechend den staatskirchenrechtlichen Voraussetzungen unterschiedliche Kompetenzen. Nur in den Diözesen Limburg und Rottenburg wurde die Kirchenvermögensverwaltung voll in den Pfarrgemeinderat integriert.[85]

Die *Gemeinsame Synode* hat in ihrem Beschluß über die „Verantwortung des ganzen Gottesvolkes für die Sendung der Kirche" Grundsätze für Aufgabe, Aufbau und Arbeitsweise des Pfarrgemeinderates umschrieben und erwartet, daß alle Diözesen sich formal und inhaltlich diesen Vorstellungen angleichen. *Aufgabe* des Pfarrgemeinderates ist es, in allen Fragen, die die Pfarrgemeinde betreffen, je nach Sachbereichen und unter Beachtung diözesaner Regelungen beratend oder beschließend zu wirken. Insbesondere soll er den Pfarrer unterstützen und bei den Gläubigen das Bewußtsein für die Mitverantwortung wecken. Er hat Anregungen für die Gestaltung des Gottesdienstes zu machen und den diakonischen Dienst zu fördern, die Anliegen der Katholiken in der Öffentlichkeit zu vertreten und die Verantwortung der Gemeinde für die Gesamtkirche wachzuhalten.

Mitglied kann nur sein, wer das 16. Lebensjahr vollendet hat und in seinen kirchlichen Gliedschaftsrechten nicht behindert ist. Mitglieder jenes Gremiums des Pfarrgemeinderates, das für die Vermögens- und Finanzverwaltung zuständig ist, müssen volljährig sein. Der Pfarrgemeinderat besteht aus gewählten, berufenen und hinzugewählten Mitgliedern sowie Mitgliedern kraft Amtes. Mindestens zwei Drittel der Mitglieder sind unmittelbar und geheim zu wählen. Die Amtszeit des Pfarrgemeinderates beträgt vier Jahre.

Der *Pfarrer* ist Mitglied — in manchen Diözesen Vorsitzender — kraft Amtes. In jedem Fall trägt der Pfarrer die besondere Verantwortung

[85] Vgl. J. Neumann, Das synodale Prinzip bei diözesanen und pfarrlichen Gremien, 64—70.

— für die Einheit der Gemeinde und die Einheit mit dem Bischof,
— für die rechte Verkündigung,
— für die Feier der Liturgie und die Spendung der Sakramente.

„Erklärt der Pfarrer förmlich aufgrund der durch sein Amt gegebenen pastoralen Verantwortung und unter Angabe der Gründe, daß er gegen einen Antrag stimmen muß, so ist in dieser Sitzung eine Beschlußfassung nicht möglich. Die anstehende Frage ist im Pfarrgemeinderat in angemessener Frist erneut zu beraten. Kommt auch hier eine Einigung nicht zustande, kann die zu bildende Schiedsstelle angerufen werden" (Gemeinsame Synode: Verantwortung des ganzen Gottesvolkes III 1. 16. 8).

Außer dem Pfarrer sind die in der Gemeinde tätigen ständigen *Diakone und hauptamtlich im pastoralen Dienst stehenden Laien* angemessen zu berücksichtigen. Nach diözesaner Satzung gehören die Vertreter dieser Gruppe dem Pfarrgemeinderat kraft Amtes an. — Ein Vertreter der Jugend soll dem Pfarrgemeinderat stets — und sei es auf dem Weg der Kooptation — angehören.

Der Pfarrgemeinderat hat mindestens einmal im Jahr in einer *Pfarrversammlung* über seine Tätigkeit zu berichten.

3.4. Quasibischöfliche Ämter

Aufgrund der Idee von der apostolischen Vollgewalt hat der Bischof von Rom in vielen Kampf-, Krisen- oder Notsituationen — oftmals von Bischöfen oder weltlichen Herrschern zum Eingreifen ermuntert — seine bischöfliche Immediatgewalt im Laufe der Zeit ausbauen können. Sowohl im Bereich der ordentlichen Kirchenverfassung als auch in der sogenannten „Missionsverfassung" (vgl. unten 4.) sind verschiedene Stellvertretungsämter entstanden, durch welche der Papst einzelne Kirchenbezirke leitet.

3.4.1. Die Apostolischen Administratoren

Das kanonische Recht kennt die Möglichkeit, daß einer kanonisch errichteten Diözese auf Dauer oder für eine bestimmte Zeit ein *Apostolischer Administrator* als Leiter vom Papst gegeben wird. Nur der Papst kann einen solchen aus schwerwiegenden und besonderen Gründen einsetzen, mag der betreffende bischöfliche Stuhl verwaist sein oder nicht (c. 312 CIC).

Die Rechte eines solchen Administrators, dem ordentliche stellvertretende Gewalt zukommt, bestimmen sich in erster Linie nach dem Bestallungsschreiben (c.314 CIC). Er genießt dieselben Rechte und Pflichten wie der residierende Bischof, den er vertritt oder die Rechte und Pflichten eines Kapitelsvikars (c. 315 CIC). Mit dem Augenblick der rechtmäßigen Übernahme seiner Amtsgeschäfte werden die Rechte des Ortsbischofs (und damit auch diejenigen seines Generalvikars) kraft päpstlicher Höchst- und Immediatgewalt suspendiert (c. 313 CIC). Der Papst soll jedoch von seinem unmittelbaren Eingriffsrecht nur wegen schwerer und besonderer Gründe Gebrauch machen (c. 312 CIC).

Während der CIC nur Apostolische Administratoren kennt, die die Leitung eines bestehenden Bistums aus besonderen Gründen übernehmen, hat sich unter dem Einfluß politischer Zwänge die „Apostolische Administratur" als territoriale Sondergliederung entwickelt. Sie wurde notwendig, wenn bestimmte Teile einer Diözese aus politischen Gründen dem Einfluß des Ortsbischofs entzogen waren, so daß einerseits eine geordnete Leitung durch den Diözesanbischof nicht mehr gewährleistet war, andererseits eine förmliche Abtrennung vom bisherigen Bistum ebenfalls (noch) nicht in Frage kam.[86]

3.4.2. Gefreite Prälaturen — Gefreite Abteien[87]

Die *Äbte* monastischer Klöster sind Prälaten; sie sind (für ihre Mönche) mit potestas ordinaria auch pro foro externo ausgestattete Oberhirten. — Das Kloster war aufgrund der seit dem siebten Jahrhundert sich durchsetzenden *Exemtion* von der Hoheitsgewalt des (eigentlich zuständigen) Ortsbischofs befreit. Durch das Institut der „inkorporierten Pfarreien" war das Kloster zugleich ständiger Pfarrer dieser Kirchen. Das Kloster stellte in der Regel auch das Seelsorgepersonal. Bei großen Klöstern entwickelte sich daraus ebenso wie aus ihrer politischen und wirtschaftlichen Bedeutung eine schließlich auch rechtlich sanktionierte Unabhängigkeit von der bischöflichen Gewalt im Gebiet der ihnen inkorporierten Pfarreien. Der Abt hatte außer seinem Kloster und seinen Mönchen ein eigenes Kirchenvolk (das oft auch noch im politischen Bereich seine Untertanen stellte) und einen eigenen Klerus, nämlich seine in diesen Pfarreien wirkenden Mönche. Er war damit nicht nur Personal-, sondern auch Ortsoberhirte. Die Bezeichnung Abbas nullius (nämlich dioecesis) bezeichnet exakt diesen Rechtszustand. Heute existieren tatsächlich noch 19 Gefreite Abteien, darunter Einsiedeln, Monte Cassino und Subiaco.

Papst PAUL VI. hat durch MP ›Catholica Ecclesia‹ vom 23. 10. 1976 verfügt, daß künftig Gefreite Abteien nicht mehr errichtet werden sollen, außer wenn ganz besondere Umstände dies notwendig machen. Die Bischofsweihe soll den Gefreiten Äbten grundsätzlich nicht erteilt werden.

[86] Aus politischen Gründen war z. B. von 1922 bis 1960 eine Apostolische Administratur für das Burgenland (jetzt Diözese Eisenstadt) errichtet worden; ebenso von 1919 bis 1968 die Apostolische Administratur Innsbruck—Feldkirch. Neuestens sind Görlitz (1972) für den deutschen Restbezirk der Erzdiözese Breslau, sowie Erfurt-Meiningen, Magdeburg und Schwerin (1973) für die in der DDR liegenden Teile der westdeutschen Diözesen Fulda (Würzburg), Paderborn und Osnabrück als ständige Apostolische Administraturen eingerichtet worden.

[87] Vgl. Ph. Hofmeister, Gefreite Abteien und Prälaturen: ZSRG. K 50, 1964, 127—248.

Da in den *Missionsgebieten* solche Gefreiten Abteien manchmal den Anfang einer territorialen Gliederung bildeten, wurden — vornehmlich in Südamerika — diesen Abteien rechtlich nachgebildete „Prälaturen" geschaffen. Diese Sonderform wurde auch in einigen Fällen eingesetzt, wenn aus politischen Gründen abgetrennte Gebietsreste, die sowohl für eine neue Diözese als auch für eine Apostolische Administratur nicht geeignet erschienen, kirchlich organisiert werden sollten.[88]

Heute bestehen in der Weltkirche 104 Gefreite Prälaturen (die teilweise ordensgeistlicher Natur sind, also von einem Abt geleitet werden). Ein großer Teil dieser Prälaten besitzt die Bischofswürde.

Die Gefreiten Äbte und Prälaten haben — wenn sie Bischöfe sind — die vollen bischöflichen Rechte (cc. 319—327 CIC). Sind sie der Weihe nach nicht Bischöfe, so haben sie alle Rechte und Pflichten eines Ortsoberhirten, mit Ausnahme der Spendung der Ordination. Ihre Amtsgewalt leitet sich zwar aus der universalen Vollgewalt des Papstes ab, ist jedoch eine eigenberechtigte ordentliche Hirtengewalt. Die Prälaten können daher einen Generalvikar bestellen und ein (Dom- bzw. Ordens-) Kapitel bilden, das an der Leitung der Prälatur nach den Normen des ›Codex‹ zu beteiligen ist. Ihnen kommen die bischöflichen Ehrenrechte einschließlich Mitra, Ring und Stab zu.

3.4.3. Personaloberhirten

Im Bereich der *allgemeinen Seelsorge* ist die kirchliche Sprengeleinteilung *territorial* gegliedert. Das kanonische Recht ist grundsätzlich personalbezogenen Sprengelgliederungen abgeneigt: Personal- oder Familiarpfarreien sowie Sprach- oder Nationalpfarreien durften ohne Apostolisches Indult nicht errichtet werden. Dennoch haben besondere pastorale Situationen oder ungewöhnliche politische Verhältnisse die Schaffung nicht nur einzelner personalbezogener Pfarreien, sondern auch die Bestellung von Personaloberhirten erforderlich gemacht. Die Jurisdiktionsrechte dieser Oberhirten sind in erster Linie auf einen bestimmten Personenkreis bezogen, der allerdings gleichzeitig auch territorial umschrieben wird.

3.4.3.1. Die unierten Ostkirchen

An erster Stelle seien die territorial- und personalbezogenen Jurisdiktionsbezirke der katholischen Orientalen in den Gebieten der lateinischen Kirche genannt. Hier

[88] Infolge staatlicher Gebietsabtrennungen wurden nach dem Ersten Weltkrieg beispielsweise 1923 die Freie Prälatur Schneidemühl und 1926 die Freie Prälatur Memel errichtet. — Anderer Art waren die früher — allerdings ebenfalls aus politischen Gründen — entstandenen reichsfürstlichen Prälaturen bzw. Propsteien, wie etwa Ellwangen. Vgl. dazu: E. H. Fischer, Ellwangen, Augsburg, Rom: Ellwangen 764—1964, 379—423.

leiten eigene Hierarchen (Exarchen) die Kirche des jeweiligen Ritus in einem bestimmten Gebiet. So werden die in der Bundesrepublik Deutschland lebenden Ukrainer des byzantinischen Ritus von einem in München residierenden Exarchen geleitet. — Man kann sich allerdings darüber streiten, ob es sich hier um konkurrierende territoriale Kirchenbezirke handelt oder um Personaloberhirten, deren Zuständigkeit lediglich zusätzlich noch territorial umschrieben ist.

3.4.3.2. Die „Prälaten"

Die Ausführungsbestimmungen ›Eccl. Sanctae‹ sehen als neue Organisationsform vor, daß zur Wahrnehmung besonderer pastoraler oder missionarischer Aufgaben gegenüber bestimmten hilfsbedürftigen sozialen Gruppen vom Heiligen Stuhl sogenannte „Prälaturen" errichtet werden können. Die jeweils betroffenen Bischofskonferenzen sind vorher zu hören. In diesen Prälaturen sollen besonders ausgebildete Weltgeistliche unter der Verantwortung eines Prälaten nach eigenen Statuten arbeiten. Der leitende Prälat kann auch ein „nationales oder internationales Seminar" errichten und leiten, „in dem die Alumnen eine geeignete Ausbildung erfahren. Ebenso steht ihm das Recht zu, diese Alumnen zu inkardinieren und mit dem Titel des Dienstes für die Prälatur zu den heiligen Weihen zu führen" (I 4). Für gewisse Aufgaben kann er auch besonders qualifizierte Laien in Dienst nehmen.
Eine solche Prälatur ist die 1954 eingerichtete „Mission de France o Pontigny".

3.4.3.3. Die Apostolischen Visitatoren

Eine andere, vom allgemeinen Recht nicht vorgesehene Form eines Personaloberhirten stellt jene des sogenannten „Apostolischen Visitators" dar: Nach der Vertreibung in den Jahren seit 1945 leben die Oberhirten, der Klerus und die Gläubigen mancher deutschsprachiger Bistümer bzw. Bistumsteile aus dem Osten in dem Gebiet der heutigen Bundesrepublik Deutschland. Diese Oberhirten haben gegenüber dem Klerus und den Gläubigen ihres bisherigen Sprengels Jurisdiktion ausgeübt. Mit der Wiederherstellung einer ordentlichen Diözesanhierarchie in Polen gingen die regulären Ämter der Diözesanleitung an die polnische Hierarchie. Da eine doppelte Bistumsleitung (eine in Polen und eine in der Bundesrepublik Deutschland) weder theologisch statthaft noch rechtlich zulässig ist, andererseits aber aus politischen wie aus pastoralen Gründen der in der Bundesrepublik Deutschland lebende Klerus nicht den Gastdiözesen zugeschlagen werden sollte, wurden die bisherigen, in der Bundesrepublik Deutschland residierenden Ordinarien vom Heiligen Stuhl zu *Apostolischen Visitatoren* ernannt. Ihnen kommt Jurisdiktion nur gegenüber dem deutschsprachigen, in der Bundesrepublik Deutschland lebenden Klerus der ehemals deutschen Diözesen zu. Ihre Jurisdiktion konkurriert mit jener des Ortsbischofs, bei dem sich diese Kleriker aufhalten (u.a. Dekret der Kongregation für die Bischöfe v. 23. 10. 1972 bezüglich der Ermländer). — Da diese Visitatoren mit allen Vollmachten eines residierenden Bischofs ausgestattet sind, haben sie auch das Recht, anstelle eines Domkapitels ein Konsistorium (collegium consultorum gem. cc. 423—428 CIC) einzurichten.

3.4.3.4. Die Militärseelsorge

Eine beinahe schon traditionelle Form der zwar territorial eingegrenzten, aber personalbezogenen Pastoral stellt die *Militärseelsorge* dar. Ihre Organisation ist gesamtkirchlich geregelt durch die Instruktion PIUS' XII. vom 23. 4. 1951. Gemäß dieser Instruktion erläßt der Heilige Stuhl für die Militärvikariate der einzelnen Staaten eigene Statuten. Gemäß Art. 27 des Reichskonkordates hat Papst PAUL VI. am 31. 7. 1965 der katholischen Militärseelsorge in der Bundesrepublik Deutschland eigene Statuten gegeben (vgl. auch 9.3.4.3.).

Zum *Militärbischof* wird danach vom Heiligen Stuhl ein in der Bundesrepublik Deutschland residierender Bischof ernannt. Seiner Jurisdiktion unterstehen alle katholischen Soldaten und die in die Streitkräfte integrierten Zivilisten samt ihren (katholischen) Familienmitgliedern. Diesbezüglich konkurriert seine Jurisdiktion mit jener des jeweiligen Ortsbischofs, sofern sie sich nicht auf Militärgeistliche und militärische Einrichtungen bezieht. Er kann einen Generalvikar bestellen, eine eigene Kurie errichten und Seelsorgsbezirke einteilen sowie die Ernennung von Militärgeistlichen vollziehen. Diese sind allein dem kirchlichen Recht unterworfen und haben den Rechtsstatus von „Pfarrvikaren" gemäß c. 451 § 3 CIC. Sie sind bei der Ausübung ihrer pastoralen Tätigkeit von staatlichen Weisungen unabhängig.

Für Eheprozesse von Militärangehörigen ist in erster Instanz jeweils das nach den Normen des allgemeinen Rechts kompetente Diözesangericht zuständig.

Literatur: ASTRATH, W., Wahl oder Ernennung des Dechanten?: AKathKR 137, 1968, 524—530; BLÖCHINGER, A., Die heutige Pfarrei als Gemeinschaft, Einsiedeln u.a. 1962; DENZLER, G., Priester für heute. Antwort auf das Schreiben Papst Johannes Pauls II. an die Priester, München 1980; FISCHER, E. H., Ellwangen, Augsburg, Rom. Die Exemtion des Ellwanger Stifts und seine Exemtionspolitik unter Fürstprobst Franz Georg von Schönborn in den Jahren 1732—1749: Ellwangen 764—1964. Beiträge und Untersuchungen zur Zwölfhundert-Jahrfeier, hrsg. im Auftrag der Stadt Ellwangen von V. BURR, Ellwangen 1964, 379—423; GOERGEN, J., Die Region: ÖAKR 30, 1979, 82—131; KARRER, L., Laientheologen in pastoralen Berufen, Mainz 1974; NEUMANN, J., Die wesenhafte Einheit von Ordination und Amt: Priester und Laien im Dienst der Kirche. Der Priestermangel und seine Konsequenzen, hrsg. v. F. KLOSTERMANN, Düsseldorf 1977, 95—128; ORTNER, F., Die Aufgaben der Laientheologen in der Kirche, Graz 1973; RICHARDI, R., Kirchenautonomie und gesetzliche Betriebsverfassung: ZEvKR 23, 1978, 367—413; SCHMITZ, H., Der Pfarrverband. Kirchenrechtliche Fragen einer neuen Organisationsform, dargestellt an der Regelung im Bistum Trier: Diakonia et Ius,

189—204; SCHMITZ, H., Consilium Presbyterale. Stellung, Funktion und Organisation des Priesterrats im Lichte der kirchenrechtlichen Normen, Weisungen und Planungen: AKathKR 144, 1975, 20—46; SCHMITZ, H., Amtsenthebung und Versetzung der Pfarrer. Verbesserungsvorschläge zum Entwurf der CIC-Reformkommission: AKathKR 146, 1977, 129—140; STRIGL, R. A., Kirchliches Dienstrecht in der Bundesrepublik Deutschland: Ex aequo et bono, 531—544; WALF, K., Die Amtsenthebung eines Pfarrers nach geltendem Recht: Ecclesia et Ius 667—675.

4. DIE MISSIONSVERFASSUNG

Die Orden und Kongregationen haben die Missionsarbeit weithin getragen. Diese Arbeit wurde zentral von der im Jahre 1622 eingerichteten *Propagandakongregation* (jetzt Kongregation für die Evangelisierung der Völker, vgl. oben 3.1.3.2.) geleitet. Bischöfe und Missionare wurden über Jahrhunderte vor allem von Europa aus in die zu missionierenden Gebiete „exportiert". Das hatte zur Folge, daß in diesen Gebieten keine ordentliche, also bischöfliche Kirchenverfassung aufgebaut wurde. Vielmehr verwalteten „Delegierte des Heiligen Stuhles" mit päpstlicher Vollmacht die Gebiete und leiteten die missionarischen Aktivitäten. Kraft seiner Immediatgewalt entsandte der Papst in die von ihm errichteten Missionsbezirke Priester und Bischöfe, die in seinem Namen und von ihm mit bischöflichen Rechten ausgestattet die anvertrauten Bezirke verwalteten bzw. missionierten. Nach ihrem geistlichen Entwicklungsstadium wurde bei diesen Bezirken zwischen *Apostolischen Präfekturen* und *Apostolischen Vikariaten* unterschieden (cc. 293—311 CIC). Erst Papst PIUS XI. begann mit dem Aufbau des einheimischen Klerus.

Die Lehre des *II. Vatikanischen Konzils* von der Kollegialität der Bischöfe stellt die Legitimität dieses Systems theologisch grundsätzlich in Frage. Die ausschließliche Unterstellung der Missionsterritorien unter den Papst fußte auf der theologisch fragwürdigen Deutung, daß der Papst ihr einziger Bischof sei. Tatsächlich haben die Missionsbischöfe jedoch alles, was zum vollen Bischofsamt gehört:
— einen hinreichend großen Amtsbezirk,
— eine umfassende Amtsaufgabe
— und die notwendige Amtsgewalt,
— ein ihnen anvertrautes Volk,
— eine gewisse Anzahl von Mitarbeitern und eine — wenigstens rudimentäre — kirchliche Infrastruktur,
— meistens auch die bischöfliche Ordination, die allerdings auf ein Bistum „in partibus infidelium" erfolgt.

Außerdem erklärte das Konzil, daß „einheimische Teilkirchen heranwachsen" mögen, „die mit eigener Kraft und Reife begabt sind. Sie sollen eine eigene Hierarchie in Einheit mit dem gläubigen Volk sowie die zum Vollzug christlichen Lebens gehörigen Mittel in einer der eigenen Art gemäßen Weise besitzen und so ihren Teil zum Wohl der Gesamtkirche beitragen" (Dekr. AG 6). Wenn die Gemeinschaft der Gläubigen im gesellschaftlichen Leben verwurzelt, der örtlichen Kultur in etwa angepaßt ist und eine gewisse Stetigkeit erreicht hat, dürfte, nach der Meinung des Konzils, die „Einpflanzung der Kirche in eine bestimmte Gesellschaft einen gewissen Abschluß erreicht haben" und folglich die Bildung einer definitiven kirchlichen

Struktur notwendig machen (Dekr. AG 19). Das bedeutet zweifellos, daß diese Kirchen dann in die Form der ordentlichen Kirchenverfassung überführt werden sollen. An ihrer Spitze steht nun ein mit eigenberechtigter, ordentlicher Jurisdiktion ausgestatteter Bischof. Zwar wird eine solche Forderung nicht ausdrücklich formuliert, doch setzt das Dekr. AG sowohl Bischofskonferenzen als auch Pastoralräte voraus (Dekr. AG 30, 31).

Tatsächlich ist in den letzten zwei Jahrzehnten fast überall dort, wo es die Verhältnisse gestatteten, die ordentliche Kirchenverfassung eingerichtet worden.

Die *Apostolische Präfektur* ist eine bistumsähnliche Gebietskörperschaft, die im Auftrag des Papstes von einem Apostolischen Präfekten geleitet wird. Dieser wird durch Dekret der *Kongregation für die Evangelisation der Völker* bestellt. Die Apostolische Präfektur wurde in der „Missionierungs-Phase" nach erfolgter Konsolidierung meistens in ein *Apostolisches Vikariat* überführt, deren Leiter regelmäßig ein *vom Papst* bestellter Titular- (Erz-)Bischof ist (c. 293 CIC).

Derzeit bestehen diese Sonderformen vornehmlich noch in mohammedanischen Ländern sowie in China und anderen Gebieten Südostasiens, wo eine unbeschwerte kirchliche Tätigkeit, vor allem auf missionarischem Gebiet, kaum möglich ist. Das ›Annuario Pontificio‹ von 1979 weist 59 Apostolische Präfekturen und 74 Apostolische Vikariate aus.

Diesen Oberhirten kommen grundsätzlich alle einem residierenden Bischof zustehenden Rechte und Vollmachten zu. Da sie jedoch keine potestas ordinaria propria besitzen, können sie keinen Generalvikar bestellen, vielmehr haben sie einen Priester als *Pro-Vikar* bzw. *Pro-Präfekt* zu bestellen. Dieser ist grundsätzlich nur Interims-Stellvertreter (c. 309 CIC), doch kann er von seinem Oberhirten auch als *Delegierter* bevollmächtigt werden.

Auch wenn die Apostolischen Präfekten und Vikare Ordensleute sind, dürfen sie sich nicht in die Ordensdisziplin einmischen. Sie sind jedoch zur Visitation verpflichtet. Der Kongregation für die Evangelisation der Völker haben sie jährlich einen genauen schriftlichen Bericht über den Stand ihres Sprengels vorzulegen; die Apostolischen Vikare haben darüber hinaus zum vorgeschriebenen Zeitpunkt ihren ad-limina-Besuch zu machen, können sich allerdings aus besonderem Grund vertreten lassen.

Aufgrund der seit dem II. Vatikanischen Konzil durchgeführten Überleitung der bisherigen Missionsgebiete in die ordentliche Kirchenverfassung haben sich die Institutionen der Apostolischen Präfektur und des Apostolischen Vikariates von Missionsverfassungsformen zu Sonderverfassungsformen gewandelt, weil sie offensichtlich mehr in solchen Gebieten eingesetzt werden, in denen die kirchliche Situation aus politischen bzw. religionspolitischen Gründen prekär ist.

5. ORDENSRECHT

Der Ordensstand wird von der Kirche als besonderer Weg zur Vollkommenheit (status perfectionis) anerkannt,[1] geehrt, geschützt und rechtlich geordnet. Nicht erst seit THOMAS VON AQUIN gilt der Status jener, die gemäß den sogenannten evangelischen Räten in Armut, Gehorsam und Keuschheit leben, als die „schlechthin, in sich und allgemein bessere Weise des christlichen Lebens".[2] PIUS XII. spricht vom „himmlischen Vorhaben" und dem „engelgleichen Beruf" jener, die den evangelischen Räten folgen (Apost. Konst. ›Provida Mater‹ vom 2. 2. 1947).

Auch das II. Vatikanische Konzil hat die Arbeit der männlichen und weiblichen Ordensleute für die Ausbreitung des Glaubens und zum Erweis christlicher Barmherzigkeit gewürdigt und den Ordensstand hochgepriesen: „Von Anfang an gab es in der Kirche Männer und Frauen, die durch die Befolgung der evangelischen Räte Christus in größerer Freiheit nachzufolgen und ihn ausdrücklicher nachzuahmen verlangten und die — jeder auf seine Weise — ein Leben führten, das Gott geweiht war. ... So erwuchs nach göttlichem Ratschluß eine wunderbare Vielfalt von Ordensgemeinschaften, die sehr dazu beitrug, daß die Kirche nicht nur zu jedem guten Werk gerüstet und für den Dienst am Aufbau des Leibes Christi bereit ist, sondern auch mit den mannigfachen Gnadengaben ihrer Kinder wie eine Braut für ihren Mann geschmückt dasteht und die vielgestaltige Weisheit Gottes kundtut" (Dekr. PC 1).

Das Konzil hat für die Erneuerung des Ordenslebens[3] im Interesse größerer Zeugniskraft einige Rahmengrundsätze aufgestellt:

„Diese Erneuerung ist unter dem Antrieb des Heiligen Geistes und unter der Führung der Kirche nach folgenden Grundsätzen zu verwirklichen:

a) Letzte Norm des Ordenslebens ist die im Evangelium dargelegte Nachfolge Christi. Sie hat allen Instituten als oberste Regel zu gelten.
b) Es ist der Kirche zum Nutzen, daß die Institute ihre Eigenart und ihre besondere Aufgabe haben. ...
c) Alle Institute sollen am Leben der Kirche teilnehmen und sich entsprechend ihrem besonderen Charakter deren Erneuerungsbestrebungen ... zu eigen machen und sie nach Kräften fördern.
d) Die Institute sollen dafür sorgen, daß ihre Mitglieder die Lebensverhältnisse der Menschen, die Zeitlage sowie die Erfordernisse der Kirche wirklich kennen, ...

[1] Thomas von Aquin, Summa Theologica II—II q. 184.
[2] Summa Theologica I—II q. 108 art. 4 ad 2.
[3] Vgl. A. Scheuermann, Die Zukunft der Orden: AKathKR 138, 1969, 3—16.

e) Da das Ordensleben durch die Verpflichtung auf die Evangelischen Räte vor allem anderen auf die Nachfolge Christi und die Vereinigung mit Gott abzielt, ist ernst zu bedenken, daß auch die besten Anpassungen an die Erfordernisse unserer Zeit ohne geistliche Erneuerung unwirksam bleiben; diese hat darum auch bei aller Förderung äußerer Werke immer das Wesentliche zu bleiben.

3. Lebensweise, Gebet und Arbeit müssen den körperlichen und seelischen Voraussetzungen der Menschen von heute, aber auch — soweit die Eigenart des Instituts es verlangt — den Erfordernissen des Apostolats, den Ansprüchen der Kultur, der sozialen und wirtschaftlichen Umwelt entsprechen. Das gilt überall, vor allem in den Missionsgebieten" (Dekr. PC 2, a—e, 3).

Die Ausführungsbestimmungen ›Eccl. Sanctae‹ vom 6. 8. 1966 brachten einige konkrete Vorschriften, wie die „Reform" durchzuführen sei. Die Kongregation für die Ordensleute und Säkularinstitute hat zudem durch eine Instruktion ›Renovationis causam‹ vom 6. 1. 1969 die zeitgemäße Erneuerung der Ausbildung zum Ordensleben im eigentlichen Sinn erlassen und durch Dekret vom 4. 6. 1970 den Orden bestimmte Vollmachten für ihre strukturelle Gestaltung übertragen und damit das allgemeine Recht in einigen Punkten modifiziert.

Den Religiosenverbänden wurden von der Kongregation für die Religiosen und Säkularinstitute durch Runderlaß vom 10. 7. 1972 Richtlinien zur Statutenreform und am 14. 2. 1973 für die Profeßformulare sowie am 25. 1. 1974 bezüglich der Regelung der Unterstützung[4] ausscheidender Ordensleute gegeben.

Das gemeinkirchliche Ordensrecht ist eine Art schützenden Rahmenrechts, innerhalb dessen die einzelnen Verbände sich gemäß ihren Regeln mit Billigung des Heiligen Stuhles eigenes Recht setzen können.

5.1. Begriff und Arten von Religiosengemeinschaften

Der Sammel*begriff* des kanonischen Rechts für „Ordensleute" ist „religiosus" (vgl. oben 2.1.8.). „Monachus" meint den Mönch, „monialis" die Nonne im eigentlichen Sinn (c. 488 CIC).

Im Laufe der Geschichte haben sich vielfältige Formen des institutionalisierten gottgeweihten Lebens herausgebildet: Von der Hochleistungsaskese einzelner Mönche und Eremiten zu den monastischen Klöstern (hauptsächlich des BASILIUS im Osten: viertes Jahrhundert, und des BENEDIKT VON NURSIA im Westen: sechstes Jahrhundert) und dann weiter zu monastischen Verbänden, zu den Kongregationen und den Verbänden mit gemeinsamem Leben ohne amtliche Gelübde bis hin zu den modernen Säkularinstituten. Die beiden letzteren Arten sind

[4] Vgl. dazu u. a. H. Schwendenwein, Probleme um die soziale Sicherheit der Priester und Ordensleute: ÖAKR 22, 1971, 3—27; H. Pree, Die vermögensrechtliche Lage ausgeschiedener Religiosen nach kanonischem und nach staatlichem Recht unter Berücksichtigung der 29. ASVG-Novelle: ÖAKR 24, 1973, 303—327.

keine klösterlichen Verbände im Sinne des geltenden Rechts. Alle jedoch bedürfen der Approbation durch die zuständige kirchliche Autorität (c. 488 n. 1 CIC). Die geschichtlich gewordene Differenzierung in Orden, Kongregationen, Verbände ohne amtliche Gelübde und Säkularinstitute, die zugleich Elemente wertender Stufung enthält, dürfte dem Selbstverständnis gerade der in der Neuzeit entstandenen Formen nicht gerecht werden. Das herrschende kanonistische Einteilungsprinzip müßte darum sinnvollerweise aufgegeben und durch eine theologisch angemessene Gesamtordnung des Räte-Standes ersetzt werden. Da jedoch auch die bislang vorgelegten Entwürfe der ›Codex‹-Reformkommission noch von drei Formen der „vita consecrata" ausgehen und „instituta religiosa", „instituta vitae apostolicae consocietatae" und „instituta saecularia" unterscheiden (Entwurf von 1977), wird die traditionelle Einteilung des geltenden Rechts hier dargestellt.

5.1.1. Die Orden[5]

Als Orden im eigentlichen Sinn werden jene klösterlichen Gemeinschaften bezeichnet, deren Mitglieder *feierliche Gelübde* ablegen (c. 488 n. 2 CIC). Das einzelne Kloster (monasterium) ist rechtlich selbständig; an der Spitze des Konvents, dessen Mitglieder an dieses Kloster gebunden sind (stabilitas loci), steht ein höherer Oberer, der Abt. Diese Klöster können sich zu monastischen Kongregationen (congregationes monasticae) zusammenschließen, an deren Spitze je nach Partikularrecht entweder ein Erzabt oder ein Abtpräses stehen. Die verschiedenen Verbände der Benediktiner sind überdies zu einem Bund (confoederatio) unter einem in Rom (S. Anselmo) residierenden Abtprimas zusammengeschlossen.

Die im 13. Jahrhundert aus Protest gegen den Reichtum der etablierten Orden gegründeten *Bettelorden* (vor allem die Franziskaner mit ihren „Observanzen" und die Dominikaner) sind zentralistisch, aber in sich jeweils genossenschaftlich organisiert: Über den (einfachen) Hausoberen steht der Provinzobere, während der gesamte Orden von einem Generaloberen geleitet wird.

Der 1540 gegründete und ebenfalls zentralistisch geführte *Jesuitenorden* unterscheidet seine Mitglieder in die „Professen" mit ewigen Gelübden und „Koadjutoren" mit einfachen Gelübden, die dennoch kraft päpstlicher Anordnung als Ordensleute im eigentlichen Sinne gelten.

5.1.2. Die Kongretationen

Die klösterlichen Genossenschaften (congregationes) sind Verbände, in denen satzungsgemäß nur sogenannte einfache Gelübde abgelegt werden (c. 488 n. 2 CIC). Sie können bischöflichen Rechts sein, sofern sie vom Ortsbischof errichtet sind; sie sind päpstlichen Rechts, wenn sie vom Heiligen Stuhl gutgeheißen oder wenigstens belobigt sind (c. 488 n. 3 CIC).

[5] Die großen Ordensregeln, hrsg. v. H. U. v. Balthasar.

5.1.3. Verbände mit gemeinschaftlichem Leben ohne amtliche Gelübde

Im Interesse einer flexibleren pastoralen Arbeit sind seit dem 16. Jahrhundert Gesellschaften entstanden, in denen die Sodalen zwar gemeinsam leben (vita communis) und auch eine Verpflichtung eigener Art eingehen, meist jedoch nicht ein förmliches Gelübde ablegen. Sie können päpstlichen oder bischöflichen Rechts sein, obwohl sie keine klösterlichen Verbände im Rechtssinne sind (cc. 673—683 CIC). Ihre Mitglieder gehören darum lediglich „in einer gewissen Angleichung" zum Vollkommenheitsstand.[6]

5.1.4. Säkularinstitute

Die sogenannten „instituta saecularia" sind Gesellschaften, die ohne gemeinschaftliches Leben *in der Welt* apostolisch wirken wollen. Sie sind von PIUS XII. durch Apost. Konst. ›Provida Mater‹ vom 2. 2. 1947 eingerichtet und durch MP ›Primo feliciter‹ vom 12. 3. 1948 hinsichtlich ihres Aufbaus und ihrer Verfassung konkretisiert worden. Sie legen anstelle von Gelübden im eigentlichen Sinn „Versprechen" oder „Bekenntnisse" (professio) ab und sind nicht gehalten, stets ein gemeinschaftliches Leben zu führen. Auch sie können nur vom Ortsbischof errichtet werden, der sich jedoch vorher mit der Kongregation für die Religiosen und Säkularinstitute abstimmen soll. Sie sind bischöflichen Rechts, solange bis sie durch die Approbation oder das Gutheißungsdekret des Heiligen Stuhls zur Institution päpstlichen Rechts erhoben werden (Instr. ›Cum Sanctissimus‹ der Kongregation für die Religiosen vom 19. 3. 1948).

5.2. Mitgliedschaft

Der (vollen) Mitgliedschaft in den Religiosenverbänden aller Arten geht zwingend eine Probezeit, das *Noviziat* (cc. 552—571 CIC; Instruktion ›Renovationis causam‹ der Kongregation für die Ordensleute und Säkularinstitute vom 6. 1. 1969; II 13—33) von (mindestens) einjähriger Dauer voraus. Dieser ist eine Kontaktphase, das *Postulat* vorzuschalten. Solche Vorbereitungszeit vor der Probezeit ist zwingend vorgeschrieben für die weiblichen Verbände und die Laien*brüder* (c. 539 CIC), deren Dauer bestimmen die jeweiligen Statuten.

Die weiblichen Verbände können von den Eintretenden eine Mitgift (dos) verlangen, die nicht nur ein Beitrag zu den Unterhaltskosten, sondern zugleich auch eine Sicherung für die Klosterfrau sein soll, falls sie das Kloster eines Tages verläßt (cc. 547—552 CIC).

[6] Vgl. H. Socha, Weder Orden noch Säkularinstitut. Die Societas vitae communis: ÖAKR 25, 1974, 328—353.

Die eigentliche Mitgliedschaft beginnt mit der *Profeß* (bei den Orden) bzw. dem *Gelübde* (bei den Kongregationen) oder dem *Versprechen* (bei den Verbänden der anderen Arten). Dem ewigen Gelübde müssen stets zeitliche Gelübde vorausgehen.

Ein klösterlicher Verband männlicher Mitglieder kann aus Geistlichen, Presbytern und Diakonen und aus nichtordinierten Mitgliedern bestehen. Manche Verbände sind reine Priester-, andere rein laikale Verbände (c. 488 n. 4 CIC).

5.3. Die Oberen

Dem *Papst* steht die *oberste Leitung* aller Klöster und Religiosenverbände zu (c. 499 CIC). Er übt sie aus durch die *Kongregation für die Religiosen und Säkularinstitute* (vgl. oben 3.1.3. 2.). Die Ortsoberhirten führen die Aufsicht über jene Verbände, die nicht aufgrund besonderen Rechts von ihrer Jurisdiktion exemt sind. Weibliche *Orden* werden entweder von einem Regularoberen (des jeweiligen männlichen Ordensverbandes) oder aber vom Heiligen Stuhl direkt bzw. vom Ortsoberhirten geleitet (c. 500 CIC). Die Vollmachten der Generaloberen von Laien*ordens*verbänden — also auch der Oberinnen — sind durch Dekret der Kongregation für die Religiosen und Säkularinstitute ›Religionum laicalium‹ vom 31. 5. 1966 neu umschrieben worden.

Die allgemeine Leitung der Institute liegt bei den *Oberen,* die entsprechend den jeweiligen Regeln und Satzungen in General-, Provinzial- und Lokalobere gestuft sind. Diesen Oberen stehen nicht nur bestimmte Mitarbeiter (Assistenten) und Räte zur Seite, sondern sie sind in wichtigen Verfassungsfragen auch an ein Kapitel bzw. an ein Beratungs- und Beschlußgremium gebunden. Die höheren Oberen klerikaler Verbände sind *Personaloberhirten* und haben gegenüber ihren Verbandsangehörigen oberhirtliche Gewalt für den inneren und äußeren Bereich (cc. 510 § 1, 654—667 u. a. CIC). Eine Oberin, auch eine Äbtissin, hat lediglich potestas dominativa.

Die meisten Ämter sind gemeinrechtlich zeitlich begrenzte Wahlämter, soweit nicht die jeweiligen Satzungen anderes bestimmen (c. 505 CIC).[7]

5.4. Rechte und Pflichten

Die Rechte und Pflichten der Mitglieder eines Verbandes können je nach Status, ob priesterliches oder laikales Mitglied, unterschiedlich sein; sie hängen überdies vom Grade der Gelübde ab.[8]

[7] Vgl. u. a. J. Neumann, Wahl und Amtszeitbegrenzung nach kanonischem Recht: ThQ 149, 1969, 117—132.

[8] Dekret der Kongregation für die Religiosen und Säkularinstitute v. 27. 11. 1969.

Mitglieder mit feierlicher Profeß verlieren für den Bereich des kanonischen Rechts die Eigentums- und Ehefähigkeit. Alle Religiosen sind zu einer ihrem Verband entsprechenden Spiritualität und zum Gehorsam verpflichtet.

Während die Gestaltung der Klausurverpflichtung für die Männerorden durch eine Declaratio der Kongregation für die Religiosen und Säkularinstitute vom 4. 7. 1970 weithin den Orden selbst bzw. den höheren Ordensoberen anheimgegeben wurde und insofern die Allgemeinverbindlichkeit des c. 604 CIC stark modifiziert ist, blieben die Klausurbestimmungen für Frauenorden grundsätzlich bestehen. Sie wurden allerdings in Einzelheiten den gewandelten Verhältnissen angepaßt. Zur Begründung gibt die Kongregation in der diesbezüglichen Instruktion ›Venite seorsum‹ vom 15. 8. 1969 an: Die in Klausur lebenden Nonnen „stellen ihrer Natur nach das Mysterium der Kirche, der ‚makellosen Braut des makellosen Lammes' anschaulicher dar: Zu Füßen des Herrn sitzend, um in Schweigen und Abgeschiedenheit sein Wort zu hören, sinnen sie und suchen nach dem, was oben ist, wo ihr Leben mit Christus in Gott verborgen ist, bis sie mit ihrem Bräutigam in Herrlichkeit erscheinen. Es entspricht dem Wesen der Frau mehr, das Wort aufzunehmen, als es bis an die äußersten Grenzen der Erde zu tragen. Allerdings kann auch an sie der Ruf ergehen und diesem dann eine gesegnete Verwirklichung zuteil werden. Sicher aber liegt es in der Eigenart der Frau, das Wort im eigenen Herzen zu erkennen und es auf lebendige und ihr eigentümliche Weise fruchtbar zu machen. Wenn die Frau zur vollen Reife gelangt ist, hat sie ein feineres Gefühl für die Bedürfnisse des Nächsten und weiß um seine Nöte. Die Frau bringt deutlicher die Treue der Kirche zu ihrem Bräutigam zum Ausdruck und hat zugleich einen tieferen Sinn für die Fruchtbarkeit des beschaulichen Lebens. Darum hat die Kirche ... die christliche Jungfrau immer in besonderer Weise geachtet ... und die klösterliche Klausur mit großer Sorgfalt geschützt" (IV).[9]

Die Rechte der Mitglieder eines Verbandes innerhalb des eigenen Instituts sind einläßlich sowohl vom CIC als auch von den jeweiligen Satzungen geregelt, insbesondere auch das Recht auf die (relativ) freie Wahl des Beichtvaters. Außerdem kommen den Religiosenverbänden und den einzelnen Angehörigen nach wie vor bestimmte geistliche, aber auch rechtliche Privilegien zu.

Literatur: DAMMERTZ, V., Priester und Laien in den Mönchsklöstern nach dem II. Vatikanischen Konzil: Ecclesia et Ius, 265—286; HEGEMANN, B., Die Kranken- und Altersversorgung der Ordensleute: Ecclesia et Ius, 339—353; HOFMEISTER, PH., Die Nonnenklausur heute: Ecclesia et Ius, 311—321; NEUMANN, J., Wahl und Amtszeitbegrenzung nach kanonischem Recht: ThQ 149, 1969, 117—132; PREE, H., Die vermögensrechtliche Lage ausgeschiedener Religiosen nach kanonischem und nach staatlichem Recht unter Berücksichtigung der 29. ASVG-Novelle:

[9] Über die restriktiven Tendenzen dieses Erlasses waren viele Frauenkonvente sehr bestürzt und beunruhigt; der Kardinalpräfekt der Kongregation sah sich deshalb genötigt, „zur Beruhigung der Ordensfrauen" am 2. 1. 1970 eine Erklärung über die Nuntiaturen und Apostolischen Delegaten nachzureichen.

ÖAKR 24, 1973, 303—327; PRIMETSHOFER, B., Das Ordensrecht, Freiburg 1978; SCHEUERMANN, A., Die Zukunft der Orden: AKathKR 138, 1969, 3—16; SCHWENDENWEIN, H., Probleme um die Sicherheit der Priester und Ordensleute: ÖAKR 22, 1971, 3—27; SIEPEN, K., Die Konferenz der Höheren Ordensoberen der Priester- und Bruderordensverbände in Deutschland: Ecclesia et Ius, 287—309; SOCHA, H., Weder Orden noch Säkularinstitut. Die Societas vitae communis: ÖAKR 25, 1974, 328—353.

6. DAS RECHT DER SAKRAMENTE

Im Ringen um eine angemessene Gestaltung und geordnete Ausspendung der Sakramente hat sich die Rechtsordnung der Kirche entwickelt. Auch das Amt war wesentlich auf die Sakramente bezogen und von ihnen her definiert, so daß ihm schließlich selbst Sakramentscharakter zukam. Da dem Sakrament seinem Begriff nach institutionelle und rechtliche Elemente innewohnen (vgl. oben 2.1.1.), widerspricht die rechtliche Ordnung durch Gesetz nicht seinem mysterienhaften Wesen. Allerdings tritt in der rechtlichen Ordnung der Sakramente die Problematik geistlicher Norm deutlich hervor und ist immer mit zu bedenken: Die Dichotomie, nämlich wie das freie Gnadenwalten Gottes durch Gesetz geordnet und damit auch garantiert werden kann, ist allenfalls theoretisch, jedoch kaum tatsächlich zu lösen. Eine angemessene geistliche Rechtsordnung hätte dieser Spannung, die letzlich im Wesen von sakramentaler Gnade einerseits und formaler Gesetzlichkeit aufgrund der Zeichenhaftigkeit andererseits gründet, hinreichend Rechnung zu tragen. Diese Offenheit ist jedoch nicht durch bloße sprachliche Umetikettierung zu erreichen. Die Tatsache, daß oft nicht mehr vom Sakramenten*recht*, sondern lediglich von Sakramenten*ordnung* geprochen wird, verschleiert nur die theologische Problematik und die kirchenrechtlichen Schwierigkeiten. Sie erweckt möglicherweise auch den falschen Eindruck, als ob die „Ordnung" der Sakramente für die Kirche „verfügbar" sei; tatsächlich enthalten die Sakramente die dem Recht eigenen „unverfügbaren" Elemente (vgl. oben 1.1.). Dennoch dürfte der Versuch, eine sakramentsorientierte Rechtstheologie zu entwickeln, kaum zu einem sachlich befriedigenden Ergebnis führen, da er zwei unkompatible Größen, die ungeschuldete Gnade einerseits und formalisiertes und geschuldetes Recht andererseits zur Deckung zu bringen trachtet. Eine formale Verbindung, die jedoch keine Identität bedeutet, besteht allein darin, daß das institutionalisierte Zeichen des Sakraments Elemente rechtlicher Natur an sich (nicht in sich) trägt, etwa Handauflegung, Zulassung oder Abweisung u.ä..[1]

[1] Alle bisherigen Versuche einer theologischen Begründung des Sakramentenrechts berücksichtigen diese fundamentale Differenz zuwenig, da sich nach christlicher Theologie Gott und seine Gnade nie ganz „auf den Begriff bringen" lassen und niemals gänzlich mit formal vermittelnder Institution (Kirche) und materialem Substrat (Sakrament) identifizierbar sind. — An den Versuchen, das kirchliche Recht und damit auch das Recht der Sakramente theologisch zu legitimieren, haben sich in den letzten Jahrzehnten vor allem beteiligt: G. Söhngen, Grundfragen einer Rechtstheologie, München 1962; K. Mörsdorf, Zur Grundlegung des Rechts in der Kirche: MThZ 3, 1952, 329—348; ders., Altkanonisches „Sakramentenrecht"? Eine Auseinandersetzung mit den Anschauungen Sohms über die inneren Grundlagen des

Die theologische Bedeutung der Sakramente, denen in der katholischen Liturgie hohe ekklesiologische und individuelle Bedeutung zugemessen wird, braucht hier nicht dargelegt zu werden. Das II. Vatikanische Konzil hat die mehr dinglich-funktionale Betrachtung des CIC „geistlicher“ formuliert und festgestellt: Die Sakramente sind hingeordnet auf die Heiligung der Menschen, den Aufbau des Leibes Christi und schließlich auf die Gott geschuldete Verehrung (Lit. Konst. SC 59). Sie sind Zeichen und Werkzeug für die innerste Vereinigung des Menschen mit Gott (Dogm. Konst. LG 1). Sie sind somit für das christliche Leben schlechthin konstitutiv.[2] — Die Rechtsnormen bezüglich der Sakramente bestimmten den jeweiligen Spender und Empfänger, die rechtlichen Voraussetzungen, die Rechtsfolgen und besondere Umstände für die Spendung (etwa Zeit und Ort).

Im CIC werden die Sakramente entsprechend der übernommenen Fünfteilung im *Sachenrecht* abgehandelt und somit — und das keineswegs nur formal — unter

Decretum Gratiani: STGra I, 458—502; H. Dombois, Das Recht der Gnade I und II; A. M. Rouco-Varela, Die katholische Rechtstheologie: AKathKR 145, 1976, 2—21; R. Sobański, Modell des Kirche-Mysteriums als Grundlage der Theorie des Kirchenrechts: AKathKR 145, 1976, 22—44; K. Mörsdorf, Kanonisches Recht als theologische Disziplin: AKathKR 145, 1976, 45—58; P. Krämer, Theologische Grundlegung des kirchlichen Rechts. Eine Zusammenfassung der verschiedenen Ansätze versucht R. Dreier, Methodenprobleme der Kirchenrechtslehre: ZEvKR 23, 1978, 343—367. — Durch die ständige Berufung auf das Mysterium der Kirche, in dem der Geist durch das soziale Gefüge wirksam sein soll, wird das eigentliche Problem, nämlich die immanente Begrenzung kirchlichen Rechts durch das nicht verfügbare „Sakrament“, übersehen. Die wesentliche Differenz, auf die schon R. Sohm hingewiesen hat, zwischen der frei geschenkten Gnade Gottes einerseits und der formalen Ordnung des Rechts andererseits, wird nicht aufgelöst. Der Anspruch des kirchlichen Rechts, auch das Verhältnis des Menschen zu seinem Gott gestalten zu können, führt konsequent zu der Annahme, daß über die Sakramente und selbst über den nichtsakramentalen Ablaß sogar das nicht mehr in dieser Zeit regelbare Verhältnis Gottes zum Menschen durch die Kirche beeinflußt werden könne (vgl. unten 6.5.).

[2] Für die Dogm. Konst. LG sind die Sakramente grundlegend für den organischen Aufbau der „priesterlichen Gemeinschaft des Gottesvolkes“: „Durch die *Taufe* der Kirche eingegliedert werden die Gläubigen durch das unauslöschliche Prägemal zur Ausübung der christlichen Religion bestellt und wiedergeboren zu Söhnen Gottes ... Durch das Sakrament der *Firmung* werden sie vollkommener der Kirche verbunden und mit besonderer Kraft des Heiligen Geistes ausgestattet. ... In der Teilnahme am *eucharistischen Opfer*, der Quelle und dem Höhepunkt des ganzen christlichen Lebens, bringen sie das göttliche Opferlamm Gott dar und mit ihm sich selbst; ... Die aber zum Sakrament der *Buße* hintreten, erhalten für ihre Gott beigefügten Beleidigungen von seiner Barmherzigkeit Verzeihung und werden zugleich mit der Kirche versöhnt, ... Durch die heilige *Krankensalbung* und das Gebet der Priester empfiehlt die ganze Kirche die Kranken dem leidenden und verherrlichten Herrn, daß er sie aufrichte und rette ... Wer sodann unter den Gläubigen die Auszeichnung der heiligen Weihe empfängt, wird im Namen Christi dazu eingesetzt, die Kirche durch das Wort und die Gnade Gottes zu weihen. Die *christlichen Gatten* endlich bezeichnen kraft des Sakramentes der Ehe das Geheimnis der Einheit und der fruchtbaren Liebe zwischen Christus und der Kirche und bekommen daran Anteil ...“ (LG 11).

dinglichem Aspekt betrachtet. Zu den „Sachen" wird im dritten Buch des CIC alles gezählt, was der Kirche zur Erreichung ihres Zweckes dient, Geistliches wie Zeitliches, Kirche und Friedhof, Eide und Versprechen, Seminare und Predigt, Benefizien und Kirchenvermögen ebenso wie die Sakramente (c. 726 CIC).

Mit „Sachen" kann gehandelt werden. Darum verwundert es nicht, wenn in der Kirche auch — verbotenerweise — mit „heiligen Sachen", wie Ablässen und Sakramenten, gehandelt, also für eine geistliche Gabe ein weltlicher Gegenwert geboten wurde. Dieser Handel mit geistlichen Sachen wird (unter Bezugnahme auf den in Apg 8, 18ff. erwähnten Simon Magus) *Simonie* genannt. Simonistische Akte sind nicht nur rechtswidrig und strafbar (gem. c. 2325 u. a. CIC), sondern auch rechtsunwirksam; allerdings mit Ausnahme von Akten der potestas ordinis (z. B. Ordination) und der Papstwahl.[3]

Das Vorherrschen sachenrechtlicher Aspekte in der Behandlung der Sakramente ist von seiten der Theologen in den letzten Jahrzehnten kritisiert worden; deshalb ist nach dem derzeitigen Stand der Arbeiten der ›Codex‹-Reformkommission zu erwarten, daß im künftigen Gesetzbuch die Normen über die Sakramente im vierten Buch, das dem „Heiligungsdienst der Kirche" gewidmet ist, behandelt werden.[4] Es mag darum genügen, wenn die grundlegenden Positionen, bei denen (gewichtige und grundsätzliche) Änderungen nicht zu erwarten und in vielen Fällen theologisch auch nicht möglich sein dürften, nachfolgend dargestellt werden.

Sofern nicht eine rechtliche Behinderung vorliegt, ist jedes Kirchenglied berechtigt und unter Umständen auch verpflichtet, bestimmte Sakramente zu empfangen (c. 731 § 1 CIC). Nichtkatholische Christen sind grundsätzlich vom Sakramentenempfang ausgeschlossen (c. 731 §2 CIC). Andererseits sind alle Menschen, denen das Wort Gottes verkündigt wird, kraft göttlichen Rechts verpflichtet, die christliche Lehre kennenzulernen und um Aufnahme in die wahre Kirche Gottes (durch die Taufe) zu bitten (c. 1322 §2 CIC).

Orthodoxe Christen jedoch, „die guten Glaubens von der katholischen Kirche getrennt sind, können, wenn sie von sich aus darum bitten und recht vorbereitet sind, zu den Sakramenten der Buße, der Eucharistie und der Krankensalbung zugelassen werden. Ebenso ist es Katholiken erlaubt, dieselben Sakramente von nichtkatholischen Geistlichen zu erbitten, in deren Kirche die Sakramente gültig gespendet werden, so oft dazu ein ernstes Bedürfnis oder ein wirklicher geistlicher Nutzen rät und der Zugang zu einem katholischen Priester sich als physisch oder moralisch

[3] Apost. Konst. ›Romano Pontifici eligendo‹ n. 79: „Wie unsere Vorgänger verurteilen auch wir bei der Wahl des Römischen Pontifex das verabscheuungswürdige Verbrechen der Simonie und bestrafen alle diejenigen, die sich seiner schuldig machen, mit der Exkommunikation latae sententiae; jedoch bestätigen wir gleichzeitig die Anordnung unseres Vorgängers, des heiligen Pius' X., der die Nichtigkeitsklausel bei simonistischer Wahl aufgehoben hat, die von Julius II. und einigen anderen Dekreten verfügt worden ist, so daß die Anfechtung der Gültigkeit der Wahl des Römischen Pontifex aus diesem Grund ausgeschlossen wird."

[4] Abgedruckt in: Communicationes 9, 1977, 229; vgl.: H. Schmitz, Reform des kirchlichen Gesetzbuches, 43f.

unmöglich herausstellt" (Dekr. OE 27). Ausnahmen für andere nichtkatholische Christen sind nur in ganz besonderen Fällen zulässig. Die Bischöfe haben darüber im Einzelfall zu entscheiden. Anhand der Grundsätze des *Ökumenischen Direktoriums* vom 26. 5. 1967 sind dafür durch eine *Instruktion des Sekretariates für die Einheit der Christen* vom 1. 6. 1972 und eine präzisierende Erklärung des gleichen Sekretariates vom 17. 10. 1973 Richtlinien erlassen worden.

Die Sakramente der Taufe, der Firmung und der Weihe können, sofern sie einmal gültig empfangen worden sind, nicht wiederholt werden (c. 732 CIC). Die Spendung der Sakramente obliegt den dazu berufenen Geistlichen.

6.1. Die Taufe

Das griechische Wort *baptizo* (lat. Lehnwort = baptizare) bedeutet „Eintauchen, Untertauchen" bzw. „sich eintauchen, sich waschen". Das deutsche Wort „Taufe" meint „sich tief machen" bzw. „ein- und untertauchen". Dem entspricht, daß die Taufe ursprünglich und teilweise bis zum 13. Jahrhundert durch (dreimaliges) Untertauchen in Wasser gespendet wurde. Doch auch die frühe Kirche kannte bereits — wenn zunächst auch nur für Notfälle — die Taufe durch Übergießen bzw. Besprengen mit Wasser. Untertauchen bzw. Übergießen werden von der trinitarischen Taufformel begleitet (Taufordo nn. 22—23).

6.1.1. Die Wassertaufe

Die Taufe ist das christliche *Initiationssakrament* (c. 737 § 1 CIC). Es ist das Tor zum Leben und zum Gottesreich, das erste Sakrament der neuen Ordnung, das Christus für alle angeordnet hat, damit sie das ewige Leben haben (Taufordo n. 3). Wer die Wassertaufe nicht empfangen hat, ist nicht Christ im Rechtssinne, ist nicht Glied der Kirche und besitzt nach kanonischem Recht keine Rechtsfähigkeit für den innerkirchlichen Bereich (vgl. oben 2.2.6.). Das II. Vatikanische Konzil bekräftigt diese Vorstellung, wenn es sagt: Durch die Taufe treten die Menschen „wie durch eine Türe" in die Kirche ein (Dogm. Konst. LG 14). Allerdings entfaltet nur die Taufe in der katholischen Kirche die vollen Rechtswirkungen; wenn auch das II. Vatikanum sagt, daß sich die katholische Kirche „mit jenen, die durch die Taufe der Ehre des Christennamens teilhaft sind, aber den vollen Glauben nicht bekennen, oder die Communio unter dem Nachfolger Petri nicht wahren, aus mehrfachem Grunde verbunden weiß" (Dogm. Konst. LG 15), so stehen diese doch außerhalb der Rechtsgemeinschaft der katholischen Kirche. Entsprechend dem Auftrag des II. Vatikanischen Konzils ist die Taufspendung durch neue, von der Kongregation für den Gottesdienst erlassene Ordines geregelt worden. Die *Taufspendung an Kinder* wurde durch Dekret vom 15. 5. 1969, die an Erwachsene durch Dekret vom 6. 1. 1972 geordnet. Die neue Form der Kindertaufe ist in Deutschland, Österreich, Schweiz und Luxemburg seit dem 1. 10. 1972 in Kraft.

6.1.2. Taufspender

Die Taufe, das wichtigste, weil initiierende Sakrament, kann im *Notfall* von *jedem Menschen* gespendet werden.[5] Die *ordentlichen Spender* der feierlichen Taufe sind jedoch der Bischof, die Presbyter und die Diakone, wobei der Bischof, als erster Ausspender der Geheimnisse, auch die Spendung der Taufe zu leiten hat. Vor allem steht ihm die Erwachsenentaufe zu. In der Osternacht soll der Bischof möglichst selbst taufen (Taufordo nn. 11—12).

Eine Selbstspendung der Taufe ist nicht möglich.

6.1.3. Taufempfänger

Empfänger der Taufe ist nur der bereits lebende und noch nicht gestorbene ungetaufte Mensch. Ein abgegangener Foetus ist, sofern er noch lebt und es möglich ist, zu taufen (c. 747 CIC). Grundsätzlich darf nur derjenige getauft werden, der glaubt und freiwillig um die Taufe bittet. Die Aufnahme Erwachsener erfolgt in der Regel in drei Stufen. Der Taufakt eines Erwachsenen darf nur mit Zustimmung und Beauftragung durch den Bischof von einem Priester vorgenommen werden, der dann auch ermächtigt ist, entsprechend alter kirchlicher Tradition anschließend die Firmung zu spenden (Ordo für die Taufe Erwachsener nn. 34—35; 45—46).

Kinder[6] sollen nur getauft werden, wenn die Eltern darum bitten und es aufgrund eines sogenannten Taufgesprächs sicher erscheint, daß das Kind im Sinne der katholischen Kirche erzogen wird (Ordo für die Kindertaufe nn. 30—37). Eine stets nur einstweilige Ablehnung der Taufe kann allein durch den zuständigen Pfarrer im Einvernehmen mit dem Dekan (bzw. in letzter Instanz mit dem Bischof) erfolgen. Einzelheiten bestimmen diözesanrechtliche Regelungen (gem. der Pastoralanweisung der Deutschen Bischofskonferenz vom 24. 9. 1970 bezüglich des Ordo für die Kindertaufe n. 37).

Auch in Lebensgefahr soll kein Kind gegen den bekannten oder erklärten Willen seiner Eltern getauft werden.

[5] Das ›Dekretum pro Armenis‹ EUGENS IV. von 1439 lehrt: „Im Notfall aber kann nicht bloß der Priester oder Diakon, sondern auch ein Laie, selbst eine Frau, ja sogar ein Heide und ein Häretiker taufen, wenn er nur die von der Kirche vorgeschriebene Form einhält und beabsichtigt, zu tun, was die Kirche tut." — Der Taufordo von 1969 bestimmt in n. 16: „Wenn kein Priester oder Diakon da ist, kann bei Lebensgefahr ... jeder Gläubige, ja jeder Mensch, der die rechte Absicht dabei hat, die Taufe spenden. Zuweilen ist er dazu sogar verpflichtet."

[6] *Theologisch* ist die Frage der Kindertaufe nicht unbestritten; vgl. u. a.: Christsein ohne Entscheidung — oder soll die Kirche Kinder taufen? Hrsg. v. W. Kasper. Die katholische Kirche hält jedoch daran fest. Der Ordo für die Kindertaufe sagt dazu: „Die Kirche ... hat von den ersten Jahrhunderten an nicht nur Erwachsene, sondern auch Kinder getauft..." (n. 7).

6.1.4. Taufort und Zeit

Als *Taufort* ist gemäß alter Tradition in der Regel die Pfarrkirche vorgesehen. In Krankenhäusern, Entbindungsheimen und Privathäusern darf nur aus zwingendem pastoralem Grund oder in Lebensgefahr des Täuflings getauft werden (Ordo für die Kindertaufe nn. 46—47).

Der liturgisch angemessene *Tauftermin,* insbesondere für die Taufe Erwachsener, ist die Osternacht oder der sonntägliche Gottesdienst. Die Eltern sind verpflichtet, ihre Kinder in den ersten Wochen nach der Geburt taufen zu lassen; die Taufe soll möglichst während der sonntäglichen Eucharistiefeier stattfinden (c. 770 CIC; Ordo für die Kindertaufe nn. 56—60).

Nach ältester kirchlicher Tradition wird niemand getauft ohne einen *Paten,* der dem Täufling in der Vorbereitung auf den Taufempfang beisteht bzw. nach der Taufe des Kindes mitsorgt für dessen Glauben und sein christliches Leben (Ordo für die Kindertaufe n. 39). Da der Taufpate bzw. die -patin gleichsam „Bürge" vor der Kirche sein sollen, müssen sie selbst getauft, gefirmt und zum Empfang der Eucharistie zugelassen sein; überdies dürfen sie nicht durch ein gesetzliches Hindernis vom Patenamt ausgeschlossen sein. Vater, Mutter und Ehegatte können nicht Taufpaten sein. Ein nichtkatholischer, aber gläubiger Christ kann nur zusammen mit einem Katholiken als Pate zugelassen werden.

Die bisherige Rechtsfolge aus der Patenschaft, wonach zwischen Täufling und Taufpate eine „geistliche Verwandtschaft" bestand und folglich ein trennendes Ehehindernis vorlag (c. 768 i. V. m. c. 1079 CIC) ist für das künftige Recht nicht mehr vorgesehen.

6.2. Die Firmung

Durch die *confirmatio* (lat. = Bestätigung, nämlich der Taufe; auch consignatio = Bezeichnung, nämlich mit Kreuz und Chrisam) wird die durch die Taufe erfolgte Aufnahme in die Kirche bestätigt und auf sakramentale Weise der Gläubige mit der Kirche „vollkommener verbunden"; dadurch wird die in der Taufe begonnene christliche Initiation weitergeführt (Gemeinsame Synode: Schwerpunkte heutiger Sakramentenpastoral 1.2.3.). Die Firmung erfolgt durch Salbung mit heiligem Chrisam unter Gebet und Handauflegung.

Die Spendung dieses Sakramentes ist durch Apost. Konst. ›Divinae consortium naturae‹ vom 15. 8. 1971 neu geordnet und mit Wirkung ab 1. 1. 1973 gemäß dem neuen Ordo zu vollziehen.

6.2.1. Bedeutung

Ursprünglich als *consignatio* (durch den Bischof) mit der Taufe (durch den Presbyter) eine unmittelbare liturgische Einheit bildend, hat sich die postbaptismale Salbung in der Kirche des Abendlandes vom Taufakt in dem Maße getrennt, wie die Erwachsenentaufe (durch den Bischof) außer Übung kam und die Kindertaufe die Regel wurde.

Die Firmung gilt heute nicht nur als vollkommenere Verbindung mit der Kirche, sondern vermittelt auch die besondere Kraft des Heiligen Geistes, die den Menschen befähigen soll, den Glauben als wahrer Zeuge Christi in Wort und Tat zu verbreiten und zu verteidigen (Dogm. Konst. LG 11).

Das zur Firmung notwendige *Chrisam* (auch Chrisma = Olivenöl mit Balsam) muß von einem konsekrierten Bischof (am Gründonnerstag) geweiht worden sein (cc. 734 § 1, 781 § 1 CIC).

6.2.2. Firmspender

„Ursprünglicher" Spender dieses Sakramentes ist der (konsekrierte) Bischof.[7] Er spendet dieses Sakrament kraft der in der Bischofsweihe mit der potestas ordinis empfangenen rudimentären *Amts*gewalt immer gültig.[8]

Von Rechts wegen haben diejenigen Priester die Firmvollmacht, die aufgrund eines rechtmäßigen Auftrags von seiten des Bischofs Kinder im Schulalter oder Erwachsene taufen. Im Notfall, nämlich wenn sich ein ungefirmter Getaufter in Lebensgefahr befindet und ein Bischof nicht zu erreichen ist, hat jeder in pfarramtlicher Verantwortung stehende Priester oder wenn ein solcher nicht zu erreichen ist, jedweder Priester, das Recht zu firmen (Apost. Konst. ›Divinae consortium naturae‹ PAULS VI. vom 15. 8. 1971 mit Rechtskraft ab 1. 1. 1973).

Wenn es notwendig erscheint, verleiht der Heilige Stuhl auf Bitten des Ortsbischofs Priestern in besonderer Stellung (Prälaten) die Firmvollmacht.

Ohne entsprechende Vollmacht bzw. ohne auslösenden Notstand können Presbyter dieses Sakrament nicht gültig spenden.

[7] Der CIC bezeichnet den Bischof als ordentlichen (ordinarius) Spender (c. 782 § 1). Das II. Vatikanische Konzil hat nicht zuletzt mit Rücksicht auf die Tradition der Ostkirchen, nach der auch Presbyter im unmittelbaren Anschluß an die Taufe durch Myronsalbung firmen, die Bischöfe als ursprüngliche Spender (ministri originarii confirmationis) bezeichnet (Dogm. Konst. LG 26).

[8] Vgl. J. Neumann, Der Spender der Firmung (Lit.).

6.2.3. Empfänger der Firmung

Jeder katholische Christ, der noch nicht gefirmt ist, hat die Rechtspflicht, dieses Sakrament zu empfangen. Für den Eintritt in den Ordens-, Ehe- und Weihestand ist der Empfang der Firmung hinsichtlich der Erlaubtheit notwendige Voraussetzung (cc. 544 § 1, 1021 §2, 974 §1 n. 1 CIC). Dennoch sind die Rechtsfolgen konkret nicht bestimmbar.[9]

Für den Empfang der Firmung wird in der Regel ein gewisses Verständnis vorausgesetzt. Als Mindestalter ist — ausgenommen die akute Lebensgefahr eines nichtgefirmten Kindes — etwa das siebente Lebensjahr bzw. das vom herkömmlichen Partikularrecht übliche Alter vorgeschrieben.[10] Die Gemeinsame Synode hat „um einer einheitlichen pastoralen Praxis willen und in Abwägung der für unsere Zeit besonders bedeutsamen Inhalte der Firmung" einen „verbindlichen Rahmen für das Firmalter" festgelegt: Es soll in der Regel etwa bei zwölf Jahren liegen; „pastoralbegründete Ausnahmen kann es geben. Es soll auch die Möglichkeit bestehen", die Firmung „auf ein späteres Alter — auch das der jungen Erwachsenen — zu verschieben" (Schwerpunkte heutiger Sakramentenpastoral 3.4.1).

6.2.4. Firmzeit

Die Firmung soll in der Regel während der Eucharistiefeier gespendet werden. Eine bestimmte Zeit des Tages oder des Jahres ist nicht vorgeschrieben. Auch bei diesem Sakrament soll jeder Firmwerber in der Regel seinen eigenen Paten haben.

6.3. Die Eucharistie

Der Begriff Eucharistie kommt vom griechischen „eucharisteo" und meint danken, Dank sagen; damit wird auf den Bericht vom letzten Abendmahl Jesu angespielt, wo es heißt, er nahm das Brot beziehungsweise den Kelch und sprach den Lobspruch beziehungsweise das Dankgebet (Lk 22, 19; 1 Kor 11, 24). Es ist üblich, statt Eucharistiefeier auch Messe oder Meßfeier zu sagen. Die Austeilung der Eucharistie wird als Kommunionspendung bezeichnet.

Zur Eucharistie gehören (ungesäuertes) Brot und (naturreiner) Wein aus Trauben als Elemente und das betende Wort in Form des Hochgebetes (Kanon).

[9] Auf die bisherige Bedeutungslosigkeit der Firmung für das kirchliche Recht hat J. Neumann hingewiesen und Vorschläge für ihre ‚Aufwertung' gemacht; Kirchenrechtliche Überlegungen zur Kindertaufe: Christsein ohne Entscheidung, hrsg. v. W. Kasper, 207—224, bes. 220f.; a. A.: L. Hofmann, Ratifizierung der Taufe: Zeichen des Glaubens, 95—107.

[10] Die theologische Begründung für das Firmalter ist umstritten, zumal eigentlich der Empfang der Firmung dem ersten Empfang der Eucharistie vorausgehen sollte. Vgl. dazu u. a. H. Küng, Die Firmung als Vollendung der Taufe: ThQ 154, 1974, 26—47; a. A.: N. Greinacher, Die Eingliederung des jungen Menschen in die Kirche: ThQ 154, 1974, 48—67.

6.3.1. Bedeutung

Die Eucharistie ist nach dem Glauben der Kirche Quelle und Höhepunkt christlicher Existenz (Dogm. Konst. LG 11). Sie ist das Sakrament des huldvollen Erbarmens, das Zeichen der Einheit, das Band der Liebe, Unterpfand der künftigen Herrlichkeit (Lit. Konst. SC 47) und Mitte des gesamten Lebens der Kirche (Instr. der Ritenkongregation vom 25. 5. 1967 n. 6). Deshalb steht sie unter der Leitung des Bischofs (Dogm. Konst. LG 26).

Unterschied der CIC noch zwischen der Eucharistie als Meßopfer (cc. 802—823 CIC) und der Kommunion (cc. 845—869 CIC), so ist — wenigstens nach den bisherigen Entwürfen und der Konzeption der Institutio generalis zum Missale Romanum — die Kommunion integrierter Bestandteil der Eucharistiefeier und stets von ihr abhängig und auf sie bezogen. Kommunionspendung außerhalb der Meßfeier ist nur zulässig aufgrund schwerer Not (z. B. Krankenkommunion) oder besonderer Umstände (Gottesdienst ohne Priester).

6.3.2. Spender dieses Sakramentes

„Jede rechtmäßige Feier der Eucharistie steht unter der Leitung des Bischofs, der ihr entweder selbst oder durch die Presbyter, seine Mitarbeiter, vorsteht. Ist der Bischof bei einer Gemeindemesse anwesend, sollte er den Vorsitz führen; in dieser sollten die Presbyter wenn möglich durch Konzelebration mit ihm verbunden sein" (Institutio generalis zum Missale Romanum n. 59). Doch auch der Priester, „der das Opfer in der Gemeinschaft der Gläubigen kraft seiner Ordination in persona Christi darbringt, steht der versammelten Gemeinde vor" (ebd. n. 60). Außer diesen sacerdotes (Priestern) — und ohne sie — kann niemand die Eucharistie „gültig" begehen (c. 802 CIC). Der Priester sollte jedoch die Messe nicht ohne Gemeinde feiern, die wenigstens durch einen Ministranten vertreten sein sollte (c. 813 CIC; Institutio generalis nn. 209—211). Dennoch bleibt nach einer ›Erklärung der Kongregation für den Gottesdienst‹ vom 7. 8. 1972 die Zelebration selbst ohne Teilnahme der Gläubigen „das Zentrum der ganzen Kirche und gleichsam das Herz der priesterlichen Existenz" (Synodos Episc. 1971; De sacerdotio ministeriali II n. 4). Deshalb müsse jeder Priester (täglich) die Möglichkeit zur Einzelzelebration haben. Allerdings sei die *Konzelebration* dann empfohlen, wenn mehrere Priester ständig oder aus besonderen Anlässen zusammen sind. Sie sollten dann tunlichst nicht nach Art der Laien kommunizieren, sondern in der ihnen zustehenden Weise an der Messe partizipieren, eben durch Konzelebration.

Der *Diakon* darf bei der Meßfeier das Evangelium verkünden und die Fürbitten vortragen sowie den Priester bei der *Kommunionausteilung* unterstützen (Institutio generalis n. 61). Er ist wie der Priester *ordentlicher Ausspender* der Kommunion (MP ›Sacrum Diaconatus Ordinem‹ PAULS VI. vom 18. 6. 1967, V 22 Ziff. 3).

Außerordentliche Spender können bestimmte vom Bischof beauftragte Ordensmänner, Ordensfrauen oder männliche oder weibliche Laien sein gemäß der Instruktion der Kongregation für die Sakramente ›Immensae caritatis‹ vom 29. 1. 1973 I 1. (vgl. oben 3.3.5.1.). Nur wenn aufgrund des Priestermangels am Sonntag keine Messe gefeiert werden kann, dürfen nach gründlicher Unterweisung der Gemeinde Wortgottesdienste mit Kommunionfeiern durch beauftragte Laien (Pastoralreferenten, Gemeindereferenten und Katecheten) oder durch Personen, die eine Beauftragung zur Predigt haben, gehalten werden (Richtlinien für den sonntäglichen Gemeindegottesdienst ohne Priester verschiedener deutscher Bistümer, hier: Diözese Rottenburg vom 27. 9. 1977).

6.3.3. Empfänger der Eucharistie

Jeder Katholik, der nicht daran gehindert ist, hat das Recht, die eucharistische Speise, die *Kommunion,* zu empfangen. Rechtlich gehindert sind die Exkommunizierten und schweren Sünder, sofern ihre Sünde öffentlich bekannt ist (c. 855 CIC), aber auch jene, die sich im Zustand schwerer Sünde wissen. Ganz allgemein können wiederverheiratete Geschiedene nur unter Beachtung der bewährten Disziplin in foro interno zu den Sakramenten, also auch zur Kommunion, zugelassen werden (Runderlaß der Kongregation für die Glaubenslehre vom 11. 4. 1973). Ob das heißt, daß sie nur dann kommunizieren dürfen, wenn sie „wie Bruder und Schwester miteinander leben", wird taktvoll offengelassen. Diese Erklärung ist weder eine pastorale Hilfe noch eine ehrliche Stellungnahme. Sie hat nur zu Unsicherheiten geführt.[11]

Außerdem soll das Sakrament jenen nicht gespendet werden, die noch nicht zum Vernunftgebrauch gelangt sind. Es kann jedoch gereicht werden, wenn die Kinder die eucharistische Speise von gewöhnlichem Brot zu unterscheiden wissen (c. 854 CIC). Der Pfarrer (bzw. der Beichtvater) hat darüber zu wachen, daß die Kinder nicht zu früh und unvorbereitet zum Empfang der Heiligen Kommunion zugelassen werden. Sie dürfen erst nach hinreichender Unterweisung und Empfang des Bußsakramentes zur Kommunion geführt werden (Declaratio ›Sanctus Pontifex‹ der Kongregationen für die Sakramente und für den Klerus vom 24. 5. 1973; Schreiben der Kongregation für die Sakramente und den Gottesdienst sowie der Kongregation für die Kleriker vom 31. 3. 1977 an den Vorsitzenden der deutschen Bischofskonferenz über die Reihenfolge von Erstbeichte und Erstkommunion; Richtlinien der Deutschen Bischofskonferenz vom 19. 9. 1977).

Die Eucharistie darf an jedem Tag nur einmal empfangen werden. Ausnahmen sind gestattet, wenn Priester mehrmals zelebrieren (müssen) oder Gläubige an

[11] Vgl. u. a. A. Zirkel, Probata ecclesiae praxis in foro interno: Klerusblatt 54, 1974, 62—67; 85—90; a. A.: H. Flatten, Probata Ecclesiae praxis in foro interno: Klerusblatt 54, 1974, 134—135.

bestimmten Festtagen (Weihnachten, Ostern u. a.) aus liturgisch sinnvollem Grund mehrfach die Eucharistie mitfeiern. Ebenso kann, wer am Samstagmorgen kommuniziert hat, auch in der Sonntag-Vorabendmesse die Eucharistie empfangen (Deutsche Bischofskonferenz, März 1968).

6.3.4. Umstände der Kommunionspendung

Die Kommunion wird den Gläubigen in der Regel nur in Gestalt einer Hostie (aus ungesäuertem *Brot*) gereicht. Durch die Instruktion ›Memoriale Domini‹ der Kongregation für den Gottesdienst vom 29. 5. 1969 wurde grundsätzlich gestattet, daß die heilige Hostie dem die Kommunion empfangenden Gläubigen auch in die Hand gelegt werden kann. Die einzelnen Bischöfe bzw. die Deutsche Bischofskonferenz haben diese Praxis gebilligt unter dem Vorbehalt, daß es jedem Kommunionempfänger freistehen müsse zu wählen, auf welche Weise er die Kommunion empfangen wolle.

Ihre volle Zeichenhaftigkeit gewinnt die Kommunion jedoch erst, „wenn sie unter beiden Gestalten", nämlich Brot und Wein, „gereicht wird. In dieser Form wird das Zeichen des eucharistischen Mahles auf vollkommenere Art zum Ausdruck gebracht" (Institutio generalis n. 240). Die Kelchkommunion ist allerdings nur bei bestimmten Anlässen, z.B. den Brautleuten in der Brautmesse, anläßlich einer Äbtissin- oder Jungfrauenweihe, bei der Erteilung der missio canonica sowie Ordensleuten in ihren Kirchen oder Kapellen gestattet (Institutio generalis n. 242).

Vor Empfang der Kommunion haben Priester wie Gläubige eine Stunde die *eucharistische Nüchternheit* zu beachten (Diese Änderung wurde eingeführt durch Mitteilung des Generalsekretärs des II. Vatikanischen Konzils am 21. 11. 1964). Für alte und kranke Personen sowie für ihr Pflegepersonal ist diese Frist auf etwa eine Viertelstunde verkürzt (Instructio ›Immensae caritatis‹ der Kongregation für die Sakramente vom 29. 1. 1973 III).

Der vorzügliche *Ort* für die Feier der Eucharistie ist die Kirche oder eine (öffentliche) Kapelle, die besondere *Zeit* der Sonntag als Tag des Herrn. Nach wie vor sind alle Katholiken verpflichtet, am Sonntag die Eucharistie zu feiern, doch kann aufgrund besonderer Umstände gestattet werden, daß die Teilnahme an der Eucharistiefeier am Abend vor dem Sonntag als Erfüllung der *Sonntagspflicht* gilt (Instruktion ›Eucharisticum Mysterium‹ der Kongregation für die Riten vom 25. 5. 1967 nn. 25 u. 28). Die Deutsche Bischofskonferenz hat im März 1968 aufgrund besonderer Vollmacht des Heiligen Stuhls beschlossen, daß in begründeten Ausnahmen und unter der Voraussetzung, „daß der Sinn des Sonntags nicht verdunkelt werde", die Sonntagsmesse bereits am Samstag, jedoch nicht vor 16.30 Uhr gefeiert werden dürfe. Diese Praxis bedarf jedoch in jedem einzelnen Fall der Genehmigung durch die zuständige bischöfliche Behörde. Ökumenische Gottesdienste dürfen gemäß den Richtlinien der Deutschen Bischofskonferenz vom April 1976 nicht die sonntägliche Meßfeier ersetzen.

Alle Gläubigen haben wenigstens *einmal im Jahr*, vornehmlich in der österlichen Zeit, die Eucharistie zu empfangen (c.869 CIC).

6.3.5. Die sogenannte „Interkommunion"

Aufgrund einer Instruktion des Sekretariates zur Förderung der Einheit der Christen vom 1. 6. 1972 über die Zulassung nichtkatholischer Christen zur Kommunion in der katholischen Kirche hat die Deutsche Bischofskonferenz am 21. 9. 1972 beschlossen, daß einzelnen evangelischen Christen die Kommunion in Todesgefahr und in schwerer äußerer Notlage gereicht werden dürfe, wenn

— der nichtkatholische Christ persönlich einen Glauben an die Eucharistie bekundet, der mit dem Glauben der Kirche übereinstimmt,
— wenn ein geistliches Bedürfnis vorliegt,
— wenn er in der eigenen Kirche zur Eucharistie zugelassen ist, wobei betont wird, daß wiederverheiratete Geschiedene keinen Zugang zur Eucharistie haben,
— wenn er entsprechend vorbereitet ist, gegebenenfalls durch die Beichte.

Bei orthodoxen Christen ist der rechte Glaube bezüglich der Eucharistie in der Regel zu präsumieren. Umgekehrt darf ein Katholik auch im Notfall nur von einem *gültig geweihten* Priester die Kommunion erbitten. Eine Teilnahme am evangelischen Abendmahl ist somit unter allen Umständen verboten.

6.3.6. Meßstipendien

Die theologisch weder hinlänglich reflektierte noch inhaltlich bestimmte Übung, anläßlich der Feier einer Heiligen Messe dem zelebrierenden Priester ein *Meßstipendium* zu reichen (cc. 824—844 CIC), ist durch die nachkonziliaren Änderungen nur hinsichtlich ihrer Modalitäten gewandelt, nicht aber in ihrem Wesen angetastet worden. Das Meßstipendienwesen dürfte sich aus dem altkirchlichen Brauch der oblatio, der Darbringung von Gaben zum Altar entwickelt haben. Damals war es der persönliche Beitrag eines jeden, der die Eucharistie mitfeierte. Er brachte seine Opfergabe, ohne individuelle Ansprüche einer bestimmten Teilhabe an den „Gnaden" der Eucharistie anzumelden. Unter dem Einfluß germanischen Denkens, nach dem jeder Leistung eine Gegenleistung entsprechen mußte, entwickelte sich der Brauch, eine „Messe zu kaufen". Nun leitete der Spender (oder Stifter) aus seiner Gabe den Anspruch auf spezielle „Meßfrüchte" ab.

Die kanonistische Doktrin unterscheidet sogenannte *Handstipendien* (stipendia manualia), die dem Priester „auf die Hand" gegeben werden und durch deren Annahme er sich verpflichtet, bestimmte (vertraglich) vereinbarte Messen in einer bestimmten Intention (Anliegen des Spenders) zu feiern (zu „lesen"). Um ein solches Rechtsgeschäft handelt es sich bei dem normalen „Meßstipendium": Der

Priester erklärt, eine bestimmte Messe für einen bestimmten Spender in dessen Anliegen zu feiern. Dafür bekommt er einen vereinbarten Geldbetrag.

Diese Praxis fällt nicht unter das Simonieverbot; gemäß c. 730 CIC gilt sie als legitime Gewohnheit und als eine aufgrund des gerechten Titels empfangene Leistung. Auf diese Weise wird in manchen Gegenden der finanzielle Unterhalt des Klerus gesichert; zugleich ist ein Anreiz für die tägliche Zelebration gegeben.

An jedem Tag darf nur für eine Messe ein Stipendium genommen werden. Muß ein Priester zwei oder drei Messen an einem Tag feiern, ist es ihm aufs strengste verboten, für die zweite und dritte Messe ein Meßstipendium zu nehmen. Durch MP ›Firma in traditione‹ vom 13. 6. 1974 hat der Heilige Stuhl jedoch die Ortsordinarien ermächtigt, den Priestern zu gestatten, für Binations- und Trinationsmessen Stipendien anzunehmen, allerdings mit der Verpflichtung, sie an die Diözesankasse für Zwecke der Diaspora oder dringende Diözesanaufgaben einzuzahlen. Ordensleute haben diese Stipendien an ihren Oberen für Ordenszwecke weiterzuleiten. — Für die Mitfeier einer Konzelebration ist die Annahme eines Stipendiums nur gestattet, wenn es sich um die einzige Meßfeier dieses Priesters an jenem Tag handelt (partikularrechtlich geregelt z.B.: Erlaß der Diözese Rottenburg vom 25. 6. 1975).

Jeder Bischof und Pfarrer ist verpflichtet, an bestimmten Feiertagen und an allen Sonntagen die Eucharistie für die Anliegen seiner Kirche bzw. Pfarrei ohne Annahme eines Stipendiums zu feiern (sogenannte *Applikationspflicht*) (Dekret der Kongregation für den Klerus vom 25. 7. 1970, durch das die applikationspflichtigen Tage neu bestimmt werden).

Die andere Form sind die sogenannten *Stiftungsstipendien.* Sie stammen aus Erträgnissen von Stiftungen. Diese können entweder selbständige Stiftungen (mit eigener Rechtspersönlichkeit) sein; sie verpflichten in der Regel den Priester nur zur Feier der Messe, nicht aber zur Applikation. Oder es handelt sich um unselbständige Stiftungen, die einer juristischen Person, etwa der Kirchenstiftung oder auch dem Benefizium, gemacht sind und in der Regel sowohl zur Feier der Messe als auch zur Applikation verpflichten. Sind diese Stiftungen einmal angenommen, verpflichten sie den Amtsinhaber dauernd. Das führt — zumal wenn es sich um Kapitalstiftungen handelt — aufgrund des Wertverfalls immer wieder zu Ab- bzw. Umwertungen, zu den sogenannten Stiftungsreduktionen (dazu Notificatio des Staatssekretariates über Erlöschen aller Vollmachten zur Meßstiftungsreduktion vom 28. 11. 1971). Die meisten Diözesen lassen darum die Errichtung von Meßstiftungen nur noch für 25 bis 30 Jahre bei Kapital und für maximal 60 Jahre bei Realstiftungen zu. Außerdem dürfen nicht mehr Stiftungen angenommen werden, als ohne große Belastungen vertretbar sind, denn sie müssen gewissenhaft eingehalten werden. In vielen Diözesen ist eine rechtswirksame Annahme durch den Kirchenvorstand nur möglich nach vorheriger Genehmigung durch das Ordinariat. Die Höhe des Meßstipendiums ist jeweils durch eine diözesane Gebührenordnung festgelegt. Ein höheres Stipendium zu verlangen, ist Priestern, auch den Ordensleuten, verboten und strafbar; jedoch darf ein höheres Stipendium angenommen werden, sofern es aus freien Stücken gegeben wird. Durch die Annahme des Stipendiums wird ein Vertrag geschlossen, den der Priester nicht einseitig abändern kann; umgekehrt steht es dem Stipendiengeber frei, bestimmte Auflagen (etwa hinsichtlich des Tages, Ortes u. dgl.) zu machen.

Mit Meßstipendien darf kein Handel getrieben werden. Sie sind darum nur an Priester und ohne Abzug weiterzugeben. In manchen Diözesen ist verfügt, daß auswärtigen Priestern nur dann Stipendien für die Zelebration am Ort gegeben werden dürfen, wenn die Tatsache ihres Priestertums sicher bekannt ist. Über die Annahme und Persolvierung der Meßstipendien ist Buch zu führen.

6.4. Die Buße

Jesus predigte Umkehr (metanoia) und Buße; das äußere Zeichen für Umkehr und Sinneswandel war die Wassertaufe.[12] Die frühe Kirche mußte sich bereits mit menschlicher Schwäche und Schuld auseinandersetzen. Eine poenitentia secunda (Tertullian) wurde als „Planke nach dem Schiffbruch" notwendig und zugestanden. Insbesondere in Zeiten der Verfolgung wurde die Kirche immer wieder vor die Frage gestellt, wie mit jenen, die den Glauben verleugnet oder wenigstens nicht bekannt hatten, zu verfahren sei. Es entwickelte sich — wohl nach dem Vorbild des jüdischen Synagogenbanns — der Ausschluß aus der Gemeinde auf Dauer oder auf Zeit. In beiden Fällen — etwa in Lebensgefahr eines dauernd Ausgeschlossenen oder bei abgeleisteter Buße bei einem zeitlich Exkommunizierten — war ein Verfahren zur Wiederaufnahme in die Gemeinde vor dem Bischof notwendig. So entstand ein dreigestufter Bußvorgang:
— die öffentliche Ausstoßung durch den Bischof aufgrund des reuigen Bekenntnisses,
— die Ableistung der Bußwerke unter begleitender Fürbitte durch die Gemeinde,
— die öffentliche Wiederaufnahme in die Gemeinde durch den Bischof.

Geänderte gesellschaftliche Verhältnisse ebenso wie andere völkische Mentalitäten und neue theologische Überlegungen wandelten die öffentliche Buße gegen Ende des ersten Jahrtausends zu einem mehr privaten Akt, der schließlich weniger der Heilung des schuldig Gewordenen und der Wiederaufnahme des Ausgestoßenen in die Kirche diente als vielmehr der individuellen Heilsgewißheit (Andachtsbeichte). Dennoch sind die drei formalen Elemente bis heute erhalten, wenn auch in abgewandelter Reihenfolge: Dem reuigen Bekenntnis der Sünden durch den Poenitenten folgt
— die *Lossprechung* von den Sünden und gegebenenfalls
— die *Wiederversöhnung* mit der Kirche und
— *die Aufhebung der Exkommunikation* durch einen bevollmächtigten Priester,
wonach schließlich die Bußwerke geleistet werden müssen.

[12] Vgl. statt vieler: G. Lohfink, Der Ursprung der christlichen Taufe: ThQ 156, 1976, 35—54.

Die neue *Ordnung der Buße* kennt drei Formen des Sakramentes (von der Deutschen Bischofskonferenz für die deutschen Verhältnisse angepaßt am 4. 1. 1967): die Wiederversöhnung einzelner durch die Beichte, die Wiederversöhnung im gemeinsamen (Buß-)Gottesdienst als ordentliche Formen und das Sakrament der Versöhnung mit gemeinsamem Bekenntnis und allgemeiner Lossprechung (Generalabsolution) als außerordentliche Form (Gemeinsame Synode: Schwerpunkte heutiger Sakramentenpastoral 4.3). Wenn auch, wie die Apost. Konst. ›Paenitemini‹ PAULS VI. vom 17. 2. 1966 wieder betont, das ganze Leben der Christen entsprechend der Predigt Jesu unter dem Zeichen der Buße stehen soll, so ist nach wie vor das Bußsakrament ein besonders intensiver Ausdruck der Bußgesinnung und ein notwendiger Bestandteil zur Aufrechterhaltung der kirchlichen Disziplin.

6.4.1. Bedeutung

Durch das Sakrament der Buße wird der sündige Christ durch die Kirche mit Gott versöhnt. Er wird durch dieses Sakrament (moralisch und) rechtlich wieder in den Stand gesetzt, die anderen Sakramente, insbesondere die Eucharistie, zu empfangen. Die wesentlichen Grundsätze für die Gestaltung des Bußsakramentes sind in dem im Oktober 1974 in deutscher Übersetzung veröffentlichten ›Ordo Paenitentia‹ zusammengefaßt:

Die Beichte geschieht durch ein vertrauliches Bekenntnis vor dem „Beichtvater", der aus keinem Grund das ihm auf diese Weise anvertraute Wissen weitergeben darf. Das Beichtgeheimnis ist unverletzlich (c. 889 § 1 CIC). Beichtverrat ist eines der schwersten geistlichen Amtsvergehen und wird mit der von selbst eintretenden, dem Heiligen Stuhl in ganz besonderer Weise zur Lossprechung vorbehaltenen Exkommunikation bestraft.

Einen weiteren Straftatbestand im Zusammenhang mit der Beichte stellt die Verführung eines „Beichtkindes" beiderlei Geschlechts anläßlich der Beichte zu einer schweren Sünde gegen das sechste Gebot (sogenannte Sollizitation) dar (c. 904 CIC). Nach dem derzeitigen Stand der Reformarbeiten soll dieser Tatbestand im Beichtrecht nicht mehr erwähnt werden. Einen weiteren Straftatbestand stellt die Lossprechung eines Mitschuldigen aus einer gemeinsamen schweren Sünde gegen das sechste Gebot dar. In diesem Fall ist dem Priester die Lossprechungsvollmacht kraft Gesetzes für diesen Fall entzogen, sofern sich nicht der Beichtende in akuter Lebensgefahr befindet (c. 884 CIC).

6.4.2. Spender dieses Sakramentes

Spender des Bußsakramentes kann nur ein Priester sein, der überdies — außer bei Lebensgefahr des Beichtwilligen — stets der besonderen Beichtjurisdiktion bedarf (cc. 871—872 CIC). Der Priester spricht namens der Kirche aufgrund eingestandener

Schuld unter Auferlegung von Bußwerken den Reuigen von seinen Sünden los. Im Rechtssinn geschieht also „Begnadigung“ kraft hoheitlicher Vollmacht und somit das Gegenteil von einem richterlichen Urteil. Denn der Richter muß bei erwiesener (weil eingestandener) Schuld verurteilen; er kann nur freisprechen bei erwiesener Unschuld. Der Beichtvater tut das Gegenteil; sein Tun ist daher hoheitlicher und nicht richterlicher Natur im eigentlichen Sinn.[13] *Ordentliche Beichvollmacht* für den Bereich ihrer Zuständigkeit bzw. gegenüber den ihnen anvertrauten Gläubigen haben die Bischöfe, die ordentlichen Seelsorger (Pfarrer) und die höheren Ordensoberen (c. 873 CIC).

Ein Priester, der nicht kraft Amtes die Beichtjurisdiktion besitzt, bedarf der *besonderen Ermächtigung* durch den zuständigen Bischof *(delegierte Beichtvollmacht)*. Kraft partikularrechtlicher Abmachung im Rahmen des Verbundes der Diözesen in der Bundesrepublik Deutschland (seit 1966) und im grenznahen Bereich hat jeder Priester, der in seiner Heimatdiözese die Beichtvollmacht besitzt, auch das Recht, mit Billigung (licentia) des jeweils zuständigen Pfarrers das Bußsakrament in einer anderen Diözese zu spenden (Jurisdiktionsaustausch).

Eine Lossprechung ohne Beichtvollmacht ist *ungültig*.

Wenn ein Beichtender mit einer *Beugestrafe* (z. B. Exkommunikation) behaftet ist, muß er zuerst von dieser Strafe losgesprochen werden, damit der Beichtvater ihn auch von seinen Sünden absolvieren kann. Je nach der Rechtslage, ob es sich um eine verhängte Beugestrafe handelt oder um eine, die von selbst eingetreten ist, ob sie einem höheren Oberen zur Lossprechung vorbehalten ist, kann dies innerhalb der Beichte selbst geschehen oder bedarf eines eigenen außersakramentalen Rechtsaktes. *Sühnstrafen* können in der Beichte nicht nachgelassen werden.

Auch bestimmte Sünden kann sich die kirchliche Autorität zur Lossprechung vorbehalten. In diesem Fall geht dem Beichtvater jede *Jurisdiktion* über *diese* Sünde ab. Allein die Träger der Beichtgewalt vollen Rechtes können solche Vorbehalte aufstellen, nämlich der Papst, die Ortsbischöfe und die höheren Klosteroberen (c. 893 CIC). Von rechtlicher Bedeutung — darum auch allein für einen künftigen Kodex noch vorgesehen — ist die dem Papst vorbehaltene Sünde der falschen Anschuldigung eines Beichtvaters, dieser hätte die Verführung eines Beichtkindes zu verantworten (c. 894 CIC = can. 149 Entwurf).

Alle, die eine Amtspflicht zur Seelsorge haben, sind verpflichtet, Gelegenheit zur (Einzel-)Beichte zu geben (c. 892 CIC).

[13] Die theologische Deutung sieht allerdings in der priesterlichen Lossprechung bei der Beichte weithin einen richterlichen Akt, so z. B.: J. Ternus, Die sakramentale Lossprechung als richterlicher Akt: ZKTh 71, 1949, 214—230; O. Semmelroth, Das Bußsakrament als Gericht: Schol. 37, 1962, 530—549. — Die Formulierung in c. 870 CIC, wonach der Beichtvater „per iudicialem absolutionem“ die Sünden nachläßt, bedeutet hier in römisch-rechtlicher Begrifflichkeit „hoheitlich“, denn in anderem Sinn vertragen sich „iudicialis“ und „absolutio“ überhaupt nicht.

6.4.3. Empfänger dieses Sakramentes

Jeder (katholisch) Getaufte ist nach Erlangung des Vernunftgebrauchs und Zulassung zur (ersten) Beichte rechtlich *verpflichtet*, wenigstens einmal jährlich zu beichten, sofern er sich schwerer Schuld bewußt ist. Wer sich keiner schweren Verfehlung schuldig wähnt, kann dennoch beichten, da auch einfache (sogenannte „läßliche") Sünden hinreichende „Materie" des Bußsakramentes sind (cc. 901—902, 906 CIC). „Zur Pflege ihrer Vereinigung mit Gott" sollen die Ordensleute häufig, d.h. wenigstens zweimal im Monat beichten (Dekret der *Kongregation für die Ordensleute und Säkularinstitute* vom 8. 12. 1970).

Die *Wahl des Beichtvaters* steht grundsätzlich frei, auch wenn, etwa für Ordensleute, eigene Beichtväter bestellt sind. Bestimmte, dem Arbeits- und Freizeitrhythmus des heutigen Menschen angepaßte Beichtzeiten sind darum nicht nur in Ordenshäusern, sondern auch in allen Gemeinden festzusetzen.

Katholiken können notfalls auch bei orthodoxen Geistlichen beichten wie umgekehrt auch orthodoxe Christen, die guten Glaubens von der katholischen Kirche getrennt sind, zur Beichte zugelassen sind (Dekr. OE 27).

6.4.4. Formen der institutionalisierten Buße

Die Formen der Buße bzw. „Beichte" haben sich im Laufe der Kirchengeschichte mehrfach gewandelt, ebenso ihre Handhabung und Bedeutung. Deshalb war es legitim, als sich in den sechziger Jahren sogenannte *Bußgottesdienste* durchzusetzen begannen, denn die bisherige Beichtpraxis wurde weithin nicht mehr „angenommen".[14]

Obwohl die neue Bußordnung von 1974 drei Formen für den Empfang des Bußsakramentes vorsieht, wiesen die deutschen Bischöfe in ihrem Hirtenwort vom 16. 2. 1975 zur Einführung dieser neuen Ordnung ausdrücklich darauf hin, daß die Bußgottesdienste weder die notwendige Einzelbeichte ersetzen können noch ihnen sakramentaler Charakter zukomme. Die Bußfeiern dienen lediglich der Schärfung des Gewissens und der geistlichen Erneuerung. Sie tragen dazu bei, sittliche Maßstäbe zu festigen und die Einzelbeichte qualitativ zu verbessern. In den „pastoralen Richtlinien" des Beschlusses der Gemeinsamen Synode zu den „Schwerpunkten heutiger Sakramentenpastoral" wird der Bußgottesdienst nur noch in diesem propädeutischen Sinn erwähnt (4.2.). Die Gläubigen sollen dahin unterrichtet werden, daß die liturgischen Bußfeiern zwar „sehr nützlich sind zur Vorbereitung eines noch fruchtbareren Bekenntnisses der Sünden und Besserung des Lebens", sie jedoch keines-

[14] Vgl. u.a. J. Finkenzeller, Buße und Bußsakrament in biblischer und dogmengeschichtlicher Sicht: Entspricht die Bußpraxis der Kirche der Forderung Jesu zur Umkehr?, hrsg. v. J. Finkenzeller u.a., 11—116.

falls mit der sakramentalen Beichte und Lossprechung verwechselt werden dürfen (Richtlinien der Glaubenskongregation X) (vgl. unten 6.4.5.). — Rechtliche Bedeutung kommt somit dem Institut der Bußandachten nicht zu.

6.4.5. Sogenannte „Generalabsolution"

Liturgie und Recht der Kirche kennen für die Situation, da aus besonderen Umständen so viele Gläubige zur Beichte drängen, daß sie in der zur Verfügung stehenden Zeit nicht einzeln absolviert werden können, das Instrument der *Generalabsolution.* Auf dieses Institut wurde teilweise bei den Bußgottesdiensten zurückgegriffen und allen, die daran teilgenommen hatten, die sakramentale Lossprechung erteilt. Die Kongregation für die Glaubenslehre hat in den ›Seelsorglichen Richtlinien zur Erteilung der sakramentalen Generalabsolution‹ vom 16. 6. 1972 festgestellt, daß die persönliche und vollständige Beichte *kraft göttlichen Gebotes* der einzige gewöhnliche Weg bleibe, auf dem sich die Gläubigen mit Gott und der Kirche aussöhnen, wenn nicht physische oder moralische Unmöglichkeit von einer solchen Beichte entschuldigen (I). Nur in Lebensgefahr oder bei schwerwiegender unabweislicher Notwendigkeit darf die Generalabsolution erteilt werden (III). Dem Ortsordinarius und der Bischofskonferenz obliegt es festzustellen, ob in ihrem Amtsbereich mit entsprechenden Umständen zu rechnen sei (IV). Diejenigen, die die Generalabsolution empfangen haben, sind überdies verpflichtet, binnen eines Jahres eine Ohrenbeichte abzulegen, sofern dies nicht moralisch unmöglich ist (VII). Was die Lossprechung von reservierten Zensuren anlangt, ist das geltende Recht zu beachten, doch laufen die Fristen für den Rekurs erst von der nächsten persönlichen Beichte an (XII). — Die deutsche Bischofskonferenz hat in Ausführung dieser Richtlinien durch eine Erklärung vom 18. 9. 1972 festgestellt, bei der gegenwärtigen seelsorglichen Betreuung der Gemeinden liege ein „schwerwiegender Notfall", der eine Generalabsolution rechtfertigen würde, nicht vor (Ziff. 3).

6.4.6. Ablaß

Gewissermaßen eine Fortsetzung des hoheitlichen Handelns der Kirche im Bußsakrament, jedoch über diese Weltzeit hinaus, stellt der *Ablaß* dar. Darunter versteht die Kirche den auch vor Gott verbindlichen Nachlaß *zeitlicher* Strafen für jene Sünden, von denen der Mensch durch das Bußsakrament befreit ist. Diese Strafen müssen — nach Lehre der katholischen Kirche — entweder in dieser Welt oder im Fegfeuer abgebüßt werden.

Das Ablaßwesen ist durch Apost. Konst. ›Indulgentiarum doctrina‹ PAULS VI. vom 1. 1. 1967 neu geordnet und weithin vereinfacht worden. Damit wurden die bislang üblichen Zeiteinheiten beim sogenannten unvollkommenen Ablaß abgeschafft und bestimmt, daß ein sogenannter vollkommener Ablaß — außer in Todesgefahr — nur einmal täglich erworben werden kann. Er setzt die Erfüllung von drei Bedingungen voraus: Beichte, Kommunion und Gebet nach Meinung des Papstes. Mit einer einzigen Beichte können mehrere Ablässe gewonnen werden, wenn an den folgenden Tagen jeweils die beiden anderen Bedingungen erfüllt werden. Jeder Ablaß kann auch Verstorbenen — fürbittenderweise — zugewendet werden.

Der *vollkommene* Ablaß bewirkt nach Ansicht der Kirche den völligen Nachlaß aller von Gott zugedachten zeitlichen Sündenstrafen, während der *unvollkommene* ein gewisses — aber dem Menschen nicht bekanntes — Maß davon nachläßt.

Oberster Träger der *Ablaßgewalt* ist der Römische Pontifex. Er wird darin von der Poenitentiarie (vgl. oben 3.1.3.5.) unterstützt, der alle Fragen der Ablaßgewährung und des Gebrauchs von Ablässen übertragen sind, unbeschadet des Rechts der Glaubenskongregation zu prüfen, was dabei die dogmatische Lehre betrifft.

In begrenztem Maß haben auch die Kardinäle, Metropoliten und die regierenden Bischöfe und andere Ortsoberhirten an der Ablaßgewalt teil. Mit dem „päpstlichen Segen", den auch die Bischöfe drei Mal jährlich spenden dürfen, ist ein vollkommener Ablaß verbunden.

Ablässe können durch Gesetz oder durch Verwaltungsakt verliehen werden: Auf diese Weise werden die Bedingungen festgelegt, nach deren Erfüllung ein Ablaß gewonnen werden kann. Sie werden in einem Verzeichnis der Poenitentiarie veröffentlicht (Enchiridion indulgentiarum, Normae et concessiones vom 29. 6. 1968). Die bisherige Unterscheidung zwischen persönlichen, dinglichen und örtlichen Ablässen ist aufgehoben.

Empfänger der Ablaßgnade kann nur ein Getaufter sein, der sich im Stand der Gnade befindet und Unterworfener des Ablaßgebers ist. Gebannte können ebensowenig wie nichtkatholische Christen einen Ablaß gewinnen.

6.5. Die Krankensalbung

Für den Fall schwerer Krankheit kennt die Kirche das Sakrament der *Krankensalbung*. Es wird mit dem Hinweis auf Jak 5, 14—16 begründet. Im Zuge der nachkonziliaren Reformen wurde auch die Liturgie dieses Sakramentes neu bestimmt (Apost. Konst. ›Sacram Unctionem‹ PAULS VI. vom 30. 11. 1972; Ordo der Krankensalbung vom 10. 1. 1974).

6.5.1. Spender der Krankensalbung

Zur *Spendung* dieses Sakramentes ist nur der Priester fähig; zuständig ist der jeweilige Pfarrer bzw. ordentliche Seelsorger, zu dessen Vorbehaltsrecht die Krankensalbung gehört (cc. 938, 939; 464 § 2 CIC).

Dieses Sakrament kann auch „im kleineren Kreis in der Wohnung des Kranken, in einem passenden Raum eines Krankenhauses oder Altenheims, in einer Kapelle oder auch in der Pfarrkirche" gespendet werden (Einführungswort der Bischöfe des deutschen Sprachgebiets: Die Feier der Krankensakramente 23).

6.5.2. Empfänger dieses Sakramentes

Die Krankensalbung kann jedoch nicht nur in akuter und ernstlicher Erkrankung gespendet werden, sondern auch „alten und kranken Menschen, deren Kräftezustand sehr geschwächt ist". „Auch wenn keine ernsthafte Erkrankung ersichtlich ist", darf die heilige Salbung an ihnen vollzogen werden (Pastorale Einführung n. 11).

Ursprünglich ist entsprechend der biblischen Weisung die Krankensalbung auf den einzelnen Kranken ausgerichtet. Da jedoch Bettlägrigkeit keine Vorbedingung für den Empfang des Sakramentes ist, kann es auch in der Pfarrkirche oder der Krankenhauskapelle gespendet werden. Gelegentlich kann es sogar „im Rahmen einer größeren Feier, etwa einer Krankenwallfahrt oder eines Krankentages" gemeinsam empfangen werden (Einführungswort 23; Pastorale Einführung nn. 83—92). Für eine Spendung dieses Sakramentes im Rahmen letztgenannter Veranstaltung ist allerdings die Zustimmung des Ortsordinarius jeweils einzuholen. Insbesondere in Heimen ist überdies darauf zu achten, daß sowohl jeglicher Gewissensdruck ferngehalten als auch einer Minderung der Bedeutung dieses Sakramentes — durch routinemäßige Gewöhnung und Wiederholung — nicht Vorschub geleistet wird (diesbezügliche Anweisungen in den ABl. verschiedener Diözesen, u.a. Freiburg i. Br. vom 8. 9. 1976).

6.5.3. Rechtliche Bedeutung

Das Sakrament der Krankensalbung ist allein eine geistliche Tröstung durch das Gebet der Priester der Kirche. Seinem Empfang soll die Ablegung der Beichte und die Bemühung um den Empfang eines vollkommenen Ablasses vorausgehen (Ordo n. 106). Nach Möglichkeit ist damit auch der Empfang der Kommunion zu verbinden. Dieses Sakrament hat als solches jedoch keinerlei rechtliche Bedeutung; insbesondere ist es nicht die Voraussetzung für das kirchliche Begräbnis.

Literatur: FINKENZELLER, J., Buße und Bußsakrament in biblischer Sicht: Entspricht die Bußpraxis der Kirche der Forderung Jesu zur Umkehr? Eine Orientierungshilfe: DERS. u.a. (Hrsg.), München 1971, 11—116; FISCHER, E. H., Jurisdiktion und Approbation zum Beichthören: Ecclesia et Ius 379—391; FISCHER, E. H., Die Notwendigkeit hoheitlicher Hirtengewalt zur Bußspendung: Ius Sacrum, 231—251; FISCHER, E. H., Der Priester als Bußspender: Ius et salus animarum, 201—218; GREINACHER, N., Die Eingliederung des jungen Menschen in die Kirche: ThQ 154, 1974, 48—67; HOFMANN, L., Ratifizierung der Taufe: Zeichen des Glaubens. Studien zu Taufe und Firmung. B. Fischer zum 60. Geburtstag, Zürich-Einsiedeln-Köln 1972; KÜNG, H., Die Firmung als Vollendung der Taufe: ThQ 154, 1974, 26—47; LOHFINK, G., Der Ursprung der christlichen Taufe: ThQ 156, 1976, 35—54; LORTZ, J., Die Reformation in Deutschland II: Ausbau der Fronten. Unionsversuch. Ergebnis, Freiburg [3]1949; NEUMANN, J., Einheit des Glaubens in der Vielfalt der Disziplinen: Diak. 1, 1970, 17—25; NEUMANN, J., Synodales Prinzip. Der größere Spielraum im Kirchenrecht, Freiburg—Basel—Wien 1973; SCHMITZ, H., Taufaufschub — rechtlich betrachtet: AKathKR 143, 1974, 443—447; SEMMELROTH, O., Das Bußsakrament als Gericht: Schol 37, 1962, 530—549; TERNUS, J., Die sakramentale Lossprechung als richterlicher Akt: ZKTh 71, 1949, 214—230; WEITZEL, J., Begriff und Erscheinungsform der Simonie bei Gratian und den Dekretisten, München 1967.

6.6. Die Ordination

„Durch die *Ordination* und die vom Bischof empfangene *Sendung* (missio) werden die Presbyter zum Dienst für Christus, den Lehrer, Priester und König, bestellt. Sie nehmen teil an dessen Auftrag (ministerium), durch den die Kirche hier auf Erden ununterbrochen zum Volk Gottes, zum Leib Christi und zum Tempel des Heiligen Geistes auferbaut wird" (Dekr. PO 1). Wenn auch jeder Getaufte an der ganzen Sendung der Kirche teilhat, so sind doch einige vom Herrn zum besonderen Dienst bestellt. Sie sollen in der Gemeinde des Herrn heilige Vollmacht (sacra ordinis potestas) besitzen zur Darbringung des Opfers und zur Nachlassung der Sünden. Die solchermaßen vom Bischof als untergeordnete Mitarbeiter bestellten Presbyter sind Glieder des Priesterstandes. „Darum setzt das Priestertum (sacerdotium) der Presbyter zwar die christlichen Grundsakramente voraus, wird aber durch ein eigenes Sakrament übertragen. Dieses zeichnet die Presbyter durch die Salbung des Heiligen Geistes mit einem besonderen ‚Charakter' aus und macht sie auf diese Weise dem Priester (sacerdos) Christus gleichförmig, so, daß sie in der Person des Hauptes Christus handeln können (ut in persona Christi capitis agere valeant)" (Dekr. PO 2).

Die Ordination ist heute Bestellung durch den Bischof zum amtlichen Dienst in der Kirche (vgl. oben 2.1.3.).
Sie ist dreigestuft als Ordination
zum Diakon,
zum Presbyter und
zum Bischof. Diese wird auch als *Konsekration* bezeichnet.

Spender der Ordination jeder Stufe ist allein der konsekrierte Bischof, denn theologisch verstanden sind die Bischöfe als Nachfolger der Apostel *die* Priester der Kirche; ihre Gehilfen für den eigentlich priesterlichen Dienst sind die Presbyter, für den allgemeinen geistlichen Dienst die Diakone.

6.6.1. Die Neuordnung der Weihestufen

Wesentlicher Ritus der *Ordination* sind Gebet und Handauflegung (vgl. oben 1.2. und 2.1.3.).

Im dritten Jahrhundert schließlich wurde aus der Ordination zum Presbyter die Konsekration zum Bischof und aus jener zum Diakon die zum Subdiakon ausgegliedert.[15] Bald erfahren wir auch von anderen Funktionen, etwa denen des Lektors (Tertullian, De praescriptione c. 41) und des Exorzisten (Cyprian, ep. 23). Um die Mitte des dritten Jahrhunderts kennt man in Rom bereits die „Weihen" zu Subdiakonen (sieben), Akolythen (zweiundvierzig) und zu Lektoren und Ostiariern (Eusebius, Kirchengeschichte VI 43, 11). Bis zum 1. Januar 1973 gab es somit vier niedere Weihestufen: den Ostiarier (Türhüter), den Lektor, den Exorzisten (Dämonen-Austreiber) und den Akolythen (griechisch = Gefolgsleute, sie sind die Helfer der Diakone) und vier höhere Weihestufen: den Subdiakon, den Diakon, den Presbyter und den Bischof (cc. 108 §§ 2 u. 3, 949 CIC).

Die Aufnahme in den Klerikalstand durch die Erteilung der *ersten Tonsur* (prima tonsura) ging bis 1973 der Erteilung der ersten niederen Weihe notwendig voraus (cc. 108 § 1, 111 § 2 CIC).[16]

6.6.1.1. Fortfall der Tonsur und Umwandlung der „niederen Weihen"

Durch MP ›Ministeria quaedam‹ vom 15. 8. 1972 hat PAUL VI. die traditionellen „ordines minores" sowie die „erste Tonsur" abgeschafft bzw. umgewandelt. Fallen die Weihestufen des Ostiariers und Exorzisten gemeinkirchlich ersatzlos fort, so werden die Aufgaben des Lektors und Akolythen in „Dienste" (ministeria) umgewandelt. Diese Dienste sind nun nicht mehr den Kandidaten für die Ordination vorbehalten; sie können vielmehr, wenn notwendig, auch Laien übertragen werden. Obwohl jene, die für diese Dienste bestellt werden, nicht mehr zum Klerus zählen, bleiben diese „Dienste" „gemäß altehrwürdiger Tradition der Kirche, Männern vorbehalten" (VII). Die Eignungsvoraussetzungen und das Mindestalter sind von der jeweils zuständigen Bischofskonferenz zu bestimmen.

[15] Vgl. aus der zahlreichen Literatur u. a. B. Kleinheyer, Die Priesterweihe im römischen Ritus; H. Müller, Zum Verhältnis zwischen Episkopat und Presbyterrat, 33—63.

[16] Die Tonsur war keine eigene „Weihe", sondern ging den Weihen voraus. Sie bestand im Opfer des Haupthaares. Gott das Haar zu opfern ist ein alter, nicht auf das Christentum beschränkter Brauch. Erst im Mittelalter wurde die Tonsurierung zum rechtlich bedeutsamen Akt für den Eintritt in den Stand der Geistlichen, Mönche und Nonnen. Als Zeichen der Frömmigkeit scheint sich die Tonsur bereits im sechsten Jahrhundert eingebürgert zu haben. Die vierte Synode von *Toledo* (633; can. 41) schreibt für ihren Bereich vor, daß die Kleriker nur einen Haarkranz haben dürften (tonsura Petri). Wurde das gesamte Haupthaar geschoren, sprach man von der tonsura Pauli. Die in Britannien geübte Praxis, den oberen Teil des Hauptes kahlzuscheren und die Haare an den Seiten lang wachsen zu lassen, wurde als tonsura Joanni bezeichnet und von Rom bekämpft; sie wurde schließlich zum Verschwinden gebracht.

Die Kandidaten für den Diakonat und das Priestertum *müssen* diese Dienste als Durchgangsstufen übertragen erhalten, um sich darin für den künftigen Dienst vorzubereiten. Aus der Übertragung eines solchen Dienstes kann allerdings niemand einen Anspruch auf Unterhalt oder Bezahlung von seiten der Kirche ableiten.

Es ist nicht ersichtlich, welchen theologischen und rechtlichen Stellenwert diese Dienste haben sollen. Einerseits sind sie in ihren beiden Stufen des Lektorates und Akolythates notwendige Durchgangsstufen für die Priesteramtskandidaten, andererseits ist ihre förmliche liturgische Übertragung jedoch nicht Voraussetzung für bestimmte kultische Tätigkeiten. Aufgrund einiger Beunruhigung ließ der Heilige Stuhl am 6. 10. 1972 im offiziösen ›L'Osservatore Romano‹ (n. 231) verlautbaren: Diese Bestimmung ändere nichts daran, daß Frauen mit dem öffentlichen Vorlesen während des Gottesdienstes beauftragt werden können. Dafür sei keine förmliche „institutio" von seiten des Bischofs erforderlich. Außerdem können die Bischöfe nach wie vor aufgrund der geltenden Normen auch Frauen mit der Kommunionspendung beauftragen. — Es ist darum zu fragen, was das eigentliche Proprium dieser Dienste sei, wenn Frauen das auch ohne förmliche Beauftragung können, wozu Männer offensichtlich einer eigenen Bestellung bedürfen.

6.6.1.2. Neubewertung der Diakonatsweihe

In der lateinischen Kirche war der Diakonat zu einer reinen Durchgangsstufe für das Priestertum geworden. Das II. Vatikanische Konzil hat den Diakonat auch als ständigen Ordo wieder betont und bestimmt, daß „in Zukunft der Diakonat als eigener und dauernder hierarchischer Grad wiederhergestellt werden" solle (Dogm. Konst. LG 29).

Die Diakonatsweihe ist somit einmal nach wie vor sakramentale Durchgangsstufe für den künftigen Priester und zum anderen Grundlage einer ständigen hierarchischen Stufe mit eigenen Aufgaben.

Diese Neuordnung wurde eingeleitet durch das MP ›Sacrum diaconatus‹ PAULS VI. vom 18. 6. 1967. Darin wurde den Bischofskonferenzen anheimgestellt, gemeinsam mit dem Heiligen Stuhl darüber zu befinden, ob für ihre Gebiete der Diakonat als ständiger Grad der Hierarchie wiederhergestellt werden solle oder nicht und ob diese Weihe auch verheirateten Männern reiferen Alters zu spenden sei.[17] Durch das MP ›Ad pascendum‹ PAULS VI. vom 15. 8. 1972 wurden unter Wegfall der Subdiakonatsweihe die Rechtsfolgen der Diakonatsweihe neu bestimmt.

[17] Vgl. dazu den sehr engagierten, aber die Rechtslage insgesamt umfassend darstellenden Artikel von J. Weier, Das Motuproprio Papst Paul VI. vom 18. 6. 1967 über den eigenständigen Diakonat in rechtlicher Sicht: Ecclesia et Ius, 167—207.

6.6.1.3. Inkardination

Die Aufnahme in den Klerikalstand und die damit verbundene rechtliche Zuordnung zu einem welt- oder ordensgeistlichen Heimatverband erfolgte bislang durch die „erste Tonsur" (cc. 111—117 CIC). Von diesem Augenblick an unterlag der Tonsurierte den geistlichen Standesrechten und -pflichten; gleichzeitig übernahm damit die betreffende Diözese eine gewisse Versorgungspflicht. Allerdings bestand kein rechtlicher Anspruch auf Zulassung zu den weiteren Weihestufen oder gar zur Priesterweihe; umgekehrt durfte auch niemand gezwungen werden, die weiteren Weihen zu empfangen.

Aufgrund der Neuordnung durch MP ›Ad pascendum‹ erfolgt die Aufnahme in den Klerikalstand und die Inkardination in eine bestimmte Diözese (bzw. in einen Religiosenverband) durch die *Diakonatsweihe.* Weitere Aussagen zum Inkardinationsrecht werden nicht gemacht. Auf jeden Fall wird der Kleriker durch die Inkardination von einem bestimmten Bischof (bzw. Oberhirten: ordinarius loci proprius) in Dienst genommen. Umgekehrt hat der Kleriker nicht nur einen Rechtsanspruch auf Unterhalt und Versorgung, sondern auch auf priesterliche Betreuung und eine seinen Fähigkeiten entsprechende Verwendung und Förderung.[18]

Zweifelsfrei ist nach wie vor, daß niemand einen Rechtsanspruch auf Zulassung zu Weihe und Aufnahme in den geistlichen Stand geltend machen kann. Auch die Anmeldung für ein (Priester-)Seminar oder die Inskription als Theologiestudent für eine bestimmte Diözese (oder einen geistlichen Personalverband) bedeuten zwar für den Kandidaten einen Vertrauensschutz, doch hängt seine endgültige Annahme davon ab, ob ihn der Bischof für geeignet hält. Dafür sind die Studienleistungen und der Gesundheitszustand ebenso wie die menschlichen und geistlichen Voraussetzungen ausschlaggebend.

Auch die *ständigen Diakone* müssen einem geistlichen Heimatverband *inkardiniert* sein, der für ihren Unterhalt und ihre soziale Sicherheit verantwortlich ist. Üben die Diakone einen Zivilberuf aus, müssen sie, soweit möglich, davon sich und ihre Familie unterhalten (MP ›Sacrum diaconatus‹ IV 18.21).

Das *Ausscheiden* aus einem geistlichen Heimatverband und die Aufnahme in einen anderen sind grundsätzlich durch die cc. 111—117 CIC geregelt. Die *Exkardination* soll nur aus gerechtem Grund vorgenommen werden. Sie wird erst wirksam, wenn der neue Bischof der Inkardination dauernd und unwiderruflich zugestimmt hat (c. 112 CIC). Durch das MP ›Ecclesiae Sanctae‹ sind allerdings einige Ausnahmen für Sonderfälle eingeführt worden (I 3): Wenn Priester nach hinreichender Vorbildung in Gegenden gehen wollen, in denen schwerer Priestermangel herrscht, soll ihr Bischof sie ziehen lassen, wenn ihre Rechte und Pflichten am neuen Wir-

[18] Vgl. H. Schmitz, Fragen des Inkardinationsrechts: Ecclesia et Ius, 137—152. Allerdings konnte der Autor naturgemäß nur die (sehr vage) Rechtslage aufgrund der Konzilsbeschlüsse und des MP ›Ecclesiae Sanctae‹ behandeln.

kungskreis vertraglich festgelegt sind. Außer im Falle einer nur befristeten Beurlaubung wird ein solcher Priester nach einer Frist von fünf Jahren von Rechts wegen in der neuen Diözese inkardiniert, wenn er diesen Wunsch seinem eigenen Bischof wie auch gegenüber dem Bischof der Gastdiözese zum Ausdruck gebracht hat und keiner von beiden binnen einer Frist von vier Monaten widersprochen hat (I 3 § 5). Bei Flüchtlingspriestern, deren Ordinarius a quo nicht handeln kann, erteilt die Päpstliche Kommission für die Betreuung der Auswanderer gegebenenfalls die notwendige Erlaubnis gemäß dem Reskript der Kongregation für die Bischöfe vom 29. 6. 1975.

6.6.2. Voraussetzungen für die Weihe

Da die Ordination Weihegewalt verleiht und so die Grundlage für Leitungsfunktionen in der Kirche ist, liegt es in der Natur der Sache, daß bestimmte (Mindest-) Voraussetzungen verlangt werden, damit ein *Getaufter* zu den Weihen zugelassen werden kann. Ein Nichtgetaufter kann nicht gültig ordiniert werden; ein Nichtgefirmter soll nicht geweiht werden (c. 974 § 1 n. 1 CIC). Außerdem darf die Ordination nur gespendet werden, wenn es nach dem Urteil des jeweils verantwortlichen Bischofs für die pastorale Arbeit der Diözese notwendig ist (c. 969 § 1 CIC). Diese Norm deutet auf die ursprüngliche Praxis hin, daß die Ordination jeweils nur für ein bestimmtes Kirchenamt gespendet wurde und gleichzeitig die Einweisung in ein konkretes Amt war (vgl. oben 2.1.3.). Die Ordination dient somit nicht der Mehrung persönlicher Heiligkeit. Zur Pflege persönlicher Frömmigkeit steht der ‚Stand‘ der Religiosen offen (vgl. oben 5.).

6.6.2.1. Geschlecht und Alter

a) Nur ein getaufter *Mann* kann gültig die Weihen empfangen (c. 968 § 1 CIC) bzw. zu den ministeria bestellt werden (MP Ministeria quaedam VII).[19]

b) Zum Empfang der *Diakonatsweihe* als *Durchgangsstufe* muß der Kandidat mindestens das 20. Lebensjahr vollendet haben (MP Ad pascendum I b). Für den *ständigen*

[19] Zu einer diese Praxis bestätigenden Erklärung sah sich die Kongregation für die Glaubenslehre am 15. 10. 1976 veranlaßt. Sie wurde begleitet durch eine Serie von Artikeln kurialer Theologen im ›L'Osservatore Romano‹. — Vor allem unter kanonistischen Gesichtspunkten haben sich mit der Frage der Nichtzulassung der Frau zur Ordination beschäftigt: J. Neumann, Die vergessene Hälfte. Gedanken zur Stellung der Frau in der Kirche: Civitas 23, 1967/68, 583—593; R. J. A. v. Eyden, die Frau im Kirchenamt: WuW 22, 1967, 350—362; H. v. d. Meer, Priestertum der Frau? — Die wohl historisch bislang sorgsamste Analyse stammt von Ida Raming, Der Ausschluß der Frau vom priesterlichen Amt. — Ferner: M. A. Follmar, Consecreted Woman in the Church; J. Neumann, Die Stellung der Frau in der Sicht der katho-

Diakonat muß unterschieden werden, ob es sich um *junge Männer* handelt, die unverheiratet sein und bleiben müssen: Sie müssen mindestens das 25. Lebensjahr vollendet haben (MP Sacrum diaconatus II 4—5).

Reifere, auch *verheiratete Männer* werden nur dann zum ständigen Diakonat zugelassen, wenn sie das 35. Lebensjahr vollendet und nachgewiesen haben, daß sie gute Familienväter sind und alle Familienangehörigen ein christliches Leben führen. Außerdem muß die Ehefrau des Weihebewerbers zustimmen und es muß feststehen, daß sie Eigenschaften besitzt, die den Dienst des Mannes weder behindern noch beschämen (MP Sacrum diaconatus III 11—13).

Für den Empfang der *Priesterweihe* muß der Bewerber mindestens das 24. Lebensjahr vollendet haben (c. 975 CIC). Die Bischofskonferenzen können jedoch auch ein höheres Mindestalter festsetzen (Dekr. OT 12; der Bischof kann allerdings aus gerechtem Grund vom mangelnden Alter dispensieren, wenn die Differenz nicht mehr als ein Jahr beträgt: MP De Episcoporum muneribus 6).

Der Kandidat für eine *Weihe zum Bischof* soll wenigstens 30 Jahre alt sein (c. 331 § 1 n. 2 CIC).

6.6.2.2. Freisein von Irregularitäten und Hindernissen

Irregularitäten sind solche Hindernisse, die niemals von selbst wegfallen, sondern stets der Dispens bedürfen; außerdem können sie auch nach empfangener Weihe zugezogen werden. Sie behindern dann die Ausübung der Weihe.

Zu den Irregularitäten *ex defectu*, mit denen also jemand ohne persönliches Verschulden behaftet sein kann, gehören u. a.:
— die uneheliche Geburt, die Mißgestaltetheit und Bresthaftigkeit,
— mehrmals verheiratet gewesen zu sein
— oder als Richter ein Todesurteil gefällt zu haben (c. 954 CIC).

Irregularitäten *ex delicto*, also solche Hindernisse, die sich jemand aufgrund persönlich zurechenbarer Schuld zugezogen hat, liegen beispielsweise vor bei
— Apostasie oder Häresie sowie aufgrund illegitimer Eheschließung,
— bei Mord und Abtreibung, Selbstverstümmelung und Selbstmordversuch (cc. 985—986 CIC).

lischen Kirche heute: ThQ 156, 1976, 111—128; H. Küng, Die Stellung der Frau in Kirche und Gesellschaft: ThQ 156, 1976, 129—132; Stellung der Frau in der Kirche. Thesen und Arbeitsunterlagen, hrsg. v. Arbeitsgemeinschaft der bischöflichen Arbeitsstellen für Frauen in der Bundesrepublik Deutschland (s. a. 1976). — Die Zahl der dieses Thema soziologisch und theologisch behandelnden Untersuchungen und Abhandlungen ist so groß, daß sie hier nicht aufgezählt werden können. Erwähnt werden soll jedoch die Kampfschrift von Gertrud Heinzelmann, Wir schweigen nicht länger! — Alle diese Schriften zeugen von einem aktuellen Konflikt in der katholischen Kirche, dessen Beilegung nicht abzusehen ist, obwohl die Institution in ihrem Kern, dem hierarchischen Amt, betroffen ist.

Mit einem *Weihehindernis* sind z. B. folgende Personen behaftet:
— Söhne von Akatholiken, solange die Eltern nicht katholisch geworden sind,
— verheiratete Männer, solange ihre Ehe besteht, mit Ausnahme der Weihebewerber für den Dienst des ständigen Diakons (MP Sacrum diaconatus III 12—13).

Von den Irregularitäten und Hindernissen hat sich der Heilige Stuhl die wichtigsten zur Dispens vorbehalten (MP De Episcoporum muneribus 8—10). In Fällen mittleren Gewichts kann der Bischof dispensieren.

6.6.2.3. Die Zölibatspflicht

Unter dem Einfluß außerchristlicher Ideen entwickelte sich schon in frühchristlicher Zeit die Vorstellung, jeder Geschlechtsverkehr sei etwas Unreines,[20] weshalb MINUCIUS FELIX (zu Anfang des dritten Jahrhunderts) sagen konnte: „Selbst ehrsame Ehebeziehungen erfüllen viele der unsrigen mit Scham" (Octavius 31,5).

Wenn Sexualität schon für jedermann und insbesondere für jeden Christen unschicklich war, um wieviel mehr dann erst für die Geweihten: Der Priester als Darbringer des reinen Opfers muß selbst reine Opfergabe sein. Die kultische Reinheit wurde zum Motiv für das Ideal eheloser Priester: Zumal mit dem Aufkommen der häufigeren (täglichen) Meßfeier verlangte diese Ideologie den „unbefleckten" Priester. Schließlich stellten Erbansprüche der Priesterfrauen und Priesterkinder eine latente Gefährdung des Kirchengutes dar. Obwohl seit der spanischen Synode von Elvira (ca. 300—303) das Ideal der Ehelosigkeit immer wieder gepriesen wurde, waren auch im Westen die meisten Kleriker und Bischöfe verheiratet. Die Zölibatsgebote der Päpste und Synoden liefen jahrhundertelang ins Leere.[21] Der Kampf war hart und währte lange: Obwohl schon LEO IX. (1049—1054) befohlen hatte, die Frauen (und Kinder) römischer Priester als „Konkubinen" zugunsten des päpstlichen Lateranpalastes zu verknechten und GREGOR VII. so hart durchgriff, daß es vielerorts zu gewalttätigen Auseinandersetzungen kam, und er überdies die Gläubigen

[20] Hieronymus, Adv. Jovinianum 1, 20: „Omnis coitus immundus".

[21] Handbuch der Kirchengeschichte III/1, 390 f.; Über die historische Entwicklung und die theologische Problematik gibt es eine schier unüberschaubare Fülle von Literatur. Hier seien nur genannt: E. Schillebeeckx, Der Amtszölibat. Eine kritische Besinnung, Düsseldorf 1967; Der Zölibat. Erfahrungen — Meinungen — Vorschläge, hrsg. v. F. Böckle, Mainz 1968; M. Boelens, Die Klerikerehe in der kirchlichen Gesetzgebung vom II. Laterankonzil bis zum Konzil von Basel: Ius Sacrum, 593—614; ders., Die Klerikerehe in der Gesetzgebung der Kirche; ders., Die Klerikergesetzgebung in der kirchlichen Gesetzgebung zwischen den Konzilien von Basel und Trient: AKathKR 138, 1969, 62—81; G. Denzler, Priesterehe und Priesterzölibat in historischer Sicht: Existenzprobleme des Priesters, 15—52; O. Hürter, Der Zölibat des Weltpriesters im Aspekt der Sozialpsychologie: ebd. 53—71; R. Kottje, Das Aufkommen der täglichen Eucharistiefeier in der Westkirche und die Zölibatsforderung: ZKG 82, 1971, 218—228; G. Denzler, Das Papsttum und der Amtszölibat, 2Bde.; H. J. Vogel, Der Pflichtzölibat.

zum Boykott verheirateter Priester aufrief, andernfalls ihr Seelenheil gefährdet sei, konnte doch der Zölibat nicht endgültig durchgesetzt werden. Noch das *I. Laterankonzil* (1123) bestimmte, solche Ehen müßten „zerbrochen" werden (disiungi), doch zweifelte es nicht an ihrer Gültigkeit. Die Wende setzte mit dem *II. Laterankonzil* (1139) unter INNOZENZ II. (1130—1143) und der aufkommenden Kanonistik ein: Das Konzil verfügte die *rechtliche Ungültigkeit* der Ehen von Majoristen. Die Kirchenrechtslehre entwickelte die Vorstellung, daß die (höheren) Weihen ein „trennendes" Ehehindernis darstellen. Nun war die Rechtsbasis geschaffen, auf der die Forderung nach der Ehelosigkeit des Klerus durchgesetzt werden konnte.

Der CIC bestimmt im Klerusrecht, daß Kleriker höherer Weihen (Majoristen) sich nicht verheiraten dürfen und zur Beachtung eines Lebens in Keuschheit verpflichtet sind (c. 132 § 1 CIC). Der Empfang der Ordination (zum Subdiakon) macht rechtlich zur kirchlichen Eheschließung unfähig (c. 1072 CIC). Die Zölibatspflicht war also eine Rechtsfolge des Empfangs der höheren Weihen, nicht das Ergebnis eines irgendwie gearteten persönlichen Gelöbnisses.

Seit den sechziger Jahren unseres Jahrhunderts wurde der Zölibat wiederum vereinzelt in Frage gestellt. Es kam weltweit zu mehreren tausenden „Amtsniederlegungen", doch wurde daraus nicht — wie etwa vor einhundert Jahren — eine Antizölibatsbewegung.

Auf dem *II. Vatikanischen Konzil* durfte auf päpstliche Weisung die Koppelung zwischen Priestertum und Zölibat nicht diskutiert werden,[22] vielmehr stellte das Konzil fest, daß die Kirche „die vollkommene und ständige Enthaltsamkeit um des Himmelreiches willen, die von Christus dem Herrn empfohlen, in allen Jahrhunderten bis heute von nicht wenigen Gläubigen gern angenommen und lobenswert geübt wird, besonders im Hinblick auf das priesterliche Leben immer hoch einschätzt". Zwar sei der Zölibat „nicht vom Wesen des Priestertums selbst gefordert", doch sei er „in vielfacher Hinsicht dem Priestertum angemessen" (Dekr. PO 16). Am 24. 6. 1967 schärfte Papst PAUL VI. durch die Enzyklika ›Sacerdotalis coelibatus‹ den Zölibat, „den die Kirche wie einen strahlenden Edelstein in ihrer Krone hütet" (n. 1) mit starken Worten ein: Die gottgeweihte Jungfräulichkeit der Geweihten mache „in der Tat die jungfräuliche Liebe Christi zu seiner Kirche und zugleich die übernatürliche Fruchtbarkeit" des Ehebundes Christi mit seiner Kirche sichtbar (n. 26). Der Papst regte an, alle Priester sollten „am Gründonnerstag, dem hochheiligen Tag der Einsetzung des Priestertums, die vertrauensvolle Ganzhingabe an Christus ... erneuern und das Bewußtsein der Erwählung zum heiligen Dienst wieder erwecken" (n. 82). Am 2. 2. 1970 brachte der Papst seinen Willen, das Gesetz des priesterlichen Zölibats durchzuhalten, aus Anlaß der Vorgänge in den Niederlanden in Form eines Briefes an den Kardinalstaatssekretär zum Ausdruck.[23]

[22] Am 11. 10. 1965 wurde den Konzilsteilnehmern ein Brief des Papstes an den Dekan des Kardinalskollegiums verlesen, worin er sie aufforderte, das Thema des Zölibats, „das höchste Klugheit erfordert", nicht zu debattieren; vgl. J. Neumann, Die „Autorität" auf dem II. Vatikanischen Konzil: Die päpstliche Autorität im Selbstverständnis des 19. und 20. Jahrhunderts, hrsg. v. E. Weinzierl, Salzburg—München 1970, 41—169; hier: 162f.

[23] Anlaß war die Verabschiedung einer Vorlage am 6. 1. 1970 durch das holländische Pastoralkonzil über das Priesteramt, in der auch kritisch zum Pflichtzölibat für die Priester Stellung genommen worden war (HerKorr 24, 1970, 128—139).

Der Papst stellt darin fest, daß der Zölibat „ein unvergleichliches Zeichen der totalen Hingabe an die Liebe Christi" sei, weshalb die Kirche weder heute noch morgen von diesem überragenden Zeichen ablassen werde. Selbst den Gedanken, daß in der Situation größten Priestermangels verheiratete Männer fortgeschrittenen Alters zu Priestern bestellt werden könnten, weist er als gefährliche Illusion zurück. — Realistischerweise sollte darum tatsächlich niemand erwarten, daß die katholische Kirche vom Zölibat des Priesters abgehen wird.

Nach *derzeitigem Recht* gelten folgende Bestimmungen:

a) Zu den *ministeria* können auch verheiratete Männer zugelassen werden.

b) Für den *ständigen Diakonat* können junge Männer (25—35 Jahre) nur dann zugelassen werden, wenn sie ehelos sind und bleiben wollen.

c) *Männer reiferen Alters* (ab 35 Jahre) können auch als Verheiratete zu Diakonen geweiht werden. Nach Empfang der Weihe sind jedoch auch sie rechtlich unfähig, eine Ehe einzugehen (auch wenn ihre Frau gestorben sein sollte und Kinder zu versorgen wären).

d) Zum *Diakonat als Durchgangsstufe* werden nur unverheiratete Männer zugelassen. Sie sind aufgrund empfangener Weihe zur Eheschließung nach kanonischem Recht unfähig.

Diese Kandidaten müssen *vor* der *Diakonatsweihe* in einem *gesonderten öffentlichen Ritus* eine besondere Zölibatsweihe (consecratio coelibatus) ablegen, bei der sie die Übernahme des Zölibats vor Gott und der Kirche geloben. Daraus resultiert künftig das trennende Ehehindernis des Zölibates. Das ist eine *tiefgreifende Neuerung*, da bislang die Zölibatsverpflichtung und die ehevernichtenden Folgen implizit durch die Weihe mitgegeben waren und keines besonderen Aktes, vor allem keiner besonderen Verpflichtung bedurften. Seither sind die Diakone und Priester praktisch aufgrund eines Gelöbnisses zur Ehelosigkeit in gleicher Weise verpflichtet wie die Ordensleute.

6.6.2.4. Ausbildungsvoraussetzungen

Die Ausbildung für den *ständigen Diakonat* jüngerer, zum Zölibat verpflichteter Männer soll an eigenen Instituten geschehen und in der Regel drei Jahre dauern (MP Sacrum diaconatus II 6—10). Bei den ständigen Diakonen reiferen Alters ist zu unterscheiden, ob es sich um hauptamtliche oder nebenamtliche Diakone handelt. Auch sie sollen möglichst nach den gleichen Prinzipien wie die jüngeren Diakone in einem eigenen Studienhaus ausgebildet werden (MP Sacrum diaconatus III 14—15). Dabei fällt auf, daß weder eigentliche Berufsfelder noch funktional bestimmte Aufgaben genannt werden, auf die hin ausgebildet werden soll. Soll der Diakon nicht zum Lückenbüßer für alle niederen Dienste, die keine besonderen Fachkenntnisse erfordern, verkommen, müßten klar mögliche Aufgaben für die Diakone definiert werden. Das aber ist gesamtkirchlich bisher nicht geschehen.

Die *Deutsche Bischofskonferenz* hat im März 1968 eine erste ›Grundordnung für die Ausbildung des Diakons‹ aufgestellt, die den „Verschiedenheiten der Diakonatsbewerber nach Alter, allgemeiner Bildung und Berufsausbildung, Lebensstand und christlicher Lebensweise, Fähigkeiten und Neigungen" gerecht zu werden versuchte. Aufgrund der zwischenzeitlich gemachten Erfahrungen wurde im Februar 1975 eine neue Fassung dieser Grundordnung beschlossen. Sie verlangt zum Abschluß der vielgestaltigen Möglichkeiten der Ausbildung obligatorisch einen etwa vierwöchigen Kurs unmittelbar vor der Weihe, an dem möglichst auch die Ehefrauen teilnehmen sollen (V). Für die Ausbildung und die vorgeschriebene Weiterbildung haben die einzelnen Diözesen eigene Ordnungen erlassen.

Die *Ausbildung der Priester* ist nach dem II. Vatikanischen Konzil weithin mit einer vorsichtigen Tendenz zur Dezentralisierung auf der Basis des Dekr. OT (über die Priesterausbildung) neu geordnet worden.[24] Rechtsgrundlage war die ›Ratio fundamentalis‹, die ›Grundordnung für die Ausbildung der Priester‹ der Kongregation für das katholische Bildungswesen vom 6. 1. 1970. Diese ›Ratio fundamentalis‹, die vom Papst approbiert worden ist, stellt für die lateinische Kirche das nun gültige Rahmengesetz für die Ausbildung der (Welt-)Priester dar. Die einzelnen Bischofskonferenzen haben entsprechend dieser Ordnung die Ausbildung der Priester zu gestalten, wobei sie definitive Beschlüsse nur mit Zweidrittelmehrheit fassen können. Um eine gewisse Flexibilität zu gewährleisten, sollen die regionalen Normen immer wieder überprüft werden. Dem (wissenschaftlichen) Studium soll eine humanistische Ausbildung (möglichst in einem „kleinen Seminar") mit landesüblichem Abschluß (Hochschulreife) vorausgehen. Die geistliche Ausbildung erfolgt in Priesterseminaren.

Nach Beendigung der philosophisch-theologischen Studien, die insgesamt mindestens sechs Jahre dauern sollen, können die Alumnen — je nach diözesaner Regelung — zu einem ein- oder mehrjährigen Diakonatsdienst eingesetzt werden, in dem sie Berufserfahrungen sammeln sollen.

Das geistliche Leben soll sich am Leitbild der Urgemeinde orientieren und auf die charismatische Gabe der zölibatären Lebensform ausgerichtet sein.

Der eigentliche Studienbetrieb wurde am 20. 5. 1968 durch ein Dokument der Kongregation für das katholische Bildungswesen (›Normae quaedam‹) einstweilen geregelt, das die Apost. Konst. ›Deus scientiarum Dominus‹ von 1931 ablösen sollte. Diese Interimsregelung wurde am 29. 4. 1979 durch die Apost. Konst. ›Sapientia Christiana‹ JOHANNES PAULS II. und die Durchführungsbestimmungen der *Kongregation für das katholische Bildungswesen* abgelöst. Sie stellen das neue Hochschulrecht der katholischen Kirche dar.

Die *Deutsche Bischofskonferenz* hat zum 1. 5. 1978 eine vom Heiligen Stuhl approbierte ›Rahmenordnung für die Priesterausbildung‹ erlassen, die alle Seiten und

[24] Vgl. H. Schwendenwein, Priesterbildung im Umbruch des Kirchenrechts. Die „Institutio Sacerdotalis" in der vom II. Vatikanum geprägten Rechtslage. — Die ›Ratio Fundamentalis Institutionis Sacerdotalis‹ ist abgedruckt und kommentiert in: Priesterausbildung — Theologiestudium, hrsg. v. A. Arens, H. Schmitz.

Phasen der Bildung, Ausbildung und Weiterbildung der Priesteramtskandidaten und Priester einläßlich regeln. Hiernach haben sich alle Diözesanordnungen, aber auch die Studienpläne und Prüfungsordnungen der theologischen Fakultäten auszurichten.

6.6.3. Weihe zum Diakon

Das MP ›Sacrum diaconatus‹ vom 18. 6. 1967 konkretisiert die in der Dogm. Konst. LG 29 gemachten Wünsche und überführt sie in geltendes Recht. Außer den Funktionen der liturgischen Assistenz weist es dem Diakon bestimmte Aufgaben in Liturgie und pastoralem Dienst zu, insbesondere

— die Spendung der feierlichen Taufe,
— die Spendung und Aufbewahrung der Eucharistie,
— die Fähigkeit, dort wo kein Priester vorhanden ist, im Namen der Kirche der Eheschließung zu assistieren, wozu jedoch die konkrete Beauftragung erforderlich ist,
— das kirchliche Begräbnis zu vollziehen,
— die Gottesdienste zu leiten, wenn ein Priester fehlt,
— im Namen der Hierarchie Aufgaben der Caritas und der kirchlichen Verwaltung wahrzunehmen,
— entfernt liegende Gemeinden im Namen des Pfarrers und des Bischofs zu leiten (V 22 Ziff. 1—11).

Die Diakone haben also insgesamt Hilfsfunktionen, insbesondere bei Abwesenheit der Presbyter. Eigenständige Aufgaben, die gleichsam ihr „Vorrecht" wären, haben sich — wenigstens in Deutschland — (noch) nicht herausgebildet. Ein Spezifikum aufgrund der Weihe scheint allerdings auch theologisch kaum bestimmbar zu sein.[25] Darum bleibt es abzuwarten, ob die Bemühungen um die Wiederbelebung des ständigen Diakonats dauernde Früchte zeigen.

6.6.4. Die Weihe zum Priester

Die vom Bischof gespendete Ordination zum Presbyter erhebt die Geweihten in die nach der Bischofsweihe zweite priesterliche Rangstufe (Weiheritus; Dogm. Konst. LG 28).

Allein der zum Priester Geweihte kann „in persona Christi" der eucharistischen Feier vorstehen. Auf diese Weise entsteht an jenem Ort „Kirche Gottes" (Dogm. Konst. LG 28). Darum ist der Priester auch durch die Weihe befähigt, die anderen

[25] Aus der Vielzahl der Literatur zum Diakonat sei nur genannt: Diaconia in Christo, hrsg. v. K. Rahner, H. Vorgrimler.

Sakramente kraft eigener Weihevollmacht zu verwalten, wenngleich er für Firmung, Buße und Eheassistenz stets einer besonderen Jurisdiktionsvollmacht, sei es aufgrund eines Amtes oder aufgrund der Delegation, bedarf.

Die *Ordination* geschieht durch *Gebet* und *Handauflegung*. Die *Hände* des Priesters werden vom Bischof mit heiligem (Katechumenen-)Öl *gesalbt*. Die Auflegung der Hände durch die anwesenden Priester hat heute nurmehr fürbittenden Charakter, weist aber ihrem Ursprung nach auf die aktive Mitwirkung des Presbyteriums hin.

6.6.5. Weihe zum Bischof

Der Bischof ist mit der Fülle des Weihesakramentes ausgezeichnet (Dogm. Konst. LG 26). Darum steht jede Eucharistiefeier, ja jede Spendung eines Sakramentes ebenso wie die Wortverkündigung unter seiner Leitung.

Die Bischofsweihe darf nur auf Weisung des Papstes von drei Bischöfen vorgenommen werden (c. 954 CIC und Apost. Konst. ›Episcopalis Consecrationis‹ PIUS' XII. vom 30. 11. 1944). Die die bischöfliche Handauflegung begleitende Weiheformel weist auf die Fülle des bischöflichen Amtes hin. Auch in der Salbung wird der Gradunterschied zum Presbyter deutlich: Gesalbt werden nicht nur die Handflächen, sondern auch das Haupt, und zwar nicht mit einfachem Katechumenenöl, sondern mit Chrisam. Kraft dieser konsekratorischen Weihe gehört der Neugeweihte nun in die Schar der Nachfolger der Apostel und zum Ordo episcoporum; er ist ausgestattet mit der Fülle priesterlicher Weihevollgewalt.

Die *Weihe* zum Bischof, Presbyter und Diakon erfolgt nach dem von PAUL VI. durch Apost. Konst. ›Pontificalis Romani‹ vom 18. 6. 1968 revidierten Ritus. Der eigentlich sakramentale Akt besteht bei allen drei Stufen in der Handauflegung und dem (Hoch-)Gebet (Apost. Konst. ›Sacramentum Ordinis‹ PIUS' XII. vom 30. 11. 1947).

Die Leitungsrechte des Bischofs bemessen sich nach dem ihm übertragenen Amt.

In dem nach den hierarchischen Stufen sehr differenzierten liturgischen Gepränge drückt sich der absolute und hierarchische Geist dieser bischöflichen Kirche in Worten wie in liturgischen Formen eindeutig aus. Die verbal beschworene Brüderlichkeit verschwindet auf den Gipfeln hierarchischer Rangordnung, die bei aller Rede vom „Dienen" gleichzeitig Stufen der Macht sind.

6.6.6. Die sogenannte „Laisierung"

Nach katholischer Lehre prägt die Ordination einen „unauslöschlichen Charakter" ein, der hinsichtlich seines Grundbestandes nicht einmal von der kirchlichen Autorität vernichtet werden kann. Demgemäß sah das Recht des CIC für denjenigen, der wenigstens die Subdiakonatsweihe empfangen hatte, keine Möglichkeit vor, kraft eigenen Entschlusses aus dem geistlichen Stand auszuscheiden. Das kirchliche Gesetzbuch kannte nur die strafweise Rückversetzung in den Laienstand aufgrund eines förmlichen Strafprozesses (Degradation: cc. 2295 n. 12; 2305 CIC) und die Ungültigkeitserklärung der Weihe in einem förmlichen Prozeßverfahren (cc. 1994—1997 CIC i. V. m. Weiheprozeßordnung vom 27. 9. 1931) wegen Unfähigkeit oder Willensmangel auf seiten des Weihempfängers (oder Weihespenders) oder wegen eines wesentlichen Formfehlers.

Wer die Weihe unter dem Eindruck *schwerer Furcht* empfangen hatte, konnte unter bestimmten Voraussetzungen gemäß c. 214 CIC trotz gültiger Weihe nach durchgeführtem Prozeß von den Verpflichtungen (des Zölibats und des Breviergebets) entbunden werden.

Auf dem *Gnadenweg* wurde eine Laisierung so gut wie niemals durchgeführt und wenn, dann meist erst angesichts des herannahenden Todes des (ehemaligen) Priesters gewährt.

Angesichts immer häufigerer „Amtsniederlegungen" aufgrund veränderter gesellschaftlicher Verhältnisse, gewandelten Denkens und neuer Wertvorstellungen sah sich Papst JOHANNES XXIII. seit 1962 veranlaßt, solche Priester, die durch ihre Bischöfe darum baten, von ihren priesterlichen Pflichten zu entbinden und in den Laienstand zurückzuversetzen. Das damalige *S. Offizium* (die heutige Kongregation für die Glaubenslehre) versuchte durch einen vertraulichen Erlaß an die Ordinarien vom 2. 2. 1964 diese Praxis auf eine gewisse rechtliche Basis zu stellen und zu formalisieren. Das Verfahren war eine Mischung aus „gerichtlichem Verfahren" und Gnadenakt. Die Verfahrensordnung ist niemals publiziert worden. Sowohl die Dispens selbst als auch die gestattete Eheschließung mußten geheimgehalten werden. Die Lage für den Betroffenen und seine Familie war bisweilen ebenso grotesk wie demütigend.[26]

Am 13. 1. 1971 gab die *Kongregation für die Glaubenslehre* den Ordinarien eine neue, vom Papst approbierte Verfahrensordnung bekannt. Ihr war ein erläuterndes Rundschreiben beigefügt, in dem auch auf die Neuerungen gegenüber dem bisherigen Verfahren hingewiesen wurde. Beide Erlasse waren zunächst nicht zur Publikation vorgesehen.

In einem Verwaltungsverfahren war zunächst das 'Verschulden' bzw. die 'Krankheit' des Bittstellers festzustellen und zu belegen. Der Bittsteller muß sich dabei tatsächlich als körperlich oder psychisch krank darstellen (und verstehen) (II 3b—e). Darum ist es nur konsequent, wenn er mit Einreichung seiner Bitte um Laisierung von den priesterlichen Diensten zu suspendieren ist (II 4). Hat der (zuständige) Ordinarius die Ermittlungen durchgeführt, sind die Unterlagen mit seiner Stellungnahme, wobei auch das etwa zu erwartende Ärgernis zu würdigen ist, an die Kongregation zu senden (IV). Diese bereitet die Entscheidung vor, die in jedem Einzelfall dem Papst selbst vorbehalten ist.

[26] Vgl. K. Walf, Laisierung von Priestern (1962—1971): ThQ 152, 1972, 345—357. Vgl. dazu auch das dekouvrierende Interview von L. Waltermann mit zwei Prälaten der Glaubenskongregation (Rom, Platz des Heiligen Offiziums Nr. 11, Graz—Wien—Köln 1970).

Die Dispens von den Weiheverpflichtungen ist von der Rückführung in den Laienstand nicht zu trennen (V 1). Das Reskript wird dem Bittsteller nur über den Ordinarius bekanntgegeben und damit rechtswirksam.

Wenn ein Laisierter jedoch „seinen Fall an die Öffentlichkeit bringt ... in der Absicht, den heiligen Zölibat zu schmähen, haben die Ordinarien ... das Recht, öffentlich bekanntzumachen, daß der betreffende Priester deswegen laisiert wurde ... weil die Kirche ihn für die Ausübung des priesterlichen Dienstes nicht für geeignet hielt" (VI 3). Dabei werden fast alle Laisierungen auf Bitten der Betroffenen und als Gnadenakte durchgeführt und erst nachdem alles versucht worden ist, „um den wankenden und abgleitenden Mitbruder durch Zureden ... zurückzuführen. Nur wenn offenkundig geworden ist, daß ... keine Besserung erwartet werden kann, soll der unglückliche Gottesdiener von dem ihm anvertrauten Amt enthoben werden" (Enzyklika ›Sacerdotalis caelibatus‹ n. 87).

Der Laisierte darf nicht nur keine Weihefunktionen mehr ausüben, sondern auch keinen kirchlichen Dienst (VI 4a—e). In den deutschen Diözesen ist vielfach die Praxis geübt worden, daß die laisierten Priester der einen Diözese in einer anderen eingesetzt wurden und umgekehrt. So gelang es, die unerträglichsten menschlichen Härten und die krassesten Ausfälle zu vermeiden. Doch diese Praxis bewegt sich außerhalb der von der römischen Norm intendierten Absicht: Nach dieser soll der Betreffende sozial heimatlos, berufslos und geistlich ortlos gemacht werden. Im Laisierten ist tatsächlich der alte christliche Stand der immerwährenden „Büßer" neu belebt worden.

Auch eine *Laisierung von Amts wegen*, die bislang nur in einem förmlichen Prozeßverfahren möglich war, ist aufgrund der Normen vom 13. 1. 1971 auf gleiche Weise durchführbar. Danach kann ein Priester „wegen schlechten Lebenswandels oder wegen Irrtümern in der Lehre oder aus einem anderen schwerwiegenden Grund" laisiert und „zugleich aus Barmherzigkeit" dispensiert werden, „damit er nicht in die Gefahr ewiger Verdammnis gerät" (VII). Damit ist der vom kanonischen Recht bislang gewährte Rechtsschutz aufgehoben und die Feststellung „schlechten Lebenswandels" und von „Irrtümern in der Lehre" der kirchlichen Bürokratie anheimgegeben. Die erweiternde unbestimmte Klausel „oder aus einem anderen schwerwiegenden Grund" läßt der Verwaltung einen weiten Spielraum.

Angesichts der rechtlichen Problematik dieser Norm und ihrer Ausfüllungsbedürftigkeit hat die *Deutsche Bischofskonferenz* am 30. 12. 1972 eine „Verfahrensordnung für Laisierung von Priestern von Amts wegen" erlassen. Auch bei diesem Verfahren, das ohne Einwilligung des Betroffenen durchgeführt wird, ist eine „Anamnese" seines Lebens, seiner familiären Verhältnisse, seiner sittlichen Bildung und seiner Schwierigkeiten und Defekte gemäß den Normen der Kongregation (II 3) zu erheben; dabei können auch Zeugen befragt werden. Auf diese Weise ist nicht auszuschließen, daß dabei nicht nur die Intimsphäre dessen, der „untersucht" wird, sondern auch seine schutzwürdigen individuellen Interessen verletzt werden. Im Konfliktfall dürfte dieses Verfahren, wenn es ohne Einwilligung des Betroffenen durchgeführt wird, nicht nur das Grundrecht der Religions- und Bekenntnisfreiheit

(Art. 4 I GG), sondern auch jenes auf freie Entfaltung der Persönlichkeit (Art. 2 I GG) verletzen. Außerdem wird im strittigen Fall zu prüfen sein, ob durch das kirchliche „Verfahren" nicht auch andere staatliche Schutznormen (des Strafrechts, des Datenschutzrechts u. a.) verletzt worden sind. Denn auch innerkirchliches Handeln wird durch die für alle geltenden Gesetze begrenzt. Bestimmungen des Grundgesetzes sind „unverletzlich", d. h. auch der Verweis auf das Verbandsgrundrecht der Religionsfreiheit und auf das Recht der Kirchen, ihre eigenen Angelegenheiten selbständig zu ordnen, rechtfertigt keine Verletzung der individuellen Grundrechte und entbindet nicht von der Achtung allgemeiner Gesetze. Dies um so mehr, wenn der Betroffene einem solchen Verfahren nicht zustimmt und sich gar nicht mehr als Mitglied dieser Kirche versteht.

Am 26. 6. 1972 schob die *Kongregation für die Glaubenslehre* eine Erklärung zu ihren Normen vom 13. 1. 1971 nach. Darin wird festgestellt, daß es für eine Annahme des Bittgesuches nicht hinreiche, wenn der Antragsteller sage, er wolle heiraten; selbst eine bereits eingegangene Zivilehe sei noch kein Laisierungsgrund. Vor allem Anträge von jungen Priestern dürfen von den Ordinarien gar nicht erst an die Kongregation gesandt werden. Außerdem wird nachdrücklich darauf hingewiesen, daß die Laisierten kein kirchliches Lehramt wahrnehmen dürfen.

Seit dem Beginn des Pontifikats JOHANNES PAULS II. (16. 10. 1978) sollen keine Laisierungen mehr gewährt worden sein. In seinem Gründonnerstagsrundschreiben vom 8. 4. 1979 über das Priestertum betonte der Papst vielmehr die Unverzichtbarkeit des Zölibats und die Verpflichtung der Priester, dem einmal gegebenen Versprechen unter allen Umständen treu zu bleiben.

Am 14. 10. 1980 erließ die Kongregation für die Glaubenslehre im Auftrag Papst JOHANNES PAULS II. durch ein geheimes Rundschreiben an alle Ortsoberhirten und die Generaloberen priesterlicher Ordensverbände neue Normen für die Laisierung: Darin wird die Verantwortung der Oberhirten für die Einhaltung der Zölibatsvorschriften nachdrücklich eingeschärft und auf den Schaden hingewiesen, den Laisierungen der Kirche insgesamt zufügen. Darum bestehe kein Rechtsanspruch auf Gewährung einer Dispens vom Zölibat; eine solche Gnade sei vielmehr das letzte Mittel zur Lösung existenzieller Schwierigkeiten unglücklicher einzelner. Die Kirche könne nicht zulassen, daß ihre priesterliche Struktur untergraben werde. Die Gewährung einer solchen Dispens sei kein Verwaltungsverfahren, sondern eine letzte pastorale Maßnahme.

Die neue Verordnung ist nicht nur im Tenor wesentlich restriktiver als jene von 1971, auf die mit keinem Wort Bezug genommen wird, sondern stellt ausdrücklich auf wenige allgemein umschriebene Gründe ab:

Eine Dispens wird nur noch gewährt in Fällen,

— da Priester ihr Priestertum schon längere Zeit aufgegeben haben und die jetzt einen Zustand heilen wollen, unter dem sie zwar sehr leiden, den sie aber nicht mehr aufgeben können, oder
— wenn die Weihe nicht im Zustand zulänglicher Freiheit und Verantwortung empfangen worden ist oder

— wenn die Oberen nicht ausreichend prüfen konnten, ob der Kandidat für den Zölibat geeignet war.

Auf jeden Fall müsse jedes leichtfertige Vorgehen vermieden werden: ausschlaggebend sei stets Zahl und Gewicht der Argumente (Rundschreiben Ziff. 5).

Die dem Rundschreiben beigefügten Verfahrensnormen bestimmen die für die Antragstellung zuständige Autorität (Art. 1 und 2), umschreiben formale Anforderungen für den Antrag (Art. 3), umreißen die durch den zuständigen Oberhirten vorzunehmende Prüfung dieses Antrags (Art. 4, 5 und 6), sowie die Weiterleitung an den Heiligen Stuhl (Art. 7). Die letztendliche Durchführung dieser „pastoralen Verfahren" liegt nach wie vor bei der Kongregation für die Glaubenslehre, wobei dem Papst in jedem Einzelfall das Letztendscheidungsrecht vorbehalten ist (Art. 8).

Ob und inwieweit die Verfahrensvorschriften von 1971 noch gelten, bleibt offen. Deutlich wird jedoch, daß einerseits die Dispensgründe in etwa den Nichtigkeitsgründen des CIC (vgl. oben) wieder angenähert und andererseits die Dispensgewährung eine seltene Ausnahme werden soll, die lediglich den demütig und zerknirscht Bittenden gewährt wird. Diese Regelung wird ein Klima schaffen, in dem ein Antrag auf Laisierung als „eine Art Fahnenflucht" gewertet werden dürfte; es ist zu erwarten, daß die Zahl der Anträge drastisch sinkt. Durch diese bewußte weitere Diskriminierung wird jedoch weder die Identitätskrise vieler Priester gelöst noch die Zölibatsdiskussion insgesamt beendet werden. Auch diese Normen machen nur einmal mehr deutlich, wie sehr in der gegenwärtigen Kirche der Hinweis auf „pastorale Grundsätze" dazu herhalten muß, die individuellen Rechte der Kirchenglieder zu beschneiden.[26a]

Die theologisch-methodischen Fragen sowie die Frage nach der geistlichen Berechtigung solcher Regelungen stehen hier nicht zur Debatte. Die juristische Legitimation besteht einzig in der tatsächlichen Macht der Kirche nicht nur über die Gewissen, sondern häufig auch über die gesellschaftlichen und wirtschaftlichen Möglichkeiten der Betroffenen. Heute noch ist wahr, was der gewiß unverdächtige Münchener Kanonist HERIBERT SCHMITZ 1974 in seinem Kommentar schreibt: „Die kirchliche Autorität hat kein Recht, jemanden gegen seinen Willen im priesterlichen Dienst und seinen Verpflichtungen festzuhalten, auch dann nicht, wenn Dienst und Verpflichtung auf Lebenszeit grundsätzlich unwiderruflich und aus freiem Entschluß übernommen wurden. Das ist eine der innerkirchlichen Implikationen des Rechts zum Handeln nach der Norm des Gewissens und der Freiheit in religiösen Dingen und die Kehrseite des Grundrechts auf freie Wahl des Lebensstandes, das auch den Gliedern der Kirche in der Kirche zusteht ... Wer also glaubt, es vor seinem Gewissen nicht länger verantworten zu können, die Zölibatsverpflichtung zu

[26a] Diese neuen Verfahrensgrundsätze wurden nach Fertigstellung des Satzes dieses Buches erlassen. Aus rechtsgeschichtlichem Interesse jedoch ist die Darstellung der Normen von 1971 und 1972 nicht wieder herausgenommen worden. Eine ausführliche Würdigung der Grundsätze von 1980 kann hier nicht mehr stattfinden. Zu den neuen Richtlinien vgl.: HerKorr 34, 1980, 593 f.

halten, der muß auf Antrag hin ausscheiden können."[27] Es mag verwundern, wenn eine Gesellschaft wie die katholische Kirche, die diese Rechte in ihrem Binnenraum nicht achtet, es unternimmt, bei anderen, vornehmlich gegenüber Staatsregierungen, die Beachtung von Menschenrechten einzuklagen.

Literatur: ARENS, A., H. SCHMITZ (Hrsg.), Priesterausbildung — Theologiestudium, Trier 1974 (NKD 25); BÖCKLE, F., Der Zölibat. Erfahrungen — Meinungen — Vorschläge, Mainz 1968; BOELENS, M., Die Klerikerweihe in der Gesetzgebung der Kirche. Eine rechtsgeschichtliche Untersuchung, Paderborn 1968; DENZLER, G., Priesterweihe und Priesterzölibat in historischer Sicht: Existenzprobleme des Priesters, hrsg. v. F. HENRICH, München 1965, 15—52; DENZLER, G., Das Papsttum und der Amtszölibat, 2 Bde., Stuttgart 1973—1976; EYDEN, R. J. A. V., Die Frau im Kirchenamt: WuW 22, 1967, 350—362; FOLLMAR, M. A., Consecreted Woman in the Church, Rom 1973; HEILER, F., Die Frau in den Religionen der Menschheit, Berlin—New York 1977; HEINZELMANN, GERTRUD, Wir schweigen nicht länger!, Zürich (s. a. 1964?); HERRMANN, H., Der priesterliche Dienst IV: Kirchenrechtliche Aspekte der heutigen Problematik, Freiburg—Basel—Wien 1972; KLEINHEYER, B., Die Priesterweihe im römischen Ritus, Trier 1962; KOTTJE, R., Das Aufkommen der täglichen Eucharistiefeier in der Westkirche und die Zölibatsforderung: ZKG 82, 1971, 218—228; KÜNG, H., Thesen zur Stellung der Frau in Kirche und Gesellschaft: ThQ 156, 1976, 129—132; V. D. MEER, H., Priestertum der Frau?, Freiburg—Basel—Wien 1969; NEUMANN, J., Die vergessene Hälfte. Gedanken zur Stellung der Frau in der Kirche: Civitas 23, 1967/68, 583—593; NEUMANN, J., Die Stellung der Frau in der Sicht der katholischen Kirche heute: ThQ 156, 1976, 111—128; RAHNER, K., H. VORGRIMLER (Hrsg.), Diaconia in Christo. Über die Erneuerung des Diakonates, Freiburg—Basel—Wien 1962; RAMING, IDA, Der Ausschluß der Frau vom priesterlichen Amt. Gottgewollte Tradition oder Diskriminierung? Eine rechtshistorisch-dogmatische Untersuchung der Grundlagen von Kanon 968 § 1 des Codex Iuris Canonici, Köln—Wien 1973; SCHILLEBEECKX, E., Der Amtszölibat. Eine kritische Besinnung, Düsseldorf 1967; SCHMITZ, H., Fragen des Inkardinationsrechtes: Ecclesia et Ius, 137—152; SCHMITZ, H., Kleriker- und Weiherecht, Trier ²1977 (NKD 38); SCHMITZ, H., Reform des kirchlichen Gesetzbuches, Trier 1979; SCHWENDENWEIN, H., Priesterbildung im Umbruch des Kirchenrechts. Die „Institutio Sacerdotalis" in der vom II. Vatikanum geprägten Rechtslage, Wien 1970; STUTZ, U., Geschichte des kirchlichen Benefizialwesens von seinen Anfängen bis auf die Zeit Alexanders III., aus dem Nachlaß ergänzt und mit einem Vorwort versehen von H. E. Feine, Aalen ²1961; VOGELS, H. J., Pflichtzölibat. Eine kritische Untersuchung, München 1978.

6.7. Die Ehe

Die Ehe von Christen ist nach dem Verständnis der katholischen Kirche ein Sakrament. Da für Sakramente allein die Kirche kraft göttlicher Anordnung zuständig ist, beansprucht sie über jede sakramentale Ehe eine unmittelbare und direkte Autorität. Zumindest mittels der kirchlichen Zuständigkeit über die Ehe kommt

[27] Kleriker- und Weiherecht, hrsg. von H. Schmitz, 68.

darum jeder Katholik — und bei „Mischehen" auch der nichtkatholische Partner — mit dem kanonischen Recht in Berührung.[28]

Geschichtliche Entwicklung

Den geschichtlichen Anlaß für die Bestimmung des Sakramentscharakters durch das *II. Laterankonzil* von 1139 mögen ehe- und sexualfeindliche Strömungen der Katharer und Albigenser geboten haben. Erst nachdem die Sakramentstheologie überhaupt einen gewissen Abschluß erfahren hatte, sprach das *II. Konzil von Lyon* von 1274 ausdrücklich von der Ehe als einem der sieben Sakramente.

Die Ehe hatte auch in vor- und außerchristlichen Gesellschaften religiöse Bezüge: Sie stand unter dem Schutz der Gottheiten. Religiöse, gesellschaftliche und rechtliche Formen flossen in eines. Nichts deutet darauf hin, daß die Christen anfangs die Ehe anders geschlossen hätten, als es in ihrem gesellschaftlichen Bereich gebräuchlich war. Die im römischen Rechtsbereich übliche Konsensus-Ehe ermöglichte den Christen eine Eheschließung ohne nichtchristliches religiöses Brauchtum. Die Christen ihrerseits umgaben den eigentlichen Eheschließungsakt allerdings sehr bald mit Gebeten und Segnungen. Rechtsbedeutsam waren diese jedoch nicht. Wichtig war für sie, daß Christen alles, auch das Eingehen einer Ehe, „im Herrn" taten. Darum ziemte es sich, daß die Gläubigen nur mit Gutheißung des Bischofs heirateten (Ignatius, ad Polycarp. 5, 2). Rechtliche Relevanz kam dieser Zustimmung des Bischofs allerdings nicht zu. Dennoch kann man heute keine katholische Darstellung über die Begründung des kirchlichen Eherechts und der kirchlichen Eheschließungsform lesen, ohne auf den angesprochenen Brief des Ignatius verwiesen zu werden. Demgegenüber ist festzuhalten: Ignatius kannte ganz offensichtlich keine besondere kirchliche Eheschließung, die vom Bischof vorzunehmen gewesen wäre, sondern wollte, daß alles unter den Augen des Bischofs zu geschehen habe, so auch die Eheschließung, damit sie „im Herrn" geschehe.[29]

Hochzeitsmessen sind erstmals im vierten bis fünften Jahrhundert für Rom bezeugt. Sie waren jedoch den Eheschließungen der (niederen) Kleriker vorbehalten. Im Bereich des *römischen Rechts* war der *Konsensaustausch* das wesentliche Element der Ehe. Nach römischer Auffassung war die Ehe ein „tatsächliches Verhältnis", eine soziale Gegebenheit, weshalb man mehr von einem „Beginn" der Ehe als von einem Eheabschluß sprechen kann. Der Ehewille konstitutiert zwar die Ehe, verlangt aber zugleich die eheliche Gemeinschaft. Hörte die Wirklichkeit der Ehe auf, endete auch der Konsens; umgekehrt machte ein Aufhören des Konsenses die Wirklichkeit der Ehe hinfällig.

Im *germanischen Rechtsbereich* waren Brautübergabe und copula carnalis (Vollzug der Ehe) die begründenden Rechtsakte. Um die Öffentlichkeit des Eheschließungsgeschehens zu sichern, verlangte man später, dieses solle „in facie ecclesiae", also in oder vor der Kirche stattfinden. Eine direkte Mitwirkung des Priesters war damit nicht gemeint. Auch nach den Bemühungen der fränkischen Könige, die Priester als (weltliche) Urkundbeamte bei der Ehe-

[28] Für das gegenwärtige Eherecht sei insbesondere verwiesen auf: U. Mosiek, Kirchliches Eherecht unter Berücksichtigung der nachkonziliaren Rechtslage, Freiburg ²1976. — Darin wird zwar die theologische und kanonistische Problematik nicht reflektiert, doch wird eine verläßliche Darstellung der Rechtslage samt der einschlägigen Judikatur geboten.

[29] Vgl. dazu bes. J. Neumann, „Mischehe" und Kirchenrecht, Würzburg 1967, bes. 8—29; J. Duss-von Werdt, Theologie der Ehe — Der sakramentale Charakter der Ehe: Mysterium Salutis, hrsg. v. J. Feiner, M. Löhrer, IV/2, 422—434.

schließung fungieren zu lassen, bleiben die Grenzen zwischen weltlicher und kirchlicher Jurisdiktion fließend. Seit dem Aufkommen der Kanonistik beanspruchte die Kirche die volle (und ausschließliche) Zuständigkeit über die Ehe, weil sie Sakrament sei. Der Priester trat schließlich in die Funktion des Brautvaters ein und sprach (seit dem 14. Jahrhundert) die rechtlich bedeutsamen Worte „ego coniungo vos" = Ich (d.h. der Priester) verbinde euch (zu Eheleuten).

Dieser germanischem Denken entstammende Vorgang der Brautübergabe wurde nun theologisch gedeutet: In der Christus-Kirche-Symbolik ist die Frau gehorsam dienend dem Mann zugeordnet; die „schwache" Frau trägt den verhüllenden Schleier und bedarf des besonderen Segens.

Doch grundsätzlich kam für die lateinische Kirche seit Papst NIKOLAUS I. (866) eine Ehe zustande durch den gegenseitigen Konsens, wie immer er auch ausgetauscht wurde. Dadurch jedoch wurden die differenzierten Formen öffentlicher Eheschließung gemäß den Landessitten, einschließlich des hier und dort üblich gewordenen kirchlichen Trauarituals, zu rechtlich belanglosen Bräuchen entwertet.

Rechtliche Ordnung

Im *kanonischen Recht* verschmelzen die Vorstellungen des römischen mit denen des germanischen bzw. jüdischen Rechts. Seit dem Decretum Gratiani finden wir den consensus und die copula carnalis als die konstitutiven Elemente für ein matrimonium legitimum. Dank der römischen Anschauung von der Alleinwesentlichkeit des Konsensus kamen sogenannte *„klandestine" Ehen* auf. Darunter verstand man „Ehen", die entweder tatsächlich ohne öffentlichen Konsensaustausch geschlossen worden waren, die also tatsächlich „geheim" waren, oder auch solche, zu deren Abschluß die Eltern ihre Einwilligung nicht gegeben hatten.

Angesichts des zeit- und gebietsweisen Überhandnehmens solch klandestiner Ehen aufgrund einfacher Ehewillenserklärung der Brautleute versuchte die Kirche auf das Eheschließungsrecht gestaltend einzuwirken. Dennoch wagten es die kirchlichen Autoritäten bis ins 16. Jahrhundert nur selten, die *Gültigkeit* der Ehe von der Beachtung einer bestimmten Eheschließungsform abhängig zu machen.[30]

Das *Konzil von Trient* schrieb schließlich in dem Dekret ›Tametsi‹ vom 11. 11. 1563 zur Gültigkeit der Ehe eine bestimmte *Form* vor: Der Konsens mußte vor dem *„Pfarrer"* und *zwei Zeugen* ausgetauscht werden. Das Konzil verlangte dabei nicht eigentlich die Einhaltung der Form, vielmehr erklärte es umgekehrt die Nichtbeachtung der Form für ein trennendes Ehehindernis.[31] Auf diesem Wege wurde der alte kanonistische Grundsatz von der Bedeutungslosigkeit jeglicher Solemnität, der das ganze Mittelalter hindurch galt, außer Kraft gesetzt.

Die Gefahr klandestiner Eheschließungen freilich konnte auch durch dieses Dekret kaum beseitigt werden, da es nur in einem Teil der katholischen Gebiete und auch dort nur sehr

[30] Auch im ›Corpus Iuris Canonici‹ findet sich keine einzige Stelle, „die eine nicht vor dem Pfarrer geschlossene Ehe für ungültig erklärt" (Ph. Hofmeister, Die Form der Eheschließung bei den Katholiken und Protestanten: TThZ 75, 1966, 230). Hofmeister führt dabei über 40 bischöfliche Dekrete oder Synodalkanones an, die die klandestinen Ehen, teilweise unter Androhung schwerster Strafen, verwarfen, niemals aber die Ungültigkeit der widerrechtlich geschlossenen Ehen behauptet hätten (229).

[31] Vgl. R. Lettmann, Die Diskussion über die klandestinen Ehen und die Einführung einer zur Gültigkeit verpflichtenden Eheschließungsform auf dem Konzil von Trient.

zögernd verkündet wurde.[32] Außerdem verlor das kirchliche Eingreifen zunehmend an Dringlichkeit, weil die mit der neuen Zeit heraufziehenden Staaten absolutistischer Prägung die Ehe und damit auch die Form der Eheschließung zunehmend unter ihre Jurisdiktion nahmen und die aus den geheimen Ehen keimenden Gefahren für ihren Bereich zu bannen suchten. Immerhin hatte die Kirche mit dieser Forderung am Beginn einer neuen Epoche ihren Anspruch, über *jede* christliche Ehe zu bestimmen, bekräftigt und dies just in dem Augenblick, da ihr tatsächlicher gesellschaftlicher Einfluß zu schwinden begann. Weil die Kirche ihre damit einmal eingenommene Position nicht aufgeben wollte, konnten schwere Auseinandersetzungen mit den (europäischen) Staaten nicht ausbleiben.

Papst BENEDIKT XIV. schränkte im Jahr 1741 für die Gebiete Hollands und Belgiens die tridentinische Vorschrift hinsichtlich der Eheschließungsform auf rein katholische Ehen ein.[33]

Papst PIUS X. schließlich hob mit Wirkung vom 15. 4. 1906 durch das Dekret ›Provida‹ für das Deutsche Reich den Unterschied zwischen tridentinischen und nichttridentinischen Orten auf und bestimmte, daß die tridentinische Form, wenngleich für alle Katholiken gefordert, in bezug auf die Gültigkeit nurmehr für rein katholische Ehen verpflichtend sei. Damit waren für Deutschland und die anderen genannten Gebiete die konfessionell gemischen Ehen notfalls von der tridentinischen Eheschließungsform, also vom Zwang, die Ehen vor einem katholischen „Pfarrer" eingehen zu müssen, befreit.[34]

Mit Ausnahme der genannten Gebiete brachte jedoch bereits das Dekret ›Ne temere‹, das am 19. 4. 1908 Rechtskraft erlangte, eine umwälzende Änderung: Alle Katholiken, also auch jene, die einmal aufgrund katholischer Taufe oder durch Konversion zur katholischen Kirche gehören oder gehört haben, unterlagen nun der kirchlichen Eheschließungsform. Sie konnten auch in dem Fall, da sie einen Nicht-Katholiken ehelichen wollten, nur vor einem katholischen Pfarrer oder einem von diesem beauftragten Geistlichen die Ehe gültig eingehen. Dabei mußte der assistierende Geistliche frei und gewollt ihren Ehewillen aktiv erfragen. Neben den Brautleuten war nun der die Trauung vornehmende Geistliche zum entscheidenden Akteur des gültigen Eheschließungsaktes geworden.

Als am 19. 5. 1918 der ›Codex Iuris Canonici‹ in Kraft trat, fielen die für Deutschland und Ungarn noch bestehenden Sonderregelungen fort. Nun unterlagen ausnahmslos alle Katholiken auf der ganzen Welt der von c. 1094 CIC vorgeschriebenen Formpflicht.

[32] Vgl. P. J. Kessler, Die Entwicklung der Formvorschriften für die kanonische Eheschließung, Borna—Leipzig 1934, 11.

[33] Mit der Bulle ›Matrimonia‹, der sogenannten „Benedictina" v. 4. 11. 1748. Andererseits hat derselbe Papst in der Enzyklika ›Magna Nobis‹ von 1748 bestimmt, daß eine Dispens vom Eheverbot mixtae religionis nur gewährt werden dürfe, wenn der nichtkatholische christliche Partner der Häresie abschwört (!!), alle zu erhoffenden Kinder katholisch getauft und erzogen werden und jegliche Gefährdung des katholischen Bekenntnisses ausgeschlossen ist. (Auf die hinter dieser doppelbödigen Gesetzgebung stehende Mentalität soll hier nicht eingegangen werden, wenngleich sie typisch für die Ausformung der kirchlichen Rechtsansprüche über die Ehe und ihre Durchsetzung ist!) — Bis in die zweite Hälfte des 19. Jahrhunderts waren jedoch Doppeltrauungen — also die Vornahme der Trauung bzw. der Ehesegnung durch den katholischen und den evangelischen Geistlichen — häufig. Erst von jenem Zeitraum an erklärten die römischen Behörden diesen Tatbestand für sündhaft und als unter Zensur stehend.

[34] Vgl. J. Neumann, Mischehe, 35.

Theologische Bedeutung

Die *theologische Auffassung* der katholischen Kirche von der Ehe ist weitgehend vom Epheserbrief (5, 21ff.) beeinflußt. Die Theologie der Ehe erscheint dabei als ein integrierter Bestandteil der Ekklesiologie. Es dominiert der Gedanke, daß die Ehe Abbild der Kirche und Zeichen ihres Verhältnisses zu Christus sei. Folgerichtig wird auch die Institution ‚Ehe' nicht unter personal-humanen Gesichtspunkten als ein funktional-reales System verstanden, sondern als „Repräsentation" des Verhältnisses Christus—Kirche. Das führt zu vielen Friktionen und Schwierigkeiten, die das kanonische Eherecht als Ausdruck eines grandiosen, bis in die geheimsten Tiefen des menschlichen Herzens hineinreichenden Machtsystems erscheinen lassen. Dabei hat der seit Papst NIKOLAUS I. herrschende Grundsatz von der Alleinwesentlichkeit des Konsens den subjektiven Ehewillen der Ehepartner zum entscheidenden Vorgang der Eheschließung und damit zum willentlich-personalen Angelpunkt der Ehe selbst werden lassen. Dadurch ist eine höchst folgenreiche Entwicklung gefördert worden: die Wandlung der Ehe von einem Sippen und Familien verbindenden Realvertrag zu einem Konsensualvertrag, also zu einer höchst persönlichen und privaten Entscheidung zweier Individuen. Diese Dynamik, die die Ehe nicht mehr in den beiden Familien verankert sein läßt, kann im konkreten Fall zur Überforderung des Individuums führen. Das kanonische Recht versucht dieser Gefahr dadurch zu begegnen, daß es jede Ehe unter Christen durch Konsensaustausch als Repräsentation des Christus – Kirche-Verhältnisses versteht. Dadurch werden die Bereiche des (weltlichen) Rechts und des (geistlichen) Wesens der Institution Ehe unentwirrbar miteinander verwoben.

Durch den Rückgriff auf die Konsens-Theorie wird ein „außertheologisches", rechtliches Element für die Ehe als geistlicher Wirklichkeit konstitutiv. Auf solche Weise ist die Ehe zwar wie ein „weltlich" Ding verwaltbar, aber ihre personale Grundlage, ihr Gegründet-Sein in zwei konkreten Menschen, wird im Namen der Heiligkeit der Institution irrelevant.[35]. „Ehe als Sakrament" existiert nun gleichsam in sich, über- und außerhalb der Menschen; sie „repräsentiert" eine Glaubensvorstellung, die zum konkreten Dasein des Menschen keinen erfahrbaren Bezug zu besitzen braucht.

Wenn heute der Verfall von Ehe und Familie beklagt wird — und wann hätte die Kirche das nicht getan! —, wird man die Dysfunktionalität von Recht und Institution gerade im kirchlichen Rechtsbereich nicht übersehen dürfen. Denn das „katholische Eherecht mitsamt seiner theologischen Begründung setzt eine gesellschaftliche Position der Kirche voraus, welche diese

[35] Beiträge wie jener von W. Aymans (Die Sakramentalität der christlichen Ehe in ekklesiologisch-kanonistischer Sicht. Thesenhafte Erwägungen zu einer Neubesinnung: TThZ 83, 1974, 321—338) zeigen den Verlust jeglichen Realitätsbezugs nicht weniger Kanonisten. Charakteristisch für „Thesen" dieser Art ist die Selbstverständlichkeit, mit der „auf eine etwas abstrakte Weise die zentrale Aussage des ›Codex Iuris Canonici‹ über die christliche Ehe" (321) zum Ausgangspunkt grundsätzlicher, d. h. theologischer Reflexionen gemacht wird. Die glaubensmäßige, gesellschaftliche und erst recht die individuelle Situation der konkreten Ehe steht dabei gar nicht mehr im Blickfeld. So kann der Autor zusammenfassend feststellen, daß Ehen unter Christen, die nicht „sakramental-zeichenhafte Existenzen" sind, für die Kirche nicht existieren. „Solche Ehen können zwar nicht einfach übersehen werden, vermögen aber nicht als solche kirchliche Existenz zu begründen." (338) Es gibt somit offenbar im Grenzbereich zwischen Ehe und Kirche Existenzen, die nicht existent sind. Eine Rechtsordnung, die mit solchen Annahmen zu arbeiten gezwungen ist, führt sich — als Rechtsordnung — selbst ad absurdum und eine Rechts-„Wissenschaft", die solche zu begründen versucht, richtet sich selbst.

schon längst nicht mehr innehat. Es kann keine Geltung für die Ehe ganz allgemein mehr beanspruchen".[36]

Gegenwärtige Lage

Unter diesem Gesichtspunkt hat auch das II. Vatikanische Konzil tatsächlich keinen wesentlichen Wandel eingeleitet. Es hat lediglich einem mehr personalen Eheverständnis, das heute in der weltlichen Betrachtung der Ehe so gut wie selbstverständlich ist, eine gewisse Bedeutung in der katholischen Ehelehre zuerkannt (Past. Konst. GS 47—52).[37] Ein Text über die rechtliche Ordnung der Ehe wurde vom Konzil nach kurzer Debatte (am 20. 11. 1964) an den Papst überwiesen mit der Bitte, eine möglichst rasche Regelung, insbesondere des Mischehenrechts, zu veranlassen.[38]

Damit kein Mißverständnis entsteht, soll ausdrücklich gesagt werden, daß der Kirche gar nicht zugemutet werden soll, ihre Lehre von der Sakramentalität der Ehe und deren Unauflöslichkeit zu revidieren. Was jedoch anstünde, wäre, die menschlich-psychologischen Voraussetzungen und die rechtlich-methodischen Rahmenbedingungen zu überprüfen und so zu gestalten, daß sie den Gegebenheiten gerecht werden können, unter denen Christen heute ihre Ehe leben. Denn die gesellschaftlich-wirtschaftliche Situation in der Ehe heute ist grundverschieden von den Gegebenheiten des 12. und 13. Jahrhunderts, jener Zeit, in der die Kanonistik begann und das kirchliche Eherecht entwickelt und gestaltet wurde.

6.7.1. Vertrag und Sakrament

Der einleitende Kanon zum Eherecht sagt aus, Christus der Herr habe den Ehevertrag unter Getauften zur Würde eines Sakramentes erhoben. Daher kann es zwischen Getauften keinen gültigen Ehevertrag geben, der nicht zugleich eo ipso auch Sakrament ist (c. 1012 CIC; der Entwurf für das künftige Eherecht [von 1975] gebraucht den gleichen Wortlaut: can. 242.)[39]

Damit wird auch für die *nichtkatholischen* Christen an dem Grundsatz festgehalten, daß sie keinen gültigen Ehevertrag schließen können, sofern sie die Sakramentalität vorsätzlich ausschließen oder von bestimmten trennenden Ehehindernissen betroffen sind. Von der vorgegebenen Eheschließungsform jedoch sind sie dispensiert. Anders

[36] Duss-von Werdt, Theologie der Ehe, 446.

[37] Der *Pastoralkonstitution* GS ging es vor allem um den Stellenwert der personalen Beziehung und der moraltheologischen Zulässigkeit sogenannter „verantwortlicher Elternschaft". Außerdem wurde die Ehe mehr unter ihrem funktionalen Charakter als „Bund" und weniger unter ihrem abstrakt vertragsrechtlichen Charakter gewürdigt.

[38] Vgl. B. Häring, Zur Vorgeschichte: LThK — E III, 595.

[39] Die Frage, was bei der Ehe „Sakramentalität" meint, wie sie theologisch allgemein begründet wird und wie sie beim konkreten Eheabschluß zustande kommen soll, braucht hier nicht dargestellt zu werden. Es sei auf die theologische Literatur verwiesen. Auf die grundsätzliche juristische, kanonistische und theologische Problematik hat bereits vor mehr als zwei Jahrzehnten J. Klein (Die Ehe als Vertrag und Sakrament im Codex iuris Canonici: Skandalon. Um das Wesen des Katholizismus, Tübingen 1958, 239—287) hingewiesen.

als die Katholiken schließen sie eine *sakramentale* Ehe nicht nur durch eine rein standesamtliche Trauung, sondern selbst dann, wenn der von der katholischen Kirche gelehrte Sakramentscharakter für sie keinerlei religiöse oder emotionale Bedeutung hat.

Die kategorische Lehre von der Untrennbarkeit zwischen Ehevertrag und Ehesakrament hat jedoch weder einen sicheren rechtstheoretischen noch theologischen Grund. Denn es ist weder *juristisch* geklärt, was *wesentlicher Gegenstand* des Ehevertrages[40] ist (etwa das ius in corpus oder die eheliche „Liebe" oder die Erzeugung von Nachkommenschaft?), noch ist *theologisch* entschieden, worin die für das Sakrament konstitutiven Elemente von *Materie* und *Form* bestehen. Offen ist auch der theologische Gehalt dieses Sakramentes ebenso wie die Frage, welche Rolle der Geistliche bei der Eheschließung spielt.[41]

Das kanonische Recht zählt lediglich pragmatisch-deskriptiv auf, welche Vertragsinhalte nicht positiv ausgeschlossen werden dürfen. Die Lehre von der Identität von Vertrag und Sakrament ist argumentativ schwach begründet. Ja, man kann sagen, sie gründet allein auf lehramtlichen Feststellungen, nicht jedoch auf aus der Sache sich ergebenden Argumenten. Es bleibt abzuwarten, ob eine so gewichtige Festlegung allein durch Verfügung und unter Reduktion des inhaltlichen und argumentativen Sinnes durchzuhalten ist. Erst dann nämlich, wenn der Konsensgegenstand theologisch legitimiert und kanonistisch definiert ist, können auch die daraus sich ergebenden Anforderungen an die Konsensfähigkeit sowie die Konsensinhalte präzisiert und die sakramentale Prärogative bestimmt werden.

Zum *Wesen der Ehe* gehört, daß sie ein dauernder und ausschließlicher Bund eines Mannes und einer Frau ist, der seiner Natur nach auf die Hervorbringung und Erziehung von Kindern angelegt ist.[42]

[40] Vgl. dazu u. a. K. Lüdicke, Zur Rechtsnatur des Ehevertrages: AKathKR 145, 1976, 152—163; B. Bruns, Die Vertragslehre im Eherecht des gegenwärtigen und künftigen CIC und ihre grundsätzliche Problematik: ÖAKR 29, 1978, 4—25; E. Corecco, Quodnam sit fundamentum competentiae Ecclesiae in matrimonium baptizatorum: baptismus an sacramentum matrimonii?: PRMCL 67, 1978, 11—34; J. Manzanares, Habitudo matrimonium baptizatorum inter et sacramentum: omne matrimonium duorum baptizatorum estne necessario sacramentum?: PRMCL 67, 1978, 35—72.

[41] Es blieb dem „Zeitalter des Laien" vorbehalten, die „liturgische Ehesegnung des Priesters als wesentlichen Bestandteil der ordentlichen Rechtsform der Eheschließung auch für die lateinische Kirche wieder zu entdecken". So in letzter Zeit u. a. K. Mörsdorf, Der Ritus Sacer in der ordentlichen Rechtsform der Eheschließung: Liturgie, Gestalt und Vollzug, 252—266. Um seine These zu rechtfertigen, geht der Verfasser nur von der ordentlichen Eheschließungsform aus und läßt die außerordentliche völlig außer acht; ebenso wird die Frage nach dem Spezifikum des Sakramentes nicht gestellt. Es fehlt überhaupt ein in sich schlüssiger Grund, warum Spender dieses Sakramentes der „Priester" sein soll. Nicht geklärt ist auch, wieso dann ein Diakon, der nicht „in persona Christi" handeln kann, „Spender" dieses Sakramentes sein darf. Ähnlich: E. Corecco, Der Priester als Spender des Ehesakramentes im Lichte der Lehre über die Untrennbarkeit von Ehevertrag und Ehesakrament: Ius Sacrum, 521—557.

[42] C. 1013 §1 CIC spricht von Ehe*zwecken:* Erster Ehezweck ist danach die Erzeugung und Erziehung von Nachkommen; zweiter Ehezweck ist die gegenseitige Unterstützung und die „Heilmittelfunktion" gegen die Begierde. — Im Entwurf für den künftigen Kodex wird diese eindeutige Aussage formal, nicht jedoch inhaltlich, „weicher" umschrieben (can. 243 u. 295 Entwurf).

Der *Ehevertrag* ist somit ein *zweiseitiger*, formgebundener Vertrag, der durch die erklärte Willensübereinstimmung (Konsens) zweier geschlechtsverschiedener, ehefähiger und ehevertragsfähiger Personen zustande kommt.

Der Ehevertrag ist grundsätzlich ein reiner *Konsensualvertrag* (consensus, non concubitus facit matrimonium); die Rechtsgültigkeit hängt allein von der beiderseitigen Willenserklärung ab. Anders als ein Realvertrag, zu dem immer eine bestimmte vereinbarte Leistung gehört, wird der Ehevertrag nicht erst, wie es die (germanisch-rechtliche) Kopulatheorie wollte, durch nachfolgend vollzogenen Beischlaf rechtswirksam.[43] Die *Kopulatheorie* wirkt allerdings insofern noch nach, als der Heilige Stuhl das Recht für sich in Anspruch nimmt, eine sakramental zwar gültige, aber noch nicht vollzogene Ehe dem Bande nach zu lösen (vgl. unten 6.7.4.2.).

Unter Bezugnahme auf die Ehegüter-Lehre AUGUSTINS (proles, fides und indissolubilitas) bestimmt das kanonische Recht die *Einheit* — im Sinne von Einpaarigkeit[44] — und die *Unauflöslichkeit* als Wesenseigenschaften der Ehe. Das bedeutet: Eine Geschlechtsgemeinschaft kann nur dann als Ehe gelten, wenn Einpaarigkeit und Unauflöslichkeit wenigstens im Prinzip bejaht sind. Entscheidend ist jedoch, daß es für die katholische Ehelehre (christliche und d.h. sakramentale) Ehe nur geben kann in der *Identität von Vertrag und Sakrament.* Dieses strikt gedeutete Axiom verhindert bis heute die Entfaltung einer eigenen, spezifisch sakramentalen Ehelehre, die einsichtig machen könnte, was die „Würde des Sakramentes" der natürlichen Ehe als Gnadengabe hinzugibt. Hier hat der (Rechts-)Anspruch der Kirche für die pastorale Praxis ein wohl schwer überwindbares Hindernis errichtet.[45]

[43] Die kanonistische Schule von *Bologna* hatte ursprünglich der Kopulatheorie zugeneigt. Schließlich aber setzte sich die *Pariser Theologie* (Hugo v. St. Viktor) durch, für welche der Konsens allein ausschlaggebend für die Gültigkeit der Ehe war. Der Kanonisten-Papst ALEXANDER III. (ROLANDUS BANDINELLI) erklärte, daß die Ehe als Sakrament allein durch den Konsensaustausch gültig zustande kommt, jedoch kraft päpstlichen Gnadenaktes aufgelöst werden könne, solange sie nicht vollzogen ist. — Ein letzter Verfechter der (gemäßigten) Kopulatheorie war J. Freisen (Geschichte des Canonischen Eherechts bis zum Verfall der Glossenliteratur). Er wurde vom Heiligen Stuhl gezwungen, die Kopulatheorie zu widerrufen. Das geschah in der zweiten Auflage (Paderborn 1893). Dabei hatte Freisen nur den historischen Befund erhoben und daraus durchaus behutsame Folgerungen zu ziehen versucht.

[44] K. Mörsdorf glaubt aus dieser „Unitas matrimonii" eine *hierarchische Struktur* der Ehe ableiten zu sollen: „Da in einer Zweiergemeinschaft ein Mehrheitsbeschluß nicht möglich ist, kann die Einheit des ehelichen Bundes als einer natürlichen und eigenständigen Gemeinschaft nur dann gewahrt werden, wenn ... einem Teile die Hauptverantwortung für die Einheit anvertraut wird. Die christliche Ehelehre gibt die Verantwortung dem Manne ..." (Lehrbuch des Kirchenrechts II., München—Paderborn—Wien [11]1967, 138 f.). — Hier zeigt sich, zu welchen Fehldeutungen ein falscher institutionentheoretischer Ansatz und rechtspolitische Fehleinschätzung führen. Auf solche Weise wird eine Institution durch unsachgemäße Überforderung zumindest in Frage gestellt.

[45] Wie sehr die kanonistische und dogmatische Doktrin in dieser Falle gefangen sind, zeigen beispielhaft: W. Aymans, Die Sakramentalität der christlichen Ehe in ekklesiologisch-kanonistischer Sicht, (vgl. oben Anm. 35) und W. Kasper, Zur Theologie der christlichen Ehe, bes. 44 ff. und 84 ff.

Hinsichtlich sowohl dieser Wesenseigenschaft als auch der wesentlichen und verpflichtenden Wirkungen ist der Ehevertrag dem privaten Gestaltungswillen der Brautleute entzogen.

6.7.2. Ehewille — Ehefähigkeit — Eheschließungsform

Weil nach der Lehre der katholischen Kirche eine gültig geschlossene und leiblich vollzogene Ehe *absolut* unauflöslich ist, andererseits auch die Kirche sich immer wieder mit der Tatsache zerbrochener Ehen konfrontiert sah, hat das kanonische Recht die Voraussetzungen für einen gültigen Vertragsabschluß präzise zu bestimmen versucht. Dabei ist die Frage, welchen theologischen Stellenwert der Ehewille oder die Eheschließungsform haben, ebenso offen wie jene nach der theologischen Legitimation kirchlicher oder sogenannter natürlicher bzw. göttlich-rechtlicher Ehehindernisse.

Offen ist auch die Frage, wann Mängel im psychischen Vermögen und im geistigen Erkennen sowie Eigenheiten in der Persönlichkeitsstruktur Ehewillen oder Ehefähigkeit so bedeutsam verändern, daß die subjektiven Vorstellungen von der Ehe mit der kirchlichen Ehevorstellung objektiv nicht mehr in Einklang gebracht werden können. Einfach zu unterstellen, wie es das kirchliche Recht tut, daß jeder Mensch, zumindest aber jeder Getaufte und erst recht jeder Katholik, die Ehe nur so wollen und leben könne, wie die Kirche sie versteht, wird den tatsächlichen, menschlichen und gesellschaftlichen Gegebenheiten nicht (mehr) gerecht.

6.7.2.1. Ehewille

Voraussetzung für einen gültigen Eheabschluß ist ein hinreichender Ehewille der *beiden* vertragsfähigen und eheschließungswilligen Personen. Der beim Eheschließungsakt geäußerte Ehewille wird als Ausdruck des inneren Wollens gedeutet (c. 1086 § 1 CIC). Die formal legal geschlossene Ehe genießt deshalb den Schutz des Rechts (favor iuris matrimonii) (c. 1014 CIC). Eine solche Ehe ist darum bis zum amtlich geführten Nachweis ihrer Nichtigkeit als gültig zu betrachten.

Notwendiges Mindestwissen

Damit eine Ehe überhaupt gewollt werden kann, müssen beide Partner über ein notwendiges *Mindestwissen* über das Wesen der Ehe verfügen. Wie bei jedem Vertrag müssen die Partner eine Vorstellung von dem haben, was sie wollen. Darum müssen sie wenigstens implizit und grundsätzlich bei *Vertragsabschluß* darum wissen, daß die Ehe eine auf Dauer angelegte Gemeinschaft eines Mannes mit einer Frau ist, in der durch eine *bestimmte* körperliche Vereinigung Kinder erzeugt werden (können). Dieses Mindestwissen wird nach der Pubertät stets gesetzlich vermutet.

Eine tatsächliche Unkenntnis ist darum im Einzelfall zu beweisen (cc. 1081—1082 CIC; can. 295 u. can. 298 Entwurf). Ein solches Mindestwissen besitzen jene nicht, die geistig gestört sind. Wann ein Krankheitsprozeß so weit fortgeschritten ist, daß eine Ehe nicht mehr rechtswirksam eingegangen werden kann, muß in jedem Einzelfall geprüft werden.[46]

Entsprechend der Spruchpraxis der *Römischen Rota* wird in das künftige Recht die Klausel aufgenommen, daß zur Eingehung einer Ehe jene unfähig sind, die an einer so schweren psycho-sexuellen Anomalie leiden, daß sie wesentliche Verpflichtungen des Ehevertrages nicht mehr wahrzunehmen vermögen (can. 297 Entwurf). Jedoch macht nur ein bereits beim Eheabschluß wirksames Krankheitsbild den Ehewillen defekt.[47]

Irrtum

Ein *Irrtum hinsichtlich der Person* läßt eine Eheschließung nichtig sein (c. 1083 § 1 CIC). Ein solcher liegt beispielsweise vor, wenn jemand eine bestimmte Person heiraten will, jedoch aufgrund von Täuschung oder Verwechslung eine andere ehelicht.

Ein bloßer *Irrtum hinsichtlich der Eigenschaften der Person* verungültigt die Eheschließung nur dann, wenn er auf einen Irrtum in der Person hinausläuft. Nach geltendem Recht macht selbst ein vorsätzlich herbeigeführter Irrtum über bestimmte Eigenschaften (z.B. falsche Angaben über Vermögen, Titel, Stand oder Vorleben) den Ehevertrag nicht ungültig.

Das kanonische Recht geht von der Vermutung aus, daß zwei Personen, die heiraten, eine wirkliche Ehe schließen wollen; für den Christen gehört dazu auch die Sakramentalität der Ehe. Darum beeinträchtigt ein schlichter Irrtum hinsichtlich der Wesenseigenschaften und des *Sakramentscharakters* die Gültigkeit der Eheschließung in keinem Fall (c. 1084 CIC).

Simulation

Wird jedoch von einem Partner oder von beiden entgegen der nach außen hin formal korrekten Ehewillensbekundung durch *positiven Willensakt* entweder
— die *Ehe selbst*
— oder *jegliches Recht* auf den ehelichen Verkehr oder
— eine der *Wesenseigenschaften* der Ehe ausgeschlossen,
kommt ein gültiger Ehevertrag nicht zustande (c. 1086 CIC).

Dieser innere Ausschluß entweder der Ehe als solcher (sogenannte *Totalsimulation*) oder eines ihrer wesentlichen Elemente (sogenannte *Partialsimulation*) muß gegebenenfalls in einem förmlichen Prozeßverfahren zweifelsfrei nachgewiesen

[46] Vgl. U. Mosiek, Eherecht, 196f.; E.-G. Rokahr, Ehe ohne Treue?, bes. 6ff.

[47] Vgl. U. Mosiek, Neuestes aus der Rechtsprechung der S. R. Rota: ÖAKR 26, 1975, 241—270; hier: 242—260; P. Wirth, Die bisherige Rechtsprechung der Römischen Rota zur Frage der psychischen Eheunfähigkeit: AKathKR 147, 1978, 71—98; hier: 81—94.

werden (vgl. unten 6.7.4.3.). Bezüglich des Ausschlusses der Nachkommenschaft oder der ehelichen Treue muß nachgewiesen werden, daß kein Verpflichtungswille bestand. Bei lediglich zeitweisem und partiellem Ausschluß wird vermutet, daß nicht das Recht als solches ausgeschlossen wurde, sondern nur dessen Ausübung. Bis zur autoritativen Feststellung der Ungültigkeit spricht die Rechtsvermutung zugunsten der Gültigkeit der Ehe (c. 1014 CIC).

Furcht und Zwang

Eine Eheschließung kann ungültig sein durch Anwendung von Zwang und Einflößung schwerer Furcht. Allerdings müssen Zwang oder Furcht *ungerecht* sein und *von außen* kommen und so geartet sein, daß der Betroffene sich von diesem übermächtigen Einfluß nur dadurch glaubt befreien zu können, daß er in diese Heirat einwilligt (c. 1087 CIC).[48] Weil der Genötigte in einem solchen Fall so weit gebracht wird, daß er die Heirat als Ausweg aus der Zwangslage *will* (wenn auch nicht freiwillig), mußte der Gesetzgeber diesen Tatbestand als eigenen Nichtigkeitsgrund vorsehen. Entscheidend ist, daß es sich nicht nur um schwere und *ungerechte*, zwingende und ängstigende Einflüsse handelt, sondern sie auch *von außen* kommen.

In der Person des Eheschließenden liegende Angst- oder Schuld*gefühle* verungültigen die Ehe grundsätzlich nicht. Gleiches gilt für „gerechten" Zwang; dieser kann jedoch durch seine Intensität bzw. durch die Unverhältnismäßigkeit der angedrohten Folgen zum „ungerechten" Zwang werden; etwa wenn eine schwangere Frau ihre an sich gerechte Forderung, vom Vater des zu erwartenden Kindes geheiratet zu werden, mit der Drohung verbindet, sie werde sonst Selbstmord begehen. Ungerechtfertigt und deshalb die Eheschließung verungültigend ist auch der sogenannte *qualifizierte Ehrfurchtszwang.* Er ist dann als gegeben anzusehen, wenn Eltern oder Vorgesetzte Kinder oder Untergebene zur Eingehung einer Ehe zwingen (etwa durch die Androhung der Verstoßung aus dem Elternhaus oder der Enterbung). Die Grenze, wo ein an sich nur leichter Ehrfurchtszwang in einen qualifizierten umschlägt, wird in der Regel im Einzelfall festgestellt werden müssen.

6.7.2.2. Ehefähigkeit

Ein rechtlich wirksamer Ehekonsens kann nur von jenen geleistet werden, die dazu sowohl physisch und psychisch als auch rechtlich in der Lage sind.

Die *psychische* Ehefähigkeit wird von der traditionellen Kanonistik meist ausschließlich unter dem formalen Gesichtspunkt des hinreichenden Wissens und Wollens bzw. eines pathologischen Defektes gesehen, nicht jedoch unter dem Gesichtspunkt, ob ein Mensch psychisch überhaupt *fähig* ist, einen Ehevertrag zu schließen

[48] Vgl. N. Ruf, Furcht und Zwang im kanonischen Eheprozeß unter besonderer Berücksichtigung der Ehesimulation.

bzw., ob er eine eingegangene Ehe zu leben vermag und ob ein solches Dasein dem anderen Partner — menschlich — zugemutet werden kann.[49]

Die *rechtliche* Fähigkeit zur Eheschließung wird durch *Ehehindernisse* beeinträchtigt. Grundsätzlich jedoch sind alle (katholischen) Christen fähig, eine Ehe zu schließen, sofern sie nicht vom Recht gehindert sind (c. 1035 CIC).

Die *Ehehindernisse* werden unterschieden:

— nach ihrem *Ursprung* in solche „göttlich-natürlichen" und solche menschlich-kirchlichen Rechts. Von Hindernissen, die im göttlichen Recht gründen, kann nicht dispensiert werden. Hindernisse rein kirchlichen Rechts können nur vom Papst erlassen und aufgehoben werden, sofern nicht im Einzelfall die Bischofskonferenzen zuständig sind (can. 264 Entwurf). Sie sollen künftig nur Katholiken verpflichten (can. 263 Entwurf);

— nach ihrem *Umfang* in absolute und relative. — Absolute Hindernisse verbieten die Eingehung einer Ehe mit jedweder Person, relative lediglich mit einer bestimmten Person;

— nach ihrer *Offenkundigkeit* als öffentliche oder geheime. Dabei sind drei Arten von Offenkundigkeit zu unterscheiden:

— offenkundig im Sinne von beweisbar — nicht beweisbar (nicht jedes beweisbare Hindernis muß öffentlich bekannt sein);

— offenkundig im Sinn des tatsächlichen Bekanntseins;

— offenkundig in dem Sinne, daß es seiner „Natur nach" entweder als offenkundig oder geheim gilt.

— nach ihrer *Dispensierbarkeit* in dispensable und nichtdispensable. Nicht dispensiert werden kann von allen Hindernissen göttlichen oder natürlichen Rechts; vom Hindernis des öffentlich bekannten Gattenmordes wird in der Regel nicht dispensiert.[50]

— Von besonderer Bedeutung ist die Unterscheidung in *verbietende bzw. aufschiebende* (impedimenta prohibentia seu impedientia) und *trennende* (impedimenta dirimentia) Hindernisse.

Verbietende oder aufschiebende Hindernisse

Diese Hindernisse verbieten eine Eheschließung. Wird sie dennoch vorgenommen, ist die Eheschließung gültig, sofern die vorgeschriebene Form eingehalten wird. Zu dieser Art von Hindernissen zählen folgende:

[49] Erste Ansätze für eine solche Fragestellung finden sich bei: K. Lüdicke, Psychisch bedingte Eheunfähigkeit. — Dabei ist die Frage noch gar nicht genügend bedacht, ob den Menschen anderer Kulturen ohne Vergewaltigung ihres ethnischen und kulturellen Erbes überhaupt die abendländischen Ehevorstellungen einfach implantiert werden können. Vgl. z.B. L. Jester, Transcultural Marriage. A Basis for a New Impediment: Studia Can. 11, 1977, 339—350.

[50] Die weiteren Unterscheidungen in ständige und zeitweise, nach ihrer Anzahl, ihrer gesetzlichen Wertung (höheren oder niederen Grades) und ihrem Bezug in einseitige und zweiseitige können hier außer acht bleiben. Sie sind rechtlich nicht von Belang und für das theoretische Verständnis der Hindernisse nicht notwendig.

Gelübde:

Die einfachen Gelübde der Jungfräulichkeit, der vollkommenen Keuschheit und die einfachen Ordensgelübde (c. 1058 CIC).[51]

Gesetzliche Verwandtschaft:

Unter gesetzlicher Verwandtschaft wird das aus der Adoption hervorgehende Nahverhältnis verstanden, *sofern* dieses nach dem jeweiligen *staatlichen Recht* eine Eheschließung verbietet. Die Kirche übernimmt hier die staatliche Vorschrift als *lex canonizata* für ihren Bereich. Diese Vorschrift ist nur dort von Belang, wo die kirchliche Eheschließung auch für den staatlichen Bereich rechtsverbindliche Wirkungen entfaltet (z.B. in Italien und unter Umständen in manchen Staaten der USA).

Bekenntnis- bzw. Konfessionsverschiedenheit:

Tatsächlich bedeutsam ist das Hindernis der sogenannten *Bekenntnisverschiedenheit.* Es verbietet die Eheschließung zwischen einem katholischen und einem nichtkatholischen Christen.

Das Mischehenrecht ist auf der Grundlage einer gewissen ökumenischen Öffnung zu den anderen christlichen Bekenntnissen zunächst im Jahr 1966 durch eine *Instruktion* der *Kongregation für die Glaubenslehre* revidiert worden. Diese Regelung wurde vielfach als unbefriedigend empfunden. Vor allem zwei Punkte waren kontrovers: die Pflicht der Brautleute, zu versprechen, die Kinder katholisch zu erziehen und die Beibehaltung der verbindlichen kirchlichen Eheschließungsform.

Vor allem von Kanonisten wurde betont, daß eine Mischehe immer dann „kraft göttlichen Rechts" verboten sei, wenn daraus eine reale Gefährdung für den Glauben des katholischen Teils und/oder für die Kinder zu erwarten sei (c. 1060 CIC). Auf der anderen Seite wurde argumentiert, daß in der heutigen Lage des Christentums die Vermittlung christlicher Vorstellungen im Einzelfall authentisch eher durch einen nichtkatholischen als durch einen katholischen Christen erfolgen könne.[52]

Durch das MP ›Matrimonia mixta‹ PAULS VI. vom 31. 3. 1970 wurde das Recht für konfessionsverschiedene (aber auch für religionsverschiedene) Ehen bis zur

[51] Der entsprechende Kanon (274) im Entwurf für ein revidiertes Eherecht kennt als Ehehindernis nur das *öffentliche* zeitliche Gelübde der vollkommenen Keuschheit. Die privaten Gelübde stellen demnach kein Ehehindernis mehr dar.

[52] Die literarischen Versuche, die theologischen und anthropologischen Grundlagen des Mischehenproblems aufzuarbeiten, sind zu zahlreich, als daß sie hier genannt werden könnten. Einen Einblick in die verworrene und notvolle Situation jener Jahre (von 1966 bis 1970) gibt die Handreichung eines „Interkonfessionellen Arbeitskreises für Ehe- und Familienfragen", hrsg. im Auftrag des „Evangelischen Zentralinstituts für Ehe- und Familienberatung" in Berlin und des (inzwischen von der Deutschen Bischofskonferenz aufgelösten) „Katholischen Zentralinstituts für Ehe- und Familienfragen" in Köln: Christliche Einheit in der Ehe, Mainz—München 1969, mit einem kanonistischen Anhang von J. Neumann, Die Möglichkeiten des geltenden katholischen Eherechts.

Kodifikation endgültig geordnet. Das neue Recht trat zum 1. 10. 1970 in Kraft und überließ die Detailregelungen den zuständigen Bischofskonferenzen.

Auch die neue Regelung geht davon aus, daß „Mischehen" nach wie vor *unerwünscht* und ohne vorgängige Dispens *unerlaubt* sind.

— Der *katholische* Partner muß erklären, nach Kräften alles tun zu wollen (omnibus pro viribus facturam esse), daß *alle* seine Kinder in der katholischen Kirche getauft und erzogen werden. Der nichtkatholische Teil ist von dieser Verpflichtung seines katholischen Partners zu unterrichten.

— Die Ehe muß in der kanonischen Form geschlossen werden. Den Bischofskonferenzen obliegt es gegebenenfalls, Regelungen für die Befreiung von der Formpflicht vorzusehen.

— Alle diesbezüglichen Strafen (wegen nichtkatholischer Trauung, nichtkatholischer Taufe und Kindererziehung) sind aufgehoben, nicht jedoch die geistlichen Konsequenzen, die sich aus der Zuwiderhandlung ergeben (z.B. Ausschluß von den Sakramenten).

— Ehen konfessionsverschiedener Paare, die wegen Nichtbeachtung der kanonischen Eheschließungsform kirchlich „ungültig" sind, können, sofern sie vor dem 1. 10. 1970 geschlossen worden sind, durch den Bischof in der „Wurzel" geheilt werden (sanatio in radice).

Die *Deutsche Bischofskonferenz* hat im Rahmen der übertragenen Gesetzgebungsvollmacht die notwendigen *Ausführungsbestimmungen* erlassen:[53]

— Sie hat festgestellt, daß unter den in Deutschland obwaltenden Gegebenheiten die *Voraussetzung* für eine *Dispens* vom Hindernis der Konfessionsverschiedenheit *stets als gegeben* angesehen werden darf. Die Dispens kann vom Pfarrer und allen ihm rechtlich gleichgestellten Seelsorgern gewährt werden.

— Die kirchliche Trauung bzw. die Dispens von der kanonischen Eheschließungsform darf nur gewährt werden, wenn der katholische Teil bereit ist, unter anderem folgende Frage zu bejahen: „Sind Sie sich bewußt, daß Sie als katholischer Christ die Pflicht haben, Ihre Kinder in der katholischen Kirche taufen zu lassen und im katholischen Glauben zu erziehen? — Versprechen Sie, sich nach Kräften darum zu bemühen, dieses sittliche Gebot zu erfüllen, soweit das in Ihrer Ehe möglich ist?"

Es hat nicht an Stimmen gefehlt, die auf die rechtliche und moralische Problematik eines solchen Versprechens hingewiesen haben: Einerseits muß der katholische Partner etwas als schwere sittliche Verpflichtung anerkennen, was er andererseits in seiner konkreten Ehe jedoch weder verwirklichen kann noch will.

— Wenn das Brautpaar zur katholischen Eheschließung nicht bereit ist, der katholische Teil jedoch das eben erwähnte Versprechen geleistet hat, kann der Ortsordi-

[53] Die *Österreichische* und *Schweizerische* Bischofskonferenz haben weitgehend identische Regelungen getroffen.

narius auf Antrag *von der kanonischen Formpflicht befreien.* Die kanonisch verbindliche Eheschließung erfolgt dann entweder durch die standesamtliche oder die nicht katholisch-kirchliche Trauung. Es ist festzulegen, welche der beiden möglichen Formen die kirchenrechtlich gültige Konsensabgabe darstellen soll.

— Gegebenenfalls kann bei der katholischen Trauung auch ein nichtkatholischer Geistlicher mitwirken. Wenn nicht von der kanonischen Eheschließungsform dispensiert wurde, darf dieser jedoch nicht den Ehewillen erfragen.

Wenn in einer wegen Formmangels ungültigen konfessionsverschiedenen Ehe wenigstens ein Partner die nachträgliche Gültigmachung der vor dem 1. 10. 1970 geschlossenen Ehe wünscht und feststeht, daß der Ehewille beider Partner fortdauert, der katholische Teil die oben erwähnte Erklärung abgibt und sonst kein anderes Ehehindernis vorliegt, kann der *Pfarrer* bzw. der mit allgemeiner Trauvollmacht ausgestattete Seelsorger die *Eheheilung in der Wurzel* vornehmen.

Das Recht der gemischten Ehen im Bereich der *katholischen Ostkirchen* wurde durch Dekret der *Kongregation für die Ostkirchen* ›Crescens matrimoniorum‹ vom 22. 2. 1967 mit Wirkung zum 25. 3. 1967 in ähnlichem Sinne neu geordnet.

Trauverbote:
Bei Vorliegen bestimmter Tatbestände ist es den *Geistlichen* verboten, einer Trauung zu assistieren, dann nämlich, wenn Katholiken mit Freidenkern und Mitgliedern kirchlich verbotener Vereinigungen oder mit öffentlichen Sündern eine Ehe zu schließen beabsichtigen (cc. 1056—1066 CIC; in modifizierter Form und ohne Nennung der „öffentlichen Sünder" can. 281 Entwurf). Die rechtlichen Wirkungen entsprechen denen der verbietenden Hindernisse.

Trennende Ehehindernisse
Diese machen die betreffenden Personen zur Eheschließung rechtlich unfähig. Eine trotzdem abgegebene Ehewillenserklärung ist nichtig.

Mangelndes Alter:
Eheunfähig sind männliche Personen vor Vollendung des *sechzehnten* und weibliche Personen vor Vollendung des *vierzehnten* Lebensjahres (c. 1067 CIC). Eine etwa notwendige Dispens ist dem Heiligen Stuhl dann vorbehalten, wenn die Differenz mehr als ein Jahr beträgt (MP De episcoporum muneribus 11). Da nach deutschem Recht das Eheschließungsalter bei sechzehn Jahren für die Frau und bei achtzehn Jahren für den Mann liegt, ist diese Vorschrift des kirchlichen Rechts bei uns kaum von Belang.

Impotenz:
Wer den Beischlaf zum Zeitpunkt der Eheschließung nicht vollziehen kann, ist eheunfähig wegen Impotenz. Diese ist *absolut,* wenn sie gegenüber jedem anders-

geschlechtlichen Partner feststellbar ist, sie ist *relativ*, wenn sie dauernd nur diesem einen Partner gegenüber besteht (c. 1068 §1 CIC).

Durch Dekret vom 13. 5. 1977 hat die *Kongregation für die Glaubenslehre* die Rechtslage dahingehend präzisiert, daß dieses Hindernis nur dann besteht, wenn der eheliche Akt nicht vollzogen werden kann und keine Aussicht auf Heilung besteht.[54] Es kommt also nur auf das Vorhandensein der äußeren Geschlechtsorgane an und nicht darauf, ob der Mann wirkliches Sperma zu ergießen vermag[55] und die Frau alle postvaginalen Organe besitzt.[56] Damit sind alte Theorien und Beurteilungen aufgehoben, die an Mann und Frau ungleiche Anforderungen stellten.

Im Rechts- wie im Tatsachenzweifel ist die Ehe nicht zu behindern, das gilt insbesondere bezüglich möglicher Heilungsaussichten.

Sterilität behindert die Eheschließung in keiner Weise (c. 1068 §§ 2—3 CIC). Tritt die Impotenz *erst nach* der Eheschließung auf, berührt dies die Gültigkeit der Ehe *nicht*.

Bestehendes Eheband:

Wer einmal gültig verheiratet war, kann nur dann wieder eine Ehe schließen, wenn

— entweder der erste Ehegatte *verstorben* ist,
— die *Nichtigkeit* der Erstehe kirchenamtlich festgestellt
— oder die *Auflösung* der Erstehe durch die kirchliche Autorität verfügt ist (vgl. unten 6.7.4.).

Da nichtkatholische Christen ausdrücklich von der kanonischen Eheschließungsform ausgenommen sind (c. 1099 § 2 Satz 1 CIC), schließen sie, sofern sie untereinander eine Ehe eingehen, diese stets gültig, wenn sie einen hinreichenden Ehewillen

[54] Die von K. Lüdicke (Die Rechtswirkungen der heilbaren Impotenz. Überlegungen zu einem übersehenen Ehenichtigkeitsgrund: AKathKR 146, 1977, 74—128) aufgestellte These, daß auch eine heilbare Impotenz ebenso ein Ehehindernis darstelle wie die unheilbare Impotenz, ist von der Sache her möglicherweise richtig, jedoch in dieser Form von der Rechtsprechung noch nicht rezipiert. Zugleich zeigt seine Argumentationsstruktur die theoretischen Aporien kirchlichen Eherechts allgemein auf: Statt klar von modernen medizinischen und physiologischen Erkenntnissen her zu argumentieren, ist der Verfasser genötigt, sich mit Argumenten des 13. Jahrhunderts auseinanderzusetzen, um dann die modernen Erkenntnisse in die alten Vorstellungen einbauen zu können. — Vgl. auch H. Barrois, Der Actus Humanus als wesentlicher Maßstab für die sogenannte Impotentia Moralis, dargestellt nach der neueren Rechtsprechung der S. R. Rota unter Berücksichtigung der Ehelehre des Zweiten Vatikanischen Konzils.

[55] Die Spruchpraxis der Römischen Rota verlangte bis dahin beim Mann „wirklichen Samen", bei der Frau jedoch nur die äußeren Geschlechtsorgane. Das Unbehagen an dieser Auffassung faßt begründet zusammen: A. Dordett, Der Impotenzbegriff in der Rotajudikatur: Ex aequo et bono, 333—346.

[56] Vgl. A. Zirkel, Das Dekret der Kongregation für die Glaubenslehre über das trennende Ehehindernis der Impotenz vom 13. Mai 1977: AKathKR 147, 1978, 50—70.

haben und ehefähig sind. Die Ehe eines nichtkatholischen Christen ist somit nicht schon deshalb ungültig, weil sie „nur" vor dem Standesbeamten geschlossen worden wäre.

Ist eine Zweitehe trotz Bestehens der Erstehe *guten Glaubens* geschlossen worden, wird dadurch der Bestand der Erstehe nicht berührt und ist die nachfolgende Eheschließung ungültig (allerdings als sogenanntes „matrimonium putativum" gem. c. 1015 § 4). In diesem Fall ist der gebundene Ehepartner verpflichtet, seinen zweiten Partner zu verlassen und zum ersten zurückzukehren.

Das *Scheidungsurteil* eines *staatlichen Gerichts* ist für den kirchlichen Rechtsbereich hinsichtlich der Rechtsfolgen bedeutungslos. Wiederverheiratete Geschiedene, deren Erstehe kirchenrechtlich nicht annulliert oder aufgehoben worden ist, leben in einer von der Kirche nicht anerkannten Ehe (vgl. unten 6.7.5.). Alle Bemühungen in den letzten Jahren, diesbezüglich zu pastoral vertretbaren Lösungen zu kommen, sind von den kirchlichen Autoritäten verworfen worden.[57]

Kultus- bzw. Religionsverschiedenheit:

Eine Ehe zwischen einem Katholiken und einem Nichtchristen ist ungültig, sofern sie nicht mit kirchlicher Dispens geschlossen wird (c. 1070 CIC). Die Voraussetzungen für die Dispens sind jenen ähnlich, die bei der konfessionsverschiedenen Ehe genannt wurden (vgl. oben 6.7.2.2.).

Für nichtkatholische Christen gilt dieses Hindernis nicht.

[57] Die diesbezügliche Literatur unter dogmatischen, moral- und pastoraltheologischen wie unter kirchenrechtlichen Gesichtspunkten ist schier unüberschaubar. Aus der Fülle kann im Literaturverzeichnis nur ein kleiner Teil genannt werden. Eine eindringliche Problemdarstellung ohne Lösungshinweis bietet: E. Rösser, Zur Problematik des Willens zur Unauflöslichkeit, Einheit und Sakramentalität der Ehe: Ortskirche — Weltkirche, 592—612. — Besonders kanonistisch gründlich und mit erwägenswertem Alternativmodell: P. J. M. Huizing (Hrsg.), Für eine neue Eheordnung, 83—104; W. E. May, Marriage, Divorce and Remarriage: Jurist 37, 1977, 266—286. — Die bislang einzige Antwort der höchsten Instanz auf diese umfangreiche, zum Teil mit großer Sachkenntnis und hohem pastoralem Engagement geführte Diskussion war ein Rundschreiben der *Kongregation für die Glaubenslehre* vom 11. 4. 1973 an die Bischöfe. Darin wird gegenüber allen diesen Überlegungen die bisherige Lehre und Praxis der Kirche kompromißlos bekräftigt und verlangt, daß sie unverkürzt überall so vorgetragen werden müsse. Außerdem wird als „pastorale" Hilfe gesagt, daß „die Seelsorger mit besonderem Eifer denen nachgehen, die in einer unrechtmäßigen Verbindung leben; bei der Lösung solcher Fälle ist — neben anderen rechten Mitteln (recta media) — die bewährte Praxis der Kirche *im inneren Bereich* anzuwenden". — A. Zirkel (Schließt das Kirchenrecht alle wiederverheirateten Geschiedenen von den Sakramenten aus?, bes. 37ff.) glaubt daraus eine gewisse pastorale Einstellung entnehmen und begründen zu können. Ihm hatte bereits vorher schon H. Flatten (im Klerusblatt 54, 1974, 134f.) nachdrücklich widersprochen. Auch der von Zirkel für begehbar gehaltene Ausweg ist ein dorniger Pfad. Überdies ist dieser gutgemeinte Versuch von einer klaren, formalen, juristisch sauberen und menschlich verantwortbaren Lösung weit entfernt.

Weihe und Profeß:
Wer die *Diakonatsweihe* empfangen hat, ist kraft Gesetzes (c. 1072 CIC und seit MP ›Ad pascendum‹ auch noch aufgrund besonderen Versprechens) ebenso unfähig, eine Ehe zu schließen wie diejenige Person, die die feierliche *Profeß* abgelegt hat (c. 1073 CIC). Die Dispens von diesen beiden Hindernissen ist dem Heiligen Stuhl vorbehalten. — Wer trotz dieser Hindernise eine wenn auch nur standesamtliche Ehe schließt, verfällt ipso facto der dem Heiligen Stuhl in einfacher Weise reservierten Exkommunikation. Gleiches gilt für den Partner (c. 2388 § 1 CIC; Dekret der Poenitentiarie ›Lex sacri coelibatus‹ vom 18. 4. 1936 und deren Ergänzung vom 4. 5. 1937).

Entführung:
Zwischen einem Mann, der eine Frau gewaltsam und zum Zweck der Eheschließung *entführt*, und der entführten Frau kann eine Ehe solange nicht gültig geschlossen werden, wie sich die Frau in der Gewalt des Entführers befindet. Gleiches gilt für den Fall, daß eine Frau gewaltsam an einem Ort festgehalten wird, um sie zur Eheschließung gefügig zu machen (c. 1074 §§ 1 u. 3 CIC). Das Hindernis entfällt, wenn der Zustand der Entführung bzw. der Freiheitsberaubung aufhört und die Frau wirklich frei entscheiden kann. Dieses Hindernis soll die Konsensfreiheit der Frau sichern. Es ist erst vom Konzil von Trient eingeführt worden. In gewisser Weise ergänzt es den Ehewillensmangel aus Furcht und Zwang (vgl. oben 6.7.2.1.).

Verbrechen:
Das geltende Recht (c. 1075 CIC) kennt drei Unrechtstatbestände, die einer Eheschließung trennend entgegenstehen:
— Wer während des Bestehens einer Ehe mit einer anderen Person *Ehebruch* begangen und ihr dabei die *Ehe versprochen* oder mit ihr eine *Zivilehe* geschlossen hat, kann eine kirchliche Ehe mit dieser Person nicht eingehen.
— Wenn einer während bestehender Ehe mit einer anderen Person *Ehebruch* getrieben und wenn einer von diesen im Zusammenhang damit *Gattenmord* begangen hat, ist eine kirchliche Eheschließung zwischen ihnen verboten.
— Eine gültige Ehe kommt auch nicht zustande zwischen Personen, die unter gegenseitiger physischer oder moralischer Mitwirkung *Gattenmord* begangen haben. In diesem Fall ist (vorgängiger) Ehebruch nicht notwendig.

Bezüglich dieses Hindernisses ist unter dem derzeit noch geltenden Recht zu beachten, daß derjenige, der kirchenrechtlich „gültig" verheiratet ist und nach staatlicher Scheidung einen anderen Partner heiratet, damit den erstgenannten Tatbestand dieses Hindernisses erfüllt. Dies auch dann, wenn der neue Ehegatte nicht Anlaß zur Scheidung war. Stirbt der Ehegatte der ersten Ehe, und wird auf eine solche Weise eine kirchliche Gültigmachung der zweiten Ehe möglich, ist zuvor die Dispens von diesem Hindernis nötig. Im künftigen Codex soll nur noch jede Form von Gattenmord ein trennendes Ehehindernis sein (can. 290 Entwurf).

Blutsverwandtschaft, Schwägerschaft und öffentliche Ehrbarkeit:

Diese Hindernisse dienen der Inzestabwehr. Bei diesen Nahverhältnissen ist zu unterscheiden zwischen solchen in der sogenannten *geraden Linie* (Großeltern—Eltern—Kinder) und in den *Seitenlinien* (Geschwister und Geschwisterkinder). Die Nähe der Beziehungen wird nach den die Verwandtschaft vermittelnden Zeugungen berechnet und nach „Graden" gezählt: Eltern—Kinder sind im ersten Grad der geraden Linie, Geschwister im ersten Grad der Seitenlinie miteinander verwandt.

— *Blutsverwandtschaft* ist ein auf gemeinsamer Abstammung beruhendes Nahverhältnis. Das Hindernis besteht in der geraden Linie und zwischen allen Personen, die bis zum dritten Grad der Seitenlinie einschließlich blutsverwandt sind. Eine Dispens in der geraden Linie und im ersten Grad der Seitenlinie darf niemals gewährt werden (c. 1076 CIC).

— *Schwägerschaft* ist ein Nahverhältnis zwischen dem einen Gatten und den Blutsverwandten des anderen Gatten. Es besteht in allen Graden der geraden Linie und in der Seitenlinie bis zum zweiten Grad einschließlich (c. 1077 CIC). Es ist kirchlichen Rechts, doch wird im ersten Grad der geraden Linie vom Heiligen Stuhl kaum Dispens erteilt.

— Die unglückliche Bezeichnung des Hindernisses der *öffentlichen Ehrbarkeit* meint „Schwägerschaft" aufgrund einer kirchlich ungültigen Ehe oder eines Konkubinats und verungültigt die Eheschließung im ersten und im zweiten Grad der geraden Linie (c. 1078 CIC).

Geistliche Verwandtschaft:

Dieses Ehehindernis ist aufgehoben. Es entstand aufgrund der Taufe zwischen dem Empfänger des Sakramentes einerseits und dem Taufspender bzw. dem Paten andererseits (c. 1079 CIC). (Vgl. oben 6.1.4.)

Dispensmöglichkeiten

Nur von Hindernissen kirchlichen Rechts kann dispensiert werden. Von einigen Hindernissen allerdings pflegt nicht dispensiert zu werden und bei anderen ist zeitweise nicht dispensiert worden (z. B. Weihe oder Profeß). Umgekehrt hält die Kirche sich nicht nur für berechtigt, sogenanntes natürliches oder göttliches Recht zu konkretisieren und zu positivieren, sondern auch Ehen dem Bande nach zu lösen, z. B. bei Nichtvollzug oder zugunsten des Glaubens.

Aufgrund des MP ›De episcoporum muneribus‹ vom 15. 6. 1966 können die Bischöfe in der Regel von allen Ehehindernissen Dispens gewähren, sofern sich der Heilige Stuhl nicht ausdrücklich bestimmte Fälle vorbehalten hat (beispielsweise wenn zur Ehemündigkeit mehr als ein Jahr fehlt, vom Hindernis der Weihe und der Profeß, vom Hindernis des Verbrechens aufgrund von Gattenmord, der Blutsverwandtschaft des zweiten Grades der Seitenlinie, der Schwägerschaft im ersten Grad der geraden Linie).

In *Lebensgefahr* können auch der trauende Priester bzw. der Beichtvater (dieser allerdings nur für das forum internum) dispensieren (c. 1043 CIC). Auch in *drängender Verlegenheit* (casus perplexus) haben der Pfarrer, der trauende Priester und der Beichtvater weitreichende Dispensvollmachten, sofern das Hindernis geheim ist und der Ortsordinarius im Augenblick nicht angegangen werden kann.

6.7.2.3. Eheschließungsform

Aufgrund des Vertragscharakters wie wegen der gesellschaftlichen Bedeutung, die die Kirche dem Eheabschluß beilegt, ist es konsequent, daß die Eheschließung ein *formpflichtiges* und *formgebundenes* Rechtsgeschäft darstellt. D.h. der Vertragsabschluß muß in zwingend vorgeschriebener Form stattfinden, widrigenfalls weder der Vertrag rechtsgültig zustande kommt noch das Sakrament gespendet bzw. empfangen wird. Ehewille und Ehefähigkeit reichen also zum gültigen Eheabschluß allein nicht aus.

Daß die kirchliche Eheschließungsform erst seit dem *Konzil von Trient* und mit absoluter und allgemeiner Verbindlichkeit sogar erst durch den CIC festgelegt wurde, ist eingangs gesagt worden (vgl. 6.7.). Eine Ehe, an der ein katholisch Getaufter oder durch Konversion katholisch gewordener Christ beteiligt ist, muß — soll sie auch nur als Vertrag verbindlich sein — in der kanonischen Form geschlossen werden. Damit verficht die Kirche angesichts einer Gesellschaft, die sich aus vielerlei Gründen von der Kirche entfernt hat, einen Anspruch, der heute tatsächlich kaum noch argumentativ gerechtfertigt und gesellschaftlich behauptet werden kann. Angesichts der gegenwärtigen Lebensumstände könnte allein eine „kirchliche Eheweihe" für jene Katholiken, die dies wünschen, die rein bürgerliche Vertragsehe zur „Würde eines Sakramentes" erheben.

Zudem ist nicht geklärt, womit *theologisch* legitimiert wird, daß die Mitwirkung des Geistlichen in Form der Eheassistenz zur Gültigkeit erforderlich ist. Die traditionelle Doktrin sieht in der Mitwirkung des Geistlichen lediglich ein Ordnungserfordernis, eine hoheitliche Beurkundung eines Sakramentes, das sich die Brautleute durch die beiderseitige Ehewillenserklärung einander spenden. Nur bei dieser Betrachtung wird die außerordentliche Eheschließungsform sachlich ebenso einsichtig wie die Tatsache, daß seit 1967 (MP ›Sacrum Diaconatus Ordinem‹) im Einzelfall auch ein delegierter Diakon der Eheschließung assistieren kann. Denn ein Diakon kann nach dem Selbstverständnis dieses Ordo nicht „in persona Christi" fungieren. Wenn aber die theologische Qualität des assistierenden Geistlichen für das Zustandekommen dieses Sakramentes ungeklärt ist, läßt das wiederum die Frage nach der juristischen Legitimation einer solchen — ein Sakrament betreffenden — Formvorschrift unbeantwortet. Die Problematik der Lehre vom Sakramentscharakter der Ehe allgemein und insbesondere der Anspruch, daß es für den Christen Ehe nur als sakramentale geben kann, wird hier wiederum deutlich.

Ordentliche Eheschließungsform

Ein Katholik kann eine Ehe gültig nur eingehen vor einem *mit Traugewalt* ausgestatteten *Geistlichen,* der den Ehewillen aktiv und frei zu erfragen hat, sowie vor zwei Zeugen (c. 1094 CIC; can. 311 Entwurf).

Zur Beachtung dieser Formvorschrift ist jeder Christ verpflichtet, der einmal katholisch war oder geworden ist. Auch dann, wenn er sich vom katholischen

Glauben lossagt, bleibt er *dieser* katholischen Eheschließungsform unterworfen (c. 1099 CIC; MP ›Decretum ‚Ne temere'‹ PIUS' XII. vom 1. 8. 1948 mit Rechtskraft ab 1. 1. 1949 hob c. 1099 § 2 Satz 2 CIC auf. Demnach unterliegen auch jene der Formpflicht, die, obschon Abkömmlinge von Nichtkatholiken, katholisch getauft, dann jedoch nicht katholisch erzogen worden sind).

Damit ein Geistlicher einer Eheschließung gültig assistieren kann, bedarf er der *Traugewalt.*

Ordentliche Traugewalt haben der Bischof, die Pfarrer und die diesen gleichgestellten Geistlichen für ihr Seelsorgsterritorium (c. 1095 CIC). Sie können anderen Geistlichen im Rahmen ihrer Zuständigkeit die Traugewalt delegieren.

Delegierte Traugewalt können nur Priester und Diakone erhalten. Sie kann nur dann subdelegiert werden, wenn der Träger der ordentlichen Trauvollmacht dies im Einzelfall ausdrücklich gestattet hat.

Diakone sollen nur dann delegiert werden, wenn ein Priester nicht erreichbar ist; allgemeine Traugewalt soll nur jenem Diakon übertragen werden, der einer bestimmten Pfarrei auf Dauer zugeordnet ist (Entscheid der Päpstlichen Kommission für die Interpretation der Beschlüsse des II. Vatikanischen Konzils vom 19. 7. 1970). Diese Diakone haben dann auch die entsprechenden Vollmachten für die Gewährung von Mischehendispensen und gegebenenfalls für die Gewährung der sanatio in radice (vgl. oben 6.7.2.2.).

Der Eheschließung darf in der Regel nur dann assistiert werden, wenn das *Aufgebot* vorgenommen ist und die Freiheit der Brautwerber von Ehehindernissen feststeht, sowie die Zuständigkeit des trauenden Geistlichen gegeben ist bzw. das Einverständnis des Trauungsberechtigten vorliegt.

Noteheschließung

Für den Fall, daß ein mit Trauvollmacht ausgestatteter Geistlicher nicht erreichbar ist oder nicht ohne schweren Nachteil angegangen werden kann, darf die Ehe auch ohne Assistenz eines Geistlichen geschlossen werden, sofern zwei Zeugen dem Konsensaustausch beiwohnen. Die Anwesenheit zweier Zeugen ist in jedem Fall zur Gültigkeit erforderlich.

Voraussetzung ist entweder *Lebensgefahr* wenigstens eines Brautteils oder eine Lage, in der nach klugem Ermessen ein mit Traugewalt ausgestatteter Geistlicher nicht zu erreichen ist, wobei dieser Zustand voraussichtlich *mindestens einen Monat* andauern wird (c. 1098 CIC).

Die Abwesenheit des trauungsberechtigten Geistlichen kann *tatsächlicher* oder *„moralischer"* Art sein. „Moralische" Abwesenheit liegt dann vor, wenn der Geistliche wegen eines schweren drohenden Nachteils entweder nicht angegangen oder nicht tätig werden kann. — Die Verweigerung der Eheassistenz aufgrund der kirchlichen Gesetze bedeutet jedoch nicht „moralische" Abwesenheit im Sinne dieser Ausnahmenorm. !

Geheim geschlossene Ehe

Der CIC nennt diese Form der Eheschließung irreführend „Gewissensehe" (matrimonium conscientiae) (cc. 1104—1107 CIC). Künftig soll sie als „matrimonium secretum celebrandum" bezeichnet werden (can. 324—327 Entwurf).

Dieses Institut ist in sich widersprüchlich. Denn Ehe ist ihrer Natur nach auf Öffentlichkeit angelegt. Weil jedoch geschlechtliches Zusammenleben ohne kirchliche Eheschließung als (schwer) sündhaft gilt, glaubte die Kirche auch für jene Fälle Vorsorge treffen zu müssen, da — meist bei Personen von Stand — eine öffentliche Ehe entweder nicht möglich oder nicht erwünscht war.

Damit eine Ehe auf diese Weise geschlossen werden kann, bedarf sie der Erlaubnis durch den Bischof selbst. Er darf die Erlaubnis nur geben, wenn schwerwiegende Gründe vorliegen. Die Eheschließung wird dann lediglich im bischöflichen Geheimarchiv registriert. Sie wird wie in der ordentlichen Eheschließungsform von einem mit Traugewalt ausgestatteten Geistlichen vor zwei Zeugen vorgenommen, jedoch mit der schweren Verpflichtung für alle Beteiligten, über den Vorgang Stillschweigen zu wahren.

Nicht der kanonischen Formpflicht unterworfene Personen

Getaufte oder ungetaufte Nichtkatholiken sind nicht an die kanonische Eheschließungsform gebunden, sofern sie untereinander heiraten (c. 1099 § 2 CIC; vgl. oben 6.7.2.3.).

6.7.3. Heilung ungültiger Ehen

Eine Ehe kann nichtig sein wegen Formfehlers, mangelnder Ehefähigkeit oder defekten Ehewillens. Eine nichtige Ehe soll sobald als möglich gültig gemacht werden. Die Ehe kann gültig gemacht werden, wenn der Nichtigkeitsgrund entweder entfallen ist oder von ihm dispensiert wurde. Außerdem ist der Ehewille festzustellen, gegebenenfalls zu erneuern. Für den (neuerlichen) Konsensaustausch kann von der ordentlichen Eheschließungsform dispensiert werden.

6.7.3.1. Einfache Gültigmachung

Zur Gültigmachung einer Ehe ist erforderlich, daß das sie verungültigende Hindernis entweder entfallen oder von ihm dispensiert ist und der Ehekonsens erneuert wird. Je nach Art des *Hindernisses* ist die Konsenserneuerung unterschiedlich vorzunehmen (c. 1135 CIC): War das Hindernis *öffentlich und beweisbar,* muß der Konsens von beiden Partnern in der ordentlichen Form ausgetauscht werden, also vor einem mit Traugewalt ausgestatteten Geistlichen und zwei Zeugen.

War das Hindernis *geheim*, aber beiden Partnern bekannt, genügt eine private Konsenserneuerung ohne Zeugen. War das Hindernis geheim und *nur einem* Partner bekannt, so reicht dessen private Konsenserneuerung aus, sofern sicher feststeht, daß der Ehewille des anderen Partners fortdauert.

Ist die Ehe jedoch wegen *Ehewillensmangel* nichtig (c. 1136 CIC), so genügt, daß derjenige, der die Nichtigkeit verursacht hat, den Konsens leistet, vorausgesetzt, es ist sicher, daß der Ehewille des anderen Partners fortdauert. Da ein geheim gebliebener Ehewillensmangel auch geheim geheilt werden kann, ist die geheim vorgenommene Heilung formalrechtlich immer problematisch, da unter Umständen nicht beweisbar.

Mit dem Augenblick der Gültigmachung treten die Wirkungen der Ehe ein: Wirkung ex nunc (c. 1116 CIC).

6.7.3.2. Sanatio in radice

Die Eheheilung in der Wurzel dagegen wirkt zurück auf den Zeitpunkt der fehlerhaften und darum nicht rechtswirksamen Eheschließung (ex tunc). Diese Form ist jedoch nur anwendbar, wenn der beiderseitige Ehewille von Anfang an ohne Einschränkung bestand und bei beiden Partnern *zweifelsfrei* fortdauert. In einem solchen Fall kann die Heilung in der Wurzel sogar ohne Kenntnis beider Partner vorgenommen werden (c. 1138 § 3 CIC), etwa zur Heilung eines vom trauenden Geistlichen verschuldeten Formfehlers.

6.7.3.3. Problematik

Grundsätzlich haben die Bischöfe aufgrund MP ›De Episcorum muneribus‹ das Recht, die sanatio in radice zu gewähren (bezüglich der Mischehen vgl. oben 6.7.2.2.).

Wie schon oben (bei 6.7.2.3.) angemerkt, gehört zum Wesen der Institution Ehe die Öffentlichkeit. Die sakramentale Ehe erfüllt eine Reihe von besonderen Funktionen, die unter Umständen dem natürlichen Wesen der Ehe, das Eindeutigkeit und Öffentlichkeit verlangt, widerstreiten können. Das zeigte sich bei der geheim geschlossenen Ehe ebenso wie bei den verschiedenen Weisen der Gültigmachung. Der Kirche geht es hierbei darum, ein objektiv „sündhaftes“ Verhältnis der Gatten in eine ordentliche Ehe zu überführen und dabei gleichzeitig den guten Ruf der Beteiligten möglichst zu schonen.

Vor allem jedoch in dem Institut der sanatio in radice zeigt sich, wie sehr die Kirche glaubt, über die Ehe als Institution des Rechts gestaltend verfügen zu können. Zwar weiß sich die Kirche auch diesbezüglich als Mittlerin des Heils, aber doch in anderer Form als durch einen von Gebet getragenen liturgischen Akt im Glaubensvollzug.

Der instrumentelle Gebrauch des Rechts dominiert. Auch von daher wird die wiederbelebte Theorie von der konstitutiven Bedeutung der liturgischen Funktion des Priesters wenn nicht widerlegt, so doch in Frage gestellt. Die Kirche handelt bei den Akten der Eheheilung in der Regel „hoheitlich"-juristisch und keineswegs priesterlich-liturgisch. Zwar wird auch dieses Tun (wenigstens vordergründig) priesterlich-heilsmittlerisch legitimiert, doch die Form, in der es geschieht, ist eben gerade nicht kultisch-sakramental, sondern juristisch-abstrakt, in gewisser Weise sogar apersonal, weil die pastoral-menschliche Aufarbeitung der implizierten Probleme aus dem Bereich des Rechts ausgeblendet bleibt und bleiben muß. Diese pastorale Abstinenz ist der Rechtsordnung durchaus angemessen, doch provoziert sie die Frage, ob für die Bewältigung menschlicher Schwierigkeiten (gerade im personal-ehelichen Bereich) juristische Instrumente die geeigneten und pastoral angemessenen sind und sein können.

6.7.4. Ehelösungen

Auch Ehen von Christen können scheitern. Diese banale Tatsache zwang die Kirche, in dem Maße, wie sie die Forderung „absoluter Unauflöslichkeit" im Westen durchsetzen konnte, einmal genau zu bestimmen, *wann* eine Ehe *absolut* unauflöslich wird und zum anderen Verfahren und Kriterien für die Auflösung bestimmter Ehen zu entwickeln. Nur die *sakramentale und vollzogene* Ehe ist absolut unauflöslich. Es ist einsichtig, daß eine solch differenzierte Behandlung einer sehr von individuellen Faktoren abhängigen Institution, wie es die Ehe ist, eine scholastisch-rationalistische Kasuistik voraussetzt, wie sie erst im 12. Jahrhundert mit dem Aufkommen der Kanonistik möglich wurde.

6.7.4.1. Aufhebung der ehelichen Lebensgemeinschaft

Die eheliche Lebensgemeinschaft ist ein wesentlicher Bestandteil der Ehe; sie gehört nach Auffassung der Römischen Rota allerdings nicht zum Wesen, vielmehr zur Integrität der Ehe[58] (c. 1128 CIC). Darum darf sie von keinem Gatten ohne schwerwiegenden Grund aufgegeben werden. Unter dem Grundsatz der absoluten Unauflöslichkeit der sakramentalen und vollzogenen Ehe ist die Aufhebung der ehelichen Lebensgemeinschaft für das kanonische Recht die einzige Möglichkeit, einer tiefgehenden Zerrüttung der Ehe Rechnung zu tragen.

Die dauernde oder zeitweilige Trennung ist dem „unschuldigen" Gatten gestattet, wenn der andere material und formal die Ehe gebrochen hat. Sofern der „unschuldige" Gatte diesen Ehebruch nicht gebilligt oder seinerseits nicht die Ehe gebrochen hat und er dem anderen danach nicht verziehen hat, darf er die eheliche Lebensge-

[58] Vgl. U. Mosiek, Die Aufhebung der ehelichen Gemeinschaft in der Judikatur der S. R. Rota: Ecclesia et Ius, 537—546.

meinschaft (auf Dauer oder zeitweilig) aufheben. Er hat allerdings das Recht, den schuldigen Teil jederzeit zurückzurufen (cc. 1129—1130 CIC).

Aus anderen schweren „Eheverfehlungen" ist eine zeitweilige Trennung von Tisch und Bett möglich, etwa wenn der eine Gatte vom Glauben abfällt, die Kinder nicht katholisch erzieht, ein verbrecherisches Leben führt, den unschuldigen Teil an Leib und Seele gefährdet, durch Mißhandlungen ihm das gemeinsame Leben unerträglich macht und dergleichen. Die eheliche Lebensgemeinschaft muß jedoch wiederaufgenommen werden, wenn der Anlaß für die Trennung nicht mehr gegeben ist (c. 1131 CIC).

Sofern Gefahr im Verzug ist, darf der „unschuldige" Gatte die Trennung eigenmächtig vornehmen, andernfalls hat er sich an den Ortsordinarius zu wenden.

Das *Erziehungsrecht* der Kinder steht bei der Trennung grundsätzlich dem unschuldigen Teil zu; ist dieser allerdings nicht katholisch, so obliegt im Interesse einer Erziehung im wahren Glauben dieses Recht dem katholischen Teil, auch wenn er schuldig ist. Der Ortsoberhirte hat darüber zu wachen, daß die katholische Kindererziehung gewährleistet bleibt (c. 1132 CIC).

Die Bestimmungen über die Aufhebung der ehelichen Lebensgemeinschaft zeigen eine zutiefst materialistisch-institutionelle Betrachtungsweise der Ehe. Der konkrete Mensch, sein psychisches Vermögen und sein menschliches Leistungsvermögen werden einzig unter dem Raster des abstrakten Grundsatzes von der Unauflöslichkeit des Ehebandes gewertet. Insbesondere die kategoriale Einteilung in „schuldig" und „unschuldig" wird dem heutigen Erkenntnisstand über Ursache und Entwicklung ehelicher Konflikte kaum gerecht. Dennoch sieht der bislang bekannte Entwurf für die Revision des CIC keine wesentliche Änderung vor. Personale Kriterien sind nicht von Belang; sie bleiben rechtlich irrelevant.[59] Auch die neueste Rechtsprechung der Römischen Rota ist ganz einem abstrakt-juristischen Denken verhaftet, etwa wenn sie die Lebensgemeinschaft als ein „wohlerworbenes Recht" der Gatten versteht, das nur im äußersten Fall geschmälert werden dürfe.[60]

6.7.4.2. Lösung dem Bande nach

Nach kirchlicher Auffassung gilt *jede* Ehe kraft Naturrechts als unauflöslich. Allerdings handelt es sich um ein sogenanntes „sekundäres" Naturrecht, das durch höhere Rechtsgüter modifiziert werden kann. Wenn daher das Interesse des „wahren Glaubens" oder der Kirche es erheischt, können sowohl ‚bloß' naturrechtliche als auch sakramentale, aber nicht vollzogene Ehen von der Kirche kraft der ihr von Christus überantworteten „potestas vicaria" dem Bande nach *geschieden* werden.

[59] Eine Darstellung der geschichtlichen Entwicklung dieser Institution für die kirchliche Regelung von Ehekonflikten bringt: Ilona Riedel-Spangenberger, Die Trennung von Tisch, Bett und Wohnung (cc. 1128—1132 CIC) und das Herrenwort Mk 10,9; bes. 144.

[60] Vgl. U. Mosiek, Die Aufhebung der ehelichen Gemeinschaft, 546.

Wegen Nichtvollzugs

Eine Ehe, auch eine sakramental geschlossene Ehe zwischen zwei Getauften, die nicht vollzogen ist, entbehrt der Vollendung und *kann* deshalb *dem Bande nach* gelöst werden, entweder

— *von Rechts wegen* durch Ablegung der feierlichen Ordensprofeß

— oder durch eine vom Heiligen Stuhl aus gerechtem Grund erteilte *Dispens* (c. 1119 CIC).

Die *Kongregation für die Sakramente* ist aufgrund eines Reskriptes des Staatssekretariates vom 15. 7. 1973 nunmehr allein für Inkonsummationsfälle zuständig. Diese Kongregation hat durch eine Instruktion vom 7. 3. 1972 die Diözesanbischöfe generell bevollmächtigt, ohne vorherige Ermächtigung durch den Heiligen Stuhl ein solches Verfahren zu eröffnen. Ausdrücklich wird in dieser Instruktion festgestellt, daß es sich bei einem solchen Verfahren nicht um ein Gerichts-, sondern um ein Verwaltungsverfahren handelt, weil hierbei „durch eine demütige Bitte eine Gnade erbeten werde, welche nur durch die gütige Bewilligung des Papstes" zu erlangen sei. — Von einer körperlichen Untersuchung der Frau kann dann abgesehen werden, wenn die moralischen Vorzüge der Parteien und Zeugen sowie weitere Beweisstützen oder Beweise für den behaupteten Nichtvollzug vorliegen. Aufgrund der der Kongregation übersandten Akten schlägt diese dem Papst gegebenenfalls vor, die Gnade der Eheauflösung zu gewähren.

Zugunsten des Glaubens

Unter Berufung auf 1 Kor 7, 12—15 glaubt sich die Kirche berechtigt, Ehen mit Ungetauften, auch wenn sie naturrechtlich gültig geschlossen sind, zugunsten des Glaubens dem Bande nach zu scheiden (c. 1120 CIC).

„Privilegium Paulinum":[61]

Die traditionelle Form einer Ehescheidung durch die Kirche zugunsten des wahren Glaubens ist die Trennung aufgrund des „Privilegium Paulinum". Danach kann eine gültige Ehe unter Nichtgetauften kraft eines Rates des Apostels Paulus auf-

[61] Es wird so genannt, weil sich die Kirche für diese Scheidungsform auf das Wort des Apostels Paulus beruft: „Den übrigen aber sage ich, nicht der Herr: Wenn ein Bruder eine Frau hat, die ungläubig, aber gerne bereit ist, mit ihm zusammenzubleiben, so soll er sie nicht entlassen. Ebenso soll eine Frau, wenn sie einen Mann hat, der ungläubig, aber gerne bereit ist, mir ihr zusammenzubleiben, ihren Mann nicht entlassen. Denn der nichtchristliche Mann ist durch die Frau geheiligt, und die nichtchristliche Frau durch den Bruder; sonst wären ja eure Kinder unrein — nun aber sind sie heilig. Wenn aber der nichtchristliche Teil sich trennen will, so mag er es tun, und der Bruder oder die Schwester sind in solchen Fällen nicht sklavisch gebunden. Im Frieden hat euch Gott berufen." (1 Kor 7, 12—15). — In der Regelung des c. 1120 CIC ist jedoch die Sinnspitze dieser Weisung des Apostels verschoben: Jetzt kann auch der christlich gewordene Teil die Scheidung einer solchen Ehe begehren, freilich mit dem Hinweis, der nichtchristliche wolle aus religiösen Gründen die Ehe nicht „ohne Beleidigung des Schöpfers" fortsetzen. Vgl. P. Adnes, De matrimonio infidelium qui convertuntur: PRMCL 67, 1978, 73—80.

gelöst werden, wenn einer der Ehegatten die Taufe empfangen hat und der ungetauft gebliebene Teil die Fortsetzung der Ehe mit dem gläubig Gewordenen ablehnt oder nicht gewillt ist, friedlich und „ohne Beleidigung des Schöpfers" mit ihm ehelich zusammenzuleben (c. 1121 CIC).

Die abweisende Haltung des nichtchristlichen Teils muß feststehen; doch kann auf förmliche Befragung verzichtet werden. Das Verfahren kann vom Diözesanbischof durchgeführt werden und bedarf in der Regel keiner Bestätigung durch den Heiligen Stuhl. Die erste Ehe wird in dem Augenblick gelöst, da der christlich gewordene Teil eine neue Ehe eingeht. Gegebenenfalls ist mit besonderer Dispens auch die neuerliche Eheschließung mit einem Nichtgetauften möglich.

„Privilegium Petrinum":

Unter dieser irreführenden (vom ›Codex‹ allerdings nicht gebrauchten) Bezeichnung versteht das kirchliche Recht seit dem 16. Jahrhundert die dem Papst, als dem vicarius Christi und Interpreten auch des Naturrechts, zustehende Vollmacht, kraft seiner Binde- und Lösegewalt auch eine halbchristliche — deshalb nicht sakramentale — Ehe *zugunsten des wahren Glaubens* dem Bande nach zu scheiden.[62] Dem christlichen (katholischen) Partner ist dann eine neue Eheschließung zu gestatten (c. 1125 CIC). Diese „Dispens" kann nur angewandt werden zwischen einer *getauften* und einer *ungetauften* Person; obwohl eine Dispens gemäß c. 1120 CIC nicht erteilt werden soll, wenn die Ehe bereits mit kirchlicher Dispens vom Hindernis der Religionsverschiedenheit (vgl. oben 6.7.2.2.) geschlossen worden ist, pflegt der Heilige Stuhl in den letzten Jahrzehnten auch dann die Erstehe aufzulösen, wenn sie mit kirchlicher Dispens geschlossen worden war.

Das Verfahren ist von der *Kongregation für die Glaubenslehre* (mit päpstlicher Approbation) durch eine *Instruktion* und neue *Verfahrensnormen* vom 6. 12. 1973 revidiert worden.[63] Danach kann eine nichtsakramentale Ehe auch dann aufgelöst werden, wenn wiederum eine nichtsakramentale Ehe geschlossen werden soll. Allerdings muß feststehen, daß in der neuen Ehe die Glaubensfreiheit des katholischen Teils und die katholische Taufe und Erziehung der Kinder gewährleistet ist. Die Auflösung einer mit Dispens geschlossenen naturrechtlichen Ehe wird nicht gewährt zur Eingehung einer neuen Ehe mit einem Nichtgetauften, der sich nicht bekehrt (V und Reskript der Kongregation für die Glaubenslehre v. 21. 10. 1978).

[62] Vgl. A. Hopfenbeck, Privilegium Petrinum. Eine rechtssprachliche und rechtsbegriffliche Untersuchung; H. Grenier, Can we still speak of the Petrine Privilege?: Jurist 38, 1978, 158—162; A. Abate, De dissolutione matrimonii non baptizatorum utroque coniuge in infidelitate manente: PRMCL 67, 1978, 117—126.

[63] Vgl. J. Steindel, Neuregelung der Eheauflösung in favorem fidei: ÖAKR 26, 1975, 345—351; A. Hopfenbeck, Das Verfahren zur Auflösung einer nichtsakramentalen Ehe zugunsten des Glaubens nach der Neuregelung durch die Glaubenskongregation vom 6. 12. 1973: AKathKR 147, 1978, 99—123.

Das Verfahren zur Tatsachenfeststellung wird vom zuständigen Ordinarius als Delegiertem der Kongregation durchgeführt; er hat mit der Übersendung der Akten der Kongregation auch darzulegen, welche Gründe für die Gewährung der Auflösung der Ehe sprechen. Die Sachentscheidung fällt die Kongregation.

6.7.4.3. Feststellung der Nichtigkeit einer Ehe

Da der Fortbestand eines gültigen sakramentalen Ehebandes es absolut ausschließt, eine neue kirchliche Ehe einzugehen (vgl. oben 6.7.2.2.), muß im Einzelfall die Nichtigkeit der Ehe in einem ordentlichen Prozeßverfahren in zwei Instanzen festgestellt werden. Die kirchlichen Gerichte verhandeln heute fast ausschließlich Ehefälle.

Durch ordentlichen Prozeß

Das bislang sehr umständliche und häufig unvertretbar lang dauernde[64] Prozeßverfahren ist am 8. 9. 1973 durch MP ›Causas matrimoniales‹ PAULS VI. neu geordnet worden.[65] Das *erkennende Gericht* muß in jeder Instanz in der Regel aus drei Richtern bestehen. Wenn nicht genügend Priester als Richter zur Verfügung stehen, können die beiden beisitzenden Richter auch Diakone sein. Notfalls kann nach Maßgabe der zuständigen Bischofskonferenz einer der beisitzenden Richter auch ein *männlicher* Laie sein.

Richter üben zweifellos Jurisdiktion aus. Andererseits wird von etlichen Kanonisten bezweifelt, ob Laien überhaupt fähig sind, Träger kirchlicher Hoheitsgewalt zu sein. Das MP ›Causas matrimoniales‹ scheint davon auszugehen, daß Laien, sofern sie in einem Kollegium wirken, in dem die Geistlichen dominieren, an der kirchlichen Gerichtsgewalt partizipieren können. Eine Reihe von Kanonisten glaubt dem widersprechen zu müssen[66]

[64] Vgl. statt vieler: J. Neumann, Die Botschaft erscheint als eine Schale des Zornes. Ehescheidung und Wiederverheiratung nach katholischem Kirchenrecht: Die zerrüttete Ehe. Scheidungsrecht in 19 Ländern, hrsg. v. H. Kühnert, Frankfurt 1970, 18—24; H. Schmitz (Kirchliches Prozeßrecht, 11) meint: „Die lange Dauer der Prozesse kommt manchmal einer Rechtsverweigerung sehr nahe.“

[65] Für den Bereich der katholischen Ostkirchen ist am 8. 9. 1973 eine adäquate Regelung durch MP ›Cum matrimonialum‹ PAULS VI. erlassen worden.

[66] So vor allem: K. Mörsdorf, Das konziliare Verständnis vom Wesen der Kirche in der nachkonziliaren Gestaltung der kirchlichen Rechtsordnung: AKathKR 144, 1975, 387—401. Er meint, „daß der Einsatz von Laien als Richter ... die Gefahr in sich birgt, die richterliche Gewalt als Hebel anzusetzen, um die hierarchische Struktur der Kirche einzuebnen“ (399). Und W. Aymans (Laien als kirchliche Richter?: AKathKR 144, 1975, 3—20; hier: 17) sekundiert ihm: „Es wird höchste Zeit, daß die falsche Kollegialtheorie aus der kirchlichen Gesetzgebung wieder verschwindet.“ Er bezeichnet die kollegial-synodale Mitwirkung von Laien schlechthin als „die wohl äußerste Perversion dessen ..., was das II. Vatikanische Konzil unter

und vorschlagen zu sollen, daß Laien höchstens als beratende Assessoren mitwirken.[67]

Wenn auch durch die Zuziehung eines Laien ein Dreier-Kollegium nicht gebildet werden kann, darf die zuständige Bischofskonferenz anordnen, daß in *erster Instanz* ein geistlicher *Einzelrichter* (Priester oder Diakon) entscheidet. Als Vertreter der Interessen des Ehebandes wirkt in jedem Eheprozeß ein sogenannter „*Ehebandverteidiger*" (defensor vinculi) mit. Seine dominierende Stellung — sie ist noch stärker als die des Staatsanwaltes im deutschen Strafprozeß — soll im künftigen Codex abgebaut werden.[68] Er hat für die Gültigkeit des Ehebandes zu votieren und gleichsam dessen Interessen zu vertreten.

Als *Vernehmungsrichter* (auditor) jeder Instanz dürfen auch männliche Laien berufen werden. Zu *Notaren* können selbst Frauen bestellt werden.

Mußte bislang auch in *zweiter Instanz* ein vollständiger Prozeß mit neuer Beweiserhebung und eigenem Urteil durchgeführt werden, so genügt es nun, wenn das Berufungsgericht das Urteil der Erstinstanz nach Prüfung der Korrektheit des Verfahrens und der Argumente lediglich durch *Dekret* bestätigt.

Außerdem besitzen sowohl Nichtkatholiken als auch jene, die die Nichtigkeit der Ehe verursacht haben, das *Klagerecht* (Päpstliche Kommission für die Interpretation der Dekrete des II. Vatikanischen Konzils v. 8. 1. 1973; can. 338 Entwurf). Jeder Ehegatte kann also Klage erheben.

Zuständig für die Durchführung eines Eheprozesses ist entweder das Gericht des Eheschließungsortes oder jenes Ortes, wo der beklagte Partner seinen ständigen Wohnsitz hat oder wo tatsächlich das meiste Beweismaterial zu erheben ist.

Durch Kurzverfahren auf dem Verwaltungsweg

Durch *Kurzverfahren* nach c. 1990 CIC kann für den Fall, daß die Ehe wegen *bestimmter trennender* Ehehindernisse nichtig ist und sich diese Tatsache durch Urkunden beweisen läßt, ein verkürztes Verfahren angewandt werden. Dieses Verfahren kann aufgrund MP ›Causas matrimoniales‹ nun bei *allen trennenden Ehehindernissen* durchgeführt werden, sofern ein Urkundenbeweis sicher möglich ist. Gleiches gilt, wenn die Ehe aufgrund eines eindeutigen Mangels in der kanonischen *Eheschließungsform* nichtig ist. Wenn jedoch die Berufungsinstanz den Urkunden-

‚sacra potestas' versteht". (19) — Hier decouvriert sich das geistliche Selbstverständnis mancher Kanonisten als das, was es tatsächlich ist: als elitärer Herrschaftsanspruch. — Demgegenüber vertreten U. Mosiek (Der Laie als Jurisdiktionsträger?: ÖAKR 25, 1974, 3—15) und K. Lüdicke (Laien als kirchliche Richter. Über den Inhalt des kirchlichen Richteramtes: ÖAKR 28, 1977, 332—352) einen funktional-sachlichen, beinahe entgegengesetzten Standpunkt. Lüdicke stellt fest, daß bis jetzt kein durchschlagendes Argument gegen die richterliche Funktion von Laien vorgebracht worden sei (352).

[67] So z. B. H. Flatten, Der Eheprozeß im Entwurf zum künftigen Codex Iuris Canonici: AKathKR 146, 1977, 33—73; hier: 47.

[68] Vgl. H. Flatten, Der Eheprozeß im Entwurf, 53.

beweis als nicht erbracht ansieht, muß die Sache von der ersten Instanz im ordentlichen Prozeßverfahren untersucht werden.

Bei einer Eheschließung ohne Beachtung der kirchlichen Eheschließungsform ist lediglich der Ledigenstatus durch den Generalvikar aufgrund der pfarramtlichen Unterlagen festzustellen.

6.7.5. Die Zivilehe

Bei der Zivilehe wird ein wie immer inhaltlich bestimmter Ehewille geäußert, wodurch für den bürgerlichen Rechtsbereich nach den staatlichen Gesetzen eine Ehe zustande kommt. Für Personen, die der kanonischen Formpflicht unterliegen, kommt nach kirchlichem Verständnis eine gültige und sakramentale Ehe auf diese Weise nicht zustande. Da ein ausdrücklicher Ehewille vorliegt, kann jedoch — nach heutigem kirchlichem Verständnis — eine solche Ehe nicht (mehr) als Konkubinat bezeichnet werden.

Herkömmlicherweise werden drei Arten der Zivilehe unterschieden:

Die sogenannte *Zwangszivilehe* (besser: zwingend vorgängige Zivilehe) läßt eine Ehe mit bürgerlicher Wirkung nur durch einen bestimmten, staatlich vorgeschriebenen Eheschließungsakt zustande kommen. Dieses System gilt auch in der Bundesrepublik Deutschland. Sicherlich kann nicht im Ernst behauptet werden, daß dadurch das Gewissen eines gläubigen Katholiken vergewaltigt werde, weil er glaube, nur vor der Kirche eine „gültige" Ehe eingehen zu können. Er kann den religiösen und für ihn in gewissem Sinn verbindlichen Akt ungehindert als allein vor dem Geistlichen gesetzt betrachten. Der Staat hindert ihn daran nicht. Er stellt lediglich fest, daß er den Betreffenden vom Augenblick der standesamtlichen Trauung an für den staatlichen Bereich mit allen Rechtsfolgen als verheiratet betrachtet. Wer dadurch die in Art. 4 Abs. II GG garantierte Freiheit der Religionsausübung verletzt sieht,[69] begreift die Kirche nicht nur als selbständige Gesellschaft im Staate, sondern versteht im Bereich des Ehewesens die Kirche als Herrin der Ehe und mißversteht umgekehrt die Verantwortung des Staates sowohl für Ehe und Familie einerseits als auch für die Freiheit der Gewissensentscheidung andererseits.

Das *Personenstandsgesetz* bestimmt, daß die Beurkundung des Personenstandes dem Standesbeamten obliegt und diese der kirchlichen Trauung vorausgehen muß (Nichtbeachtung ist eine Ordnungswidrigkeit). Das Reichskonkordat sieht jedoch in Art. 26 vor, daß im Falle eines schweren sittlichen Notstandes, dessen Vorhandensein von der bischöflichen Behörde bestätigt sein muß, die kirchliche Einsegnung vor der Ziviltrauung vorgenommen werden darf. Durch Notenwechsel zwischen dem Heiligen Stuhl und der Deutschen Botschaft beim Heiligen Stuhl vom 16./17. 7. 1956 wurde Übereinkunft darüber erzielt, daß gemäß Art. 26 des Reichskonkordats ein solch schwerer sittlicher Notstand dann nicht gegeben ist, wenn mit dem Vollzug der Ziviltrauung für die Ehewilligen ausschließlich wirtschaftliche Nachteile verbunden sind (sogenannte Rentenkonkubinate).

[69] So z. B. K. Mörsdorf, Kirchenrecht II, 146. — H. Flatten, De matrimonio civili catholicorum: PRMCL 67, 1978, 211—234; F. Arboleda, De natura iuridica matrimonii civilis catholicorum in iure canonico condito et condendo: PRMCL 67, 1978, 343—352.

Unter *Wahlzivilehe* versteht man jenes System, bei dem die Ehewilligen wählen können, ob sie die Ehe entweder vor dem staatlichen Vertreter oder vor der Kirche schließen. D.h. der Staat erkennt für seinen Rechtsbereich auch die religiöse Eheschließung als rechtsverbindlich an. — Ein solches Verfahren ist dann nicht unproblematisch, wenn mit dem Ehestatus bestimmte bürgerliche Rechte und finanzielle bzw. steuerliche Sonderbehandlungen verbunden sind.

Im System der sogenannten *Notzivilehe* räumt der Staat der religiös-kirchlichen Eheschließungsform den Vorrang ein und läßt eine rein bürgerliche Eheschließung nur zu, wenn die Ehewilligen entweder keiner Religionsgesellschaft angehören oder wegen eines religiösen Hindernisses, das jedoch für den Staat nicht gilt, von der Eheschließung ausgeschlossen sind. Diese Form entspricht der kurialen Auffassung am meisten. Sie ist jedoch den Gegebenheiten in einer pluralistischen Gesellschaft mit der notwendig in ihr herrschenden religiösen Freiheit keineswegs angemessen.[70] Sie wird auch weder der gesamtgesellschaftlichen Bedeutung der Ehe noch der Verantwortung, die der moderne Staat für Ehe und Familie hat bzw. haben müßte, gerecht.

Ein der kanonischen Eheschließungsform Unterworfener, der „nur" eine Zivilehe geschlossen hat, ist von den Sakramenten ausgeschlossen; er gilt als öffentlicher Sünder. Die Kinder aus solchen Ehen sind irregulär (c. 1114 CIC). Wenn ein Partner noch durch ein bestehendes Eheband gehindert ist, tritt (nach geltendem Recht noch) das Hindernis des Verbrechens ein

[70] Art. 34 des Konkordats zwischen dem Heiligen Stuhl und Italien vom 11. 2. 1929 bestimmt: „Da der italienische Staat dem Institut der Ehe, als der Grundlage der Familie, wieder die Würde geben will, die den katholischen Überlieferungen seines Volkes entspricht, erkennt er dem vom kanonischen Recht geregelten Sakrament der Ehe die bürgerlichen Wirkungen zu. ...

Sofort nach der Trauung hat der Pfarrer den Ehegatten die bürgerlichen Wirkungen der Ehe durch Verlesen der die Rechte und Pflichten der Ehegatten betreffenden Artikel des bürgerlichen Gesetzbuches zu erklären und die Beurkundung der Eheschließung vorzunehmen, von der er der Gemeinde innerhalb von fünf Tagen eine vollständige Abschrift zwecks Eintragung in das Standesamtsregister zu geben hat.

Die Fälle der Ungültigkeit der Ehe und der Dispens von einer geschlossenen, aber noch nicht vollzogenen Ehe bleibt der Zuständigkeit der kirchlichen Gerichte und Behörden vorbehalten. ...

Der Heilige Stuhl willigt ein, daß Fälle der Trennung von Tisch und Bett von den Ziviljustizbehörden abgeurteilt werden." — PIUS XI. hat in seiner Ansprache an die Professoren und Studenten der Mailänder katholischen Universität erklärt, „für diesen Artikel 34 sei er bereit gewesen, sein Leben hinzugeben". Dies ist bezeichnend für die ungeheure Intensität, mit der die Kirche nach der Institution Ehe greift. L. Kaas hat deutlich gemacht, daß „der kirchliche Eheabschluß gleichbedeutend ist mit einer endgültigen Unterwerfung der Ehe unter das kirchliche Recht ..." (Der Konkordatstyp des faschistischen Italien, 508). — Daß ein solches Eheschließungssystem stets zu groben gesellschaftlichen Unzuträglichkeiten führt, zeigen nicht nur die Verhältnisse in Italien bis zur Einführung des staatlichen Scheidungsrechts durch Gesetz vom 28. 11. 1969, sondern ebenso deutlich die Verhältnisse in Griechenland (mit dem allgemein geltendem orthodoxen Recht), in Israel (wo das jüdisch-talmudische Eherecht gilt) und in den meisten der mohammedanischen Staaten (mit dem Eherecht des Koran). Einen pauschalen Überblick bietet: Die zerrüttete Ehe, bes. 110ff., 124ff., 130ff.

(c. 1075 CIC); außerdem macht sich der Betreffende der Bigamie (kirchlichen Rechts) schuldig (c. 2356 CIC).[71]

Literatur: ADNES, P., De matrimonio infidelium qui convertuntur: PRMCL 67, 1978, 73—80; AYMANS, W., Die Sakramentalität der christlichen Ehe in ekklesiologisch-kanonistischer Sicht. Thesenhafte Erwägungen zu einer Neubesinnung: TThZ 83,1974, 321—338; AYMANS, W., Laien als kirchliche Richter? AKathKR 144, 1975, 3—20; BARROIS, H., Der Actus Humanus als wesentlicher Maßstab für die sogenannte Impotentia Moralis, dargestellt nach der neueren Rechtsprechung der S. R. Rota unter Berücksichtigung der Ehelehre des Zweiten Vatikanischen Konzils, Freiburg i. Br. 1977 (Diss.); BRUNS, B., Die Vertragslehre im Eherecht des gegenwärtigen und künftigen CIC und ihre grundsätzliche Problematik: ÖAKR 29, 1978, 4—25; CORECCO, E., Der Priester als Spender des Ehesakramentes im Lichte der Lehre über die Untrennbarkeit von Ehevertrag und Ehesakrament: Ius Sacrum, 521—557; CORECCO, E., Quodnam sit fundamentum competentiae Ecclesiae in matrimonium baptizatorum: baptismus an sacramentum matrimonii?: PRMCL 67, 1978, 11—34; DAVID, J., F. SCHMALZ, (Hrsg.), Wie unauflöslich ist die Ehe? Eine Dokumentation, Aschaffenburg 1969; Eheverständnis und Ehescheidung. Empfehlungen des Interkonfessionellen Arbeitskreises für Ehe- und Familienfragen, Mainz—München 1971; DORDETT, A., Der Impotenzbegriff in der Rotajudikatur: Ex aequo et bono, 333—346; FLATTEN, H., Der Eheprozeß im Entwurf zum künftigen Codex Iuris Canonici: AKathKR 146, 1977, 33—73; FLATTEN, H., De matrimonio civili catholicorum: PRMCL 67, 1978, 211—234; FREISEN, J., Geschichte des kanonischen Eherechts bis zum Wegfall der Glossenliteratur, Tübingen 1888, Paderborn ²1893 (Nachdr. 1966); GALL, R., Fragwürdige Unauflöslichkeit der Ehe? Zürich 1970; GRENIER, H., Can We still speak of the Petrine Privilege?: Jurist 38, 1978, 158—162; HENRICH, F., V. EID (Hrsg.), Ehe und Ehescheidung. Diskussion unter Christen, München 1972; HERRMANN, H., Ehe und Recht. Versuch einer kritischen Darstellung, Freiburg 1972, bes. 56f., 143ff.; HÖRMANN, K., Kirche und zweite Ehe. Um die Zulassung wiederverheirateter Geschiedener zu den Sakramenten, Innsbruck—Wien—München 1973; HOFMEISTER, PH., Die Form der Eheschließung bei den Katholiken und Protestanten: TThZ 75, 1966, 223—237; HOPFENBECK, A., Privilegium Petrinum. Eine rechtssprachliche und rechtsbegriffliche Untersuchung, St. Ottilien 1976; HOPFENBECK, A., Das Verfahren zur Auflösung einer nichtsakramentalen Ehe zugunsten des Glaubens nach der Neuregelung durch die Glaubenskongregation v. 6. 12. 1973: AKathKR 147, 1978, 99—123; HUBER, J., Der Ehekonsens im Römischen Recht. Studien zu seinem Begriffsgehalt in der Klassik und zur Frage seines Wandels in der Nachklassik, Rom 1977; HUIZING, P., Um eine neue Kirchenordnung: F. ELSENER, P. HUIZING, A. MÜLLER, Vom Kirchenrecht zur Kirchenordnung? Einsiedeln—Zürich—Köln 1968; HUIZING, P. J. M. (Hrsg.), Für eine neue Eheordnung. Alternativentwurf, Düsseldorf 1975; JESTER, L., Transcultural Marriage. A Basis for a New Impediment: Studia Con. 11, 1977, 339—350; KAISER, M., Unauflöslichkeit und „Auflösung"

[71] Die benevolenten Deutungen von A. Zirkel (Schließt das Kirchenrecht alle wiederverheirateten Geschiedenen von den Sakramenten aus?, 58—60) ändern nichts an der grundsätzlich entschiedenen Ablehnung des kanonischen Rechts sowohl der (reinen) Zivilehe als auch der Wiederverheiratung Geschiedener. Das kanonische Recht will sich bewußt nicht an den Lebensnotwendigkeiten des Menschen orientieren, sondern an dem göttlichen Gebot; deshalb kann es letzten Endes auch nicht „menschlich", d.h. „pastoral" sein, wie der Autor sich bemüht darzulegen.

der Ehe nach kirchlichem Recht: Diakonia et Ius, 27—43; KASPER, W., Zur Theologie der christlichen Ehe, Mainz 1977; KLEIN, J., Die Ehe als Vertrag und Sakrament im Codex Iuris Canonici: DERS., Skandalon. Um das Wesen des Katholizismus, Tübingen 1958; LETTMANN, R., Die Diskussion über die klandestinen Ehen und die Einführung einer zur Gültigkeit verpflichtenden Eheschließungsform auf dem Konzil von Trient, Münster 1966; LÜDICKE, K., Zur Rechtsnatur des Ehevertrages: AKathKR 145, 1976, 152—163; LÜDICKE, K., Laien als kirchliche Richter. Über den Inhalt des kirchlichen Richteramtes: ÖAKR 28, 1977, 332—352; LÜDICKE, K., Die Rechtswirkungen der heilbaren Impotenz. Überlegungen zu einem übersehenen Ehenichtigkeitsgrund: AKathKR 146, 1977, 74—128; LÜDICKE, K., Psychisch bedingte Eheunfähigkeit. Begriffe — Abgrenzungen — Kriterien, Frankfurt—Bern—Las Vegas 1978; METZ, R., J. SCHLICK, (Hrsg.), Die Ehe — Band oder Bund? Übers. v. K. BERGNER, Aschaffenburg 1970; MÖRSDORF, K., Der Ritus Sacer in der ordentlichen Rechtsform der Eheschließung: Liturgie, Gestalt und Vollzug, FS f. J. Pascher, München 1963, 252—266; MÖRSDORF, K., Das konziliare Verständnis vom Wesen der Kirche in der nachkonziliaren Gestaltung der kirchlichen Rechtsordnung: AKathKR 144, 1975, 387—401; MOSIEK, U., Der Laie als Jurisdiktionsträger?: ÖAKR 25, 1974, 3—15; MOSIEK, U., Die Aufhebung der ehelichen Gemeinschaft in der Judikatur der S. R. Rota: Ecclesia et Ius, 537—546; MOSIEK, U., Neuestes aus der Rechtsprechung der S. R. Rota: ÖAKR 26, 1975, 241—270; NEUMANN, J., „Mischehe" und Kirchenrecht. Würzburg 1967; NEUMANN, J., Die Möglichkeiten des geltenden katholischen Eherechts: Christliche Einheit in der Ehe, hrsg. im Auftrag des „Evangelischen Zentralinstituts für Ehe- und Familienberatung" in Berlin und des „Katholischen Zentralinstituts für Ehe- und Familienfragen" in Köln, Mainz—München 1969, 44—61; NEUMANN, J., Unauflösliches Eheband? Eine Anfrage zum kanonischen Eherecht: ThQ 151, 1971, 1—22; NEUMARK, F. (Hrsg.), Darmstädter Gespräch, Darmstadt 1954; REVERS, W. J., C. G. FÜRST (Hrsg.), Ehe als Stand und Prozeß, Salzburg 1976; RIEDEL-SPANGENBERGER, ILONA, Die Trennung von Tisch, Bett und Wohnung (cc. 1128—1132 CIC) und das Herrenwort Mk 10, 9. Eine Untersuchung zu Theologie und Geschichte des kirchlichen Ehetrennungsrechts, Frankfurt—Bern—Las Vegas 1978; RÖSSER, E., Zur Problematik des Willens zur Unauflöslichkeit, Einheit und Sakramentalität der Ehe: Ortskirche — Weltkirche, 592—612; ROKAHR, E.-G., Ehe ohne Treue? Die eheliche Treuepflicht in der Rechtsprechung der Römischen Rota, München 1976; RUF, N., Furcht und Zwang im kanonischen Eheprozeß unter besonderer Berücksichtigung der Ehesimulation, Freiburg 1963; SCHMITZ, H., (Hrsg.), Kirchliches Prozeßrecht. Sammlung neuer Erlasse, Trier 1976 (NKD 39); STEINDL, J., Neuregelung der Eheauflösung in favorem fidei: ÖAKR 26, 1975, 345—351; STEININGER, V., Auflösbarkeit unauflöslicher Ehen, Graz 1968; WETZEL, N. (Hrsg.), Die öffentlichen Sünder — oder soll die Kirche Ehen scheiden? Mainz 1970; WIRTH, P., Die bisherige Rechtsprechung der Römischen Rota zur Frage der psychischen Eheunfähigkeit: AKathKR 147, 1978, 71—98; WEIL, N., R. PESCH u. a., Zum Thema Ehescheidung, Stuttgart 1970; ZIRKEL, A., Schließt das Kirchenrecht alle wiederverheirateten Geschiedenen von den Sakramenten aus?, Mainz 1977; ZIRKEL, A., Das Dekret der Kongregation für die Glaubenslehre über das trennende Ehehindernis der Impotenz v. 13. Mai 1977: AKathKR 147, 1978, 50—70.

7. LEHRAMT

Es entspricht dem Selbstverständnis des Katholizismus, daß die Glaubens*lehre* vom hierarchischen Lehr*amt* tradiert, gehütet und verwaltet wird: Der Papst und das mit ihm vereinte Ökumenische Konzil sind Träger dieser höchsten und gegebenenfalls unfehlbaren Lehr*gewalt* (cc. 1323 §§ 2 u. 3 i.V.m. 227; 1322—1328 CIC; Dogm. Konst. LG 25). Denn das Evangelium, das Jesus „selbst gebracht und persönlich öffentlich verkündet hat", ist, auch nach dem Willen des II. Vatikanischen Konzils, „als Quelle jeglicher Heilswahrheit und Sittenlehre allen zu predigen...". Damit es „in der Kirche für immer unversehrt und lebendig bewahrt werde, haben die Apostel Bischöfe als ihre Nachfolger zurückgelassen und ihnen ‚ihr eigenes Lehramt überliefert'" (Dogm. Konst. DV 7). Darum sind „die Bischöfe, die in Gemeinschaft mit dem Römischen Pontifex lehren, von allen als Zeugen der göttlichen und katholischen Wahrheit zu verehren" (Dogm. Konst. LG 25). Denn das geschriebene und (mündlich) tradierte Wort Gottes authentisch zu erklären, ist allein dem lebendigen Lehramt der Kirche anvertraut, dessen Vollmacht im Namen Jesu Christi ausgeübt wird (Dogm. Konst. DV 10; LG 25). Insofern die Träger des kirchlichen Lehramtes die wahre Lehre von der Irrlehre abzugrenzen haben, wohnt ihrer Lehrgewalt gewissermaßen eine judizielle Funktion inne. Obschon einerseits an die bischöfliche Weihegewalt gebunden, trägt sie andererseits doch deutlich Wesenszüge der Jurisdiktionsgewalt an sich. Deshalb wäre es verfehlt, wollte man aus der vom II. Vatikanischen Konzil wiederbelebten *Triplex-munera*-Lehre (Priestertum, Propheten- bzw. Lehramt und Königtum bzw. Leitungsamt) die Lehr*gewalt* als eigenständige ‚dritte Gewalt' verstehen; vielmehr verzahnen sich in ihr postestas ordinis und potestas iurisdictionis in spezifischer Weise: Die mit der Weihe gegebene ontologische Fähigkeit aufgrund der Nachfolge im Apostelkollegium wird durch die mit dem Amt übertragene iuridica determinatio zur ausübbaren Vollmacht (Nota explicativa n. 2). Die Dogmen sind somit gleichsam die zum Glaubens*gesetz* verdichtete und normierte Glaubenslehre.[1] Diesen verbindlichen, vom Lehramt vorgelegten Glaubenslehren zu gehorchen, ist jeder Gläubige kraft göttlichen Rechts verpflichtet (c. 1323 CIC). Wer richtig unterwiesen wurde, ist durch göttliches Recht verpflichtet, der (katholischen) Kirche beizutreten (c. 1322 §2 CIC).

Rechtliche *Verstöße* gegen diese Pflicht zu glauben, sind *Häresie* (griech.: hairesis = Partei, Spaltung, [abweichende] Lehrmeinung), *Apostasie* (griech.: apostasia = Abfall) und *Schisma* (griech.: schisma = Riß, Spaltung) (c. 1325 §2 CIC).

[1] Vgl. G. May, Das Glaubensgesetz: Ius Sacrum, 349—372.

Häresie liegt dann vor, wenn jemand als Getaufter eine von Gott geoffenbarte und von der Kirche zu glauben vorgestellte Wahrheit hartnäckig leugnet oder bezweifelt, jedoch Christ bleibt (bzw. bleiben will).

Als *Apostasie* gilt der Abfall eines Getauften vom christlichen Glauben.

Die tatsächliche Trennung von der Gemeinschaft mit dem Papst bzw. von einem mit dem Papst in Gemeinschaft stehenden Bischof wird als *Schisma* bezeichnet. Dabei ist fraglich, ob es unter dem Dogma vom Jurisdiktionsprimat des Papstes (von 1870) diesen Tatbestand noch gibt. Zumindest derjenige, der die Gemeinschaft mit dem Papst deshalb aufgibt, weil er dessen Jurisdiktionsprimat nicht anerkennt bzw. nicht ‚glaubt', verstößt nicht nur gegen die communio, sondern auch gegen einen Glaubenssatz.

7.1. Glaubensverkündigung

Die Glaubensverkündigung im Namen der Kirche obliegt dem Papst als oberstem Hirten für die Gesamtkirche und den Bischöfen für ihre Diözesen (c. 1327 CIC; Dogm. Konst. LG 24). Die Bischöfe haben den apostolischen Dienst der Verkündigung zusammen „mit ihren Helfern, den Presbytern und Diakonen übernommen. An Gottes Stelle stehen sie der Herde vor, deren Hirten sie sind, als Meister der Lehre..." (Dogm. Konst. LG 20). Kraft ihres Amtes sind die *Pfarrer* als notwendige Mitarbeiter des Bischofs mit der Glaubensverkündigung in Predigt und Katechese beauftragt (cc. 1327 §1; 467 CIC). *Geistliche,* die nicht kraft ihres Auftrags mit der Verkündigung betraut sind, bedürfen sowohl für die Predigt als auch für den Religionsunterricht der Beauftragung durch den Bischof bzw. im Einzelfall durch den zuständigen Pfarrer.

Laien dürfen in der amtlichen Wortverkündigung in Gottesdienst und Unterricht nur eingesetzt werden, wenn die Umstände es zwingend erfordern und sie aufgrund ihrer Ausbildung und ihrer Persönlichkeit dazu vom Bischof oder für den Einzelfall vom Pfarrer beauftragt sind (vgl. oben 3.3.5.1.).

7.2. Überwachung des Schrifttums

Der CIC nimmt für die Kirche das Recht einer eigenen *Bücherzensur* (cc. 1385—1394) und eines *Bücherverbotes* (cc. 1395—1405) in Anspruch. Die Bücherverbote können durch allgemeines Gesetz oder durch einzelnen Verwaltungsakt ausgesprochen werden.

Aufgrund der veränderten gesellschaftlichen Umstände haben sich jedoch Bücherzensur und Bücherverbote in weiten Bereichen ad absurdum geführt. Die

Massenmedien sind in freiheitlich-demokratischen Gesellschaften von der Kirche vielleicht beeinflußbar, nicht aber zu kontrollieren. Außerdem entsprach der 1557 eingeführte *Index librorum prohibitorum* (= Verzeichnis der verbotenen Bücher) den damals allgemein üblichen Methoden, mit denen die Herrscher den durch die Buchdruckerkunst neu entstandenen publizistischen Möglichkeiten zu begegnen suchten. Heute dagegen ist Bücherzensur und Bücherverbot Ausdruck totalitärer Herrschaft und wird allgemein als Beeinträchtigung des Rechts auf freie Meinungsäußerung gewertet.

Eine Revision dieser Kontrollmechanismen war darum längst fällig.[2] Am 14. 6. 1966 erließ die *Kongregation für die Glaubenslehre* eine *Notifikation* über Index und Bücherzensur, die dann durch ein *Dekret* der gleichen Kongregation vom 15. 11. 1966 präzisiert wurde.[3] Dadurch wurden die Bücherverbote samt Index als *Gesetz* aufgehoben. Ihre Nichtbeachtung war nun nicht mehr unter Strafe gestellt. Die sittliche Verpflichtung des Christen jedoch, Schriften, die seinem Glauben und seiner Sittlichkeit gefährlich werden können, zu meiden, bleibt bestehen.

Am 19. 3. 1975 erließ die *Kongregation für die Glaubenslehre* ein vom Papst approbiertes *Dekret* ›Ecclesiae pastorum‹, das die Verantwortung der Bischöfe und ihre Aufsicht bei der Veröffentlichung von Büchern neu einschärft und regelt[4]: Die Kirche beansprucht ein Prüfungsrecht nunmehr allein für theologische Literatur. Diejenigen Schriften, die der Prüfung standhalten, bekommen nicht mehr — wie nach dem Recht des CIC — die „Druckerlaubnis" (imprimatur = es kann gedruckt werden), sondern eine „Approbation". Nun ist allerdings approbatio mehr als lediglich die Feststellung, daß eine Schrift keine Glaubensirrtümer enthält und gedruckt werden könne. — Wenn künftig Druckwerke nicht nur auf ihre Unschädlichkeit geprüft werden sollen, sondern positiv mit einer Empfehlung zu versehen sind, dann ist damit eine tiefgreifende Neuerung im Sinne einer sachlichen Verschärfung eingeführt.

Allerdings bedürfen lediglich solche Schriften einer Approbation, die einen unmittelbaren Bezug zur Verkündigung haben; dennoch werden andererseits alle Geistlichen und Ordensleute nachdrücklich aufgefordert, sämtliche Veröffentlichungen theologischen Inhalts nur mit Erlaubnis (licentia) ihres Oberhirten erscheinen zu lassen.

Ausgaben der Heiligen Schrift, Gebetbücher und liturgische Bücher müssen stets approbiert sein. Die letzteren dürfen nur im Auftrag der Bischofskonferenz erarbeitet und nur nach vorheriger Bestätigung (confirmatio) durch den Heiligen Stuhl publiziert werden.

Die *Deutsche Bischofskonferenz* hat am 17. 2. 1976 Ausführungsbestimmungen bezüglich solcher Bücher erlassen, die im Religionsunterricht verwendet werden

[2] Vgl. u. a.: H. Lackmann, Die kirchliche Bücherzensur nach geltendem kirchlichem Recht unter Berücksichtigung ihrer geschichtlichen Entwicklung und der heutigen Reformgedanken, Köln 1962.

[3] Vgl. G. May, Die Aufhebung der kirchlichen Bücherverbote: Ecclesia et Ius, 547—571.

[4] Vgl. das Dekret ›Die Aufsicht der Hirten der Kirche über die Bücher‹.

sollen. Sie müssen von einer im September 1971 von der Deutschen Bischofskonferenz eingerichteten zentralen „Bischöflichen Lehrbuchkommission" geprüft werden. Die einzelnen Diözesanbischöfe haben damit ihre Prüfungskompetenz an diese Kommission delegiert.

7.3. Lehrbeanstandungsverfahren

Indizierungen von Schriften bzw. Kontrolle der Veröffentlichung waren auch im 20. Jahrhundert seit PIUS X. und der von der Kurie geschürten Anti-Modernismus-Bewegung an der Tagesordnung. Die Verfahren, die zur Indizierung bzw. zu Veröffentlichungsverboten führten, waren undurchsichtig, die Anschuldigungen diffus; Begründungen wurden bis in die fünfziger Jahre nicht gegeben. Der betroffene Autor war wehrlos; Rechtsmittel gab — und gibt — es nicht!

Die von Papst BENEDICT XIV. am 9. 7. 1753 erlassene Verfahrensordnung (Apost. Konst. ›Sollicita ac provida‹), die eine Anhörung des Autors verlangte, wurde längst nicht mehr beachtet. Darum mußte sich die Arbeitsweise des damaligen S. Officium auf dem II. Vatikanischen Konzil herbe Kritik gefallen lassen. Insbesondere JOSEPH KARDINAL FRINGS rügte, daß bei der Verurteilung theologischer Schriften weder der Autor noch dessen Bischof gehört und daß zuwenig unterschieden werde zwischen einem Vorgehen auf dem Verwaltungsweg und einem solchen auf dem Gerichtsweg.[5]

Am 7. 12. 1965 wurde das S. Officium durch MP ›Integrae servandae‹ PAULS VI. in „Kongregation für die Glaubenslehre" umbenannt und neu geordnet. Dabei wurde ausdrücklich bestimmt, daß das interne Reglement, nach dem die Kongregation verfährt, veröffentlicht werden müsse. Weil jene Kongregation jedoch diesem Auftrag des obersten päpstlichen Gesetzgebers nicht alsbald nachkam, baten im Dezember 1969 mehr als 1300 Theologen aus aller Welt „in vollerLoyalität und eindeutiger Treue zur katholischen Kirche", daß „die durch das II. Vatikanische Konzil wiedergewonnene Freiheit der Theologen und der Theologie zum Dienst an der Kirche" nicht erneut gefährdet werden dürfe, sondern durch klare Rechtsnormen gesichert werden möge. — Am 4. 2. 1971 endlich wurde von der Kongregation für die Glaubenslehre die vom Papst approbierte ›Neue Verfahrensordnung zur Prüfung von Lehrfragen‹ veröffentlicht.[6] Diese Ordnung läßt zwei Verfahrensformen zu: eine *ordentliche* und eine *außerordentliche.* Die *ordentliche* Verfahrensform hat mehrere ‚Instanzen' innerhalb der Kongregation und sieht sowohl die Möglichkeit einer Anhörung des betroffenen Autors als auch des zuständigen Bischofs vor. Die Lehre

[5] Vgl. zum Ganzen J. Neumann, Menschenrechte, 126—192; ferner: J. Hamer, Struktur, Verfahren und Aufgaben der Glaubenskongregation: HerKorr 28, 1974, 238—246; dagegen: J. Neumann, Es ginge anders besser. Über die römische Glaubenskongregation, ebd. 287—297.

[6] Neue Verfahrensordnung zur Prüfung von Lehrfragen hrsg. v. H. Heinemann.

des Autors wird von einem kurialen „Relator pro auctore“ vorgetragen, der mehr die Stellung eines „Kirchenanwaltes“ denn eines Anwalts des Betroffenen hat.

Das *außerordentliche* Verfahren dagegen, das anzuwenden ist, wenn unmittelbarer Schaden droht oder bereits eingetreten ist, sieht keine Anhörung des Autors vor. Er wird erst von der Durchführung eines solchen Verfahrens unterrichtet, wenn er (über den Bischof) aufgefordert wird, seinen Irrtum zu berichtigen. Dieses Verfahren wird ohne „Relator pro auctore“ von der Beamtenschaft und den Mitgliedern der Kongregation durchgeführt. In diesem Verfahren ist für eine Verteidigung des Autors kein Raum; er hat lediglich die Möglichkeit, seinen Irrtum zu widerrufen.

Beide Verfahren, die formalisierte Verwaltungs- und keine Gerichtsverfahren sind, lassen wesentliche Erfordernisse des Rechtsschutzes außer acht (z.B. Anspruch auf rechtliches Gehör, Akteneinsicht, freien Verfahrensbeistand, Rechtsmittel).

Die *Deutsche Bischofskonferenz* hat am 21. 9. 1972 mit Rechtskraft ab 1. 1. 1973 eine Ordnung für ein eigenes Lehrbeanstandungsverfahren erlassen. Diese Ordnung will, wenn eine andere Beilegung des Konflikts nicht mehr möglich ist, feststellen,

— ob bestimmte Lehren eines Autors der kirchlichen Glaubenslehre widerstreiten oder sie verfälschen und
— dem zuständigen Ortsordinarius eine Entscheidungshilfe geben.

Der betreffende Theologe kann ein solches Verfahren im Konfliktfall auch gegen sich selbst beantragen, sofern nicht der Heilige Stuhl bereits mit der Angelegenheit befaßt ist.

Organe dieses Verfahrens sind:

— die *Glaubenskommission* der Deutschen Bischofskonferenz; sie prüft die Berechtigung des Antrags und entscheidet über die Eröffnung und Beendigung des Verfahrens;
— die *Theologenkommission,* der nur solche Theologen angehören dürfen, die sowohl dem beteiligten Ordinarius als auch dem Autor persönlich fernstehen. Diese Kommission fungiert gleichsam als amtlicher Gutachter;
— die *Bischofskommission,* bestehend aus fünf Bischöfen, die Mitglieder der Glaubenskommission der Deutschen Bischofskonferenz sein müssen. Ihr kommt die eigentliche Sachentscheidung zu.

Für ein solches Verfahren besteht „Anwalts“-Zwang. Der belangte Theologe kann sich diesen „Anwalt“ frei wählen; macht er von seinem Recht keinen Gebrauch, bestellt die Bischofskommission einen Pflicht-„Anwalt“.

Am Ende eines solchen Verfahrens, über dessen Verlauf sich alle Beteiligten zu Stillschweigen verpflichten müssen, steht weder ein Urteil noch eine definitive Entscheidung, sondern eine „Empfehlung“ an den jeweils letztzuständigen Ortsbischof.

Diese Ordnung hat unter anderem den Fehler, daß sie *nicht* in *jedem* Fall einer Beanstandung aus Glaubensgründen durchgeführt werden muß. So kann es auch fernerhin vorkommen, daß sowohl die Glaubenskongregation als auch ein einzelner Bischof oder die Deutsche Bischofskonferenz Entscheidungen in Lehrbeanstandungsfragen fällen, ohne daß die vorgesehenen Verfahrensweisen eingehalten werden. Somit ist der Rechtsschutz für den betroffenen Theologen auch weiterhin nicht gewährleistet.

Literatur: HEINEMANN, H. (Hrsg.), Kongregation für die Glaubenslehre. Neue Verfahrensordnung zur Prüfung von Lehrfragen. — Deutsche Bischofskonferenz. Lehrbeanstandungsverfahren, Trier 1974 (NKD 37); HEINEMANN, H. (Hrsg.), Dekret: Die Aufsicht über die Bücher, Trier 1976 (NKD 52); MAY, G., Das Glaubensgesetz: Ius Sacrum, 349—372; MAY, G., Die Aufhebung der kirchlichen Bücherverbote: Ecclesia et Ius, 547—571; NEUMANN, J., Das Lehrbeanstandungsverfahren bei der Deutschen Bischofskonferenz: Convivium utriusque iuris, 301—315.

8. VERMÖGENSRECHT

Die für den Besitz und die Verwaltung des kirchlichen Vermögens wichtigen Institutionen entstammen der agrarischen Feudalzeit: Das *Benefizium* und die *Stiftung* (cc. 1409—1488; 1489—1494 CIC), beides juristische Personen (vgl. oben 2.2.5. und 2.2.6.), bilden die Grundlagen des kirchlichen Vermögensrechts. Dabei ist das Benefizium in der Regel auf ein Amt, die Stiftung auf eine besondere, geistliche oder karitative Tätigkeit hingeordnet.

Der Reichtum der Kirche und ihr großer Landbesitz weckten immer wieder die Begehrlichkeit der weltlichen Machthaber (von den Merowingern über die Zerschlagung des Templerordens und die Säkularisationen im Zusammenhang mit der Reformation, die Französische Revolution bis zur Säkularisation von 1803 und die Besetzung des Kirchenstaates 1870).

Andererseits war das Taxen- und Annaten(un)wesen der römischen Kurie über Jahrhunderte Anlaß zu heftigster Kurienkritik nicht nur der weltlichen Herren, sondern vor allem auch geistlich denkender Frauen und Männer.

8.1. Allgemeine Grundsätze

Der *Römische Pontifex* ist dank seiner *Höchstgewalt* der oberste Verwalter und Verfügensberechtigte *aller* kirchlichen Güter und sämtlichen Vermögens (c. 1518 CIC). Die Bischöfe haben über die sorgsame Verwaltung aller in ihrem Hoheitsgebiet befindlichen Kirchengüter zu wachen und dementsprechende Vorschriften zu erlassen. Grundsätzlich gilt für kirchliches Vermögen ein Veräußerungsverbot. Wenn jedoch ein zwingender Grund für eine Veräußerung gegeben ist, kann diese unter Beachtung bestimmter Formvorschriften vorgenommen werden (cc. 1530—1543 CIC).

Zur rechten Verwaltung des Kirchenvermögens einer Diözese hat der Bischof jeweils einen sogenannten „Diözesanvermögensrat“ zu errichten (cc. 1519—1528 CIC). Dabei weist das Gesetz ausdrücklich darauf hin, daß für alle Dienstleistungen ein angemessener Lohn zu zahlen ist (c. 1524 CIC).

Umgekehrt beansprucht die Kirche das Recht, von ihren Gläubigen Abgaben zu erheben, soweit dies zur Erfüllung ihrer Aufgaben, insbesondere für den Gottesdienst und den standesgemäßen Unterhalt der Geistlichen notwendig ist (c. 1496 CIC).

Die diesbezüglichen Normen des CIC stellen jedoch lediglich eine rahmengesetzliche Regelung dar, da gerade bezüglich finanzieller Angelegenheiten die Regelungen in den einzelnen Ländern sehr unterschiedlich sind. Darum sind die jeweils einschlägigen Landesgesetze zu beachten (c. 1529 CIC). Die vermögensrechtliche Stellung der Kirche ist in den einzelnen Ländern sehr verschieden und hängt meist eng mit ihrem politischen Status zusammen: Sie reicht von der Form eines privaten Vereins oder Unternehmens ohne staatliche Unterstützung (z. B. in den USA und in den meisten Ländern der Dritten Welt) über die öffentliche Anerkennung eines mittelbaren oder unmittelbaren „Öffentlichkeitsauftrags" bei voller innerer Selbständigkeit (z. B. Bundesrepublik Deutschland und Österreich) bis zur Finanzierung von seiten des Staates (vgl. unten 9. 2.1.—4.).[1]

8.2. Die vermögensrechtliche Lage in der Bundesrepublik Deutschland

Auch in der *Bundesrepublik Deutschland* sind die staatskirchenrechtlichen Bestimmungen zum kirchenrechtlichen Vermögensrecht aufgrund des föderalen Staatsaufbaus nach Ländern, ja aufgrund der unterschiedlich geschichtlich gewordenen Verhältnisse von Gebiet zu Gebiet unterschiedlich.[2] Sie können darum hier nur in groben Zügen dargestellt werden. In dem Maße wie die alten Finanzierungsquellen, Benefizien, Dienstleistungen (z. B. Frohn und Zehnt), Stiftungen, Patronatswesen und Grundbesitz wegfielen oder unbedeutend wurden, traten an ihre Stelle direkte staatliche Leistungen bzw. neben staatliche Subventionen die Kirchensteuer. Mit der Emanzipation der Kirche vom Staat brauchte sie ‚ihr eigenes Geld'.

8.2.1. Kirchensteuer[3]

Durch den religionspolitischen Artikel des Grundgesetzes (Art. 140) wird auch Art. 137 Abs. VI WRV übernommen, der den Kirchen, als Körperschaften des öffentlichen Rechts, das Recht garantiert, „aufgrund der bürgerlichen Steuerlisten" Steuern zu erheben. Diese Norm läßt verschiedene Formen sowohl hinsichtlich der Art und Weise der Festsetzung als auch des Einzugs der Kirchensteuer offen. Bezüglich des Einzugs käme in erster Linie die Eintreibung durch kircheneigene Steuer-

[1] Über die unterschiedlichen Finanzierungssysteme informieren: J. Neumann, Zur Kirchenfinanzierung in der Bundesrepublik Deutschland: ThQ 156, 1976, 198—205; R. Metz, Die finanziellen Quellen der Kirchen in Frankreich: ebd. 205—208; F. H. M. van Spaendonck, Die finanzielle Situation der Kirchen in den Niederlanden: ebd. 208—210; Ch. Link, Zur Problematik der österreichischen Kirchenfinanzierung, ebd. 210—214; G. Göranson, Die Finanzierung der Kirche in Schweden, ebd. 214—216; J. G. Fuchs, Die Finanzquellen der Schweizer Kirchen, ebd. 216—219; R. Metz, Églises et État en France, bes. 105ff.

[2] Vgl. S. Marx, Staatskirchenrechtliche Bestimmungen zum Kirchenvermögens- und Stiftungsrecht im Bereich der katholischen Kirche: HdbStKirchR II, 117—160.

[3] Vgl. H. Marré, Das kirchliche Besteuerungsrecht: HdbStKirchR II, 5—50.

behörden in Betracht. Tatsächlich wird in der Bundesrepublik Deutschland die Kirchensteuer als ein Zuschlag zu bestimmten staatlichen Maßstabsteuern (insbesondere zur Einkommensteuer) erhoben und durch die staatlichen Steuerorgane eingezogen. „Die Länder haben das Kirchensteuerrecht *in staatlichen Kirchen-Rahmengesetzen* geregelt, die — in unterschiedlichem Umfang — der Ausfüllung durch kirchliche Steuerordnungen fähig und bedürftig" sind.[4] Durch diesen ihren (staatlichen) Steuercharakter hebt sich die Kirchensteuer von (innerkirchlichen) Beiträgen und Gebühren ab, welche die Kirchen gem. Art. 140 GG i. V. m. Art. 137 Abs. III WRV als innerkirchliche Angelegenheit aus eigenem Recht selbständig und ohne Einmischung des Staates ordnen und verwalten können. Die Höhe des *Kirchensteuerhebesatzes* richtet sich im wesentlichen nach dem für das Steuerjahr zu erwartenden und im (kirchlichen) Haushaltsplan festzulegenden Finanzbedarf.[5]

Die Kirchensteuerpflicht gründet in der mitgliedschaftlichen Zugehörigkeit zu einer steuererhebenden Kirche oder Religionsgemeinschaft. Personen, die keiner steuererhebenden Religionsgemeinschaft angehören, dürfen nicht zur Kirchensteuer herangezogen werden. Der staatliche Gesetzgeber geht dabei von einem rechtlich-formalen Mitgliedschaftsbegriff aus: Personen, die Mitglieder einer solchen Religionsgemeinschaft sind und nicht nach staatlichem Recht aus ihr ausgetreten sind, werden zur Kirchensteuer herangezogen. Die persönlich-affektive Bindung an die Kirche und der persönliche Glaube spielten für diese Art von Mitgliedschaft keine Rolle.

Dem Gebot staatlicher Neutralität entspricht es jedoch, daß der Staat nicht bestimmen kann, wer einer steuerberechtigten Kirche angehört. Die Religionsgemeinschaft ordnet dies vielmehr selbständig als eigene Angelegenheit. Der Staat erkennt diese kirchenrechtlichen Mitgliedschaftsregelungen innerhalb der Schranken des für alle geltenden Gesetzes auch für seinen Rechtsbereich als verbindlich an, wobei er allerdings für seinen Rechtsbereich jedem Bürger das Recht offenlassen muß, sich frei zu entscheiden. Das bedeutet, daß sich jeder von der (staatlich verordneten) Kirchensteuerpflicht durch förmlichen *Kirchenaustritt* befreien kann. Der religiös neutrale Staat muß gemäß den Grundsätzen der (positiven und negativen) Religionsfreiheit seinen Bürgern diese Möglichkeit eröffnen, sich für *seinen Rechtsbereich* religiös bedingten Pflichten zu entziehen. Dabei vermag der Staat nur die Wirkungen für seinen Bereich festzulegen; er hat kein Recht, der Kirchenaustrittserklärung außer den staatlichen Rechtswirkungen auch binnenkirchliche Wirkungen zuzuerkennen oder zu versagen. Wie die Kirche diese Austrittserklärung für ihren Binnenbereich wertet, fällt unter ihre Selbstbestimmungsmacht.

Der sogenannte „modifizierte Kirchenaustritt", also eine Erklärung vor der zuständigen staatlichen Instanz über den Austritt aus der Kirche als Kirchensteuer-

[4] H. Marré, ebd. 18.

[5] Die Kirchensteuer beträgt gegenwärtig in den einzelnen Bundesländern 8—10% der Einkommens- bzw. Lohnsteuer.

verband, nicht jedoch als Glaubensgemeinschaft, ist nach anfänglicher Unsicherheit als unzulässig erkannt worden.

Das allgemeine kanonische Recht kennt den Tatbestand des „Kirchenaustritts" nicht. Er ist rein staatlichen Rechts. Wegen der besonderen Rechtslage in Deutschland haben die deutschen Bischöfe sich bereits mehrfach mit den Fragen des Kirchenaustritts befaßt: Durch ihre Erklärung vom 22. 12. 1969 haben sie festgestellt, daß denjenigen, die mit bürgerlich-rechtlicher Wirkung aus der Kirche austreten, die Sakramente nicht mehr gespendet werden dürfen. Sie begründen das damit, daß wegen der gemeinschaftsschädlichen Auswirkung *jeder* Kirchenaustritt „nicht nur Wirkungen im staatlichen Bereich, sondern auch in der Kirche" habe. Deshalb könne ein Ausgetretener „am sakramentalen Leben erst wieder teilnehmen, wenn er bereit ist, seine Austrittserklärung rückgängig zu machen und seinen Pflichten auch in bezug auf die Kirchensteuer wieder nachzukommen". Bezüglich des „modifizierten Kirchenaustritts" betonten die Bischöfe in einer weiteren Erklärung vom 20. 8. 1971, daß auch derjenige, der mit bürgerlich-rechtlicher Wirkung aus der Kirche austrete, obwohl er durch eine solch modifizierende Klausel innerkirchliche Rechtsfolgen zu vermeiden suche, von den Sakramenten ausgeschlossen sei. — Diese Bindung von Zulassung zu den Sakramenten an die Zahlungsmoral der Gläubigen ist in dieser Form einmalig. Immerhin ist auf diese Weise die katholische Kirche in der Bundesrepublik Deutschland die reichste in der gesamten Welt.

8.2.2. Direkte Staatsleistungen

Der Staat zieht nicht nur für die Kirchen die Steuer ein, sondern leistet gem. Art. 140 GG (= Art. 138 Abs. I WRV) den Religionsgesellschaften auch nicht unerhebliche direkte Finanzhilfen (z. B. für die Besoldung der Bischöfe, der Dom- und Stiftskapitel, sowie Zuschüsse zur Pfarrerbesoldung und für Baulasten). Anspruchsgrundlage für diese Leistungen ist die Säkularisation, d. h. die Enteignung des Kirchengutes aufgrund § 35 des Reichsdeputationshauptschlusses vom 25. 2. 1803. Wohl selten in der Geschichte hat sich ein Raub so segensreich für den Beraubten ausgewirkt und ist dem Räuber solange und so teuer zu stehen gekommen.[6]

[6] Vgl. J. Isensee, Staatsleistungen an die Kirchen und Religionsgemeinschaften: HdbStKirchR II, 51—90. — In der Diözese Rottenburg—Stuttgart machten im Haushaltsjahr 1979 die direkten Staatsleistungen 18,7 % der Diözesaneinnahmen aus; dazu kamen noch 8,1 % personalbezogene Einnahmen.

8.2.3. Indirekte Staatsleistungen

Dazu kommen nicht unerhebliche indirekte Förderungen wie die staatliche Finanzierung des Religionsunterrichts an staatlichen Schulen, der theologischen Fakultäten und der Militär- und Anstaltsseelsorge als Staatsaufgaben. Außerdem werden das weitgefächerte kirchliche Bildungswesen (kirchliche Akademien, kirchliche Hochschulen, Fach- und Privatschulen) sowie kirchliche Jugend- und Wohlfahrtseinrichtungen großzügig nach Maßgabe der jeweiligen gesetzlichen Bestimmungen gefördert. Die Kirchen sind durchaus Nutznießer des derzeitigen (und gesellschaftspolitisch höchst bedenklichen) Subventionssystems. Sie gehören zu den größten Arbeitgebern und verfügen über ein erhebliches wirtschaftliches Potential; dadurch kommt ihnen nicht zu unterschätzende Macht zu. Dennoch ist eine erhebliche Diskrepanz zwischen finanziell-politischem Einfluß und geistlich-geistiger Wirksamkeit festzustellen.

8.2.4. Verwaltung des Kirchenvermögens

Die Träger des kirchlichen Vermögens und Empfänger der Leistungen der öffentlichen Hand sind vielfältig. Es sind zunächst die einzelnen kirchlichen juristischen Personen, außer den Diözesen und dem Verband der Diözesen Deutschlands die einzelnen Benefizien und Kirchenstiftungen, aber auch kirchliche Verbände, Werke und Orden, so z.B. die Caritas-Verbände, die Schulwerke, die Diaspora- und Missionsvereine sowie die Werke „Adveniat" und „Misereor".

Der Hauptanteil der Finanzmasse jedoch — insbesondere aus der Kirchensteuer — wird von einer gewählten (unterschiedlich bezeichneten) *Diözesankirchensteuervertretung* verwaltet, die vor allem über Höhe und Verwendung der Kirchensteuer zu befinden hat. Zu diesem Zweck stellen die meisten Bistümer über die diözesanen Zentraleinnahmen Einheitshaushaltspläne auf. Die Art der Aufstellung und die Firmierung der Haushaltspläne ist sehr unterschiedlich.[7]

Auch jede einzelne *Pfarrkirchenstiftung* hat eine gewählte Kirchensteuervertretung, die den Haushaltsplan für die Pfarrgemeinde aufstellt und die Verwendung der Mittel verbindlich festlegt. Der Pfarrer ist insoweit nur der rechtmäßige, aber gebundene Vertreter des kirchlichen Vermögens.

Abgesehen von den staatlichen (Landes-)Kirchensteuergesetzen sind die Kirchen bei ihrer Vermögensverwaltung wie in ihrer Ausgabenpolitik völlig frei. Das gilt insbesondere für die nicht geringen Sondervermögen (Verband der Diözesen Deutschlands, Caritas-Verbände, Orden, Werke und dgl.). Sie unterliegen in der

[7] Vgl. H. Marré, H. Möhring, Die finanziellen Grundlagen der katholischen Kirche in der Bundesrepublik Deutschland: Katholiken und ihre Kirche in der Bundesrepublik Deutschland, hrsg. v. G. Gorschenek, 139ff.

Regel keiner Kontrolle von seiten der zahlenden Mitglieder, sondern nur von seiten der teilhabenden Institutionen.

Die Verfassung sichert den Kirchen ein Maximum an Freiheit bei einem Optimum von rechtlich gesicherter gesellschaftlicher Reputation: Die Kirche „ordnet und verwaltet ihre Angelegenheiten selbständig innerhalb der Schranken des für alle geltenden Gesetzes" (Art. 140 GG = Art. 137 Abs. III WRV).

TEIL III

STAAT UND KIRCHE

9. DIE ENTWICKLUNG DES VERHÄLTNISSES VON STAAT UND KIRCHE

Das Verhältnis von staatlicher Macht und religiöser Institution ist nicht auf ein bestimmtes System festgelegt. Die Geschichte ebenso wie die vielfältigen Modelle der Gegenwart zeigen, daß die Interessen des Staates wie der Religion am besten in solchen Systemen gewahrt sein dürften, wo die Berührungspunkte auf das gesellschaftlich notwendige Maß beschränkt sind. Schließlich ist zu bedenken, daß Religion ein gesellschaftliches Phänomen darstellt. Die religiösen „Bedürfnisse" sind ebenso wie die religiösen Vorstellungen von gesellschaftlichen Bedingtheiten nicht unabhängig. Darum muß sich auch die Zuordnung von Staat und Kirche den jeweils unterschiedlichen gesellschaftlichen Verhältnissen anpassen, damit die religiösen Interessen im Menschen ihre angemessene und notwendige Erfüllung erfahren. Wie sehr religiöse Vorstellungen und religionsrechtliche Folgerungen von den jeweiligen gesellschaftlichen Voraussetzungen abhängen, mag der folgende geschichtliche Aufriß verdeutlichen.

9.1. Die geschichtlichen Formen

Das Verhältnis von Religion und dem, was wir heute Staat nennen, ist im mediterranen Raum erst mit dem Auftreten des Christentums zu einem politischen und religiösen Problem geworden. Bis dahin bestand eine selbstverständliche *Symbiose von Staat, Gesellschaft und Religion.* Mit dem Aufkommen des Christentums entwickelten sich im Laufe der Zeit verschiedene Typen des Verhältnisses von Religion und Staat. Sie können hier nur sehr pauschal und in gedrängter Kürze dargestellt werden. Tatsächlich waren die jeweiligen Ausprägungen in sich sehr unterschiedlich und nach Zeit und Ort verschieden.

9.1.1. Identität von Staat und Religion

Für den Menschen der Antike war die Religion ein wichtiger Bestandteil des gesamten, also auch des öffentlichen Lebens.

Eine Sonderform bildete bereits damals das *Judentum*[1]: Es verstand sich als Volk des einzig wahren Gottes, Jahwe, der mit ihm einen Bund geschlossen und eine

[1] Die vielfältige Entwicklung im weltweiten Rahmen zeigt u. a.: A. W. Ziegler, Religion, Kirche und Staaten in Geschichte und Gegenwart, 1. Bd., bes. 61 ff.

Lebensordnung, das „Gesetz", gegeben hatte. Neben den politischen Führern (Moses, Saul, David, Salomo u.a.) standen die (Hohen-)Priester (Aaron, Eli, Zadok u.a.), und als pneumatische, aber zeitweise auch politisch sehr bedeutsame „dritte Gewalt" wirkten die Propheten (Jesaja, Jeremia u.a.) im Sinne eines sozialpolitisch-religiösen Korrektivs.

Grundsätzlich verstand das jüdische Volk die in ihm geübte Herrschaft als *Theokratie* (Gottesherrschaft). Sein Gott (Jahwe) herrschte direkt und unmittelbar durch sein Gesetz. Könige, Priester und Propheten hatten gleichsam nur Kontrollfunktionen, sie waren seine ausführenden Organe. Der einzelne (männliche) Volksgenosse war gehalten, dem Bundesgott seine Reverenz dadurch zu erweisen, daß er die Gebote, insbesondere die kultischen und rituellen Vorschriften, beobachtete und keine fremden Götter verehrte. Durch politisch-militärische Umstände (Zerstörungen des einzigen Tempels und zeitweilige Deportation nach Babylon) wurde die Kultausübung zu gewissen Zeiten unmöglich gemacht. In diesen Epochen begann die Lehrtradition neben die Kulttradition zu treten. Die Schriftgelehrten wurden nun zur tragenden Schicht dieser Religion, ein Vorgang, der bei den benachbarten Religionen nicht zu finden ist.

Die übrige *antike Welt* verehrte eine Vielzahl von (eigenen und fremdstämmigen) Gottheiten, denen verschiedene Kompetenzen im Leben des einzelnen wie des ganzen Volkes zugesprochen wurden.[2] Auch dort stand alles öffentliche Tun unter religiösen Vorzeichen: Die Volksversammlungen begannen mit Opfern, und vor Vertragsabschlüssen ebenso wie vor kriegerischen Unternehmungen wurden die Götter befragt. Gleichermaßen waren Gerichtsverhandlungen und Theaterspiele, Familienfeste und Wettkämpfe mit religiösen Handlungen umrankt beziehungsweise wohnte ihnen direkt religiöser Charakter inne. Die öffentlichen Gewalthaber nahmen meist auch (ober-)priesterliche Funktionen wahr. Die Priesterschaften stellten lediglich das Fachpersonal für Kultfunktionen (Opfer, Vogel- und Eingeweideschau, Orakel und dgl.) zu Ehren der einzelnen Gottheiten. Lehraufgaben kamen ihnen in der Regel ebensowenig zu wie eine „Seelsorge" unbekannt war. Die ideologisch-mythologische Grundlegung lieferten die Dichter und Philosophen. Eine „amtliche" Theologie gab es nicht, wohl aber nationale Mythen. — Religiöse Gemeinden — in Form einer organisierten Anhängerschaft — gab es nur bei den nichtoffiziellen Kulten, etwa der Orphik und den sogenannten Mysterienkulten. Diese religiösen Verbände hatten eine beachtliche gesellschaftstherapeutische Funktion, doch war ihr tatsächlicher politischer Einfluß meist gering. Sie strebten auch kaum danach.

[2] Vgl. u.a. H. J. Schoeps, Religionen. Wesen und Geschichte, Gütersloh 1961; M. Eliade, Geschichte der religiösen Ideen, Bd. II: Von Gautama Buddha bis zu den Anfängen des Christentums, 99ff.

9.1.2. Gebt dem Kaiser, was des Kaisers ist

Die *Jesus-Jünger* sahen sich sehr bald einer doppelten Schwierigkeit gegenüber: Einerseits konnten sie, sofern sie jüdischer Herkunft waren, auf Dauer nicht Mitglieder der jüdischen Gemeinde bleiben. Das bedeutete — wegen der Identität von jüdischem Volk und jüdischem Glauben —, daß sie ihrer politischen Rechte verlustig gingen. Andererseits ermöglichte ihnen die grundsätzliche Toleranz der heidnischen Umwelt zwar das Überleben, doch konnten sie auch dort nicht an allen öffentlichen Handlungen teilnehmen, eben weil diese oft eine religiöse Komponente hatten.

Dabei verlangte das obligatorische religiöse Brauchtum der Antike keinen inneren Glauben, wie es auch keine verbindliche Glaubenslehre kannte und kein bestimmtes sittliches Verhalten erheischte. Das Ethos jener Zeit wurde von den Philosophen, nicht den Priestern gelehrt. Es bezog seine verpflichtende Kraft aus der gesellschaftlich verankerten Sitte und der Überzeugung humaner Vernünftigkeit. Die Götter waren tolerant und ihr Kult war öffentliche Formsache. Nach dem persönlichen Glauben forschte niemand und selbst die verschiedenen orientalischen Kulte, unter ihnen auch das Judentum, wurden geduldet, obwohl sie den selbstbewußten Römern und den philosophisch Gebildeten ein Greuel waren.

Der im ersten nachchristlichen Jahrhundert aufkommende *Kaiserkult* war weniger religiös-inneres als vielmehr politisch-öffentliches Loyalitätsbekenntnis zum Imperium, repräsentiert durch die Person des Kaisers, war Bekundung der *Verfassungstreue* in kultischer Form.

Eben dieses machte es den Christen schwer, gemäß dem Wort ihres Herrn, „dem Cäsar zu geben, was des Cäsars ist", denn jede Loyalitätsbekundung für den „göttlichen" Kaiser empfanden sie als kultische Verehrung fremder Götter. Während sie sich einerseits von weltlichen Geschäften möglichst zurückzogen, bildeten sie andererseits eine an damalige öffentliche Organisationsformen angelehnte Gemeindeorganisation heraus (vgl. oben 1.2.).

Die häufig als Überheblichkeit empfundene Zurückgezogenheit sowie die schokkierende Fremdartigkeit ihrer Lehre (zuallererst die göttliche Verehrung eines am Kreuz Gehenkten und die Naherwartung seiner Wiederkehr als richtender Gott) machten die Christen nicht nur verdächtig, sondern ließen sie hier und dort auch zur Zielscheibe pogromartiger Verfolgungen werden. Dies um so mehr, als die meisten von ihnen aus niederen gesellschaftlichen Schichten stammten, auch wenn vereinzelt Angehörige gehobener Stände, vor allem Frauen, zu ihnen stießen.

Obwohl die Christen zahlenmäßig eine Minderheit waren, breiteten sich ihre Gemeinden vor allem in jenen Zeiten, da sie gänzlich unangefochten blieben und selbst Grundstücke und Gebäude erwerben konnten, über das ganze römische Reich aus. Dank ihrer klaren, wenn auch endzeitlich-mystischen Lehre, ihrer straffen Organisation und der unerschütterlichen persönlichen Glaubensüberzeugung stellten die Christen im dritten Jahrhundert bereits ein gesellschaftliches und darum auch politisches Problem dar. Wenngleich sie den Kaisern immer wieder ihre Loyalität bekundeten, blieb doch der Argwohn ihnen gegenüber. Bereits im zweiten Jahrhundert schrieb JUSTIN DER MÄRTYRER (gest. ca. 165): „Abgaben und Steuern entrichten wir an die von Euch Kaisern uns vorgesetzten Beamten nach bestem Können. Denn so hat es uns Christus gelehrt. Zu seinen Zeiten kamen nämlich einige zu ihm und fragten, ob es erlaubt sei, dem Kaiser Steuern zu zahlen. Und er antwortete: ‚Sagt mir, wessen Bild trägt die Steuermünze?' Sie sprachen: ‚Das Bild des Kaisers.' Und er gab ihnen dies zur Antwort: ‚So gebt denn dem Kaiser, was des Kaisers ist, und Gott, was Gottes ist.'

Daher beten wir zwar Gott allein an, in allen übrigen Stücken aber leisten wir Euch freudigen Gehorsam, weil wir Euch als Kaiser und Herrscher der Menschen anerkennen. Und wir beten, daß Ihr stets nicht nur im Besitz der Kaiserherrschaft, sondern auch vernunftgemäßer Einsicht erfunden werdet." (Apologia I 17) Doch auch Beteuerungen dieser Art konnten weder das amtliche noch das allgemeine Unbehagen den Christen gegenüber abbauen.

Bei aller grundsätzlichen religiösen Toleranz verlangte nämlich die Staatsraison des Imperium Romanum die politische Anerkennung der Reichsgötter und der „Göttlichkeit" des Kaisers, als Repräsentanten dieses „Sacrum Imperium". Weil die Christen trotz aller Diskussionsbemühungen antiker Philosophen und Publizisten den Reichsgöttern den Kult und der „Göttlichkeit" des Kaisers die Anerkennung versagten, gefährdeten sie nach damaliger Auffassung die kaiserlich-imperiale Grundordnung des Reiches. Darum glaubten die Kaiser (besonders Decius, Valerian und Diokletian) in der zweiten Hälfte des dritten Jahrhunderts, um des ordre public willen und im Zusammenhang mit organisatorischen Bemühungen zur Festigung des Imperiums die Christen zum Kult vor und für den Kaiser zwingen zu sollen.

9.1.3. ... und Gott, was Gottes ist

In dieser Situation, da die Kaiser von allen Bürgern äußere kultische Zeichen politischer Loyalität forderten, geschah das Unvorstellbare: Ein harter Kern trotzte allen Verfolgungen, wenn auch viele Christen die verlangte äußere Loyalität bekundeten und damit nach dem Selbstverständnis des Christentums von ihrem Gott abfielen. Jene Christen, die sich weigerten, „die Bilder von Toten", nämlich die Bildnisse der Kaiser, „anzubeten", wollten allein Gott geben, was Gott gebühre: Verehrung und Anbetung. Der bekannte Jurist und christliche Publizist TERTULLIAN (gest. nach 220) formuliert die Auffassung der Christen: „Wir nämlich beten für das Heil der Kaiser zu Gott dem Ewigen, dem Wahren, dem Lebendigen. ... Denn sie wissen gar wohl, wer ihnen die Kaiserherrschaft verliehen hat: Sie wissen, weil sie Menschen sind, wer ihnen den Lebensodem gab, sie fühlen deutlich, daß es der eine und einzige Gott ist, in dessen alleiniger Gewalt sie sich wissen. Von Gott aus gesehen sind die Kaiser die Zweiten, aber nach Gott die Ersten, über allen und vorab über allen Götzen. ... Sie sind über alle Menschen gesetzt und haben jedenfalls als Lebendige vor allen Toten den Vorrang. ... Denn der Kaiser ist Eigentum dessen, dem der Himmel und alle Kreatur gehört. Kaiser ist er durch Gott, der ihn zum Menschen machte, bevor er Kaiser ward; seine Herrschaft hat er von ihm, der ihm die Seele gab.

Zu diesem Gott blicken wir Christen auf und beten mit ausgebreiteten Händen ..., mit entblößtem Haupt ... und wir beten allezeit für alle Kaiser um ein langes Leben, um friedvolle Regierung, um die Sicherheit ihres Hauses, um ein tapferes Kriegsheer, einen getreuen Senat, ein rechtschaffenes Volk, um die Ruhe des Erdkreises, um alles, was sich Untertan und Kaiser wünschen mögen ... So schwören wir denn nicht beim Glücksgenius der Kaiser, wohl aber bei ihrem Heil, und das ist erhabener als alle Genien. Wir verehren in den Kaisern das Recht Gottes, denn Gott hat sie über die Völker gesetzt! Wir wissen, daß in den Kaisern Gottes Wille beruht, darum wollen wir, daß Heil sei, was Gott gewollt hat. Und das gilt uns als heiliger Eidschwur." (Apologeticum 28, 3—33, 4)

Allein, diese und andere Loyalitätsbekundungen provozierten dadurch, daß sie auf den einen und einzigen Gott verwiesen, nur noch mehr Argwohn. Durch ihre Bereitschaft zum Martyrium schienen sie ihre Verfolger geradezu herauszufordern. Ihre Glaubensstärke hielten viele Zeitgenossen zwar für vorsätzlichen Selbstmord, doch mußten die staatlichen Exekutoren sich oft den Vorwurf, Mörder und Schergen zu sein, gefallen lassen. Angesichts einer solchen Haltung, die den Tod nicht fürchtete, vielmehr oft herbeisehnte, hatten die Befehle der Kaiser ihre Wirksamkeit verloren.[3] Darum war es ein Gebot politischer Klugheit, als im Jahr 306 die beiden Kaiser des Westens, KONSTANTIN und MAXENTIUS, die Verfolgung der Christen nicht mehr urgierten, während die Kaiser des Ostens um der öffentlichen Ordnung willen den Ungehorsam der Christen zu brechen versuchten. Im Jahr 311 erließ schließlich auch der sterbende Kaiser GALERIUS für das gesamte Reich ein Toleranzedikt. Er schreibt darin: „... Unter den übrigen Verordnungen, die wir zum Wohl und Nutzen des Staates erlassen, haben wir seinerzeit den Willen bekundet, alle Verhältnisse entsprechend den alten Gesetzen und den römischen staatlichen Grundsätzen zu ordnen und dafür zu sorgen, daß auch die Christen, die die Religion ihrer Vorfahren verlassen, wieder zu einem besseren Entschluß kämen. Aus irgendwelchem Grunde hatte sie solcher Eigenwille erfaßt und solche Torheit befallen, daß sie nicht mehr den Bräuchen der Alten folgten ... Als nun durch uns ein Erlaß erging, der sie zu den von den Vorfahren festgelegten Sitten zurückführen sollte, wurde sehr vielen der Prozeß gemacht, und sehr viele gerieten in Verwirrung und erlitten auf mannigfache Weise den Tod. Und da wir sahen, daß die meisten bei ihrer Tor-

[3] Vgl. J. Neumann, Martyrium-Inquisition-Exorzismus: Angst und Gewalt. Ihre Präsenz und ihre Bewältigung in den Religionen, hrsg. v. H. v. Stietencron, 171—212; bes. 172 ff.; für das Problem der „Christenverfolgungen" vgl. J. Moreau, Die Christenverfolgung im römischen Reich, Berlin 1961 (Lit.), vor allem aber die kleine brillante Schrift von H. Nesselhauf, Der Ursprung des Problems „Staat und Kirche", Konstanz 1975.

heit beharren und weder den himmlischen Göttern die schuldige Verehrung erweisen noch den Gott der Christen verehren, so haben wir geglaubt, mit Rücksicht auf unsere Menschenfreundlichkeit und unsere ständige Gewohnheit, gemäß der wir allen Menschen Nachsicht zu schenken pflegen, auch auf diesen Fall bereitwilligst unser Entgegenkommen ausdehnen zu müssen. Sie sollen also wiederum Christen sein und die Häuser, in denen sie sich versammeln, wiederherstellen, jedoch unter der Bedingung, daß sie in keiner Weise gegen die Ordnung handeln. ... In Ansehung unseres Gnadenerlasses sollen sie daher zu ihrem Gott für unser Wohlergehen, für das des Volkes und ihr eigenes flehen, damit das Staatswesen in jeder Beziehung unversehrt bleibe und sie sorgenlos in ihren Wohnungen leben können" (*Eusebius*, Kirchengeschichte VIII 17, 6—10).

9.1.4. Staatskirchentum

Der Begriff „Staatskirchentum" meint, daß Staat und Kirche unter Führung des weltlichen Herrschers eine Einheit bilden.

Wenn dies auch nicht das erste Toleranzedikt war, so kommt ihm doch tatsächlich wegen seines definitiven Charakters überragende Bedeutung zu. Der Glaube der Christen galt nun nicht mehr als strafbarer Aberglaube und ihre Zusammenschlüsse fielen nicht mehr unter das Verbot „krimineller Vereinigung" (religio illicita). Doch dieses Edikt markiert nur eine Änderung des Verhaltens der staatlichen Gewalt den Christen gegenüber, nicht jedoch eine Änderung der politischen Bedeutung der Religion.

KONSTANTIN (gest. 337) hatte von Anfang an auf diese neue Religion gesetzt. Sie war für ihn ein politisches Instrument zur Erringung der Alleinherrschaft. Die zwischen ihm und seinem Mitkaiser LICINIUS im Jahre 313 in Mailand getroffene Vereinbarung geht inhaltlich beträchtlich über das Edikt des Galerius hinaus: Keinem Menschen soll die Freiheit versagt werden, Brauch und Kult der Christen zu befolgen, auf daß die Gottheit den Kaisern in allem die gewohnte Fürsorge und Huld schenken möge. Sodann wird verfügt, daß den Christen alle Kulträume, Kirchen und Friedhöfe unentgeltlich zurückgegeben werden. Die Rechtsfähigkeit der christlichen Gemeinden als Korporationen wird anerkannt. Schließlich wird noch die Überzeugung ausgedrückt, daß durch diese Behandlung der christlichen Religion die göttliche Gunst, die die Kaiser in großen Dingen erfahren hätten, für immer in ihrem erfolgreichen Wirken für das öffentliche Wohl fortdauern möge (*Lactantius*, Über die Todesarten der Verfolger 48; *Eusebius*, Kirchengeschichte X 5, 3—14).

Während sich Licinius an die Richtlinien der Mailänder Konvention hielt, sah Konstantin vorausschauend die Notwendigkeit, die christliche Kirche mit ihrer großen geistigen Vitalität, ihrer politischen Bedeutung und ihrer Fähigkeit, die Massen zu mobilisieren, an den Staat heranzuführen. Die innerkirchlichen Verhältnisse, vor allem in Nordafrika, boten ihm dazu mehrfach Anlaß. Er betrachtete es als des Kaisers Aufgabe, allen Irrtum zu beseitigen, für die Verkündigung der wahren Religion Sorge zu tragen, die Einheit dieser Kirche zu bewahren und die Gottesverehrung zu gewährleisten. Die „vera religio", der sich der Kaiser verpflichtet weiß, ist für ihn nun allein das Christentum. Wie der Kaiser sich als oberster Richter in Kirchenangelegenheiten versteht, so bestellt er umgekehrt die christlichen Bischöfe auch als Schiedsrichter in zivilen Streitsachen, wenn die streitenden Parteien mit einem solchen Verfahren (audientia episcopalis) einverstanden sind.

Nach der Ausschaltung seines Mitkaisers Licinius preist Konstantin die Macht des Christengottes und stellt seinen Kampf gegen seinen Nebenbuhler als einen Streit des wahren Glaubens gegen das Heidentum dar. Dankend wendet sich Konstantin an den Christengott und betet: „Unter deiner Leitung habe ich die heilbringenden Taten begonnen und vollendet. Dein Zeichen ließ ich vorantragen und führte so das Heer zu glorreichen Siegen; und wenn irgendeine Not des Staates rufen sollte, werde ich den gleichen Losungen deiner Macht folgen und gegen die Feinde ziehen. ... Deine Macht verehre ich, die du durch viele Zeichen kundtatest und damit du meinen Glauben stärkest. ..." (Vita Constantini 2, 55).

Die in der *Mailänder Konvention* von 313 ausgesprochene *Toleranz* gegenüber allen Religionen konnte nach damaliger Auffassung nicht von Dauer sein. Staat und Religion waren nach spätantikem Verständnis grundsätzlich aufeinander verwiesen.[4] Es wäre revolutionär gewesen, wenn römischer Kaiser und Staat eine absolute Neutralität gegenüber allen religiösen Kulten auf Dauer zum Grundsatz ihrer Politik gemacht hätten und die Religionen nicht in den Dienst ihrer politischen Bestrebungen gestellt hätten. Die Vorstellung eines religiös neutralen Staates gegenüber einer religiös pluralistischen Gesellschaft ist für den Beginn des vierten Jahrhunderts anachronistisch. So wie die Christen ganz selbstverständlich erwarteten, daß unter diesem Kaiser das Christentum allmählich an die Stelle des heidnischen Kultes treten werde, so erwartete umgekehrt der Kaiser von der zu politischer Legalität erhobenen Religion einen wesentlichen Beitrag zur Stärkung seiner politischen Ambitionen. Der Übertritt zum Christentum bot nun soziale und berufliche Vorteile. Nach Zeiten der Verfolgung, vor allem im Osten, war es eine verständliche Versuchung, daß die Christen, insbesondere ihre Bischöfe, sich in der Sonne kaiserlicher Huld wärmten und nicht merkten, wie sie in den Dienst des Kaisertums gestellt wurden.

Konstantin förderte aus politischer Einsicht um der von ihm erstrebten Reichseinheit willen als erster „Herr der Reichskirche" diese mit gefährlicher Großzügigkeit, um sie schließlich zu kommandieren. Wie Decius und Diokletian durch religiöse Uniformierung auf der Grundlage des nationalrömischen Götterglaubens die Ein-

[4] Vgl. u. a. P. Stockmeier, Glaube und Religion in der frühen Kirche, bes. 81ff. — Zur gesamten Entwicklung im Überblick: J. Neumann, Kirche und Staat. 1. Religion und Staat in der Geschichte des Christentums: Handbuch der christlichen Ethik, 266—280; hier: 266f.

heit des Imperiums wiederherzustellen versuchten, so will er eben diese Einheit als kaiserlicher Pontifex Maximus mit Hilfe des Christengottes und seiner Kirche sichern. In Konstantin war ein religiöses Gefühl lebendig, das sich in einem persönlichen Kult des „unbesiegten Sonnengottes" einer stoisch und platonisch gedachten Anbetung der „höchsten Gottheit" kundgab. Er war erfüllt von dem Sendungsbewußtsein, das Reich zu einen. Konstantin fühlte sich somit ganz im alten Sinne als Pontifex Maximus und als göttlicher Kaiser bestimmt, das irdisch sichtbare Organ der Gottheit zu sein. Mystische Ergriffenheit und nüchternes Kalkül hatten das gleiche Ziel: die Staatsraison zu festigen und die Reichseinheit aufzubauen mit Hilfe der Christenkirche. Die Kreuzesvision in der Sonne war viel eher Ausdruck als Anlaß seiner Wendung zu diesem neuen Gott. Die Vorsehung Gottes ist die eine, seine Mitwirkung und Macht die andere Komponente.

Der Kaiser versteht sich als Bischof. Diese Vorstellung dauert fort bis zum Ende der Antike. Konstantin formulierte es den christlichen Bischöfen gegenüber mit diesen Worten: „Ihr seid von Gott zu Bischöfen dessen bestellt, was innerhalb des Bereichs der Kirche liegt. Ich aber bin zum Bischof für die äußeren Dinge bestimmt" (Vita Constantini IV 24). Am Ende steht JUSTINIAN (gest. 565), der *Kaiserbischof*, der Bischöfe ein- und absetzt, der die Dinge der Kirche als Angelegenheiten des Reiches behandelt.

Kaum daß die Christen und ihre Bischöfe die Freiheit gekostet hatten, sahen sie sich ausgeliefert an die bisher so gepriesene kaiserliche Schutzherrschaft. Wie in Zeiten der Christenverfolgung werden nun vom Kaiser, dem Bischof für die äußeren Angelegenheiten, die „rebellierenden Bischöfe" kurzerhand verbannt. Im Jahr 335 bereits schreibt Konstantin an die Synode in Tyrus diese deutlichen Worte: „Wenn jemand, was ich nicht annehme, es versuchen sollte, unserem Befehl auch diesmal zu widerstehen, dann werde ich sofort jemanden schicken, der ihn in der Kraft kaiserlicher Autorität vertreiben und belehren wird, daß es sich nicht geziemt, den vom Herrscher zugunsten der Wahrheit erlassenen Verfügungen zu widerstehen" (Vita Constantini IV 42).

KONSTANTIUS (gest. 361), zum Alleinherrscher des Imperiums geworden, setzt die Politik seines Vaters fort: die kaiserliche Despotie über das Religiöse. Im Interesse des Reiches verfolgt er die Politik der religiösen Uniformierung, nun freilich ganz im arianischen Sinn. In dem Maße jedoch, wie der Kaiser sich den Bischof von Konstantinopel unterwirft, wächst dem Bischof von Rom die Rolle des Verteidigers der Kirchenfreiheit zu. Rom, die alte und verlassene Metropole des Reiches, die Erbin der römischen Tradition und die Stätte der Apostel Petrus und Paulus, wird nun zum Hort des politischen und kirchlichen Widerstandes gegen religiöse Uniformierungs- und Herrschaftstendenzen des Kaisers. Der Kampf zwischen den Kaisern und den Bischöfen tobte über Jahrhunderte heftig. Man muß sich wundern, daß die Kirche ihn überstanden hat. Das römische Imperium hat ihn nicht überdauert.

Im Staat lebend und dennoch ihm gegenüberstehend, verstanden sich die christlichen Kirchen als eigene Institutionen mit selbständiger Organisation und eigenen

Zielen. Als Kaiser THEODOSIUS I. (gest. 395) im Jahr 380 das Christentum praktisch zur Staatsreligion erklärte, war eine der tragenden kirchenpolitischen Ideen des Mittelalters im Ansatz verwirklicht: Die Einheit von Sacerdotium und Imperium, von Priesterherrschaft und Herrschaft des Kaisers.

Gegenüber der vorchristlichen Zeit bestand das entscheidend Neue, abgesehen von der christlichen Idee, vor allem darin, daß sich die Kirche als eine dem Staat unabhängig gegenüberstehende Organisation eigenen, nämlich göttlichen Ursprungs verstand. Sie hielt ihr Recht für gottgestiftet und darum für höherstehend als das Recht des Staates. Als die politische Gewalt von dem immer bedeutungsloser werdenden Kaisertum in Ostrom sich tatsächlich in den Westen, zu den Franken, verlagerte, konnte schließlich jene neue Einheit von Priesterherrschaft und Herrschaft des Königs beziehungsweise seit Karl dem Großen des Kaisers, die die politische Idee des abendländischen Mittelalters ausmacht, verwirklicht werden. Der *Kaiser des Westens* verstand sich nicht nur als „Bischof für die äußeren Angelegenheiten", sondern wußte sich als der von Gott berufene und gesalbte *Schutzherr der Kirche* und trug priesterliche Gewänder. Als solcher setzte er die Bischöfe und Äbte als seine Lehensmänner ein; sogar die Papstwahlen wurden von ihm beeinflußt. Denn der Bischof von Rom, der Papst, war ebenso geistlicher Oberhirt des Kaisers wie er andererseits sein politischer Vasall war, verantwortlich für die ideologische Begründung eben dieser Einheit des einen Reiches über viele Stämme und Völker, unterschiedliche Sprachen und Kulturen.

Aus den einzelnen Landeskirchentümern formte KARL DER GROSSE (gest. 814) die eine Reichskirche. Kaiserliche Gesetze (Capitularien) regeln fortan auch kirchliche Angelegenheiten kraft kaiserlicher Autorität: Fragen des Gottesdienstes, wie etwa der Sonntagspflicht, werden ebenso vom Kaiser geordnet wie das Eherecht und die Pflichten und Rechte des Klerus. Die gesamte politische Struktur des neuen Reiches erhält eine religiös motivierte Idologie: Die Vasallen des Kaisers mußten sich zu aktivem Einsatz im Dienste Gottes und zur Verwirklichung der Gerechtigkeit eidlich verpflichten. Allein durch solche Indienstnahme religiöser Ideologie zur Durchsetzung der politischen Einheit und zur Schaffung des inneren Friedens war es möglich, aus den vielen Völkerschaften ein Reich zu schmieden.

Doch bereits zu Karls Lebzeiten war der Grund gelegt für den späteren Konflikt mit der römischen Kirche: durch die Sage, Kaiser Konstantin habe Papst Silvester die Kaiserkrone übertragen und ihn zum weltlichen Herrn des Abendlandes gemacht. Das (westliche) Kaisertum erschien dann — was Karl der Große nicht akzeptierte — als Lehen des Papstes an den (deutschen) König. Doch zunächst blieb es dank der politischen Realitäten dabei, daß das (deutsche) Kaisertum die Kirche zugleich hegte und für seine politischen Zwecke gebrauchte. Das Reich besaß keinen eigenen Beamtenapparat. Es ruhte vielmehr auf der Treue des Adels. Diese Treue wurde stabilisiert durch die planmäßige Einsetzung solcher Bischöfe und Äbte, die dem Kaiser ergeben waren. Da sie keine leiblichen Erben hatten, ihnen ihr Lehen also ad personam übertragen war, bildeten sie die einigenden und tragenden Säulen des Reiches.

Das Fehlen einer qualifizierten Bürokratie und die verfassungsrechtliche Konstruktion, wonach das Kaisertum ein Wahlamt (wenn auch auf Lebenszeit des Gewählten) war, zwangen die Kaiser, sich der Kirche als Herrschaftsmittel zu bedienen. Die Kirche war nicht zuletzt dank dieses Umstandes reich und mächtig, die Bischöfe und Äbte zu politischen Schlüsselfiguren geworden und der Papst, als Repräsentant der geistlichen Funktion des Reiches, war für den Kaiser von entscheidender Bedeutung. Das ließ die Kirche, ihre Institutionen und Personen, verweltlichen. Eine verweltlichte Kirche aber konnte die ihr vom Kaiser zugedachte systemstabilisierende und integrierende Funktion nicht erfüllen. So veranlaßte gerade die durch die politische Rolle der Kirche bewirkte Verweltlichung, daß die Kaiser immer wieder auch religiöse Reformen durchzusetzen versuchten. Diesem Zweck dienten auch die Bemühungen des Kaisertums, politisch zuverlässige und gleichzeitig religiöse Menschen auf den Stuhl Petri zu bringen. Mit den deutschstämmigen Päpsten zu Beginn des elften Jahrhunderts beginnt denn auch jene geistliche Erneuerungspolitik, die heute als gregorianische Reform bezeichnet wird. Mit ihr fängt eine neue Epoche des Verhältnisses von Kaisertum und Papsttum, von Kirche und Staat an.

9.1.5. Kirchenstaatshoheit

Der Begriff „Kirchenstaatshoheit" besagt, daß in einem Staatswesen die religiös-kirchliche Herrschaft über die weltliche dominiert.

Zahlreiche Schenkungen und Erbschaften hatten bereits im sechsten Jahrhundert zu reichem Grundbesitz der römischen Kirche geführt *(Patrimonium Petri)*. Mit der Abnahme der Autorität des oströmischen Kaisers trat, besonders unter GREGOR DEM GROSSEN (590—604), der römische Bischof im Interesse der Bevölkerung in die notwendigen Verwaltungs- und Versorgungsaufgaben ein. Gegenüber den Langobarden und Franken verstand er sich als Anwalt und Führer der „Römer". PIPPIN „schenkte" 753 ein erst noch den Langobarden abzunehmendes Gebiet dem Papst. Der Bischof von Rom war nun als Herr eines „Kirchenstaates" anerkannt. Ein gefälschtes Dokument versuchte schließlich, den immer mehr ausgedehnten territorialen Besitzstand des Papstes auf Konstantin zurückzuführen. Karl der Große anerkannte und vergrößerte die weltlichen Besitzungen des Papstes, betonte jedoch seine Schutzherrschaft (dominium eminens) über diese Gebiete.

Die Einfälle der Sarazenen und schließlich der Normannen im elften Jahrhundert zeigten ebenso die Schwäche der kaiserlichen Verwaltung wie die tatsächliche politische und militärische Präsenz des Papstes in Süd- und Mittelitalien. Diese Situation gab Papst GREGOR VII. (1073—1085) den politischen Rückhalt und die notwendige Unabhängigkeit, um den Kampf *gegen* den Kaiser und *für* die kirchliche Selbständigkeit zu wagen. Denn, wer über wen herrscht, der Kaiser über den Papst oder umgekehrt, das war zur zentralen Machtfrage des elften Jahrhunderts geworden. Gerade dadurch, daß Kirche und Papsttum dem Kaiser immer mehr untertan waren, hatten sie an politischem Einfluß gewonnen, war ihre tatsächliche Macht erstarkt. Unter kaiserlichem Schutz war die von Cluny in Burgund ausgehende Reformbewegung der Mönche zu einer gewaltigen politischen Kraft geworden. Gerade sie sollte sich schließlich gegen den Kaiser wenden. Die Kirche wurde nun so etwas wie ein Hort des politischen Widerstandes gegen die Mächtigen dieser Welt. Und weil die Mönche den Kampf im Namen Gottes und dem Zeichen des Kreuzes führten, wird zu leicht übersehen, daß es auch auf ihrer Seite um Macht und Einfluß ging, um politische Macht.

Als Papst GREGOR VII., der sich als von Gott gesandter Pontifex Maximus wußte, im Jahr 1076 gegen Kaiser HEINRICH IV. (gest. 1106) den Kirchenbann schleuderte, bediente er sich eines juristischen Kampfmittels, das damals an Schärfe nicht zu überbieten war, dessen Wirkung gegenüber dem Kaiser allerdings auch höchst ungewiß schien. Es war ungeheuerlich: Der Kaiser als oberster Schutzherr der Kirche, dessen Amt mit beinahe hohepriesterlicher Würde umgeben war, wurde vom Stellvertreter Christi für recht- und ehrlos erklärt. Das bedeutete, seine Untertanen waren durch die höchste moralische Autorität von ihrem Treueid dem Kaiser gegenüber entbunden, ja sie versündigten sich, wenn sie diesem Manne noch gehorchten und ihn als ihren Herrn anerkannten. Das war das Dilemma des Kaisers und das seiner Untertanen, vor allem auch der ihm ergebenen Bischöfe. Denn es stand nach dem Glauben der damaligen Menschen das ewige Heil eines jeden einzelnen Betroffenen auf dem Spiel, das des Kaisers ebenso wie seiner Getreuen, ob hoch oder niedrig.

Des Kaisers Gegenschlag, den Papst, den „falschen Mönch", wegen schwerer Verbrechen für abgesetzt zu erklären, mußte scheitern, weil nach damaliger Auffassung das Recht Gottes auf des Papstes Seite focht. Nachdem sich die sächsischen und schwäbischen Fürsten auf dem Fürstentag von Tribur versammelt und dem Kaiser eine Reihe von Bedingungen gestellt hatten, freilich weniger aus religiösen denn aus politischen Gründen, mußte Heinrich IV. die Versöhnung mit dem Papst suchen. Er trat den sprichwörtlich gewordenen „Gang nach Canossa" an. Büßend erbat er vom Papst die Lossprechung. Nach den Grundsätzen des kirchlichen Rechts durfte dieser sie einem Büßenden nicht verweigern. Dennoch war das Reich nun in zwei feindliche Lager gespalten und der Bürgerkrieg wurde fortgesetzt. Die Anwendung des *Rechts im Namen Gottes* hatte sich in der Hand des Papstes als scharfe politische Waffe bewährt. Die Kirche des Papstes hatte deutlich gemacht, daß sie nicht länger der kaiserlichen Administration zu dienen und seinen politischen Bestrebungen zu nützen gewillt war. Umgekehrt erhob sie vielmehr den Anspruch, universale Führungsmacht in Europa zu sein: Der Kaiser führe nur das ihm im Namen Gottes vom Papst verliehene Schwert. Neben der Berufung auf göttlichen Auftrag und geistliche Autorität des Statthalters Christi auf Erden war die politische Realität des Kirchenstaates die andere wesentliche Grundlage des selbstbewußten Auftretens des Papstes.

Auch für den innerkirchlichen Bereich formulierte GREGOR VII. den universalen Machtanspruch des Bischofs von Rom in 27 Grundsätzen, dem sogenannten ›Dictatus papae‹. Danach gibt es die Einheit der Kirche und ihres Glaubens allein *im* Papst, *durch* den Papst und *unter* dem Papst; der Kirche gebührt Freiheit von jeder weltlichen Herrschaft. Repräsentant, Vertreter und Herr dieser Kirche ist *allein* der Papst.

Zu Beginn des 13. Jahrhunderts konnte Gervasius von Tilbury Papst INNOZENZ III. (1198—1216) bereits den „wirklichen Kaiser" nennen. Als Haupt des supranationalen populus Christianus, des ihm direkt untergebenen christlichen Volkes, beanspruchte er nicht nur das Recht, den gewählten Kaiser zu weihen, sondern auch den zu Krönenden auf seine Würdigkeit zu prüfen. Wenn er auch theoretisch die Eigenständigkeit der weltlichen Gewalt anerkannte, vertrat er doch die Meinung, daß Fürsten, Könige und Kaiser der Sünde halber dem päpstlichen Gericht unterworfen seien. Ganz in diesem Sinne setzte er das Schwert der weltlichen Heere sowohl gegen die Ketzer (Albigenser in Südfrankreich) als auch gegen die Mohammedaner (und das christliche Byzanz) ein (Kreuzzugsidee).

Von diesen Vorstellungen war es nur noch ein kleiner Schritt, auch ausdrücklich die Oberhoheit über alle Fürsten, Könige und selbst den Kaiser zu beanspruchen. Papst BONIFAZ VIII. (1294—1303) vertrat die Auffassung, daß sie alle ihre Reiche lediglich vom Apostolischen Stuhl zu Lehen erhalten hätten. In der berüchtigten Bulle ›Unam sanctam‹ von 1302 behauptet Bonifaz VIII. als Lehre der katholischen Kirche den Vorrang der geistlichen Gewalt über die weltliche. Beide Gewalten kämen der Kirche zu beziehungsweise stehe es ihr an, sie zu führen. Denn die christliche Gesellschaft sei ein gesunder Körper. Nur ein Monstrum habe zwei Häupter, deshalb habe auch die Christenheit nur ein Haupt, den Papst als den Nachfolger Petri und Stellvertreter Christi. Ihm seien das geistliche und das weltliche Schwert anvertraut. Das geistliche führe er selbst, das weltliche leihe er den weltlichen Herrschern und überwache dessen Handhabung. Er könne es ihnen wieder entziehen und die Untertanen vom Treueid entbinden.

Diese hierokratische Auffassung hatten die Päpste gegenüber in Bedrängnis geratenen weltlichen Herrschern durchzusetzen versucht. Dies war ihnen zeitweise gegenüber England, Irland, Sizilien und Aragonien gelungen. — Der Papst berief sich bei der Darstellung dieser seiner Lehre nicht nur auf bedeutende Vorgänger, sondern auch auf berühmte Theologen. Er hat seine Anschauung also keineswegs selbst erfunden, sondern stand in einer konsequenten Tradition des Machtanspruchs und wußte, daß teilweise die politische Realität ihm recht zu geben schien. Dieses Dokument päpstlicher Maßlosigkeit schließt mit der feierlichen Erklärung, es sei für jeden Menschen heilsnotwendig, dem römischen Bischof untertan zu sein: „Porro subesse Romano Pontifici omni humanae creaturae declaramus, dicimus, diffinimus et pronunciamus omnino esse de necessitate salutis." [5]

[5] C. Mirbt, Quellen I n. 746 p. 460.

Der Herrschaftsanspruch der Päpste des Hochmittelalters hatte in Bonifaz VIII. seinen letzten und höchsten Ausdruck gefunden und schließlich seine Katastrophe erlebt: Es folgte das Exil der Päpste nach Avignon und ihre Auslieferung an den französischen König; danach kam das Renaissance-Papsttum und schließlich der Umbruch der Reformation. Nun war die universale politische Herrschaft des Papsttums einstweilen gebrochen.

Die päpstliche Herrschaft über den *Kirchenstaat* in Italien stabilisierte sich erst wieder im 15. Jahrhundert leidlich. Papst MARTIN V. (1417—1431) war der Ansicht, daß der Besitz weltlicher Gewalt Voraussetzung für die Reform der Kirche sei. Diese Meinung wurde von der kurialen Publizistik bis ins 19. Jahrhundert vertreten.

Mit der Französischen Revolution allerdings begann auch das Ende des politisch instabilen, wirtschaftlich ausgebluteten und finanziell ruinierten Kirchenstaates. 1798 wurde die Römische Republik ausgerufen und der Papst zeitweise vertrieben. Trotz unglaublich harter Strafen und jahrelangen Schutzes durch ausländische Truppen konnte die Priesterherrschaft nicht mehr aufrechterhalten werden. Am 20. 9. 1870 hörte der Kirchenstaat mit der Besetzung Roms durch italienisch-königliche Truppen zu bestehen auf. Im Jahr 1929 allerdings wurde durch die *Lateranverträge* ein symbolischer Reststaat in Gestalt des 0,44 Quadratkilometer großen *Staates der Vatikanstadt* wiederhergestellt. Der Papst als Oberhirte der universalen römisch-katholischen Kirche ist daher gleichzeitig auch Souverän dieses Staates. Als solcher ist er Subjekt des Völkerrechts.[6]

9.1.6. Landeskirchenhoheit

Der Terminus „Landeskirchenhoheit" meint, daß die Kirche den Staatsinteressen untergeordnet ist und sie als eine Anstalt zur Sicherung der öffentlichen Ordnung und der Erziehung gehorsamer Staatsbürger vom Landesherrn kraft seiner Souveränitätsrechte regiert wird.

Mit der *Reformation* im 16. Jahrhundert war die Fiktion von der religiösen und politischen Einheit des Abendlandes beziehungsweise des Deutschen Reiches nicht mehr aufrechtzuerhalten. Schon die Tatsache, daß der vom Papst gebannte und vom Kaiser mit der Reichsacht belegte MARTIN LUTHER beim Kurfürsten von Sachsen Zuflucht fand, zeigt, daß die geistlichen und weltlichen Autoritäten ihre Forderung nicht mehr ohne weiteres zu realisieren vermochten. Die Landesfürsten konnten ihre Interessen gegen jene des Reiches durchsetzen. Der *Reichtag von Speyer* 1526 übertrug den Reichsständen die Entscheidung in Glaubensfragen: Jeder Reichsstand

[6] Vgl. R. Raffel, Die Rechtsstellung der Vatikanstadt, bes. 57f. (vgl. oben 3.1.3.8.). G. Denzler, Kirchenstaat — Lateranverträge — Konkordatsrevision — Heiliger Stuhl: Kirche und Staat auf Distanz, hrsg. v. G. Denzler, 147—163. — Die Lateranverträge vom Frühjahr 1929 preist L. Kaas (Der Konkordatstyp des fachistischen Italien, 489) als „einen Höhepunkt, auf alle Fälle eine in ihrer Besonderheit einzigartige Phase der neuesten Konkordatsgeschichte ...".

sollte sich bis zum Allgemeinen Konzil so verhalten, wie er glaubte, es vor Gott und dem Kaiser verantworten zu können. Zwar blieb das kaiserliche Recht, die Reichsreligion zu schützen, theoretisch unangetastet und der Kaiser war noch Symbol der politischen Einheit des Reiches, doch tatsächlich dominierten die Einzelinteressen der Territorialherren.

Der *Augsburger Religionsfriede* von 1555 sprach jedem Reichsstand das Recht zu, sich einer der beiden Religionen anzuschließen und seinen Untertanen dieses Bekenntnis vorzuschreiben (ius reformandi). Das Bekenntnis wurde an das Territorium gebunden, weil man glaubte, durch konfessionell homogene Gebiete Einheit und Frieden im Reich wahren zu können. Allein Friede trat nicht ein, vielmehr brach unter dem Vorwand, für die Freiheit des (jeweils) wahren Glaubens zu streiten, für 30 Jahre der Greuel des Krieges über die Menschen in Mitteleuropa herein. Erst 1648 beendet der sogenannte *Westfälische Friede* den Krieg und die offizielle religiöse Einheit des Reiches. Das landesherrliche Kirchenregiment hatte damit grundsätzlich obsiegt. Die territorialbestimmte Konfessionszugehörigkeit richtete sich gemäß dem Grundsatz „cuius regio, eius religio" nach dem Besitzstand des sogenannten „Normaljahres" von 1624. Außerdem wurde das reformatorische Bekenntnis CALVINS dem Lutherischen gleichgestellt. Das Mehrheitsprinzip in Religionsfragen wurde abgeschafft; die Abstimmungen sollten nach Kollegien, dem Corpus Catholicorum und dem Corpus Evangelicorum erfolgen (itio in partes).[7] Die Landesherren jedoch nahmen für sich überdies das Recht der Kirchenhoheit (cura religionis) auch dann in Anspruch, wenn andere Konfessionen nach Maßgabe des Normaljahres in ihrem Territorium existierten.

Der (evangelische) Landesherr verstand sich als (höchster) Bischof der (lutherischen) Kirche (Summepiskopat); ihm oblag das (äußere) Kirchenregiment als Ausfluß der fürstlichen Souveränität (ius maiestatis ecclesiasticum). Der Landesherr war duplex persona, der kraft seiner Souveränität auch kirchliche Gewalt ausübt. Die Kirche galt als dem Staatsapparat eingefügt (ecclesia est in republica).

In diesem territorialistischen Kirchensystem hat der Absolutismus seinen umfassendsten Ausdruck gefunden: Die Kirche hat weder einen eigenständigen Rechtsbereich noch besitzt sie Autonomie, vielmehr bestimmt der Staatszweck, die Förderung des öffentlichen Wohles, die Funktion der Kirche (ius circa sacra). Sie wird deshalb nur im Rahmen des politisch Zuträglichen geduldet. Alle kirchlichen Äußerungen unterliegen der landesherrlichen Zensur (placet). Auch die katholischen Fürsten leiteten aus ihrer Souveränität ein umfassendes Aufsichts- und Anordnungsrecht über kirchliche Angelegenheiten ab (sogenannter Josephinismus, benannt nach Kaiser JOSEPH II.).

Andererseits sahen sich die Landesherren durch territorialen Zuwachs mit Bürgern anderer Konfessionen immer mehr veranlaßt, *Toleranz* zu üben und (von den Kirchen) zu verlangen (FRIEDRICH II. von Preußen: „In meinem Staate kann jeder

[7] Vgl. M. Heckel, Zur itio in partes: FS f. *F. Elsener* zum 65. Geburtstag, 133—147.

nach seiner Façon selig werden."). Dazu kam, daß die politische Idee des *Rationalismus* dem Staat weithin nur das Recht zusprach, lediglich zur Wahrung der äußeren öffentlichen Ordnung gegenüber Religionsstreitigkeiten einzugreifen. Der innere Glaube, sofern er sich nach außen hin nicht störend äußerte und die Staatsraison nicht gefährdete, sollte unbeachtet bleiben („Die Gedanken sind frei"). Wenn auch die Aufsichts- und Eingriffsrechte sehr weitgehend gehandhabt wurden und die Kirchen in großem Umfang öffentliche Aufgaben (wie Standesamt, Gesundheits- und Veterinärpolizei und dergleichen) wahrzunehmen hatten, wird schließlich doch ein *besonderes* Kirchenregiment des Landesherrn abgelehnt. Es ist also eine distanzierende und säkularisierende Tendenz bereits am Ende des Zeitalters des Absolutismus erkennbar. Ein charakteristischer Ausdruck eines solch gemäßigten und begrenzt toleranten Staatskirchentums ist das ›Preußische Allgemeine Landrecht‹[8] von 1794.

9.2. Grundsatz der Trennung von Kirche und Staat

Die Ideen der *Aufklärung*, insbesondere der Gedanke der Religions- und Gewissensfreiheit, erfuhren in den nordamerikanischen Verfassungen des 18. Jahrhunderts und in der Französischen Revolution ihren politischen und verfassungsrechtlichen Niederschlag, vor allem in der Erklärung der Bürger- und Menschenrechte.[9] Als ordnungspolitische Konsequenz aus dieser Entwicklung ergab sich notwendig die grundsätzliche und rechtliche Trennung von Staat und Kirche. Der religiöse Bereich wurde nun nicht mehr als Bestandteil des ordre public und die Kirche nicht weiterhin als Teil des Staates verstanden. Vielmehr wurde Religion als Sache der freien Glaubensentscheidung des einzelnen Individuums angesehen. Der Kernsatz der Trennung von Staat und Kirchen gipfelt in der Feststellung: *Es besteht keine Staatskirche.* Das bedeutet, der Staat enthält sich nicht nur jeder Vorschrift in religiösen Fragen, sondern auch jeglicher Bevorzugung eines bestimmten religiösen Systems.

„Kirche" oder „Religionsgesellschaft" meint in dieser Betrachtung den *freien* Zusammenschluß von Menschen des gleichen Glaubens oder der gleichen Überzeugung zur gemeinsamen Glaubensübung bzw. Überzeugungsbekundung. Der Trennungsgrundsatz will sicherstellen, daß religiöse Verbände grundsätzlich keine anderen und erst recht keine weitergehenden Rechte haben als die übrigen Assoziationen freier Bürger zur Pflege gemeinsamer Interessen. Abgesehen von revolutionären

[8] Statt vieler die treffliche Skizze von: F. Elsener, Der Codex Iuris Canonici im Rahmen der europäischen Kodifikationsgeschichte: A. Müller, F. Elsener, P. Huizing, Vom Kirchenrecht zur Kirchenordnung?, 29—53, bes. 44ff.

[9] Staat und Kirche im Wandel der Jahrhunderte, hrsg. v. W. P. Fuchs, Stuttgart u. a. 1966, darin bes.: H. Rumpel, Das Staatskirchentum des Absolutismus und die Französische Revolution, 130ff.

Umbrüchen (wie in Frankreich, Mexiko, Rußland u. a.) können wir auch bezüglich des Sich-voneinander-Trennens beider Bereiche eine von bestimmten gesellschaftlichen (Industrialisierung und Urbanisierung) und politischen Faktoren (Kölner Wirren, Kultur- und Kirchenkampf) beeinflußte Entwicklung feststellen. Je nachdem, in welchem gesellschaftlichen Zustand die gesetzliche, meist verfassungsrechtliche Festschreibung erfolgte, lassen sich mehrere Hauptformen der Trennung unterscheiden: die feindliche, die distanzierte, die neutrale und die wohlwollende Trennung.

9.2.1. Totale Trennung

Dort, wo die Kirche das Weltanschauungsmonopol besaß und sich mit der herrschenden Macht eng liiert hatte, kam es nicht selten zusammen mit dem politischen Umsturz auch zu einer totalen Zurückdrängung kirchlicher Tätigkeit. Ein solches System *feindseliger Trennung* kann von allgemeiner Verfolgung über schikanöse Behinderung bis zur rechtlichen Minderstellung der religiösen Verbände gegenüber anderen Korporationen reichen. So können beispielsweise religiös orientierte private Kindergärten und Schulen verboten sein oder kirchlichen Wohlfahrtseinrichtungen und Jugendverbänden kann die öffentliche Wirksamkeit verwehrt werden. Das religiöse Leben ist dann auf Kirche und Sakristei beschränkt. Öffentliche religiöse Kundgebungen sind teilweise untersagt.

Eine solche Behinderung religiöser Betätigung wird nicht selten damit gerechtfertigt, das Recht auf Religionsfreiheit bedeute, die Bürger hätten ein Anrecht darauf, von der Belästigung durch religiös-kirchliche Ideologien verschont zu werden.[10]

Eine Sonderform solch geistiger Bevormundung der Bürger stellt die heute in nicht wenigen Staaten anzutreffende Unterscheidung der Kirchen und religiösen Gruppen in staatstragende und gesellschaftsgefährdende dar. Wir können gegenwärtig in bestimmten politischen Systemen gleichzeitig den Zustand der Religionsverfolgung und der Benachteiligung der Gläubigen und Kirchen vorfinden, obwohl andererseits bestimmte Formen (politisch angepaßter) religiöser oder kirchlicher Gruppen nicht nur geduldet, sondern womöglich gefördert werden, je nachdem wie sie sich zur Politik der herrschenden Macht verhalten.[11]

Andererseits gibt es Staaten, die von ihrer historischen Entwicklung her in der Tradition einer eher feindlichen Trennung stehen, die sich aber tatsächlich zu einer distanzierten oder gar freundlichen Neutralität gewandelt haben. Ein fast sicheres Indiz für ein unfreundliches Verhältnis zwischen Staat und Kirche stellt in der Regel

[10] Vgl. O. Luchterhand, Der Sowjetstaat und die Russisch-orthodoxe Kirche. Eine rechtshistorische und rechtssystematische Untersuchung, Köln 1976.

[11] Vgl. N. Greinacher, Die Kirche der Armen. Zur Theologie der Befreiung, München 1980, bes. 198 ff.

das Vorhandensein staatlicher Kirchenämter oder Ministerien für religiöse Angelegenheiten dar. Durch sie wird das religiös-kirchliche Leben nach landesherrlicher Manier bis ins kleinste und oft schikanös reglementiert.

9.2.2. Distanzierte Trennung

Bei der *distanzierten Trennung* werden die Gläubigen zwar nicht um ihres Glaubens willen benachteiligt und wird die kirchliche Tätigkeit nicht vorsätzlich und konsequent behindert, doch nimmt die staatliche Ordnung auch nicht auf das Selbstverständnis religiöser Verbände Rücksicht. Die kirchlichen Institutionen werden möglicherweise gezwungen, sich in rechtlichen Formen zu organisieren, die ihrem Selbstverständnis nicht gerecht werden und die ihre öffentliche Arbeit oder ihre Teilnahme am Rechtsverkehr behindern, etwa durch Erwerbs- und Veräußerungsverbote, durch Ausschluß von der Wohlfahrtspflege oder das Verbot von Ordensniederlassungen und dergleichen. Andererseits sind staatliche Ämter für religiöse Angelegenheiten in einem solchen System distanzierter Trennung ebenso möglich wie diplomatische Beziehungen zu supranationalen Kirchenzentralen, etwa zum Vatikan. Das konkrete Verhältnis zu der jeweiligen Kirche oder religiösen Gruppe wird dann also mehr oder weniger pragmatisch nach der politischen Opportunität bestimmt.

9.2.3. Neutrale Trennung

Die *neutrale Trennung* ist bestimmt vom Grundsatz der Religions- und Bekenntnisfreiheit sowie vom Gleichheitssatz: Jeder Mensch hat das Recht, einen religiösen Glauben seiner Wahl zu haben (oder nicht zu haben) und ihn entsprechend zu äußern sowie dafür zu werben (oder davor zu warnen). Das schließt die freie Kultausübung ein, soweit sie nicht allgemein gesetzeswidrig ist (wie etwa Menschenopfer, besonders grausame Tieropfer, kultische Prostitution, Vielehe oder Rauschgiftkonsum). Demgemäß gilt der religiöse Glaube oder Nichtglaube als Privatangelegenheit des Individuums, weshalb er im staatlichen Rechtsbereich nicht zu werten ist. Folglich haben sich auch die religiösen Korporationen, die Kirchen ebenso wie alle anderen weltanschaulichen Gruppen, „an die für alle geltenden Gesetze" ohne Ausnahme zu halten. Für ihre Organisation im Rechtsbereich stehen ihnen die allgemeinen Körperschaftsformen (und nur sie) zur Verfügung. Der geistige oder politische Anspruch der einzelnen Kirche ist für den staatlichen Raum nicht relevant.

Es gibt keine amtliche Verbindung zwischen staatlichen oder kommunalen Behörden auf der einen und kirchenamtlichen oder religiösen Instanzen auf der anderen Seite. Der Grundsatz strikter Neutralität verbietet sowohl staatliche Religions- oder Kirchenämter als auch diplomatische Beziehungen zu supranationalen

Kirchenbehörden. Dieses Trennungsdenken kann um der absoluten religiösen Neutralität willen — je nach Verfassungslage — so weit gehen, daß selbst ein gemeinsames Gebet in einer öffentlichen Schule untersagt ist. Umgekehrt kann es sein, daß diejenigen Kirchen und Religionsgesellschaften, deren Angehörige Wehrdienst leisten, auch das Recht haben, ihre Pfarrer und Religionsdiener vom Staat als Militärgeistliche bestellen zu lassen.

Die *Vereinigten Staaten* von Nordamerika verkörpern das System einer strikten, aber neutralen und keineswegs feindseligen Trennung seit ihrer Gründung wohl am konsequentesten.

9.2.4. Freundschaftliche Partnerschaft

Das Prinzip der *wohlwollenden Trennung* wird in den meisten europäischen Demokratien seit dem Zweiten Weltkrieg in zunehmendem Maße verwirklicht. Zwar besteht keine Staatskirche und bleibt das Recht der Gewissens- und Bekenntnisfreiheit ebenso wie der Gleichheitsgrundsatz unbeeinträchtigt, doch werden die Kirchen und (bestimmte anerkannte) Religionsgesellschaften anders, nämlich besser behandelt als rein private Vereine oder Gesellschaften. Diese „gelockerte Fortsetzung der Verbindung von Staat und Kirche" (U. Scheuner), wie sie die Weimarer Reichsverfassung für das Deutsche Reich festsetzte, bezeichnete seinerzeit U. Stutz auch als „hinkende Trennung". Man wird jedoch das *heutige* kooperative Verhältnis, das etwa in der Bundesrepublik Deutschland zwischen Staat und Kirche besteht, kaum mehr als Trennung, eher als Partnerschaft, und zwar als wohlwollende Partnerschaft zu qualifizieren haben. Die Stellung der Kirchen in diesem Staat ist vor allem dadurch neu bestimmt, daß ihr „Öffentlichkeitsanspruch" auf Wahrnehmung eines „Wächteramtes" vom Staat förmlich anerkannt wird.

Es sollte allerdings auch nicht verkannt werden, daß eine solch wohlwollende oder freundschaftliche Partnerschaft für alle Beteiligten durchaus nicht unproblematisch ist: Der *Staat* ist in einem solchen Verhältnis permanent in Gefahr, durch besondere Rücksichtnahme auf die Kirchen seine Souveränität bzw. Teile davon aufzugeben. Darüber hinaus werden nicht selten sowohl der Gleichbehandlungsgrundsatz als auch subjektive Rechte Dritter bis an die Grenze der Zumutbarkeit belastet.

Umgekehrt geraten die *Kirchen* durch die Zuwendung besonderer Privilegien in den Zwang, „staatserhaltend" zu wirken. Auf diese Weise können sie ihrerseits nur zu leicht sowohl in neue Abhängigkeit des Wohlstandes und des Überflusses geraten als auch ihrer eigenen Aufgabe untreu und damit geistlich wirkungslos werden.

Wenn in einem grundsätzlich offenen System zwei Ordnungsmächte in gegenseitige Abhängigkeit geraten, besteht die Gefahr, daß die Gewaltunterworfenen, in diesem Fall die Individuen als *Bürger* und *Gläubige*, durch die sich partnerschaftlich unterstützenden Systeme um ihre Freiheit gebracht werden. Denn der demokratische Staat wird ja wesentlich von der jeweils herrschenden Mehrheit bestimmt. Wenn diese nun aus wahltaktischen Überlegungen zu sehr auf Gruppeninteressen, von welcher Seite sie auch angemeldet werden, glaubt Rücksicht nehmen zu sollen, können die verfassungsmäßigen Rechte genauso wie die legitimen Interessen anderer Bürger leicht zu kurz kommen. Die geschichtliche Erfahrung zeigt ebenso wie soziologische Untersuchungen, daß religiöse Vorstellungen nur als kritisches Korrektiv, nicht aber als eigene politische Gegenmacht sinnvoll zu wirken vermögen. Andernfalls werden die Religion selbst, der Staat und vor allem die Freiheit seiner Bürger fundamental gefährdet. In dem Augenblick, da das Religiöse sich mit dem Politischen, das Geistliche mit der Macht verbindet, entsteht ein intolerantes absolutistisches Gebilde.

9.3. Das religionspolitische System in der Bundesrepublik Deutschland[12]

Das Grundgesetz der Bundesrepublik Deutschland gewährt aufgrund der besonderen geschichtlichen Entwicklung den Kirchen ausdrücklich einen Freiraum, in dem sie als öffentlich anerkannte Institutionen sinnprägend und wertformend ein „Wächteramt" auszuüben vermögen. Dabei ist der Begriff vom „Wächteramt" allerdings keineswegs unproblematisch.

Andererseits wird der „Öffentlichkeitsanspruch" der Kirchen weder durch staatliches Recht begründet, noch kann ihre Relevanz als gesellschaftliche Kraft dadurch erzeugt werden. Die heutige gesellschaftliche Situation erweist die (alte) koordinationsrechtliche Theorie, nach der sich Staat und Kirche als gleichrangige (Vertrags-) Partner gegenüberstehen, als überholt: Die staatskirchenrechtlichen Regelungen — einschließlich des Vertragsrechts — bilden zwar den Rahmen der religions*rechtlichen* Ordnung, doch vermögen diese die tatsächlichen religions*politischen* Verhältnisse nicht zu schaffen. Diese werden wesentlich geprägt von der Glaubwürdigkeit des glaubensmäßigen Zeugnisses und der Überzeugungskraft der jeweiligen religiösen „Sprachspiele".

[12] Die vielfältigen Entwicklungsmöglichkeiten im Verhältnis von Staat und Kirche zeigt u.a. auf: P. Leisching, Kirche und Staat in den Rechtsordnungen Europas. — Bezeichnend für die derzeitige staatskirchenrechtliche Diskussion in der Bundesrepublik Deutschland dürfte sein, daß die von H. Quaritsch und H. Weber (Hrsg.) (Staat und Kirche in der Bundesrepublik) angestoßene Diskussion nicht weiterführt, vielmehr in eine einseitige Interessenvertretung der Kirchen umgebogen wurde. Repräsentativstes Zeugnis dafür ist das ›Handbuch des Staatskirchenrechts der Bundesrepublik Deutschland‹. Es behandelt fast ausschließlich die rein staatskirchenrechtliche Problematik und läßt die soziologischen und gesellschaftspolitischen Voraussetzungen weitgehend unberücksichtigt; dabei vertritt es einen einseitigen und eindeutig kirchlichen Standpunkt. — Einen Querschnitt durch die Entwicklung gibt dagegen: W. Weber, Staat und Kirche in der Gegenwart. Eine ausgesprochene Gegenposition vertreten: E. Fischer, Trennung von Staat und Kirche; H. Herrmann, Ein unmoralisches Verhältnis.

Auch in unseren säkularisierten Gemeinwesen stellen die religiösen Institutionen eine geistige — und politische — Kraft dar. Die zahlenmäßig größten und einflußreichsten weltanschaulichen Institutionen sind bei uns zweifelsfrei die Großkirchen, die durch ihre zahlreichen und teilweise gesetzlich gesicherten Mitwirkungsrechte in gesellschaftlich bedeutsamen Einrichtungen (z. B. Rundfunk, Sozial- und Wohlfahrtspflege) einen beträchtlichen Einfluß geltend machen können. Auf diese Weise können sie den Gesetzgeber in (gesellschaftspolitisch und ethisch) wichtigen Fragen zu weitgehender Rücksichtnahme veranlassen. Erinnert sei in diesem Zusammenhang nur an die Normen zum Ehe-, Familien- und Kindschaftsrecht sowie zur Ehescheidung, ferner an die Prärogativen der Kirchen im Sozial- und Jugendhilferecht, im Beratungs- und Schulwesen.

Über diesen politischen Erfolgen scheinen die Kirchen heute oft zu vergessen, daß sie keineswegs die einzigen Institutionen sind, die beanspruchen, Ethos, Sittlichkeit und humane Werte in der Gesellschaft mitzuprägen und sinnerhellend zu wirken. Darum muß sich der Anspruch der Kirchen in der Konkurrenz mit anderen Sinnangeboten täglich neu bewähren. Außerdem ist zu bedenken, daß nicht zu übersehende gesellschaftliche Krisenerscheinungen gleichzeitig auch einen Verlust von Einfluß der Kirchen signalisieren. Die Drogenabhängigkeit ebenso wie die vielfältigen neuen religiösen Erscheinungsformen zeigen erhebliche Sinndefizite in unserer Gesellschaft auf, die ganz offensichtlich auch von den Kirchen nicht gefüllt werden können. Dazu kommt, daß sehr viele Menschen in persönlichen Krisensituationen heute eher sich an den Arzt bzw. an den Berater oder Psychotherapeuten wenden als an einen Seelsorger. Nach den Ursachen dafür ist hier nicht zu fragen.

Die soziologische Beurteilung der Stellung der Kirchen in der heutigen Gesellschaft ist keineswegs eindeutig. Sie werden als gesellschaftliche Gruppen im Vergleich zu anderen säkularen Gruppen aufgefaßt; sie werden als religiöses Teilsystem des gesellschaftlichen Gesamtsystems begriffen; sie werden aber auch als Teilrepräsentanten des gesellschaftlichen Wertesystems betrachtet. Wie immer die soziologische Frage entschieden wird, die Frage an die Kirchen ist, ob und in welchem Ausmaß es ihnen gelingt, einsichtig zu machen, *was* sie an werthafter Freiheit und sinngefüllten Lebenszielen anzubieten haben. Von daher wird auch nach der Berechtigung ihrer juristischen Sonderstellung gefragt. Darum genügt es nicht, bei der Behandlung der rechtlichen Stellung der Kirchen in Staat und Gesellschaft allein nach dem positiv gesatzten Recht zu fragen, vielmehr stellt sich in zunehmendem Maße die Frage nach der inneren Sinnhaftigkeit und der Berechtigung solch gesetzlicher Prärogativen für die großen Kirchen.

9.3.1. Religionsfreiheit

Das religionspolitische System des Grundgesetzes ist zuallererst von dem Grundsatz der Gewissens-, Bekenntnis- und Religionsfreiheit gekennzeichnet. Es gibt keine Staatskirche. Das bedeutet, der Staat darf weder von seinen Bürgern ein wie immer geartetes weltanschauliches Bekenntnis verlangen noch darf er eine Religionsgesellschaft schlechthin bevorzugen. Das Grundgesetz verpflichtet den Staat zur religiösen Neutralität. Die religionsrechtlich entscheidende Aussage findet sich in Artikel 4 des Grundgesetzes. Sie lautet:

„(1) Die Freiheit des Glaubens, des Gewissens und die Freiheit des religiösen und weltanschaulichen Bekenntnisses sind unverletzlich.
(2) Die ungestörte Religionsausübung wird gewährleistet."

Damit sind alle Formen personaler Gewissensentscheidung geschützt: Die Freiheit des Glaubens, sich eine Weltanschauung in voller Eigenverantwortung selber zu wählen, ja zu formen, ebenso aber auch die Freiheit, sich eines positiven Glaubens zu enthalten.

Es wird nicht nur die innere Freiheit des Individuums geschützt, sondern gleicherweise die äußere Kundgabe wie der gemeinschaftliche Zusammenschluß. Es handelt sich also bei der Religionsfreiheit um ein komplexes Recht. Es ist nicht nur die Freiheit des einzelnen gesichert, sondern auch die der Religionsgesellschaften insgesamt; die Religionsfreiheit garantiert somit auch ein „Verbandsgrundrecht", weil Religion und religiöse Betätigung ihrer Natur nach nicht nur öffentlich sind, sondern stets auch gemeinsames Bekenntnis und gemeinschaftlichen Vollzug erheischen. Die religiösen Interessen haben daher keineswegs nur privaten, sondern auch öffentlichen Charakter. Das hat zur Folge, daß Religion und religiöse Institutionen nicht nur geduldet werden, sie vielmehr im Rahmen der Gewissensfreiheit Gegenstand öffentlicher Förderung sein können. Gerade diese Möglichkeit unterscheidet das Prinzip der freundschaftlichen Partnerschaft wesentlich von allen anderen Trennungsarten.

Die Religionsfreiheit ist unverletzlich, aber nicht schrankenlos; sie schließt in sich den Anruf, *Toleranz* zu üben. So gesehen erweist sich das Toleranzgebot als ein objektiver Verfassungsgrundsatz, der sich sowohl an den Staat und seine Organe als auch an die einzelnen Staatsbürger richtet. Diese Verpflichtung trifft auch die Religionsgemeinschaften und weltanschaulichen Gruppen: Keine von ihnen kann in einem freiheitlichen Staat ein Monopol beanspruchen oder anderen konkurrierenden Gruppen das Existenzrecht absprechen wollen. Tolerenz bedeutet also die Gewährleistung religiöser Freiheitsrechte niemals nur als Verwirklichung des eigenen Standpunktes, sondern beinhaltet stets auch die Rücksichtnahme auf die Überzeugung anderer. Diesbezüglich allerdings müßten sich sowohl die staatlichen Organe als auch die Kirchen und etablierten Religionsgesellschaften wie die Institutionen der öffentlichen Meinung fragen lassen, ob sie auch religiösen Randgruppen und Minderheiten gegenüber die von der Verfassung gebotene Toleranz üben.

9.3.2. Selbstbestimmungsrecht der Kirchen

Der Kernsatz des kirchenpolitischen Systems der Bundesrepublik Deutschland besteht in der Anerkennung des *Selbstbestimmungsrechts* der Religionsgesellschaften. Das Grundgesetz übernimmt die Bestimmung der Weimarer Verfassung, die da lautet: „Jede Religionsgesellschaft ordnet und verwaltet ihre Angelegenheiten selbständig innerhalb der Schranken des für alle geltenen Gesetzes" (Art. 140 GG = Art. 137 Abs. III WRV).

Dieser Satz enthält eine Reihe von exegetischen Schwierigkeiten; so ist beispielsweise die Abgrenzung, was unter den „eigenen Angelegenheiten der Kirche" zu verstehen ist ebenso schwierig wie die Deutung der Formulierung „des für alle geltenden Gesetzes". Diesbezüglich ist es in den letzten Jahren geradezu zu einer Umkehrung des ursprünglich intendierten Sinnes gekommen.[13]

Eigenständig ist das kirchliche Satzungsrecht dort, wo es ihm aufgrund des Wesens der Religionsgesellschaft zukommt, also in Sachen der Glaubenslehre, des Gottesdienstes, der Sakramente, der Kirchenverfassung und der geistlichen Seite des Mitgliedschafts-, des Amts- beziehungsweise Dienstrechtes. Sofern das Satzungsrecht der Religionsgesellschaften diesen Bereich überschreitet und dem weltlichen Recht unmittelbar wirksame Normen zu setzen vermag, handelt es sich um *autonomes*, vom Staat verliehenes Recht. Die Tendenz in Doktrin, Gesetzgebung und Rechtsprechung geht in den letzten Jahren dahin, die kirchliche Selbständigkeit deutlich auszudehnen (vgl. u.a. oben 3.3.5.4.).

9.3.3. Kirchen als „Körperschaften des öffentlichen Rechts"

Art. 137 Abs. V WRV spricht den Kirchen den Charakter einer „Körperschaft des öffentlichen Rechts" zu. Diese — für die Kirche nicht unbestrittene[14] — Rechtsform kommt nicht nur jenen Kirchen zu, die diese bisher bereits besaßen; sie kann vielmehr auch anderen Religionsgesellschaften oder Weltanschauungsgemeinschaften auf Antrag gewährt werden, sofern diese „durch ihre Verfassung und die Zahl ihrer Mitglieder die Gewähr der Dauer bieten". Dabei stellt sich die Frage, was der Begriff „Körperschaft des öffentlichen Rechtes" für die Kirchen bedeutet; er ist nicht präzise und verdunkelt die Rechtslage eher, als er sie erhellt. Die Verleihung dieses Status mag darum *material* die staatliche Anerkennung der kirchlichen Eigenständigkeit und ihre Öffentlichkeitsbedeutung herausstellen; *formal* schafft sie die Grundlage für eine öffentlich-rechtliche Tätigkeit der Kirchen; insbesondere gibt sie ihnen die sogenannte „Dienstherreneigenschaft" und befähigt sie, öffentliche Abgaben zu erheben.

[13] Vgl. K. Hesse, Das Selbstbestimmungsrecht der Kirchen und Religionsgemeinschaften: HdbStKirchR I, 409—444. — K. Schlaich, Neutralität als verfassungsrechtliches Prinzip, bes. 154f.; R. Potz, Die inneren Angelegenheiten der anerkannten Kirchen und Religionsgesellschaften als Problem der Grundrechtsinterpretation: Ex aequo et bono, 409—422.

[14] Vgl. H. Weber, Die Religionsgemeinschaften als Körperschaften des öffentlichen Rechts im System des Grundgesetzes; G. Schmidt-Eichstädt, Kirchen als Körperschaften des öffentlichen Rechts? Dort wird die These formuliert: „2. Die Kirchen dürfen von Rechts wegen nicht als Körperschaften des öffentlichen Rechts anerkannt sein, weil einer Einbeziehung ihrer eigentlichen Aufgaben in den Funktionsbereich des Staatlichen das verfassungsrechtliche Gebot der Religionsneutralität entgegensteht." (56); N. Greinacher, Kirche als Verband? Ein Diskussionsbeitrag: ThQ 156, 1976, 191—197.

9.3.4. Positive Religionspflege

Für das kirchenpolitische System der Bundesrepublik Deutschland sind überdies einige *Besonderheiten* bezeichnend. Sie sind teilweise durch Artikel 140 des Grundgesetzes aus den religionsrechtlichen Verfassungsbestimmungen der Weimarer Reichsverfassung (Art. 136—139, 141) in das Grundgesetz übernommen worden. Ihre Übernahme war allerdings nicht das Ergebnis einer klaren staatspolitischen Entscheidung des Verfassungsgesetzgebers, sondern eine von der Situation gebotene Lösung, „nicht weit entfernt vom Typus der sogenannten Formelkompromisse" (R. Smend). Gleichwohl sind auch diese Verfassungsbestimmungen ein integrierter Bestandteil des Grundgesetzes. Sie müssen allerdings aus dem Gesamtsystem der Verfassung und vor allem von den Grundsätzen der Würde der menschlichen Person, der Religionsfreiheit und Toleranz her gehandhabt werden.

An ihnen muß die besondere positive Religionspflege ihren Maßstab wie ihre Grenzen finden.

Unter dem Begriff „positive Religionspflege" versteht die kirchenrechtliche Doktrin die implizite Pflicht des Staates, die Kirchen wegen der gesellschaftlichen Bedeutung der Religion in vielfältigen Formen zu fördern. Positive Religionspflege wird als eine Wahrnehmung des Kulturauftrags des modernen Staates gedeutet.

9.3.4.1. Religionsunterricht

Etliche Bereiche sind in der Verfassung genannt, so in erster Linie der *Religionsunterricht*, der auch an öffentlichen Schulen als ordentliches Lehrfach von staatlich bzw. kommunal besoldeten Lehrern zu unterrichten ist. Er wird „in Übereinstimmung mit den Grundsätzen der Religionsgemeinschaft" erteilt. Die Lehrer bedürfen der kirchlichen Beauftragung und unterliegen hinsichtlich ihrer persönlichen Lebensführung und bezüglich des Inhalts ihres Unterrichts der kirchlichen Aufsicht. Teilweise werden die Lehrer auf dem Weg sogenannter „Gestellungsverträge" angestellt. Das bedeutet, daß sie kirchliche Bedienstete sind, die lediglich an den Staat „ausgeliehen" werden. Der Staat ersetzt der Kirche die Personalkosten. Diese kann jedoch über ihre Angestellten frei verfügen und sie gegebenenfalls entlassen, ohne daß der Staat sie anderweitig verwenden muß.

Allerdings haben sowohl die Eltern als auch die Jugendlichen nach Erreichen der sogenannten Religionsmündigkeit das Recht, über die Teilnahme am Religionsunterricht zu entscheiden. Gleicherweise darf „kein Lehrer gegen seinen Willen verpflichtet werden, Religionsunterricht zu erteilen" (Art. 7 GG).

Außer dieser von der Verfassung garantierten Förderung des kirchlichen Religionsunterrichts unterstützt der Staat kirchliche (Privat-)Schulen, Fachschulen und Hochschulen in kirchlicher („privater") Trägerschaft in großzügiger Weise. Diese großzügige Regelung ist teilweise der Preis für die kirchliche Zustimmung zur

Umwandlung der konfessionellen Grundschulen in „christliche" Gemeinschaftsschulen zu Ende der sechziger Jahre.[15]

9.3.4.2. Theologische Fakultäten und Institute

Für die Ausbildung der Lehrer, insbesondere jedoch der Geistlichen und des sonstigen theologischen Personals, unterhält der Staat an seinen wissenschaftlichen Hochschulen und Universitäten eigene theologische Lehrstühle bzw. Abteilungen und an den meisten (alten) Universitäten ganze theologische Fakultäten.[16]

Die Anstellung eines Theologen als Professor (und Assistent) erfolgt nur, wenn der jeweils zuständige Bischof der staatlichen Anstellungsbehörde gegenüber das „nihil-obstat" (= es steht nichts im Wege) erklärt hat. Der Bischof seinerseits ist aufgrund innerkirchlicher Anweisung gehalten, sich der Zustimmung des Heiligen Stuhles zu vergewissern. Darüber hinaus haben sich die deutschen Länder vertragsrechtlich bzw. durch gewohnheitsrechtliche Übung dazu verpflichtet, für „Abhilfe zu sorgen", wenn der Bischof einen Hochschullehrer hinsichtlich seiner persön-

[15] In Art. 7 GG heißt es: „Der Religionsunterricht ist in öffentlichen Schulen mit Ausnahme der *bekenntnisfreien Schulen* ordentliches Lehrfach." Diese Einschränkung wird als sogenannte *„Bremer Klausel"* bezeichnet. In Bremen wird in den allgemeinbildenden öffentlichen Schulen ein bekenntnismäßig nicht gebundener Unterricht in Biblischer Geschichte erteilt. Die Religionsgemeinschaften müssen ihren bekenntnisspezifischen Unterricht außerhalb der Schulzeit und auf eigene Kosten erteilen. — Die Literatur über den Religionsunterricht ist unübersehbar; verwiesen sei lediglich auf: Ch. Link, Religionsunterricht: HdbStKirchR II, 503—546. — Einen Überblick über die umstrittenen politischen Zusammenhänge bietet: Trennung von Staat und Kirche?, hrsg. v. P. Rath, bes. 102 ff.

[16] Volle katholisch-theologische Fakultäten gibt es an folgenden *staatlichen* Universitäten bzw. Hochschulen in der Bundesrepublik Deutschland: Augsburg, Bamberg, Bochum, Bonn, Freiburg, Mainz, München, Münster, Passau, Regensburg, Tübingen und Würzburg. — Aus der vielfältigen Literatur sei lediglich verwiesen auf: J. Neumann, Die theologischen Fakultäten an den Staatlichen Universitäten: Ius Sacrum, 853—879; E.-L. Solte, Theologie an der Universität. — Die wissenschafts- und kulturpolitische Frage, ob eine solchermaßen rechtlich von ihrer Kirche in Fragen der Lehre und der Disziplin abhängige „Wissenschaft" überhaupt in das Spektrum der vom Staat geförderten und gesicherten Wissenschaftsinstitutionen gehört, wird von der „zünftigen" Staatskirchenrechtslehre so gut wie gar nicht gestellt. Dennoch verlangt diese Frage immer drängender nach Antwort (vgl. H. Alber, Das Elend der Theologie. Kritische Auseinandersetzung mit Hans Küng, Hamburg 1979, bes. 138 ff.). — Dazu kommt ein weiterer politisch-finanzieller Zwang, diese Frage zu bedenken: Jeder von der Kirche wegen seiner Lehre oder seines persönlichen Verhaltens beanstandete Theologe in einem „kirchengebundenen Staatsamt", für den der Staat „Ersatz" schaffen muß, mutet dem Staat einseitig die finanziellen Lasten und politischen Konsequenzen zu (vgl. nächste Anmerkung).

lichen Lebensführung bzw. seiner Lehre beanstandet.[17] — Auch bei der Verleihung der Lehrbefugnis durch die jeweilige Fakultät muß der zuständige kirchliche Bischof seine Zustimmung geben. Daß hierbei gegebenenfalls die Freiheit wissenschaftlicher Forschung beeinträchtigt werden kann, liegt auf der Hand.

Damit haben die Kirchen vom Staat finanziell getragene Ausbildungsstätten zur Verfügung, die sie — im Gegensatz zu allen anderen gesellschaftlichen Gruppen — inhaltlich und personell voll kontrollieren. Inwieweit dadurch der Wissenschaftscharakter der Theologie desavouiert wird, ist hier nicht zu untersuchen. Der Staat jedenfalls hat, solange er „Theologie" an staatlichen Universitäten als „Wissenschaft" betreiben läßt, dafür zu sorgen, daß die vom Grundgesetz gewährleistete Freiheit wissenschaftlicher Forschung und Lehre nicht beeinträchtigt wird (Art. 5 Abs. III GG).

9.3.4.3. Staatlich geförderte Sonderseelsorge

Den Kirchen und Religionsgesellschaften wird von der Verfassung das Recht zuerkannt, soweit das Bedürfnis nach Gottesdienst und Seelsorge besteht, im Heer, in Krankenhäusern, Strafanstalten oder sonstigen öffentlichen Anstalten religiöse

[17] *Preußisches Konkordat* (1929) Art. 12 mit Schlußprotokoll; *Badisches Konkordat* (1932) Art. X und Schlußprotokoll; *Reichskonkordat* (1933) Art. 19 und Schlußprotokoll. Das *Bayerische Konkordat* von 1924 ist am 4. 9. 1974 ergänzt worden. Dadurch wurden nicht nur für die Lehrerbildung neue Vereinbarungen getroffen, sondern auch bezüglich aller Dozenten der katholischen Theologie folgendes festgestellt: Art. 3 § 2. „An den in §1 genannten theologischen Fachbereichen werden Professoren und andere Personen, die zu selbständiger Lehre berechtigt sind, vom Staate erst ernannt oder zugelassen oder Lehraufträge erteilt, wenn gegen die in Aussicht genommenen Kandidaten von dem zuständigen Diözesanbischof keine Erinnerung erhoben worden ist. — § 3. Sollte einer der genannten Lehrer vom Diözesanbischof wegen seiner Lehre oder wegen seines sittlichen Verhaltens aus triftigen Gründen beanstandet werden, so wird der Staat unbeschadet der staatsdienerlichen Rechte alsbald auf andere Weise für einen entsprechenden Ersatz sorgen." — Dazu im Schlußprotokoll: „Zu Art. 3 §§ 2 u. 3. Die Erklärung des zuständigen Diözesanbischofs, daß gegen den in Aussicht genommenen Kandidaten keine Erinnerung erhoben wird, bedeutet zugleich das Einverständnis, daß der Kandidat Mitglied des theologischen Fachbereichs wird. — Die Anwendung des Art. 3 § 3 hat daher zur Folge, daß der Lehrer aus dem theologischen Fachbereich ausscheidet." — Im Notenwechsel zwischen der Apostolischen Nuntiatur in Deutschland und dem Bayerischen Ministerpräsidenten vom 4. September 1974 wird zu Art. 3 § 2 folgendes präzisiert: „Der Staat wird den Ruf an den vorgesehenen Professor erst ergehen lassen, wenn der zuständige Diözesanbischof vorher schriftlich erklärt hat, daß er gegen den in Aussicht Genommenen keine Erinnerung erhebt. Das gleiche gilt bei der Erteilung der Lehrbefugnis und bei der Erteilung eines Lehrauftrages." — Zu Art. 3 § 3: „Priester, die dem Priesterstand nicht mehr angehören und wiederverheiratete Geschiedene können dem theologischen Fachbereich nicht angehören." — Das Land Nordrhein-Westfalen hat in ähnlichem Sinn durch Schreiben vom 23. 3. 1979 dem Drängen der Katholischen Kirche nachgegeben; vgl. K. Walf, Überreiztes Spiel. Kritik an einer Übereinkunft zwischen Staat und Kirche in Nordrhein-Westfalen: Publik-Forum Nr. 3, 9, 1980, 6—7.

Handlungen durch ihre Geistlichen vornehmen zu lassen (Art. 140 = Art. 141 WRV). — Kirchlicherseits wird diese Gewährleistung des Rechts der Religionsausübung als „Pflicht" des Staates deklariert, die aus dem Grundsatz der ungestörten Religionsausübung fließe. Soll nämlich die freie Religionsausübung jener Personen, die aufgrund von Krankheit oder durch hoheitlichen Zwang in besonderen Anstalten untergebracht sind, gesichert sein, „müssen innerhalb der Anstalt Maßnahmen zur religiösen Versorgung getroffen werden. Zur Sicherung des Grundrechts auf freie Religionsausübung besteht also eine Verpflichtung des Staates, für die religiösen Bedürfnisse der in seinen Anstalten untergebrachten Personen zu sorgen."[18]

Tatsächlich ist der Staat diesen kirchlichen Argumenten weithin gefolgt. Er ermöglicht es den (großen) Kirchen, nicht nur Seelsorge auszuüben und Gottesdienste abzuhalten, sondern die öffentliche Hand besoldet in vielen Bereichen der besonderen Gewaltverhältnisse (insbesondere bei Strafanstalten und Krankenhäusern der verschiedenen öffentlichen Träger) die dort tätigen Seelsorger und stellt die entsprechenden Einrichtungen bereit.

Beim *Bundesgrenzschutz*[19] und bei den *Polizeiverbänden* der Länder wird von staatlich besoldeten Geistlichen (beider Konfessionen) neben der eigentlichen Seelsorge und den gottesdienstlichen Veranstaltungen ein sogenannter „lebenskundlicher Unterricht" erteilt.

Bei der *Bundeswehr* existiert ein hierarchisch gegliedertes exemtes Seelsorgesystem mit einem eigenen Generalvikariat (vgl. oben 3.4.3.4.). Grundlage der katholischen Militärseelsorge sind Art. 27 des Reichskonkordats und die (erneuerten) Statuten für die Seelsorge in der Deutschen Bundeswehr PAULS VI. vom 31. 7. 1965, die im Einvernehmen mit der Regierung der Bundesrepublik Deutschland erlassen worden sind, sowie das Bundesgesetz über die Militärseelsorge vom 26. 7. 1957.[20]

9.3.4.4. Kirchensteuer

Nach Art. 137 Abs. VI WRV hat jede Religionsgesellschaft, die den Status einer Körperschaft des öffentlichen Rechts besitzt, das Recht, „aufgrund der bürgerlichen Steuerlisten nach Maßgabe der landesrechtlichen Bestimmungen Steuern zu erheben". Die diesbezüglichen landesrechtlichen Bestimmungen gehen derzeit in den deutschen Bundesländern über das von der Verfassung garantierte Maß hinaus: Die Länder stellen nicht nur die bürgerlichen Steuerlisten den Kirchen zur Verfügung, vielmehr führen sie das staatliche Inkasso dieser Steuern zugunsten der Kirchen mit

[18] So in extensiver Deutung der kirchlichen Ansprüche: K. Albrecht, Anstaltsseelsorge: HdbStKirchR II, 700—719; hier: 700.

[19] Aufgrund einer Vereinbarung der Regierung der Bundesrepublik Deutschland und der katholischen Bischöfe der Bundesrepublik Deutschland vom 29. 7. und 12. 8. 1965.

[20] Vgl. R. Seiler, Seelsorge in Bundeswehr und Bundesgrenzschutz: HdbStKirchR II, 685—700.

staatlicher Zwangsgewalt durch. Als Bemessungsgrundlage dienen heute in der Regel nicht mehr kircheneigene Tarife, sondern die staatlichen Steuersätze. Von diesen wird ein Zuschlag in Höhe von 10—8 Prozent als Kirchensteuerschuld erhoben. Der Staat bekommt für seine Dienste eine Unkostenpauschale (derzeit ca. 3 Prozent des Kirchensteueraufkommens).

Wer sich dieser staatlichen Maßnahme entziehen will, muß mit bürgerlich-rechtlicher Wirkung aus seiner Kirche austreten. Zuständig ist dafür in den meisten Bundesländern das Standesamt, in anderen das Amtsgericht. Um der Kirchensteuer willen muß der Staat die Möglichkeit eines solchen Austritts eröffnen, auch wenn nach dem Selbstverständnis der Kirche ein solcher Austritt nicht möglich sein sollte[21] (vgl. oben 2.2.6.).

Diesem vom Staat gewährten und durchgeführten Recht des Kirchensteuereinzugs korrespondiert auf der anderen Seite die Befreiung von nicht wenigen Gebühren und Abgaben.

9.3.5. Vertragskirchenrecht

Um in den konfliktträchtigen Grenzgebieten zwischen Staat und Kirche, die von der Verfassung gar nicht detailliert geregelt werden können, die gegenseitigen Interessen aufeinander abzustimmen, eine friedliche Zusammenarbeit zu sichern und Kompetenzstreitigkeiten möglichst auszuschalten, bemühten sich die Kirchen Deutschlands — vor allem seit dem Ersten Weltkrieg — um vertragliche Regelungen. Die katholische Kirche schloß *Konkordate* mit Bayern (1924), mit Preußen (1929) und Baden (1932) sowie nach zwölfjährigen Verhandlungen mit dem Deutschen Reich (1933).[22] Aus Gründen der Parität gingen die deutschen Länder auch ähnlich lautende Verträge mit den evangelischen Kirchen ein. In zahlreichen kleineren Sonderabkommen wurden darüber hinaus in erster Linie finanzielle Staatsleistungen an die Kirchen und Baulastfragen, aber auch Schul- und Hochschulprobleme geregelt.

In bezug auf die innere Ausgestaltung und die sachliche Begründung der Koordination staatlicher und kirchlicher Tätigkeit kommt dem Niedersächsischen Kirchenvertrag besondere Bedeutung zu. Er wird nach dem Ort des Vertragsabschlusses auch ›Loccumer Vertrag‹ genannt (15. 3. 1955). Mit ihm wird die Basis rein pragmatischer Regelungen gemeinsam interessierender Sachfragen verlassen und eine

[21] Vgl. A. v. Campenhausen, Der Austritt aus den Kirchen und Religionsgemeinschaften: HdbStKirchR I, 647—666.

[22] Texte der Konkordate und Kirchenverträge sind u. a. abgedruckt bei: W. Weber, Konkordate und Kirchenverträge, 2 Bde. — Zur Entstehungsgeschichte des Reichskonkordates vgl. u. a. L. Volk, Das Reichskonkordat vom 20. Juli 1933; Leonore Siegele-Wenschkewitz, Nationalsozialismus und Kirchen, 90ff.; K. Scholder, Die Kirchen und das Dritte Reich, Bd. I, bes. 184ff.; 482ff.; J. Neumann, Auf Wegen der Versöhnung, 276—285.

neue Stufe des Staatskirchenrechts erreicht. Diese „neue Nähe zum Staat" impliziert den Anspruch der Kirche, „das Ganze ihrer Wirksamkeit" in der Öffentlichkeit unbeschränkt und vom Staat gefördert darzustellen. Ein solcher „Öffentlichkeitsanspruch" der Kirche sei „kraft ihres Auftrags und ihres damit gegebenen Wesens die Anerkennung eben dieses Anspruchs und folglich das erste, was wir heute vom Staat fordern" müssen.[23] In diesem ›Loccumer Vertrag‹ anerkennt der staatliche Partner nicht nur den Öffentlichkeitsauftrag der Kirche und ihre Eigenständigkeit, sondern werden zur Vertiefung der gegenseitigen Beziehungen „regelmäßige Begegnungen" angestrebt. Damit ist die Kirche als ebenbürtiger Gesprächs- und Aktionspartner, als Trägerin „öffentlicher", weil gemeinwohlbezogener Verantwortung und Aufgaben anerkannt. Es stehen nicht mehr nur spezifisch religiöse Belange (Kirchenorganisation, Sonderseelsorge, Religionsunterricht, Pfarrerbesoldung, finanzielle Zuschüsse und dgl.) in Rede, sondern allgemein diejenigen geistigen, politischen und sozialen Lebensfragen, die beide Vertragspartner in gleicher Weise berühren. Der Unterschied zu den bisherigen Konkordaten und Kirchenverträgen ist unübersehbar.[24] Der Staat nimmt zur Kenntnis, daß die Kirchen durch ihr Handeln, zu dem sie sich aufgrund eben dieses Öffentlichkeitsanspruchs verpflichtet fühlen, Faktoren von erheblicher „öffentlicher" Bedeutung geworden sind und darum auch in jenen Bereich hineinwirken, auf den sich staatliches Handeln bezieht. Diese Entwicklung ist zweifellos nicht unbedenklich. Auf dem Hintergrund des in diesem Kirchenvertrag — und in den ihm nachgebildeten — deutlich werdenden kirchenpolitischen Theoriebildungen stellt der *Accordo* zwischen Bayern und dem Heiligen Stuhl von 1977 einen Rückfall in einen vortheoretischen, unbedachten und von rein gruppensichernden Interessen geleiteten Zustand dar, der die gesellschaftliche Bedeutung der (katholischen) Kirche in erstaunlicher Weise unberücksichtigt läßt. Die katholische Kirche — vertreten durch den Päpstlichen Nuntius in der Bundesrepublik Deutschland — scheint sich hier als Interessenverband in einem Verbändestaat mißzuverstehen.

9.3.6. Dominanz der Kirche?

Der Rahmen weitreichender rechtlicher Bevorzugung ist durch die Rechtsprechung der letzten Jahrzehnte noch weiter abgesichert worden. Der Bundesgerichtshof stellte bereits 1961 fest: „Die Kirchen sind der staatlichen Hoheitsmacht grundsätzlich nicht unterworfen. ... In den so abgegrenzten Hoheitsbereich der Kirchen darf und kann der Staat rechtens nicht eindringen, und insoweit stehen staatliche und kirchliche Hoheitsgewalt nebeneinander." Damit war der von kirchlicher Seite

[23] R. Smend, Staat und Kirche nach dem Bonner Grundgesetz: ZEvKR 1, 1951, 4—17; hier: 9.

[24] Vgl. dazu J. Neumann, Der religionspolitische Ort der Kirche in der Bundesrepublik Deutschland: ThQ 156, 1976, 179.

behauptete Grundsatz der eigenen, von staatlicher Verleihung unabhängigen Hoheitsmacht der Kirchen höchstrichterlich rezipiert. Welch gesellschaftlicher Sprengstoff darin enthalten ist, wird die Zukunft erweisen.

Für heute bleibt festzustellen, daß sich die staatliche und gesellschaftliche Struktur — bei unverändertem Verfassungstext, aber weiter entwickelter Rechtslage — wesentlich gewandelt hat. In einem demokratischen Verfassungsstaat, der sein schützendes Dach über vielförmige und oft divergierende gesellschaftliche Gruppen spannt, kann die Kirche nicht mehr adäquat wirken, wenn sie sich weiterhin nach traditionellem Muster als eine der staatlichen Gewalt „koordinationsrechtlich" *gegenüber*stehende „Gesellschaft" betrachtet. Tatsächlich kommt es für die Religionsgesellschaften in der heutigen Gesellschaft mehr auf ihren *gesellschaftlichen Stellenwert* als auf ihren verfassungs- oder vertragsrechtlich gesicherten Standort an. Dieser kann nämlich durch die tatsächlichen gesellschaftspolitischen Entwicklungen — bei grundsätzlicher Wahrung des formalen Rechts — fast belanglos werden. Für die Bedeutung der Kirchen in der heutigen Gesellschaft ist weniger ihr Verhältnis zum „Staat" als vielmehr ihr geistlich-moralisches Gewicht *in* der Gesellschaft von Belang.[25]

Literatur: ALBRECHT, A., Koordination von Staat und Kirche in der Demokratie. Eine juristische Untersuchung, Freiburg—Basel—Wien 1965; CAMPENHAUSEN, A. v., Staat und Kirche in Frankreich, Göttingen 1962; CAMPENHAUSEN, A. v., Staatskirchenrecht. Ein Leitfaden durch die Rechtsbeziehungen zwischen dem Staat und den Religionsgemeinschaften, München 1973; DENZLER, G., Kirchenstaat — Lateranverträge — Konkordatsrevision — Heiliger Stuhl: DERS., Kirche und Staat auf Distanz, 147—163; ELIADE, M., Geschichte der religiösen Ideen, 3 Bde., Freiburg—Basel—Wien 1979; FISCHER, E., Trennung von Staat und Kirche. Die Gefährdung der Religionsfreiheit in der Bundesrepublik, Frankfurt—Berlin ²1971; GAMPL, INGE, Die Rechtsstellung der Kirchen und ihrer Einrichtungen nach österreichischem Recht. Untersuchung auf rechtshistorischer und rechtsvergleichender Grundlage, Wien 1965; GAMPL, INGE, Österreichisches Staatskirchenrecht, Wien—New York 1971; HARTUNG, F., Die Entwicklung der Menschen- und Bürgerrechte von 1776 bis zur Gegenwart, Göttingen ³1964; HECKEL, M., Zur itio in partes: FS f. F. Elsener, hrsg. v. L. CARLEN, F. EBEL, Sigmaringen 1977, 133—147; HEINRICHSMEIER, C., Das kanonische Veräußerungsverbot im Recht der Bundesrepublik Deutschland, Amsterdam 1970; HERRMANN, H., Ein unmoralisches Verhältnis. Bemerkungen eines Betroffenen zur Lage von Staat und Kirche in der Bundesrepublik Deutschland, Düsseldorf 1974; HOLLERBACH, A., Verträge zwischen Staat und Kirche in der Bundesrepublik Deutschland, Frankfurt 1965; HUBER, E. R., W. HUBER, Staat und Kirche im 19. und 20. Jahrhundert, Dokumente zur Geschichte des deutschen Staatskirchenrechts, Berlin 1974; HUBER, W., H. E. TÖDT, Menschenrechte, Perspektiven einer menschlichen Welt, Stuttgart—Berlin 1977, bes. 13f., 77ff.; KAAS, L., Der Konkordatstyp des faschistischen Italien: Zeitschrift für ausländisches öffentliches Recht und Völkerrecht 3, 1933, 488—522; KRÄMER, M.,

[25] Vgl. J. Neumann, Kirche als Sinnträger einer pluralen Gesellschaft? Anmerkungen zum Selbstverständnis der (katholischen) Kirche: Kirche und Staat Handbuch der christlichen Ethik II, 266—281.

Kirche contra Demokratie? Gesellschaftliche Probleme im gegenwärtigen Katholizismus, München 1973; LEISCHING, P., Kirche und Staat in den Rechtsordnungen Europas. Ein Überblick, Freiburg 1973; Die Menschenrechte. Erklärungen, Verfassungsartikel, Internationale Abkommen. Mit einer Einführung hrsg. v. W. HEIDELMEYER, Paderborn 1972; METZ, R., Églises et État en France. Situation juridique actuelle, Paris 1977; MORDECK, H., Kirchenrecht und Reform im Frankenreich, Berlin 1975; NEUMANN, J., Die Theologischen Fakultäten an den staatlichen Universitäten nach dem Grundgesetz der Bundesrepublik Deutschland: Ius Sacrum, 853—879; NEUMANN, J., Das Zusammenwirken von Staat und Kirche: Materialdienst (der Diözese Rottenburg), Stuttgart, Heft 3, 1974, 13—27; NEUMANN, J., Der religionspolitische Ort der Kirche in der Bundesrepublik Deutschland: ThQ 156, 1976, 171—182; NEUMANN, J., Zur Kirchenfinanzierung in der Bundesrepublik Deutschland: ThQ 156, 1976, 198—205; NEUMANN, J., Kirche als Sinnträger in einer pluralen Gesellschaft? Anmerkungen zum Selbstverständnis der (katholischen) Kirche: Kirche und Staat, 27—70; NEUMANN, J., Das rechtliche Verhältnis zwischen Kirche und Staat in der Bundesrepublik Deutschland: Katholiken und ihre Kirche, hrsg. v. G. GORSCHENEK, München—Wien 1976, 162 ff.; NEUMANN, J., Kirche und Staat: Handbuch der christlichen Ethik, 266 ff.; NEUMANN, J., Auf Wegen der Versöhnung. Zu einigen Grundproblemen des Verhältnisses von Kirche und Staat im Deutschland der Neuzeit: Versöhnung, 263—297; NEUMANN, J., Martyrium — Inquisition — Exorzismus: Angst und Gewalt. Ihre Präsenz und ihre Bewältigung in den Religionen, hrsg. v. H. v. Stietencron, Düsseldorf 1979; RATH, P. (Hrsg.), Trennung von Staat und Kirche? Dokumente und Argumente, Reinbek 1971; SCHEUNER, U., Der Bestand staatlicher und kommunaler Leistungspflichten an die Kirchen (Art. 138 Abs. 2 WRV): Diaconia et Ius, 381—396; SCHLAICH, K., Neutralität als verfassungsrechtliches Prinzip, Tübingen 1972; SCHLAICH, K., Maioritas — protestatio — itio in partes — corpus evangelicorum. Das Verfahren im Reichstag des Hl. Römischen Reichs deutscher Nation nach der Reformation: ZSRG. K 63, 1977, 264—299; SCHMIDT-EICHSTAEDT, G., Kirchen als Körperschaften des öffentlichen Rechts?, Köln—Berlin u. a. 1975; SCHOLDER, K., Die Kirchen und das Dritte Reich. Bd. I: Vorgeschichte und Zeit der Illusionen 1918—1934, Frankfurt—Berlin—Wien 1977, bes. 184 ff.; SIEGELE-WENSCHKEWITZ, LEONORE, Nationalsozialismus und Kirchen. Religionspolitik von Partei und Staat bis 1935, Düsseldorf 1974; SOLTE, E.-L., Theologie an der Universität. Staats-und kirchenrechtliche Probleme der theologischen Fakultäten, München 1971; STOCKMEIER, P., Glaube und Religion in der frühen Kirche, Freiburg—Basel—Wien 1973; STRIGL, R. A., Kirche im modernen Staat. Versuch einer Standortbestimmung: AKathKR 141, 1972, 148—169; STRIGL, R. A., Kirchliches Dienstrecht in der Bundesrepublik Deutschland: Ex aequo et bono, 531—544; VOLK, L., Das Reichskonkordat vom 20. Juli 1933. Von den Ansätzen in der Weimarer Republik bis zur Ratifizierung am 10. September 1933; Veröffentl. d. Komm. f. Zeitgesch., Reihe B, Bd. 5, Mainz 1972; WEBER, H., Die Religionsgemeinschaften als Körperschaften des öffentlichen Rechts im System des Grundgesetzes, Berlin 1966; WEBER, H., Staat und Kirchen unter dem Grundgesetz: Kirche und moderne Gesellschaft, hrsg. v. H. W. BROCKMANN, Düsseldorf 1976, 84—122; WEBER, W., Staat und Kirche in der Gegenwart. Rechtswissenschaftliche Beiträge aus vier Jahrzehnten, Tübingen 1978; ZIEGLER, A. W., Religion, Kirche und Staat in Geschichte und Gegenwart. Ein Handbuch, 3 Bde., München 1969—1974.

LITERATUR

Quellen

Acta Apostolicae Sedis, Rom 1909ff. (= AAS).

Die päpstlichen und kurialen Erlasse werden — wie üblich — mit ihren lateinischen Anfangsworten zitiert. Auf den Nachweis des Fundortes (in den ›Acta Apostolicae Sedis‹) wurde verzichtet, da die meisten Leser weder das offizielle päpstliche Amtsblatt noch — für die Partikulargesetze — die Amtsblätter der deutschen Bistümer zur Hand haben dürften. Aufgrund des angegebenen Datums läßt sich jedoch der lateinische Originaltext rasch in den ›Acta Apostolicae Sedis‹ oder im ›Archiv für katholisches Kirchenrecht‹ bzw. die deutsche Übersetzung im ›Österreichischen Archiv für Kirchenrecht‹ finden.

Acta genuina Concilii Tridentini, 2 Bde., hrsg. v. A. Theiner, Agram 1874.

Annuario Pontificio per l'anno 1979, Città del Vaticano 1979. (= AnPontif.).

Acta Sanctae Sedis, Rom 1865. (= ASS).

Die Apostolischen Väter, hrsg. v. K. Bihlmeyer, Tübingen ²1956.

Die Apostolischen Väter, hrsg. und übers. v. J. A. Fischer, Darmstadt 1965. (= Die Apostolischen Väter).

Bibliothek der Kirchenväter, Zweite Reihe, hrsg. v. O. Bardenhewer, Th. Schermann und C. Weymann, Kempten 1911ff. (= BKV).

Codex Iuris Canonici, Rom 1917. (= CIC).

Collectio Lacensis. Acta et Decreta Sacrorum Conciliorum, hrsg. v. den Jesuiten aus Maria Laach, 7 Bde., Freiburg 1870—1890. (= Coll. Lac.).

Conciliengeschichte, 9 Bde., hrsg. v. C. J. v. Hefele, (8 und 9 v. J. Hergenröther), Freiburg/Br. 1855—90; I—IV ²1962.

Conciliorum Oecumenicorum Decreta, hrsg. v. H. Jedin, Basel u. a. ³1973. (= COD).

Corpus Iuris Canonici, 2 Bde., hrsg. v. Ae. Friedberg, Leipzig 1879/81 (Nachdr. Graz 1955). (= Corpus Iuris Canonici).

Corpus scriptorum ecclesiasticorum latinorum, Wien 1866ff. (= CSEL).

Decretales Pseudo-Isidorianae et Capitula Angilramni, hrsg. v. P. Hinschius, Leipzig 1863 (Nachdr. Aalen 1963).

Didascalia et Constitutiones Apostolorum I, hrsg. v. F. X. Funk, Paderborn 1905 (Nachdr. 1959).

Eusebius, Kirchengeschichte, hrsg. v. E. Schwartz, Leipzig 1914.

Eusebius von Caesarea, Kirchengeschichte, hrsg. u. eingel. v. H. Kraft, München 1967.

Gemeinsame Synode der Bistümer in der Bundesrepublik Deutschland. Offizielle Gesamtausgabe I, hrsg. v. L. Bertsch u. a., Freiburg 1976.

Raccolta di Concordati su materie ecclesiastiche tra la Sante Sede e le Autorità Civili, ed. A. Mercati, 2 Bde., Rom 1954.

Die deutschen Konkordate und Kirchenverträge der Gegenwart, hrsg. v. W. Weber, I: Göttingen 1962, II: Göttingen 1971. (= W. Weber, Konkordate und Kirchenverträge).

Konkordate seit 1800. Originaltext und deutsche Übersetzung der geltenden Konkordate, hrsg. v. L. Schöppe, Frankfurt-Berlin 1964. (= Schöppe, Konkordate).
Index Romanus. Verzeichnis sämtlicher auf dem römischen Index stehender deutscher Bücher desgleichen aller wichtigsten fremdsprachigen Bücher seit dem Jahr 1750, hrsg. v. A. Sleumer, Osnabrück [11]1965.
Nachkonziliare Dokumentation, 58 Bde., Trier 1967—1977. (= NKD).
Die großen Ordensregeln, hrsg. v. H. U. v. Balthasar, Einsiedeln [2] 1961.
Le Pontifical Romain au Moyen-âge, 4 Bde., hrsg. v. M. Andrieu, Rom 1938ff.
Patrologia Latina, hrsg. v. J. P. Migne, Paris 1878 bis 1890. (= PL).
Patrologia Graeca, hrsg. v. J. P. Migne, Paris 1857 bis 1866. (= PG).
Die Summa des Paucapalea über das Decretum Gratiani, hrsg. v. J. F. v. Schulte, Gießen 1890 (Nachdr. 1965).
Quellen zur Geschichte des Papsttums und des Römischen Katholizismus I, hrsg. v. C. Mirbt, K. Aland, Tübingen [6]1967. (= Mirbt, Quellen I).
Sacrorum Conciliorum nova et amplissima collectio, hrsg. v. J. D. Mansi, Florenz 1759—1798 (Nachdr. Paris 1901—1927) (= Mansi).
Theologisches Wörterbuch zum Neuen Testament, hrsg. v. G. Kittel, fortges. v. G. Friedrich, Stuttgart 1933ff. (= ThW).
Thomas v. Aquin, Summa Theologiae, 5 Bde., Madrid 1961.
Thomas v. Aquin, Summa Theologica, vollst. dt.-lat. Gesamtausgabe, Heidelberg u.a. 1953ff.
Wörterbuch zum NT, hrsg. v. W. Bauer, Berlin [5]1971. (= Bauer, Wörterbuch zum NT).
Die Zwölfapostellehre, übertr., eingel. u. erkl. v. L. A. Winterswyl, Freiburg [2]1954.

Dokumente des Zweiten Vatikanischen Konzils

Sacrosanctum Concilium. Liturgiekonstitution	SC
Inter mirifica. Dekret	IM
Lumen gentium. Dogmatische Konstitution	LG
Orientalium Ecclesiarum. Dekret	OE
Unitatis redintegratio. Dekret	UR
Christus Dominus. Dekret	CD
Perfectae caritatis. Dekret	PC
Optatam totius. Dekret	OT
Gravissimum educationis. Erklärung	GE
Nostra aetate. Erklärung	NA
Dei verbum. Dogmatische Konstitution	DV
Apostolicam actuositatem. Dekret	AA
Dignitatis humanae. Erklärung	DH
Ad gentes. Dekret	AG
Presbyterorum Ordinis. Dekret	PO
Gaudium et spes. Pastoralkonstitution	GS

Abgedruckt in: Lexikon für Theologie und Kirche. Das Zweite Vatikanische Konzil. Dokumente und Kommentare, hrsg. v. H. S. Brechter, B. Häring u.a., 3 Bde., Freiburg u.a. 1966ff. (= LThK. E.).

Handbücher und Nachschlagewerke

Begegnung. Beiträge einer Hermeneutik des theologischen Gesprächs, hrsg. v. J. v. Brosseder, W. Pannenberg, u. a., Graz 1972.

Bettermann, K. A., F. L. Neumann, H. C. Nipperdey, Die Grundrechte I/1, Berlin 1966.

de Broucker, J. (Hrsg.), Das Dossier Suenens. Diagnose einer Krise, Graz 1970.

Burke, T. P. (Hrsg.), Künftige Aufgaben der Theologie, München 1967.

Congar, Y. (Hrsg.), Das Bischofsamt und die Weltkirche, Stuttgart 1974.

Convivium utriusque iuris. FS f. A. Dordett, Wien 1976.

Denzler, G. (Hrsg.), Kirche und Staat auf Distanz, München 1977.

Diaconia et Ius. FS f. H. Flatten, München—Paderborn—Wien 1973.

Dictionnaire de Droit Canonique, hrsg. v. R. Naz, Paris 1935. (=DDC).

Ecclesia et Ius, FS f. A. Scheuermann, München—Paderborn—Wien 1968.

Episcopus, Studien über das Bischofsamt. FS f. M. Kardinal von Faulhaber, dargebr. v. d. Theol. Fakultät d. Universität München, Regensburg 1949.

Essener Gespräche zum Thema Staat und Kirche, Essen 1967 f.

Essener Gespräche zum Thema Staat und Kirche, Münster 1969 ff.

Evangelisches Staatslexikon, hrsg. v. H. Kunst, R. Herzog, W. Schneemelcher, Stuttgart ²1975. (=EStL).

Feine, H. E., Kirchliche Rechtsgeschichte. Auf der Grundlage des Kirchenrechts von Ulrich Stutz, Weimar 1950; Köln—Graz ⁴1964. (=Feine, Kirchliche Rechtsgeschichte).

Feiner, J., M. Löhrer, Mysterium Salutis. Grundriß heilsgeschichtlicher Dogmatik, 5 Bde., Einsiedeln—Zürich—Köln 1965 ff.

Fikentscher, W., Methoden des Rechts in vergleichender Darstellung, 5 Bde., Tübingen 1975 ff.

Friesenhahn, E., U. Scheuner (Hrsg.), Handbuch des Staatskirchenrechts der Bundesrepublik Deutschland, 2 Bde., Berlin 1974/75. (=HdbStKirchR).

Gill, J., Konstanz und Basel-Florenz. Geschichte der ökumenischen Konzilien IX, Mainz 1967.

Gorschenek, G. (Hrsg.), Katholiken und ihre Kirche in der Bundesrepublik Deutschland, München — Wien 1976.

Griechisch-deutsches Handwörterbuch, hrsg. v. W. Pape, 2 Bde., Braunschweig 1902.

Grundriß des nachkonziliaren Kirchenrechts, hrsg. v. J. Listl, H. Müller, H. Schmitz, Regensburg 1980.

Guyot, J. (Hrsg.), Das apostolische Amt, Mainz 1961.

Hampe, J. Ch. (Hrsg.), Autorität der Freiheit, München 1967. (=Hampe, Autorität der Freiheit).

Handbuch der christlichen Ethik, hrsg. v. A. Hertz, W. Korff, T. Rendtorff, H. Ringeling, 2 Bde., Basel—Wien—Gütersloh ²1979.

Handbuch der Kirchengeschichte, hrsg. v. H. Jedin, 7 Bde., Freiburg u. a. 1962 ff. (=HKG).

Handbuch theologischer Grundbegriffe, hrsg. v. H. Fries, 2 Bde., München 1963. (=HThG).

Handwörterbuch zur deutschen Rechtsgeschichte, hrsg. v. A. Erler, E. Kaufmann, Berlin 1964/65 ff. (=HRG).

Handlexikon zu den Quellen des römischen Rechts, hrsg. v. H. Heumann, E. Seckel, Graz ¹⁰1958. (=Heumann-Seckel, Handlexikon).

Herders Theologisches Taschenlexikon, hrsg. v. K. Rahner, 7 Bde., Freiburg—Basel—Wien 1973.

Hergenröther, Ph., Lehrbuch des Kirchenrechts, Freiburg 1888.
Herrmann, H., Kleines Wörterbuch des Kirchenrechts für Studium und Praxis, Freiburg—Basel—Wien 1972.
Hinschius, P., System des katholischen Kirchenrechts mit besonderer Rücksicht auf Deutschland, 6 Bde., (Nachdr. Graz 1959).
Ius et salus animarum. FS f. B. Panzram, Freiburg 1972.
Ius Sacrum. FS f. K. Mörsdorf, München—Paderborn—Wien 1963.
Jedin, H., Kirche des Glaubens — Kirche der Geschichte. Ausgewählte Aufsätze und Vorträge II, Freiburg u. a. 1966.
Jedin, H., Geschichte des Konzils von Trient, 4 Bde., Freiburg 1949—1975.
Jone, H., Gesetzbuch der lateinischen Kirche, 3 Bde., Paderborn ²1950—53.
Kasper, W. (Hrsg.), Christsein ohne Entscheidung — oder soll die Kirche Kinder taufen?, Mainz 1970.
Kirche und Staat. FS f. F. Eckert, Berlin 1976.
Der Kleine Pauly. Lexikon der Antike, hrsg. v. K. Ziegler und W. Sontheimer, 5 Bde., Stuttgart 1964 ff. (=KP).
Konzil und Papst. Historische Beiträge zur Frage der höchsten Gewalt in der Kirche. FS f. H. Tüchle, München 1975.
Ausführliches lateinisch-deutsches Handwörterbuch, 2 Bde., hrsg. v. K. J. Georges, Hannover ¹⁴1976.
Legge e vangelo. Discussione su una legge fondamentale per la Chiesa, publicati a cura dell'Istituto per le Scienze religiose di Bologna, Brescia 1972.
Lexikon der Pastoraltheologie. Handbuch der Pastoraltheologie V, hrsg. v. F. Klostermann, K. Rahner, H. Schild, Freiburg—Basel—Wien 1972. (=Lexikon der Pastoraltheologie).
Lexikon für Theologie und Kirche, hrsg. v. J. Höfer und K. Rahner, 2. völlig neu bearb. Aufl., 10 Bde. u. 1 Reg. Bd., Freiburg 1957 ff. (=LThK).
Mayer, S., Neueste Kirchenrechts-Sammlung, 4 Bde., Freiburg 1951—1961.
Mörsdorf, K., Die Rechtssprache des Codex Iuris Canonici. Eine kritische Untersuchung, Paderborn 1937 (Nachdr. 1967). (=Mörsdorf, Rechtssprache des CIC).
Mörsdorf, K., Lehrbuch des Kirchenrechts auf Grund des Codex Iuris Canonici, 3 Bde., München—Paderborn—Wien ¹¹1967 f. (=K. Mörsdorf, Kirchenrecht).
Mosiek, U., Kirchliches Eherecht unter besonderer Berücksichtigung der nachkonziliaren Rechtslage, Freiburg ²1972.
Mosiek, U., Verfassungsrecht der Lateinischen Kirche, 3 Bde., Freiburg 1975—1978.
Neumann, J., Synodales Prinzip. Der größere Spielraum im Kirchenrecht, Freiburg—Basel—Wien 1973.
Neumann, J., Menschenrechte — auch in der Kirche?, Zürich—Einsiedeln—Köln 1976.
Ortskirche — Weltkirche. FS f. J. Kardinal Döpfner, Würzburg 1973.
Permaneder, M., Handbuch des gemeingültigen katholischen Kirchenrechts, Landshut 1846.
Phillips, G., Kirchenrecht, 2 Bde., Regensburg 1845.
Plöchl, W. M., Geschichte des Kirchenrechts, 5 Bde., Wien—München 1955 ff. (Bd. 1 ²1960).
Quaritsch, H., H. Weber (Hrsg.), Staat und Kirchen in der Bundesrepublik. Staatskirchenrechtliche Aufsätze 1950—1967, Bad Homburg u. a. 1967.
Rahner, H. (Hrsg.), Kirche und Staat im frühen Christentum. Dokumente aus acht Jahrhunderten und ihre Deutung, München 1961.
Rahner, K., Schriften zur Theologie, 13 Bde., Einsiedeln—Zürich—Köln 1961 ff.

Die Religion in Geschichte und Gegenwart, hrsg. v. K. Galling, 6 Bde., Tübingen [3]1957ff. (=RGG).

Richter, Ae. L., Lehrbuch des katholischen und evangelischen Kirchenrechts, Leipzig [4]1853.

Sägmüller, J. B., Lehrbuch des katholischen Kirchenrechts I/4, Freiburg [4]1925—1934.

Schultz, H., System der Philosophie, III. Bd.: Der Raum, III. Teil: Der Rechtsraum, Bonn 1973.

Staatslexikon. Recht — Wirtschaft — Gesellschaft, hrsg. v. d. Görres-Gesellschaft, 11 Bde., 6. völlig neu bearbeitete u. erweiterte Auflage, Freiburg 1957ff.

Theologie im Wandel. FS zum 150jährigen Bestehen der Katholisch-Theologischen Fakultät der Universität Tübingen, hrsg. v. J. Ratzinger und J. Neumann, München 1967.

Theologisches Wörterbuch zum Neuen Testament, hrsg. v. G. Kittel u.a., Stuttgart 1933ff. (=ThWNT).

Versöhnung. Gestalten — Zeiten — Modelle, hrsg. v. H. Fries und U. Valeske, Frankfurt 1975.

Wörterbuch zum Codex Iuris Canonici, hrsg. v. R. Köstler, München 1927. (=Köstler, Wörterbuch zum CIC).

Wörterbuch zum Neuen Testament, hrsg. v. W. Bauer, Berlin [5]1958. (=WNT).

ALLGEMEINE ABKÜRZUNGEN

Bezüglich der Abkürzungen von Zeitschriften und Handbüchern wird auf das IATG verwiesen: Internationales Abkürzungsverzeichnis für Theologie und Grenzgebiete, hrsg. v. S. Schwertner, Berlin—New York 1974, bzw. ders.: Theologische Realenzyklopädie. Abkürzungsverzeichnis, Berlin—New-York 1976.

Bezüglich der Abkürzungen biblischer Schriften wurden die Loccumer Richtlinien beachtet.

Apost. Konst.	Apostolische Konstitution
Art.	Artikel
c.	Canon des CIC
can.	Canon (im ostkirchlichen Recht oder in den Entwürfen der Kodexreformkommission)
Dekr.	Dekret
Dogm. Konst.	Dogmatische Konstitution
ed.	ediert
FS	Festschrift
GG	Grundgesetz der Bundesrepublik Deutschland vom 23. 5. 1949.
i.V.m.	in Verbindung mit
MP	Motuproprio
n.	Nummer
p.	pagina
q.	quaestio(nes)
Sp.	Spalte
WRV	Weimarer Reichsverfassung vom 11. 8. 1919

REGISTER

1. Sachen

Ablaß 152. 194. 256f.
Absetzung (depositio) 128
Absolution s. Lossprechung
Absolutismus 16. 44. 157. 278. 336. 341
Abt 234. 331
Abt, Gefreiter 159. 182. 225f.
Abtpräses 159
Abtprimas 159. 234
Abtreibung 124. 264
Administrator, Apostolischer 224f.
Adoption 287
Aequitas canonica 109ff.
Aggiornamento 47
Akolyth 98. 260
Altar 97. 250
Älteste 30. 68
Amt 29. 67ff. 73f. 114f. 239
Amt, bepfründetes 69
Amt, nichtbepfründetes 69
Amt, Erledigung 70
Amt für Personalangelegenheiten 143
Amt, Statisches s. General Rationarium
Amtsgeheimnis (Secretum Pontificium) 144. 151. 185
Amtsgewalt 115f. 213f.
Amtsverzicht 199. 213
Amtszeit, Begrenzung 142. 199. 213
Anathem 127
Andachtsbeichte 252
Angemessenheit 98. 111. 124
Anhörungsrecht 202
Anomalie, psycho-sexuelle 284
Anstalt 121f.
Antike 324ff. 330
Antistes 105
Apokrisiar 162
Apostasie (Glaubensabfall) 124. 264. 299. 308f.
Apostel 29. 68. 71. 79f.
Apostelamt 170
Apostelgeschichte 29f. 71f. 123
Apostelnachfolger 104. 170f. 259. 270. 308
Apostel-Petrus-Werk 148
Apostolat der Kirche 222
Apostolische Konstitutionen 46. 85
Apostolischer Palast 154
Apostolischer Stuhl 94. 122. 174. 177. 179. 186f. 189. 200. 227. 228. 230. 236. 253. 261. 274. 282. 292. 304.
Apostolische Väter 59
Apostolizität 79ff. 168
Appellatio s. Berufung
Applikationspflicht 214. 251
Approbation 178. 234. 310
Aristokratie 9. 201
Atheismus 149
Auctoritas s. Autorität
Audientia episcopalis 329
Audienz beim Papst 154
Auditor (bei Gericht) 152
(beim Konzil) 159
Auditrices (beim Konzil) 159
Aufgebot 295
Aufhebung der ehelichen Lebensgemeinschaft 298f.
Aufklärung 337
Auflösung von Ehen zugunsten des Glaubens 300
Augsburger Religionsfriede 336
Ausbildung des Klerus und der Ordensleute 147. 267f.
Auslegung der Gesetze 102. 111
Ausnahmerecht 111
Ausschluß aus der Gemeinde 34. 252
Ausschluß von den Sakramenten 121. 252. 305

Außenvikar s. Dekan
Authentizität 82. 89
Autonomie 56. 336. 344
Autorität (auctoritas) 15. 78. 93[73]. 103ff. 111f.
Autorität, kirchliche 3. 15. 29. 111. 113. 114. 127. 170. 172. 180. 184. 200. 208. 212. 234. 254. 274. 275f. 290. 333
Auxiliarbischof s. Hilfsbischof

Bedenken (allgemein) politischer Natur 186
Begnadigung 110. 126. 254
Begräbnis, kirchliches 258
Beichte s. Buße
Beichtgeheimnis 253
Beichtpflicht 255
Beichtverrat 124. 253
Beichtvollmacht 253f.
Beispruchsrecht 90. 201f.
Beispruchsberechtigte 90
Bekenntnisverschiedenheit (Konfessionsverschiedenheit) 287f.
Beneficium competentiae 111. 113[102]. 114[105].
Benefizialleihe 114
Benefizium 113ff. 199. 212. 214. 314
Beobachter-Delegierter 159
Berichtspflicht, bischöfliche 151. 195. 231
Berufung (appellatio) 41. 160. 189
Besitzergreifung 186
Besserungsstrafe (s. Beugestrafe)
Betriebsverfassungsgesetz 218f.
Bettelorden 324
Beugestrafe (censura) 126. 127. 254
Bezugsperson 216
Bigamie 306
Bildungsmonopol 99
Binationsstipendium s. Meßstipendien
Bischof (episcopus) 34. 69. 82f. 100. 104. 105ff. 114. 125. 158f. 168f. 179. 188ff. 201. 207. 217. 220. 222f. 225. 230. 234f. 236. 243. 245. 247. 252. 254. 257. 259. 262. 263. 276. 288. 308. 309. 314. 330f. 346
Bischof, Amtsvollmachten 193f. 228. 230f.
Bischofsernennungen 48. 145. 165f. 184f.
Bischofskandidat 166. 175. 184f.
Bischofskollegium 159. 160. 164. 169ff. 208
Bischofskonferenz, Deutsche 174f. 217. 248. 250. 256. 267f. 268f. 288f. 310f.
Bischofskonferenzen 86. 145. 161. 166. 174ff. 188. 260. 261. 264. 268. 303
Bischofslisten 68. 186
Bischofsrat 160
Bischofssynode 157. 160ff.
Bischofsvikar 188. 191. 200. 208f.
Bischofswahl 185f. 187. 201
Bischofsweihe 139. 187. 197. 225
Bischofsweihe, Sakramentalität 168
Bischofswürde 197
Bistum s. Diözese
Blutsverwandtschaft 293f.
Bonum commune 8f.
Bremer Klausel 346[15]
Brüderlichkeit 24
Bücherverbot 309f.
Bücherzensur 48. 309f.
Bullarien 42
Bundesgrenzschutz 348
Bundeswehr 348
Bürokratie 20f. 23. 78f. 141. 150. 157f. 166. 192. 209. 214. 332
Bußbücher 35
Buße 67. 192. 194. 248. 252ff.
Bußgottesdienste 253. 255
Bußpraxis 124
Bußwerke 252

Caesaropapismus 87[47]
Cappella musicale Pontificia 156
Caritas 97. 215. 269
Casus perplexus 293
Cathedra 72. 198
Causae maiores 137
Censura s. Beugestrafe
Censura latae sententiae 125
Character indelebilis 66. 116. 119. 242. 270
Charismatiker 31f.
Charismen 75. 78
Chorbischof 75
Chrisam 244. 245. 270
Christen, nichtkatholische 120. 159. 241. 244. 250. 257. 278. 290. 291. 295. 296

Christen, orthodoxe 241. 250. 255
Christenheit 91. 334
Christenrechte 134f.
Christentum 4. 104. 287. 323. 325. 328f. 331
Clemensbrief, Erster 32
Clementinen 39
Codex Iuris Canonici 42ff.
Codex Justinianus 36
Codex-Revisionskommission s. Päpstliche Kommission für die Revision des CIC
Collectio tripartitum 36
Communio 72. 79ff. 82. 88. 119. 170. 187. 201. 309
Compilationes antiquae 38
Confessores 98
Congregatio fidelium 80
Congrua portio 111. 114
Consensus s. Konsens
Consilium pastorale s. Pastoralrat
Consultor 142. 144
Cooperatores s. Hilfspriester
Copula carnalis 276. 277. 283
Corpus Juris Canonici 37. 39
Corpus Juris Civilis 39
Correctores Romani 41

Declarationes 46
Decretum 3. 46
Defensor vinculi s. Ehebandsverteidiger
Definitivprozeß 184
Definitor 210
Degradatio s. Verstoßung
Dekane 209f.
Dekretale 38
Dekretalisten 39
Dekretisten 38
Delegat 165
Delegat, Apostolischer 164
Delikt 123ff. 124f.
Demokratie 9. 19f.
Demokratisierung in der Kirche 22ff.
Depositio s. Absetzung
Diakonat 261f. 267. 269
Diakone 30. 33. 207. 216. 224. 243. 247. 259. 295
Diakonisse 97
Didache 33f. 59
Dienstenthebung (suspensio) 128
Digesten 15. 37
Dignitas s. Würde
Dignität 117
Dikasterien, römische 44. 137. 142. 161. 196
Diözesankonsultoren 178
Diözesanrat s. Pastoralrat
Diözesansynode, römische 47
Diözesansynoden 86. 179. 192
Diözesanvermögensrat 314. 318
Diözesen 105. 180f. 262. 263. 272
Dispens 109ff. 271f. 286. 288. 293. 301
Dispensvollmacht 193. 293
Disziplinarrecht 129
Dogma 26. 125. 308
Domkapitel s. Kapitel
Doppeltrauung 278[33]

Ehe 67. 275ff.
Ehe, klandestine 277
Ehe, konfessionsverschiedene s. Mischehe
Ehe, Sakramentalität 275. 280f. 284
Eheassistenz s. Eheschließungsform
Ehebandsverteidiger (defensor vinculi) 303
Ehebruch 124. 292
Ehefähigkeit 237. 285ff.
Eheheilung in der Wurzel (sanatio in radice) 288f. 297
Ehehindernis 108. 266. 286ff. 296
Ehelösung 48. 293. 300f.
Eheprozeß 190. 228. 302f.
Eheprozeßordnung 48. 302
Ehenichtigkeit 266. 302ff.
Ehescheidung 292. 300f.
Eheschließung 198. 192. 278
Eheschließungsform 278. 283. 288. 294ff. 303. 304
Eheverfehlung 299
Ehevertrag 280f. 282. 285. 294f.
Ehewille 283ff.
Ehewillensmangel 297
Ehrbarkeit, öffentliche 293
Ehrfurchtszwang, qualifizierter 285
Eigenkirche 114
Eignung (für den geistlichen Dienst) 212

Elite 112
Elternrecht 243
Entführung 292
Eparchie 85. 181
Epikie 109ff.
Episkop (s. auch Bischof) 30. 33. 67f. 105ff. 207
Episkopat 83. 161. 171
Erzabt 159
Erzbischof 159. 172ff.
Erzpriester s. Dekane
Eucharistie 67. 246ff.
Eucharistiefeier s. Meßfeier
Exarchen 181. 227
ex divina institutione 78. 90. 94
Exemtion 40. 166. 225
Exkardination 262
Exkommunikation 127. 137. 160. 292. 333
Exkommunizierte 127. 248. 252. 257
ex opere operato 66
Exorzisten 98. 260

Fakultäten, theologische/kirchliche s. Universitäten, kirchliche
Fälschung 36[34]. 38. 78
Fas 90
Favor iuris matrimonii 283
Firmung 66f. 192. 198. 243. 244ff.
Firmvollmacht 194. 245
Foetus 243
Formpflicht s. Eheschließungsform
Forum 107ff. 126f.
Forum conscientiae 107
Forum externum 107ff. 126f.
Forum internum 107ff. 126f.
Frauen 15. 59. 98. 159. 194. 209. 237. 243[5], 261. 263[19], 264. 265. 277. 289. 290. 292. 303. 314. 325
Freiheit 135
Frieden 24. 26
Funktionäre 28. 97
Funktionssynthesen 56
Furcht und Zwang 285

Gallikanismus 80
Gattenmord 292
Gebote 324
Gehorsam 90. 237
Geistliche 294. 309
Geistliche, nichtkatholische 241. 289
Geistliche, orthodoxe 241. 255
Gelübde (Profeß) 234f. 236
Gemeinde, priesterlose 216. 222. 248
Gemeindeleitung 216
Gemeindeorganisation 325
Gemeindereferent (Pastoralreferent) 216
Gemeinsame Synode der Bistümer der Bundesrepublik Deutschland s. Synode
Gemeinschaften, religiöse 60. 119
Gemeinwohl s. Wohl, öffentliches
Generalabsolution 253. 256
Generalglaubensanwalt (Promotor generalis) 146
General-Rationarium (Statistisches Amt) 143. 197
Generalvikar 190f. 208. 225. 226. 304
Gerechtigkeit 4f. 19. 25. 92[69], 111. 123f.
Gericht, bischöfliches 189f. 302f.
Gerichtsstand 107. 198
Geschiedene, wiederverheiratete 248. 291
Gesellschaft 54f. 323
Gesellschaft, hierarchische 79
Gesellschaft, pluralistische 305. 309. 329. 342. 351
Gesellschaft, vollkommene 53. 118. 123
Gesetz (s. lex) 7ff. 17f. 21f. 239
Gesetzgebung 46. 49. 137. 188
Gesetzgebungskompetenz 137. 144. 177. 178. 179. 188. 205.
Gestellungsverträge 345
Gewalt s. potestas
Gewalteneinheit 137. 189
Gewaltentrennung 17f.
Gewaltverhältnis, besonderes 348
Gewissen 125
Gewissensehe (matrimonium conscientiae) 296
Gewissensfreiheit (s. Religionsfreiheit) 337f. 340. 342f.
Glaubensabfall s. Apostasie
Glaubensfreiheit 339. 340. 343
Glaubensverkündigung 148. 207. 215. 241

Gleichheit 97. 135
Gleichheitsgrundsatz 339. 340
Gnadenhof, päpstlicher s. Paenitentiarie
Gnosis 33. 67. 81
Götter/Gottheiten 4. 105. 324. 328. 329f.
Gottesdienst 97
Gottesdienst, ökumenischer 249
Gottesdienstsperre (Interdikt) 127f.
Gotteshaus 211
Gottesurteil 15
Grade, akademische 117. 145. 197
Gratifikationssystem 57
Großerzbischof 161. 173
Großpönitentiar 152
Grundgesetz 20. 341. 342. 343
Gültigmachung 296f.

Haft s. Konfinierung
Handauflegung 30f. 60. 68. 72f. 239. 244. 260. 270
Handstipendien (s. Stipendien) 250f.
Häresie 4. 124. 278[33]. 308f.
Haushaltsplan 153. 318
Hauskapelle 198
Heiliger Stuhl s. Apostolischer Stuhl
Heilung ungültiger Ehen s. Sanatio in radice
Herrschaft 75. 99. 102. 103. 113. 117. 157. 221. 310. 330. 335
Herrscher 6. 330
Hierarchia iurisdictionis 69. 74ff.
Hierarchia ordinis 69. 74ff. 168
Hierarchie 25. 27. 33. 74ff. 93. 221. 308
Hilfsbischof (Weihbischof) 159. 174. 188. 207f.
Hilfspriester 214f.
Hirtengewalt s. potestas iurisdictionis
Höchstgewalt, des Konzils 160. 170
Höchstgewalt, päpstliche 136f. 159f. 164. 170. 196. 225. 314
Hoheitsgewalt 71. 198
Hoheitsgewalt der Kirche 104. 107. 120
Hoheitsmacht, staatliche 350
Homagium 187
Homosexualität 124
Humanität 24

Identität von Vertrag und Sakrament 280. 282
Immediatgewalt s. Höchstgewalt, päpstliche
Imperium Romanum 89. 326. 330
Impotenz 289f.
Index 310
Individuum 3. 339. 343
Indult 111
Infallibilität des Papstes s. Unfehlbarkeit
Informativprozeß 184f.
Initiationssakrament 242
Inkardination 227. 262f.
Inkonsummation (s. Nichtvollzug)
Institutionen 54. 55ff. 112f.
Institutionen, religiöse 26. 28. 323. 342. 343
Instruktion 46
Interdikt s. Gottesdienstsperre
Interkommunion 241f. 250
Inthronisation 187. 198
Investitur 212
Investiturstreit 36. 332ff.
Inzest 293
Irregularitäten 195. 264
Irrtum (hinsichtlich der Person bzw. der Eigenschaften der Person) 284
Ius divinum s. Recht, göttliches
Ius ecclesiasticum 91. 96
Ius humanum s. Recht, menschliches
Ius naturale s. Recht, natürliches
Ius reformandi 336
Ius-talionis 15
Iustitia et Pax 149

Jesuitenorden 234
Josephinismus 336
Judentum 31. 323ff.
Jünger (Jesu) 28f. 31. 59. 219. 325
Jungfrau 97. 237
Jungfräulichkeit 266. 287
Jurisdiktion 71ff. 74. 103ff. 107. 115. 254. 270
Jurisdiktionsaustausch 254
Jurisdiktionsprimat 42. 136f. 309

Kaiser, abendländischer (germanischer) 16. 331. 332. 333

Kaiser, oströmischer 162. 331
Kaiser, römischer 15f. 325ff. 328ff.
Kaiserbischof 330
Kaiserkult 325
Kämmerer 210
Kanon 3. 68
Kanonistik 38f. 51. 52. 64. 91ff. 109. 122. 125. 183. 266. 277. 285. 298
Kapitel (Dom-, Stifts-) 147. 173. 178. 184. 185. 192. 194. 200. 201f. 203. 204. 208. 226
Kapitelsvikar 200f.
Kaplan s. Hilfspriester
Kardinal 159. 257
Kardinalbischöfe 140. 172
Kardinal-Camerlengo 153
Kardinaldiakone 139
Kardinalkongregationen 143ff.
Kardinalpräfekt 144
Kardinalpräses 148. 153
Kardinalpresbyter 139
Kardinalskollegium 79. 138. 139ff.
Kardinalstaatssekretär 142f. 165
Katechumenenöl 270
Ketzerei s. Häresie
Ketzertaufe 34. 66. 84
Keuschheit 232f. 266. 287
Kinder 15. 248. 293
Kindererziehung, katholische 288. 299. 301
Kindertaufe 242f.
Kirche Christi 43. 279
Kirche, katholische 118. 119f. 122. 298. 304
Kirche zu Rom 32. 68. 72. 332
Kirchenamt s. Amt
Kirchenaustritt 121. 316f. 349
Kirchengut 314f.
Kirchenprovinz 172ff. 178. 182
Kirchenrechtslehre s. Kanonistik
Kirchenregiment, landesherrliches 336f.
Kirchenstaat 138. 163. 332. 335
Kirchenstaatshoheit 332ff.
Kirchensteuer 121. 315f. 318. 348f.
Kirchenverträge 349f.
Kirchenverwaltung 223
Kirchenvorstand 223
Klagerecht 303
Klausurbestimmungen 194. 237
Kleriker 24. 236
Klerus 71. 95. 96ff. 112. 147. 182. 225. 227. 262. 331
Kloster 234
Koadjutorbischof 199. 207f.
Kodifikation 41. 43. 44
Kollegialität (der Bischöfe) 79ff. 169ff. 176. 230
Koinonia (communio) 68. 82
Kommission des Dienst- und Arbeitsvertragsrechts 220
Kommunion 217. 247f. 249
Kompetenzstreitigkeiten 151
Konfinierung 128
Kongregationen, monastische 97. 234
Konklave 139
Konkonsekratoren 187
Konkordat mit Baden 45. 186. 347[17]. 349
Konkordat mit Bayern 45. 186. 347[17]. 349. 350
Konkordat mit dem Deutschen Reich 45. 186. 228. 304. 347[17]. 348. 349
Konkordat mit Preußen 45. 186. 347[17]. 349
Konkordate 45f. 349f.
Konsekration 259
Konsens 24. 87ff. 276f. 281
Konsensaustausch 276. 296f.
Konsensualvertrag 282
Konsistorialbenefizien 70
Konsistorium, bischöfliches 228
Konsistorium, päpstliches 70. 140. 186
Kontrolle (von Herrschaft) 22. 26. 157f.
Konzelebration 247
Konzil 3. 80. 85f. 87. 157ff.
Konzil, kaiserliches 87
Konzil, ökumenisches 47. 87. 104. 158ff. 308
Konzil von Basel 159
Konzil von Chalcedon 72
Konzil von Konstantinopel 85[41]
Konzil von Konstanz 159
Konzil im Lateran I 266
Konzil im Lateran II 266. 276

Konzil im Lateran III 138
Konzil im Lateran IV 201
Konzil im Lateran V 41
Konzil von Lyon II 276
Konzil von Nizäa 85. 171. 173
Konzil von Trient 41. 42. 100. 163. 176. 193. 277. 292. 294
Konzil im Vatikan I 42f. 53. 80. 159
Konzil im Vatikan II 23. 47. 53. 80. 95. 100. 104. 116. 119f. 134. 136f. 138. 157. 159ff. 163f. 169f. 173f. 176. 180f. 184. 187. 192f. 211f. 230. 232. 240. 242. 261. 266. 280. 308. 311
Konziliarismus 80. 158f.
Kopulatheorie 282
Körperschaft 71. 118. 122
Körperschaften des öffentlichen Rechts 70. 183f. 315f. 344. 348
Kultusverschiedenheit 291
Kurie, römische 47. 137. 141f. 157. 160. 162. 314

Laien 24. 32. 95. 96ff. (149). 159. 179. 204. 209. 215ff. 223. 224. 227. 248. 302f. 309
Laisierung 48. 144. 270ff.
Landeskirchenhoheit 335ff.
Landrecht, Preußisches Allgemeines 337
Lateranverträge 45. 138. 141. 335
Lebensgefahr 243. 244. 245. 253. 256. 293. 295
Legalität 26
Legat, päpstlicher (s. auch Nuntius) 162ff. 174f. 177. 185
Legationsleiter 165
Legisten 37. 38
Legitimation 10. 18. 22. 31. 60. 128
Lehramt 308ff.
Lehrbeanstandungsverfahren, römisches 48. 144. 311f.
Lehrbeanstandungsverfahren der Deutschen Bischofskonferenz 189f. 312f.
Lehrbuchkommission, bischöfliche 311
Lektor 98. 260
Leviten 32
Lex (Gesetz) 90f.
Lex aeterna 7. 11
Lex canonizata 287
Lex divina (s. Recht, göttliches) 12
Lex Ecclesiae Fundamentalis s. Verfassungsgesetz, gesamtkirchliches
Lex naturalis (s. auch Recht, natürliches) 11
Litterae circulares 46
Loccumer-Vertrag 349ff.
Lossprechung 125. 194. 253

Macht 5f. 113. 117. 157f. 323. 341
Macht, religiöse 6. 158. 221. 341
Machtmißbrauch 50
Mailänder Konvention 329
Martyrium 327
Materie und Form 281
Matrimonium legitimum 277
Matrimonium putativum 291
Menschenrechte 135. 275. 337
Meßfeier 34. 194. 247f. 250. 265
Meßfrüchte 250
Meßopfer 247. 250
Meßstipendien 36. 48. 250ff.
Metropolitanverband 84
Metropoliten 35. 161. 172ff. 200. 257
Militärseelsorge 228. 318. 348
Minderjährige 122
Mindestwissen, notwendiges 248. 283
Ministeria (Dienste) 260f. 267
Ministranten 247
Mischehe (Ehe, konfessionsverschiedene) 218. 287f.
Missio canonica 69. 216. 249. 259
Mission 224. 230ff.
Mission de France 227
Missionswerke, Oberster Rat der Päpstlichen 148
Mitarbeiter, nichtordinierte 70. 215ff.
Mitarbeitervertretungsordnung 219f.
Mitgift (dos) 235
Mitra 198. 226
Mitverantwortung 24
Modus vivendi 45
Mönche 99f.
Monopolisierung rechtlichen Zwangs 6
Montanisten 68

Motu proprio 46
Munus 113 ff. 116 f. 308
Muttergemeinde 83
Mysterienkulte 106. 324
Mysterion 65

Nationalsynode 177
Naturrecht s. Recht, natürliches
Neutralität, religiöse 316. 338. 339
Nichtchristen 291. 301
Nichtvollzugsverfahren (Inkonsummationsverfahren) 146. 293. 300
Nihil-obstat 346
Nominationsrecht 185. 186
Normae 46
Normaljahr 336
Normbefreiung s. Dispens
Notare 303
Noteheschließung 295
Notzivilehe 305
Novellae 39
Noviziat 235
Nüchternheit, eucharistisches 194. 249
Nuntius, Päpstlicher 162 ff. 197. 350

Obex (Sperre) 119 f.
Öffentlichkeitsanspruch 340. 341. 350
Ökumene 159
Official 125. 189
Officium 113 ff. 115 f.
Öl, heiliges 198
Oligarchie 9
Ölung, heilige (Krankensalbung) 67. 257
Optionsrecht 141
Orden 97. 147. 161. 232 ff.
Ordinariat 192
Ordinarius 106. 178. 224 ff. 262
Ordination 30. 34. 66 f. 68 f. 71 ff. 99. 116. 168 f. 184. 192. 198. 202. 259 ff. 266
Ordination zum Bischof 168 f. 184. 207. 264. 270
Ordination zum Diakon 269
Ordination zum Presbyter 264. 269 f.
Ordination, relative 73
Ordinationsritus 47. 260. 270
Ordines minores 98. 260
Ordnung, öffentliche 25. 61. 89. 335. 336 f.
Ordnung, religiöse 6. 14
Ordo 71 ff.
Ordo episcoporum 69. 73. 169 f. 270
Ordo sacerdotalis 73
Ortskirche 181 f. 211 ff.
Ortskirchensteuervertretung 223
Osterfeststreit 84
Ostiarier 98. 260
Ostkirchen, katholische (unierte) 3. 140. 145. 161. 171. 181. 226 f.

Pallium 173
Papst, römischer 104. 109. 126. 136 ff. 181. 187. 195. 224. 230. 236. 254. 257. 265. 280. 308. 309. 331. 332. 333. 335
Päpstliche Familie 154
Päpstliche Kommissionen für
~ die authentische Interpretation der Dekrete des II. Vatikanischen Konzils 154 f.
~ die Revision des Codex Iuris Canonici der lateinischen Kirche 47 ff. 154. 234. 241
~ die Revision des kirchlichen Gesetzbuches für die Ostkirchen 154
~ den Staat der Vatikanstadt 156
~ die authentische Interpretation des Codex Iuris Canonici 44
Päpstlicher Gouverneur (für den Vatikanstaat) 156
Päpstliche Sternwarte 156
Papsttum 16. 40. 42. 158 f. 171. 180. 332
Papstwahl 48. 95. 138 f. 141. 160. 241. 331
Partialsimulation (s. Simulation)
Pastoralrat 48. 179. 204
Pastoralreferent s. Gemeindereferent
Pastoralsynode der Niederlande 177
Patenschaft 244. 246
Patriarch des Abendlandes 172
Patriarchen der katholischen Ostkirchen 140. 145. 158. 171. 172
Patrimonium Petri 332
Patronatsrecht 185
Person 11. 15. 117 ff.
Person, juristische 94. 114. 121 ff. 184. 203. 314

Personaloberhirten 226 ff. 236
Personenstandsgesetz 304
Personalvertretungsgesetze 219
Pfarrei, inkorporierte 212. 225
Pfarrer 192. 211 f. 215. 223 f. 248. 254. 257. 277. 289. 293. 309
Pfarrgemeinde 211 f. 222 f.
Pfarrgemeinderat 222 ff.
Pfarrkirche 244
Pfarrverband 221 f.
Pfarrvikar, ständiger 212. 214
Pfründe s. Benefizium
Plenarkonzil 177
Poenitentiarie 152. 257
Pontifex Maximus 76. 106. 136[7]. 330. 333
Pontifex Romanus 40. 104. 136. 137. 160. 164. 165. 169 f. 184. 257. 208. 314
Pontificale Romanum 127
Pontifikalien 197 f.
Postulat 235
Potestas 103 ff.
Potestas dominativa (Hausherrliche Gewalt) 15. 236
Potestas iurisdictionis 74. 104. 136 f. 188 f. 191. 192 f. 200. 201. 213 f. 224. 226. 228. 231. 236. 254. 295
Potestas ordinis 104. 241. 263. 270. 272
Praekonisation 186
Präfekt, Apostolischer 181. 231
Präfekt der Vatikanstadt 143
Prälat 106. 152. 197. 225. 227. 245
Prälat, Gefreiter 159. 182. 226
Präsentationsrecht 186
Predigt 217. 309
Presbyter (s. Priester) 67 f. 100. 188 f. 192. 207. 211 f. 247. 259
Presbyterium 30. 34. 69. 83. 202 f. 211 f. 270
Presbyterrat 179. 185. 202 ff.
Presseamt des Heiligen Stuhles 155
Priester 32. 216. 241. 243. 245. 247. 250 f. 253 f. 257. 265. 281. 302. 303
Priester-Ausbildungsseminar 147. 227. 262
Priestertum, allgemeines 95. 100. 215. 221
Priestertum, hierarchisches 95. 100
Priesterweihe s. Ordination
Primat, päpstlicher 44. 159. 164. 168. 195. 309
Prinzipat 16
Privileg 16. 109 ff. 237
Privilegium Paulinum 300 f.
Privilegium Petrinum 301 f.
Profeß 233. 234 f. 292
Promotor generalis s. Generalglaubensanwalt
Promulgation 10. 46. 93. 177. 188
Propheten 29 ff. 81. 324
Prophetinnen 31
Protokollamt, päpstliches 154
Provinzialsynode 86. 178

Quinquennalfakultäten 193. 195 f.

Rahmenordnung für die Ausbildung, Berufseinführung und Fortbildung der Pastoralreferenten 216. 218
Rahmenordnung für die Priesterausbildung 268
Rahmenstatut für Pastoralreferenten 216
Rat des Generalsekretariats der Bischofssynode 162
Rat der internationalen Vereinigung der Generaloberen 147
Rat (päpstlicher) „Cor unum" 150
Rat für die öffentlichen Angelegenheiten der Kirche 143. 148. 165. 185
Rat für die sozialen Kommunikationsmittel 143
Rat für die Laien (Justitia et Pax) 48. 149
Rechnungsprüfung 153
Recht 4 ff. 14 f. 60 ff. 239
Recht, germanisches 219. 276
Recht, göttliches 12. 60. 74. 90 ff. 95 f. 137. 139. 169. 180. 241. 256. 286. 287. 293. 308
Recht, menschliches 92 f. 286
Recht, natürliches 10. 11 f. 13. 90 f. 299 f.
Recht, römisches 12. 15. 35. 89. 103. 109. 110. 113 f.
Recht, subjektives 120
Rechtsfähigkeit 15. 94. 117 f. 127. 242
Rechtsidee, abendländische 14. 17
Rechtssammlungen 35
Rechtsschutz 17. 128. 191. 313
Rechtssprache, antike 105. 107

Rechtssprache, kanonistische 106. 116
Rechtssprache, römische 87. 107. 116. 118
Rechtsstaat 25
Rechtssubjekt 117 f.
Rechtsvermutung 95. 284
Rector ecclesiae (Kirchenrektor) 214
Reformation 50. 100. 159. 335
Reformbewegungen 158. 332
Region 210
Regionalbischof 211
Regionaldekane 210 f.
Regionalgerichte 151
Rekurs 189. 213. 256
Relator pro auctore 312
Religionsfreiheit 61 f. 121. 134 f. 316. 337. 338. 340. 342 f. 345
Religionsgesellschaften 120. 337. 340. 341 ff.
Religionsmündigkeit 345
Religionspflege, positive 345
Religionsunterricht 211. 215 f. 318. 345 f.
Religiosen 96 ff.
Remedia poenalia s. Strafsicherungsmittel
Reordination 34. 66. 72
Repraesentatio 116
Reservatio in pectore 140
Rezeption 87 ff. 112
Richter, kirchliche 189. 302 f.
Richtlinien über persönliche Anforderungen kirchlicher Mitarbeiter 216 ff.
Römische Frage 45
Rota Romana 152. 284. 298

Sacerdotes, römische 76
Sachenrecht 240
Sakramente 64 ff. 192. 239 ff. 253. 276
Sakramentenspendung 97. 110. 205. 270
Sakrileg 124
Säkularinstitute 97. 147. 233. 235
Säkularisierung 16
Sanatio in radice s. Eheheilung in der Wurzel
Sanktion 123
Secretum Pontificium s. Amtsgeheimnis
Sedisvakanz 138. 152. 173. 200 f.
Selbstbestimmungsrecht 343
Senat 16. 79. 103. 140. 141. 201. 202
Sendbücher 35
Sententia declaratoria 125
Siebenerkollegium 29 f. 71
Signatur, Apostolische 151. 196
Simonie 36. 124. 241. 251
Simulation 284 f.
Sinnhaftigkeit 342
Societas perfecta s. Gesellschaft, vollkommene
Sollizitation 253
Sonderverfahren gegen Geistliche 189
Sonntagspflicht 249. 331
Sonntag-Vorabendmesse 249
Souverän 10. 16. 19. 335. 336
Sperre s. obex
Sprengel 181. 226. 231
Sprungberufung 137
Suburbikarische Bistümer 139 f.
Subventionen 318
Suffraganbischof 173. 178
Sühnstrafe (poena vindicativa) 126. 127. 254
Sukzession 31. 67 ff. 81. 104. 116
Summepiskopat 336
Sünde (peccatum) 125
Sünder, öffentlicher 248. 289. 305
Suspension s. Dienstenthebung
Synodalwesen 79 ff. 158 ff. 176
Synode, gemeinsame der Bistümer der Bundesrepublik Deutschland 180. 216 f. 223. 246. 253. 255 f.
Synode von Antiochia 197
Synode von Arles 87[47]
Synode von Elvira 87[49]. 265
Synode von Ikonium 85[38]
Synode von Karthago 85[39]. 88[50]
Synode von Laodicea 182
Synode von Mileve 88[50]
Synode von Sardika 87[49]. 182
Synode von Tyrus 330
Synoden 3. 80. 84 f. 265
System, kulturelles 56. 58

Schenkung, Konstantinische 141
Schisma 124. 308 f.
Schrankenklausel 343
Schuld (culpa) 120. 125
Schuldekane 211

Schule 99. 345. 349
Schwägerschaft 293
Schweizer Garde 156

Staat, demokratischer 25. 340 f. 351
Staat, modernder 6. 16. 20. 119
Staatsangehörigkeit, vatikanische 141
Staatskirchentum 328 ff.
Staatsleistungen (an die Kirchen) 202. 317
Staatsreligion 331
Standesamt 304
Sterilität 290
Stiftung 314
Stiftungsstipendium s. Meßstipendien
Stolarien 214
Strafbuße 127
Strafe 124 ff. 125 f.
Strafsicherungsmittel (remedia poenalia) 127
Straftat s. Delikt

Talmud 14
Tatstrafe 125
Taufe 66 f. 119. 192. 242 ff. 278
Teilkirche, bischöfliche 182 f. 188
Tendenzbetrieb 218
Territorialgliederung 181. 226
Theokratie 25. 324
Theologie 346 f.
Thron 197. 198
Titel (titulus) 72. 140. 208
Titularbischof s. Hilfsbischof
Toleranz 325. 329. 336 f. 343. 345
Toleranzedikte 327. 328 f.
Tonsur, erste 96. 260. 262
Totalsimulation (s. Simulation)
Tradition 14. 68. 81. 86. 103. 104. 157. 170. 243. 244. 260
Tradition, römische 117. 141. 330
Tradition, ostkirchliche 171. 245[7]
Translation 71. 73
Traugewalt 294 ff.
Trauverbot 289
Trauzeugen 294. 295. 296
Trennung von Staat und Kirche 337 f.
Trennung von Tisch und Bett 298 f.
Treueid 140. 186. 333
Triplex-munera-Lehre 308

Umkehr (metanoia) 252
Unabsetzbarkeit 212 f.
Unanimitas 87
Unauflöslichkeit (der Ehe) 280. 282. 283. 298
Unfehlbarkeit des Papstes (Infallibilität) 44. 57 f. 136. 158. 159
Universalanspruch, päpstlicher 40. 157 f.
Universitäten und Fakultäten, kirchliche 145. 147. 268. 346 f.
Unterhalt 114. 115. 262. 314
Untersuchung, körperliche, der Frau 300
Urkundenbeweis 303

Vatikan 156. 163
Vatikanische Konzilien s. Konzil
Vatikanstaat s. Kirchenstaat
Veräußerungsverbot 314
Verband der Diözesen Deutschlands 157 f. 183. 219 f. 318
Verbandsgrundrecht 343
Verbrechen 292. 299
Verein, frommer 122
Verfassungsgesetz, gesamtkirchliches 49. 133
Verkündigung 97. 217. 270. 309
Verleihung, kanonische (provisio) 70. 212
Vermögen des Heiligen Stuhles 153. 314
Vermögensverwaltung 190. 314 ff.
Verschulden 125
Verstoßung aus dem geistlichen Stand (degradatio) 128. 271
Vertragskirchenrecht 349
Verwaltungsgericht, päpstliches 151. 191
Verwaltungsgerichtsbarkeit 191
Verwandtschaft, geistliche 244
Vikar s. Hilfspriester
Vikare, Apostolische 181. 231
Vikare, bischöfliche s. Bischofsvikar
Visitatio ad liminum Apostolorum 195 f. 231
Visitationspflicht 173. 190
Visitatoren, Apostolische 175. 227 f.
Volk, gläubiges 158. 183. 211
Vorbehalt der Lossprechung von Sünden 192

Vorbehalbsrecht, päpstliches 78. 138. 187. 193

Wächteramt (der Kirchen) 340. 341
Wahl des Beichtvaters 237. 255
Wahlrecht 138. 141. 187. 200f. 208. 210. 212
Wahlzivilehe 305
Wassertaufe 28. 65. 242. 252
Wehrpflicht 111
Weihbischof (s. Hilfsbischof)
Weihehindernisse 194. 265
Weihesakrament s. Ordination
Weimarer Reichsverfassung 62. 183. 340
Weltanschauungsmonopol 338. 343
Werk zur Glaubensverbreitung, päpstliches 148
Werke der Heiligen Kindheit, päpstliche 148
Wesenseigenschaften der Ehe 281. 283
Westfälischer Friede 336
Wiederaufnahme, öffentliche (in die Kirche) 252
Wiener Kongreß 163
Wiener Übereinkunft 163
Wohl, öffentliches 3. 7. 8f. 336
Wohlfahrtspflege 338. 339. 342
Würde (dignitas) 113ff. 117. 197

Zensur, reservierte 194
Zentralkomitee der deutschen Katholiken 176
Zivilehe 273. 292. 304f.
Zölibat 265ff. 292
Zölibatspflicht, Entbindung von der 194f. 271ff.
Zwangszivilehe 304

2. *Rechtsquellen/Sammlungen*

Aachener Kirchenkapitulare 114
Ad hoc usque tempus (MP) 140
Ad pascendum (MP) 48. 261f. 263. 292
Ad Purpuratorum Patrum (MP) 140. 172
Ad Romanam Ecclesiam (Dekr.) 195
Ad Suburbicarias Dioeceses (MP) 140
Amoris officio (Apost. Brief) 150
Apostolatus peragendi (MP) 48. 149
Apostolica Sollicitudo (MP) 47. 160
Apostolicae caritatis (MP) 146
A remotissima (Dekr.) 196

Catholica Ecclesia (MP) 48. 225
Catholicam Christi Ecclesiam (MP) 149
Causas matrimoniales (MP) 48. 190. 302f.
Clericis laicos infestos (Apost. Konst.) 99
Constans nobis (Apost. Konst.) 146
Crescens matrimoniorum (Dekr.) 289
Cum gravissima (MP) 141
Cum iuris canonici Codicem (MP) 44
Cum Sanctissimus (Instr.) 235

Decretum Gratiani 37f. 277
Decretum ›Ne temere‹ (MP) 295
De Episcoporum muneribus (MP) 47. 138. 194f. 264. 265. 289. 293. 297
Deus scientiarum Dominus (Apost. Konst.) 268
Dictatus Papae 36. 334
Dionysio-Hadriana 35
Dispensationis matrimonii (Instr.) 146
Divinae consortium naturae (Apost. Konst.) 245

Ecclesiae pastorum (Dekret) 310
Ecclesiae Sanctae (MP) 174. 182. 184. 199f. 262
Episcopalis Consecrationis (Apost. Konst.) 270
Episcopalis Potestatis (MP) 138[10]. 195
Episcoporum delectum (Runderlaß) 185
Eucharisticum Mysterium (Instr.) 249
Ex quo die (Alloc.) 140
Extravaganten 38. 39
Extravagantes communes 39

Firma in traditione (MP) 48. 251

Hispana 35

Immensae caritatis (Instr.) 248
Indulgentiarum doctrina (Apost. Konst.) 256 f.
In gravescentem aetatem (MP) 139[11]
Integrae servandae (MP) 311
Inter eximia (MP) 48. 173
Iustitiam et Pacem (MP) 150

Lex sacri coelibatus (Dekr.) 292
Liber Diurnus 35
Licet de vitanda (Dekretale) 138
Liber Extravagantium 39
Liber Septimus 39
Liber Sextus 39

Matrimonia mixta (MP) 48. 287 f.
Matrimonii sacramentum (Instr.) 46[53]
Memoriale Domini (Instr.) 249
Ministeria quaedam (MP) 48. 260 f. 263 f.
Mystici corporis (Enzyk.) 52 f.

Ne temere (Dekret) 278
Normae quaedam (Dekr.) 268
Nota explicativa praevia 74. 170. 184

Paenitemini (Apost. Konst.) 47
Panormia 36
Pastor aeternus (Dogm. Konst.) 168
Pastorale Munus (MP) 138. 193 f.
Pontificales Ritus (Instr.) 198
Pontificalia Insignia (MP) 141. 198
Pontificalis Domus (MP) 141. 154
Pontificalis Romani (Apost. Konst.) 47. 270
Primo feliciter (MP) 235
Pro comperto sane (MP) 47. 143
Provida (Dekret) 278
Provida Mater (Apost. Konst.) 232. 235
Providentissima Mater Ecclesia (Apost. Konst.) 43
Pseudo-Isidorische Dekretale 36

Quod Sancta (Apost. Konst.) 196

Redemptor hominis (Enzyk.) 134[5]
Regimini Ecclesiae (Apost. Konst.) 47. 142
Regolamento (Allgemeine Geschäftsordnung der Römischen Kurie) 142
Renovationis causam (Inst.) 233. 235
Romano Pontifici eligendo (Apost. Konst.) 48. 95. 138. 140. 160
Romanus Pontifex (Apost. Konst.) 196

Sacerdotalis coelibatus (Enzyk.) 266. 272
Sacra Rituum Congregatio (Apost. Konst.) 146
Sacram Unctionem (Apost. Konst.) 257
Sacramentum ordinis (Apost. Konst.) 168. 270
Sacro Cardinalium Consilio (MP) 141
Sacrum Diaconatus Ordinem (MP) 247. 261. 262. 264. 265. 267. 269. 294
Sanctitas clarior (MP) 146
Sanctus Pontifex (Decl.) 248
Sapientia Christiana (Apost. Konst.) 48. 268
Sedula cura (MP) 145
Sollicita ac provida (Apost. Konst.) 311
Sollicitudo omnium Ecclesiarum (MP) 47. 163 f.
Suburbicariis sedibus (MP) 140

Tametsi (Dekret) 277

Unam Sanctam (Bulle) 40. 334

Venite seorsum (Instr.) 237

3. *Namen*

Hier sind nur die Namen solcher Persönlichkeiten genannt, die für die Entwicklung des kirchlichen Rechts von wesentlicher Bedeutung sind. Die Namen der herangezogenen Autoren sind aus den Literaturverzeichnissen zu entnehmen.

Alexander III. (Rolandus Bandinelli) 38. 138. 282[43]
Aristoteles 9. 12. 13. 17. 112
Augustinus 88[50]. 103. 282

Benedict XIV. 42. 196. 278. 311
Benedict XV. 44
Benedictus Levita 36
Benedict von Nursia 233
Bonifaz VIII. 39. 40. 99. 334f.

Clemens V. 39. 99
Cyprian 83. 84. 91. 103. 168. 260

Dionysius Exiguus 35

Eusebius 84. 260. 328

Gaius 43
Galerius 327
Gasparri, Pietro Kardinal 43. 44
Gratian 36. 37f. 51. 91. 95. 98
Gregor I. (der Große) 141. 332
Gregor VII. 36. 73. 99. 265. 332f. 334
Gregor IX. 38. 196
Gregor X. 196
Gregor XIII. 41

Hieronymus 96
Hippolyt von Rom 34
Hugo v. St. Viktor 282[43]

Ignatius von Antiochien 33. 276
Innozenz I. 88[50]
Innozenz II. 266
Innozenz III. 38. 39. 334
Irenäus von Lyon 68. 82
Isidor von Sevilla 9. 12. 90[55]. 91
Ivo von Chartres 36

Johannes XXII. 39. 142
Johannes XXIII. 44. 47. 140f. 159. 271
Johannes Paul II. 134. 273
Justin der Märtyrer 326
Justinian 330

Karl der Große 35. 40. 331. 332
Konstantin I. 87[47]. 124. 327. 328f. 380. 331
Konstantius 330
Kornelius 84. 98

Lancelotti 43
Leo IX. 265
Leo XIII. 42
Licinius 328f.
Luther, Martin 41. 50. 335

Martin V. 160. 335
Maxentius 327
Minucius, Felix 265
Montesquieu 16. 17[5]. 20

Nikolaus I. 277. 279

Paul V. 41[44]
Paul VI. 47. 95. 134. 138. 140. 142f. 172. 198. 287. 302
Paul von Samosata 84. 197
Paulus 31. 68. 123. 158. 300
Petrus 68. 123. 158
Pippin 332
Pius IV. 42
Pius X. 43. 142. 196. 278. 311
Pius XI. 45f. 230
Pius XII. 45. 52. 168. 232
Proklos 77[16]
Prosper Lambertini s. Benedict XIV.

Raimund von Pennăforte 38

Rampolla, Kardinal 43
Rolandus Bandinelli s. Alexander III.

Scotus Eriugena 77
Sixtus V. 42. 140. 142. 196
Stefan von Rom 84
Sylvester I. 331

Tertullian, Q. S. F. 65. 73. 85. 91. 97. 103. 252. 260. 326
Theodosius I. 331
Theodosius II. 87[48]
Thomas von Aquin 7 ff. 91 ff. 107. 112. 222

Victor I. 84
Vincenz von Lerins 88

Karl Suso Frank

GRUNDZÜGE DER GESCHICHTE DES CHRISTLICHEN MÖNCHTUMS

1975. X, 208 S., kart. Nr. 6034-2

Das christliche Mönchtum gehört zu den wenigen Institutionen, die in spätantiker Zeit entstanden sind und sich bis in die Gegenwart erhalten haben. „Mönchtum" ist für solche Aussage allerdings im weitesten Sinne verstanden. Die ersten christlichen Mönche sind weit entfernt von den Mönchen des 20. Jh. — nicht nur geographisch und chronologisch. Das christliche Mönchtum ergab sich aus der Auseinandersetzung der Botschaft des christlichen Evangeliums mit der in der antiken Umwelt des griechisch-römischen Kulturkreises gelebten Askese und verstand sich als radikaler Evangelismus. Diese Umwelt wandelte sich, und mit ihr fand das christliche Mönchtum neue Ausdrucksformen. — Im Mittelalter differenzierte sich das Mönchtum: Cluny, Bernhard von Clairvaux und die Zisterzienser, die Kanoniker. Mit den Bettelorden kam ein gewandelter Mönchstyp auf: Die neuen Mönche ließen sich in den Städten nieder und bewährten sich als einsatzfähige Funktionstruppe im kirchlichen Dienst. Gewandelte kirchliche Situationen, veränderte kirchliche Aufgaben bewiesen seither die fast unermüdliche Wandlungsfähigkeit und Akkommodationsfreudigkeit der monastisch-klösterlichen Lebensform. Wie die Vergangenheit stellt auch die Gegenwart neue Fragen an das Mönchtum und seine konkrete Daseinsweise. Die Antwort der Mönche ist vielfältig— die Lebbarkeit wird die Zukunft erweisen.
